数字烟台·2017

面积：1.39 万平方公里

常住人口：708.94 万人

海岸线：1038.14 公里

生产总值：7338.95 亿元

第一产业增加值：479.90 亿元

第二产业增加值：3674.35 亿元

第三产业增加值：3184.70 亿元

第一、二、三产业构成：6.5：50.1：43.4

人均生产总值：103706 元

公共财政预算收入 600.32 亿元

公共财政预算支出：708.07 亿元

固定资产投资：5594.24 亿元

社会消费品零售额：3273.08 亿元

进出口总额：3077.60 亿元

实际使用外资：21.47 亿美元

公路总里程：19472.47 公里

接待海内外游客：7157.35 万人次

国内旅游收入：870.14 亿元

城镇居民人均可支配收入：41837 元

城镇居民人均消费支出：27894 元

农村居民人均可支配收入：18051 元

农村居民人均消费支出：13004 元

城镇居民人均住房建筑面积：36.27 平方米

农村居民人均住房建筑面积：38.90 平方米

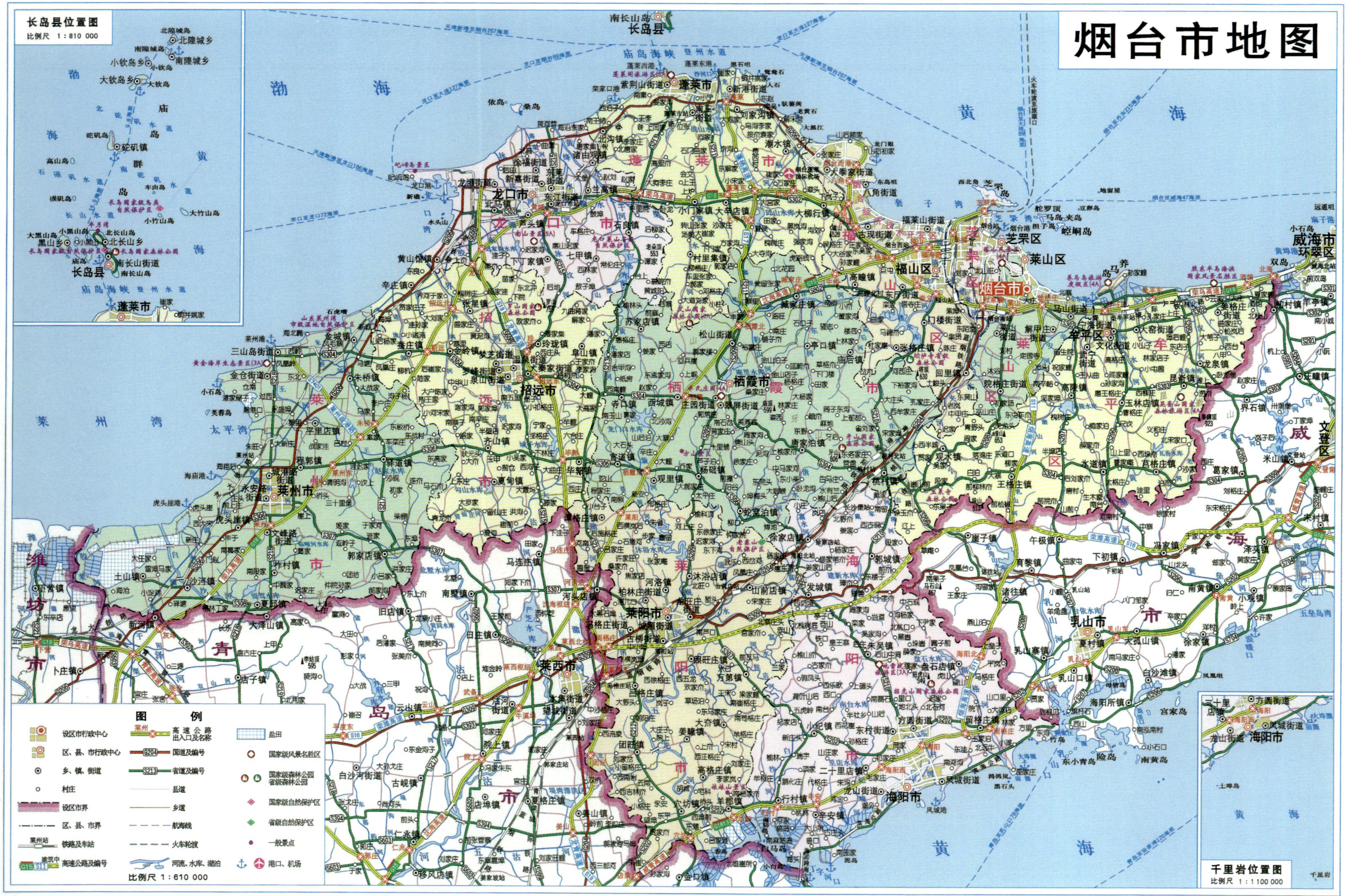

审图号：鲁SG(2018)146号

山东省地图院 编制

烟台年鉴

2018 · YANTAI YEARBOOK

烟台市地方史志办公室 编

方志出版社
Publishing House of Local Records

图书在版编目（CIP）数据

烟台年鉴. 2018 / 烟台市地方史志办公室编.
-- 北京：方志出版社，2018.12
ISBN 978-7-5144-3453-8

Ⅰ. ①烟… Ⅱ. ①烟… Ⅲ. ①烟台－2018－年鉴
Ⅳ. ①Z525.23

中国版本图书馆CIP数据核字（2018）第272288号

烟台年鉴（2018）

编　　者：烟台市地方史志办公室
责任编辑：王　品
出 版 人：冀祥德
出 版 者：方志出版社
地址　北京市朝阳区潘家园东里9号（国家方志馆4层）
邮编　100021
网址　http://www.fzph.org
发　　行：方志出版社图书经销中心
电话（010）67110500
经　　销：各地新华书店
印　　刷：山东黄氏印务有限公司
开　　本：889×1194　1/16
印　　张：26.25
字　　数：713千字
版　　次：2018年12月第1版　2018年12月第1次印刷
印　　数：0001～2000册
ISBN 978-7-5144-3453-8　定价：300.00元

烟台市地方史志编纂委员会

《烟台年鉴（2018）》编审人员

主　　审　王克文

副 主 审　张焕伟　王松杰

主　　编　季胜林

副 主 编　王福寿　李迎春　范宇明　谈洪奎

执行主编　云　霞　渠敬伦　刘明霞

英文翻译　于　雪

编　　辑　王润生　王军岩　郭恩革　王锡东　王　磊

封面摄影　赵福霖

编　　务　鲍海强　姜兆杰

编辑说明

一、《烟台年鉴》是由烟台市人民政府主管、烟台市地方史志办公室编纂的地方综合年鉴。本年鉴以马克思列宁主义、毛泽东思想、邓小平理论、“三个代表”重要思想、科学发展观和习近平新时代中国特色社会主义思想为指导，坚持辩证唯物主义和历史唯物主义的立场、观点和方法，全面 、客观、系统地记述烟台的年度发展情况。

二、本卷年鉴记述时限为 2017 年 1 月 1 日至 12 月 31 日，个别内容适当上溯下延。

三、《烟台年鉴（2018）》采用分类编辑法，坚持以学科分类为主、学科分类与社会分工相结合的编辑原则。本卷年鉴主体内容分为类目、分目、条目 3 个层次，以条目为基本记述单元。条目题目加【 】以便于阅读。大事记中同日事条前，以“☆”表示。

四、《烟台年鉴（2018）》框架设计坚持基本稳定、灵活调整的原则。本卷年鉴共设 32 个类目。

五、《烟台年鉴（2018）》稿件由市直各部门和有关单位、各县市区、各大企业及中央、省属驻烟有关单位提供，并经供稿部门或单位主要负责人审阅。主要数据以统计部门的统计数据为准。

2018 年 5 月 8 日，市委书记张术平到芝罘区毓璜顶街道大海阳社区调研党建工作

2018 年 6 月 5 日，市委副书记、市长张永霞到万华集团调研治污减排、安全生产工作

2018年6月13日，市人大常委会主任王晓敏到牟平恒邦化工有限公司视察安全生产工作

2017 年 5 月 16 日，市政协主席朱秀香视察烟台工程职业技术学院

2018 年 8 月 7 日，市委副书记王继东到莱阳市龙旺庄街道调研脱贫攻坚工作

全国文明城市“五连冠”

2017 年 11 月 17 日，经中央文明委复查确认，烟台市继续保持“全国文明城市”荣誉称号，成为全省唯一、全国仅有的两个“五连冠”地级市。莱州市、龙口市入选第五届全国县级文明城市，蓬莱市继续提名全国县级文明城市。

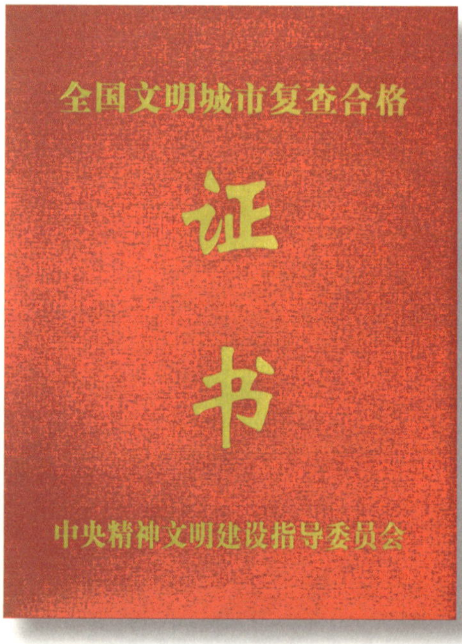

十佳“烟台好人”合影

社区巡逻

公益广告

城市志愿者

道德模范事迹展览

全国文明城市“五连冠”

古诗文朗读进校园

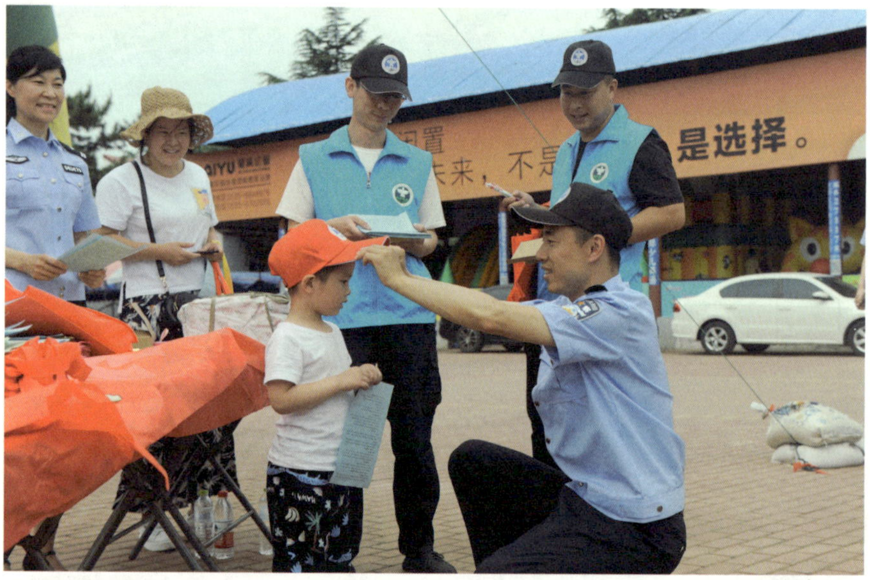

禁毒宣传日活动

志愿者在毓璜顶公园开展义卖活动

街头歌舞

全国社会治安综合治理优秀城市七连冠

2017 年，烟台市获“全国社会治安综合治理优秀城市”称号，是全国唯一连续七次获此殊荣的地级市。

全国社会治安综合治理
优秀市（地州盟）
2013-2016
中央综治委

烟台市成为全国唯一四捧“长安杯”的地级市

证　　书

山东省烟台市：

连续三次以上（含三次）受到全国社会治安综合治理先进表彰，授予“长安杯”，特颁此证。

中央综治委
二〇一七年九月

2017 年 9 月 19 日，在全国社会治安综合治理表彰大会上，省委常委、市委书记王浩代表烟台市领奖

市公安局“110”接处警

社区民警向群众介绍“互联网＋公安”

特警武装巡逻

市人民检察院开展法治进校园巡讲活动

“12·4”街头普法

“法官进园区”专题法律讲座

法官做客直播间

人民法官践行司法为民

建设制造业强市

2017 年，烟台市印发《关于实施制造业强市战略的意见（试行）》，提出到 2020 年，在制造业领域打造包括电子信息、食品加工、有色金属加工、高端化工新材料、装备制造、汽车、医药健康等 7 个千亿级支柱产业。2017 年，全市规模以上工业实现主营业务收入 1.4 万亿元，其中制造业七大产业完成 1.22 万亿元，占 87%。

中集来福士建造的蓝鲸 2 号平台

杰瑞石油服务集团股份有限公司装配车间

绿叶制药集团有限公司

张裕工业园

南山航空园

打造现代物流中心

2017 年，《烟台市物流业发展中长期规划》出台，规划建设“国家二级物流园区布局城市”。烟台物流总额达 21686.7 亿元，冷链物流、电商物流、共同配送、多式联运、保税物流和物流金融等服务能力显著提升。

待装运出口的汽车

渤海轮渡码头

“渤海钻珠”号

烟台国际机场大樱桃航班

宏达物流

打造康养胜地

烟台市推动医养健康产业载体平台建设，统筹规划建设多个高端生物医药工业园区，建设基因技术应用示范中心等 11 个医药研发公共服务平台。在 2017 年 6 月 29 日举行的“2017 年全国食品安全宣传周”启动仪式上，烟台市被命名为国家食品安全示范城市。

2017 中国（烟台）国际养老服务业暨老龄产业博览会开幕式

食品安全文化节

食品安全宣传

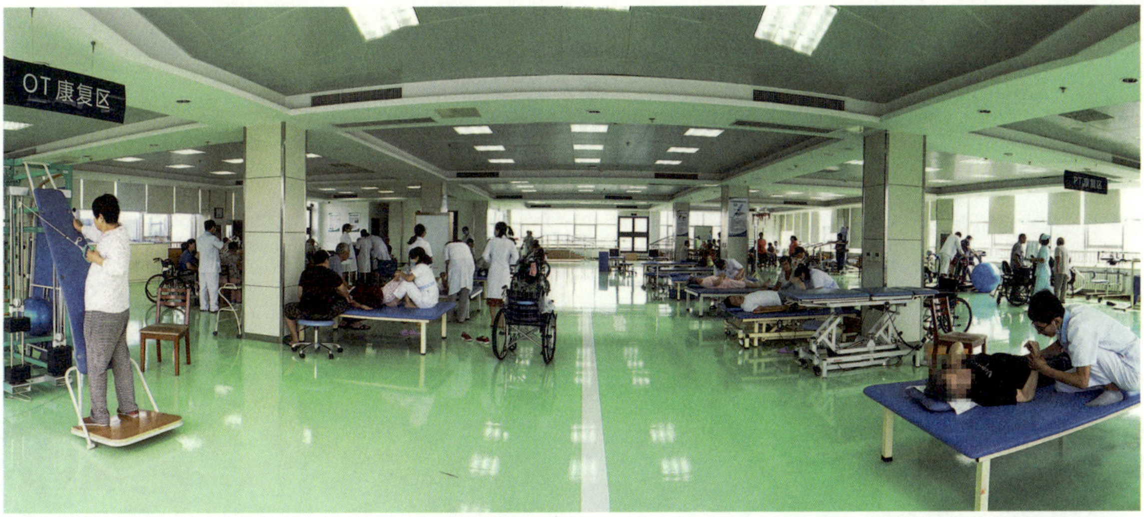

招远金都康复医院康复大厅

桃源山庄养老公寓

过期药品回收活动

打造文化旅游胜地

2017年，烟台市再获“最佳避暑旅游城市”称号，获“2017年度中国最具生活品味旅游城市”称号，位居2017中国全域旅游魅力指数排行榜地市级第四位。全年接待游客7000万人次，实现旅游消费总额940亿元。

海滨广场

海昌渔人码头

十里杏花谷

三仙山景区

2017年6月28日，新绎旅游公司寻仙号开通万鸟岛之旅海上航线

2017年9月6日，首届烟台仙境海岸旅游节暨“新海岸新烟台·巡航崆峒列岛”活动启动

打造文化旅游胜地

胶东革命纪念馆

《党员登记表》首映式

现代京剧《烟台解放》

2017烟台文化艺术季开幕式

2017烟台文化艺术季广场演出

烟台华韵民族乐团环渤海津冀辽鲁四省（市）巡演

繁荣体育事业

2017 年，烟台市新增体育场地 20 万平方米，烟台健儿勇夺 44 枚奖牌助力山东成就全运会“三连冠”，烟台体育公园全民健身广场等重点项目如期完工，烟台市体育局等 11 个单位获评全国群众体育先进单位。

2017 年 8 月 9—11 日，第十三届全国运动会游泳少年组比赛在烟台举行

2017 年 12 月 9—12 日，第十六届亚洲蹼泳锦标赛暨 2017 年亚洲青年蹼泳比赛在烟台举行

2017 年 2 月 12 日，烟台籍 IBF 女子迷你轻量级世界拳王蔡宗菊与烟台市体育运动学校师生合影

2017 年 4 月 22 日，山东省第七届全民健身运动会在烟台举行开幕式

2017 年 5 月 25 日，《烟台市芝罘区志（1983—2002）》志稿评议会召开

2017 年 11 月 16 日，《莱州市志（1978—2003）》志稿评审会召开

2017 年 12 月 18 日，《烟台市志（1978—2002）》志稿专家评审会召开

目　录

Contents

特　载

Features

大事记

Chronicle of Major Events

烟台概况

General Situation of Yantai

中国共产党烟台市委员会

Yantai Committee of the Communist Party of China

烟台市人民代表大会

Yantai People's Congress

烟台市人民政府

Yantai Municipal People's Government

中国人民政治协商会议烟台市委员会

Yantai Committee of Chinese People's Political Consultative Conference

中共烟台市纪律检查委员会

Yantai Commission for Discipline Inspection of the Communist Party of China

民主党派与工商联

Democratic Parties and Federation of Industry and Commerce

群众团体

Mass Organizations

军　事

Military Affairs

法　治

Rule of Law

经济管理与监督

Economic Management and Supervision

口岸管理
Port Administration

农　业
Agriculture

工　业

Industrial

贸易

Trade

旅 游

Tourism

金　融

Finance

财政·税务

Finance and Taxation

城乡建设·环境保护

Urban and Rural Construction and Environmental Protection

交通运输·邮政

Transportation and Postal Service

信息产业

Information Industry

科 学

Science

教　育

Education

文 化

Culture

卫生计生 · 体育

Healthcare and Sports

社会生活

Social Life

国家级园区

National Parks

县市区

Districts County-level Cities and Counties

附 录

Appendix

索 引

Index

特　载

中共烟台市委
关于深入学习贯彻党的十九大精神的决议

（2017年11月5日中国共产党烟台市第十三届委员会第三次全体会议通过）

为深入学习贯彻党的第十九次全国代表大会精神，全面贯彻落实习近平新时代中国特色社会主义思想，努力完成党的十九大确定的各项任务，根据中央的部署要求和省委十一届二次全会的安排部署，结合烟台实际，作出如下决议。

一、深入学习宣传贯彻党的十九大精神，用习近平新时代中国特色社会主义思想武装头脑

1. 充分认识党的十九大的重大意义。党的十九大是在全面建成小康社会决胜阶段、中国特色社会主义进入新时代的关键时期召开的一次十分重要的大会。大会高举中国特色社会主义伟大旗帜，以马克思列宁主义、毛泽东思想、邓小平理论、“三个代表”重要思想、科学发展观、习近平新时代中国特色社会主义思想为指导，分析了国际国内形势发展变化，回顾和总结了过去5年的工作和历史性变革，作出了中国特色社会主义进入了新时代、我国社会主要矛盾已经转化为人民日益增长的美好生活需要和不平衡不充分的发展之间的矛盾等重大政治论断，深刻阐述了新时代中国共产党的历史使命，确立了习近平新时代中国特色社会主义思想的历史地位，提出了新时代坚持和发展中国特色社会主义的基本方略，确定了决胜全面建成小康社会、开启全面建设社会主义现代化国家新征程的目标，对新时代推进中国特色社会主义伟大事业和党的建设新的伟大工程作出了全面部署。大会批准的十八届中央委员会的报告，是全党全国各族人民智慧的结晶，是我们党团结带领全国各族人民在新时代坚持和发展中国特色社会主义的政治宣言和行动纲领，是马克思主义的纲领性文献。大会批准的中央纪委工作报告，对进一步做好党风廉政建设和反腐败工作，纵深推进全面从严治党，具有重要意义。大会审议通过的《中国共产党章程（修正案）》，对推进党的事业和党的建设必将更好发挥规范和指导作用。党的十九届一中全会选举产生的以习近平同志为核心的新一届中央领导集体，体现了全党意志、反映了全国各族人民心愿，为在新的时代条件下进行伟大斗争、建设伟大工程、推进伟大事业、实现伟大梦想提供了坚强政治保证和组织保证。全市各级党组织和广大党员干部要充分认识党的十九大的重大意义和深远影响，深刻领会和把握党的十九大的主题，深刻领会和把握党的十八大以来党和国家事业取得的历史性成就、发生的历史性变革，深刻领会和把握中国特色社会主义进入新时代和社会主要矛盾发生变化的重大论断，深刻领会和把握新时代中国共产党的历史使命，深刻领会和把握习近平新时代中国特色社会主义思想的重大指导意义，深刻领会和把握新时代坚持和发展中国特色社会主义的基本方略，深刻领会和把握分两步走全面建设社会主义现代化强国的宏伟蓝图，深刻领会和把握新时代推进各项事业发展的重大举措，深刻领会和把握新时代党的建设的新要求，切实增强贯彻落实的政治自觉、思想自觉和行动自觉，在以习近平同志为核心的党中央坚强领导下，高举旗帜、把握主题，不忘初心、牢记使命，锐意进取、埋头苦干，奋力谱写社会主义现代化建设的烟台篇章。

2. 始终忠诚核心拥戴核心维护核心紧跟核心。党的十八大以来，党和国家事业取得历史性辉煌成就，发生历史性深刻变革，归根结底是靠“两个关键”：关键有习近平总书记这个坚强的领导核心，关键有习近平新时代中国特色社会主义思想这个科学的指导思想。习近平总书记展现了马克思主义政治家、思想家、理论家、战略家的雄韬伟略、远见卓识、坚定信念和崇高品质，不愧是全党全军全国各族人民的坚强核心、英明领袖、伟大统帅。要把维护习近平总书记在党中央和全党的核心地位作为最大的政治，坚决维护习近平总书记的核心地位和领袖权威，坚定

不移在政治立场、政治方向、政治原则、政治道路上同以习近平同志为核心的党中央保持高度一致。

3. 坚持以习近平新时代中国特色社会主义思想指导思想和行动。习近平新时代中国特色社会主义思想，是对马克思列宁主义、毛泽东思想、邓小平理论、“三个代表”重要思想、科学发展观的继承和发展，是马克思主义中国化最新成果，是党和人民实践经验和集体智慧的结晶，是中国特色社会主义理论体系的重要组成部分，是全党全国人民为实现中华民族伟大复兴而奋斗的行动指南，必须长期坚持并不断发展。要深刻理解“8 个明确”的内在要求、有机联系，深刻理解“14 个坚持”的基本方略，自觉运用习近平新时代中国特色社会主义思想指导实践，精心谋划好烟台发展的新思路、新任务、新举措，努力使各方面工作更加符合新时代的要求、符合中央和省委的要求、符合人民的要求，推动习近平新时代中国特色社会主义思想在烟台落地生根见效。

4. 坚定不移维护党中央权威和集中统一领导。党政军民学，东西南北中，党是领导一切的。要增强“四个意识”，坚定“四个自信”，做到“四个看齐”，旗帜鲜明讲政治，严格遵守党的政治纪律和政治规矩，始终对党绝对忠诚，始终坚持以党的旗帜为旗帜、以党的方向为方向、以党的意志为意志，自觉维护以习近平同志为核心的党中央权威和集中统一领导，任何工作都以贯彻党中央决策部署为前提，确保党中央确定的目标任务和战略部署顺利实施、落到实处。

5. 准确把握学习宣传贯彻的重点和关键。全市各级党组织要把深入学习宣传贯彻党的十九大精神作为当前和今后一个时期的首要政治任务，加强组织领导，务求取得实效。要原原本本、原汁原味学习好十九大报告和党章，在学懂弄通做实上下功夫，把着力点聚焦到习近平新时代中国特色社会主义思想是党必须长期坚持的指导思想上，聚焦到 5 年来党和国家事业取得历史性成就和发生历史性变革上，聚焦到作出中国特色社会主义进入了新时代、我国社会主要矛盾已经转化为人民日益增长的美好生活需要和不平衡不充分的发展之间的矛盾等重大论断的深远影响上，聚焦到贯彻落实党的十九大的重大决策部署上，聚焦到以习近平同志为核心的新一届中央领导集体是深受全党全国各族人民拥护和信赖的领导集体上，聚焦到习近平总书记是全党拥护、人民爱戴、当之无愧的党的领袖上。

6. 精心组织各类学习培训。以科级以上领导干部为重点，认真组织好党的十九大精神学习培训。各级党委（党组）理论学习中心组要把学习党的十九大精神作为中心内容，把集中学习与个人自学、通读文件与专题研讨结合起来，做到学深悟透、入脑入心。各级党校、行政学院和培训机构要举办专题学习班、培训班、研讨班，分批培训党员干部。充分发挥基层党组织作用，发挥人民团体和社会组织作用，组织好基层党员和群众学习，推动党的十九大精神进企业、进农村、进机关、进校园、进社区、进网站，使党的十九大精神家喻户晓、深入人心。

7. 深入开展多种形式的宣讲宣传活动。做好省委宣讲团来烟宣讲活动组织工作。市县两级成立宣讲团，集中开展对象化、分众化、互动化宣讲。组织好分领域分系统的宣讲工作，利用各类讲坛讲堂和宣传平台，开展形式多样、富有特色的宣讲活动。各级领导干部要带头宣讲，深入联系单位或分管领域宣讲十九大精神，党委（党组）书记搞好“第一讲”。报刊、电视、广播、网络等各类媒体，要开辟专题专栏，推出刊发一批有分量有深度的综述、社论、评论和理论文章、典型事迹、重大成就，营造浓厚的舆论氛围。注重加强网络宣传，积极回应网民关切，形成网上正面宣传强势。结合经济社会发展实际和干部群众关心的热点难点问题，列出一批重点课题，加大研究阐释力度，组织开展研讨交流，增强学习宣传的理论深度、实践力度、情感温度。

二、全面贯彻新发展理念，加快建设现代化经济体系，推动发展走在前列

8. 明确总体思路目标。坚持以习近平新时代中国特色社会主义思想为指导，围绕“五位一体”总体布局和“四个全面”战略布局，对照党的十九大和省委十一届二次全会作出的到本世纪中叶经济社会发展的阶段性安排，确定当前和今后一个时期我市工作的总体思路是：以走在全省前列为目标定位，着力打造先进制造业强市、现代物流中心、健康养生胜地、文化旅游名城，加快建设创新开放包容、宜居宜业宜游的现代化国际滨海城市。在此基础上，瞄准更高水平，放眼更远未来，不断推动烟台创新发展、持续发展、领先发展，在决胜全面建成小康社会、开启社会主义现代化新征程中始终走在前列。

9. 全力打造先进制造业强市。落实建设制造强国的部署要求，以供给侧结构性改革为主线，以新旧动能转换为统领，以提高质量效益为中心，按照行业竞争力强、创新能力强、融合发展能力强、持续发展能力强、品牌影响力强、综合实力强的“六强”标志和“7+N”思路，大力培育发展电子信息、食品加工、有色及贵金属加工、高端化工新材料、装备制造、汽车制造、医药健康等 7 大支柱产业，超前布局培育一批具有引领作用的前沿性、潜力性产业，打造新的增长点，推动产业迈向中高端。力争到 2020 年，规模以上工业主营收入超过 2 万亿元，形成

7 个千亿级主导产业、20 个百亿级龙头企业，战略性新兴产业产值占规模以上工业比重达到 30%，高新技术企业产值占规模以上工业比重达到 45% 以上。

10. 全力打造现代物流中心。着力突破重大基础设施瓶颈制约，实施大莱龙铁路和环渤海高铁、空港和海港、高速公路和国省道、水利设施“两铁两港两路一水”工程，做好跨海通道、轨道交通、中韩铁路轮渡等前期工作，加快把烟台打造成对接东北亚、辐射中西部、服务环渤海的海陆空联运中心和物流中心。积极争取更多国际海上航线和国际铁路班列开通，提升国际物流业发展水平。推进大莱龙铁路扩能改造，启动实施环渤海高铁潍坊至烟台段，加强与周边城市、全国高铁网的对接连通。加快启动机场二期工程，确保 2021 年 7 月 1 日前建成启用，2020 年实现旅客吞吐量 1000 万人次、货邮吞吐量 10 万吨、起降 10 万架次；推进港口建设，改造提升芝罘湾港区，实施西港区 30 万吨级原油码头二期等重点工程，显著增强港口竞争力。优化加密高速公路网络，提升国省道干线服务能力。规划建设重大水利基础设施，实施河库水系连通工程和“海上调水”工程，健全引水网络，最大限度提高水资源保障水平。

11. 全力打造健康养生胜地。加快推进医养结合制度衔接、医养服务资源共享、医养产业融合发展，建设国家健康城市、国家医养结合示范市、国际生命科学创新示范区，在建设健康中国中走在全国全省前列。推行“大医疗 + 小养老”“大养老 + 小医疗”“医疗、养老并重”“居家养老 + 医疗网络”四种模式，力争到 2020 年全面建成以“居家为基础、社区为依托、机构为补充、医养相结合”的养老服务体系，医养结合床位达到 2.8 万张，老年人家庭医生签约服务实现全覆盖。开发新型抗体药物、新型免疫治疗、生物医学材料等新型产品，实现重大疾病防治和临床急需药物的原始创新，力争到 2020 年全市医药健康产业主营业务收入突破 1000 亿元。

12. 全力打造文化旅游名城。积极创建全域旅游示范区，坚持以旅游为体、以文化为魂，高水平开发“仙境海岸”带，编制从昆嵛山至长岛滨海一线文化旅游专项规划，统筹养马岛、崆峒岛、芝罘岛等开发利用，沿线打造提升一批精品点、精品线、精品区，大力发展岸上游、岛上游、海上游等具有烟台特色的文化旅游产品，鼓励国家级特色小镇建设，形成“仙境海岸”核心文化旅游区和“黄金文化旅游带”。高品质打造朝阳街和所城里历史文化街区，建成展现烟台历史文脉的特色街区、精品街区，推进文化旅游融合发展。

13. 全力加快海洋强市建设。落实海洋强市建设意见，贯彻海洋强市建设规划、海洋主体功能区规划、海岸线保护规划，优化海洋空间资源布局，科学绿色立体开发海洋。以国家海洋高技术产业基地和海洋经济创新发展示范城市为载体，健全完善现代海洋产业体系，加快“海上粮仓”建设，推动海洋渔业、海洋交通、滨海旅游转型升级，促进海洋高端装备、海洋生物医药等新兴产业膨胀壮大，形成海洋强市新动能。力争到 2021 年，海洋生产总值突破 3300 亿元，占全市地区生产总值的 30% 以上。

14. 全力加快城市化进程。坚持以人为本、生态优先、规划引领、陆海统筹、品质至上、科学管理、港产城融合、城乡一体化“八项原则”，着力构筑规划、生态、交通、公共服务、管理、文化、产业“七大支撑体系”，推进市县镇村四级规划网络全域覆盖、城乡规划与经济社会发展总体规划等“多规合一”，实施棚户区改造、老旧小区综合整治改造、背街小巷改造、打通城市微循环“三改一通”工程，健全公共服务设施，加快智慧城市建设，探索建立区域协调发展新机制，努力实现区域、城乡、陆海协调发展。到 2020 年，全市城镇化率达到 65% 以上，控制性详细规划覆盖率达到 100%。

15. 全力培育农业“新六产”。实施乡村振兴战略，坚持农业农村优先发展，按照产业兴旺、生态宜居、乡风文明、治理有效、生活富裕的总要求，加快推进农业农村现代化。以绿色生态安全为导向、高端高质高效为目标、惠民共享为根本，打造现代农业产业、生产、经营、科技、服务“五大体系”，把烟台建成全国优势特色产业引领区、现代绿色农业示范区、跨界融合发展先行区、现代高新技术产业聚集区，建设中国现代农业样板城市。巩固完善农村基本经营制度，出台农村土地“三权”分置实施意见。深化农村集体产权制度改革，总结推广改革试点成功经验，开展好清产核资。加快培育新型经营主体，推动农业品牌建设提档升级，发展休闲农业和乡村旅游，推进农村一二三产业深度融合发展。

16. 全力优化营商环境。按照“打造国内一流、与国际接轨营商环境”的目标，积极推进“放管服”改革，做到放就放彻底、管就管到位、服务要优质。完善“清单”管理制度，压缩行政审批时限，优化服务流程，打造优质高效的政务环境。进一步降低市场准入门槛，实行“多证合一”，优化投资建设审批流程，规范涉企收费，健全社会信用体系，打造公平有序的市场环境。优化公共服务，强化人才智力支撑，打造和谐共享的社会环境。聘请第三方和社会中介机构、企业家，对部门承诺事项和优化环境情况进行评估评价。

17. 全力推动改革创新。深入实施创新驱动发展战略，完善以企业为主体、市场为导向、产学研深度融合的技术创新体系，加快建设创新型城市，力争到2020年，全社会研发经费支出占地区生产总值比重达到3%，国家级创新平台达到50家，高层次人才达到10万人以上，万人发明专利拥有量达到10件以上，高新技术企业突破1000家。统筹推进供给侧结构性改革、金融体制改革、行政体制改革等重大改革，充分激发经济社会发展的动力和活力。

18. 全力推进新一轮高水平对外开放。深度融入“一带一路”建设，加大招商引资、招大引强、招才引智和项目建设力度，编制重点产业招商地图，鼓励运用融资租赁、产业引导基金、境外上市等方式吸收外资，实施加工贸易转型升级和国际自主品牌培育行动计划，出台开发区改革发展意见和鼓励招商引资政策，高水平规划中韩（烟台）产业园，塑造开放型经济新优势，力争到2020年，外贸进出口总额达到630亿美元，高新技术产品出口占比达到40%。

19. 全力支持长岛发展。落实省委、省政府支持长岛生态保护和可持续发展政策措施，编制《长岛县生态保护和可持续发展规划》，着眼推进长岛保护开发和固防守疆，高起点建设长岛生态旅游度假岛，创建海洋类国家公园，加快向以旅游度假为主的特殊功能区转变，精心打造绿色生态之岛、休闲宜居之岛、军民融合之岛。

三、加强意识形态领域工作，全面提升城市文化软实力

20. 牢牢掌握意识形态工作领导权。落实意识形态工作责任制，健全党委（党组）定期研究、通报工作机制，实施责任清单和负面清单制度，确保全市意识形态领域安全平稳。加强阵地建设和管理，旗帜鲜明反对和抵制各种错误观点。加大新闻舆论宣传调控力度，完善新闻例会、新闻阅评制度，提高新闻舆论传播力、引导力、影响力、公信力。建立完善网络综合治理体系，推动属地网站隐患风险排查处置常态化，确保属地网站清朗健康。

21. 大力弘扬社会主义核心价值观。强化教育引导、实践养成、制度保障，把社会主义核心价值观融入到经济社会发展实践、渗透到群众日常生产生活，培育弘扬良好社会风尚。推动社会主义核心价值观与社会治理融合发展，制定贯彻落实核心价值观与法治建设的实施意见。大力弘扬劳模精神、工匠精神，营造劳动光荣的社会风尚和精益求精的敬业风气。发挥先进典型的示范带动作用，健全村镇县市梯次推进的选树机制，扩大先进典型的社会影响力。

22. 扎实推进思想道德建设。加强理想信念教育，深入开展中国特色社会主义和中国梦宣传教育。加强爱国主义教育，增强干部群众的爱国情怀和国家意识。深入推进“四德工程”建设，广泛开展示范县创建活动，扩大善行义举四德榜覆盖面。深化拓展精神文明创建活动，推进文明社会风尚行动，不断提高市民文明素质和城乡文明程度。大力弘扬志愿精神，壮大志愿者队伍，以制度化促进志愿服务经常化规范化。

23. 繁荣发展文化事业和文化产业。坚持思想精深、艺术精湛、制作精良相统一，加强现实题材和烟台题材创作，推动文艺创新，讲好烟台故事。完善公共文化服务设施，增加服务供给，提升服务效能，巩固国家公共文化服务体系示范区创建成果。大力推进全民阅读，抓好“书香烟台”建设。传承弘扬中华优秀传统文化，加强城市文化建设，实施“乡村记忆”工程，深化“我们的节日”主题活动，积极引进文化人才，推动文化经典研究阐释和推广普及。广泛开展全民健身活动。实施文化产业“三大载体”战略，形成门类齐全、布局合理的现代文化产业体系。

四、牢固树立以人民为中心的发展思想，持续提高人民群众的获得感幸福感安全感

24. 认真落实民主政治建设制度。支持和保证人民通过人民代表大会行使国家权力。发挥人大及其常委会在立法工作中的主导作用。支持和保证人大依法行使立法权、监督权、决定权、任免权，实施《烟台市人大常委会2017—2021年地方立法规划》，更好地发挥人大代表作用。充分发挥人民政协作为协商民主重要渠道的作用，推动协商民主广泛、多层、制度化发展。发挥统一战线的重要法宝作用，支持民主党派、工商联、无党派人士积极参政议政、开展民主监督，加强政党协商，构建和谐民族宗教关系，做好党外知识分子和新的社会阶层人士工作，构建亲清新型政商关系。创新群团工作体制机制，增强党的群团工作的政治性、先进性、群众性。坚持厉行法治，加大全民普法力度，推进科学立法、严格执法、公正司法、全民守法。

25. 着力提高保障和改善民生水平。优先发展教育事业，推进中小学德育课程一体化等基础教育综合改革，实施第三期学前教育三年行动计划、消除大班额专项工程和高中阶段教育普及攻坚计划，积极发展职业教育、高等教育，推进产教融合、校城融合，进一步加强教育基础设施建设，大力提高教师队伍素质，办好人民满意的教育。提高就业质量和群众收入水平，精准实施加强就业培训提高就业与创业能力五年规划，鼓励各类投资主体兴办创客空间等创业服务平台，促进创业带动就业，不断拓宽群众收入渠道。健全社会保障体系，实施全民参保计划，统筹城乡社会救助体系，加快建立多主体供给、多渠道保障、租购并举的住房制度，编牢织密社会保障安全网。抓好棚户

区改造，坚持“政府主导、统一规划、连片成方、集中安置”原则，打好“三年攻坚战”，到2019年基本完成城镇现有棚户区改造。坚持精准扶贫精准脱贫方略，推进农村低保线与扶贫线“两线合一”，坚决打赢脱贫攻坚战。深入推进法治、平安、和谐烟台建设，加强预警预测体系、应急处置体系建设，完善社会矛盾排查调处化解综合机制，强化安全生产、食品药品监管和金融风险防控，巩固全国社会治安综合治理优秀城市“七连冠”创建成果。

26. 着力打造生态城市美丽烟台。牢固树立“绿水青山就是金山银山”的生态文明观，加快形成节约资源和保护环境的空间格局、产业结构、生产方式、生活方式。实施电代煤气代煤、扬尘防治、水体整治、“散乱污”整治、城市生态修复“五个生态”工程，坚决打赢化工产业安全生产转型升级和环境突出问题综合整治攻坚战。落实领导干部任期生态文明建设责任制，完善资源和生态环境监管执法、政绩考核、责任追究制度，坚决制止和惩处破坏生态环境行为。力争到2020年，省控及以上重点河流水质基本达到水环境功能区要求，全市森林覆盖率达到42%以上，市区空气优良天数保持在310天以上。

五、认真落实新时代党的建设总要求，推动全面从严治党向纵深发展

27. 提高政治站位。把党的政治建设摆在首位，坚决执行党的政治路线，严格遵守政治纪律和政治规矩，始终在思想上政治上行动上同以习近平同志为核心的党中央保持高度一致。认真学习党章党规，模范遵守党章党规，严肃认真开展党内政治生活，着力增强党内政治生活的政治性、时代性、原则性、战斗性。完善和落实民主集中制的各项制度，严格按照民主集中制原则作决策办事情。加强党性锻炼，强化政治担当，对党绝对忠诚，全力为党分忧、为党尽职、为民造福，永葆共产党人的政治本色。

28. 加强思想建设。用习近平新时代中国特色社会主义思想武装头脑，教育引导广大党员干部牢记党的宗旨，挺起共产党人的精神脊梁，解决好“总开关”问题。积极推进“两学一做”学习教育常态化制度化，开展好“不忘初心、牢记使命”主题教育。完善党委（党组）理论学习中心组制度，发挥党校、行政学院、干部学院等培训主渠道作用，用好胶东党性教育基地等资源，加强理想信念教育、党性教育、道德教育，使广大党员干部成为习近平新时代中国特色社会主义思想的坚定信仰者、积极实践者、忠诚捍卫者。

29. 加强干部队伍建设。坚持德才兼备、以德为先，坚持五湖四海、任人唯贤，坚持事业为上、公道正派，把好干部标准落到实处。坚持正确选人用人导向，突出政治标准，提拔重用牢固树立“四个意识”和“四个自信”、坚决维护党中央权威、全面贯彻执行党的理论和路线方针政策、忠诚干净担当的干部。注重在基层一线、在发展一线、在项目建设现场、在急难险重任务中发现干部、选拔干部，打造高素质专业化干部队伍。加强专业化干部储备，分类别、分行业、分领域建立和完善专业化后备干部人才库，实行分类管理、重点培养、梯次储备。以优化干部成长路径为重点，进一步拓宽年轻干部来源渠道，选派优秀年轻干部到重点项目和信访维稳等一线岗位实践锻炼。制定关心关爱基层干部的措施办法，进一步减轻基层负担。

30. 加强人才队伍建设。坚持党管人才原则，牢固树立人才第一战略资源理念，深入推进人才强市建设，加快形成以《创新驱动发展意见》为核心的人才政策体系，构筑“全省领先、全国一流”的人才发展制度优势。围绕新旧动能转换和产业转型升级，坚持以“双百计划”为引领，大力集聚海内外“高精尖缺”人才，推动“优才卡”精细化、个性化服务，形成人人渴望成才、人人努力成才、人人皆可成才、人人尽展其才的生动局面。

31. 加强基层组织建设。以新一届村、城市社区“两委”换届为契机，选优配强基层党组织带头人。实施农村党建“三创两提升”工程，创建农村党建示范区、治理有效村庄和党群连心品牌，提升村党组织的组织力、村集体经济实力。统筹推进城市基层党建工作，加快以街道社区党群服务中心为重点的公共服务设施建设，提高服务群众的承载力，以党建引领城市基层治理水平不断提升。实施两新组织党建工作“拓面提质工程”，开展“国有企业党建规范年”活动，不断扩大基层党组织的有效覆盖。深入抓好流动党员党组织建设，持续整顿软弱涣散基层党组织。分领域打造过硬党支部，严格落实“三会一课”制度、组织生活会、民主评议党员、“主题党日”等制度。尊重党员民主地位，保障党员民主权利，提高党员发展质量，优化党员队伍结构，稳妥有序处置不合格党员。

32. 抓好党风廉政建设和反腐败斗争。继续整治“四风”问题，坚决反对特权思想和特权现象，巩固拓展落实中央八项规定精神成果。全面加强纪律建设，重点强化政治纪律和组织纪律，带动廉洁纪律、群众纪律、工作纪律、生活纪律严起来。运用好监督执纪“四种形态”，注重抓早抓小抓预防，真正用纪律管住全体党员。坚持无禁区、全覆盖、零容忍，坚持重遏制、强高压、长震慑，始终保持惩治腐败的高压态势。坚持问题导向，抓住重点领域、重点人员、重点事项，坚决整治群众身边腐败问题。推进标本兼治，健全制度机制，强化不敢腐的震慑，扎牢

不能腐的笼子，增强不想腐的自觉，不断夺取反腐败斗争压倒性胜利。

33. 健全完善监督体系。卡实党内监督责任，强化自上而下的组织监督，改进自下而上的民主监督，发挥同级相互监督作用，加强对党员领导干部的日常管理监督。推进市县两级党委巡察工作，突出政治巡察，发挥巡察震慑、遏制和治本作用。加快推进监察体制改革，组建市县两级监察委员会，实现对所有行使公权力的公职人员监察全覆盖。稳妥推进市县两级纪检监察派驻机构改革，强化派驻监督。

六、着力推进工作落实，凝聚干事创业强大合力

34. 坚持领导带头以上率下。各级领导干部要发挥表率和示范作用，坚持先学一步、深学一层，精研细读党的十九大报告、党章，全面系统领会和把握党的十九大精神，带头学习习近平新时代中国特色社会主义思想，带头搞好宣讲，带头抓好落实。市委常委要率先垂范，积极主动加强学习，指导好分管领域和单位的学习；其他领导干部要以身作则、履职尽责，发挥好带学促学作用。要对标党的十九大提出的新任务新要求，研究制定贯彻落实措施，细化工作任务，明确责任分工，强化督查考核，把党的十九大精神转化为做好工作的动力源泉和生动实践。

35. 提高执政本领履职能力。各级领导干部要自觉按照“既要政治过硬、也要本领高强”的要求，不断增强学习本领、政治领导本领、改革创新本领、科学发展本领、依法执政本领、群众工作本领、狠抓落实本领、驾驭风险本领，真正把造福一方百姓、维护一方稳定的责任，坚定扛起来、有效落下去。要始终保持虚怀若谷、如饥似渴的学习状态，既向书本学习，又向实践学习；既向领导和同事学习，又向专家、基层和群众学习；既向传统学习，又向现代学习，培养专业能力、增强专业精神。要坚持从群众中来、到群众中去，紧扣人民群众生产生活，紧扣经济社会发展实际，紧扣全面从严治党面临的现实问题，紧扣贯彻落实党的十九大精神需要解决的问题，深入基层、深入群众，听民声、察实情、求实招。要加强实践锻炼，在推进中国特色社会主义伟大实践中砥砺品质、增长才干，努力使自己的素养结构更加适应新时代中国特色社会主义发展要求。

36. 持续改进作风狠抓落实。把雷厉风行和久久为功有机结合起来，以钉钉子精神做实做细做好各项工作。坚持解放思想创新干，以更大力度推动理念创新、政策创新、体制机制创新和工作方式方法创新，善谋新招数、善用新方法，以创新之策破解万事之难；实行重点工作、重大工程领导小组或指挥部体制，建立完善十大推进机制，加大 10 个领导小组重点工作、市级重点项目和市区城建重点项目推进力度。坚持抬高标杆一流干，咬定“全省领先、全国一流”的目标定位不动摇，咬定定量工作在全省“保三争二冲一”、定性工作在全省位于第一方阵的目标定位不动摇，真正做到狭路相逢勇者胜、走在前列不松动。坚持扑下身子务实干，实字为先、干字当头，办实事、出实招、见实效，把各项工作做实做细做精做到位，做到不干则已、干则必成、干则一流。坚持事不隔夜高效干，今日事今日毕、明日事今日计，打好提前量、争取主动权。坚持尽职尽责担当干，落实激励引导干部担当作为干事创业、干部容错纠错、考核奖惩等制度，旗帜鲜明为敢于担当者担当、为敢于负责者负责，引导广大党员干部强化善作善成的担当、坚定攻坚克难的信心、加大推进落实的力度，在困难和矛盾面前不退、不拖、不躲，敢于挑最重的担子、啃最硬的骨头，以永不懈怠的精神状态和一往无前的奋斗姿态，确保全市各项工作落到实处、收到实效。

党的十九大开启了新时代中国特色社会主义新征程。全市各级党组织和广大党员干部要更加紧密地团结在以习近平同志为核心的党中央周围，以习近平新时代中国特色社会主义思想为指导，牢牢把握走在前列的目标定位，不忘初心、牢记使命，锐意进取、真抓实干，奋力开创各项工作新局面，为实现十九大绘就的宏伟蓝图、建设经济文化强省、加快建设现代化国际滨海城市而努力奋斗！

政府工作报告（摘要）

——2018 年 1 月 6 日在烟台市第十七届人民代表大会第二次会议上

烟台市市长　张永霞

一、2017 年工作回顾

2017 年是本届政府的开局之年。一年来，全市上下在以习近平同志为核心的党中央坚强领导下，坚持以习近平新时代中国特色社会主义思想为指导，认真贯彻落实省委省政府和市委决策部署，努力推动创新发展、持续发展、领先发展，经济在调控中趋稳，结构在调整中优化，动能在转换中增强，民生在发展中改善，经济社会发展总体平稳、稳中有进。全市实现生产总值 7339 亿元，增长 6.5%；一般公共预算收入 600.3 亿元，增长 6.4%；固定资产投资 5594 亿元，增长 8.5%；社会消费品零售总额 3273 亿元，增长 10%；城镇和农村居民人均可支配收入分别达到 41837 元和 18051 元，均增长 8%。我市第五次获评全国文明城市、第七次获评全国社会治安综合治理优秀城市、第四次捧得“长安杯”，成为首批国家食品安全示范城市。

（一）着力优化产业结构，发展质量效益进一步提高。工业向集群化、高端化迈进。规模以上工业主营业务收入继续保持全省前列，利润增长 11.3%。4 个两千亿级、2 个千亿级产业和 16 个百亿级企业稳健发展，医药健康产业总收入增长 12% 以上，战略性新兴产业产值占比达到 22.3%。“关停搬转”化工企业 526 家，化工产业利润增长 90% 以上。完成技改投资 1602 亿元，万元生产总值能耗下降 3.4%。工业稳增长促转型成效明显，受到国务院表彰。一批骨干企业勇立潮头、创新发展。万华百万吨乙烯项目启动实施；中集来福士“蓝鲸 1 号”钻井平台助推我国首次成功试采可燃冰；鲁花集团入选 2017 年国家品牌计划；绿叶制药成为全国最具研发创新能力医药上市企业 10 强。服务业向规模化、品质化迈进。金融机构本外币存贷款余额分别达到 7933 亿元和 5099 亿元。新增基金和管理机构 90 家，基金总规模 1299 亿元。新增 7 家上市公司，总数达到 47 家，稳居全省首位。全域旅游示范区创建纵深推进，全年接待游客 7000 万人次，旅游消费总额 940 亿元，增长 12%。开通集装箱远洋航线，港口货物吞吐量突破 4 亿吨、集装箱吞吐量 270 万标箱，烟台港进入全国沿海十大港口行列。机场旅客吞吐量 650.3 万人次，货邮吞吐量 5.1 万吨。电子商务交易额增长 32.6%。服务业增加值占生产总值比重提高 0.8 个百分点，达到 43.4%。农业向标准化、绿色化迈进。农业“新六产”快速发展，新增农民合作社 1500 多家、家庭农场 700 多家。粮食生产保持稳定。新认证“三品一标”农产品 129 个，创建 24 个省级以上畜禽标准化养殖示范场。增加 1 处国家级海洋保护区、5 万亩海洋牧场。发展农业节水灌溉面积 19 万亩，新增水肥一体化面积 22 万亩。农业机械化水平达到 91%。栖霞国家现代农业产业园、龙口省级农业高新技术产业开发区获批建设。我市成为全国农产品冷链流通标准化示范城市。

（二）纵深推进创新改革开放，新旧动能转换步伐进一步加快。积极争取新旧动能转换创新政策和体制机制改革事项，启动编制新旧动能转换重大工程实施规划，筛选建立重点项目库。创新驱动效应持续扩大。我市被确定为济青烟国家科技成果转移转化示范区、全国首批知识产权强市创建市。国家首个在地方设立的中国知识产权保护中心落户烟台。新设国家级核电产业技术创新平台、中德工业设计中心等一批创新载体。上海交大、西南交大分别与我市合作共建信息技术研究院。海军航空大学与我市合作共建军民融合创新示范基地。新增省级以上技术创新中心、企业技术中心、重点实验室 27 个。新增高新技术企业 69 家、科技型中小企业 291 家，高新技术产业产值占比达到 42.5%。新增发明专利授权量 1238 件，12 件专利获得中国专利奖。获得 3 项国家级、15 项省级科技奖励。引进各类人才 3.5 万人，发放“优才卡”134 张，新引进千人计划专家 31 人，新入选泰山系列人才 28 人。改革推动效应持续扩大。供给侧结构性改革取得阶段性成果，商品住宅去化周期进入合理区间，企业负债率持续低于全国全省平均水平。新实施国家低碳城市等省级以上改革试点 33 项，总数达到 134 项。深化“放管服”改革，市级行政许可事项由 260 项压缩到 96 项，政务服务平台“一级建设、三级应用”模式在全省推广。建立服务企业“直通车”制度，168家企业进入省直供电范围，发放信贷周转金9.8亿元，减免企业和社会税费负担300亿元以上。市管企业全面完成公司制改制，营业收入突破1000亿元，增长43.8%，利润增长170.8%。深化财税体制改革，政府财政透明度居全国地级市首位。农村集体产权制度改革试点扎实推进。深化医药卫生体制改革，公立医院全部取消药品加成，药价平均下降27.2%。稳步推进“县管校聘”教师管理体制改革，顺利通过教育信息化区域综合试点验收。国有林场改革任务全面完成。城市信用综合指数稳居全国地级市前列，获得国家城市信用建设创新奖。开放带动效应持续扩大。新引进世界500强企业投资项目19个，实际使用外资145亿元，进出口突破3000亿元。烟台开发区扩区发展，烟台高新区成为国家知识产权示范园区，烟台保税港区进出口总值稳居全国保税港区前列，招远开发区启动体制机制改革试点。国务院批复设立中韩（烟台）产业园。国际友城达到27个。成功举办医药创新与发展国际会议、核电产业链高峰论坛、东北亚海洋经济创新发展示范论坛等活动，推动了产业聚集，扩大了对外影响。

（三）谋划推进重大基础设施，城乡面貌进一步改善。完成城市总体规划实施评估及18项专项规划和11个区片控规，成为全国城市设计试点市。一批事关长远的重大基础设施项目加快布局推进。龙烟铁路建成通车，潍莱高铁开工建设，环渤海潍烟高铁获准提前实施。烟台港西港区一期工程竣工投产。烟台蓬莱国际机场二期工程启动前期工作。蓬栖高速公路建成通车，龙青高速公路加快建设。滨海路开发区至蓬莱段、塔山南路开工建设。新建改造国省干线公路190公里、县乡公路200公里、村级公路800公里。一批事关民生的重点工程启动实施。改造棚户区3万套、老旧小区6.3万户，打通市区断头路23条。启动朝阳街、所城里历史文化街区保护改造，基本完成房屋征收。崆峒岛居民整体外迁。市区完成供水、供暖老旧管网改造457公里。全市新增天然气用户10万户、集中供热295万平方米。建设海绵城市28平方公里。整治违法建筑189万平方米。铁路公路沿线环境整治取得新成效。升级改造污水处理厂9座，生活垃圾资源化利用率达到56%。完成年度农村厕所改造任务。对175座水库进行除险加固。解决了695个村饮用水水质安全问题。为有效缓解旱情调引客水1.1亿立方米。一批县、镇、村积极探索特色发展道路。蓬莱市成为国家级旅游度假区。新创建省级特色小镇7个。美丽乡村覆盖率达到60%。省委省政府出台《关于推进长岛海洋生态保护和持续发展的若干意见》，长岛发展迎来了重大机遇。

（四）集中打好三大攻坚战，和谐稳定局面进一步巩固。打好防范化解重大风险攻坚战，强化金融风险监测预警，稳妥处置金融机构和企业风险，严厉打击非法集资，扎实开展互联网金融风险专项整治，防控金融风险的体制机制进一步完善。深入开展安全生产隐患“大快严”集中行动，生产安全事故起数、死亡人数分别下降23.8%和18.7%。森林防火形势总体平稳。深入推进“三城联创”，完善社会治安防控体系，开展信访积案化解工作，及时妥善处理各类矛盾和问题。全力防控各类风险，圆满完成了十九大安保维稳任务。打好精准脱贫攻坚战，实施112个扶贫产业项目，“扶贫特惠保险”实现应保尽保，208个省定扶贫工作重点村脱贫摘帽，10410名贫困群众稳定脱贫。打好污染防治攻坚战，以中央环保督察为契机，强力整治环境突出问题。自然保护区内违法违规项目清理取得实效。关闭搬迁禁养区内畜禽养殖场2525个。所有河流全部实行河长制，境内22条黑臭水体全部完成整治。完成造林及修复14万亩，治理水土流失27.6万亩。扎实推进气代煤、电代煤，淘汰燃煤小锅炉3198台，压减煤炭消费92万吨。新增新能源公交车1100辆，成为全省绿色交通示范市。空气质量四项主要污染物浓度年均值达到国家二级标准。

（五）大力发展社会民生事业，群众生活水平进一步提升。民生支出548.2亿元，占财政支出比重达到77.4%。新增城镇就业14.5万人，城镇登记失业率控制在3.26%。完成退休人员基本养老金调整和全民参保登记，企业职工养老金实现“十三连增”。免费为所有家庭投保自然灾害意外伤害保险和家庭房屋财产损失保险。职工大病保险制度全面实施，居民大病保险年最高报销额由30万元提高到50万元，跨省异地就医实现即时结算。启动职工长期护理保险试点。医联体建设覆盖所有公立医院和乡镇卫生院。医养结合示范县达到8个，居全省首位。县均城市和农村低保标准分别提高到每人每月580元和374元。发放各类救助金5.3亿元，救助困难群众20.3万人次。解决“大班额”问题取得阶段性成效，“全面改薄”工作扎实推进，新建改建学校78所、校舍55万平方米，开工建设幼儿园73所，新增幼儿学位1.1万个，“国家级学校安全教育示范区”考核位列地市级首位。全民健身运动蓬勃发展，烟台籍运动员在第十三届全运会上赢得44枚奖牌。开展文化惠民演出8万多场、品牌阅读活动370多场。“善行义举四德榜”实现村居全覆盖。实现一村（社区）一法律顾问。有序推进村（居）委会换届选举工作。双拥共建、国防动员、民兵预备役、人民防空工作顺利开展。援藏援疆和扶贫协作工作取得实效。人口计生工作保持先进水平。老龄、妇女、儿童、残疾人、红十字事业健康发展，统计、史志、档案、仲裁、机关事务、新闻出版、广播电视、民族宗教、国家安全和气象、地震、打私等工作取得新成绩。

（六）坚持从严治党、从严治政，政府自身建设进一步加强。深入学习宣传贯彻党的十九大精神，推进"两学一做"学习教育常态化制度化，树牢"四个意识"，坚定"四个自信"，旗帜鲜明讲政治，坚决维护以习近平同志为核心的党中央权威和集中统一领导。认真执行市人大决议决定，主动与市政协协商工作，办理市人大代表建议219件、政协提案448件，提请市人大常委会审议了安全生产监督管理、城市供水2项地方性法规草案。深入推进依法行政，修订了政府工作规则，健全了法律顾问制度，规范了重大行政决策程序。全面推进政务公开，编制公开了市县乡公共服务清单。启动政务信息系统和政务服务热线整合工作。全年受理市长公开电话、市长信箱等反映事项4万多件，办结率达到99.2%。建立10个领导小组工作推进机制，集中精力抓重点、补短板、强弱项，有力推动了重点工作落地见效。强化行政监察和审计监督，持之以恒改进作风，坚持不懈反腐倡廉，政务生态环境持续改善。

过去一年的成绩来之不易。这是以习近平同志为核心的党中央坚强领导的结果，是省委省政府正确领导、关心支持的结果，是市委团结带领全市人民努力奋斗的结果，是市人大、市政协和社会各界监督支持的结果。

在肯定成绩的同时，我们也清醒地看到，发展中还存在不少困难和挑战。在经济由高速增长转向高质量发展的阶段，还面临着产业结构不优、创新动力不足等问题，新动能的增量尚不足以对冲旧动能的减量，经济增速趋缓，部分指标低于预期目标。一些企业生产经营困难，中小微企业融资难、融资贵的问题仍然突出。外贸结构不够优化，利用外资质量不够高，缺少具有支撑力的大项目好项目。安全生产、环境保护等领域还存在薄弱环节。城乡基础设施建设存在短板，公共服务均等化水平有待提高。就业、教育、医疗、居住、养老等民生工作需要加强和改善。政府工作人员的法治思维、专业素养需要进一步提升，不正之风和腐败问题时有发生。对上述问题，我们一定高度重视，采取有效措施，认真加以解决。

二、2018年政府工作指导思想和奋斗目标

2018年是贯彻党的十九大精神的开局之年，是改革开放40周年，是决胜全面建成小康社会、实施"十三五"规划承上启下的关键一年。今年的政府工作，要深入贯彻党的十九大精神，以习近平新时代中国特色社会主义思想为指导，认真贯彻落实习近平总书记视察山东重要讲话和重要指示批示精神，坚持稳中求进工作总基调，坚持新发展理念，按照高质量发展的要求，统筹推进"五位一体"总体布局和协调推进"四个全面"战略布局，坚持"一个定位、四个着力、一个加快"发展思路，以供给侧结构性改革为主线，以实施新旧动能转换重大工程为统领，以发展壮大实体经济为重点，加快建设现代化经济体系，纵深推进改革开放创新，着力保障和改善民生，全力维护社会和谐稳定，在全面建成小康社会进程中走在前列。

今年全市经济社会发展主要预期目标是：生产总值增长7%以上，一般公共预算收入增长6.5%左右，固定资产投资增长8%左右，社会消费品零售总额增长10%左右，外贸进出口、实际使用外资保持平稳增长，城镇和农村居民人均可支配收入分别增长7.5%和8%左右，完成省下达的节能减排降碳约束性指标。

我市正处于新旧动能转换的关键时期，实现上述目标，需要全市上下锐意进取、奋力拼搏、埋头苦干。我们必须牢牢把握习近平新时代中国特色社会主义思想的精髓要义，坚定不移地用以武装头脑、指导实践、推动工作。我们必须牢牢把握高质量发展要求，坚持质量第一、效益优先，使创新成为第一动力、协调成为内生特点、绿色成为普遍形态、开放成为必由之路、共享成为根本目的。我们必须牢牢把握稳中求进的工作总基调，把发展的着力点放在实体经济上，保持战略定力，实现经济平稳健康发展和社会和谐稳定。我们必须牢牢把握走在全省前列的目标定位，着力打造先进制造业强市、现代物流中心、健康养生胜地、文化旅游名城，加快建设创新开放包容、宜居宜业宜游的现代化国际滨海城市。我们必须牢牢把握事关长远的重要工作，坚持发展思路不变，坚持工作力度不减，坚持10个领导小组工作推进机制，进一步聚焦重点、集中发力、攻坚突破，持之以恒抓落实，久久为功求实效。我们必须牢牢把握以人民为中心的发展思想，抓住群众最关心最直接最现实的利益问题，既尽力而为、又量力而行，一件事情接着一件事情办，一年接着一年干，让广大群众的获得感、幸福感、安全感更加充实、更有保障、更可持续。

目标引领方向，目标凝聚力量。我们坚信，在中共烟台市委的坚强领导下，依靠700多万烟台人民的智慧和力量，一定能够战胜前进道路上的各种艰难险阻，一定能够创造出无愧于时代的发展成就，一定能够开创烟台更加美好的未来！

三、2018年主要任务

做好今年的政府工作，要深入贯彻党的十九大精神，按照中央、省经济工作会议部署，统筹推进稳增长、促改革、调结构、惠民生、防风险各项工作，坚决打好三大攻

坚战，聚焦十项重点工作持续加力，努力保持经济社会平稳健康发展。

坚决打好三大攻坚战：一是坚决打好防范化解重大风险攻坚战。加强金融风险防控。完善金融管理协作机制，促进法人金融机构和金融组织规范健康发展。着力防范化解担保圈和企业流动性风险，扎实推进互联网金融风险整治，依法严厉打击恶意逃废金融债务等违法行为，坚决遏制投资理财等领域非法集资行为，守住不发生系统性金融风险底线。加强安全生产管理。开展“企业安全生产责任落实年”活动，健全风险管控和隐患排查治理体系，加大危化品、道路交通、建筑施工、海上运输、矿山、消防等重点领域综合整治力度，坚决防范各类安全生产事故发生。加强食品药品安全监管。提高食品药品抽检率，推动4000家餐饮服务单位实现“明厨亮灶”，构建从田间到餐桌的全过程食品安全监管体系，保障群众饮食用药安全。努力维护社会稳定。深化“三城联创”，强化公安基层基础工作，完善社会治安防控体系，加强反恐怖、反邪教、反走私工作，依法打击和惩治黄赌毒黑拐骗等违法犯罪活动。完善社区治理体系，发挥社会组织作用，推动社会治理重心向基层下移。做好信访、仲裁、行政复议工作，着力化解社会矛盾。强化应急处置体系建设，做好气象服务、防震减灾、防汛抗旱、森林防火、海上搜救等工作，提升防灾减灾救灾能力。二是坚决打好精准脱贫攻坚战。动员全市各级高度重视起来，动员全社会积极行动起来，尽锐出战，精准施策，确保全市人民一个不少、一户不落奔小康。集中攻坚30个扶贫重点镇、200个扶贫重点村，对6.8万建档立卡贫困人口脱贫不脱政策，巩固提升脱贫成果；对2215名新识别和返贫人口开展精准帮扶，年内实现稳定脱贫。推进扶贫开发与农村低保政策相衔接，全面落实医疗、教育、住房安全保障政策，实施扶贫特惠保险，提升贫困人口“两不愁三保障”质量。大力推行孝善养老、公益专岗扶贫，发挥社会救助兜底保障作用，解决特殊贫困群众生活困难。加大涉农资金整合力度，加强扶贫资金监管。坚持扶贫与扶志、扶智相结合，激发贫困人口内生脱贫动力，确保脱真贫、真脱贫。三是坚决打好污染防治攻坚战。抓好中央环保督察反馈意见整改，做到立行立改、彻底整改。做好全国污染源普查工作，开展县市区环境保护督察，坚决惩处破坏生态环境行为。扎实推进大气污染防治行动，深入治理燃煤、汽车尾气、扬尘等污染，推广清洁煤炭45万吨、节能环保炉具6万台，继续开展气代煤、电代煤行动，压减煤炭消费量，空气质量稳定达到国家二级标准并持续改善。扎实推进水污染防治行动，强化涉水企业污染整治，启动4个污水处理厂扩建项目，完成94公里雨污分流改造，建设全国水生态文明城市。严格落实河长制，加强河道及水源地环境整治。扎实推进净土行动，实施土壤改良修复、农药残留治理等7项工程，加强农业面源污染防治。落实最严格的耕地保护制度和节约集约用地制度。启动实施国土绿化提升三年攻坚行动，深入开展森林城市和森林镇村创建活动，加强“山水林田湖草”生态保护，完成造林和生态修复11万亩、森林抚育20万亩、湿地保护与恢复8万亩，治理水土流失面积180平方公里。完善自然保护区发展规划，排查清理违法违规建设项目及开发活动。打好三大攻坚战是中央和省作出的重大战略部署，必须作为决胜全面小康的重要任务，作为推动高质量发展的重要举措，作为实现稳中求进的重要内容，时刻放在心上，牢牢抓在手中，确保取得阶段性胜利。

聚焦十项重点工作持续加力：

（一）聚焦创新驱动发展，在实施新旧动能转换重大工程上持续加力。坚持以新技术、新产业、新业态、新模式，促进产业智慧化、智慧产业化、跨界融合化、品牌高端化。设立新旧动能转换基金，抓好192个市级重点项目，在山东新旧动能转换综合试验区建设中率先突破、走在前列。探索实施创新政策。落实《山东新旧动能转换综合试验区建设总体方案》，突出产业体系、经济体制、创新驱动、需求拉动四个着力点，在打造海洋生物医药产业集群、开展基金管理服务专项改革创新、创建国家服务外包示范城市等方面先行先试，推动经济发展质量变革、效率变革和动力变革。着力打造创新载体。推进山东半岛国家自主创新示范区、济青烟科技成果转移转化示范区等重大创新载体建设，发挥国家级核电产业技术平台、海工装备研发平台、新药研发平台以及技术创新中心、企业技术中心、重点实验室作用。支持高校设立与我市优势产业相契合的专业，支持“校所企”共建协同创新平台，支持国内外创新成果来烟转移转化，推动“校所城产”融合发展。高标准创建国家知识产权强市，发挥中国（烟台）知识产权保护中心功能，为企业和高校院所提供便利化专利服务。建设国家专利导航产业发展试验区、专利技术转移转化产业园。积极培育创新主体。支持企业创新发展，推动规模以上企业建立研发机构，开展市级重大科技项目攻关，培育一批科技型中小企业，新增高新技术企业80家以上。引进培养创新人才。大力实施“双百计划”，加强顶尖人才（团队）引进和“金蓝领”培训，发放第二批烟台“优才卡”，三年筹集1万套人才公寓，引进培养一批具有国际水平的科技领军人才和高水平创新团队，让各类人才创造活力充分迸发、聪明才智充分涌流。

（二）聚焦主导产业培育，在建设先进制造业强市上持续加力。积极构建实体经济、科技创新、现代金融、人力资源协同发展的产业体系，重点培育“7+N”主导产业集群，促进产业迈向中高端水平。围绕培强做大电子信息、食品加工、有色及贵金属、高端化工新材料、装备制造、汽车制造、医药健康等7个优势产业，逐一研究战略规划、突破方向、扶持重点和服务平台。千方百计推动开发区新能源汽车、南山乙烷综合利用、烟台港西港区LNG、海上清洁能源综合供给平台等重大产业项目落地开工，全力推进万华百万吨乙烯、上汽通用东岳动力总成、国际生物医药与健康产业创新中心、中集来福士深海平台试航基地等重大产业项目加快建设，着力打造高端石化基地、国家核电研发和产业化基地、新能源汽车基地、军民融合高技术产业基地、海工装备及高技术船舶创新中心、国际生命科学创新示范区。谋划布局人工智能、虚拟现实、共享经济等一批前沿产业。积极发展数字经济，推动互联网、大数据、云计算等与实体经济深度融合。深化与腾讯云合作，推动传统优势产业数字化转型，构建新型数字经济共同体。推进供应链创新与应用，设立供应链创新基金，积极发展供应链金融，引进和培育供应链示范企业，建立供应链上下游企业合作共赢的协同发展机制。大力发展智能制造、绿色制造、服务型制造，促进信息技术向制造业各环节渗透，推动生产方式向柔性、智能、精细转变。开展消费品工业“三品”战略示范试点，创建全国质量强市示范城市。培强做大50户龙头带动型企业和50户创新引领型企业，培育更多行业单项冠军。大力弘扬企业家精神和工匠精神，尊重企业家，关心企业家，注重对老一代企业家的培训和新生代企业家的培养，完善企业“直通车”制度，构建“亲”“清”新型政商关系，让广大企业扎根烟台沃土，放眼世界谋发展，回报烟台做贡献。

（三）聚焦提质增效，在发展现代服务业上持续加力。推动生产性服务业向专业化和价值链高端延伸。大力发展冷链物流、智能物流、第三方物流等现代物流业，建设临港产业区、济铁烟台物流园、邮政陆运中心等载体。加快建设中德工业设计中心。争取国家新型优质服务业集群建设试点。促进“快递＋电商”深度融合，打造特色电商小镇。大力发展现代金融业，依托我市经济体量大、实体经济强的优势，引进银行、保险、证券等金融机构，支持现有金融机构提升管理层级，鼓励法人金融机构做优做强，增强金融服务实体经济能力。支持企业上市和挂牌，提高直接融资能力。加快区域性基金管理中心建设，新增基金350亿元。鼓励发展商业保理、工程咨询、科技服务等各类生产性服务业。推动生活性服务业向便利化和高品质转变。支持商贸业打造质量和信誉品牌，创新个性化、体验式消费模式，发展商业综合体、专业市场、特色街区和社区便利店等商业形态。积极发展医养结合产业，新建医养结合服务机构20家以上，新增医养结合床位1万张以上。推动文化、体育、信息、家政、娱乐等生活性服务业规范化、智慧化、连锁化、品牌化发展，做大规模、做强优势、做足特色。

（四）聚焦乡村振兴战略，在推进农业农村现代化上持续加力。编制实施乡村振兴战略规划，建立健全城乡融合发展体制机制和政策体系。围绕产业兴旺，支持发展现代种植业，依托农业龙头企业，培育果品、水产品、畜禽、蔬菜、茶叶等特色农产品名优品牌，推进苹果产业转型升级，加快从增产导向转向提质导向。深入实施优质粮食工程，守住粮食安全底线。高标准建设国家级现代农业产业园，整建制创建国家农产品质量安全市。建设林果生产机械化示范基地。争创省级以上畜禽标准化养殖示范场25个。壮大新型农业经营主体，健全农业社会化服务体系，支持企业与合作社、农户共建标准化生产基地。新认证“三品一标”100个以上，新建省级农业标准化基地20个，发展粮食高产创建核心区2万亩、节水灌溉16万亩、水肥一体化26万亩。围绕生态宜居，开展农村人居环境三年整治行动，改善农村基础设施。推进“四好农村路”建设，改造农村公路400公里。推动“厕所革命”，基本完成农村无害化卫生厕所改造任务。解决12万农村群众饮水安全问题。实施美丽乡村建设“双百工程”，“美丽乡村”覆盖率达到65%。围绕乡风文明，开展移风易俗行动，培育崇德向善的文明乡风、良好家风、淳朴民风，不断提高乡村社会文明程度。围绕治理有效，加强基层基础工作，全面完成农村社区服务中心提升工程，健全自治、法治、德治相结合的乡村治理体系。培养造就一支懂农业、爱农村、爱农民的“三农”工作队伍。围绕生活富裕，大力发展特色经济，创新发展农业“新六产”，积极培育农村电商、休闲农业、乡村旅游等新业态，拓宽农民增收渠道，提高农民收入水平。实施150个库区扶持项目。培育一批产业聚集型、创新创业型、文化传承型、强农惠农型特色小镇。

（五）聚焦重要领域和关键环节，在推进各类改革上持续加力。深化供给侧结构性改革，扩大优质增量供给。完善国有企业法人治理结构，推进混合所有制改革，推动经营性国有资产统一监管，促进国有资本做强做优做大。深化财税体制改革，完善全口径政府预算管理制度。深化农村土地制度改革，全面推开农村集体产权制度改革，完善承包地“三权”分置制度。深入推进综合行政执法体制改革，促进规范公正文明执法。完成环保机构监测监察执法垂直管理改革。深化医药卫生体制改革，全面推行药品和医用耗材集中带量采购。扎实推进从事生产经营活动事业单位转企改制。持续优化营商环境，全面落实税费减免政策，继续清理涉企收费，降低实体经济成本，落实促进非公有制经济发展政策，支持各类市场主体健康发展。加强诚信体系建设，健全联合惩戒机制，创建国家社会信用体系示范城市。

（六）聚焦营造开放发展新优势，在推动全面对外开放上持续加力。以改革开放40周年为契机，研究谋划新一轮高水平开放政策措施，策划举办系列宣传推介活动，深度融入“一带一路”建设，打造海上合作战略支点，形成全面开放新格局。在招商引资上精准发力。坚持“以项目看发展论英雄”，积极对接世界500强、国内500强、央企和行业领军企业，加大精准招商、专业招商、以商招商力度，新引进世界500强企业投资项目15个以上。围绕制造业“7+N”主导产业集群，开展全产业链招商，千方百计引进具有支撑力和带动力的大项目好项目。鼓励外资投向现代服务业，参与基础设施和公共服务领域投资运营。在优化贸易结构上狠下功夫。实施品牌出口增长行动，扶持骨干外贸企业创新发展，建设加工贸易转型示范基地，自主品牌产品出口占比提高到15%以上。创新发展服务贸易，培育跨境电商、外贸综合服务、市场采购贸易等新业态。有效引导对外投资，带动产品、技术、标准出口。在园区发展上集中突破。烟台开发区要更好发挥开放龙头作用，烟台高新区要探索推行大部门制改革，烟台保税港区要进一步发挥特殊政策功能、培育特色产业平台，东部新区要明确产业定位、强化产业招商，招远开发区和省级开发区要开展行政管理、人事制度、投资服务等体制机制创新。制定中韩（烟台）产业园建设方案，打造中韩地方经济合作和高端产业合作新高地。加快复制推广自贸区政策，提高贸易便利化水平。

（七）聚焦城市提升工程，在推进城市化上持续加力。坚持以人为本、生态优先、规划引领、陆海统筹、品质至上、科学管理，走港产城融合、城乡一体化发展道路。优化城市布局，促进城区融合，提高中心城市首位度。启动新一轮城市总体规划编制，加快编制专项规划、控制性规划，高水平做好城市设计，深入推进“多规合一”，构建全域规划体系。实施“两铁两港两路一水”重大基础设施工程，开工建设环渤海潍烟高铁，计划2021年建成通车。开工建设大莱龙铁路扩能改造工程，计划2020年建成通车。开工建设烟台蓬莱国际机场二期工程，计划2021年建成启用。开工建设烟台港西港区原油码头二期和通用泊位工程，计划2020年建成投用。开工建设文莱高速公路，建成龙青高速公路，全力争取国道G228烟台城区段改线、高速G18烟台段外移项目尽早实施。开展全域治水三年攻坚行动，统筹实施河库水系连通等150个重点水利项目。增强全民节水意识，大力实施市区再生水利用工程，两年内实现应用尽用。配合推进黄水东调应急二期工程。到2020年新增供水能力4.2亿立方米，基本满足特枯年份用水需求。推进“一湾两街区”保护改造，坚持世界眼光、国际标准、烟台特色，统筹推动芝罘湾港区搬迁、规划、招商和建设，精心实施朝阳街、所城里保护修缮，打造传承开埠历史、彰显文化底蕴、富有时代气息的城市经典。加大“三改一通”攻坚力度，改造棚户区10万户以上，改造老旧小区240个，改造背街小巷307条，打通市区断头路40条。推进塔山南路、塔山北路等30条城市道路工程，滨海路开发区至蓬莱段建成通车。精细化管理城市，突出滨海沿线、城市主干道、出入口等重点区域，深入推进城市亮化、美化、绿化、净化。实施智慧交通、智慧环卫、智慧市政等工程。新增和优化调整公交线路35条，新建改造公交站亭115座，创建国家公交都市。引进市区第二气源，新增天然气用户2万户。建设海绵城市28平方公里。新增集中供热200万平方米，集中供热率达到79%。启动市区生活垃圾分类试点，建设生活垃圾焚烧发电等配套工程。统筹城乡发展，开展国家和省级新型城镇化综合试点，促进城乡基础设施、要素配置、基本公共服务等均衡布局，增强对农业转移人口的吸引力和承载力。

（八）聚焦陆海统筹，在建设海洋强市上持续加力。围绕做大海洋产业，加快建设国家海洋经济创新示范城市，设立海洋产业发展基金，培育壮大海工装备、海洋生物医药等特色产业，建设8个海上多功能综合平台，创建国家海洋经济发展示范区。加快“海上粮仓”建设，实现由浅海向深海养殖发展，打造国家级海洋牧场示范区。围绕做强海洋科技，加快推进国家级海洋高技术产业基地建设，支持涉海机构和企业开展重大科技创新，建设8处省级以上海洋工程技术协同创新中心，打造海洋科技产业聚集示范区。培育东方海洋等10家渔业种业龙头企业，做强海参、扇贝等种业基地，打造“水产种业硅谷”。围绕做优海洋生态，推进国家级海洋生态文明示范区建设，实施蓝色海湾、生态岛礁等修复工程，清理规范近海养殖，确保近岸海域海洋功能区水质达标率100%。推进长岛海洋生态保护和持续发展，创建国家生态文明试验区、旅游度假区、军民融合发展示范区。

（九）聚焦文化旅游融合发展，在打造文化旅游名城上持续加力。充分发挥国家历史文化名城和国家公共文化服务体系示范区优势，坚持以文化为灵魂，以旅游为载体，做活文化旅游融合发展文章。培育和践行社会主义核心价值观，弘扬和传承中华优秀传统文化，振兴京剧码头，提升胶东红色文化、开埠文化、葡萄酒文化、仙道文化等特色文化影响力。开展丰富多彩的群众性精神文明创建活动，巩固提升全国文明城市建设成果。完善公共文化服务体系，推进书香烟台建设。举办第二届文化惠民消费季，组织开展400场惠民巡演。高水平建设国家全域旅游示范区，推进海阳、蓬莱国家级旅游度假区建设，高标准打造从昆嵛山至长岛滨海黄金旅游线，加快实施张裕工业文化旅游、莱阳丁字湾恒大旅游综合体等20个重点文旅项目。讲好烟台故事，传播烟台文化，让仙境海岸、魅力烟台享誉海内外。

（十）聚焦补短板强弱项，在保障和改善民生上持续加力。加大民生投入，增加基本公共服务供给，让改革发展成果更多更公平惠及全市人民。提高就业质量和收入水平，实施就业优先战略和积极就业政策，支持高校毕业生留烟就业创业，城镇新增就业13万人以上，城镇登记失业率控制在3.5%以内。健全政府、工会、企业共同参与的协商协调机制，构建和谐劳动关系。完善社会保障体系，实施全民参保计划，提高养老、医疗等社会保障水平，全面推开职工长期护理保险制度，开展居民长期护理保险试点。逐步建立多主体供给、多渠道保障、租购并举的住房制度，为1.4万户住房保障家庭发放租赁补贴。提高城乡低保标准，做好特困人员救助供养工作。落实各项福利保障制度和优抚安置政策，发展残疾人事业和现代慈善公益事业。健全农村留守儿童和妇女、老年人关爱服务体系。优先发展教育事业，均衡发展城乡义务教育，完成“全面改薄”任务，建立消除城镇普通中小学“大班额”长效机制，着力解决中小学生课外负担重、“择校热”等突出问题。启动第三期学前教育行动计划，改扩建一批普惠性幼儿园，两年内新增2.6万个幼儿学位。实施高中阶段教育普及攻坚计划和职业教育内涵建设工程，支持驻烟高校发展，办好特殊教育和网络教育。建设国家健康城市，完善公共卫生服务体系，强化医疗、医保、医药“三医联动”，加快医学中心及专科医院建设，健全分级诊疗体系，大力培养全科医生，提高家庭医生签约服务水平，推进中医药传承发展。完成10个县市区妇幼保健机构标准化工程建设。统筹发展群众体育、竞技体育和体育产业，打造城市社区“十分钟健身圈”。加强援藏援疆和扶贫协作工作。加快市县档案馆建设，做好史志、民族宗教、红十字等工作。加强国防教育、国防动员、民兵预备役、人民防空工作，争创新一届双拥模范城，巩固军政军民团结局面。

四、加强政府自身建设

新时代、新征程，政府工作必须要有新气象、新作为。全市政府系统要深入学习贯彻党的十九大精神，把牢政治方向，转变政府职能，提高行政效能，强化责任担当，建设人民满意的服务型政府。

一是始终坚持旗帜鲜明讲政治，保持政治定力、思想定力。牢固树立“四个意识”，坚定“四个自信”，坚决维护党中央权威和集中统一领导，自觉在政治立场、政治方向、政治原则、政治道路上同以习近平同志为核心的党中央保持高度一致，做到党中央提倡的坚决响应、党中央决定的坚决执行、党中央禁止的坚决不做。认真开展“不忘初心、牢记使命”主题教育，深刻领会和把握习近平新时代中国特色社会主义思想，全面贯彻党的基本理论、基本路线、基本方略。不折不扣贯彻落实省委省政府和市委决策部署，确保令行禁止、政令畅通。

二是始终坚持以人民为中心，为人民干事、让人民满意。践行以人民为中心的发展思想，把人民对美好生活的向往作为奋斗目标，把群众的安危冷暖时刻放在心上，把群众路线贯穿到政府工作全过程，用心用力解决好群众普遍关心的生态保护、城乡环境、交通拥堵等各类民生问题。深化“放管服”改革，探索组建行政审批局，实行“一枚印章管审批”。加强政务服务标准化建设，继续推进“零跑腿”“只跑一次”改革，全力打造审批事项少、办事效率高、服务质量优的政务环境。全面推行代办制，优化一窗受理、并联审批、容缺审批等制度，强化事中事后监管。深入开展“减证便民”专项行动，实行证照统一免费寄送。开工建设市民中心。整合12345政务服务热线，更好地解决群众的操心事、烦心事。完成政务信息系统整合，实现政务信息资源跨部门、跨地域、跨层级共享。

三是始终坚持依法行政，建设法治政府、阳光政府。遵守宪法和法律，坚持用法治思维和法治方式加快改革、推动发展、化解矛盾。深入实施“七五”普法，巩固“法德共进”成果。自觉接受市人大及其常委会的法律和工作监督，认真执行有关决议决定，主动报告政府工作。加强同市政协的民主协商，接受民主监督，认真听取各民主党派、工商联和人民团体的意见建议。积极开展地方立法工作，充分发挥地方立法的引领和推动作用。坚持科学民主依法决策，严格执行重大行政决策法定程序。深入推进政务公开，让公众更多参与政策制定、执行和监督，促进政府有效施政。

四是始终坚持干字当头，解放思想创新干、勇于担当务实干。“幸福都是奋斗出来的”，我们必须拿出改革开放再出发的决心和勇气，坚决破除自满自足思想，认清差距，找准短板，对标先进，加压奋进；坚决破除路径依赖、方法依赖，善谋新招、善用新法；着力解决本领恐慌问题，增强“八种本领”，建设高素质专业化干部队伍；着力解决“推绕拖”“庸懒散”问题，提振干事创业精气神。大力倡树“创新、一流、务实、高效、担当”的工作作风，坚持目标导向、问题导向，健全完善激励约束机制，旗帜鲜明地为敢于担当、踏实做事、不谋私利的干部撑腰鼓劲。

五是始终坚持全面从严治党，筑牢底线、不越红线。把纪律和规矩挺在前面，强化政治纪律和组织纪律，带动廉政纪律、群众纪律、工作纪律、生活纪律严起来。深入落实中央八项规定实施细则精神和省委实施办法、市委实施意见，持之以恒整治“四风”。运用好监督执纪“四种形态”，抓早抓小，防微杜渐。支持监察体制改革，自觉接受监察委员会监督，强化审计监督，坚决查处损害群众利益的不正之风和腐败问题，打造忠诚、干净、担当的干部队伍，树立为民、务实、清廉的政府形象。

烟台市2017年国民经济和社会发展计划执行情况

烟台市发展和改革委员会

2017年，全市生产总值增长6.5%，达到7550亿元；一般公共预算收入增长6.4%，达到600.3亿元；城镇和农村居民人均可支配收入均增长8.1%，分别达到41882元和18075元。

一、新旧动能加速转换，优化升级实现新突破。坚持高点定位、统筹谋划，国务院即将批复的我省新旧动能转换综合试验区建设方案将我市确定为三个核心区之一，赋予我市全国重要的智能制造基地、国家海洋产业发展示范区和面向东北亚对外开放合作新高地的发展定位，赋予我市创建国家基金管理服务试验区、打造新能源汽车基地等一批重大责任事项。新兴千亿级产业培育取得重要突破。获批建设全国首个“国家级核电产业技术创新平台”，成功举办“2017核电产业链高峰论坛”，发起设立总规模100亿元的核电（新能源）产业基金，央视新闻联播等权威媒体进行了专题报道。成立烟台市智能装备研发联盟，军民融合创新示范基地投入使用。医药健康产业发展迅速，总收入增长12%以上，成功举办医药创新与发展国际会议。我市纳入山东省鲁北环渤海湾高端石化产业基地，万华100万吨/年乙烯项目成为全国8个芳烃乙烯规划布局项目之一。规划建设的全国首家海洋虚拟现实产业联盟和中集海工装备虚拟现实培训中心、光运通讯海洋虚拟现实体验中心、中兴通讯数字创意研发中心“一联盟三中心”进展顺利。创新动力明显增强，万华化学国家工程实验室正式获批，新增省级以上技术创新中心、企业技术中心、重点实验室27家；新增高新技术企业69家，全市战略性新兴产业产值占比达到21.8%，高新技术产业产值占比达到42.4%。

二、供给侧结构性改革有序推进，质量效益迈上新台阶。扎实推进“三去一降一补”，坚决落实去产能各项任务，房地产库存稳步减少，企业杠杆率稳中趋降，减免企业和社会税费负担300亿元以上。基础设施“补短板”持续加快，龙烟铁路开通，即将投入运营，潍莱高铁开工建设，环渤海潍烟高铁顺利通过项目预可研评审，正式启动勘察设计等前期工作。烟台港西港区一期工程竣工投产，烟台蓬莱国际机场二期工程启动前期工作。蓬栖高速公路建成通车，龙青高速公路加快建设。滨海路开发区至蓬莱段、塔山南路启动建设，新建改造国省干线公路190公里。中石油莱山天然气门站正式投入使用，标志着我市进入“多气源”供应时代，将有效解决我市气源紧张问题。围绕振兴实体经济，找准弱项巩固优势，着力优化产业结构，提高质量效益。先进制造业强市建设取得重要进展，培育起6个千亿级产业集群和16个百亿级企业方阵，全市规模以上工业利税增长9%，利润增长10%。现代服务业发展提质增效。新增各类基金及管理机构90家，总规模达到1299亿元，新增上市公司7家，总数达到47家。服务业增加值占生产总值比重提高1个百分点，达到44.3%，服务业税收占比首次突破50%。农业供给侧结构性改革深入推进，粮食生产保持稳定，农业综合生产能力进一步提升。投资结构进一步优化，民间投资、高新技术产业投资增长态势稳健，预计全市固定资产投资增长8%左右。消费拉动经济增长的基础作用更加筑固，预计社会消费品零售总额增长9%左右。

三、改革开放更加深入，发展动力得到新提升。重点领域改革加快推进。城市信用综合指数稳居全国地级市前列，获得国家城市信用建设创新奖。公共资源交易平台整合工作基本完成，交易数据实现了与国家、省的纵向贯通。政务服务平台“一级建设、三级应用”模式在全省推广。“放管服”改革效应进一步释放，积极推行“一线工作法”“最多跑一次”服务理念，市级行政许可事项进一步压缩。投资建设项目审批实行“一窗受理、一窗出件”“容缺审批、后置补齐”“超前介入、预审研判”的运行模式和流程，项目审批明显提速，从项目立项到施工许可时间缩减到27个工作日。市级层面核准了122家行业协会脱钩方案，县市区实现应脱尽脱，在全省率先完成了行政机关与行业协会脱钩任务。深化财税体制改革、医药卫生体制改革，国有林场改革任务全面完成。开放型经济体制加快构建。国务院批复设立中韩（烟台）产业园。“一带一路”深入推进，境外经贸合作园区建设进展顺利。新引进世界500强企业投资项目17个，实际使用外资达到140亿元，进出口总额突破3000亿元。组织企业参加了“渝洽会”“丝博会”“兰洽会”等国家级经贸活动，全市新签约合同内资项目230个，在建内资项目形成固定资产投资1200亿元。

四、人民生活不断改善，社会事业取得新进步。集中打好三大攻坚战，维护社会和谐稳定。强力整治环保突出问题，加大“散乱污”治理力度，淘汰燃煤小锅炉3198台，压减煤炭消费92万吨，空气质量达到国家二级标准。预计万元GDP能耗和四项主要污染物总量减排指标完成省下达的任务目标。安全生产事故起数、死亡人数分别下降23.8%和18.7%。精准实施112个扶贫产业项目，“扶贫特惠保险”实现应保尽保，208个省定扶贫工作重点村脱贫摘帽，10410名贫困群众稳定脱贫。新增城镇就业14.5万人，城镇登记失业率控制在3.26%；大力发展教育、医疗、体育、文化等民生事业，提高人民生活水平。稳定社会物价，居民消费价格累计上涨1.6%左右。加强计划生育工作，人口自然增长率控制在2.5‰以内。

2017年，全市经济社会发展取得显著成效，结构在调整中优化，动能在转换中增强，民生在发展中改善，但创新发展、转型发展任务艰巨，传统产业占比较高，产品附加值低，抵御风险能力不强，发展不平衡不充分的矛盾较多，预计2017年全市经济社会发展部分指标增幅低于预期目标。主要体现在：实体经济与虚拟经济发展不平衡，高质量实体经济供给不充分；产业结构不平衡，“四新经济”发展不充分；经济增长与资源环境承载力不平衡，绿色发展不充分；区域城乡发展不平衡，基本公共服务不充分；等等。

（摘自2018年1月6日在烟台市第十七届人民代表大会第二次会议上的报告）

烟台市2017年预算执行情况

烟台市财政局

一、预算收支完成情况

1. 一般公共预算完成情况

2017年，全市一般公共预算总收入959.4亿元，其中，一般公共预算收入600.3亿元，完成调整预算的101.3%，按可比口径增长6.4%；上级税收返还和转移支付补助167.4亿元，省转贷地方政府债券133.2亿元，调入资金、上年结转收入等58.5亿元。全市一般公共预算总支出934.7亿元，其中，一般公共预算支出708.1亿元，完成调整预算的103.9%，按可比口径增长3.8%；上解上级支出及地方政府债券还本支出等226.6亿元。收支相抵，结转下年支出24.7亿元。

2017年，市级一般公共预算总收入204亿元，其中，一般公共预算收入24.8亿元，完成调整预算的118.1%，按可比口径下降7.4%，主要是因为市级企业纳税同比大幅减少；上级税收返还和转移支付补助32.2亿元，县市区上解、省转贷地方政府债券114.3亿元，调入资金和上年结转收入32.7亿元。市级一般公共预算总支出178.3亿元，其中，一般公共预算支出107.5亿元，完成调整预算的93.4%，下降4%；上解上级支出及补助县市区支出28.7亿元，地方政府债券还本支出等42.1亿元。收支相抵，补充预算稳定调节基金20.1亿元，结转下年支出5.6亿元。

2. 政府性基金预算完成情况

2017年，全市政府性基金预算总收入264.3亿元，其中，政府性基金预算收入153亿元，完成调整预算的101.7%，增长37%；上级补助收入、上年结转收入31.1亿元，省转贷地方政府债券80.2亿元。全市政府性基金预算总支出238.2亿元，其中，政府性基金预算支出196

亿元，完成调整预算的 113.9%，增长 33.5%；上解支出、调出资金及债务还本支出等 42.2 亿元。收支相抵，结转下年支出 26.1 亿元。

2017 年，市级政府性基金预算总收入 94.1 亿元，其中，政府性基金预算收入 49.2 亿元，完成调整预算的 101.9%，增长 45.3%；上级补助和上年结转收入等 19.9 亿元，省转贷地方政府债券 25 亿元。市级政府性基金预算总支出 73.9 亿元，其中，政府性基金预算支出 50.2 亿元，完成调整预算的 99.4%，增长 82.2%；补助县市区支出、调出资金及债务还本支出等 23.7 亿元。收支相抵，结转下年支出 20.2 亿元。

3. 国有资本经营预算完成情况

2017 年，全市国有资本经营预算总收入 4.9 亿元，其中，国有资本经营预算收入 4.1 亿元，完成调整预算的 116%，下降 40.8%；上级补助和上年结余收入 0.8 亿元。全市国有资本经营预算总支出 2.7 亿元，其中，国有资本经营预算支出 2 亿元，完成调整预算的 100.3%，下降 34.8%；调出资金 0.7 亿元。收支相抵，结余 2.2 亿元。

2017 年，市级国有资本经营预算总收入 4.7 亿元，其中，国有资本经营预算收入 4 亿元，完成调整预算的 115%，增长 99.8%；上级补助和上年结余收入 0.7 亿元。市级国有资本经营预算总支出 2.5 亿元，其中，国有资本经营预算支出 1.8 亿元，完成调整预算的 95.2%，增长 5.3%；调出资金 0.7 亿元。收支相抵，结余 2.2 亿元。

4. 社会保险基金预算完成情况

2017 年，全市社会保险基金预算收入 367.4 亿元，完成调整预算的 101.7%，增长 10.5%；全市社会保险基金预算支出 385.4 亿元，完成调整预算的 100.4%，增长 16.8%。收支相抵，当年结余 -18 亿元，滚存结余 379 亿元。

2017 年，市级社会保险基金预算收入 248.5 亿元，完成调整预算的 100.3%，增长 10.4%；市级社会保险基金预算支出 272.5 亿元，完成调整预算的 98.7%，增长 14%。收支相抵，当年结余 -24 亿元，滚存结余 160.8 亿元。

以上 4 本预算的具体执行情况详见烟台市 2017 年预算执行情况和 2018 年预算草案。同时，需要说明的是，上述执行数据是根据快报统计的初步汇总数，2017 年财政决算编制完成后，部分数据还会有所变化，我们将按照规定及时向市人大常委会报告。

5. 开发区、高新区预算完成情况

（1）开发区。2017 年，一般公共预算收入 103.5 亿元，按可比口径增长 12.4%；一般公共预算支出 81.3 亿元，按可比口径增长 16.9%。政府性基金预算收入 26.3 亿元，增长 18.7%；政府性基金预算支出 28.5 亿元，增长 15.9%。社会保险基金预算收入 38.3 亿元，社会保险基金预算支出 44.5 亿元，滚存结余 83 亿元。

（2）高新区。2017 年，一般公共预算收入 8.2 亿元，按可比口径增长 8.2%；一般公共预算支出 7.6 亿元，下降 39.7%。政府性基金预算收入 13.3 亿元，增长 262.7%；政府性基金预算支出 12.1 亿元，增长 152.3%。社会保险基金预算收入 0.2 亿元，社会保险基金预算支出 0.1 亿元，滚存结余 0.7 亿元。

两区 2017 年收支预算执行的具体情况，详见两区关于 2017 年预算执行情况及 2018 年预算草案的说明。

二、地方政府债务情况

2017 年，省政府共分配我市地方政府债券额度 213.4 亿元，其中，新增债券 53.5 亿元，主要用于环境保护、土地储备、棚户区改造、水源地保护、城市铁路公路建设等公益性项目；置换债券 159.9 亿元，全部用于置换政府负有偿还责任的债务本金。经各级人大常委会批准，上述地方政府债券已全额纳入预算管理。

2017 年，省政府核定我市地方政府债务限额为 914.8 亿元。截至 2017 年底，我市政府债务余额 853.9 亿元，其中，市级政府债务余额 210.4 亿元，县市区政府债务余额 643.5 亿元。

三、落实市人大预算审查决议和主要财政工作情况

1. 坚持稳中有进，财政收支运行进入新常态。2017 年受经济增速放缓、减税清费力度加大等因素叠加影响，财政收入组织工作遇到了前所未有的困难，收入增幅一直低于全省平均水平。针对这种情况，坚持提高收入质量不动摇，千方百计开源创收、挖潜增收、制度保收，进一步加强税收保障工作，强化收入调度分析，健全涉税信息共享机制，完善综合治税体系，做了大量建机制、打基础、补短板、利长远的工作，有效传导压力、凝聚合力，及时遏制了财政收入增幅快速下滑的态势，为实现财政收入有质量、可持续稳定增长奠定了基础。优化财政支出结构，积极应对预算平衡压力，通过“腾退调”等方式，缓解财政收支矛盾，将有限的财力从失效、低效的项目中腾退出来，激活趴在账上的存量资金 14 亿元，优先用于保障重点项目建设和重大民生政策落实。

2. 注重加力增效，经济转型发展迈出新步伐。全面落实积极财政政策，以推进供给侧结构性改革为核心，以加快新旧动能转换为突破口，以优化营商环境为支撑，推动创新链、产业链、财税链深度融合。一是积极构建强有力的财政政策扶持体系。充分发挥财政资金导向和激励

作用，围绕全市重点工作，提出了制造业强市13条、创新驱动30条等一系列导向明确、含金量高的财政奖补政策，为加强财源建设、推动产业转型升级提供有力支撑。全力对接中韩（烟台）产业园、新旧动能转换综合试验区等国家、省战略实施，积极争取现代农业产业园、小微企业“双创”示范基地、新材料集群转型升级等11项省级以上政策试点在我市展开，有力促进新兴产业发展壮大。二是加大关键领域投入力度。拨付资金17.7亿元，支持引进各类人才3.5万人，引进上海交大信息技术研究院等一大批创新载体落户。落实资金8300万元，支持举办首届医药创新与发展国际会议，加快医药健康公共技术服务平台建设。兑现奖补资金710万元，支持新增省级以上技术创新中心、重点实验室27家。统筹资金1.3亿元，落实出口增长奖励、信用保险补贴等政策，提升外贸出口竞争力。安排资金8000万元，支持新增加密国际航线3条、国内航线43条，形成引导资金、技术、人才等优质资源加快聚集的良好局面。三是创新财政产业扶持方式。进一步做大股权投资引导基金规模，2017年新增基金管理机构15家、基金75支，新增基金认缴规模372亿元，基金总规模达到1299亿元。统筹用好科技型中小企业信贷风险补偿、科技创新券、企业信贷周转资金、创业担保贷款等政策，打好组合拳，拓展“财政＋金融＋科技”的产业扶持新模式。四是严格落实减税降费政策。2017年是“营改增”全面推开后的第一个完整年度，抵扣链条全部打通，减税效应持续放大，再加上继续执行促进小微企业、高新技术企业发展等税收优惠政策，进一步取消、减免、暂停征收部分行政事业性收费和政府性基金等，全年预计减轻企业和社会税费负担超过300亿元，创历史最高水平。

3. 扩大有效投资，重点工作保障取得新进展。一是全力支持重点项目建设。在政府性债务管控更加严格的形势下，深入研究政策、用好市场机制，以依法合规为前提，通过组建融资平台、盘活资源资产、争取政府性债券和政策性贷款等多渠道筹集资金128亿元，为全市重点项目加快推进提供有力保障。全市迎来新一轮项目建设高潮，龙烟铁路建成通车，环渤海潍烟高铁、烟台蓬莱国际机场二期筹建提速，港口建设全面铺开，港产城融合打开新局面。塔山南路提前开工，芝罘湾改造高标准启动，朝阳街、所城里历史文化街区保护性开发加快推进，市区面貌进一步改善。二是加快补齐民生项目短板。全力支持“三改一通”建设，全市改造棚户区3万套，向1.1万户符合条件的住房困难家庭发放租赁补贴，完成老旧小区改造6万户。拨付资金9亿元，新建维修市区道路35条，改造市区供水、供暖老旧管网457公里。统筹资金5亿元，支持全市928个村开展美丽乡村标准化建设，完成年度农村厕所改造任务，有力推动公共服务深入基层、贴近百姓，让群众看得见、摸得着，更多感受公共服务带来的获得感。三是强力推动区域协调发展。落实资金3亿元，支持长岛创建国家生态文明试验区、旅游度假区、军民融合发展示范区。加大对栖霞、莱阳等困难县市政策倾斜力度，安排各类补助资金14.5亿元，帮助落实各项民生政策。2017年10月份，按照国家、省统一政策标准，全面足额兑现栖霞、莱阳、海阳和牟平机关事业单位工资性收入政策，推进基本公共服务均等化“五个基本统一”实现重要突破。

4. 坚持民生优先，社会保障水平实现新提升。坚持以人民为中心的理财观念，进一步优化支出结构，持续加大教育、医疗卫生、社会保障和扶贫等重点民生领域投入力度。全市民生支出达到548.2亿元，占一般公共预算支出的比重达到77.4%。教育投入115.7亿元，全面落实各学段学生资助政策，推进农村义务教育薄弱学校改造，解决城镇普通中小学“大班额”问题，新建改建学校78所、校舍55万平方米。落实第二期学前教育三年行动计划，开工建设幼儿园73所。医疗卫生投入57亿元，完善基本公共卫生服务经费保障机制，将居民基本医疗保险政府补助标准提高到每人每年450元，基本公共卫生服务补助标准提高到每人每年50元。启动职工长期护理保险试点。落实公立医院综合改革政府补助政策，公立医院全部取消药品加成，药价平均下降27.2%。社会保障与就业投入99亿元，稳步提高社会保障待遇水平，农村低保、特困人员保障标准分别提高10%、33%。全面推开民生综合保险工作，免费为全市所有家庭投保自然灾害意外伤害保险和家庭房屋财产损失险。健全养老服务体系，支持新建改造养老机构床位4034张。继续实施春苗阳光工程，对685名先天性残疾儿童进行抢救性康复救助。完善城乡均等的公共就业创业服务体系，支持创业孵化器、创客空间建设。农林水投入79亿元，针对历史罕见特大旱情，筹措抗旱应急资金9.7亿元，调引客水1.1亿立方米，支持受旱地区开展抗旱救灾。加强农田水利基础设施建设，完成175座水库除险加固，发展农业节水灌溉面积19万亩，新增水肥一体化面积22万亩。推进栖霞国家现代农业产业园建设，加大新型农业经营主体和农产品品牌培育力度，推动农产品精深加工和电子商务、休闲农业等新产业、新业态快速壮大。扶贫投入2.1亿元，其中，专项扶贫资金9611万元，比上年增长38.2%，有效落实精准扶贫政策，拓展产业扶贫模式，完成208个省定扶贫工作重点村、

10410 人脱贫任务。生态环境建设投入 21.6 亿元，强化水源地保护，推进楼底河、振泉河、白洋河治理工程。全市 22 条黑臭水体全部完成整治，修复海岸带 8.6 公里，淘汰燃煤小锅炉 3198 台。文化投入 8.7 亿元，兑现文化惠民政策，支持开展全民阅读活动，实施繁荣舞台艺术“双演工程”，覆盖城乡的公共文化服务体系初步建立。支持《党员登记表》等文艺精品工程创作，保障烟台山、东炮台景区实现免费开放，不断丰富群众精神生活。社会管理投入 16.6 亿元，全力服务保障党的十九大胜利召开，完善社会治安防控体系，加大食品安全监督检查和集中整治力度，落实退役士兵安置和权益保障政策，帮助企业军转干部解决困难，为我市连续第五次荣获全国文明城市、第七次获得社会治安综合治理优秀城市提供有力保障。

5. 深入推进改革，财政规范管理取得新突破。大力推进预决算公开，首次将财政专户资金、第三方绩效评价结果、产业投资基金、政府与社会资本合作（PPP）等情况对社会公开，公开范围更广、科目更加细化。在清华大学发布的《2017 年中国市级政府财政透明度研究报告》中，我市位列全国所有城市第 5 名、地级市第 1 名，是全省唯一进入前 10 名的城市。全面强化预算绩效管理，通过第三方机构对市级 49 个支出项目开展绩效评价，数量比上年翻一番，涵盖主要民生领域和重点经济建设领域。实施财政专项资金信用负面清单制度，建立信用负面清单管理台账，对失信行为严肃查处。加强政府性债务管理，全面开展债务风险预警和评估，建立健全债务应急处置机制，确保债务规模适度、风险可控，债务率严格控制在省定目标值范围内。制定市以下财政事权和支出责任划分改革实施意见，明确财政事权和支出责任划分基本原则、进程节点和责任分工，保障各级政府更好履职尽责。积极支持其他领域改革，推进审计机关人财物管理体制改革，支持国有企业、生态文明、科技等领域改革，充分发挥财税改革的基础性和保障性作用。

6. 坚持依法理财，落实人大决议取得新成效。把自觉接受人大及其常委会监督作为依法行政、依法理财的根本保证，全面执行市人大及其常委会有关决议决定，严格按法定要求和规定时限落实办理。强化落实法定事项报告、建议议案办理、专题询问回复等工作机制，持续提升落实人大监督工作质量和效率。努力提高人大代表建议议案办理质量，市财政局全年办理人大代表建议 24 件，面复率、办结率、满意率均为 100%。认真落实《预算法》，加强预算法规业务培训，进一步增强预算部门法治观念。依法履行财政监督检查职能，对 71 个部门单位开展专项资金管理、预决算公开、会计信息质量等专项检查，严肃财经纪律。进一步强化财政内部控制，优化预算编制、资金分配、政策制定等业务流程，推动预算单位内部控制制度建设，为提高全市财务管理水平，加强廉政风险防控机制建设奠定坚实基础。贯彻落实审计法律法规，对审计反映的问题，根据市人大常委会决议要求，制定责任清单和整改落实清单，会同有关预算部门全部整改到位，及时将整改情况向人大常委会报告，促进审计整改有效落实。

2017 年，全市财政运行中的一些困难和问题亟需解决，财政收入增速放缓，财政支出刚性增长，收支矛盾更加凸显；资金统筹整合力度需要进一步加大，财政资金使用效益还需继续提高；财政重点改革进展还不均衡，改革推进力度需要持续加大；个别县市区债务规模较大，风险不容忽视；通过审计和财政监督检查发现，仍存在财政资金违规使用、部门预算编制不够规范等问题，财经秩序还需进一步规范，等等。

（摘自 2018 年 10 月 6 日在烟台市第十七届人民代表大会第二次会议上的报告）

责任编校：云　霞

大 事 记

1月

6日　市委书记孟凡利到莱州市和招远市调研，并就市委常委班子民主生活会征求意见建议。

☆　市政府召开县市区长座谈会，交流研讨2017年重点工作。市委副书记、市长张永霞出席会议并讲话。

☆　张永霞主持召开市政府第65次常务会议，贯彻中央、省经济工作会议精神，研究通过“十三五”教育事业、科技创新、水利、林业、消防事业等5个专项规划。

7日　在“环球视角·活力中国高峰论坛暨第六届环球总评榜·城市榜发布典礼”上，烟台市获“2016年度中国‘一带一路’最具活力城市”和“2016年度中国最美特色旅游目的地”两项荣誉。

8日　烟台市与东软集团举行战略合作协议签约仪式。张永霞和东软集团董事长刘积仁分别致辞。

9日　在2016年度国家科学技术奖励大会上，山东恒邦冶炼股份有限公司参与完成的“底吹熔炼—熔融还原—富氧挥发连续炼铅新技术及产业化应用”，烟台张裕葡萄酿酒股份有限公司、中粮华夏长城葡萄酒有限公司、威龙葡萄酒股份有限公司参与完成的“中国葡萄酒产业链关键技术创新与应用”，山东航天电子技术研究所参与完成的“高动态星敏感器技术与工程应用”获科技进步奖二等奖。

11日　市级领导班子成员在烟台分会场收听收看省纪委十届八次全会。

☆　市政府安委会全体成员及联络员在烟台分会场收听收看全国、全省安全生产电视电话会议。

12日　孟凡利到牟平区和海阳市调研，就市委常委班子民主生活会征求基层干部群众的意见建议，并走访慰问部分老党员、困难群众。

☆　在第一届全省文明家庭表彰大会上，烟台市陈燕琴家庭等21户家庭荣获全省文明家庭荣誉称号。

☆　住房城乡建设部办公厅发布第三批美丽宜居小镇、美丽宜居村庄示范名单，山东省共有3个镇入选，莱州市金城镇成为烟台市首个入选乡镇。

13日　市委召开常委扩大会议暨全面深化改革领导小组第二十四次会议。孟凡利主持会议并讲话。

☆　张永霞到烟台经济技术开发区调研，并召开座谈会征求对市政府的意见建议。

☆　张永霞会见山东黄金集团董事长、党委书记陈玉民一行。

17日　中国共产党烟台市第十二届纪律检查委员会第九次全体会议召开。出席全会的市纪委委员31人，列席298人。孟凡利出席全会并讲话。全会审议通过岳德川所作的《聚焦中心任务，增强政治担当，坚定不移推进党风廉政建设和反腐败斗争》工作报告。

19日　孟凡利先后到烟台警备区、预备役76师、海军航空工程学院、91213部队、武警支队驻地走访慰问。

20日　市委常委班子召开专题民主生活会。省政府党组副书记、副省长夏耕出席会议并讲话。孟凡利代表市委常委班子作对照检查并作总结讲话。

22日　孟凡利到牟平区参加指导区委常委班子民主生活会。

☆　张永霞主持召开市政府第66次常务会议，传达贯彻十八届中央纪委七次全会、省纪委十届八次全会、市纪委十二届九次全会精神，研究通过《烟台市房屋使用安全规定》。

☆　张永霞主持召开市政府党组民主生活会。

☆　市人大常委会党组召开2016年度党员领导干部民主生活会。市人大常委会党组书记李淑芹参加会议。

☆　市政协党组召开2016年度专题民主生活会。市政协主席、党组书记王晓敏主持会议。

23日　孟凡利到芝罘区、莱山区、高新区调研，并到莱山区盛泉派出所、高新区银海边防派出所看望慰问坚守岗位的干部职工和公安干警、边防官兵。

☆　由市精神文明建设委员会办公室与烟台日报传媒集团共同主办的2015—2016双年度“十佳烟台好人”颁奖典礼在烟台广电大剧院举行。张伟、王辉、李世富、邢思浩、孙昌周、程勇、于盛学、于瑞勇、李春娥7人和于学政、慈晓军、孔令胞3名官兵荣膺双年度“十佳好人”。

24日　全市经济工作会议召开。孟凡利、张永霞出席会议并讲话。

☆　张永霞到烟台交运集团和汽车南站、芝罘区文化路市场、交警支队二大队，看望慰问坚守岗位的干部职工和公安干警。

25日　市委、市政府召开向老

干部通报2016年工作情况会议，孟凡利出席会议并讲话。

☆ 张永霞到栖霞市指导栖霞市委常委班子专题民主生活会，并走访慰问困难党员群众。

☆ 烟台市第十六届人民代表大会常务委员会第四十次会议，根据烟台市市长张永霞的提请，任命张波、王晓军为烟台市副市长。

2月

1日 省委常委、政法委书记张江汀到中国工程院院士温俊峰家中走访慰问。

3日 孟凡利到开发区、福山区看望慰问节日期间坚持生产、坚守岗位的干部职工，实地调研项目建设和企业生产经营、安全生产等情况。

6日 山东省十二届人大六次会议烟台代表团举行全体代表会议，审议郭树清省长所作的《政府工作报告》。省老领导赵志浩，省领导张江汀、才利民、白泉民，市领导孟凡利、张永霞、李淑芹等参加审议，孟凡利主持会议。

7—10日 2017年全国少儿游泳冠军赛在市体育公园游泳跳水馆举行。这是烟台市首次承办国家级游泳比赛。

13日 烟台中集来福士海洋工程有限公司建造的全球最先进超深水双钻塔半潜式钻井平台“蓝鲸1号”在烟台市命名交付。平台最大作业水深3658米，最大钻井深度15240米，是全球作业水深、钻井深度最深的半潜式钻井平台，适用于全球深海作业。

14日 市委召开常委扩大会议暨全面深化改革领导小组第二十五次会议，传达习近平总书记在省部级主要领导干部专题研讨班开班式上的重要讲话精神，学习贯彻省十二届人大六次会议、省政协十一届五次会议精神，研究烟台市脱贫攻坚、加强金融人才队伍建设工作。孟凡利主持会议并讲话。

☆ 烟台市2016年度县市区委书记抓基层党建工作述职评议会议召开，孟凡利主持会议并讲话。

15日 蓬莱市蔚阳垃圾焚烧发电项目正式并网发电，这是烟台市第一个自备转公用发电项目。

15—16日 省法院党组书记、院长白泉民到烟台就涉诉信访、解决执行难、审判管理和信息化建设等工作进行专题调研。

16—17日 国务院安委会第三考核组到烟台考核2016年度安全生产工作。

17日 全市2016年工作总结大会召开，孟凡利出席会议并讲话，张永霞主持会议，王继东宣读市委、市政府《关于表彰2016年度“三考核两上榜”先进集体、先进个人的决定》。

☆ 张永霞会见中国保利集团副总经理、保利国际控股有限公司总经理王林一行。

20日 市人大常委会召开住烟全国人大代表座谈会，张永霞与住烟全国人大代表座谈交流。

21日 市政府召开全市安全生产工作电视会议。张永霞出席会议并讲话。

24日 烟台中集来福士海洋工程有限公司为中海油能源发展股份有限公司采油服务分公司建造的国内首座海上移动式试采平台“海洋石油162”在烟台交付。该平台是世界上功能最完善的海上移动式试采装备，标志着中国海洋工程装备开发能力和创新能力迈上新台阶。

28日 孟凡利到昆嵛山保护区、牟平区调研扶贫开发、春季农业生产、森林防火工作。

3月

1日 全国人大财经委副主任委员邵宁带领全国人大财经委调研组到烟台，开展推进供给侧结构性改革加快制造业转型升级情况专题调研。

2日 全市统战部长会议召开。孟凡利作出批示。市委常委、统战部长于永信出席会议并讲话。

3日 烟台市政府与哈尔滨工程大学全面战略合作框架协议签约仪式举行。孟凡利和哈尔滨工程大学党委书记谷焕民分别致辞，张永霞与哈尔滨工程大学校长姚郁签署全面战略合作框架协议书。

7日 省委统战部常务副部长赵强率调研组到烟台就新的社会阶层人士统战工作开展专题调研。

9日 省委第七巡视组对烟台市巡视“回头看”工作动员会召开。会前，省委巡视工作领导小组成员明春德主持召开与烟台市委书记、市人大常委会主任孟凡利，市委副书记、市长张永霞的见面沟通会，并传达姜异康书记关于巡视工作的重要讲话精神。会上，省委第七巡视组组长王成方作动员讲话，明春德就配合做好巡视工作提出要求，孟凡利主持会议并作表态发言。

10日 由万华化学集团股份有限公司和复旦大学、北京化工大学、中科院海洋研究所联合共建的聚合物表面材料制备技术国家工程实验室获得国家发改委正式批复认定，成为烟台市自主申报获批的首家国家工程实验室。

13日 中国共产党烟台市第十二届委员会第十二次全体会议举行。市委委员38人、候补委员7人出席会议。全会由市委常委会主持。

全会决定，中国共产党烟台市第十三次代表大会，于 2017 年 3 月 16 日在烟台召开。全会讨论并原则通过市第十三次党代会报告，决定提请市第十三次党代会审议；讨论并原则通过市第十三次党代会和十七届人大、十三届政协一次会议换届人事安排方案和其他有关事项。

☆ 市政协召开十二届二十九次常委会议。王晓敏出席会议并讲话。会议听取市委常委、组织部长于涛关于十三届市政协换届人事安排有关问题的说明，审议通过召开十三届一次会议的有关事宜，决定市政协十三届一次会议于 2017 年 3 月 19 日在烟台召开。

14 日 张永霞主持召开市政府第九次全体（扩大）会议，研究拟提请市十七届人大一次会议审议的《政府工作报告（讨论稿）》，安排部署当前工作。

☆ 市十六届人大常委会第四十一次会议举行。会议听取、审议关于烟台市第十七届人民代表大会第一次会议筹备工作情况的汇报，决定市十七届人大一次会议于 3 月 20 日至 24 日上午召开，会期四天半。

15 日 中国共产党烟台市第十三次代表大会主席团举行第一次会议。会议由孟凡利主持。

☆ 共青团中央、公安部等 22 个单位联合授予 23 个公安交管基层单位“2015—2016 年度全国青年文明号”荣誉称号。其中，烟台交警二大队一中队名列其中。

16—18 日 中国共产党烟台市第十三次代表大会举行。孟凡利代表中共烟台市第十二届委员会向大会作《科学把握稳中求进总基调，谱写率先走在前列新篇章，奋力打造宜居宜业宜游的成功城市》的报告。大会选举出由 58 名委员、11 名候补委员组成的中共烟台市第十三届委员会，选举出中共烟台市第十三届纪律检查委员会委员 40 名，选举出烟台市参加省第十一次党代会代表 66 名。大会通过《中国共产党烟台市第十三次代表大会关于十二届市委报告的决议》；通过《中国共产党烟台市第十三次代表大会关于市第十二届纪律检查委员会工作报告的决议》。

18 日 中国共产党烟台市第十三届委员会第一次全体会议举行。出席会议的市委委员 57 人，市委候补委员 11 人；新当选的市纪委委员列席会议。孟凡利主持会议。全会选举产生中共烟台市第十三届委员会常务委员会委员、市委书记、市委副书记；通过中共烟台市第十三届纪律检查委员会第一次全体会议选举产生的中共烟台市第十三届纪律检查委员会书记、副书记、常务委员会委员名单。名单如下：中共烟台市第十三届委员会常务委员会委员：孟凡利、张永霞、王继东、岳德川、王中、于涛、杨洪旭、于松柏、徐少宁、于永信。中共烟台市委书记：孟凡利。中共烟台市委副书记：张永霞、王继东。中共烟台市第十三届纪律检查委员会书记：岳德川；副书记：刘天海、连峻峰、邢永强；常委：岳德川、刘天海、连峻峰、邢永强、张文杰、张丽敏、修光胜、孙学材、李元彬。市委书记孟凡利讲话。

☆ 市委召开常委会议，研究市政府工作报告，强调部署加强常委会自身建设。孟凡利主持会议并讲话。

☆ 市领导孟凡利、张永霞、王晓敏、朱秀香会见出席市政协十三届一次会议的港澳委员和侨外工作顾问。

☆ 中国共产党烟台市第十三次代表大会选举产生的烟台市第十三届纪律检查委员会举行第一次全体会议。

19—23 日 中国人民政治协商会议第十三届烟台市委员会第一次会议召开。王晓敏受政协第十二届烟台市委员会常务委员会的委托，向大会作政协工作报告。田明宝向大会作关于提案工作情况的报告。会议选举朱秀香为十三届市政协主席，田明宝、姜中二、秦松、曲荣君、梁传松、王国伟、李京波、刘建峰为十三届市政协副主席，梁传松同时当选为十三届市政协秘书长，选举 75 名政协委员为市政协常务委员会委员。会议通过关于十二届市政协常务委员会工作报告的决议；通过关于十二届一次会议以来提案工作情况报告的决议；通过关于十三届一次会议提案审查情况的报告；通过市政协十三届一次会议政治决议。新当选的市政协主席朱秀香在大会上讲话。

20—24 日 烟台市第十七届人民代表大会第一次会议召开。大会执行主席孟凡利宣布大会开幕。市长张永霞代表烟台市人民政府向大会作《政府工作报告》。会议通过《关于政府工作报告的决议》《关于烟台市 2016 年国民经济和社会发展计划执行情况与 2017 年计划的决议》《关于烟台市 2016 年预算执行情况和 2017 年预算的决议》《关于烟台市人民代表大会常务委员会工作报告的决议》《关于烟台市中级人民法院工作报告的决议》《关于烟台市人民检察院工作报告的决议》。会议选举王晓敏为烟台市第十七届人民代表大会常务委员会主任，刘洪波、李宁、张伟、潘士友、黄永政为副主任，黄永政为秘书长；选举市人大常委会委员 29 名。选举张永霞为烟台市市长。选举江敦斌为烟台市中级人民法院院长；选举邵汝卿为烟台市人民检察院检察长。选举结果公布后，新当选的市人大常委会组成人员，市长、副市长，市中级人民法院院长进行宪法宣誓。当选市长张永霞讲话。

21日 “莱阳河蚬”经国家工商行政管理总局商标局核准，正式注册为国家地理标志证明商标。

23日 市政协召开十三届一次常委会议。朱秀香主持会议。会议审议通过政协第十三届烟台市委员会副秘书长名单；审议通过关于设置政协第十三届烟台市委员会专门委员会的决定；审议通过政协第十三届烟台市委员会专门委员会主任、副主任名单。朱秀香着重就加强新一届市政协常委会自身建设进行了强调。

24日 张永霞主持召开第十七届人民政府第1次常务会议，研究《政府工作报告》责任分工，部署当前及今后一个时期政府工作。

27日 张永霞与正大集团副董事长杨小平一行进行座谈。

27—30日 省政协副主席翟鲁宁带领调研组就“支持人民法院解决执行难问题”在烟台开展专题调研。市领导张永霞、朱秀香、梁传松等陪同调研。

28日 张永霞会见日本三菱电机株式会社执行董事兼中国总代表松下聪一行。

29日 市十七届人大常委会召开第一次主任（扩大）会议。王晓敏主持会议并讲话。会议明确常委会主任会议组成人员工作分工，听取讨论市十七届人大常委会第一次会议建议议题，讨论通过常委会4月份工作要点。

31日 张永霞到福山区卫家疃村参加党支部专题组织生活会，并在福山区开展调研。

☆ 烟台市召开国家健康城市建设动员会议，全面启动健康城市建设。

是月 国家标准委、国家发改委下发国家循环经济标准化试点示范项目通知，全国26个项目获批立项，烟台市获批的2个项目分别为万华化学集团股份有限公司的MDI（二苯基甲烷二异氰酸酯）生产工艺循环经济标准化试点和烟台双塔食品股份有限公司的粉丝产业循环经济标准化试点。

4月

1日 市政协召开十三届二次主席会议暨理论中心组学习会议。朱秀香主持会议并讲话。

6—8日 省委常委、组织部长杨东奇在烟台部分高校、企业、党性教育基地调研党建、人才和党性教育基地建设工作。

8—9日 工信部副部长徐乐江一行在烟台调研铝产业和中小企业发展情况。

10日 市人大常委会召开机关工作会议。王晓敏出席会议并讲话。下午，王晓敏一行到市中级人民法院就全市法院执行工作情况进行专题调研。

☆ 国家食品药品监督管理总局公布“国家食品安全示范城市公示名单”，烟台榜上有名。

11日 牟平区王格庄镇王格庄村东山发生森林火灾，造成2死2伤。

12日 中荷（烟台）经贸合作交流会在烟台开幕。张永霞和荷兰驻华使馆临时代办杜安德分别致辞。开幕式前，张永霞会见杜安德一行。

☆ 烟台市与新浪动漫战略合作框架协议签约仪式在北京新浪动漫总部举行。

12—13日 省人大内务司法委员会副主任委员翟黎明、李淑芹率立法调研组在烟台，就《山东省劳动人事争议调解仲裁条例（草案）》进行立法调研，并召开座谈会听取意见建议。

13日 烟台市召开党政联席会议，研究部署做好森林防火、社会稳定、安全生产和经济运行工作，张永霞主持会议并讲话。

☆ 省政府召开第五次廉政工作会议。省会议结束后，市政府召开第十七届政府第一次廉政工作会议，张永霞出席会议并讲话。

17日 烟台市召开全市环境保护工作专题会议。张永霞出席会议并讲话。

☆ 张永霞会见中国科学院院士、南京航空航天大学教授、南航精密驱动与控制研究所创始人赵淳生一行。

17—19日 省人大常委会委员、法制委员会主任委员李少华率立法调研组在烟台，就《山东省风景名胜区条例（草案）》开展立法调研，实地考察烟台市风景名胜区保护工作并召开座谈会。

18日 市政协召开机关工作会议。朱秀香出席会议并讲话。

19日 烟台市举办“书声琅琅 香飘烟台”——2017烟台市全民阅读启动仪式暨专家讲座活动。宁夏作协主席、著名作家郭文斌做题为《阅读也是生产力》的主题讲座。

19—20日 全国人大内务司法委员会委员赵凯率调研组在烟台，就网络安全和网络信息保护工作进行调研。

20日 市委、市政府印发《关于深入推进农业供给侧结构性改革加快培育农业农村发展新动能的实施意见》。

☆ 市政府召开全市经济工作调度会议。张永霞讲话。

☆ 张永霞会见比利时驻华大使马怀宇一行。

21日 市十七届人大常委会举行第一次会议。会议听取市政府关于2015年度市级预算执行和其他财政收支审计查出问题整改情况的报告，市中级人民法院关于全市法院执行工作情况的报告；听取市人大内务司法委员会关于全市法院执行工作情况的调查报告，市人大常委会主任会议关于《烟台市第十七届人民代表大会常务委员会代表资格审查委员会组成人员名单（草案）》的说明和关于提请补选山东省第十二届人民代表大会代表的说明。市中级人民法院、市人民检察院分别提请人事任免事项。会议补选王晓敏为山东省第十二届人民代表大会代表（其代表资格须经省人大常委会确认）。表决通过烟台市第十七届人民代表大会常务委员会代表资格审查委员会组成人员名单和人事任免名单。举行省人大常委会批准任命的市人民检察院检察长宪法宣誓仪式。

☆ 烟台市召开人民防空工作会议。

22 日 山东省第七届全民健身运动会在烟台市开幕。副省长王随莲宣布运动会开幕，省体育局局长李政、市长张永霞分别致辞，副市长张波出席开幕式。

22—23 日 副省长、省工商联主席王随莲带领省工商联调研组就烟台市民营经济发展情况进行调研。

24 日 中国科学院上海药物研究所烟台分所暨烟台药物研究所揭牌仪式在烟台高新区举行。

26 日 市政协举办政协讲堂，邀请省政协原常委、经济委员会原副主任刘战作专题讲座。朱秀香出席讲座。

☆ 市政府在北京举办“仙境海岸魅力烟台”城市形象宣传推介会。

27 日 第一届中国大樱桃产销研大会在烟台市召开。烟台市 3 家企业荣获“中国大樱桃十大生产企业”称号，2 家企业荣获“中国大樱桃十大流通企业”称号,8 家企业荣获“中国大樱桃十大品牌企业”称号，“烟台大樱桃，点亮中国红”成为品牌口号，由大樱桃、灯塔、浪花等元素组成的图案成为品牌主形象。

☆ 烟台市知识产权金融服务联盟成立，是烟台第一个跨行业的知识产权金融服务合作平台。

30 日 国网烟台供电公司带电作业室副主管李红新登上央视舞台，荣获《中国大能手》工匠榜样称号。

是月 由市京剧院、市艺术创作研究中心创排的大型现代京剧《烟台解放》入选国家第八届中国京剧艺术节。

☆ 烟台孚信达双金属股份有限公司制定的“铜铝复合导电扁排标准”获国际组织认可，成为有色金属材料领域唯一的国际标准。

5 月

2—3 日 市人大常委会在市委党校举办全市人大代表培训班暨代表主题实践活动动员会议。王晓敏出席会议并作动员讲话。

2—3 日 省检察院党组书记、检察长吴鹏飞在烟台就“六型”基层检察院建设、检察机关服务经济发展等工作进行调研。

4 日 市委召开全市领导干部会议，宣布省委关于烟台市委主要领导调整的决定。省委决定：王浩同志任烟台市委委员、常委、书记。

☆ 省住房和城乡建设厅正式公布山东省第四批“美丽宜居小镇、美丽宜居村庄”，招远市辛庄镇、栖霞市苏家店镇获评美丽宜居小镇，龙口市芦头镇麻家村、蓬莱市刘家沟镇马家沟村、莱阳市姜疃镇岚子村、栖霞市桃村镇国路夼村获评美丽宜居村庄。

5 日 张永霞主持召开市政府第 2 次常务会议，研究新旧动能转换、经济运行与项目建设、金融工作及河长制、调水管理等事项。

☆ 王晓敏带队赴福山区视察法院执行和水源地保护工作。

☆ 烟台打捞局“德泮”轮在天津海域成功救助主机失灵的货船“庆运 9”轮，船上 3 名船员全部获救。

7 日 由国务院侨办、中国侨商投资企业协会主办，山东省侨办与烟台市政府共同承办的“万侨创新·智汇山东”——“2017 华商博士烟台行”活动在烟台启幕。来自 28 个国家与地区的 153 名华商博士携带近百个投资合作项目来烟考察洽谈。张永霞会见代表团一行并在随后召开的“2017 华商博士烟台行”推介会上致辞。

☆ 栖霞果都通用机场（飞行营地）项目开工典礼在杨础镇举办。该项目去年被国家发改委、国家体育总局列入“国家通用航空飞机营地示范工程单位”。

8 日 市委召开县市区委书记座谈会，市委书记王浩主持会议并讲话，张永霞、王继东分别就抓好当前经济社会发展和社会稳定工作作出部署。

☆ 全省退役士兵安置和权益保障工作视频会议召开。王浩、张永霞在烟台分会场参加会议并分别讲话。

☆ 市人大常委会召开第 5 次主任（扩大）会议，传达学习王浩在县市区委书记座谈会上的讲话精神。王晓敏主持会议并讲话。

9 日 张永霞到招远市调研企业生产经营和重点项目建设情况，并召开座谈会听取企业家意见建议。

9—10 日 王浩先后到龙口市、蓬莱市和莱山区调研。

10 日 省防汛抗旱总指挥部召开成员（扩大）会议。省会议结束后，烟台市召开防汛抗旱指挥部全体成员会议，张永霞讲话。

☆ 全国首个渔业多功能海上平

台在长岛小竹山西部海域开始安装。该平台由中集来福士公司建造。

11日　烟台市政府与广西建工集团有限责任公司签署战略合作框架协议。张永霞、金志海出席签约仪式。

12日　市委召开常委扩大会议暨全面深化改革领导小组第二十八次会议，王浩主持会议并讲话。

☆　山东玲珑轮胎股份有限公司董事长兼总裁王锋，接受来华出席“一带一路”高峰论坛的捷克总统泽曼的会见。

13日　王浩到开发区和高新区调研重点项目建设。

☆　张永霞乘动车察看铁路沿线环境综合治理情况，并召开会议调度有关工作。

15日　王浩到莱州市和招远市调研重点工程项目建设。

16日　王浩到芝罘区调研项目建设。

☆　烟台正海生物科技股份有限公司创业板在深圳证券交易所挂牌上市。

17日　王浩到福山区调研项目建设，并听取福山区加强基层党建和企业党建的有关情况汇报。

☆　省政府召开全面实行河长制工作动员部署电视会议，市领导王浩、张永霞、王继东等在烟台分会场参加会议。省会议结束后，烟台市召开全面实行河长制工作动员部署电视会议，张永霞讲话。

☆　福山区举行德尔福动力总成亚太研发中心项目签约仪式。该项目是世界500强企业——美国德尔福集团首个本土以外的研发中心。

18日　省委第七巡视组向烟台市委反馈巡视“回头看”情况。省委巡视工作领导小组成员、办公室主任刘铁生主持召开向烟台市委书记王浩的反馈会议，出席向烟台市委领导班子反馈巡视“回头看”情况会议。王浩主持向领导班子反馈会议并就做好整改工作作表态发言。

☆　王浩到牟平区和昆嵛山保护区调研项目建设、生态保护和森林防火等工作。

☆　张永霞主持召开外商投资企业座谈会，上汽通用东岳企业有限公司、富士康（烟台）工业园等13家外商投资企业负责人交流发言。

☆　张永霞在东方海天酒店会见皮拉图斯飞机工业（中国）有限公司董事会副主席张维一行。

☆　中国实现全球首次成功试开采海域天然气水合物。承担该项国家重大战略任务的“蓝鲸1号”，是由中集来福士海洋工程有限公司自主设计建造的全球最先进超深水双钻塔半潜式钻井平台。中共中央、国务院致电祝贺。

19日　全国公安系统英雄模范立功集体表彰大会在北京召开。中共中央总书记、国家主席、中央军委主席习近平当日亲切会见大会代表。其中，烟台市有2个先进集体主要负责人和5名先进个人受到表彰，分别为烟台经济技术开发区分局被表彰为全国优秀公安局；海阳市公安局刑事侦查大队被表彰为全国优秀公安基层单位；龙口市公安局刑事侦查大队民警付绍刚、招远市公安局巡逻警察大队副大队长杨晓亮、莱州市公安局交通警察大队负责人仲卫青、交通警察支队第一大队一中队指导员杨松凯、边防支队养马岛边防派出所干事曹园媛被表彰为全国优秀人民警察。

☆　全市推进“两学一做”学习教育常态化制度化工作座谈会召开，王浩出席会议并讲话。

☆　王浩到保税港区调研港口建设、园区开发、对外开放等工作。

☆　张永霞到福山区调研重点项目建设情况。

20日　张永霞到海阳市、莱阳市察看抗旱工作及河长制落实情况。

21日　王浩到长岛县调研，要求长岛加快建设国内领先、国际一流的生态旅游度假岛。

☆　在世界田径挑战赛日本川崎站比赛中，烟台籍运动员刘诗颖在女子标枪比赛中以66.47米破亚洲纪录并夺冠。

22日　王浩到栖霞市调研重点项目建设。

☆　山东省科学技术奖励大会在济南召开，烟台15个项目获2016年度山东省科学技术奖励，科技进步一等奖1项，技术发明一等奖1项，科技进步奖、自然科学奖二等奖7项，科技进步奖、自然科学三等奖5项，连续五年获得省国际科学技术合作奖，获奖数量和水平居全省前列。

23日　王浩到海阳市调研重点项目建设。

☆　市政协党组召开扩大会议，学习传达全市推进“两学一做”学习教育常态化制度化工作座谈会精神和省委第七巡视组向烟台市委反馈巡视“回头看”情况，对市政协推进“两学一做”学习教育常态化制度化工作进行安排部署。朱秀香主持会议并讲话。

23—24日　国家卫生计生委副主任王培安带队在烟台调研督导医养结合工作。市领导王浩、张永霞、张代令陪同活动。

24日　市政协举办新任政协委员培训班。朱秀香出席开班式并作动员讲话。

24—25日　省委常委、省纪委书记陈辐宽在烟台市，就深入推进党风廉政建设和反腐败工作等进行调研。王浩、岳德川等参加活动。

25日　烟台市鲁花集团获第六届山东省省长质量奖，玲珑轮胎和东方电子杨恒坤获省长质量奖提名奖。

☆　《莱阳市志（1978—2005）》

首次发行会召开。

26 日 王浩到莱阳市调研重点项目建设。

☆ 市十七届人大常委会第二次会议在东山宾馆举行。王晓敏出席会议并讲话。会议审议并表决通过市政府提请的人事任命名单，王晓敏向新任命人员颁发任命书。会议举行新任命人员宪法宣誓仪式。同日，市人大常委会召开 2017—2021 年立法规划座谈会，王晓敏出席会议并讲话。

☆ 市政府党组召开推进“两学一做”学习教育常态化制度化工作座谈会。张永霞出席会议并讲话，王中主持会议并传达省、市“两学一做”学习教育常态化制度化工作座谈会议精神。

☆ 市政协举办“政协委员接待日”座谈会，朱秀香主持并讲话。

27 日 王浩到莱山区实验幼儿园、实验小学，看望学校里的孩子和老师，向全市广大少年儿童祝贺节日，向辛勤工作的园丁们表示慰问。

☆ 王浩在东山宾馆会见烟台市出席全国公安系统英雄模范立功集体表彰大会的代表。

31 日 中国（烟台）知识产权保护中心正式获批，为山东省首家、全国第二家。

是月 英国苏格兰总商会主席蒂姆·阿兰一行 11 人抵烟，成立苏格兰总商会烟台代表处。副省长王书坚在济南会见代表团全体成员。副市长张波与阿兰主席签署经贸合作备忘录，并共同为苏格兰总商会烟台代表处揭牌。

6 月

1 日 烟台市取得地方立法权以来颁布的第一部政府规章—《烟台市房屋使用安全管理规定》自即日起施行。

☆ 中国古脊椎动物学奠基人杨钟健院士诞辰 120 周年纪念活动在莱阳白垩纪国家地质公园举行。活动仪式上，宣读了“国土资源部关于命名山东莱阳白垩纪国家地质公园的决定”。

5 日 市委召开常委会议暨全面深化改革领导小组第二十九次会议并进行理论学习中心组集体学习，王浩主持会议并讲话。

5—8 日 省人大常委会副主任张新起在烟台就科技创新和修订《山东省促进科技成果转化条例》情况进行调研。

6 日 副省长王书坚到烟台调研防汛抗旱和地质灾害防治工作。

7 日 市扶贫开发领导小组第五次全体（扩大）会议召开，王浩作出批示，王继东主持会议并讲话。

7—8 日 交通运输部党组成员、国家邮政局局长马军胜在烟台考察快递企业大樱桃惠民寄递项目。

8 日 市政府召开全市金融工作会议，张永霞讲话。

9 日 在“首届中国报业版权大会”上，烟台日报传媒集团被评选为“2016—2017 年度中国报业最具原创力媒体”单位，为山东省唯一获此殊荣的地市媒体。

10 日 王浩到胶东（烟台）党性教育基地烟台山教学区调研。

☆ 由中国医药创新促进会、中国心血管健康联盟、中国抗血栓药物治疗联盟共同主办的“第二届中国临床研究质量管理暨创新药研发大会”在烟台开幕。市领导张永霞、张代令出席开幕式。

13 日 中国与欧盟同时对“中欧 100+100”地理标志产品互认情况进行公示，烟台葡萄酒、烟台苹果两大品牌纳入欧盟地理标志产品保护范围。加上之前被认定为中欧首批“10+10”地理标志产品互认保护的龙口粉丝，烟台已有 3 个产品纳入中欧互认保护。

14 日 省委书记刘家义参加省十一次党代会烟台代表团讨论。

☆ 全市党史研究室主任会议召开，王浩作出批示，于松柏出席会议并讲话。

15 日 国家知识产权局发函正式批复烟台市为全国首批国家知识产权强市创建市。

17 日 中国共产党山东省第十一次代表大会在济南闭幕。烟台市委书记王浩，市委副书记、市长张永霞当选为省委委员；芝罘区委书记牟树青当选为省委候补委员。市委常委、纪委书记岳德川当选为省纪委委员。王浩、李登海（山东登海种业股份有限公司名誉董事长）、郑忠燕（烟台 SOS 儿童村专职妈妈）当选为党的十九大代表。

☆ 中国共产党山东省第十一届委员会第一次全体会议举行。王浩当选中国共产党山东省第十一届委员会常务委员会委员。

☆ 在澳门举行的第七届亚洲杯跳水赛中，烟台小将刘昕与张蕊勇夺女子双人十米台冠军。18 日，刘昕夺得女子单人十米台冠军。

18 日 相声表演艺术家唐杰忠于在北京去世，享年 85 岁。唐杰忠 1932 年 9 月生，黄县（今龙口市）人。

18—21 日 由联合国开发计划署和海阳市人民政府联合主办的可持续发展目标本地化亚洲论坛在海阳举行。

19 日 市委召开常委扩大会议，传达贯彻省第十一次党代会和省委十一届一次全会精神。省委常委、市委书记王浩主持会议并讲话。

19—21 日 张永霞带领烟台经贸代表团赴韩国，走访 LG 显示、现代汽车等世界 500 强和行业领军企业，开展经贸洽谈。

20 日　市人大常委会党组召开扩大会议，传达学习省第十一次党代会精神和市委常委扩大会议精神。王晓敏主持会议并讲话。

21 日　市政协党组召开扩大会议，传达贯彻省第十一次党代会和市委常委扩大会议精神。朱秀香主持会议并讲话。

22 日　全省化工产业安全生产转型升级专项行动动员部署电视会议在济南召开。全省会议结束后，王浩就贯彻落实全省会议精神提出要求。

☆　张永霞会见由俄罗斯顿河畔罗斯托夫市市长古什那列夫·维塔利·瓦西里耶维奇率领的访问团一行，双方签署《烟台市与俄罗斯顿河畔罗斯托夫市友好合作关系协议》。

☆　市人大常委会在鲁东大学举行地方立法基地签约暨立法顾问聘书颁发仪式。王晓敏出席仪式并讲话。

22—23 日　全国政协常委、经济委员会副主任、中国工业经济联合会会长李毅中率领中国工业经济联合会调研组，在烟台调研相关产业发展情况。

22—24 日　中共中央政治局委员、中组部部长赵乐际在山东调研城市基层党建时，先后到烟台凤凰台街道中台社区、福山区党群服务中心调研。王浩陪同调研。

23 日　中国共产党烟台市第十三届委员会第二次全体会议在烟台举行，传达贯彻省第十一次党代会、省委十一届一次全会精神，就做好当前和今后一个时期的工作，推动烟台经济社会发展率先走在前列作出全面部署。市委委员 49 人、市委候补委员 9 人出席会议。市纪委常委和有关方面负责人列席会议。会议由市委常委会主持，王浩讲话。

☆　加纳共和国副总统马哈茂杜·巴武米亚访华期间，与杰瑞集团董事长孙伟杰于北京钓鱼台宾馆进行会谈。受加纳副总统委托，25 日，加纳国家高级部长、加纳副总统办公室运营总监、加纳国家石油公司董事长等一行到访杰瑞集团。

☆　栖霞市青年作家春晓编剧的电影作品《缺失的爱》入围第五届温哥华华语电影节“红枫叶”奖评选。

25 日　张永霞在东山宾馆会见加纳政府高级部长亚乌·奥萨福·马福一行。

26 日　张永霞到昆嵛山保护区调研检查生态环境保护建设、森林防火工作。

☆　市人大常委会党组、机关党组召开扩大会议，传达学习市委十三届二次全体会议精神。王晓敏主持会议并讲话。

☆　中集来福士海洋工程有限公司为长岛弘祥海珍品有限责任公司建造的国内首座半潜式海洋牧场平台 H383 项目在龙口基地交付。

27 日　市人大常委会邀请省人大常委会法制工作委员会副主任石晓，举行地方立法工作专题讲座。王晓敏参加讲座。

☆　市政协召开党组（扩大）会议，学习贯彻市委十三届二次全会精神。朱秀香主持会议并讲话。

27—28 日　市十七届人大常委会第三次会议在东山宾馆举行。会议通过《关于进一步加强人民法院执行工作的决议》。

28 日　烟台军民融合创新示范基地正式启动，张永霞和海军航空工程学院院长李鸣在启动仪式上分别致辞。该基地由烟台市政府、海军航空工程学院共同建设。

☆　“莱阳五龙河鲤”“莱阳缢蛏”经国家工商行政管理总局商标局核准，正式注册为国家地理标志证明商标。

29 日　在北京举行的 2017 年全国食品安全宣传周启动仪式上，烟台等 15 个城市获首批“国家食品安全示范城市”称号。

☆　烟台渤海国际轮渡公司“海蓝鲸”轮正式投入烟台至韩国平泽航线运营。该轮是中国自主研发、设计、建造的第一艘大型客箱船，是目前世界上最大载重吨现代化客箱船。

29—30 日　市人大常委会党组举行理论学习中心组读书会。王晓敏作总结讲话。

30 日　市委召开常委扩大会议暨全面深化改革领导小组第三十次会议，听取先进制造业名城建设等 10 个工作领导小组相关工作推进情况汇报，研究全市新旧动能转换重大工程总体思路、全市化工产业安全生产转型升级专项行动总体工作方案、群团组织改革实施方案，王浩主持会议并讲话。

7 月

1—2 日　省委书记刘家义在省委常委、秘书长胡文容，省委常委、市委书记王浩陪同下，先后到上汽通用东岳基地、富士康（烟台）科技工业园、万华工业园、长岛县、莱山区黄海社区、中集海洋工程研究院、烟台国际生物医药与健康产业创新中心、张裕酒文化博物馆调研。

☆　是日起，烟台山景区和东炮台公园免费向全社会开放。

3 日　省委省政府重点工作推进情况视频会议在济南召开。王浩在省主会场参加会议。

4 日　省委农村工作领导小组副组长王军民到莱州市调研。

6 日　在 2017 年亚洲田径锦标赛首日女子标枪比赛中，烟台籍名将李玲蔚以 63.06 米的成绩获得冠军，同时打破亚洲纪录。

7—9 日　烟台市分三个阶段召开全市领导干部会议。王浩、张永霞出席会议并讲话。会前，市委、市政府组织党政考察团赴济南、杭州、宁波、青岛考察学习。

8 日　在由中国旅游研究院和中国气象局公共气象服务中心联合主办的“2017 中国避暑旅游产业峰会”上，烟台再次获得“中国最佳避暑旅游城市”称号。

10 日　市人大常委会召开主任（扩大）会议，传达学习全市领导干部会议精神。王晓敏主持会议并讲话。

☆　市政协召开主席会议，学习传达全市领导干部会议精神。朱秀香主持会议并讲话。

11 日　全市化工产业安全生产转型升级专项行动部署电视会议召开。张永霞讲话。

11—12 日　国家安监总局副局长李兆前一行在烟台调研经济功能区和港口安全监管工作。

11—13 日　省委副书记、省长龚正，先后到富士康（烟台）工业园、上汽通用东岳基地、中集海洋工程研究院、招远“三院两中心”科技创新平台等企业、项目现场，栖霞国家现代农业产业园、明波水产有限公司、登海种业有限公司，栖霞古镇项目、招远黄金博物馆、莱州中华武校调研，还专程考察胶东革命纪念馆。王浩、张永霞陪同调研。

13 日　王浩到莱州市项目建设现场和企业厂区、车间调研，听取莱州市有关情况汇报。

☆　张永霞主持召开市政府第 3 次常务会议，研究人大代表建议和政协提案办理工作，部署加快推进品牌建设、加强食品药品安全监管、调整城乡居民最低生活保障标准等工作。

☆　市政府召开创建全国质量强市示范城市动员会议。张永霞作动员讲话。国务院参事张纲就做好品牌质量工作进行专题辅导，省质监局局长张宁波对烟台市创城工作提出要求。

☆　市人大常委会召开部分住烟全国、省和市人大代表座谈会。王晓敏参加座谈。

14 日　市委召开常委会议暨全面深化改革领导小组第三十一次会议，传达学习全国农村精神文明建设工作经验交流会、全国文明校园创建工作推进会、全省高校思想政治工作会议精神，传达学习中央全面深化改革领导小组第三十六次会议和省委全面深化改革领导小组第三十四次会议精神，研究贯彻落实意见。王浩主持会议并讲话。

15 日　从蓬莱港载运 600 方淡水的“锦容 15 号”运水船抵达北隍城岛，顺利将淡水注入低位蓄水池，标志着长岛船运淡水工程正式启用。

☆　在 2017 年游泳世锦赛跳水混双 10 米台决赛中，烟台输送的运动员练俊杰与队友任茜夺得冠军。

17 日　张永霞到烟台经济技术开发区实地察看鑫广绿环再生资源股份有限公司危险废物焚烧项目。

18 日　王浩到烟台港西港区、烟台蓬莱国际机场和滨海西路开发区段等项目建设一线，调研临港产业发展情况。

☆　张永霞到海阳市、栖霞市、莱阳市督导环境保护工作，并召开专题会议部署工作任务。

☆　市人大常委会组织开展安全生产工作调研，实地察看烟台港西港区、山东联合能源管道输送有限公司、烟台万华工业园。王晓敏参加调研。

19 日　王浩到牟平区调研市级重点项目建设情况。

19—20 日　由淄博市委书记周连华，市委副书记、市长于海田率领的淄博市党政考察团一行在烟台考察，王浩、张永霞陪同活动。

20 日　“仙境海岸魅力烟台”城市形象宣传推介会在上海召开，《人民日报》、新华社、中央电视台、中央人民广播电台、香港《大公报》、香港《文汇报》、上海电视台、澎湃新闻等 70 余家海内外媒体聚焦烟台。21 日上午宣传推介会在杭州举行。

21 日　张永霞主持召开市政府第 4 次常务会议，部署推进国家级医养结合示范市建设，研究加强审计监督、健全特困人员救助供养制度、保障城市供水等工作。

22 日　省委、省政府在济南召开全省环境保护突出问题综合整治攻坚动员大会。全省会议结束后，王浩就贯彻落实全省会议精神提出要求。

25 日　市委召开常委会议暨全面深化改革领导小组第三十二次会议，审议烟台市行业协会商会与行政机关脱钩实施方案、2017 年度经济社会发展综合考核办法、全市环境保护突出问题综合整治攻坚方案，研究国家食品安全示范城市创建和 2017 医药创新与发展国际峰会筹备情况。王浩主持会议并讲话。

☆　张永霞到福山区、开发区察看棚户区改造项目，并召开专题会议。

☆　市政协召开理论中心组读书会暨县市区政协主席座谈会。朱秀香出席会议并讲话。

25—26 日　省政协副主席赵润田带领调研组一行在烟台就制定提案公开办法进行调研。

26 日　市委、市政府召开全市企业家座谈会，王浩出席会议并讲话，张永霞主持会议并讲话，王晓敏、朱秀香分别讲话。

☆　市政协召开十三届二次常委会议。朱秀香出席会议并讲话，王继东围绕市委近期重要工作部署作专题辅导报告。

27 日　第五届全国对外传播理论研讨会在烟台开幕，国务院新闻办公室副主任郭卫民在会上做主旨演讲，王浩出席会议并致辞。

☆　全市环境保护突出问题综合整治攻坚动员大会召开。王浩出席会议并作动员讲话，张永霞主持会议。

27—29 日　环渤海高铁潍坊至烟台快速铁路预可研评审会议在烟台召开。

28 日　烟台市政府与中国科学院沈阳分院签订全面科技合作协议。张永霞出席签约活动，王晓军代表市政府与中国科学院沈阳分院签约。

31 日　市委、市政府召开烟台市军地联席会议，庆祝中国人民解放军建军 90 周年。

☆　市委巡察工作领导小组第一次会议暨十三届市委巡察工作动员部署会议召开。会议传达王浩批示，市委常委、纪委书记、市委巡察工作领导小组组长岳德川，市委常委、组织部部长、市委巡察工作领导小组副组长于涛出席会议并讲话。

☆　烟台市企业与企业家联合会第三届会员大会在东山宾馆召开。会后，张永霞会见到烟台参会的省企业联合会执行会长宋振海和与会企业家。

☆　张永霞主持召开市十七届人民政府第一次全体（扩大）会议，研究《关于进一步加强政府自身建设的意见》和《烟台市人民政府工作规则》；主持召开市政府第 5 次常务会议，研究完善河长制、推进出租车行业改革和网约车管理、加强环境保护等工作。

28 日至 8 月 1 日　92 岁高龄的孙纯秀作为山东省唯一一位老民兵英雄、抗战支前模范代表，在北京参加庆祝中国人民解放军建军 90 周年系列活动。2015 年，孙纯秀曾赴京参加中国人民抗日战争暨世界反法西斯战争胜利 70 周年阅兵纪念活动。

是月　市综治委、市见义勇为基金会决定，将每年的 7 月 12 日作为全市见义勇为集中宣传日。

☆　烟台通过“中国鲁菜之都”复审。

☆　“2016 中国外贸百强城市”名单出炉，烟台市位列全国第 25 位，在省内排名第二，已连续 8 年入围该榜单。

8 月

1 日　省委常委、常务副省长李群率省政府调研组到长岛调研。

☆　市委理论学习中心组开展集体学习研讨。王浩主持会议并讲话。

2 日　山东弘宇农机股份有限公司登陆深圳证券交易所 A 股市场，成为烟台市第 46 家上市公司。

2—3 日　张永霞到福山区、龙口市督导环境保护工作。

2—3 日　省人大常委会副主任夏耕率省人大常委会执法检查组在烟台，就贯彻实施《中华人民共和国安全生产法》和《山东省安全生产条例》情况进行执法检查。

5 日　市政府与上海交通大学签署共建上海交大烟台信息技术研究院框架协议。上海交通大学校长、中国工程院院士林忠钦，张永霞共同为研究院揭牌，副市长王晓军与上海交通大学副校长吴旦签署合作协议。

6 日　全市环境保护突出问题综合整治工作调度推进会议召开。王浩主持会议并讲话。

7 日　张永霞主持召开市政府党组会议，学习习近平总书记在省部级主要领导干部专题研讨班上的重要讲话精神。之后主持召开市政府第 6 次常务会议，研究部署环境保护相关工作。

☆　市政协召开党组扩大会议，传达学习习近平总书记在省部级主要领导干部专题研讨班上的重要讲话和市委理论学习中心组读书会精神。朱秀香主持会议并讲话。

8 日　在伦敦举行的 2017 年国际田联世界田径锦标赛女子标枪决赛中，中国选手、烟台姑娘李玲蔚以 66.25 米的成绩获得银牌。

8—9 日　济宁市委书记王艺华，市委副书记、市长傅明先率济宁市党政考察团，在烟台考察新旧动能转换、招商引资项目建设、城市建设、农业“新六产”、文化旅游产业等工作。市领导张永霞、王继东等陪同活动。

10 日　中央第三环境保护督察组督察山东省工作动员会在济南召开。王浩在济南主会场参加会议。全省动员会结束后，张永霞就贯彻落实会议精神提出要求。

☆　朱秀香到蓬莱嘉信染料化工股份有限公司走访调研。

10—11 日　市人大常委会对全市水资源建设与管理情况进行视察。实地察看芝罘区夹河生态园、栖霞市庵里水库及清洋河、楚留河流域整治、卧龙工业园明沟、牟平区南自格庄泵站等工程和项目现场。

11 日　张永霞主持召开市政府第 7 次常务会议，研究部署装配式建筑发展、加快棚户区改造、环境保护等工作，安排部署当前工作。

13 日　王浩到福山区和栖霞市调研河长制工作、重点项目建设和生态环保工作。

13—19 日　张永霞率烟台市经贸代表团赴香港参加 2017 香港山东周系列活动。

15 日　王浩到海阳市调研重点项目建设和生态环保工作。

☆　烟台市人民政协理论研究会召开成立大会。朱秀香出席会议并讲话。会议审议通过理论研究会章程、第一届理事会选举办法和第一届理事会组成人员名单、监事名单，选举产生会长、副会长、秘书长。

16日　王浩到莱阳市调研重点项目建设和环境保护工作。

16—17日　省人大立法调研组在烟台就《山东省法治宣传教育条例（草案修改稿）》《山东省建设工程抗震设防条例（草案修改稿）》和《山东省水资源条例（草案修改稿）》开展立法调研。

17日　王浩到芝罘区调研重点项目建设和生态环保工作。

18日　王浩到蓬莱市调研重点项目建设和生态环保工作。

19日　张永霞到福山区、开发区实地督导环保工作。金志海参加督导活动。

☆　由海军航空大学主办的"剑鹰—2017"军事技能竞赛在烟台举行，市委副书记王继东出席。此次竞赛是该校主办的综合性海上项目竞赛，分为海上精英五项、空勤三项、舢板竞速三个模块，由清华大学、陆军军事交通学院和海军航空大学组成的23个战斗班、300余名学员参加。

☆　2017CIDU中联艺术第八届青少年国际舞蹈锦标赛、中国烟台第十一届"和谐杯"国际体育舞蹈公开赛、烟台市第十七届体育舞蹈锦标赛、烟台市第七届全民健身运动会体育舞蹈竞赛在烟台市体育馆举办。共有91支代表队的3198人参加比赛。来自德国、俄罗斯、波兰等多国欧洲职业选手出席开幕式。

20日　市委召开常委扩大会议暨全面深化改革领导小组第三十三次会议，听取先进制造业名城建设等10个领导小组工作推进和有关重大项目重要规划情况、企业家座谈会反映问题推进落实情况汇报，传达贯彻全国公安系统英雄模范立功集体表彰大会、全国全省公安机关视频会议、全省脱贫攻坚现场会议、全省国有企业改革发展工作会议精神，研究烟台市人大常委会2017—2021年地方立法规划、全市行业协会商会与行政机关脱钩工作。王浩主持会议并讲话。

21日　创建全国文明城市工作调度会议召开。

☆　"吉瑞快车"轮满载3328头新西兰种牛抵达烟台港。这批种牛中有安格斯肉母牛2433头，安格斯肉公牛17头，娟姗母牛728头，西门塔尔母牛150头，均为世界最优良品种。这是烟台口岸首次进口活体肉用种牛。

☆　《烟台市网络预约出租汽车经营服务管理实施细则》出台，10月1日起正式实施。

24日　张永霞到莱山区、芝罘区现场督导环境保护工作。

25日　省委常委、组织部长杨东奇到胶东革命纪念馆调研。

25—28日　山东省党政代表团赴西藏考察，副市长张波参加省代表团活动，并率烟台市党政代表团赴日喀则市和聂拉木县考察援藏工作，看望慰问援藏干部和教育医疗人员。

28日　市总工会第十八届委员会第三次全体会议召开，选举刘洪波为新一任工会主席。

29—30日　市十七届人大常委会第四次会议在东山宾馆举行。会议表决通过《烟台市人民代表大会常务委员会关于加强人大代表工作的意见》《烟台市人民代表大会代表建议、批评和意见督办工作办法》、烟台市第十七届人民代表大会常务委员会代表资格审查委员会关于个别代表的代表资格变动情况的报告和人事任免名单。王晓敏向新任命人员颁发任命书。会议举行新任命人员宪法宣誓仪式。

30日　王浩出席重点工作部署会议并讲话，要求以更高标准和过硬作风，扎实推进生态环保、十九大安保维稳、重点项目等工作。张永霞主持会议。

31日　张永霞主持召开市政府第9次常务会议，贯彻全市当前重点工作部署会议精神，安排抓落实工作任务，研究环境保护、安全生产、建立公平竞争审查制度等工作。

☆　朱秀香带队到山东工商学院和烟台大学，围绕市政协常委会专题协商议题"促进校所城融合发展，助推新旧动能转换"进行实地调研。

是月　科技部首批启动"十三五"重点研发计划"中式传统肉制品绿色制造关键技术与装备研发及示范"项目，喜旺集团承担其中"酱卤肉制品绿色制造关键技术与装备研发及示范"课题研究。

☆　开发区国家芳纶工程技术研究中心通过国家科技部专家组验收。

☆　中集来福士自主建造的超深水双钻塔半潜式钻井平台"蓝鲸2号"试航成功。

9月

1日　王浩到福山区就重点项目建设等进行调研。

☆　市人大常委会党组、机关党组理论学习中心组集体学习研讨《习近平总书记的成长之路》等有关报道文章。王晓敏主持会议并讲话。

☆　市政协召开党组（扩大）会议暨理论中心组学习会议，学习《中国共产党党组工作条例（试行）》。朱秀香主持会议并讲话。

2日　省委、省政府召开重点工作推进情况视频会议。王浩在烟台分会场作题为《敢于担当精准发力靠全面深化改革推动烟台发展走在全省前列》的发言。

3 日　金砖国家工商论坛开幕式在厦门国际会展中心举行，玲珑轮胎董事长兼总裁王锋作为中方优秀企业代表应邀参加本次论坛。

3—5 日　金砖国家领导人第九次会晤在厦门举行，由烟台联蕾食品有限责任公司生产的烟台苹果成为专供食材。

4 日　张永霞到开发区、蓬莱市调研重点项目建设、自然保护区管理工作。

4—5 日　张永霞到开发区、芝罘区、莱山区督导文明城市创建工作及重点区片建设。

5 日　市委召开常委会议暨全面深化改革领导小组第 34 次会议，研究国家工作人员学法用法制度的实施意见、全面深化改革重点工作分工方案，对做好当前重要工作进行安排部署。王浩主持会议并讲话。

☆　王浩到高新区调研市级重点项目建设。

☆　市委、市政府以烟发〔2017〕13 号文件下发《关于进一步加快创新驱动发展的意见》。

5—6 日　国家发改委党组成员、副主任胡祖才率调研组，在烟台就农业水价综合改革情况进行调研。

6 日　王浩到莱阳市和烟台开发区调研重点项目建设。

7 日　张永霞主持召开市政府党组会议，集体学习《山海情怀赤子之心——习近平总书记在福建的探索与实践·党建篇》。

7—8 日　王浩到鲁东大学、山东工商学院、滨州医学院，张永霞到烟台职业学院、烟台二中、高新区实验中学、高新区第三实验小学，金志海到烟台一中、芝罘区国粹小学、烟台永铭中学、烟台市市级机关幼儿园，代表市委、市政府向广大教师和教育工作者致以节日的问候和诚挚的祝福。

8 日　王浩到烟台大学走访，参观校史展览馆、药学院实验室，并召开座谈会。

☆　第十三届全国运动会闭幕。烟台健儿在以“山东代表团”名义参加的比赛中，收获 12 枚金牌、14 枚银牌、15 枚铜牌，奖牌总数 41 枚，金牌数和奖牌数均居全省各地市前列。首次参加全运会的烟台籍运动员季新杰在男子 200 米自由泳、400 米自由泳、男子 800 米自由泳、男子 4×200 米自由泳接力赛、男子 1500 米自由泳比赛中获得 5 枚银牌。

10 日　开国少将、原南京军区副政委张玉华将军因病医治无效在南京逝世，享年 101 周岁。在打响胶东抗战第一枪的雷神庙战斗中，张玉华是指导员。2005 年、2015 年，张玉华两次重返烟台故土，资助雷神庙战斗纪念馆建设。

10—11 日　王浩先后到莱州市、招远市调研重点项目建设。

11—12 日　省委农村工作领导小组副组长王军民在烟台，就节水农业和水肥一体化进行专题调研。

14 日　市委理论学习中心组集体学习《中共中央宣传部关于中央第十一轮巡视对落实意识形态工作责任制监督检查情况的通报》和《习近平的七年知青岁月》有关篇章。王浩主持学习。

14—15 日　市人大常委会组织部分住烟台全国、省人大代表赴栖霞市和招远市，围绕全市林业自然保护区建设管理情况和环渤海潍烟高铁建设进展情况开展专题调研并召开座谈会。市领导王晓敏、王中、李宁参加活动。

15—19 日　市政协组织港澳委员和侨外工作顾问视察烟台创建国家全域旅游示范区工作。朱秀香参加视察。

16 日　2017 医药创新与发展国际会议在烟台开发区开幕。国家食品药品监管总局副局长孙咸泽，王浩、张永霞出席会议。孙咸泽、张永霞分别致辞。

☆　崆峒岛 490 余户外迁居民整体搬迁行动正式启动，当日首批 30 余户完成搬迁。

☆　芝罘区发布朝阳（一期）、所城历史文化街区住宅房屋协议搬迁补偿方案及工作安排。

16—20 日　第十届中国杂技金菊奖全国杂技比赛决赛在蓬莱举行。共有 28 支队伍的 30 个杂技节目参加，其中 10 个节目获金菊奖杂技节目奖。

17—19 日　全国妇联副主席、书记处书记邓丽率国务院安委会第二十六督查组在烟台，对安全生产大检查开展情况进行综合督查。张永霞汇报情况。

19 日　在中央政法委、中央综治委召开的全国社会治安综合治理表彰大会上，烟台市荣获“全国社会治安综合治理优秀城市”称号，第四次捧得“长安杯”，成为全国唯一实现“七连冠”的城市。王浩出席表彰大会并代表烟台领奖。

20 日　张永霞率团赴济南参加山东省商务厅与中国美国商会共同举办的 2017 山东美国商务周活动，期间会见 40 多家跨国公司负责人，出席“新旧动能转换与扩大对外开放”论坛。

☆　中集来福士为中石化胜利石油工程有限公司总装建造的“新胜利五号”自升式钻井平台在烟台基地交付。该平台最大作业水深 90 米，最大钻井深度 9144 米，入级中国船级社（CCS）和美国船级社（ABS）。

21 日　市委召开常委会议，研究实施制造业强市战略和加强改进城市规划建设管理等有关工作。王浩主持会议并讲话。

22 日　张永霞主持召开市政府

党组会议，集体学习中央关于落实意识形态工作责任制有关文件精神和《习近平的七年知青岁月》有关篇章。

☆ 张永霞主持召开市政府第11次常务会议，部署医药创新与发展、海洋强市建设、国有企业改革等工作。

24日 全市党的十九大安保维稳工作调度会议召开。王浩主持会议并讲话。

☆ 烟台市第九届运动会在体育公园开幕。

25日 全市建设制造业强市工作会议召开。王浩出席会议并讲话，张永霞主持会议。会上，市经信委、烟台开发区、万华集团、绿叶生命科学集团负责人作表态发言。

☆ 市委、市政府召开全市城市化工作会议，王浩出席会议并讲话，张永霞主持会议。会上，市住建局、芝罘区、莱山区和芝罘区向阳街道办事处作表态发言。

26日 省委、省政府在济南召开全省开放型经济发展大会。会上，烟台经济技术开发区作交流发言。

27日 王浩到芝罘区调研朝阳所城历史文化街区改造提升工作，看望一线干部职工。

☆ 张永霞在市委党校就新旧动能转换形势任务作专题辅导报告。

28日 王浩到栖霞市基层联系点和福山区进行调研，强调以优良作风和优异成绩迎接党的十九大胜利召开。

☆ 王晓敏主持召开市十七届人大常委会第14次主任会议，决定市十七届人大常委会第五次会议于10月30日召开，时间一天。

☆ 市政协召开委员企业与金融单位银企合作助推发展座谈会。朱秀香出席会议。

29日 市人大常委会对市区群众文化体育活动场所建设有关规划落实情况进行视察。王晓敏参加相关活动。

30日 烟台市在胶东革命烈士陵园举行公祭烈士活动。市级领导班子成员，法检“两长”，烟台警备区司令员，以及机关干部、驻军官兵、学校师生、老战士和烈士亲属等社会各界代表1000多人参加。

☆ 市委、市政府印发《关于切实加强和改进城市规划建设管理工作的实施意见（试行）》。

☆ 烟台市印发《关于实施制造业强市战略的意见（试行）》。

☆ 张永霞到塔山娱乐城、烟台万华工业园等旅游景点、重点企业督导检查安全生产工作。

是月 由全球最具影响力的酒类贸易专业媒体《饮料商务》杂志发布的2017年度“全球十大葡萄酒品牌排行榜”，张裕以2016年1500万箱的年销售量排名第四位。

10月

1日 王浩到部分公安基层站所、交警执勤岗、武警部队驻地、芝罘区北部滨海开发建设一线，看望慰问值班执勤的公安干警、武警官兵和坚守岗位的干部职工。

9日 全市党的十九大安保维稳工作视频会议召开。王浩出席会议并讲话，张永霞主持会议。

☆ 市委召开常委会议，传达全省非公有制经济组织和社会组织党建工作推进会、全省美丽乡村建设现场会精神，研究贯彻落实意见。王浩主持会议并讲话。

10日 市委、市政府上午在蓬莱国际机场召开机场二期工程建设现场办公会，下午在烟台港西港区召开港口建设现场办公会。王浩出席会议并讲话，张永霞主持会议，市领导王晓敏、朱秀香、王中等出席会议。

11日 市政协召开十三届三次常委会议，传达学习全市建设制造业强市工作会议、城市化工作会议精神，听取市发改委关于环渤海潍烟高铁情况通报，围绕“促进校所城融合发展、助推新旧动能转换”开展专题协商。朱秀香出席会议并讲话。

☆ 中国工程院院士、山东农业大学束怀瑞教授工作站揭牌仪式和“国家十三五苹果双减项目”研讨会在栖霞市举行。

12日 全市重点项目务虚会召开。王浩、张永霞出席会议并讲话。

☆ 由中集来福士牵头的国家级创新专项“第七代超深水钻井平台（船）创新专项”推进工作会议在烟台召开。该专项是中集来福士承担的第一个国家级重大创新专项。

13日 制造业强市创新合作项目签约活动举行，市政府及中国工业设计协会、机械科学研究总院、省经信委等部门和单位签署中德工业设计中心、山东省产学研科技创新公共服务平台、山东增材制造产业技术研究院建设等9个合作协议。张永霞、王晓军参加活动。

15—21日 近百名胶东子弟兵后代在烟台参加“喜迎十九大 红色胶东行”活动。先后到胶东革命纪念馆、胶东抗战第一枪纪念馆、杨子荣纪念馆、八路军挺进东北渡海出发地、英灵山胶东革命烈士陵园、许世友将军在胶东纪念馆、八路军胶东军区机关旧址，重温那段峥嵘岁月，一同观看十九大开幕会，向胶东革命纪念馆等展馆捐赠红色史料。

16日 市委召开科技创新工作专题通报协商会。张永霞出席会议并讲话。

16—17日 世界七大葡萄海岸国际研讨会在蓬莱举行，来自法国波尔多、意大利、美国、智利、南非、澳大利亚等世界知名葡萄酒产区的200余名代表、名庄庄主、专家参加研讨。

17日　张代令在东方海天酒店会见马来西亚晋汉省华人联合总会会长黄良杰一行。

☆　由市政府主办，市科技局与硅谷中国创新发展中心共同承办的“2017美国硅谷创业者烟台行”活动成功举行。

18日　市委理论学习中心组开展集体学习，学习研讨习近平总书记代表十八届中央委员会向十九大所作的报告。张永霞主持会议并讲话。

☆　张代令在东方海天酒店会见以马来西亚砂拉越州地方政府与房屋部部长沈桂贤为团长的马来西亚代表团一行，并签署《中华人民共和国烟台市与马来西亚砂拉越巴达旺市建立友好合作关系协议书》。

19日　张永霞到福山区、开发区、龙口市、莱州市调研。

☆　张代令会见挪威斯塔万格市副市长约翰·彼得·赫尔内斯一行，并签署《烟台市与斯塔万格市建立友好合作城市关系意向书》。期间，挪威海洋牧场公司与中集来福士签订《三文鱼产业战略合作备忘录》。

20日　张永霞到牟平区调研东部新区规划布局和项目引进情况。

☆　烟台大学与烟台市台海集团有限公司签约，共同组建烟台大学核装备与核工程学院、台海集团烟台大学核装备与核工程技术研究院。

23日　张永霞主持召开市政府第12次常务会议，调度全市安全生产和经济运行情况，研究市场主体住所登记管理办法。

24日　烟台市政府与西南交通大学举行烟台新一代信息技术研究院暨智慧蓝谷科技产业孵化基地项目签约仪式。

25日　烟台市文化旅游发展集团有限公司举行揭牌仪式。

26日　全省领导干部会议在济南召开，传达党的十九大精神。王浩在省主会场出席会议，张永霞及市级领导班子成员等在市分会场参加会议。

☆　国家质检总局发布《关于公布获得生态原产地产品保护示范区名单的公告》，栖霞市成为烟台市首个、山东省第二个获得保护的国家级生态原产地产品保护示范区。

27日　市委召开全市领导干部会议，传达学习党的十九大精神。王浩出席会议并讲话，张永霞主持会议。

☆　市政府召开全市经济运行和重点项目调度会议。张永霞讲话。市委常委、常务副市长王中主持会议。

28日　朱秀香带队到市政协机关第一书记村—福山区张格庄镇文家村走访调研。

☆　IBF世界拳王争霸赛在澳门东亚运动会体育馆举行，烟台姑娘蔡宗菊战胜WIBA/GBU双料世界冠军“女帕奎奥”阿班尼尔，赢得首场世界头衔卫冕战，从而成为拳击历史上第一位成功卫冕IBF世界金腰带的中国选手。

30日　市十七届人大常委会第五次会议在东山宾馆举行。王晓敏传达党的十九大精神并对做好学习贯彻工作进行安排部署。会议听取《烟台市安全生产监督管理条例（草案）》、《烟台市城市供水条例（草案）》审议结果的报告，市政府关于烟台市市区义务教育均衡发展建设情况的报告、关于全市对台工作情况的报告。表决通过关于接受有关常委会组成人员辞职请求的决定和人事任免名单，举行新任命人员宪法宣誓仪式

☆　市政协召开机关党员大会，传达学习党的十九大和十九届一中全会精神。朱秀香主持会议并讲话。

☆　根据中央机构编制委员会办公室2017年初的批复要求，以及交通运输部、部海事局关于直属海事系统基层执法机构改革的工作部署，撤销烟台海事局所属的芝罘海事局、蓬莱海事局、龙口海事局、莱州海事局四个分支机构，成立中华人民共和国烟台芝罘海事处、蓬莱海事处、龙口海事处、莱州海事处四个派出机构。30日上午举行统一挂牌仪式，烟台海事基层执法新机制自2017年10月30日正式运行。

31日零时起，国道206蓬莱收费站停止收费。该收费站2004年投入使用，是烟台普通国省道收费站中客流量最大的一个。

是月　省政府办公厅公布山东省第二批特色小镇创建名单，龙口东江南山养生谷小镇、招远金岭粉丝小镇、长岛北长山海岛小镇、莱州朱桥黄金小镇、芝罘向阳所城广仁基金小镇、福山清洋康养小镇、牟平大窑绿色健康小镇等7个小镇入选。至此，烟台共争创全国特色小镇2个、省级特色小镇12个，均排全省首位。

11月

1日　市委召开常委会暨理论学习中心组集体学习会，传达学习习近平总书记中央政治局会议、中央政治局第一次集体学习、瞻仰中共一大会址、出席军队领导干部会议重要讲话精神和省委十一届二次全会精神，研究部署贯彻落实意见。王浩主持会议并讲话。

☆　烟台机场正式开通烟台—福州—新加坡往返正班航线。

2日　张永霞主持召开市政府党组会议，传达学习贯彻党的十九大精神、省委十一届二次全会精神。

☆　在中央文明办、国家卫生计

生委联合主办的“中国好医生、中国好护士”现场颁奖交流活动上，栖霞市人民医院护士王亚萍当选“中国好护士”，是山东省唯一获奖代表。

3日　全省公安信息化“三个一”建设现场推进会在烟台市召开。王浩参加有关活动，副省长、省公安厅厅长孙立成出席会议并讲话，张永霞出席会议并致辞。

☆　中国轻工业联合会和中国钟表协会正式授予山东省烟台市“中国钟表名城·烟台”称号。

☆　在第三届中国果业品牌大会上，烟台苹果、栖霞苹果、烟台大樱桃品牌价值分别达到131.95亿元、51.91亿元、46.56亿元，均进入榜单前十名。其中，烟台苹果是全国唯一品牌价值过百亿元的果品区域公用品牌，连续九年稳居中国果品区域公用品牌价值榜首位。

3—5日　“全球主题娱乐产业跨国公司圆桌会”（2017SATEASIA）在北京召开，莱阳白垩纪国家地质公园为本次会议推介的两大项目之一。

5日　中国共产党烟台市第十三届委员会第三次全体会议举行。市委委员52人、市委候补委员11人出席会议。市纪委委员和有关方面负责人列席会议。会议由市委常委会主持，王浩讲话。全会审议通过《中共烟台市委关于深入学习贯彻党的十九大精神的决议》。

☆　市委召开常委会议，传达贯彻全省宣传部长会议精神，研究十九大精神集中轮训意见。王浩主持会议并讲话。

7日　中国共产党烟台市第十三届纪律检查委员会第二次全体会议举行。岳德川讲话。

8日　省委宣讲团党的十九大精神报告会在东山宾馆举行。张永霞主持。

9日　2017核电产业链高峰论坛在东山宾馆召开。国家能源局能源节约和科技装备司司长王思强，张永霞、金志海出席开幕式。

10日　王浩到栖霞市宣讲党的十九大精神。

☆　张永霞主持召开市政府第13次常务会议，研究政务信息系统整合共享、招商引资等工作。会议审议并原则通过《烟台市政务信息系统整合共享实施方案》。

11日　市委召开常委会议暨全面深化改革领导小组第三十六次会议，传达省扶贫开发领导小组第八次全体会议精神，研究烟台市健全落实社会治安综合治理领导责任制实施细则。王浩主持会议并讲话。

15日　王浩在市管领导干部党的十九大精神专题学习班作辅导报告。会后，王浩到市委党校调研。下午，王浩到烟台大学宣讲党的十九大精神。

16日　东北亚地区海洋经济创新发展示范论坛在烟台举办，副省长于国安出席开幕式并讲话。

17日　全国精神文明建设表彰大会在北京举行。经中央文明委复查确认，烟台市继续保持全国文明城市荣誉称号，在会上受到表彰。这标志着烟台市创建全国文明城市工作实现“五连冠”目标。此外，莱州、龙口入选第五届全国文明城市，烟台国际机场、烟台市农科院、芝罘区人民检察院、烟台港集团公司、长岛县国税局等5个单位获得“第五届全国文明单位”称号，牟平区龙泉镇、海阳市东村街道城北村、海阳市方圆街道北城阳村、龙口市石良镇尹村、福山区张格庄镇瑶台村、蓬莱市北沟镇刘家村、莱州市程郭镇西坊北村等7个村镇获得“第五届全国文明村镇”称号。莱州一中、龙口市实验小学获得“第一届全国文明校园”荣誉称号。龙口胜通能源有限公司董事长张伟获得第六届全国道德模范提名奖。王浩参加表彰大会。

☆　省交通运输厅在烟台组织烟台港西港区一期工程竣工验收会议。西港区一期工程顺利通过审核，获准正式投入运营。该工程于2011年3月开工，2017年2月完工，泊位总长751米，设计年吞吐能力1900万吨。

18日　张永霞先后到烟台职业学院、福山区门楼镇宣讲党的十九大精神。

21日　市委召开常委扩大会议暨全面深化改革领导小组第三十七次会议，审议文化领域供给侧结构性改革实施方案和关于进一步推动文化和旅游产业发展、加快推进农业“新六产”发展、建设海洋强市、办好为民服务实事推进民生事业发展等意见文件，研究部署全市“三改一通”、市区城建重点项目提报筛选等工作。王浩主持会议并讲话。

21日　市委召开全市争创全国综治优秀城市“七连冠”暨十九大安保维稳工作总结表扬会议，王浩主持会议并讲话，王继东讲话，杨洪旭宣读市委、市政府《关于表扬争创全国社会治安综合治理优秀城市“七连冠”优秀乡镇（街道）、先进集体和先进工作者的通报》和《关于表扬党的十九大安保维稳工作先进集体和先进个人的通报》。

☆　张永霞在第二期市管领导干部党的十九大精神专题学习班作辅导报告。

☆　中国国家旅游局公布首批“中国国家工业旅游示范基地”名单，烟台张裕葡萄酒文化旅游区成功入选，并位列十佳名单中第一位。

22—25日　“媒眼看烟台·聚焦制造业强市建设”集中采访活动举行。

24日　全市脱贫攻坚、美丽乡

村建设、全域治水工作推进会议召开。王浩主持会议并讲话。

25 日　市领导王浩、张永霞、于松柏、金志海、王晓军实地调研烟台港老港区改造和朝阳街所城里工作推进情况。

28 日　省市在烟台召开推动恒丰银行稳健发展专题会议。会议宣布成立恒丰银行健康发展工作组，成立恒丰银行临时党委，按法定程序提名王锡峰为恒丰银行行长人选，免去蔡国华恒丰银行党委书记职务，并按法定程序免去其董事长职务。

29 日　国家知识产权强市建设推进会议在烟台召开。国家知识产权局副局长贺化、省知识产权局局长于智勇、市长张永霞出席会议。

30 日　全省社会治安综合治理工作创新暨表彰大会在济南召开。烟台 3 个县市区被授予社会治安综合治理先进县（市、区），11 个集体被授予社会治安综合治理先进单位，2 名社会治安综合治理先进个人获记一等功奖励。

12 月

1 日　全省节水农业和水肥一体化现场座谈会在烟台召开。省委农村工作领导小组副组长王军民讲话，副省长于国安主持会议，王浩、张永霞、张代令出席会议。

☆　第九届华商企业科技创新合作交流会在烟台举行项目签约活动，共有 40 个国家和地区的 200 余名华商企业家、专家学者和海外侨领来烟参会，烟台达成签约项目 13 个，合同金额 9 亿美元。张永霞出席活动，张代令致辞。

1—2 日　国家民委副主任陈改户在烟台调研城市民族工作。

2 日　市委、市政府召开全市重点工作调度会议，研究部署十个领导小组有关工作以及 2018 年市级重点项目、市区城建重点项目、全域治水三年攻坚行动等工作。王浩、张永霞出席会议并讲话。

☆　副省长于国安就海洋督察工作到烟台调研。王浩参加有关活动。

☆　张永霞在东方海天酒店会见新加坡丰益国际集团董事长郭孔丰一行。

4 日　市委、市政府召开 2018 年全市城市规划建设管理工作会议，王浩出席会议并讲话，张永霞主持会议。会上，市政府分别与各县市区、开发区和高新区以及市直有关部门签订责任状。

☆　市委召开全市推开国家监察体制改革试点工作动员部署会议，王浩出席会议并讲话，岳德川主持会议并就全市深化监察体制改革试点有关工作作具体安排，于涛传达中央、省关于深化国家监察体制改革试点工作的部署要求，市检察院检察长邵汝卿就检察机关职能划转、人员转隶工作讲话。

5 日　王浩到蓬莱市和开发区，就文化旅游名城建设、全域治水三年攻坚、市级重点项目建设等全市重点工作进行调研。

5—6 日　新建龙口至烟台铁路通过安全评估，具备客货列车安全运行条件。龙烟铁路于 2013 年 11 月开工建设，2017 年 10 月工程竣工。

6 日　市委理论学习中心组开展集体学习，学习省委《关于大力弘扬沂蒙精神的意见》。王浩主持会议并讲话。

7 日　省委、省政府印发《关于推进长岛海洋生态保护和持续发展的若干意见》（鲁发〔2017〕30 号），要求推进长岛创建国家生态文明试验区、旅游度假区、军民融合发展示范区，打造蓝色生态之岛、休闲宜居之岛、军民融合之岛。

☆　王晓军向国家海洋督察组（第二组）汇报近年来海洋工作开展情况。王浩、张永霞先后会见督察组常务副组长郭明克一行。

8 日　张永霞带队在济南参加 2017 山东日本商务周活动，期间会见 30 多家来自日本的世界 500 强和行业领军企业负责人，出席“选择山东—新旧动能转换带来的合作新机遇对话会”。

☆　王晓敏带队到芝罘区调研信访稳定和朝阳所城历史文化街区搬迁改造项目推进情况。

9—12 日　第十六届亚洲蹼泳锦标赛暨 2017 年亚洲青年蹼泳锦标赛在烟台市体育公园游泳跳水馆举行。

11 日　张永霞主持召开市政府第 16 次常务会议。会议审议并原则通过《烟台市“十三五”促进就业规划》《关于做好新形势下就业创业工作支持新旧动能转换的意见》《关于加强政务诚信建设的实施意见》《关于加强个人诚信体系建设的实施方案》《烟台市“十三五”节能减排综合工作方案》《烟台市安全生产工作考核办法》《烟台市“十三五”卫生与健康规划》《烟台市“十三五”老龄事业发展和养老体系建设规划》。

12 日　市十七届人大常委会第六次会议在东山宾馆举行。会议表决通过《烟台市安全生产监督管理条例》和《烟台市城市供水条例》，报请省人大常委会批准后施行。

13 日　张永霞与省商务厅厅长佘春明在东方海天酒店共同会见参加第五届山东—央企经贸合作对接会的中国对外承包工程商会会长房秋晨和央企代表团成员。

☆　由中国国家知识产权局和世界知识产权组织共同主办的第十九届中国专利奖颁奖大会在北京举行。烟台 12 项专利获第十九届中国专利奖，石药集团百克（山东）生物制药有限公司“一种聚乙二醇修饰的 rhG-CSF 药物组合物及其制备方法”项目获金奖。

13—14 日　“聚焦新旧动能转换—第十三届中国网络媒体山东行”采访团在烟台，对张裕国际葡萄酒城、中集来福士、万华化学、荣昌制药等企业进行采访报道。

15 日　中国政府网发布《国务院关于同意设立中韩产业园的批复》（国函〔2017〕142 号），同意在山东烟台、江苏盐城、广东惠州建设中韩产业园。

☆　市委、市政府召开各民主党派、工商联、社会组织联合会主要负责人和无党派人士代表座谈会，听取对 2018 年工作的意见建议。张永霞出席会议并讲话。

☆　中远海运集装箱远洋航线烟台首航仪式在烟台港国际集装箱码头 51 号泊位正式启动，“中海圣保罗轮”装载着 175TEU 集装箱出港，从此打通烟台至欧、美、澳、非等世界主要港口的外贸运输通道。

16 日　国家“千人计划”专家联谊会信息科学与技术专业委员会 2017 年年会在烟台召开。张永霞会见与会专家代表，于涛致辞。

18 日　张永霞实地调研部分重点项目和市区城建重大工程。

☆　《烟台市志（1978—2002）》志稿专家评审会在东山宾馆 5 号楼召开。

21 日　市委召开常委会扩大会议暨十三届市委全面深化改革领导小组第十二次会议，学习贯彻中央经济工作会议、全国精神文明建设表彰大会、十九届中央全面深化改革领导小组第一次会议和十一届省委全面深化改革领导小组第四次会议精神，研究市十七届人大二次会议、市政协十三届二次会议安排意见，进行理论学习中心组集体研讨。张永霞主持会议并讲话。

22 日　张永霞主持召开市政府第 17 次常务会议，研究部署物流业发展、煤炭清洁利用、法治政府建设、打击逃废银行债务等工作。会议审议并原则通过《烟台市物流业发展中长期规划（2016—2025 年）》《烟台市煤炭清洁利用管理办法（草案）》《烟台市打击逃废银行债务工作实施办法》。

☆　市政协组织住烟台全国、省政协委员视察“三改一通”工程进展情况。朱秀香参加视察活动。

23 日　全市卫生与健康大会暨医养结合示范市建设动员会议召开。张永霞出席会议并讲话。

☆　市委、市政府举行第一届法律顾问聘任仪式，张永霞讲话并为受聘法律顾问和法律专家库成员代表颁发聘书。市委、市政府此次共选聘 12 家律师事务所、3 家驻烟法学院担任法律顾问单位，选聘 51 名专家学者担任法律专家库成员。

24 日　大型灭火 / 水上救援水陆两栖飞机“鲲龙”AG600 在珠海金湾机场成功首飞，烟台高新区东方蓝天钛金科技有限公司作为紧固件配套单位参加首飞观礼仪式。

26 日　由齐鲁交通发展集团投资建设的蓬莱至栖霞高速公路建成通车。蓬栖高速公路北起蓬莱市刘家沟镇安香台村西，南至栖霞市臧家庄镇丰粟村，全长 45.16 公里（主线 39.89 公里，连接线 5.27 公里），按双向四车道高速公路标准建设，设计速度 120 公里 / 小时。

27 日　市委召开常委会扩大会议暨十三届市委全面深化改革领导小组第十三次会议，学习贯彻中央经济工作会议、全省经济工作暨金融工作会议精神，研究贯彻落实中央第三环境保护督察组督察山东省情况反馈会议精神的意见，听取讨论有关改革议题。张永霞主持会议并讲话。

☆　张永霞主持召开市政府第二次全体（扩大）会议，研究拟提请市十七届人大二次会议审议的《政府工作报告（讨论稿）》。

☆　市委、市政府印发《关于推进长岛海洋生态保护和持续发展的实施意见》。

☆　市政协召开十三届五次常委会议。朱秀香出席会议并讲话。会议决定市政协十三届二次会议于 2018 年 1 月 5 日在烟台召开。

28 日　张永霞到莱阳市、莱州市、蓬莱市督导中央环保督察反馈意见整改工作。到芝罘区实地调研朝阳街、所城里安置房建设情况。

☆　市政府召开座谈会，就 2018 年《政府工作报告（征求意见稿）》及政府工作征求社会各界意见。

☆　市十七届人大常委会第七次会议在东山宾馆举行。会议决定，市十七届人大二次会议于 2018 年 1 月 6 日至 10 日上午召开。

29 日　市委、市政府召开推进长岛海洋生态保护和持续发展工作现场办公会。张永霞出席会议并讲话，王继东主持会议。会前，与会人员实地观摩长岛港旅游船舶升级改造和陆岛交通码头建设、风机拆除、山体治理和绿化美化工程现场。

☆　电影《党员登记表》在济南举行首映式。该片根据烟台籍著名作家峻青小说改编创作，被中宣部、国家新闻出版广电总局列为庆祝党的十九大胜利召开优秀影视剧展映展播推介的七部电影之一。

30 日　位于烟台总部经济基地的中国（烟台）知识产权保护中心预审业务系统正式开通，成为全国首批、山东首家正式运行的保护中心。

责任编校：云　霞

烟台概况

自然地理

【位置】 烟台市地处山东半岛中部，位于北纬 36° 16′～38° 23′，东经 119° 34′～121° 57′。东连威海，西接潍坊，西南与青岛毗邻，北濒渤海、黄海，与辽东半岛对峙，并与大连隔海相望，共同形成拱卫首都北京的海上门户。最大横距 214 公里，最大纵距 130 公里，全市总面积 1.39 万平方公里，其中市区面积 2741 平方公里，全市海岸线总长度 1038.14 公里。

【地形地貌】 烟台地形为低山丘陵区，山丘起伏和缓，沟壑纵横交错。山地占总面积的 36.62%，丘陵占 39.7%，平原占 20.78%，洼地占 2.90%。低山区位于市域中部，主要由大泽山、艾山、罗山、牙山、磁山、蛤山卢山、山昔山、昆嵛山、玉皇山、招虎山等构成，山体多为花岗岩，海拔在 500 米以上，最高峰为昆嵛山，海拔 922.8 米。丘陵区分布于低山区周围及其延伸部分，海拔 100～300 米，起伏和缓，连绵逶迤，山坡平缓，沟谷浅宽，沟谷内冲洪积物发育，土层较厚。因烟台市域降水较充沛，空气湿润，气候温和，低山丘陵一年四季林木葱茏，明媚如画。春天，满山苍翠，花香袭人；夏日，郁郁葱葱，一片生机；秋季，果林红叶，五彩纷呈；到隆冬时节，银装素裹，玲珑剔透。

【河流】 市域内，中小河流众多，长度在 5 公里以上河流 121 条，其中流域面积 300 平方公里以上的河有五龙河、大沽河、大沽夹河、王河、界河、黄水河和辛安河 7 条。主要河流以绵亘东西的昆嵛山、牙山、艾山、罗山、大泽山所形成的“胶东屋脊”为分水岭，南北分流入海。向南流入黄海的有五龙河、大沽河；向北流入黄海的有大沽夹河和辛安河；流入渤海的有黄水河、界河和王河。其特点，河床比降大，源短流急，暴涨暴落，属季风雨源型河流。其冲积形成的小平原，沙土层厚而肥沃，盛产苹果、大樱桃、梨和葡萄。

【海岛】 烟台市北、西北部濒临渤海，东北和南部临黄海。有大小基岩岛屿 63 个，像一颗颗灿烂的珍珠镶嵌在大海之中。面积较大的有芝罘岛、南长山岛、养马岛。有居民的岛 15 个，分别为长岛县的南长山岛、北长山岛、大黑山岛、小黑山岛、庙岛、砣矶岛、大钦岛、小钦岛、南隍城岛、北隍城岛，龙口市的桑岛，芝罘区的崆峒岛，牟平区的养马岛，海阳市的麻姑岛、鲁岛。沿海表层水温变化较外海明显且幅度较大，年平均水温 11℃～14℃之间。海水表层盐度年平均 28‰～31‰左右。潮汐自莱州到龙口沿海为不正规半日潮，龙口到牟平以及海阳市沿海为正规半日潮。海岸地貌主要分岩岸和砂岸两种，西起莱州市虎头崖，东至牟平东山北头，是曲折的岩岸，海蚀地貌显著；其余多为砂岸。烟台海岸与海岛交相辉映，海光山色秀丽，名胜古迹众多，是游览避暑胜地。

【景观】 烟台山清水秀，气候宜人，有丰富的自然景观和人文景观。尤其是夏季，海风拂面，清爽可人；山花烂漫，沁人心脾；海光山色，交相辉映。既是避暑纳凉之胜地，也是各地游客旅游观光的理想目的地。A 级旅游景区 85 处，其中 AAAAA 级旅游景区 2 处，AAAA 级 20 处、AAA 级 45 家、AA 级 18 家。国家级旅游度假区 2 处，省级旅游度假区 8 处。烟台已成为名副其实的“中国优秀旅游城市”。

【气候】 烟台市属于暖温带大陆性季风气候，与同纬度内陆地区相比具有雨水适中，空气湿润，气候温和的特点，可谓冬无严寒，夏无酷暑。全市年平均气温为 13.6℃，比上年提高 0.2℃。全年平均降水量 651 毫米。烟台四季分明，各季气候各具特色。

自然资源

【土地资源】 据土地变更调查统计，全市土地总面积 138.51 万公顷，其中农用地 105.83 万公顷，占 76.41%；建设用地 20.97 万公顷，占 15.14%；未利用地 11.71 万公顷，占 8.45%。耕地面积 44.56 万公顷，占农用地的 42.1%。全市永久基本农田面积 38.64 万公顷。

【矿产资源】 全市发现各类矿产地即矿床（点）1182 处，查明资源储量小型以上矿产地 309 处。其中：大型矿床 52 处、中型矿床 94 处、小型矿床 163 处。主要查明资源储量的矿产有煤、铁、金、铜、钼钨、水泥用灰岩、水泥用大理岩、滑石、菱美矿、长石、饰面用花岗岩，以金矿为主。至2017年末，全市共发现各类矿产（含共伴生）69种；已查明资源储量的矿产36种，其中：能源矿产3种，金属矿产12种，非金属矿产19种，水气矿产2种。黄金、菱镁、滑石、钼储量和产量分别居全国第一、二、三、四位。全年新增查明资源储量的大中型矿产地5处，新增探明储量矿种1种。

烟台市矿产种类一览表

表1

矿产类别	已发现的矿种（亚矿种）	查明资源储量的矿种（亚矿种）
能源矿产	3种：煤、油页岩、地热	3种：煤、油页岩、地热
金属矿产	18种：铁、锰、钛、铜、铅、锌、钨、钼、金（岩金、沙金）、银、锆、铈、镧、铼、镓、镉、硒、碲	12种：铁、铜、铅、锌、钨、钼、金（岩金、沙金）、银、镓、镉、硒、碲
非金属矿产	46种：石墨、硫铁矿、滑石、石棉、蛭石、玉石、石榴子石、蓝晶石、玛瑙、观赏石、水晶、冰洲石、麦饭石、天然油石、云母、重晶石、泥灰、菱镁矿、萤石、白云岩、夕线石、石灰岩（水泥用灰岩、建筑用灰岩）、石英岩、砂岩、长石（钾长石、钠长石）天然石英砂（玻璃用砂、铸型用砂、建筑用砂）、高岭土、球石、脉石英、（冶金用脉石英、玻璃用脉石英）陶瓷土、膨润土、玄武岩、蛇纹岩、花岗岩（饰面花岗岩、建筑花岗岩）、其他粘土（铸型用黏土、砖瓦黏土、水泥配料用黏土）、大理岩（水泥用大理岩、饰面用大理岩、建筑用大理岩）、板岩、沸石、透辉石、透闪石、火山渣、天然卤水、溴、碘、磷、珍珠岩	19种：石墨、菱镁矿、萤石、磷、硫铁矿、天然卤水、水泥用灰岩、大理岩（水泥用大理岩、饰面用大理岩、建筑用大理岩）、沸石、透辉石、长石（钾长石）、玻璃用砂岩、饰面用花岗岩、滑石、高岭土、膨润土、珍珠岩、水泥配料黏土、水泥用凝灰岩
水气矿产	2种：地下水、矿泉水	2种：地下水、矿泉水
合计	69种	36种

（撰稿：杜善胜　审稿：于振海）

【水资源】全年水资源总量28.34亿立方米。年末全市29座大型水库蓄水总量4.73亿立方米，比历年同期储水量多0.84亿立方米。全年总用水量8.73亿立方米，比上年增长3.7%。万元GDP用水量11.9立方米，比上年下降2.1%。

全市年均供水约9.7亿立方米，其中地表水供水量5.08亿立方米，地下水供水量4.62亿立方米。2017年供水总量8.73亿立方米，地表水供水量4.81亿立方米，地下水供水量3.89亿立方米，非常规水0.03亿立方米。

（撰稿：徐晓静　审稿：于杰宁）

【物产资源】烟台海洋渔业资源丰富，盛产烟台海参、烟台对虾、烟台鲍鱼、烟台扇贝、烟台海肠、烟台大菱鲆等多种海产品，近海渔业生物品种有200多个，有捕捞价值的100余种，是全国重要的渔业基地。烟台葡萄酒、烟台苹果、烟台大樱桃、烟台海参等13种产品成为国家地理标志保护产品。烟台苹果、莱阳梨、烟台大樱桃、莱州梭子蟹等51类产品获国家地理标志证明商标。

【动植物资源】烟台植被属暖温带落叶阔叶林区的胶东丘陵栽培植被赤松麻栎林分区，由于水、热条件良好，本区域的植被类型和植物资源都比暖温带落叶林区的其他处丰富和繁茂。主要森林植被类型有赤松林、黑松林、麻栎林、日本落叶松林、糅椴林、刺槐林、枫杨赤杨林、杨树林和竹林9个种类。灌丛植被有栎类、胡枝子、杜鹃灌丛、鹅耳枥灌丛、坚桦白檀灌丛、牛奶子灌丛、胡枝子灌丛、绣线菊灌丛、紫穗槐灌丛、柽柳灌丛9个类型。全市现有植物资源1349种。其中木本和藤本植物70科457种，草本植物120科742种，栽培植物（不包括观赏植物）150种。

野生动物资源现有脊椎动物434种，其中哺乳动物30种，鸟类287种，爬行类15种，两栖类8种。梅花鹿、丹顶鹤、灰鹤金雕、中华秋沙鸭等被列为国家重点保护的珍稀濒危动物。

（撰稿：孙鹏科　审稿：张晓伟）

建置区划

【建置沿革】烟台名称源于烟台山。烟台，古为东夷族地。夏朝，东夷族建过国（治所在今莱州市过西）。商、西周、春秋时为莱国地。战国属齐。秦代属齐郡。汉代为东莱郡。晋为东莱国。南北朝为东莱、长广郡。隋为莱州。唐置登州、莱州。宋、元因之。明、清为登州府、莱州府。1858年6月，清政府与英、法等国签订《天津条约》，辟登州等10处为通商口岸。1861年5月，清政府批准改定烟台为通商口岸，8月22日直隶候补知府王启曾主持烟台正式对外开办仪式，同时宣布筹建东海关。此后，英、法、美等17个国家陆续在烟设领事馆。1862年2月14日，登莱青兵备道由莱州移驻烟台，道台崇芳兼任东海关监督。1904年改称登莱青胶道，辖登州府、莱州府、青州府和胶州。

1911年11月12日，同盟会山东分部在烟台举义，13日成立山东军政府（次日改为山东烟台军政分府）。民国初，撤销府、州。1914年5月设胶东道（治所烟台），烟台属之。1925年为东海道。1928年废道。1938年1月19日成立胶东抗日民主政权——胶东军政委员会。1941年2月6日成立胶东行政联合办事处。1942年7月成立胶东区行政公署，辖东海、西海、南海、北海4个专区。1950年成立文登、莱阳专署和烟台市。1956年文登、莱阳专署合并为莱阳专署，烟台市由省辖市改为地辖市，由莱阳专署管辖，1958年莱阳专署迁驻烟台市改为烟台专署。1978年，烟台地区革命委员会改为烟台地区行政公署。1983年11月成立地级烟台市。1987年10月，成立地级威海市，辖环翠区（原县级威海市改称）和荣成、文登、乳山3县市。烟台市辖2区、6县，代管3个县级市。1998年，烟台市辖4区、1县，代管7个县级市。

烟台市各县市区行政区划统计表

表2

区划代码	单位	乡（个）	镇（个）	街办（个）
370600	烟台市	6	82	66
370602	芝罘区	0	0	12
370611	福山区	0	3	8
370612	牟平区	0	8	5
370613	莱山区	0	0	7
370681	龙口市	0	8	5
370682	莱阳市	0	13	5
370683	莱州市	0	11	6
370684	蓬莱市	0	7	5
370685	招远市	0	9	5
370686	栖霞市	0	12	3
370687	海阳市	0	10	4
370634	长岛县	6	1	1

说明：乡、镇（街办）数据截至2017年12月底；开发区4个街办统计在福山区，高新区1个街办统计在莱山区；保护区管委1个镇统计在牟平区

人口民族

【人口】 年末，全市常住人口708.94万人，比上年末增加2.54万人，其中城镇常住人口451.31万人，比上年末增加12.64万人。全市常住人口城镇化率达到63.66%，比上年提高1.56个百分点。全年户籍人口654.23万人，出生人口7.26万人，出生率为11.1‰。

（撰稿：牟韶莉　审稿：李广）

【民族】 烟台市是典型的少数民族散杂居地区，2017年，全市有50个民族成分，其中有朝鲜族、满族、回族、蒙古族、佤族、土家族、苗族、彝族、维吾尔族、壮族、仡佬族、白族、拉祜族、傣族、达斡尔族、哈

尼族、布依族、藏族、土族等 49 个少数民族成分，人口 6 万余人，接近全市总人口的 1%。其中少数民族常住人口 2.3 万余人，占全市总人口的 0.34%。超过 1000 人以上的有朝鲜族、满族、回族、蒙古族、佤族、土家族、苗族 7 个民族。少数民族人口大部分来自东北、西北等少数民族地区，以经商、求职、投亲、学习等各种形式流入，80% 集中在城区。全市无民族乡（镇）、民族村（居），无民族学校。

国民经济和社会发展

【概况】2017 年，烟台市地区生产总值 7338.95 亿元，比上年增长 6.5%。其中，第一产业增加值 479.9 亿元，增长 2.3%；第二产业增加值 3674.35 亿元，增长 5.7%；第三产业增加值 3184.7 亿元，增长 8%。第一产业增加值占地区生产总值的比重为 6.5%，第二产业增加值比重为 50.1%，第三产业增加值比重为 43.4%，比上年提高 0.8 个百分点。

按年平均常住人口计算，全市人均地区生产总值 10.37 万元（按年平均汇率折合 1.54 万美元），比上年增长 5.9%。

年末全市常住人口 708.94 万人，比上年末增加 2.54 万人，其中城镇常住人口 451.31 万人，比上年末增加 12.64 万人。全市常住人口城镇化率达到 63.66%，比上年提高 1.56 个百分点。全年户籍人口 654.23 万人，出生人口 7.26 万人，出生率为 11.1‰。

全年城镇新增就业 14.5 万人，其中城镇失业人员再就业人数 2.79 万人。安置大中专毕业生就业 4.1 万人。新增农村劳动力转移就业人数 1.28 万人。年末城镇登记失业率为 3.26%。

全年居民消费价格比上年上涨 1.6%。其中，消费品价格上涨 0.7%；服务项目价格上涨 3%。工业生产者出厂价格上涨 4.2%。工业生产者购进价格上涨 7.4%。固定资产投资价格上涨 5.7%。新建住宅销售价格上涨 7.2%，二手住宅销售价格上涨 5.4%。

【创新与发展质效】年末，全市在册市场主体 71.65 万户，其中，企业 19.86 万户，增长 4.7%；个体工商户 50.4 万户，下降 2%；农民专业合作社 1.38 万户，增长 9.4%。

高新技术产业投资 690.45 亿元，增长 15%，占固定资产投资的比重为 12.3%。改建和技术改造投资 1940.85 亿元，增长 11.3%。全年工业战略性新兴产业实现产值 3314.34 亿元，比上年增长 10%，占规模以上工业总产值的比重为 22.3%。其中，节能环保产业产值 292.87 亿元，比上年增长 9%；新一代信息技术产业产值 1442.31 亿元，增长 10.1%；生物产业产值 234.19 亿元，增长 12.8%；高端装备制造业产值 161.39 亿元，下降 3%；新能源产业产值 116.09 亿元，增长 18.9%；新材料产业产值 1024.6 亿元，增长 11%；新能源汽车产值 42.9 亿元，增长 13.4%。

全年财政性科技投入 24.33 亿元，占一般公共预算支出的 3.4%。全年新增省级以上企业技术中心 19 家，年末累计达到 144 家，其中国家级 24 家；新增省级以上工程实验室 6 家，年末累计达到 34 家，其中国

2017 年烟台市居民消费价格比上年涨跌幅度统计表

表 3　　单位：%

指　标	2017 年	指　标	2017 年
居民消费价格	1.6	二、衣着	1.4
一、食品烟酒	0.4	三、居住	2.5
其中：粮食	0.6	四、生活用品及服务	1.3
畜肉类	-6.2	五、交通和通讯	1.0
禽肉类	2.6	六、教育文化和娱乐	1.9
食用油	-0.2	七、医疗和保健	3.7
蛋类	-1.7	八、其他用品和服务	2.3
菜	-6.2		
干鲜瓜果类	5.4		

家级6家；年末累计省级以上工程技术研究中心94家，其中国家级5家；年末累计省级以上企业重点实验室18家，其中国家级1家。新增备案山东省院士工作站15家。获得国家科技进步二等奖3项。获得山东省科学技术奖18项，其中科学技术最高奖1人，技术发明二等奖2项，科技进步一等奖1项、二等奖10项、三等奖4项。全年全市发明专利申请量和授权量分别为4375件和1238件，通过专利合作条约途径提出的国际专利申请量（PCT专利）42件。至年末，全市拥有有效发明专利5553件，同比增长16.6%，每万人有效发明专利拥有量7.92件，比上年提高1.12件。

年内全市引进各类人才3.52万人，硕士以上学历3530人。新增创新人才推进计划专家2人、泰山学者和泰山产业领军人才28人、外专“双百计划”专家7人、齐鲁文化之星29人、齐鲁首席技师16人、齐鲁乡村之星11人、齐鲁金融之星6人。全市拥有两院院士3人、千人计划专家110人、创新人才推进计划专家17人、泰山学者和泰山产业领军人才148人、外专“双百计划”专家7人、齐鲁文化之星110人、齐鲁首席技师102人、齐鲁乡村之星45人、齐鲁金融之星6人。

全年全市一般公共预算收入中税收收入417.22亿元，占比为74.8%，比上年提高0.2个百分点。规模以上工业企业实现利润1043.63亿元，比上年增长11.3%。分经济类型看，国有及国有控股企业实现利润272.44亿元，增长67.9%；股份制企业实现利润680.57亿元，增长16.4%；外商及港澳台商企业实现利润318.78亿元，增长4.7%。分门类看，采矿业实现利润63.19亿元，增长8.4%；制造业实现利润962.39亿元，增长12.4%；电力、热力、燃气及水生产和供应业实现利润18.04亿元，下降37.1%。全年规模以上服务业企业实现营业收入558.4亿元，比上年增长12.6%；规模以上服务业企业实现营业利润57.58亿元，增长110.6%。

【农业】 全年农林牧渔业增加值508.79亿元，比上年增长3.0%。其中，农业增加值250.16亿元，增长2.4%；林业增加值11.67亿元，增长7.1%；牧业增加值76.91亿元，增长6.3%；渔业增加值141.17亿元，下降0.7%；农林牧渔服务业增加值28.89亿元，增长18.8%。

全年粮食种植面积36.52万公顷，比上年减少1.19万公顷。其中，小麦种植面积14.97万公顷，减少0.51万公顷；玉米种植面积19.13万公顷，减少0.64万公顷。油料种植面积10.21万公顷，减少0.05万公顷。蔬菜种植面积3.67万公顷，减少0.06万公顷。

全年粮食产量238.64万吨，比上年减少14.84万吨，减产5.9%。其中，夏粮产量80.66万吨，减产15.7%；秋粮产量157.98万吨，增产0.1%。油料产量43.09万吨，增产3.5%。蔬菜产量201.59万吨，下降1%。水果产量571.08万吨，增产0.9%，其中苹果产量484.5万吨，增产0.7%。

全年肉类总产量56.88万吨，比上年增长2.7%。其中，猪肉产量30.54万吨，下降3.3%；禽肉产量25万吨，增长11.5%。禽蛋产量24.04万吨，下降7.1%。奶类产量17.1万吨，下降7.9%。年末生猪存栏240.57万头，减少4.3%；生猪出栏406.01万头，减少3.8%。

全年水产品产量197.01万吨，比上年下降1.6%。其中，海水产品194.63万吨，下降1.6%；淡水产品2.38万吨，下降4%。在海水产品中，海洋捕捞64.09万吨，下降8.5%；海水养殖130.55万吨，增长2.2%。海参产量2.56万吨，下降5.3%；对虾产量1.55万吨，增长6.7%。新认证无公害水产品15个。

年末农业机械总动力754.36万千瓦，比上年增加2%。其中大中型拖拉机达到3.2万台，同比增长3.5%。农田水利有效灌溉面积24.01万公顷，节水灌溉面积26.07万公顷。全年化肥施用量（折纯）38.62万吨，减少1.8%。年末全市6131个村全部通电和有线电视，6128个村通宽带，自来水受益村5822个。

【工业】 全年全部工业增加值3309.38亿元，比上年增长6.2%。规模以上工业增加值增长5.9%。在规模以上工业中，分经济类型看，国有企业增长5.5%，集体企业增长6.9%，股份制企业增长5.6%，外商及港澳台商投资企业增长6.2%；私营企业增长5.8%。分门类看，采矿业下降8.3%，制造业增长6.4%，电力、热力、燃气及水生产和供应业增长3.2%。

全年规模以上工业中，农副食品加工业增长10.4%，计算机、通信和其他电子设备制造业增加值比上年增长11.6%，电气机械和器材制造业增长25.6%，专用设备制造业增长9.3%，通用设备制造业增长13.2%，化学原料和化学制品制造业增长5.6%。装备制造业增加值增长8.3%，占规模以上工业增加值的比重为50.2%。

全年规模以上工业企业完成主营业务收入1.4万亿元，比上年增长3.1%。全年规模以上工业成本费用利润率和主营业务收入利润率分别为7.6%和7.4%。

【建筑业】 全年全社会建筑业增加值

365.6亿元，比上年增长1.3%。全市具有资质等级的总承包和专业承包建筑业企业完成建筑业总产值731.21亿元，增长3.6%。竣工产值420.5亿元，下降4.4%。房屋施工面积3998.52万平方米，增长6.7%；房屋竣工面积1664.98万平方米，下降7.1%。

【固定资产投资】 全年固定资产投资5594.24亿元，比上年增长8.5%。其中，国有经济投资850.81亿元，增长21.1%;集体经济投资125.45亿元，下降4.8%；股份制经济投资1283.54亿元，增长18.8%；个体私营投资1907.66亿元，下降0.3%；外商投资510.01亿元，增长24.2%。

在固定资产投资中，第一产业投资59.09亿元，比上年增长7.7%；第二产业投资2505.52亿元，增长10.8%，其中工业投资2435.94亿元，增长11.3%；第三产业投资3029.63亿元，增长6.7%。基础设施投资905.33亿元，增长22.6%，占固定资产投资的比重为16.2%。民间投资4257.02亿元，增长6.9%，占固定资产投资的比重为76.1%。

全年房地产开发投资546.21亿元，比上年下降0.9%。其中，住宅投资410.16亿元，下降2.7%；办公楼投资25.63亿元，增长45.2%；商业营业用房投资54.56亿元，下降21.2%。

全年商品房销售面积1055.53万平方米，增长12.6%，其中住宅销售面积947.83万平方米，增长15.7%。商品房销售额671.36亿元，增长19.8%，其中住宅销售额591.6亿元，增长27.1%。房屋施工面积5728.27万平方米，下降2.7%，其中住宅施工面积4236.1万平方米，下降5%。房屋竣工面积471.29万平方米，下降26.7%，其中住宅竣工面积304.43万平方米，下降32.6%。

【国内贸易】 全年社会消费品零售总额3273.08亿元，比上年增长10%。按经营地统计，城镇消费品零售额2586.97亿元，增长9.6%；乡村消费品零售额686.11亿元，增长11.5%。按消费类型统计，商品零售额2998.78亿元，增长9.7%；餐饮收入额274.3亿元，增长13.5%。

在限额以上企业商品零售额中，粮油食品类增长6.7%，饮料类增长10.3%，烟酒类增长2.3%，服装、鞋帽、针纺织品类增长12.4%，化妆品类增长11.8%，金银珠宝类增长16.8%，日用品类增长4.8%，家用电器和音像器材类增长5.7%，中西药品类增长21.3%，通信器材类增长10.4%，石油及制品类下降4.4%，建筑及装潢材料类增长6.2%，汽车类增长5.5%。

全年电子商务交易额3650亿元，比上年增长32.6%；网上零售额746.5亿元，比上年增长42%。

【对外经济】 全年货物进出口总额3077.6亿元，比上年增长6.3%。其中，进口1337.11亿元，增长6.5%；出口1740.49亿元，增长6.1%。

全年新批利用外资项目207个，其中总投资千万美元以上项目52个。合同外资204.07亿元，比上年下降5.3%。实际使用外商直接投资金额144.89亿元（折21.47亿美元），增长6.5%。

全年新核准设立境外企业（机构）45家，对外直接投资额9.14亿美元，比上年下降35.7%。其中，对“一带一路”沿线国家新备案投资项目19个，中方投资额10亿美元，增长255.7%。

全年新签对外工程承包合同额

2017年烟台市进出口总额及增长速度统计表

表4　　单位：亿元

指　标	金　额	比上年增长（%）
进出口总额	3077.60	6.3
进口额	1337.11	6.5
出口额	1740.49	6.1
其中：一般贸易	679.72	13.4
加工贸易	994.95	6.5
其中：机电产品	1113.30	3.2
其中：高新技术产品	363.16	-14.5
其中：亚洲	786.95	8.1
北美洲	484.28	13.0
欧洲	286.25	-8.7
大洋洲	32.30	1.5
非洲	32.59	-1.6
拉丁美洲	114.24	10.9
其中：一带一路国家	294.76	8.9

5.69 亿美元，比上年下降 36.0%；完成营业额 9.71 亿美元，比上年增长 10.6%。对外劳务合作派出各类劳务人员 7534 人次，比上年增长 16.8%；期末在外各类出国劳务人员 1.27 万人，比上年末增长 22.5%。

【交通】 年末，全市公路总里程 1.95 万公里，其中高速公路 557.57 公里。年末全市港口拥有生产用码头泊位 236 个，拥有万吨级及以上泊位 90 个，其中 20 万吨级以上 4 个、10 万吨级以上 18 个、5 万吨级以上 44 个。

全年货物运输量 2.51 亿吨，比上年增长 12.2%；旅客运输量 6968.27 万人次，比上年增长 5.4%。

全年规模以上港口货物吞吐量 40058.03 万吨，比上年增长 13.1%，其中外贸货物吞吐量 11187.81 万吨，增长 14.2%。规模以上港口集装箱吞吐量 270.23 万标箱，增长 3.9%。

全年民航旅客吞吐量 650.3 万人次，比上年增长 26.6%。民航货邮吞吐量 5.1 万吨，增长 1%。

年末全市民用汽车保有量 187.31 万辆，比上年末增长 4.9%，其中本年新注册 15.18 万辆，增长 8.1%；私人汽车保有量 137.06 万辆，增长 9.9%。民用轿车保有量 91.43 万辆，增长 9.6%，其中私人轿车 87.2 万辆，增长 10.1%。

年末公交营运车辆 3889 辆，营运线路 325 条，线路总长 8478.8 公里，运客量 38575.7 万人次，其中市区公交营运车辆 2090 辆，运客量 31224.9 万人次。年末营运出租汽车 5416 辆，运客量 9666.5 万人次，其中市区营运出租汽车 2169 辆，运客量 4950.5 万人次。

【邮电】 全年邮政业务总量 93.78 亿元，增长 3.1%；电信业务总量 84.42 亿元，增长 1.7%。年末，固定电话用户 61.65 万户，下降 0.1%；移动电话用户 804.38 万户，下降 0.02%，其中 3G 和 4G 移动电话用户 517.33 万户，增长 0.3%。年末计算机互联网用户达 151.47 万户，增长 0.04%，其中宽带用户达 208.41 万户，增长 0.2%。

【旅游】 全年接待游客 7157.35 万人次，比上年增长 10%。其中，国内游客 7093.57 万人次，增长 10%；入境游客 63.78 万人次，增长 4%。全年实现旅游消费总额 961.45 亿元，比上年增长 14.6%。其中，国内游客消费 870.14 亿元，增长 15%；入境游客消费 5.85 亿美元，增长 5.9%；居民出游前后消费 51.9 亿元，增长 13.9%。

年末，全市有国家级旅游度假区 2 处，省级旅游度假区 8 处。旅游星级宾馆饭店 92 家，其中五星级 7 家、四星级 20 家。各类旅行社 241 家，其中出境游组团社 19 家。共有 A 级旅游景区 85 处，其中 AAAAA 级旅游景区 2 处、AAAA 级 20 处、AAA 级 45 处、AA 级 18 处。

【财政】 全年全市一般公共预算收入 600.32 亿元，比上年同口径增长 6.4%。一般公共预算支出 708.07 亿元，比上年增长 3.8%。其中，教育支出 115.66 亿元，下降 11.9%；社会保障和就业支出 99.13 亿元，增长 22.5%；医疗卫生支出 56.88 亿元，增长 3.7%；节能环保支出 17.92 亿元，增长 23.1%；城乡社区事务支出 106.21 亿元，增长 19.3%；农林水事务支出 79.14 亿元，下降 9.9%。

全年国地税收入 962.69 亿元，比上年增长 9.4%。国税收入 658.86 亿元，增长 25.6%。其中，国内税收收入 462.78 亿元，增长 15.6%；海关代征 196.08 亿元，增长 57.8%。地税收入 303.83 亿元，下降 14.5%（可比口径增长 3.2%）。

【金融】 年末，金融机构（含外资）本外币存款余额 7932.64 亿元，比年初增加 353.78 亿元，比上年末增长 4.7%。其中，非金融企业存款余额 2566.57 亿元，比年初增加 63.24 亿元；住户存款余额 4174.94 亿元，比

2017 年烟台市旅客和货物运输量及增长速度统计表

表 5

指　标	单　位	绝对值	比上年增长（%）
旅客运输量	万人次	6968.27	5.4
铁路	万人次	871.11	26.1
公路	万人次	5076.00	1.1
水运	万人次	720.52	10.6
民航	万人次	300.64	26.8
货物运输量	万　吨	25103.07	12.2
铁路（不含大莱龙）	万　吨	604.39	1.6
公路	万　吨	19915.00	13.8
水运	万　吨	4581.33	7.6
民航	万　吨	2.35	13.7

年初增加148.55亿元。年末金融机构（含外资）本币存款余额7460.35亿元，比年初增加300.34亿元，增长4.2%。年末金融机构（含外资）本外币贷款余额5099.37亿元，比年初增加363.06亿元，比上年末增长7.7%。年末金融机构本币贷款余额4897.09亿元，比年初增加367.34亿元，增长8.1%。住户本币贷款余额1267.81亿元，比年初增加260.1亿元；非金融企业及机关团体本币贷款余额3619.88亿元，比年初增加107.36亿元。

全年证券期货市场交易额1.45万亿元，比上年下降24.1%。年末累计投资者账户开户99.24万户，比上年增长12.3%，其中当年开户10.16万户。

全年新增上市企业7家，总数达到47家。新增“新三板”挂牌企业10家，总数达到76家。新增区域股权交易市场挂牌企业41家，总数达到156家。

年末，全市拥有保险法人机构1家，地市级保险分支机构73家。全年保费收入251.21亿元，比上年增长21.7%。其中，人身险保费收入185.88亿元，增长25.7%；财产险保费收入65.33亿元，增长11.4%。全年支付各类赔款及给付79.36亿元，比上年增长10.1%。其中，人身险赔付42.30亿元，增长9.7%；财产险赔付37.06亿元，增长10.5%。

【民生保障】 全年全市居民人均可支配收入3.23万元，比上年增长8.6%，扣除价格因素，实际增长6.9%。按常住地分，城镇居民人均可支配收入4.18万元，比上年增长8.0%，扣除价格因素，实际增长6.3%；农村居民人均可支配收入1.81万元，比上年增长8.0%，扣除价格因素，实际增速6.3%。

全市居民人均消费支出2.19万元，比上年增长9.7%，扣除价格因素，实际增长8.0%。按常住地分，城镇居民人均消费支出2.79万元，增长8.4%，扣除价格因素，实际增长6.7%；农村居民人均消费支出1.3万元，增长11.6%，扣除价格因素，实际增长9.9%。

城镇常住居民人均住房建筑面积36.27平方米，比上年增加0.58平方米；农村居民人均住房建筑面积38.90平方米，比上年增加0.69平方米。

全市参加城镇职工基本养老保险人数164.73万人（不含离退休），参加居民基本养老保险人数317.27万人。参加基本医疗保险人数623.26万人，其中参加职工基本医疗保险人数217.02万人，参加居民基本医疗保险人数406.24万人。参加失业保险人数111.5万人，参加工伤保险人数119.86万人，参加生育保险人数113.37万人。老年居民基础养老金提高到每人每年1200元。失业金领取标准由每人每月1000元提高到1080元。城市低保平均标准提高到每人每

2017年烟台市百户居民家庭耐用消费品拥有量统计表

表6

耐用品名称	单位	城镇住户	农村住户
家用汽车	辆	48.54	26.73
摩托车	辆	33.90	74.87
助力车	台	50.67	58.68
洗衣机	台	95.07	89.35
电冰箱（柜）	台	104.15	105.95
微波炉	台	46.34	14.12
彩色电视机	台	120.10	109.41
其中：接入有线电视	台	96.87	77.62
空调	台	79.97	34.75
热水器	台	100.62	91.01
其中：太阳能热水器	台	65.76	86.93
洗碗机	台	1.04	1.52
排油烟机	台	82.87	51.72
固定电话	线	30.94	37.71
移动电话	部	210.72	197.07
其中：接入互联网	部	117.01	79.19
计算机	台	72.59	38.26
其中：接入互联网	台	60.81	33.34
照相机	台	36.78	7.01
中高档乐器	架	8.79	1.26
健身器材	台	4.79	0.55

月580元，人均月补助水平为425.55元；农村低保平均标准提高到每人每月374元，人均月补助水平为227.3元。年末全市共有1.41万人享受城市居民最低生活保障，8.07万人享受农村居民最低生活保障，1.33万人享受农村特困人员救助供养。全年共发放城市低保资金7178.4万元、农村低保资金2.2亿元、农村特困人员救助供养资金7633.5万元。按照省定扶贫标准，2017年全市1.04万名贫困群众脱贫，返贫和新识别农村贫困人口2215人，省定扶贫工作重点村全部脱帽。

全年开工建设棚改安置房3.04万套，基本建成2.8万套；完成74个老旧小区改造；开工城市地下综合管廊工程项目8个、总长10公里。新开工建设11个小城镇污水处理项目，完成737户贫困户危房改造。

新增城镇住房保障家庭租赁补贴3856户，基本建成公共租赁住房400套。

全市新增1个全国特色小镇、3个省级绿色生态城镇、3个省级历史文化名镇、2个省级美丽宜居小镇，7个特色小镇入围省级创建名单；获批1个全国美丽乡村示范村、10个省级传统村落、7个省级历史文化名村、4个省级美丽宜居村庄，数量居全省首位。

【社会事业】 全年全市研究生招生1623人，比上年增长34.5%；在学研究生3594人，增长19.7%；毕业生1021人，增长5.9%。普通高校12所，本专科招生6.4万人，比上年下降0.8%；在校生21.15万人，与上年持平；毕业生5.87万人，增长11.4%。中等职业学校32所，招生1.9万人，下降5.9%；在校生5.54万人，下降6.4%；毕业生1.81万人，下降22.0%。普通高中48所，招生2.89万人，下降4.6%；在校生8.86万人，下降4.6%；普通初中213所，招生5万人，下降11.0%；在校生20.13万人，下降0.7%；小学291所，招生5.19万人，下降0.2%；在校学生26.41万人，增长0.5%。特殊教育学校9所，招生229人，在校学生895人。幼儿园943所，招生5.11万人，在园幼儿16.15万人。小学学龄儿童净入学率、九年义务教育巩固率、初中应届毕业生升学率均为100%。

全市文化系统拥有各种艺术表演团体10个，艺术表演场所7个，公共图书馆14个，文化馆14个，博物馆和纪念馆33个，文物保护管理机构5个。年末拥有县级以上广播电视电台10座，广播电视发射台和转播台12座，全市广播电视综合覆盖率达到100%。

年内，新建350处健身场地设施，新增体育场地面积20万平方米。筹集省、市两级体彩公益金1070万元，购置3328件健身器材，为277个省级贫困村和73个市级贫困村高标准配置健身设施。参加第十三届全运会，获得12枚金牌、15枚银牌、17枚铜牌。先后承办10多个国家级赛事和一批省级体育赛事。全年体育彩票销售11.5亿元，筹集体彩公益金8100万元。

全市有医疗卫生机构5271个，其中医院196个，卫生院116个（其中街道卫生院8个，乡镇卫生院108个），社区卫生服务中心（站）258个，门诊部90个，诊所、卫生所、医务室1659个，村卫生室2803个，疾病预防控制中心14个，卫生监督机构14个，妇幼保健机构14个，急救中心1个，采血机构1个，卫生监督所（中心）13个，计划生育技术服务机构73个，其他卫生机构19个。年末卫生技术人员4.83万人，其中执业医师（含助理医师）1.81万人，注册护士1.85万人。医疗卫生机构床位4.29万张，其中医院3.18万张，卫生院0.61万张。全市婴儿死亡率2.84‰，孕产妇死亡率8.36/10万。

全市有收养性社会福利机构215处。其中，养老机构210个（含敬老院）、荣军医院3个、SOS儿童村1个、儿童福利院1个。全市机构养老床位3.74万张，年末收留抚养老年人1.4万人。年末全市建有城市社区老年人日间照料中心、农村幸福院等养老服务设施1123处。全年福利彩票销售13.1亿元，比上年增加0.5亿元。全年筹集福彩公益金3.9亿元。全市接收爱心捐款9644.87万元。市慈善总会募集善款1701.77万元，实施救助项目23个，发放救助金1510.76万元，物资折款7995.8万元，救助困难群众2.98万人次。全市设立慈善义工管理中心31个、义工工作站132个，注册义工5万人，星级慈善义工超过2.2万人，全年提供志愿服务225万小时。

【环境保护】 全年完成造林面积0.99万公顷，其中人工造林面积0.26万公顷。森林抚育面积1.43万公顷。年末全市共有各类自然保护区19个，其中国家级2个、省级13个、市级4个。共有森林公园20处，其中国家级7处，省级3处、市级10处。

全年全社会电力消费量487.97亿千瓦时，比上年增长5.4%。第一产业用电14.35亿千瓦时，增长5.8%；第二产业用电389.27亿千瓦时，增长4.8%，其中工业用电386.27亿千瓦时，增长4.9%；第三产业用电40.99亿千瓦时，增长9.9%；城乡居民生活用电43.37亿千瓦时，增长6.3%。

全年市区环境空气质量指数（AQI）优良天数为292天，较上年减少 22 天。空气质量优良天数比例为 80%，较上年降低 5.8 个百分点。市区二氧化硫年均浓度为 15 微克 / 立方米，达到国家环境空气质量一级标准，同比改善 28.6%；二氧化氮年均浓度为 30 微克 / 立方米，达到国家环境空气质量一级标准，同比改善 9.1%；一氧化碳年均值为 0.7 毫克 / 立方米，同比改善 12.5%，达到国家环境空气质量二级标准；可吸入颗粒物（PM10）年均浓度为 69 微克 / 立方米，达到国家环境空气质量二级标准，同比改善 9.2%；细颗粒物（PM2.5）年均值 35 微克 / 立方米，达到国家环境空气质量二级标准，同比改善 10.3%；臭氧日最大 8 小时平均第 90 百分位数浓度为 164 微克 / 立方米，比上年上升 22 微克 / 立方米，同比恶化 15.5%，是市区空气质量下降的主要原因。

市区降水 pH 年均值为 6.87，未出现酸雨（pH ＜ 5.6 的雨水为酸雨）污染。

集中式饮用水水源水质全部达标。26 条重点河流 42 个监测断面水质达标率稳定在 85% 以上。

声环境质量符合国家标准，各类噪声功能区均达到相应指标要求。市区道路交通噪声年均值为 68.5 分贝。市区区域环境噪声等效声级昼间为 54 分贝。

全市管辖海域海水水质以一类、二类海水为主，符合一类和二类海水水质标准的海域面积占全市管辖海域面积的 94%。海水浴场在整个监测期内水质状况为优良。

【安全生产】 2017 年，各类生产安全事故共死亡 74 人。亿元 GDP 生产安全事故死亡人数 0.01 人，比上年下降 23.1%。

说明：1. 以上根据 2018 年 3 月 16 日烟台市统计局发布的《2017 年烟台市国民经济和社会发展统计公报》整理，所列各项数据为初步统计数；

2. 全市生产总值和各产业增加值绝对数按现行价格计算，增长速度按可比价格计算。

精神文明建设

【思想道德建设】 2017 年，全市开展道德模范和身边好人评选表彰活动，评选烟台好人 64 人；推荐入选山东好人 47 人，王家祥、戴敏、柳华敏、李桂珍等 4 人当选山东好人之星；推荐入选中国好人榜 7 人，其中杨磊、高显超、王家祥、戴敏等 4 人成为“好人 365”封面人物。1 月 24 日，举办 2015—2016 双年度“十佳烟台好人”颁奖典礼。开展道德模范评选表彰活动，评选出第六届烟台市道德模范 51 人，3 人当选第六届山东省道德模范，张伟获全国道德模范提名奖。围绕社会公德方面存在的突出问题，在全市广泛开展社会文明风尚主题实践活动。实施文明出行专项行动，开展以“礼让斑马线 文明烟台行”为主题的文明交通活动，线上线下参与人数达到 11 万人次，机动车礼让行人蔚然成风。开展美德游客、文明旅游先进单位等评选表彰和文明旅游挂图宣传，中央文明旅游督导组对烟台市工作给予充分肯定。以“国学小名士”经典诵读大赛为抓手，在全市中小学深入开展经典诵读活动，全市共有近 8 万名中小学生、600 所学校参与网上和网下活动。在全省“国学小名士”经典诵读电视大赛观后感征文评选中烟台市取得小学组一等奖 6 名、二等奖 7 名、三等奖 9 名的好成绩。

【文明创建】 3 月 3 日、4 月 27 日，市委、市政府先后召开烟台市争创第五届全国文明城市动员大会和调度会议。市文明委召开创城公益广告专题培训会，对创城媒体宣传和社会宣传工作进行专题部署。年中定期召开协调会，对创建过程中的突出问题及时研究解决。建立市领导督导、县级督导组督导和文明办日常督导三级督导体制，委托第三方调查机构组织开展两次文明城市测评。11 月 17 日，全国精神文明建设表彰大会在北京举行。经中央文明委复查确认，烟台继续保持全国文明城市荣誉称号，成为全省唯一、全国仅有的两个获得文明城市“五连冠”的地级市。莱州市、龙口市入选第五届全国县级文明城市，烟台市入选数量占全省三分之一，蓬莱市继续提名全国县级文明城市。烟台国际机场、烟台市农科院、芝罘区人民检察院、烟台港集团公司、长岛县国税局等 5 个单位获得“第五届全国文明单位”称号，牟平区龙泉镇、海阳市东村街道城北村、海阳市方圆街道北城阳村、龙口市石良镇尹村、福山区张格庄镇瑶台村、蓬莱市北沟镇刘家村、莱州市程郭镇西坊北村等 7 个村镇获得“第五届全国文明村镇”称号。莱州一中、龙口市实验小学获得“第一届全国文明校园”荣誉称号。结合表彰活动，组织市直媒体集中宣传展示全市文明城市创建历程和取得的辉煌成就，通过中央媒体对烟台创建经验做了重点展示。年内，在全市城乡广泛开展文明单位、文明社区、文明村镇创建活动，向省文明委推荐表彰省级文明单位 543 个、文明村镇 211 个、文明社区 111 个。评选表彰 2017 年度市级文明单位 790 个、文明镇（乡）26 个、文明村 261 个、文明社区 120 个和“2017 年度精神文明建设先进工作者”80 名。

【乡村文明行动】 年内，印发《关于进一步深化乡村文明行动的实施意见》。针对全市城乡环卫一体化和移风易俗工作在全省农村群众满意度调查中反映出的问题，7—8月组织召开全市城乡环卫一体化和移风易俗工作电视电话会议、约谈会议、海阳现场推进会。11月，联合市民政局、市城管局对全市12个有关县市区的移风易俗和城乡环卫一体化工作进行督导检查，根据检查情况，向市委有关领导报送《关于全市移风易俗和城乡环卫一体化工作督导检查情况的报告》，市委有关领导对结果进行批示并反馈各县市区。12月，结合全市第五轮农村人居环境综合整专项督查，组织暗访组，对15个县市区进行全面暗访督查，并将发现问题和有关情况及时反馈各县市区。开展移风易俗宣传教育，组织创作“移风易俗树新风”微电影，策划开展的“我们的节日·七夕”主题系列活动做法被《新华每日电讯》刊载。大力实施文明村镇示范工程，建设50个市级“乡村文明家园”，23个村获评乡村文明行动“百镇千村”建设示范工程第五批省级项目，7个村镇获得“第五届全国文明村镇”称号，入选数量位居全省第一。

【志愿服务】 年内，广泛发动全市志愿者在志愿云系统注册登记，注册志愿者达19.2万人，开展志愿服务活动3100多次，全市志愿服务组织、志愿者累计无偿服务时间约191万小时。制定《“全国文明城市创建——志愿者在行动”活动方案》，在全市集中开展“文明交通”“美丽公交”“清洁家园”“美化环境”四个主题的志愿服务活动13次，8500多人次参与；开展“三五”学雷锋志愿服务集中宣传活动暨第三届“青年之声 民生大集”，全市30多家市直单位、企业团委组织的专业人员和志愿者为居民提供保健知识咨询等多项便民服务活动；举办第六届“新雷锋日记”网络主题宣传活动。烟台市在全省学雷锋志愿服务工作座谈会上介绍经验做法。志愿者王建光、“梨乡晚霞”老干部志愿服务队被评为2016全国学雷锋志愿服务“四个100”先进典型，30个典型被评为2017年度全省学雷锋志愿服务“四个100”先进典型。

【未成年人思想道德教育】 年内，组织开展“清明祭英烈”“学习和争做美德少年”“童心向党”歌咏活动、优秀童谣征集和“向国旗敬礼”等系列活动。举办第四届“国学小名士”经典诵读比赛，在全市中小学深入开展经典诵读活动。开展2017“寻找烟台最美孝心少年”励志公益活动，芝罘区田珉凯栗、龙口市王语麟分别入选中央电视台举办的“寻找最美孝心少年”特别关注孝心少年；开展优秀童谣征集活动，全市共征集优秀童谣作品270余首。推进乡村学校少年宫建设，开展乡村学校少年宫项目自查自纠、数据库档案录入审核，争取中央扶持乡村学校少年宫运转经费156.45万元。组织开展第三届乡村学校少年宫成果展示活动，分别组建乒乓球和书法队伍参加全省比赛。莱州土山中学邱皓雯等4名同学入围全省书法比赛前30强。

【网络文明建设】 年内，在烟台文明网官微推出“每天一个好习惯”“好人365”“文明的力量”“文明家庭”等专栏，开设的“文明茶座”话题类栏目被“文明山东”列为共建项目，烟台市在中国文明网加强和创新网络文明建设工作调研座谈会上做典型发言。

（撰稿：杨波　审稿：毕庶礼）

市级组织机构

一、党委机构

（一）纪律检查委员会机关（市监察委员会与其合署）

（二）市委工作部门

1. 办公室

党史研究室（正处级）

2. 组织部

党员教育中心（正处级）

3. 宣传部

互联网信息办公室（副处级）

4. 统一战线工作部

海外联谊会办公室（副处级）

台湾同胞联谊会办公室（正科级）

5. 政法委员会（社会综合治理委员会办公室与其合署）

6. 政策研究室（市委改革办）

7. 机构编制委员会办公室

8. 台湾工作办公室（政府台湾事务办公室）

9. 市直机关工作委员会

（三）部门管理机构

1. 市委、市政府信访局（由市委办公室、市政府办公室管理，以市委办公室管理为主）

2. 农村工作办公室（由市委办公室管理）

3. 老干部局（由市委组织部管理）

（四）部门所属行使行政职能的事业单位

档案馆（档案局，由市委办公室管理，参照公务员法管理）

二、人大常委会

三、政府机构

（一）工作部门

1. 市政府办公室

政府驻北京联络处（挂市政府驻天津办事处，正处级）

政府驻上海办事处（正处级）

政府驻济南办事处（正处级）

市地方史志办公室（正处级）

2. 发展和改革委员会

3. 经济和信息化委员会

山东省无线电管理办公室烟台管理处

（烟台市无线电管理办公室，副处级）

4. 教育局

5. 科学技术局

知识产权局（正处级）

6. 公安局

公安局交通警察支队（正处级）、

公安局高速公路警察支队（副处级）

公安局芝罘分局（副处级）

公安局福山分局（副处级）

公安局莱山分局（副处级）

公安局牟平分局（副处级）

交公安局龙海分局（正科级）

公安局机场分局（副处级）

公安局高新区分局（副处级）

公安局海阳核电分局（副处级）

公安局昆嵛山保护区分局（正科级）

7. 民政局

8. 司法局

鲁东公证处（副处级）

强制隔离戒毒所（正处级）

烟台监狱（正处级）

法律援助中心（正科级）

9. 财政局

国库集中支付管理办公室（与烟台市政府采购管理办公室合署，正处级）

非税收入管理处（市财政票据管理中心，副处级）

政府投资评审中心（副处级）

10. 人力资源和社会保障局（外国专家局）

劳动监察处（副处级）

劳动人事争议调解仲裁院（副处级）

11. 国土资源局（测绘地理信息局）

芝罘分局（正科级）、芝罘分局国土所

莱山分局（正科级）、莱山分局国土所

福山分局（正科级）、福山分局国土所

福山国土执法大队（副科级）

牟平分局（正科级）、牟平分局国土所、

牟平国土执法大队（副科级）

昆嵛山保护区分局（正科级）

国土资源执法监察支队（副处级）

12. 规划局

芝罘分局（正科级）、莱山分局（正科级）

福山分局（正科级）、牟平分局（正科级）

昆嵛山保护区分局（正科级）、规划执法支队（副处级）

13. 住房和城乡建设局

住房和城乡建设执法监察支队（副处级级）

14. 城市管理局（城市管理行政执法局）

城管行政执法支队（副处级）

15. 交通运输局

港航管理局（正处级）

交通运输监察支队（副处级）

16. 水利局

防汛抗旱指挥部办公室

（烟台市供水项目办公室，正处级）

水资源与水土保持工作领导小组办公室（正科级）

17. 农业局中国海监烟台市支队、海监支队船队

18. 海洋与渔业局

海洋与渔业监督监察支队（中国海监烟台市支队、渔政监督管理站，副处级）

19. 林业局

森林公安局（副处级）

牟平区分局

城郊分局

20. 商务局［中韩（烟台）产业园建设推进办公室］

21. 文化广电新闻出版局（文物局）

文化市场执法支队（副处级）我执法支队文化市场执法支

22. 卫生和计划生育委员会（中医药管理局）

卫生和计划生育监督所（副处级）

23. 审计局

24. 环境保护局

环境监察支队（副处级）

25. 政府外事侨务办公室

26. 政府国有资产监督管理委员会

27. 民族宗教事务局

28. 体育局

29. 统计局

30. 工商行政管理局

三站市场分局（正科级）

保税港区分局（正处级）

31. 质量技术监督局

市质量技术监督局稽查局（副处级）

32. 安全生产监督管理局

安全生产监察支队（副处级）

33. 食品药品监督管理局（食品安全委员会办公室）

食品药品稽查支队（副处级）

34. 旅游发展委员会

35. 政府法制办公室（政府行政执法监督局）

36. 人民防空办公室

（二）部门直属机构

1. 政府口岸办公室（由政府办公室管理）

2. 粮食局（由发展和改革委员会管理）

3. 物价局（由发展和改革委员会

管理）

价格监督检查局（副处级）

4. 中小企业局（由经济和信息化委员会管理）

5. 畜牧兽医局（由农业局管理）

6. 农业机械管理局（由农业局管理）

（三）市政府派出机构

政务服务管理办公室

（四）其他行政机构

烟台东部海洋经济新区指挥部办公室

（五）市政府直属行使行政职能的事业单位

1. 市级机关事务管理局（参照公务员法管理）

2. 地震局（参照公务员法管理）

3. 老龄工作委员会办公室（由民政局代管，参照公务员法管理）

4. 金融工作办公室（地方金融监督管理局，参照公务员法管理）

（六）集体经济组织

1. 供销合作社联合社（参照公务员法管理）

2. 轻工集体企业联社

四、政协

五、中级人民法院

六、人民检察院

七、人民团体

1. 总工会

总工会经费审查办公室（正科级）

2. 共青团烟台市委员会

3. 妇女联合会

4. 科学技术协会

5. 文学艺术界联合会

6. 社会科学联合会

7. 工商业联合会

8. 归国华侨联合会

9. 中国国际贸易促进委员会烟台市委员会（中国国际商会烟台商会）（由政府联系）

10. 残疾人联合会（由政府联系）

11. 人民对外友好协会（由政府联系）

12. 红十字会（由政府联系）

13. 计生协会（由政府联系）

14. 法学会（由市委政法委管理）

八、民主党派

1. 中国国民党革命委员会烟台市委员会

2. 中国民主同盟烟台市委员会

3. 中国民主建国会烟台市委员会

4. 中国民主促进会烟台市委员会

5. 中国农工民主党烟台市委员会

6. 中国致公党烟台市委员会

7. 九三学社烟台市委员会

（供稿：赵程　审稿：王兆麟）

责任编校：渠敬伦

中国共产党烟台市委员会

综　述

【学习习近平新时代中国特色社会主义思想】 2017年，烟台市委把学习贯彻习近平新时代中国特色社会主义思想作为首要政治任务，组织广大党员干部群众深入学习，领会把握精神实质和丰富内涵，树牢“四个意识”、坚定“四个自信”、做到“四个服从”，在政治立场、政治方向、政治原则、政治道路上同以习近平同志为核心的党中央保持一致。市委常委会全年专题学习习近平总书记重要讲话和批示11次。把维护习近平总书记核心地位、领袖权威作为第一位的政治要求，维护以习近平同志为核心的党中央权威和集中统一领导，做到党中央提倡的坚决响应、党中央决定的坚决执行、党中央禁止的坚决不做。把落实习近平总书记视察山东重要讲话、重要指示批示精神，作为学习贯彻习近平新时代中国特色社会主义思想的具体举措，制定《关于进一步深入学习贯彻习近平总书记视察山东重要讲话和重要指示批示精神具体措施及责任分工》，明确18个方面落实措施，由市委主要领导同志负总责，市委常委同志分工负责抓落实。

【学习宣传贯彻党的十九大精神】 年内，市委组织广大党员干部群众收听收看党的十九大盛况，聆听习近平总书记所作的报告。组织新闻媒体开展宣传报道，教育引导广大党员干部群众认识党的十九大的里程碑和划时代意义。党的十九大闭幕后，召开市委常委会会议、全市领导干部会议、市委十三届三次全会，进行市委理论学习中心组集体学习研讨，印发《关于认真学习宣传贯彻党的十九大精神的通知》，制定《中共烟台市委关于深入学习贯彻党的十九大精神的决议》，对学习宣传贯彻工作作出部署安排。成立烟台市学习贯彻党的十九大精神宣讲团，分赴县市区和市直部门开展宣讲。组织开展十九大精神集中轮训，分两个批次培训市管干部2000多人。

【党建工作】 市委常委会年内定期研究基层党建工作，制定《烟台市基层党建工作三年规划（2017—2019年）》。推进“两学一做”学习教育常态化制度化，制定市委常委参加“两学一做”学习教育6大项23小项工作安排和配档表、把市委常委所在支部建设成示范支部6方面29条具体要求、党员领导干部双重组织生活制度20条实施细则等文件。出台《关于进一步健全完善“主题党日”制度的意见》，县市区委和市直党（工）委每月固定1天作为“主题党日”，以党支部为单位定期开展党的活动。

【省委巡视“回头看”整改落实工作】 年内，市委将省委巡视“回头看”整改落实工作作为一项重大政治任务，以高度的思想自觉、政治自觉、行动自觉，迅速整改、全面整改、彻底整改，确保问题整改见底到位。巡视反馈意见会议结束后，市委召开常委会会议，传达省委书记刘家义关于做好巡视整改工作的讲话和省委巡视组反馈会议精神，研究部署整改落实工作。成立以书记任组长的整改落实领导小组，将巡视反馈的4大类16项39个问题细化分解成60项具体整改任务，印发工作方案，建立整改工作台账和“三张清单、两个责任”，严格实行“问题交办制、报告制、验收制、销号制、责任追究制”，形成目标清晰、责任明确、层层落实的整改落实执行机制。省委巡视反馈问题能够限期整改的全部完成，需长期坚持的取得阶段性成效。

【基层组织建设】 年内，市委以提升组织力为重点，突出政治功能，把基层党组织建设成宣传党的主张、贯彻党的决定、领导基层治理、团结动员群众、推动改革发展的战斗堡垒。在农村，村级组织运转经费财政兜底保障达到9.9万元，探索出“党组织领办合作社”等6种以党建引领村集体经济发展路径；实施后进村党组织综合整治工程，对315个后进村连续3年每村每年配套10万元整治资金，确保晋档升级。在城市社区，探索构建以街道（园区）党工委为核心、以社区党组织为基础、各类党建要素共同参与的“3+5”区域化党建格局，指导每个社区至少培育1个党建亮点。在“两新”组织，强化“系统抓、抓系统”，单独设立市非公经济组织、社会组织、外商投资企业、个体私营企业4个党建工作办公室，全市非公经济组织党组织覆盖率达到76.2%，社会组织党组织覆盖率达到69.1%。在机关，统筹推进党员“360”服务品牌创建活动，建立党员服务队330支，认领服务项目938个，结对帮扶困难群众450户。在国有企业，制定《关于加强市管企业和金融企业党的领导和建设有关工作的通知》等文件，指导45户国企将党建工作写入公司章程，把党组织研究作为决策重大问题的前置程序。

【领导班子和干部队伍建设】 年内，市委坚持新时期好干部“20字”标准，把握想干事、敢干事两个关键点，做到在发展一线、稳定一线和项目现场、工程现场发现干部、选拔干部、使用干部，选派240名干部到重点项目、脱贫攻坚和信访一线挂职，38名基层经验丰富、实绩突出的干部在县市区提拔重用或交流到市直部门工作。建立健全正向激励机制，制定《激励引导干部担当作为干事创业的实施办法》等6个文件；建立健全容错纠错和是非澄清机制，制定《烟台市党政干部容错纠错实施办法（试行）》，为敢于担当者担当、敢于负责者负责。围绕增强党员干部“八种执政本领”，高标准打造烟台网络党校，累计上线课程194门、在线学习总学时600万余小时；深化提升胶东（烟台）党性教育基地，依托基地开展党员干部理想信念教育，累计接待班次1000余个，培训学员4.8万人次。弘扬真抓实干、狠抓落实的工作作风，在全市推行“一线工作法”和双休日服务制、中午错时服务制等，激励党员干部解放思想创新干、抬高标杆一流干、扑下身子务实干、事不隔夜高效干、尽职尽责担当干。

【党风廉政建设和反腐败斗争】 年内，市委狠抓中央八项规定精神贯彻落实，持之以恒反“四风”转作风，全市查处违反中央八项规定精神问题442起、501人，给予党政纪处分274人。坚持无禁区、全覆盖、零容忍，坚持重遏制、强高压、长震慑，始终保持惩治腐败高压态势，全市纪检监察机关处置问题线索2332件，立案2017件，处分1757人。严肃追究失职失责行为，查处问责问题464起，问责362个党组织和352名党员领导干部。全面开展市县党委巡察监督，启动市委第一轮巡察工作，提出37个需立行立改的问题，34个整改完成；部署开展县市区巡察工作，市、县上下联动机制初步形成。围绕解决侵害群众利益问题，开展直查直纠专项行动以及扶贫领域作风和腐败问题专项整治活动，查处侵害群众利益不正之风和腐败问题675起、处理778人。

【意识形态工作】 年内，市委把意识形态工作摆在重要的位置，市委常委会学习中办《关于当前意识形态领域情况的通报》《关于中央第十一轮巡视对落实意识形态工作责任制监督检查情况的通报》，专题研究部署意识形态工作。出台《党委中心组学习和意识形态工作督查考核实施方案》，对县市区理论学习中心组学习和意识形态工作责任制落实情况进行定性和定量考核；每半年通报全市意识形态领域情况，推动各级党委认真履职尽责、加强属地管理。制定《意识形态领域舆情跨部门定期会商研判制度》，每季度对形势和问题进行分析研判。出台《加强干部意识形态能力考察的意见》，把政治表现作为干部考察的第一标准，同步建立干部政治表现和意识形态档案。高度重视传播手段建设和创新，大力加强互联网监管，着力营造清明清朗的网络空间。

重大决策

【实施新旧动能转换重大工程】 把烟台跻身山东新旧动能转换综合试验区“三核”之一作为重大历史机遇和重大责任，做好规划编制、方案制定、项目谋划储备等工作，一批重大事项列入《山东新旧动能转换综合试验区建设总体方案》。坚持问题导向、目标导向、效果导向相统一，谋划发展思路和实施路径，坚持聚焦打造高端石化新材料产业基地、打造百万辆整车生产基地、打造新能源基地、建设国际生命科学创新示范区、推动传统产业优化升级、加强工业设计、发展新经济、补齐基础设施短板“八个聚焦”，找准转换方向和着力点，真正把新旧动能转换各项要求落到实处。

【打造先进制造业强市】 召开全市建设制造业强市工作会议，出台《关于实施制造业强市战略的意见（试行）》，确立“六强”标志、明确“六动”实现路径，部署“7+N”产业布局，提出13条含金量高的支持政策。中德工业设计中心、全省唯一产学研科技创新公共服务平台、国内首家增材制造产业技术研究院、首个国家级核电产业技术创新平台等一批高端制造业创新载体落户烟台，北京科技大学烟台工业技术研究院列入全省第一批制造业创新中心试点培育名单。举办“智慧提升工程”专题研修班，组织企业家赴德国学习工业4.0、管理创新、技术创新和工匠精神。全市规模以上工业主营业务收入继续保持全省首位，战略性新兴产业产值占规上工业总产值比重达到22.3%。

【打造现代物流中心】 立足突破重大基础设施瓶颈制约，精心谋划推进以“两铁两港两路一水”（环渤海潍烟高铁和大莱龙铁路扩能改造“两铁”，海港和空港“两港”，高速公路和国省干线公路“两路”，全域治水“一水”）为重点的重大交通和水利设施建设，加快建设面向东北亚、服务环渤海、辐射中西部的现代物流中心。全市港口货物吞吐量突破4亿吨、集装箱吞吐量达到270万标箱，烟台港进入全国沿海十大港口行列。机场旅客吞吐量达到650.3万人次，货邮吞吐量达到5.1万吨。

【打造健康养生胜地】利用列入国家级医养结合试点市的“天时”、发挥生态环境良好的“地利”，加快推进医养结合制度衔接、医养服务资源共享、医养产业融合发展，打造“健康烟台、养生胜地”。2017医药创新与发展国际会议在烟台召开，与中国医药创新促进会、省食药监局合作共建烟台国际生命科学创新示范区；实现城市社区和农村医疗卫生服务网络全覆盖。

【打造文化旅游名城】坚持以旅游为体、以文化为魂，按照全季旅游、全业旅游、全域旅游的思路，健全完善文化旅游产业发展体系，打造国际知名的“仙境海岸·魅力烟台”文化旅游品牌。推进全域旅游示范区创建，蓬莱市成为国家级旅游度假区，张裕葡萄酒文化旅游区成为全国10个、全省唯一的国家工业旅游示范基地。编制完成《长岛县生态保护和持续发展规划》，加快打造蓝色生态之岛、休闲宜居之岛、军民融合之岛。全年接待海内外游客7157万人次，实现旅游消费总额961.5亿元、增长14.6%。

【加快城市化进程】出台《关于切实加强和改进城市规划建设管理工作的实施意见（试行）》，提出坚持以人为本、生态优先、规划引领、陆海统筹、品质至上、科学管理、港产城融合、城乡一体化“8项原则”，着力构筑规划、生态、交通、公共服务、管理、文化、产业“7个支撑体系”。全年改造棚户区3万套、老旧小区6.3万户，打通市区断头路23条；朝阳街和所城里历史文化街区保护改造启动实施；建成城市社区党群服务中心315处，新建居住区群众健身设施21处。实施连续3年城市提升工程，推动城市规划建设管理水平再提升、城市功能形象品位再提升、群众获得感幸福感自豪感再提升。

【实施乡村振兴战略】持续开展农村人居环境综合整治行动，城乡环卫一体化实现全覆盖，农村自来水普及率达到96.1%。新发展农民专业合作社1500多家、家庭农场700多家，新认证“三品一标”农产品129个。栖霞现代农业产业园入选第二批国家现代农业产业园创建名单。烟台苹果、烟台大樱桃进入2017中国果品区域公用品牌价值榜十强，其中烟台苹果连续9年蝉联中国果业第一品牌。

【建设海洋强市】编制完成《关于建设海洋强市的意见》和《烟台海洋强市建设规划》。新增9处省级以上海洋牧场示范区，总面积达94万亩。中集来福士自主设计建造的国际最先进超深水双钻塔半潜式钻井平台“蓝鲸1号”，助力中国成为全球领先掌握“可燃冰”试采技术的国家；自主研发的自升式和半潜式海洋牧场多功能管理平台下水运行，填补中国离岸海洋牧场大型高端装备平台的空白。渤海国际轮渡新建的中国第一艘大型客商船“海蓝鲸”投入运营。富瀚海洋科技、东宇海珍品、佳益海珍品入围第三批国家级海洋牧场示范区。

【强化项目建设】倡导“以项目看发展论英雄”理念，调整优化2017年市级重点项目，细化完善重点项目考核办法，引导全市上下在思想认识、工作重点、政策服务和考核奖惩上向项目高度聚焦，做到“一切围绕项目转、一切盯着项目干”。总投资2145亿元的215个市级重点项目开复工209个、开复工率97.2%，完成投资496亿元、占年度计划投资的96.9%。

【推进改革开放创新】向深化改革要动力，市委深改组召开会议14次，审议改革方案27个，以市委、市政府及“两办”名义出台改革文件110余个；新争取省级以上改革试点64项、其中国家级28项；实施烟台开发区扩区，把蓬莱市潮水镇及周边78个行政村、126平方公里区域划归烟台开发区管辖；推进“放管服”改革，市级行政许可事项由260项压缩到96项，对所有政务服务事项实行全天候即时应需服务和重点项目代办服务，投资建设项目办理时限压缩到27个工作日。推进供给侧结构性改革，“三去一降一补”取得成效，全市重点行业产能利用率达到85%以上；新增上市公司7家、总数达到47家；严格落实降费减负政策，有效降低企业用能成本和物流成本。发展更高层次的开放型经济，开展“千企大走访”活动，组织香港山东周、美国商务周等投资促进活动30多次，中航林业密度板生产线项目列入中俄边境及地方间经济合作支持项目，自贸试验区试点经验创新复制政策数量居全省首位。全市实际使用外资145亿元，进出口总额达到3077.6亿元；新批千万美元以上项目35个，13家世界500强新投（增）资项目16个。实施创新驱动发展战略，出台《关于进一步加快创新驱动发展的意见》，提出导向明确、支持有力的30条政策；全力推进创新型城市建设，获批山东济青烟国家科技成果转移转化示范区，中科院上海药物所烟台分所正式揭牌，与中科院沈阳分院签订全面合作协议，上海交大烟台信息技术研究院揭牌运营；全市新增高新技术企业 69 家、总数达到 370 家，新认定科技型中小企业 291 家、总数达到 758 家；新引进培育千人计划专家 31 人，入选科技部创新人才推进计划 2 人，入选泰山系列人才 28 人，万华、绿叶跻身全省引进高层次人才重点支持企业行列。

【改善民生】 年内，全市民生领域支出达到 548.2 亿元，占财政支出的比重达到 77.4%。烟台第五次获评全国文明城市、第七次获评全国社会治安综合治理优秀城市、第四次捧得“长安杯”，成为首批国家食品安全示范城市。

狠抓精准脱贫。实行农村低保和扶贫线“两线合一”，调整农村低保标准为 4260 元 / 人 · 年，超过省定贫困线 751 元。实施 112 个扶贫产业项目，“扶贫特惠保险”实现应保尽保，208 个省定扶贫工作重点村脱贫摘帽，10410 名贫困群众稳定脱贫。

办好人民满意的教育。解决“大班额”问题取得阶段性成效，“全面改薄”工作推进，新建改建学校 78 所、校舍 55 万平方米，开工建设幼儿园 73 所，新增幼儿学位 1.1 万个，在“国家级学校安全教育示范区”考核中位列地市级首位。

提高就业质量。以创业带动就业，抓好重点群体就业帮扶，实施高校毕业生就业创业促进计划，完成失业人员、农民工技能培训 2.3 万人。全市新增城镇就业 14.5 万人，城镇登记失业率控制在 3.26%。

提高保障水平。开展全民参保登记计划，健全完善养老、医疗等保险制度，企业职工养老金实现“十三连增”。职工大病保险制度全面实施，居民大病保险年最高报销额由 30 万元提高到 50 万元，跨省异地就医实现即时结算。县均城市和农村低保标准分别提高到每人每月 580 元和 374 元。发放各类救助金 5.3 亿元，救助困难群众 20.3 万人次。

繁荣发展文化事业。培育和践行社会主义核心价值观，组织“中国梦”系列百姓宣讲活动，开展“法德共进”活动，推进“四德工程”示范县市区创建活动，善行义举四德榜实现村居全覆盖。建设现代公共文化服务体系，公共图书馆、美术馆、文化馆、博物馆免费开放，市博物馆获评国家一级馆。开展到农村送文化、送科技、送卫生、送温暖“四送”活动，乡镇综合文化站、农村文化大院、农家书屋、农村电影放映、广播电视村村通和文化信息资源共享及农村科普宣传栏普及率均达到 100%。弘扬优秀传统文化，“中国杂技金菊奖决赛”在烟台举办，莱阳豆面灯碗信俗登陆央视元宵节目。

推进环境整治。树立“绿水青山就是金山银山”的理念，坚持刑责治污，开展环保突出问题综合整治攻坚和化工产业安全生产转型升级专项行动，关闭搬迁禁养区内畜禽养殖场 2525 个；所有河流全部实行河长制，境内 22 条黑臭水体全部完成整治；完成造林及修复 14 万亩，治理水土流失 1.84 万公顷；淘汰燃煤小锅炉 3198 台，压减煤炭消费 98 万吨；新增新能源公交车 1100 辆，成为全省绿色交通示范市；市区“蓝天白云”天数达到 360 天，比 2016 年增加 18 天；全市空气质量四项主要污染物浓度年均值达到国家二级标准。

建设法治平安和谐烟台。抓好信访稳定、社会治安、公共安全、安全生产、食药监管等工作，突出抓好军队退役人员安置和权益保障工作，落实公益性岗位 1296 个，全市符合省“11 条政策”的 4102 名退役士兵合理诉求全部落实到位。坚持“无错先办、举证倒置、尊重历史、快办早办、政策兑现、救助清零”六项原则，开展“以人民为中心”解决信访突出问题专项行动；健全完善立体化社会治安防控体系，保持严打高压态势，全市社会大局总体稳定、人民群众安居乐业。

重要会议

【代表大会】 3 月 16—18 日，中国共产党烟台市第十三次代表大会举行。

【全体会议】 3 月 13 日，中国共产党烟台市第十二届委员会第十二次全体会议举行。

3 月 18 日，中国共产党烟台市第十三届委员会第一次全体会议举行。

6 月 23 日，中国共产党烟台市第十三届委员会第二次全体会议在烟台举行。

11 月 5 日，中国共产党烟台市第十三届委员会第三次全体会议举行。

【常委会议】 1 月 13 日，市委召开常委扩大会议暨全面深化改革领导小组第二十四次会议。

1 月 20 日，市委常委班子召开专题民主生活会。省政府党组副书记、副省长夏耕出席会议并讲话。

2 月 14 日，市委召开常委扩大会议暨全面深化改革领导小组第二十五次会议，传达习近平总书记在省部级主要领导干部专题研讨班开班式上的重要讲话精神，学习贯彻省十二届人大六次会议、省政协十一届五次会议精神，研究烟台市脱贫攻坚、加强金融人才队伍建设工作。

3 月 11 日，市委召开常委会议，传达姜异康书记在听取十届省委第十四轮巡视工作情况汇报后的讲话精神。

5月12日，市委召开常委扩大会议暨全面深化改革领导小组第二十八次会议。

6月5日，市委召开常委会议暨全面深化改革领导小组第二十九次会议并进行理论学习中心组集体学习。

6月19日，市委召开常委扩大会议，传达贯彻省第十一次党代会和省委十一届一次全会精神。

6月30日，市委召开常委扩大会议暨全面深化改革领导小组第三十次会议。

7月14日，市委召开常委会议暨全面深化改革领导小组第三十一次会议。

7月25日，市委召开常委会议暨全面深化改革领导小组第三十二次会议。

8月20日，市委召开常委扩大会议暨全面深化改革领导小组第三十三次会议。

9月5日，市委召开常委会议暨全面深化改革领导小组第三十四次会议。

11月11日，市委召开常委会议暨全面深化改革领导小组第三十六次会议。

11月21日，市委召开常委扩大会议暨全面深化改革领导小组第三十七次会议。

12月21日，市委召开常委会扩大会议暨十三届市委全面深化改革领导小组第十二次会议。

12月27日，市委召开常委会扩大会议暨十三届市委全面深化改革领导小组第十三次会议。

办公室工作

【政务服务】 2017年，市委办起草领导讲话、汇报发言等各类材料1300多篇、800多万字，编发《烟台发展》26期、《烟办通报》9期、常委会会议纪要39期。在《人民日报》《新华社山东要情动态》等国家级重点刊物发表稿件7篇。编发《信息参考》226期、《城市资讯》84期；在省委办公厅及省级以上刊物刊发文稿19篇，其中刘家义书记对《关于争创国家级生命科学创新示范区的建议报告》作出批示；上报中办、省委办《烟台信息》2800条、采用243条；处置紧急信息45次。

【决策落实】 年内，市委办围绕10个领导小组重点工作，累计对1800余项工作任务推进情况进行督查调度，先后4次对23个部门单位进行实地督查，印发通报专报15期。牵头组织开展贯彻落实中央八项规定精神情况实地督查。分解分工省委、市委重大会议和重要文件10项；承办省委、市委领导批示163件，办结率99%以上；开展部门服务市级重点项目、塔山南路和塔山北路建设、棚户区改造、脱贫攻坚等10余项专项督查；印发《市委督查》50余期，得到市委主要领导肯定性批示7次；向省委办公厅上报《烟台督查专报》35期，迎接省各类检查督导组3次。做好中央环保督查组督查、省委巡视“回头看”和巡视整改等有关协调服务、督导落实工作，反馈问题能够限期整改的全部完成，需长期坚持的取得阶段性成效。

【统筹协调】 年内，市委办办理来文来件701个、90%以上实现提要办理，制发市级文件、电报521个，发放各类文件、电报近16万份，密级文电全部及时清退、销毁。向省委办公厅备案党内规范性文件73件，接受县市区备案289件，筛选2013年以来党内规范性文件260件。组织市委重要会议活动300余次，协调会议活动30余次，办理市委常委会会签研究事项41次，整理印发《常委每日活动安排》《主要领导活动预案》410多期。值班受理电话、咨询等7700余次，办理、转办各类文件1460余次，办理市委领导批示件589件次，办理市委主要领导信件1600余封，办理领导干部请假事宜1440批次、出国境手续37份。处理重大涉稳情报信息200余条，上报重大不稳定因素和处置预案42次，预警110余次，完成重大事项社会稳定风险评估342项。

【后勤保障】 年内，市委办累计接待来烟客人850余批、6200多人次，其中接待党和国家领导人3批、省部级客人40余批，国家环保督察组、国家发改委新旧动能转换调研组等重要团组17批次，完成重要会议活动服务工作20余次。收发明、密电报2000余份，传输办理明、密电报15000余份次，收发横向传真7500余份次，未发生任何失泄密问题。举办保密知识专题讲座近20场次，检查抽查部门单位和县市区52个、计算机526台，远程检查查处违规部门23个、纠正违规行为500多起，排查风险隐患点100多处，销毁密级文件3万多份、光盘等涉密介质2.2万多个。更新调整保安队员90余名，处置10人以上群体性上访事件287起，劝离疏散非访群众7100余人次。专用通信工作实现拨打成功率100%、抽检拨测成功率100%，完成办公楼涉密电视会议会场建设、东山宾馆内部专用通信线路改造以及东山宾馆涉密电视会议会场建设工作。

（撰稿：张山　审稿：祝茂杰）

组织工作

【“两学一做”学习教育】 2017年，

市委组织部制定市委常委参加“两学一做”学习教育6大项23小项工作安排和配档表、把市委常委所在支部建设成示范支部6方面29条具体要求和“七一”前后市委常委参加学习教育4项任务、党员领导干部双重组织生活制度20条实施细则（试行）等文件，要求市委常委率先严格执行双重组织生活制度，率先落实“一岗双责”、加强对分管领域的指导把关。全面推行“主题党日”制度，制定《关于进一步健全完善“主题党日”制度的意见》，指导各县市区委和市直党（工）委每月固定1天作为“主题党日”。制定《关于建设过硬党支部的指导意见》，培育打造一批标准高、可复制的过硬党支部。在烟台市级主要媒体开设学习教育动态、评论等专栏专题，在党建网开设主题网页，浓厚学习氛围。

【领导班子和干部队伍建设】 年内，市委组织部组织全市各级完成换届选举工作，省委和市委提名的候选人均全票或高票当选，完成党代会、政协会、人代会换届任务。精准考察干部，开发建设干部管理综合研判平台，录入市管干部信息1.4万条。把政治表现作为干部考察的第一标准，在全国率先出台并实施《加强干部意识形态能力考察的意见》，同步建立干部政治表现和意识形态档案。战略培养干部，从市直部门选派32名干部到扶贫任务重点县市区和镇街挂职，抽调160名市直干部参与涉军维稳督导工作，选派10名干部联络服务市级重点项目。出台《烟台市党政干部容错纠错实施办法（试行）》，进一步建立健全容错纠错和是非澄清机制。出台《关于激励引导干部担当作为干事创业的实施办法（试行）》，在全省率先开展关心关爱基层干部试点，相关做法被省委政研室以《信息参阅》形式呈报省委常委。完善与基层干部谈心谈话制度，做到岗位调整、工作生活遭遇重大挫折、发现苗头问题、干部主动约谈“四必谈”。从严管理干部，对14个市直部门、9个市管企业和8个县市区进行选人用人专项检查；查核423名干部的个人有关事项，移交纪委处理3人，诫勉49人。科学考核干部，出台《2017年度经济社会发展综合考核办法》，统筹推进对县市区、市直部门、中央省属单位、企业等单位的业绩考核和县级干部、市直机关工作人员的年度考核，并将考核方式、考核结果通过媒体公开，发挥考核的“指挥棒”作用。

【基层党建】 年内，市委组织部制定《烟台市基层党建工作三年规划（2017—2019年）》《关于以基层服务型党组织建设为重点全面推进党的基层组织建设的实施意见》等政策文件，明晰抓基层党建的任务和路径。制定《市委党建工作领导小组成员单位职责清单》、各级党委（工委、党组）书记《抓基层党建工作责任清单》等文件，并把书记抓基层党建突破项目纳入各级各单位《2017年基层党建工作任务一览表》，进一步传导压力、卡实责任。统筹抓好村和城市社区“两委”换届选举工作，承担全省换届试点任务，相关做法在全省换届会议上作了重点推广，得到杨东奇同志批示肯定。加大村级组织运转经费财政兜底保障力度，村均达到13.37万元；加大党建引领村集体经济发展力度，探索出“党组织领办合作社”等6种发展路径；倒排确定315个软弱涣散党组织，每村每年配套不少于10万元整治资金，持续整治3年；推进村级审计督查，全市6443个村居全部完成村级审计督查，修订完善制度92项。着力构建“3+5”区域化党建格局，指导65个街道、17个省级以上园区和315个社区分别绘制“区域化党建地图”，指导每个社区至少培育1个党建亮点，每个县市区每年打造3～5个县级社区党建品牌。强化“系统抓、抓系统”，单独设立市非公经济组织、社会组织、外商投资企业、个体私营企业4个党建工作办公室。争取市委设立500万元市级两新组织党建经费，全市非公经济组织党组织覆盖率达到80.2%，社会组织党组织覆盖率达到75%。统筹推进党员“360”服务品牌创建活动，共建立党员服务队330支，认领服务项目938个，结对帮扶困难群众450户。制定《关于加强市管企业和金融企业党的领导和建设有关工作的通知》等文件，指导45户国企将党建工作要求写入公司章程，把党组织研究讨论作为董事会、经理层决策重大问题前置程序。制定《烟台市发展党员操作规程（试行）》，对全市发展党员程序进行统一规范。规范在京流动党员教育管理服务，建立在京流动党员党委9个、党支部37个。出台《关于推行党员积分量化管理的指导意见》，积极推行党员量化积分管理。构建党建宣传和党员教育矩阵，“烟台党建网”发布信息数2452条，访问量241万次，“烟台党建”微信公众号发布信息2937条，关注人数13.6万人，阅读量248万次；推进“灯塔”平台运行使用，网上e支部开通率99%，党员注册率98.4%。

【人才工作】 年内出台《关于进一步加快创新驱动发展的意见》，提出导向明确、支持有力的人才政策15条。加大人才引育力度，新增科技部创新人才推进计划人选2人，总数达到17人；28人入选泰山系列人才工程，同比增长23.3%；2人进入省顶尖人才“一事一议”公示名单，6人进入国家“千人计划”创新人才重点推荐人选名单，数量均居全省第一位。“千人计划”专家总数达到110名，评选“双百计划”高端人才65人、蓝色产业领军人才团队5个，数量创历年新高。做优海外引才品牌，组团赴美国、加拿大开展“慧聚烟台”招才引智活动，设立3处“烟台市海外人才工作联络站”，签署5项人才交流合作协议，直接评估认定6名“双百计划”人选，达成36项来烟创新创业意向协议。出台《关于进一步加强党委联系服务专家工作的实施意见》，全面推行领导干部联系专家制度；加快推进“两园一中心”建设，举办第三届中国人力资本论坛，打造全省人力资源服务业发展品牌；办理发放第一批“烟台优才卡”134张，落实配偶安置、住房保障、医疗服务等26项特惠服务；推进烟台人才公寓建设，筹集提供人才公寓2000套。

【胶东（烟台）党性教育基地建设和干部教育培训】 年内，市委组织部深化提升胶东（烟台）党性教育基地，成立胶东党性教育深化提升工作办公室，组建由各县市区和50多个部门单位参与的史料征集工作小组；累计投入1亿多元进行基地场馆建设，完成胶东革命纪念馆和烟台山、英灵山、牟平、烟台开发区、烟台规划展览馆五个教学区打造；开发《胶东红色文化丛书》《百年烟台从苦难走向复兴的历史启示》等10多个基本教材和精品课程，形成相对完备的教学体系。基地全年接待班次1000余个，培训学员5.2万人次；8月24日至25日，承办全省统筹推进胶东党性教育基地建设专题研讨会；承办胶东子弟兵后代“喜迎十九大·红色胶东行”活动，中央电视台《新闻联播》报道相关做法。依托党校主体班次开展理论培训，提升各级干部的理论素养和能力水平，举办县级领导干部进修班、科级领导干部进修班、中青年干部培训班等17个班次，培训干部1300多名；依托高校名校开展高层次专题培训，举办研修班12个，对660多名干部进行“短、平、快”式的高层次专题集训；开办“智慧烟台大讲堂”，实现高端培训平台常态化，累计举办10期，培训干部1.9万人次；依托“烟台市网络党校·行政学院”开展网络培训，累计上线课程232门，在线学习总学时606万余小时，经过考试获得学分359万余学时，相关做法专题向中组部汇报，并在《中国组织人事报》刊发。在全省率先完成市管领导干部十九大精神集中轮训，培训领导干部2000多人；举办全市学习贯彻党的十九大精神宣讲骨干培训班，培训骨干240多人。

（撰稿：韩立鹏　审稿：刘杰）

宣传工作

【思想理论教育】 2017年，市委办印发《市委中心组2017年理论学习安排意见》《关于进一步加强和改进市委理论学习中心组学习的实施方案》《关于进一步加强党委（党组）理论学习中心组学习的通知》和《党委中心组学习和意识形态工作督查考核实施方案》，编印《市委中心组专题学习材料》。年内，市委中心组集体学习研讨14次，中心组成员下基层讲党课、作形势政策报告31场次，撰写调研报告、理论文章30篇。年内，召开学习秘书单位联席会议，建立中心组学习“双秘书”工作机制、精品图书推送制度。落实中心组学习“一学一报”制度，对县级中心组学习进行督导通报，并将市委各部门、市直各部门党委（党组、工委）中心组学习纳入通报范围。组建“中国梦·党在心中”百姓宣讲团，8月赴14个县市区、10月赴烟台大学等4所高校开展巡回宣讲。8月1—2日，举办“中国梦·党在心中”百姓宣讲大赛。

【意识形态工作】 4月7日，全市舆论工作会议召开。2月和8月，分别通报烟台市意识形态领域情况，推动各级党委履行主体责任，并向省委汇报工作情况。常委会分2次专题学习党中央意识形态通报文件，研究部署烟台市意识形态工作。9月26日印发《重大舆情应急处置工作机制》，11月24日印发《意识形态领域舆情跨部门定期会商研判制度》。年内组织开展“标题党”专项整治、净化网上舆论环境专项整治和属地网站落实主体责任、互联网新闻信息资质、网站非法广告发布情况等专项检查，对全市哲学社会科学类报告会、研讨会、讲座、论坛、培训等活动进行审批备案。建立烟台市第三方平台账号数据库，登记备案账号1110个。开设网上举报专区，建立网络辟谣平台——“烟台辟谣”。在全省率先组建网络舆情信息员和网络应急举报员队伍。

【社会主义核心价值观建设】 年内，市委宣传部组织开展“公民文明出行”“礼让斑马线 文明烟台行”“我们的节日”主题活动、核心价值观组歌传唱、“图说我们的价值观”公益广告刊播、主题微电影创作、塞罕坝精神宣传、“最美中国人”笑脸照片征集展示、“创新发展看鲁企——集聚烟台新动能”“厚道鲁商”品牌形象榜上榜企业遴选等活动，举办国学经典电视大赛观后感征文比赛、经典诵读比赛、“厚道鲁商”公益广告大赛。加强爱国主义教育基地建设，牟平雷神庙战斗遗址被列入省爱国主义教育基地网上平台建设项目。开展创建全省四德工程示范县活动，命名60处全市四德工程建设示范点，莱阳市、海阳市获省“四德工程”建设示范县市区称号。开展善行义举四德榜“榜上有名”先模人物推荐评选活动，评选12个市级“榜上有名”先模人物，王华堂、张翠兰夫妇，孙东伟，陈义丽入选全省“榜上有名”先模人物。11月30日，市委办、市府办印发《关于进一步把社会主义核心价值观融入法治建设的实施意见》。

【选树先进典型】 1月24日，烟台市举办2015—2016双年度“十佳烟台好人”颁奖典礼。年内，组织开展道德模范和身边好人评选表彰活动，评选烟台好人64人，入选山东好人47人，王家祥、戴敏、柳华敏、李桂珍等4人当选山东好人之星，入选中国好人榜7人，其中杨磊、高显超、王家祥、戴敏等4人成为“好人365”封面人物，张伟获全国道德模范提名奖。推出开发区文明城市提升工程先进经验等9个重大典型，在重要时间节点分批集中宣传推出49个重要典型，烟台港装卸工人李志林入选全省岗位学雷锋标兵，烟台边防检查站代理排长张勇人入选“齐鲁最美青年”。

【新闻宣传】 年内，市委宣传部策划开展“撸起袖子加油干 奋发有为谱新篇”“狠抓重点项目建设 推动新旧动能转换”“全力实施城市提升工程建设现代化国际滨海城市”“重点项目进行时”等集中宣传报道活动，组织媒体赴杭州、宁波、济南、青岛采访报道4市先进经验，策划开展“杭州湾畔看潮头 对标济青再扬帆”全媒体集中宣传报道。在中央和省级主流媒体推出反映烟台工作经验、工作品牌、工作典型的稿件600多篇。

【对外宣传】 年内，烟台市在上海、杭州、北京、包头、三亚、哈尔滨、长春和东南亚举办大型主题城市综合营销活动，策划开展“媒眼看烟台·聚焦新旧动能转换”“媒眼看烟台·聚集制造业强市建设”等6次大型主题活动，开展优秀城市影像征集和展播活动、外语活动月活动、优秀摄影图片征集活动。设计制作烟台城市形象标识、新版大中小外宣画册、城市形象宣传片、宣传折页、招商宣传片、城市特色文化口袋书等外宣品。在央视、山东卫视、台湾东森电视台和6个城市新华社电子屏幕投放城市形象宣传广告，在山航、高铁、国家外文局杂志推出重磅报道和城市形象广告。举办新闻发言人专题培训班，年内举办8场高规格新闻发布会、40多场例行新闻发布会。

【网络宣传】 年内，市委宣传部策划开展2017全国网络媒体烟台行活动，组织指导属地网站开展“党的十九大”“新旧动能转换”“文明城市五连冠”等主题宣传活动。开通腾讯“网上烟台”企鹅号、新华社“现场云”直播平台。举办烟台市首届网络文化季，策划开展12项专题活动。编发山东手机报市级专刊300余期，用户数达130余万。烟台市“月亮姐姐”许振珊入选“中国网事·感动山东2017”年度网络人物候选人。

【文艺工作】 4月，烟台市第十一届精神文明建设“文艺精品工程”评选启动，共收到6个门类52部作品，戏剧《烟台解放》、电视剧《大秧歌》和歌曲《家有父母好幸福》入围省“文艺精品工程”评选，烟台市获组织工作奖。14件文艺作品在第十届泰山文艺奖评选中获奖，数量居全省之首。策划开展优秀原创歌曲征集推广活动。9月22日，市委宣传部印发《烟台市“文艺精品工程”重点作品创作生产项目扶持办法》。

【文化改革发展】 11月17日，全市文化体制改革工作会议召开。制定文化体制改革责任分工和任务台账，分解落实16项文化体制改革任务。年内，认定29个市级领军文产项目、延伸审计96个文产项目、推进33家文化企业减免税收3800万元，3个项目被认定为第五批省级重点文化企业项目，2个项目被确定为省级重点项目，6家企业被认定为省级重点文化贸易企业。2017年，全市在建文产项目202个，过亿元项目77个，完成投资239.7亿元。组织参加深圳文博会，烟台市、龙口市获“优秀组织奖”。组织企业赴境外开展文化贸易促进活动。启动烟台文化基金增资扩股程序。推动成立影视基金，首期融资3亿元。11月28日，出台《烟台市文化领域供给侧结构性改革实施方案》，明晰改革58项重点任务、44项政策措施。12月31日，市委办、市府办印发《关于加强文化领域行业组织建设的实施方案》，部署启动19项重点任务。实施推进国有文化企业“对标超越”，推进转调升级。

【文旅融合发展】 10月25日，烟台文旅集团成立，打造文旅龙头旗舰企业。11月21日，张裕葡萄酒文化旅游区被确定为国家工业旅游示范基地10个示范区之一。12月27日，市委印发《关于进一步推动文化和旅游产业发展的意见》。年内，市级以上23个重大文旅项目完成投资48亿元。

（撰稿：石文昊　审稿：宋作新）

统战工作

【政党协商工作】 2017年，市委统

战部研究制定烟台市 2017 年度政党协商计划，组织民主党派、工商联、无党派人士参加市“两会”人事协商会和《政府工作报告》征求意见会，先后组织召开科技创新工作、医养结合示范市建设、党风廉政建设等多次专题协商通报会。编发 5 期《议政建言》简报，汇集党外人士意见建议 32 条，直报市委、市政府主要领导参阅。张永霞市长年内 2 次就政党协商工作作出批示。

【凝心聚力“十三五”行动】 年内，市委统战部把“凝心聚力‘十三五’行动”作为统一战线服务发展大局的重要抓手，创新启动“大讲堂”“大调研”“大聚力”三大工程。全年举办“同心大讲堂”6 期、培训人次达 1300 余人。各党派确定事关全市发展的重点调研课题 17 个，部分研究成果得到市委、市政府的重视采纳。民革市委主动融入“一带一路”战略，与烟台中俄基地在高新技术、文化教育、人才引进等方面建立交流合作；民盟市委推动传统文化发展繁荣，举办“欢度国庆 · 喜迎十九大”诗歌朗诵会、“喜迎十九大”美术书法作品展等系列活动；民建市委实施会员企业“成长计划”，开展产业扶贫，引导会员投入 100 万元组建农业专业合作社；民进市委向农村创业、养老产业等发展项目及 6 个科技成果转化项目提供智库支持；农工党市委以推进新旧动能转换重大工程为统领，围绕“医养结合”“医疗联合体建设”“农业供给侧改革”开展调研；致公党市委开展以“文化公益”“医疗公益”“美丽乡村共建”“引凤引智”为主体的四大工程建设，受惠群众 6.6 万人；九三学社市委创建“科技之光”服务品牌，组织各领域专家联合攻关，向有关县市区输送海洋科技人才，为现代海洋牧场建设提供智力支持。

【民主党派建设】 年内，市委统战部开展“新集体新作为新形象”三看六比争先创优活动，动员各民主党派新一届市委比学赶超、争创一流。加强各党派基层组织规范化建设，做到“有场所、有经费、有制度、有活动、有考核”。完善组织发展工作，召开全市各民主党派组织发展工作座谈会，协商确定民主党派组织发展相关工作程序。

【党外代表人士队伍建设】 年内，市委统战部开展党外干部摸底调研，对全市党外干部配备情况进行汇总梳理，审核完善 104 名处级和 1012 名科级党外干部信息。制定“百人计划名单”，在全市范围内推荐年富力强、表现优秀、具有发展潜力、在本领域系统内有较强影响力和代表性的党外干部，筛选百名政治立场坚定、工作业绩突出、群众认可度高的党外干部，纳入视野作为重点培养使用对象。以学习贯彻党的十九大精神为契机，先后举办县处级党外领导干部进修班、各民主党派骨干成员培训班、新任党外市政协委员培训班、市级宗教界代表人士培训班、非公有制经济代表人士培训班和港澳台海外代表人士国情研修班，培训党外代表人士 300 余人次。发挥党外代表人士实践锻炼基地载体作用，先后接收 6 名党外干部来烟挂职锻炼，选派 5 名党外干部到省、市两级实践锻炼基地挂职锻炼。设立“党外干部大讲堂”，定期安排挂职干部到基层单位、重点企业参观调研。以全国和省人大、政协换届为契机，对全市党外代表人士进行全面考察摸底，做好全国和省人大代表、政协委员初步人选推荐工作。先后推荐全国人大代表党外人选 2 名，省人大代表党外人选 4 名；全国政协委员人选 1 名，省政协委员人选 36 名。选拔 5 名副处级和 10 名正科级党外干部，向市委组织部进行推荐，并作为后备人选优先安排使用。

【民族宗教工作】 年内，市委统战部开展民族团结进步创建和民族团结宣传教育月活动，向各族群众宣传党和国家民族政策、民族知识，增进各民族交往交流交融。烟台市民族工作有关做法得在全省贯彻落实中央、省委民族工作会议精神经验交流会上作典型发言，被确定为“全国少数民族流动人口服务管理示范城市”。制定出台《关于加强和改进新形势下宗教工作的实施意见》，召开市宗教工作领导小组（扩大）会议，下发《烟台市宗教工作领导小组 2017 年工作要点》。支持宗教团体加强自身建设，组织全市各爱国宗教团体负责人赴井冈山开展爱国主义教育，提高政治素质、爱国爱教觉悟和政策理论水平。开展“助力脱贫 · 五教同行”活动，打造“水滴之家公益联盟”“微心愿”等特色品牌，走访慰问贫困家庭 1500 余户，捐款捐物 1000 余万元。推进民主办教，协助市天主教爱国会完成届中调整，协助市佛教协会选举产生新一届领导班子，协助全省性爱国宗教团体完成换届工作。

【非公经济领域统战工作】 年内，市委统战部开展以守法诚信为重点的非公有制经济人士理想信念教育实践活动，首次以视频会形式举办十九大精神和支持非公经济发展有关政策法规宣讲会，编发《非公有制经济发展政策宣讲资料汇编》，近 1000 名非公经济人士听取政策解读。赴浙江大学举办全市非公经济代表人士专题研修班，选派非公经济代表人士参加中央、省市高层次教育研修。制定出台《全市统一战线关于支持非公有制经济健康发展的意见》，围绕凝聚发展共识、拓宽发展空间、创优发展生态，创造性提出服务非公经济发展12条举措。有关做法得到省委统战部的肯定，省委常委、统战部部长邢善萍专门作出批示。搭建市非公有制经济金融服务平台，为非公有制企业解决融资难融资贵的问题。在全省率先启动非公新经济培育基地建设，筛选确定高新区创业大厦、开发区业达小微企业孵化园区等13个培育基地，通过打造政策服务、金融服务、创新服务、统战资源服务“四个直通车”，大力发展新技术、新产业、新业态、新模式，促进非公有制经济转型升级、跨越发展。打造统一战线“助力打赢脱贫攻坚战”工作品牌，全市661家非公有制企业与451个省市贫困村结对共建，建立市县两级同心扶贫基地43个，启动产业帮扶项目182个，累计投入资金1.37亿元。实施“泛海助学”“光彩助学”“企业助学”三项工程，先后为640名大学生发放助学款210余万元。开展“光彩点睛光明行”活动，为100名贫困白内障患者实施复明手术。统一战线扶贫经验材料《“十百千·助力脱贫攻坚”工程唱响扶贫“四部曲”》被《团结报》全文刊发，《画出最大同心圆铺就统战扶贫路》一文被“中国统一战线”网站等转发。重视发挥商会在政企间的桥梁纽带作用，抓好商会发展工作。新成立烟台市浙江商会，为促进世界浙商走进烟台、参与烟台发展打造交流平台。高标准举办浙商走进烟台投资合作恳谈会，12个项目达成意向性合作协议。实施“商会会长形象工程”“商会秘书长素质工程”和“商会工作品牌工程”，高水平举办全市“四好”商会建设推进会暨商会秘书长能力提升现场会。服务“走出去”战略和招商引资工作，组织非公经济人士赴香港贸发局开展招商对接，参加中蒙俄马经贸交流会等10多场重要经贸活动。协办第五届中国（烟台）齐鲁英才合作发展论坛暨齐鲁英才十佳年度人物颁奖典礼、“一带一路”烟台论坛暨首届中巴合作论坛。召开市光彩会换届大会，选举产生新一届理事会、监事会领导机构。开展非公经济人士综合评价，完成1800余名代表人士的综合评价工作。实施非公经济年轻一代“火炬工程”，建立年轻一代非公有制经济代表人士数据库。创新成立“泛海扬帆”烟台帆友会，聘请专业创业专家服务团队，帮助青年创业者成长成材。

【海外统战工作】 年内，市委统战部引导广大港澳台海外代表人士投身家乡发展，海联会会员企业参与助力打赢脱贫攻坚战，赴海阳为困难学生捐款40万元。举办第二期市港澳台海外青年代表人士国情研修班，举办烟港两地青年座谈会，组织港澳台海外青年返乡学习交流和考察，增进“四个认同”、增强“四个自信”。

【党外知识分子统战工作】 年内，市委统战部建立439名党外知识分子信息档案，完成23名省级无党派代表人士信息复核；完成烟台市社会新阶层党外知识分子联谊会换届暨烟台市党外知识分子联谊会成立工作，健全党外知识分子工作平台载体。先后组织党外知识分子、无党派人士代表、留学人员等参加高层次创新型人才进修班、全省留学人员研修班；组织开展深入学习贯彻习近平总书记“3·4”党外知识分子重要讲话精神、践行社会主义核心价值观和向黄大年学习等主题活动。组织参加创新型城市建设情况通报会等协商活动，参与双百计划推荐、创新驱动意见的制定出台。

【新的社会阶层人士统战工作】 年内，市委统战部在全省新的社会阶层人士统战工作会议上作大会发言，召开全市新的社会阶层人士统战工作会议。开展全市调研，推荐新的社会阶层党外代表人士306名，推荐全省代表人士25名。芝罘区1861文化创意产业园被确立为省级新的社会阶层人士统战工作实践创新基地，打造福山、龙口等6处市级实践创新基地，莱州、招远社会组织联合会正式成立。在新的社会阶层组织中开展“新阶层·党旗红”活动，组织代表人士参加全省新的社会阶层代表人士培训班、网络代表人士培训班，并召开社会组织联合会首届年会。

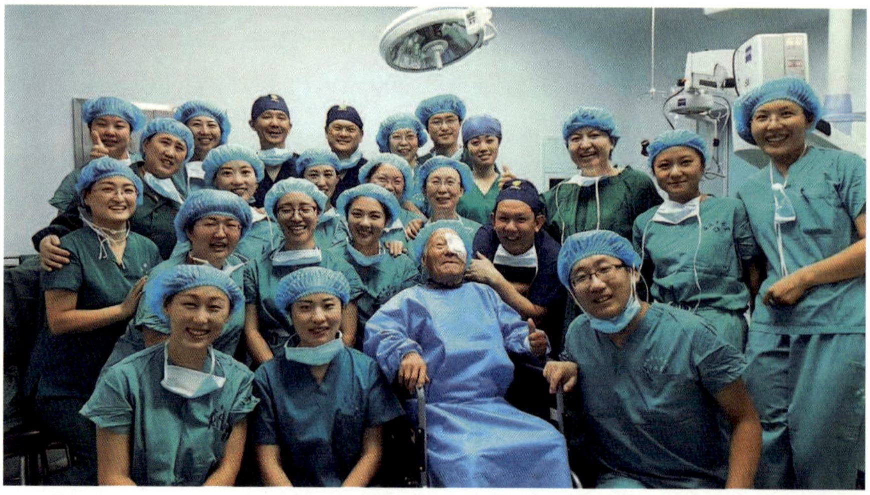

2017年9月，“光彩点睛光明行”活动在海阳市举行，为100名贫困白内障老人免费实施手术

【基层统战工作】 年内，“一支队伍体系”基本完善，在全省率先将县级统战、民宗工作机构调整到位。抓好镇级统战委员、村级统战联络员队伍建设，建立健全县乡村三级统战工作网络。开展“一个亮点品牌”工作。按照“年初部署、年中观摩、年终评比”的思路，各县市区结合各自实际打造亮点，创树“一县一品”特色品牌。芝罘、福山新的社会阶层人士统战工作，招远的社会组织统战工作，龙口、莱州服务“两个健康”，开发区的社区统战等均已形成品牌效应。开展“一个产业发展”工作。各县市区选择一个成长性好、发展潜力大、创新能力强的产业，集中统战资源全力支持。8月，首次以现场观摩、集中会议的形式召开县域统战工作推进会议。

【统战理论研究信息宣传工作】 年内，市委统战部研究确定16项统战理论调研重点课题，形成《基层自由职业人员的政治取向及统战策略分析》等6篇调研成果，入围全省“四新工程”优秀调研成果评选。全年向中央、省委统战部报送信息300余条，《烟台市出台专项文件推进解决基层宗教执法力量薄弱问题》等信息被中央、省委统战部采用。对全市统一战线情况进行编辑整理，形成5万余字的《山东统一战线年鉴（烟台部分）》和《改革开放实录（烟台卷）》统一战线篇。编发《统战工作情况》22期，总结推广全市统一战线的工作经验和典型做法。创办“烟台统一战线”微信公众平台，年关注量达2000余人，全年刊发信息630余条，点击阅读量达30万人次。加大“烟台统一战线”网站更新维护力度，全年更新网站信息470余条。

（撰稿：张栋　审稿：王天立）

机构编制

【放管服改革】 2017年，烟台市分三批次削减调整市级实施的行政许可等权力事项53项，承接上级下放或委托实施的行政权力事项75项，下放行政许可事项171项，16个项目不再纳入市直部门（单位）行政审批中介服务收费项目清单管理。简化优化公共服务流程，编制公开市级59个部门（单位）公共服务事项715项、服务指南343份，县市区和乡镇街道公共服务事项26363项。公布年检和政府指定培训目录、证明和盖章类材料目录，市级保留26项年检、15项政府指定培训事项；取消30项无谓证明和盖章手续，保留村（社区）开具的证明材料15项。强力优化全市营商环境，研究拟定1个总体意见（《中共烟台市委、烟台市人民政府关于进一步优化全市营商环境的意见》）、1个行动方案（《市委办公室市政府办公室关于深化放管服改革进一步优化政务环境的行动方案》）、67项配套措施。开展对标立标工作，市级行政许可事项与国内20个先进城市相比，实现申报材料数100%最少、办理时限100%最短，市级行政许可事项由260项压缩到100项以内（96项），提速增效做到全国领先。市级投资建设项目从项目立项到施工许可压缩到27个工作日，复杂项目为32个工作日，实现全国审批时间最短。梳理公布市级首批“零跑腿”和“只跑一次”政务事项800项，占审批、服务事项的82%，达到全国领先。所有政务服务事项均实现全天候即时应需代办服务。

【重点领域体制机制改革】 年内，市级综合行政执法体制改革涉及的18个部门中，市规划局、市经信委、市住建局等17个部门的改革任务全部完成。根据省里批复的意见，市交通运输局于2018年6月底前完成改革任务。各县市区改革方案已经市政府批复，改革任务全部完成。通过整合执法主体、相对集中执法权、推进执法重心下移、在县级推行跨部门跨领域综合执法，解决职责交叉、多头执法、重复执法等问题，在全市建立起权责统一、权威高效的行政执法体制。创新功能区管理体制机制，将高新区作为全市相对集中行政许可权改革试点，组建行政审批局，代表高新区管委统一行使其所有行政审批权，实行“一枚印章管审批”，实现行政审批权相对集中。调整组建8个领域的产业推进和招商机构，为高新区打造全新招商机制。理顺盐业管理体制，拟定《烟台市食盐监管体制改革方案》，明确监管机构和职责，为加强食盐安全监管、健全盐业管理和质量安全管理体系，促进全市盐业持续健康发展提供体制机制保障。

【事业单位监督管理】 年内，市编办组织市直269家事业单位开展年度报告公开，公开率、合格率保持100%。对事业单位法人登记及党政群机关社会信用代码赋码发证业务，全面推行网上办理，纸质材料、证书可通过邮寄送达和领取，实现登记赋码业务办理“零跑腿”。落实2016年度事业单位绩效考核奖惩措施，协调拨付A级单位一次性奖励资金245万元。组织对市直49个主管部门（单位）所属212个事业单位实施2017年度绩效考核，60个单位获评A级等次，152个单位获评B级等次。全市确定事业单位清单化管理试点单位1036个。其中，市直在教育、卫生等6个部门所属77个事业单位开展清单化管理试点，市级累计公布公益服务事项382项、经营服务事项7项、其他事项5项。按照2%的比例，抽取烟台市博物馆等7家单位开展了“双随机、一公开”检查，抽查结果全部通过“中国烟台”和“烟台机构编制网”向社会公布。

【机构编制管理】 年内，市编办优化机构编制资源配置，确保机构和人员编制只减不增。至年底，全市机关、事业单位在编人员比2012年底减少8000多人。在严控财政供养人员增长的基础上，支持县级政法机关补充人员力量，保证市县金融监管、食品药品、安全生产、农业、就业和社会保障等重点领域使用空编补充人员，重点支持中小学使用编制补充人员。在全市范围内开展“机构编制历史遗留问题集中整治活动”，实现“四个没有”（没有机构违规类问题；没有编制违规类问题；没有机构编制执行类问题；没有违规干预下级机构编制事项类问题）。

（撰稿：刘洪畅　审稿：王兆麟）

信访工作

【概况】 2017年，市信访局完善以“面对面告知、面对面督办、面对面会商、面对面答复、面对面回访”为主要内容的信访事项办理“五个面对面”工作法，创新开展“以人民为中心”加快解决信访突出问题专项行动，推进“补短板、促提升”信访事项办理规范化建设专项活动，实行信访听证“1+N”评查机制，全市信访事项及时受理率、按期办理率、群众满意率、信访听证率指标均居全省前列。市信访局被省委、省政府授予“全省信访工作先进集体”和“全省十九大安保维稳工作先进集体”称号。

【维护稳定】 年内，市信访局全力抓好党的十九大和全国“两会”、省市党代会、“一带一路”国际合作高峰论坛、建军90周年、中央环保督察组驻鲁督察等重大敏感时期的信访维稳各项工作，实现“全胜”“完胜”和“五个不发生”目标。10月25日，省委常委、市委书记王浩看望驻京值班干部，对全市十九大信访维稳和进京值班工作给予肯定。

【信访工作制度改革】 年内，市信访局创新研发“烟台市信访信息预警和矛盾排查系统”和烟台阳光信访“督查督办”“移动办公”“信访老户库”三套子系统，创新推广微信公众号、手机客户端应用和远程视频接访，规范网上投诉、办案、答复、评价等各环节流程操作，引导群众“多上网、少走访”。树立“主动发声”理念，在烟台电视台开辟《阳光信访》栏目，宣传信访法规、典型案例和信访战线好声音；搭乘互联网、新媒体发展快车，构建“门户网站、微信公众号、今日头条”一体化信访网络宣传新格局，推出“读懂烟台信访”等一批反映信访工作新成效和信访队伍新形象的原创网络宣传作品。

【信访队伍建设】 年内，市信访局党建工作被市直机关工委评价为“全方位规范化纪实管理”品牌。在全系统开展“让党徽在为群众服务中闪光”主题实践活动，每名信访干部联系督办1～2件重点信访积案，“捆绑式”联系包帮基层责任单位和信访群众。营造信访“家文化”氛围，开展“天天健步走·喜迎十九大”“每天锻炼十分钟·健康工作五十年”“爱我城市·清洁家园”志愿服务等活动，涌现出“全国最美信访干部”“全国优秀办信员”等多个全国先进典型。

（撰稿：刘坤　审稿：郑玉堂）

农村工作

【美丽乡村标准化建设】 2017年，烟台市以打造美丽乡村建设示范市为目标，制定“消除D级、打底C级、壮大B级、做优A级”总体目标，对1000个C、D级村庄进行建设提升，至年底全市A、B两级村庄覆盖率达到60%。同时，争取省级奖补资金4200万元，完成42个省级美丽乡村示范村创建。借力院市合作的智力优势，会同驻烟高校，三方合作开展烟台乡村民俗文化资源和专项发展规划研究，市财政安排500万专项资金，县乡两级配套资金1800余万元，在7个市区进行第二批“民俗文化村”建设，提升乡村文化内涵和影响力。美丽乡村建设在村庄选择上，贫困村占比不低于25%，建设内容上优先补足贫困村基础设施和产业基础，实现扶贫开发和美丽乡村建设互促共进。2017年，提升省定贫困村110个，提升至A级39个、B级66个。

【农村人居环境建设】 年内，市农工办组织开展第四轮农村人居环境综合整治活动，按照“全覆盖、无死角”的要求，以沿铁路、干线公路和村内街道为重点，加强农业面源污染治理，对反光膜、秸秆、杂草等各类生产生活垃圾集中开展全面清理，全市投入资金1.7亿元，组织清运人员28万人次，清理河道、沟渠26.3万米，拆除违章建筑2204处，清除乱堆乱放、卫生死角2万余处，农村人居环境持续改善。完成农村无害化卫生厕所改造17.5万户，新建建制镇污水处理设施11个，建制镇污水处理覆盖率76%。全市98%以上的村庄实现村内街道硬化，自来水普及率96.1%。海阳市辛安镇被列为全省第一批农村改暖试点镇，总供暖面积

7.33万平方米。

【农业农村经济发展】 年内，全市加快推进农业供给侧结构性改革，现代农业产业结构优化，粮食、肉蛋奶产量保持稳定，质量稳步提升；苹果种植18.47万公顷，产量481.3万吨，占全国的10%以上，接近全省的一半，“烟台苹果”连续九年蝉联中国农产品区域公用品牌果业第一品牌；全市渔业经济总产值达到1000亿元以上，年均增长13.2%；全市农字号上市企业15家，国家级农业产业化龙头企业13家，省级以上农业产业化龙头企业72家，省级以上农业产业化龙头企业年销售收入超过655亿元。现代农业产业园实现新突破，栖霞国家现代农业产业园列为41个国家现代农业产业园之一，龙口市农业可持续发展试验示范区被确定为国家农业可持续发展试验示范区创建单位。节水农业和水肥一体化建设成效显著，新发展节水灌溉面积1.3万公顷，争取牟平区、龙口市为山东省2017年水肥一体化技术工程示范项目，新增水肥一体建设面积1.5万公顷，全市水肥一体化面积3.85万公顷，居全省首位。绿色农业发展取得新进展，全市秸秆综合利用率93%，化肥利用率35%，农药利用率36%，农业机械化水平91%。乡村生态旅游业快速发展，培育发展一批温泉度假村、葡萄酒庄园、山林生态休闲区等乡村旅游特色项目，全年乡村旅游接待人数4690万人，乡村旅游收入159.8亿元。农村电商快速发展，全年农产品网上零售额36.7亿元，增长43.2%，居全省第一；全市农村网络卖家超过1.37万家，总数居全省第二。

【乡村社会文明建设】 年内，全市农村低保、农村五保供养、基础养老金标准进一步提高，新建农村幸福院9处、总数704处，覆盖率62%。新建、改扩建贫困村幼儿园16所，全市农村幼儿入园率99.07%，农村义务教育巩固率100%。“阳光低保”专项行动实现常态化运行，实现动态管理下的应保尽保、应退尽退。推进乡村文明行动，村居建榜率保持在90%以上。创建国家公共文化体系示范区，乡镇综合文化站和农村文化大院实现全覆盖，农家书屋实现行政村全覆盖，年均送电影、送戏下乡高达7万余场，丰富农村群众的文化娱乐需求。启动实施乡村记忆工程，获评17个国家级传统村落，64个省级传统村落、数量位居全省前列。

【农村综合改革】 年内，全市土地承包经营权登记颁证按时保质完成；市县乡三位一体的农村产权流转交易市场体制机制基本确立。14个县市区实现乡镇基础金融服务全覆盖，并覆盖全市近2/3的行政村。全市农村信用社全部完成银行化改革，服务能力增强。推进农村新型金融合作试点，21家农民专业合作社获批开展信用互助业务。农村集体经济组织产权制度改革持续推进，莱州市、龙口市成为省级农村集体产权制度改革试点县，全市确定23个市级试点村。全面完成省级供销社综合改革试点，2017年承担全国供销社总社产业发展基金专项试点任务，是唯一承担改革任务试点的地级市。

（撰稿：王艳火　审稿：刘振晓）

扶贫工作

【概　况】 2017年，烟台市208个省定扶贫工作重点村全部“摘帽”，10410人建档立卡贫困人口全部脱贫，建档立卡贫困人口减贫计划完成率100%。新建产业扶贫项目112个，覆盖90个镇2000多个村。整合资金投入2.126亿元，发放富民生产贷2.02783亿元。涌现出全省脱贫攻坚先进集体1个，先进个人2名。

【体系建设】 年内，全市强化市县镇村各个层面的责任感、紧迫感、压力感，形成四级书记齐抓扶贫的工作格局。市级领导分别联系莱阳、海阳、栖霞3个扶贫任务较重的市和17个扶贫工作重点村，帮助联系点解决实际问题。制定《烟台市“十三五”脱贫攻坚规划》及任务分工方案等政策文件110多份。落实县乡“一把手”责任，将脱贫攻坚作为重大政治任务，列入重要事项加强督查考核，有脱贫任务的县市区签订年度减贫责任书，逐级分解到镇、村，具体到户、到人。

【信息管理】 年内制定实施省定重点村和贫困户退出方案，贫困户退出人均纯收入3730元以上，实现“两不愁三保障”和饮水安全；贫困村退出必须有稳定集体收入，基本实现“五通十有”。经2017年扶贫对象动态调整，全市10410人贫困人口全部脱贫，新识别1025人，返贫1190人，全部建档立卡贫困人口中“脱贫不享受政策”44707人，“脱贫享受政策”67965人，剩余208个省定扶贫工作重点村全部“摘帽”。

【项目建设】 全年投入资金8051万元，实施产业扶贫项目112个并全部完工，平均每个项目投入72万元，比上年增加38.5万元；覆盖贫困户1.49万户、2.42万人，覆盖范围比2016年增加23个乡镇、2005个村，带动贫困人口增加1万户、1.57万人。112个项目中种植养殖类项目39个，光伏类项目39个，加工类项目2个，旅游类项目1个，其他项目31个（与企业合作实施项目），光伏类项目个数所占比重由2016年的44.02%下降到34.82%，项目结构趋于合理。

【资金投入保障】 年内整合资金投入2.126亿元。其中，各级财政专项扶贫资金安排1.0567亿元，整合涉农资金和其他资金1.0693亿元。推进金融扶贫，发放富民生产贷2.02783亿元。开展"资金管理制度规范月"、扶贫资金专项审计和检查、扶贫资金专项督查等活动，强化资金监管力度。将资金投入、资金拨付、资金监管和资金使用成效纳入财政扶贫资金绩效评价，评价结果纳入县市区党委和政府扶贫开发工作成效考核。

【民生事业保障】 年内，全市推进行业扶贫。推进扶贫开发政策与农村最低生活保障制度有效衔接，对贫困人口收入情况按照农村低保家庭收入计算办法进行核查，对符合标准的按规定纳入农村低保，确保贫困人口应保尽保。深化健康扶贫，将建档立卡贫困人口全部纳入居民基本医疗保险，实行定点医疗机构"先诊疗后结算"和分类救治制度，落实"两免两减半"政策，定期开展免费健康检查。全市对96%的患病贫困人口实施分类救治；加强医疗救助与城乡居民大病保险有效衔接，发放救助金725万元，惠及贫困人口3976人；印发《2017年度扶贫特惠保险实施方案》，将符合省政策规定的贫困人口全部纳入参保范围。拓展教育扶贫，对建档立卡贫困家庭学生逐一排查，落实各学段资助政策。全市737户建档立卡贫困户危房改造任务全部完成。24个省定重点村农田水利得到改善，发展节水灌溉面积1467公顷；所有省定重点村办公用房新建、修缮或配套办公设备，省、市两级重点村办公场所全部配套齐全；274个省定重点村，70个市级重点村综合文化活动室建成，达标率为98.3%；所有省定重点村全部完成电网升级改造；省、市两级重点村全部配建体育健身器材；硬化重点村主街道196.3公里，完成2个重点村通客运班车，实现村村通公路、通客运班车。

【社会力量参与】 年内，全市深化"双联双促"帮包工作，市县两级党员干部结对联系贫困户全覆盖，277个重点村每村都有部门帮包。开展"百企帮百村"活动，124家企业参与包村。开展"文化下乡""送医义诊""法进农家""科技下乡"等活动，提高贫困群众生活质量。开展"温暖烟台"系列救助活动，为9151人次贫困户发放救助款物4833万元。巩固建设残疾人就业扶贫基地，为209名残疾贫困人口按照每户3000元标准给予生产资料扶持。开展金晖助老活动，招募金晖助老志愿者1500多名，帮扶失独贫困老人733人次。

【扶贫协作】 年内，烟台—德州扶贫协作主体由市、县级向镇、村级延伸，两地市县级党委政府互访1097人次、行业部门互访110人次，10个区市、48个镇街、269个行政村与德州对应县乡村结对协作，27个市直部门与德州市对应单位结对协作。开工项目19个，投资5亿多元。接收德州市15名干部到烟台挂职，派出3名干部赴德州挂职；建立烟德扶贫协作就业服务站，开展专业性技能培训303人次，组织各类企业赴德州举办招聘会20场，提供就业岗位5900余个。支援德州市1188万元财政扶贫协作资金。

【督查考核】 年内建立健全经济社会综合考核、领导小组成员单位、县级党委政府、县级扶贫办和扶贫协作5大考核体系，将全市经济社会发展综合考核指标中扶贫开发内容由2项增加到4项。全年开展督导调研、日常调度、专项督查、暗访抽查、互查互评、"第三方评估"、年终考核及年终督查等活动30多次，下发各类通报10多次。联合市委督查室组成7个督查组开展专项督查，对26个市成员单位开展扶贫领域专项巡察，发现的问题全市点名通报。制定出台《关于进一步加强审计监督助推脱贫攻坚的意见》，与审计、纪检、检察、信访部门建立联动机制，保证阳光扶贫、廉洁扶贫。

（撰稿：高龑　审稿：尹鹏）

对台工作

【概况】 2017年，到烟台台胞19720人次，到烟台交流团组27个人次，审理批复应邀赴台团组57个139人次。全市新批台资项目11个，实际利用台资7129万美元。至年底，全市累计批准台资项目1610个，实际使用台资60亿美元，对台经济工作连续12年位居全省首位。

【对台经济】 年内，市台办促成台湾康德纳米有限公司在高新区成立研究院，联华神通集团投资5000万在烟台台华食品公司建设研发大楼；协助莱州强信机械股份有限公司返台上市，5月26日该公司通过台湾证交所审核，发行5800万股募集资金850万美元，成为全省第二家返台上市的台资企业；推进台湾青年到烟台创业，引进台湾学者钟叶青博士注册成立烟台善巧数据有限公司，成为烟台市引入的首位台湾籍"千人计划"

专家；蓬莱市政府在台湾举办“人间仙境、魅丽蓬莱”推介会，会见台湾政商界代表，达成6条渔船2634万美元的建造意向，签署台湾乡邻集团在蓬莱建设高档旅游酒店和旅游综合体的合作意向。

【对台交流】 年内，市台办邀请接待台北市中正区里长参访团、北港朝天宫参访团、台北市妇女会参访团、中华两岸婚姻协调促进会参访团、台湾狮子会会员参访团等16批团组到烟台参访；接待到烟台参访的国民党中常委林荣德，国民党中央委员苏清泉、秦慧珠，“立法委员”郑天财，基隆市议长宋玮莉，台北市议员杨春妹，中华齐鲁文经协会理事长孙立群，台湾联华神通集团董事长苗丰强、茂业集团董事长李丽娜等上层、重点人士159人次；市人大主任王晓敏率团赴台参访国民党屏东县党部，市委常委、统战部长于永信出面接待国民党屏东县党部前主委苏清泉，基层政党交流合作不断加强；开展“双百村里”基层对台交流，新增芝罘区黄务街道富甲社区、福山区清洋街道福惠社区两个联系点。继续举办被列为全国重点对台交流项目的“烟台市2017年海峡两岸妈祖文化节和妈祖文化研讨会”；先后邀请大庄浩天宫、桃园芦竹慈母宫、斗六新兴宫等台湾妈祖宫庙近80位代表到烟台开展妈祖文化交流和“妈祖心·两岸情”两岸妈祖宫庙走亲活动；协助烟台大学与台湾彰化师范大学，台湾机电国际学会、台南大学机电系统研究所，举办“海峡两岸机电、汽车和环境工程学术研讨会”；邀请台湾明道大学、屏东科技大学、高雄餐旅大学等12所大学的19名师生，到烟台参加2017暑假台湾大学生中华研习营活动；组织烟台职业学院16名骨干教师和烟台大学、鲁东大学、山东工商学院等高校50余名学生赴台湾高校研修学习培训；邀请接待新北市醒吾中学到烟台开发区开展“校园文化和科普教育”主题活动；邀请台湾画家、艺术家到烟台举办“花绽中华·情系两岸胶彩画展”和音乐话剧《家·书》演出交流；邀请台湾中华武术总会理事长黄鲲忠一行，到莱州开展“齐鲁风·东海情”2017海峡两岸中华传统武术文化交流活动；组织烟台一中、二中21名优秀师生赴台湾参加第三届亚洲杯高中华语辩论锦标赛；组织莱州武校赴台参加2017“精英杯”中华武术锦标赛暨海峡两岸武术交流活动。

【对台宣传教育】 年内，市台办利用各种媒体刊发对台工作稿件340多篇，其中中央和省级平面媒体刊用20篇稿件。联系岛内媒体，在东森电视台连续播放3个月的蓬莱城市形象宣传片；协助台湾中评社、台中广播、《联合报》《旺报》《工商时报》《新生报》等台湾媒体报道烟台市张裕、万华、欣和、中集来福士等企业发展情况；在鲁台会举办烟台市两岸开放30周年成果展，印制《两岸交流为魅力烟台添光彩》宣传画册；邀请原中央台办副主任、海峡两岸关系协会副会长李亚飞到烟台做台海局势报告。

（撰稿：程义辉　审稿：王治安）

老干部工作

【概况】 2017年，全市离退休干部总数69491人，其中离休干部4253人，退休干部65238人（按省委老干部局统计口径）。6月26日至28日，省委老干部局、省委离退休干部工委督查组到烟台督查中办发〔2016〕3号、鲁办发〔2016〕37号文件贯彻落实情况，肯定烟台老干部工作。

【转型发展】 7月，市委办制定下发《关于进一步加强和改进离退休干部工作的实施意见》，调整市直和县市区老干部工作考核办法。8月，市委老干部局组织局系统干部职工和县市区老干部工作部门主要负责人赴潍坊市参观学习。9月，组织市县两级干休所所长和老干部工作部门分管领导，赴枣庄、泰安等地学习干休所转型发展的经验做法。以市委部署改革开放实录征编工作为契机，回顾总结烟台老干部工作发展历程，撰写3.1万字的《烟台老干部工作发展历程及成就经验》。3月起，在各县市区部署实施“一县一品”创建工作，打造“首善芝罘·银帆启航”“老干部梦想家园”“银龄e党建添彩英雄故里”等品牌项目。12月5日至7日，市委老干部局组织召开“一县一品”创建工作现场观摩会议，展示各县市区品牌创建成果，省委老干部局副局长吕德义全程参与观摩活动，《老干部之家》杂志社跟踪报道会议情况。

【服务管理】 年内，市委老干部局在全市离退休干部中开展“建言十九大”和“畅谈十八大以来变化、展望十九大胜利召开”活动。与市委党校成立联合调研组，通过登门访谈、召开座谈会、发放调查问卷等形式，听取老同志对十九大的建议和心声。开展“看烟台、谈发展、献良策”活动，组织离退休干部参加重要会议、重大活动、参观考察重点发展项目。10月下旬，市委、市政府组织市级老领导参观考察莱山区、高新区部分重点项目。做好关心下一代工作，深化党史国史教育，推进青少年法治教育，抓好“五老”队伍建设，推进“四点半学校”、学校厨房建设和“牵手关爱行动”等活动。8月24日，市委下发文件，充实调整市关工委组成人员。10 月 13 日，全国十三城市关心下一代工作经验交流会在烟台召开。

【组织建设】 年内，市委老干部局坚持抓离退休干部党组织建设和抓离退休干部社团组织培育。8 月，对全市离退休干部党建情况进行摸底调查。11 月上旬，举办全市离退休干部党支部书记培训班。12 月 15 日，市委组织部、市委老干部局、市财政局联合下发《关于健全完善离退休干部党组织工作经费保障机制的意见（试行）》、《关于做好离退休干部党组织书记工作补助发放工作的通知（试行）》。依托老干部活动中心、老年大学等阵地，拓展以老体协、老科协、老摄协、老年书画研究会、老干部艺术团等为主体的文体组织。依托市老干部活动中心，组建全市离退休干部乒乓球协会、台球协会和太极拳协会。

【落实政治生活待遇】 年内，市委老干部局坚持和完善阅读文件、情况通报等制度，完善重大节日走访慰问制度。1 月 25 日，市委、市政府召开向老干部通报 2016 年工作情况会议，市委书记孟凡利向市直离退休干部代表通报 2016 年工作情况和 2017 年工作安排。春节前，为 103 名市级老领导和市直 1208 名离休干部发放慰问信，发放慰问金 103.8 万元。11 月，走访慰问易地安置在省外的离休干部。落实部分特困事业单位、上收主管部门管理改制破产企业和下放县市区管理离休干部精神文明奖和其他统筹外待遇。年内，财政、国资部门拨付各项资金 8319 万元。落实移交地方管理军休干部生活待遇，对全市 129 名军休干部住房未达标货币补差、维修补助基金和住房补贴等重新进行审核、统计，及时为军休干部及遗属增发离休费和生活补助。年内，受理来人来信访 12 批次，处结率达 100%。

（撰稿：宋久明　审稿：秦桂建）

机关党务

【政治建设】 2017 年，市直机关工委下发《关于认真学习宣传贯彻党的十九大精神的通知》，采取开展专题党课、纳入主题党日、交流心得体会等七项措施学习宣传贯彻党的十九大精神。市直机关 12000 多名党员每人发放一套四本学习资料约 5 万册，组织机关所有党员进行答卷测试。举办市直机关十九大精神宣讲报告会，工委主要领导为 120 余名机关党组织副书记、宣传委员作市直机关首场宣讲。成立工委宣讲团，举办各类宣讲培训 17 场次，培训党员 2500 多人次。指导机关各级党组织通过“主题党日”、机关道德讲堂等形式，开展理论学习活动 400 多场次。与宣传部等部门共同开展“中国梦 • 党在心中”百姓宣讲活动，全市 700 多名党员群众走上讲台，开展各种宣讲 200 多场次，听众数万人。制定下发《市直机关 2017 年政治理论学习意见》，编印应知应会党建知识学习题，组织 500 多个基层党支部每月开展党建知识选学，每季度进行党建知识测试。每半年由机关工委统一出题，组织全体机关党员干部进行理论知识测试。严格执行《关于新形势下党内政治生活的若干准则》，以严肃“三会一课”制度为突破口，带动建立经常性的谈心谈话、集中学习、主题党日等长效机制。为 600 多个基层党组织统一下发“三会一课”记录簿 3000 多册，确保“三会一课”时间、人员、内容“三落实”。

【组织建设】 年内，市直机关工委按照“制度建设标准化、责任落实具体化、党务队伍专业化、组织生活常态化、督导检查长效化、党建活动特色化”的“六化”标准，推进基层组织建设。开展“过硬支部”创建活动，推进“两学一做”学习教育常态化制度化。细化机关支部过硬指标，从领导班子、党员队伍、党内生活、基础保障、功能发挥 5 大方面，细化市直机关 22 条过硬指标，对基层 500 多个党支部进行全面过硬打造。推进党建标准化建设，从党建基础工作入手，完善党建工作基本标准，编印下发 3000 册《机关党的组织工作标准化指导手册》，让基层进一步明确“标准是什么、应该做什么、怎样能做好”等问题。加强党组织班子建设，从严规范基层党组织换届工作，层层建立换届台账和提醒制度，从考察、审批、任命等各环节从严把关，选优配强基层党组织班子，全年指导 49 个基层党组织完成换届，调整班子成员 26 人。发挥“灯塔—党建在线”作用，打造“互联网 + 党建”平台。推进“灯塔—党建在线”综合管理服务平台建设，成立 600 余人的平台管理员队伍，逐人进行信息录入，逐人进行至少 4 次网络授权，并对其进行专题培训。对各基层党组织督促指导，提前完成市直机关 12000 多名党员的信息采集录入审核工作。部署开展 E 支部和党员注册工作，机关党员注册率达 98% 以上，E 支部开通率达 100%，组织各基层党组织开展十九大精神学习网上竞赛活动。开展机关党务干部培训，与市委组织部联合举办市直机关党务骨干能力提升培训班、市直机关党组织书记示范培训班、党（工）委书记“落实管党治党责任常态化”培训班等 3 个专题培训班，对市直部门的政工科长、机关党组织书记、党委（工委、党组）书记450余人进行为期6天的集中培训。先后组织3期基层党支部书记培训班，每期3天，对机关500多名基层党支部书记进行全覆盖培训。做好党员发展工作。，编印下发《市直机关发展党员工作操作规程》和《关于做好发展党员备案有关工作的通知》，对发展党员的每个环节严格把关、全程参与，年内组织考察谈话160多人次，列席参加基层发展党员工作会议53次，完成各环节审批246次。对100余名发展对象进行为期3天的专题培训，年内发展党员90名。做好党员关怀帮扶工作，从严从实贯彻好党内结对帮扶制度、特殊党员救助制度、困难党员登记制度，对市直机关困难党员和因公牺牲党员建立管理台账，组织对37名困难党员和6名因公牺牲党员家庭进行走访慰问。打造机关党建特色品牌，新挖掘推选出国税局“三微一小”支部工作法、地税局“领导干部党建联系点”制度、信访局“全方位规范化纪实管理”等12个特色鲜明、优势突出的党建示范品牌，推动基层组织建设创新发展。成立机关党建宣传员队伍，创刊《烟台机关党建》杂志，收集各部门党建信息300余篇，在“烟台党建网”“山东机关建设网”、省直机关工委主办的《机关党建》杂志上发表党建工作信息20余篇。

【作风建设】 年内，市直机关工委深化“网上民声”活动。组织201个部门和单位参与网上民声活动，全年收到网民有效留言近7万余条，总体回复率达98.13%。全年组织33个职能部门参加民声访谈网络直播活动，现场回答网民提问180多个。组织安监、人社、消防、医院等单位组成基层服务队，开展两次进社区活动，为群众现场解答政策、解决问题。针对供热、噪音扰民等热点问题开展网上民意调查18期，收到网民留言2700多条。先后对公安、住建、农业、民政、教育、食药监等部门，围绕异地身份证办理、棚户区改造、社会救助、三农补贴等政策的落实等问题，开展“政策惠民”系列采访活动。强化网上舆论监管，推出烟台市辟谣平台，对网络舆情进行监测，做好舆情引导、应对、处理。抓好工作机制建设，先后召开网络惠民研讨会和全市“网上民声”工作座谈会，完善网上民声工作制度，表彰一批先进集体和先进个人。深化“民生热线”活动。每周一至周六，早晨7：30–8：00，在烟台广播电台开办《民生热线》直播节目，结合全市中心工作和群众关心的热点问题，组织热点部门及其下属窗口单位负责人，来到广播电台直播间，现场接听听众的热线电话，答复解决群众提出的问题。参与部门和单位141个，全年民生热线节目播出313期，接听听众热线4000多个，对所有热线问题，逐个跟踪落实，问题回复率达到100%，处结率达97%以上。组织开展“践行十九大精神，《民生热线》进社区为您帮办活动”，先后组织500供热、新奥燃气、市热力公司等部门走进凤凰台街道和西海岸社区与群众面对面互动交流，答疑解惑。两次活动受理各类问题470多个。创新开展党员“360”服务活动。围绕“社区所需+党员所长”“支部统筹+个性服务”的方式，开展“双管双责”党员“360”服务品牌创建活动，推行居民点单、支部下单、党员接单3种“菜单式”服务，组建6类服务队定期服务，以开展“我在居民身边”活动倡导党员群众零距离，市直机关建立党员服务队330支，认领服务项目938个，结对帮扶困难群众450户。推进党员示范创建。在窗口单位、服务岗位开展党员“星级党员示范岗”创建活动，年底开展市级机关“十佳星级党员示范岗”评选活动。

【纪律建设】 年内，市直机关工委加强党的纪律教育和廉政教育，全年组织500余名机关党员干部到市廉政教育基地现场教学，配合市纪委听取市教育工委主要负责人述责述廉报告。严肃查办各类违法违纪案件，规范办案程序，年内对7起市纪委交办和转办的案件进行查处，其中自办案件1起，处理违纪党员5人、免于处分的2人。

【文化建设】 年内，市直机关工委以机关道德讲堂建设为抓手，践行社会主义核心价值观。深化“机关道德讲堂”工作，培育当代机关干部的核心价值观。继续开展“我们的节日”主题活动和“礼让斑马线”等文明礼仪主题实践活动，开展两期以“爱我城市，清洁家园”为主题，由70余家市直部门近2000名党员志愿服务者参加的市直机关党员志愿服务活动。举办第三届市直机关道德建设先进典型表彰暨报告会，评选出机关道德建设先进集体39个，先进个人24名。完善机关文明单位考核机制。制订《烟台市市直考核标准及实施办法（试行）》，加强对市直机关文明单位的动态管理，鼓励引导各单位开展文明品牌创建。开展市直机关文明单位评选活动。严格执行严肃考核纪律、严控考核程序、严管考核结果的工作要求，评选表彰168家市直机关文明单位，组织推荐29个市级文明单位。弘扬机关先进文化，开展“书香机关”建设。制定《关于推动市直机关“深度阅读”构建学习型党组织、学习型机关和学习型人生的实施意见》和《烟台市“书香机关”建设指标体系》。组织开展市直机关“深度阅读”朗读者比赛。

（撰稿：高龙　审稿：李浩生）

政策研究

【以文辅政】 2017年，市委政策研究室完成各类综合文稿100多篇，其中起草领导讲话、发言46篇，撰写调研报告48篇，编发《烟台通讯》12期、《决策参考》24期，《烟台通讯》荣获“全国城市十佳党刊”称号。组织起草市委主要领导在市委第十三次党代会、全市经济工作会议、全市2016年工作总结大会、全市领导干部会议、全市环境保护突出问题综合整治攻坚动员大会、全市建设制造业强市工作会议、全市城市化工作会议、市委第十三届二次全会、市委第十三届三次全会、党的十九大精神专题学习班、全市扶贫攻坚美丽乡村建设全域治水现场会、城市规划建设管理工作会议和在全市、全省有关会议上的发言等各类综合材料46篇。根据市委主要领导的思路、观点起草署名文章或以烟台市委名义发表文章5篇，其中《牢牢把握稳中求进工作总基调 瞄准率先走在前列实现新发展》《抬高目标定位 强化使命担当 奋力推动烟台走在全省前列》《以全面深化改革为动力 推动烟台发展走在全省前列》《用习近平新时代中国特色社会主义思想武装头脑，以实际行动推动党的十九大精神在烟台落地生根》在省委刊物《山东通讯》刊发；《烟台市实施“五个着力”抓落实促发展》在省委《信息参阅》刊发。总结提炼全市有代表性的5项亮点工作在上级重要刊物刊发，其中，《“红色引擎”激发非公企业发展“核动力”》在省委刊物《山东通讯》刊发；《全面深化国企国资改革 做强做优做大国有经济》《深入开展调查研究工作》《蓬莱市打造文化与旅游产业融合发展新模式》在省委刊物《调查与研究》刊发；《立足先行先试，创新制度设计，福山区圆满完成村“两委”换届试点》在省委《信息参阅》刊发；《烟台市南山集团乙烷综合利用项目在中美两国领导人见证下正式签约》在省委办公厅《今日信息·专报》刊发。

【调查研究】 年内，市委政策研究室围绕服务市委中心工作，完成调研课题48个，形成一批有深度、有分量的调研报告，市委、市政府主要领导先后20次在市委政研室提报的调研材料上作出批示。围绕推动经济社会发展，调研形成《信息经济撑起杭州力量半边天》《全国首个新浪动漫影视基地落户烟台》《杭州市推行办事“最多跑一次”改革》《烟台营商环境情况调查》《招远运用“板凳理论”激活项目建设》《郑州市创新招商引资的主要做法》等文稿；参与起草《关于实施制造业强市战略的意见》，市委主要领导给予充分肯定。围绕精准加强经济运行情况调度，调研形成《全市药品生产企业基本情况》《国内36市2017年第一季度主要经济指标对比》《国内36市2017年上半年主要经济指标对比》等文稿。围绕加强党的建设，调研形成《西安市目标责任制考核的创新做法》《立足先行先试，创新制度设计，福山区圆满完成村“两委”换届试点》《武汉市实施“三大计划”助力招才引智》等文稿。围绕转变作风狠抓落实，调研形成《海阳市棚户区改造工作力度大效果好》《举一反三查不足直面问题勇克难——芝罘区透过祥祯路拆迁抓作风转变促工作落实》《医药卫生体制和营商环境领域改革方案落实情况的暗访报告》《全市企业家座谈会和建设制造业强市工作会议精神落实情况调查》等文稿。

（撰稿：王衍　审稿：吕世强）

改革工作

【组织领导】 2017年，市委改革办（设在市委政策研究室）制定出台《中共烟台市委全面深化改革领导小组2017年工作要点》，以台账形式将改革工作要点细化分解为256项改革任务，实行销号管理，定期盘点、年底对账。建立市级领导领衔重点改革事项制度，15名市级领导领衔20项重点改革事项，市委、市政府主要领导主动领衔难度最大、担子最重的重大改革事项，强力突破、带动面上。坚持把改革议题落实落地作为工作的重中之重，实施告知单、催办单、督办单制度，上级改革方案出台后最迟3个月制定市级配套文件。全年召开深改组会议14次，审议改革方案27个，以市委、市政府及“两办”名义出台改革文件110多个。及时有效落实群团改革、律师制度改革、金融人才队伍建设、价格机制改革、文化供给侧结构性改革等重大改革举措，省委改革办在《改革督察专报》中给予通报表扬。

【改革工作督察与考评】 制定改革督察计划，配合中央改革办、省委改革办专项督察身份证异地受理、特种设备检测机构整合、国企改革等事项；会同市直有关部门联合督察行业协会脱钩、矛盾纠纷多元化解等事项；牵头对医药卫生体制改革和营商环境领域改革进行暗访督察，以暗访形式倒逼问题解决。探索开展改革第三方评估工作，配合省有关部门就简化优化公共服务流程方便基层群众办事创业、促进加工贸易创新发展等改革方案落实情况开展评估，借助专业力量提出推进改革的意见建议。继续将改革工作纳入全市目标管理考核体系，完成对县市区和市直部门的考核。

【改革工作宣传】 全年向上级报送改革典型案例20多个，在省委改革办《改革工作情况交流》发表稿件9篇，编发市级《改革工作简报》31期，编发“烟台改革公众号”文章39篇，在市级以上主流媒体刊发各类改革新闻800余篇次、播发改革专题报告20余期。其中，《烟台市芝罘区“一柜通”打通民生服务直通车》《抓改革督察的龙口做法》作为改革典型案例报送中央改革办；《深化改革为烟台动能转换提速》在《大众日报》头版头条刊发。

【改革试点】 至年末，全市承担省级以上改革试点219项，其中国家级99项；年内新争取省级以上改革试点64项，其中国家级28项。国家新型城镇化、医养结合、农村产业融合发展等试点进展顺利，形成可复制可推广的经验。市委主要领导在省委省政府重点工作推进视频会议上，作题为《敢于担当精准发力，靠全面深化改革推动烟台发展走在全省前列》的典型发言。

（撰稿：王衎　审稿：吕世强）

讲师团工作

【理论宣讲】 2017年，市委讲师团组织深化习近平总书记系列重要讲话精神的宣讲，开展党的十八届六中全会精神的宣讲，加强对习近平治国理政新理念新思想新战略的宣传阐释。参加市委十九大精神宣讲团，为龙口、招远市进行宣讲，到机关企业社区有针对性地宣讲和解读会议精神。利用双百结对联动机制开展宣讲活动，组织宣讲协会会员、烟台市宣讲专家库成员，为省市两个层面基地开展宣讲；发动百姓宣讲员开展小范围、小规模针对性的宣讲活动，年内直接和组织理论宣讲50多场次。

【百姓宣讲】 2017年，全市有600多名普通党员干部群众走上讲台，开展各层面宣讲、比赛200多场次。市委讲师团在组织比赛、选拔选手的基础上，组织开展14场全市巡回宣讲，首次组织开展5场“百姓宣讲进高校入社区”活动。市委宣传部、市委讲师团荣获全省优秀组织奖，在全省首次召开的百姓宣讲工作会议上作重点发言，省委意识形态工作考核组给予肯定。在全省宣讲比赛中，烟台市荣获2个一等奖、2个二等奖，并在故事类比赛中取得第一名的成绩，有4位宣讲员参加全省巡回宣讲，是参加人数最多的地市。在宣传载体上，《烟台宣传》开设百姓宣讲专栏、“烟台宣讲”微信公众号刊发宣讲视频、编辑印刷优秀宣讲稿件，并在《烟台日报》刊发专版、与《烟台广播电视报》联合开设系列专栏、与烟台电视台制作《走近百姓宣讲团》介绍宣讲团里发生的故事，还为6位宣讲员制作专题片，在“烟台故事”栏目播放。

【宣讲创新】 年内，市委讲师团在三个方面实现新的探索。利用电视媒体宣讲。组成8人的“醉美烟台”代表队，取得山东省理论创新节目“理响中国”电视理论大赛首场比赛胜利，顺利进入第二轮。利用网络媒体宣讲。十九大闭幕后，第一时间组织人员，与十九大代表淄博市李芙蓉警官一起，在烟台边防支队举办“十九大精神进基层”“宣讲时间”活动，由山东广播电视台融媒体平台进行直播。首次举办“理论宣讲秀”观摩交流。全市共提交宣讲稿件、宣讲视频40多套，展示全市近一时期理论宣讲的成果和水平，组织专家进行评选，选出一等奖6名、二等奖10名，进行表彰。推荐优秀选手参加全省评比，烟台市荣获一等奖1名，二等奖2名。12月22日，在全市基地建设工作会议上，请2人作示范宣讲，提高面向基层宣讲的水平和成效。

【宣传阵地】 年内，市委讲师团利用各种平台和媒体宣传党的创新理论。在《烟台宣讲》开设重点关注、学习交流等栏目，刊发理论辅导、学习体会文章，在自办的“烟台宣讲”微信公众号开设动态速递、学习点击、在线视频等栏目，及时刊发重要会议、重大精神和重要决策部署，刊发干部群众的学习体会、宣讲视频。加强理论学习实践基地和省宣教基地的管理和服务，赠送学习资料，交流工作经验。12月22日，召开全市50个基地的建设工作会议，表彰15个先进基地，3个单位做经验介绍，50个基地的工作情况印刷成册。调整充实烟台市宣讲专家，充实百姓宣讲员，形成30多名省宣讲协会、40多名市级宣讲专家和3000人的百姓宣讲员队伍，构建“领导讲政策、专家讲理论、百姓讲故事”的大宣讲格局。开展各种形式的宣讲活动。东山老干部宣讲团于大卫荣获中宣部“基层理论宣讲先进个人”称号。年内，完成省团课题《胶东文化与社会主义核心价值观培育研究》，已上报结项。《习近平治国理政新理念新思想新战略研究——制度治党推进策略》和《精准扶贫理论创新与实践探索研究》2个课题获得省团立项。《严明党的纪律，推进全面从严治党》荣获优秀宣讲稿（全省包括省直部门共10篇），龙口市荣获理论宣讲先进单位。

（撰稿：张辉　审稿：许维江）

党校工作

【理论宣讲】 2017年，市委党校举办全市领导干部学习贯彻省第十一次党代会精神专题培训班、市管领导干部党的十九大精神专题学习班，累计培训3600余人次。精选骨干教师，参加全市“十九大精神宣讲团”，到各地各系统进行宣讲。与烟台日报社、烟台广播电视台合作，推出学习十九大精神专版、专栏、专题。在校园网、校刊、网络党校分别开设“学习十九大精神”专栏，宣传解读十九大精神。举办全市党校系统“学习宣传党的十九大精神理论研讨会”，市、县两级党校的教师交流学习研究十九大精神的成果。

2017年5月18日，市委党校联合《烟台日报》发出“山海情·同读一本书”倡议书。图为图书捐赠现场（摄影：孙旭阳）

【干部培训】 年内，市委党校举办各类培训班35期，培训干部4100余人次，其中主体班次25期，培训学员3539人；与市内外有关单位、部门联合办班10期，培训学员520余人次。党的理论教育、党性教育的有效学习时间达到总课时的70%以上，其中党性教育的有效学习时间达到总课时的20%以上。新开发《弘扬胶东革命精神，致力民族伟大复兴》《落实新发展理念，加快新旧动能转换》《新型全球化下的自贸区建设》《“一带一路”打造中国对外开放新格局》等30多个新专题。新增加《新时代坚持和发展中国特色社会主义的政治宣言》《贯彻新发展理念，建设现代化经济体系》《健全人民当家作主制度体系，发展社会主义民主政治》等8个党的十九大精神教学专题。坚持领导干部上讲台制度，省委常委、市委书记、党校校长王浩，市委副书记、市长张永霞，市委副书记王继东先后到党校调研、讲课，市委、市政府领导岳德川、王中、于涛、杨洪旭、徐少宁、于永信、张波、金志海等也都专门到党校授课。年内，市领导来党校讲课15人次，外请专家、部门负责人来校授课54人次。“智慧烟台大讲堂”全年举办10期，上海社会科学院文化产业研究中心主任花建、浙江大学旅游研究所副所长周永广、外交学院副院长江瑞平、中国人民大学信息学院教授石文昌等10多名专家教授做专题报告，累计培训1万余人次。

2017年6月22日上午，山东省委党校干部继续教育学院烟台分院挂牌（摄影：韩士明）

【科研咨政】 年内，市委党校发表论文165篇，其中省级及以上92篇。主持完成省级及以上课题20多项、市社科课题9项，主持参与山东省软科学项目（重大）1项，进入决策的调研报告15篇，被各级领导批示的12项。获各级各类科研奖20多项，其中获全省党校系统科研奖5项（一等奖2项），获市社科优秀科研成果奖5项（二等奖3项）。全年编辑出版6期校刊和1期增刊。全年通过《咨政参考》上报调研报告、决策建议10期，有9期被各级领导批示。与省委党校联合起草的调研报告《我省在推动新旧动能转换中创新面临的问题及对策研究》，被山东省委书记刘家义和省委常委、常务副省长李群批示。调研报告《烟台市新旧动能转换中创新问题研究》，被山东省委常委、烟台市委书记王浩和市委常委、常务副市长王中批示。成功申报并完成山东省软科学重大项目“地方政府解决科技创新孤岛效应作用研究”，新成功申报山东省软科学重大项目“企业在解决科技创新孤岛效应中的对策研究”，进入实质性研究阶段。通过与部门合作调研，形成6篇调研报告，全部进入市委市政府决策。2017年，市委党校教研人员参加烟台人民广播电台新闻节目宣传解读党的重大政策、重要精神12人次，参加烟台电视台组织的解读重大政策、重要精神8人次，在《烟台日报》发表各类理论文章30余篇。

【网络党校】 年内，市委党校新上线课程107门，包括外购64门、自制41门、部门提供2门。至年底，网站总用户数3.6万人，课程总数232门，学习总时长累计605万小时。

【人才培养】 年内，市委党校实施“名师工程”“人才工程”，评选“优秀教师”“教学能手”“科研标兵”。34名教师到中央党校、省委党校、浙江大学等高校院所培训、进修77人次。全体教师到蓬莱、海阳、芝罘区、高新区等进行4次集体大调研活动。面向全国公开招聘3名青年教师。

【业务指导】 年内，《烟台党校工作通讯》先后开辟蓬莱、牟平、海阳、莱州、招远等党校专栏。作为全省两个县级党校之一，牟平党校的经验材料入选中央党校《全国优秀县级党校建设经验》一书。完成《砥砺奋进的五年——党的十八大以来全省党校工作纪实》《山东党性教育基地》两本书的组稿、撰稿，《习近平的七年知青岁月》一书的统一征订，《市级党校办学质量评估办法》征求意见，烟台市委落实办党校管党校建党校主体责任情况上报等工作。

（撰稿：付婧一　审稿：刘惟洲）

党史工作

【《中共烟台地方史》（第二卷）编撰】 2017年，市委党史研究室推进《中共烟台地方史》（第二卷）编写进度。成立专门工作小组，室主要领导牵头，每周召开一次调度例会，并派出骨干力量到浙江、上海等先进地区学习借鉴地方史编纂经验，相继到省市两级档案馆、图书馆及部分县市区深入查找挖掘史料，核实数据。组织人员分头对1949—1978年间的地委、专（行）署、革委会的总结、汇报、报告、重要会议记录、主要负责人讲话等档案文献，《一轻志》《二轻志》《机械工业志》《农业志》等行业志书，《烟台劳动报》《烟台工人报》《烟台红卫报》《烟台日报》等报纸和《人民日报》《大众日报》刊载“两地一市”版面进行全面查阅和复制，积累大量一手资料。组织人员对有关历史亲历者和当事人进行采访，多渠道获取口述史料，理清重要人物和事件的来龙去脉，还原历史的本来面目，提高编写质量。至年底形成初稿。

【《改革开放实录》征编】《改革开放实录（烟台卷）》征编工作涉及全市16个县市区和106个市直部门、省属驻烟单位。年内，市委党史研究室到省委党史研究室和济南、临沂、枣庄等地学习调研，到市委党校、胶东历史文化研究院等相关单位学习请教，到市人大、市政协、市发改委等收集相关书籍资料；科学把握编写规范，严把体例格式关，举办培训班3次、专题座谈会4次，累计培训撰稿人350多人次。至年底，征编工作确定选题230个，进入稿件精修改与排版阶段。

【党史宣教】 年内，市委党史研究室开设“党史上的今天”专栏，采取“1+6”（“1”指以“中共烟台历史网”为基础平台，“6”包括：“网上烟台”官方微博、“山东手机报·烟台”、《烟台日报》、“大小新闻”客户端、水母网、“烟台党史”微信公众号）的模式，每天同步推出“党史上的今天”专栏，刊发烟台党史上的重大历史事件。围绕纪念建军90周年，与市委宣传部、市文联、市文广新局等联合举办纪念建军90周年暨中国工农红军胶东游击队建立82周年书法展览，近400位书法爱好者参与。与《烟台日报》等组成联合采访组，赴革命战争年代从胶东走出去的原27军、31军、32军、41军等英雄部队采访，理清胶东部队的发展历程和辉煌战绩，在《烟台日报》推出“胶东劲旅扬威中华”6个长篇报道，在《烟台晚报》推出“胶东子弟兵”八一特刊24个版面，以大量珍贵图片和丰富史料再现胶东子弟兵的优良作风以及新时期人民军队改革强军的重要成果。报纸被原胶东部队多次翻印，并下发至连队进行集中学习。开展党史“进机关、进学校、进企业、进军营、进社区、进乡村”活动，先后在烟台三中、海军航空兵某旅和芝罘区东山社区、市经信委设立党史宣教基地，打造党史宣教坚强阵地。在党的十九大胜利召开前后，与有关部门先后联合开展“中国梦·党在心中”百姓宣讲、百名中国书协会员书法精品邀请展等活动。在水母网、“大小新闻”移动客户端、烟台党史网、“烟台党史”微信公众号同步举办“学习贯彻党的十九大精神党史知识竞赛”网上答题活动。完成山东省第三批党史教育基地的遴选工作。

【党史专题研究】 年内，市委党史研究室开展抗日战争时期烟台老战士口述资料征集、社会主义革命和建设时期党委书记口述史征编工作；组织县市区党史部门对各个历史时期来到烟台并在烟台战斗、工作过的红军将士，或烟台籍在外地战斗、工作的红军将士以及土地革命战争时期参加革命工作的党员干部和革命群众进行全面排查，推进《红军将士在山东》烟台部分的编写工作。查阅档案文献，做好《中共山东历史》（第一卷）征求意见反馈工作，对征求意见稿中重大遗漏进行增补，对与历史不符的地方进行订正，对存疑的地方进行说明，形成修改意见43条、7000余字。完成《中共山东画史》图片资料整理、《山东红色旅游指南》烟台卷的定稿工作，配合做好《红色齐鲁365》电视片拍摄和书籍编写工作。烟台地方党史专题研究方面，出版《胶东红色文化研究宣传成果名录》。该书主要收录市、县两级党史部门多年来的党史研究成果，同时兼顾收录部分相关部门和党史爱好者的胶东红色文化成果300余项，对其分门别类按时间顺序进行编排。全书分为重点推荐和成果名录两部分，由市县两级党史部门分别进行收集整理、汇总编排，共同完成。完成《胶东英烈传》《艰辛的探索》《东江纵队北撤烟台图文集》等地方党史专题丛书的组稿、编辑、排版等工作。《胶东英烈传》在35名革命烈士传略的基础上，组织力量围绕史料考证、文字润色等方面进行编辑，对烈士事迹作丰富完善。《艰辛的探索》包括社会主义革命和建设时期的4个重大选题、28篇专题文章、9年大事记，填补烟台地区1949—1978年间地方党史研究的空白。《东江纵队北撤烟台图文集》包含纪实文章7篇、口述及回忆文章27篇、历史文献资料18份、新闻报道7篇、相关照片20余张，17万余字。

（撰稿：王晓鸽　审稿：陈海涛）

档案工作

【概况】 2017年，全市14个国家综合档案馆总馆藏2501个全宗，141.72万卷（件），资料17.52万册，底图档案1.27万张，录音、录像档案6396盘，缩微胶片1.30万幅，照片档案6.32万张，实物档案4736件，馆藏档案数字化副本1619.29万幅，20547GB，录音、录像、影片档案310小时，219GB。其中市级档案馆馆藏档案达到671个全宗，32.29万卷（件），资料3.24万余册，底图档案1.21万张，录音、录像档案5534盘，照片档案1.27万张，实物档案3573件，馆藏档案数字化副本680.28万幅，417GB，录音、录像、影片档案230小时，217GB。市档案局荣获“省级文明单位”荣誉称号。

【档案基础业务】 年内，档案局新馆建设加快推进并陆续破题。市档案局分两批次组织局馆长外出考察学习新馆建设经验。4月，召开全市新馆建设座谈会，对工作进行再次动员部署。市档案馆新馆纳入市级市民中心建设项目总体规划并列入全市重点建设项目；莱州市、长岛县档案新馆开工建设；莱山区新馆进入招投标阶段；蓬莱、招远、福山新馆完成选址、规划；芝罘、牟平、栖霞、海阳、莱阳启动研究论证，开展前期工作。年内，全市各级综合档案馆接待社会各界查档人员7575人次，提供档案7.96万卷（件）次，接待资料查阅人员588人次，查阅资料1958册次，接待现行文件查阅人员341人次，查阅现行文件567件次。其中，市档案馆接待查档人员735人次，提供档案资料近3万卷（件）次，复制档案1万余页。档案接收方面，全市各级综合档案馆全年共接收文书档案6.77万卷（件），照片档案9058张。其中，市档案馆接收191卷、15691件纸质档案、12302件电子文件进馆。档案征集方面，市档案馆征集到一批珍贵胶东革命烈士和抗战档案资料；拍摄市级“两会”照片400余张。采集2017年《烟台新闻》视频文件2743个。各县市区开展档案征集工作，莱山区以旧村改造为重点，完成城市主干道和所有拆迁村居的拍摄记录。牟平区启动城市记忆工程，拍摄100多处老建筑影像资料。莱州市以“专题、名人、名优特产”为重点，征集到东海神庙、海草房、《东莱故事》等档案资料、书册、字画等70余份。芝罘区继续开展实物档案、资料等征集，征集到一批学校校史和家谱等档案资料。市档案馆对馆藏满30年的102个全宗、6000余件档案进行开放鉴定，面向社会开放档案716件。开展档案安全隐患风险排查治理，按照库房“九防”要求加强全馆库房安全科学管理，确保档案实体绝对安全。加强电子档案安全建设，与陕西省铜川市档案馆签订数据备份协议，将馆藏数据首次进行异省异地备份；对馆藏电子档案数据到省备份中心进行两批次备份保存，实现全省首家市及所有县市区电子档案数据容灾备份工作全覆盖。继续开展国家重点档案《东海关档案》抢救保护与开发工程，完成2016年度300余卷档案、580余万字的中英文翻译、校对任务；争取国家档案局专项资金96万元，启动2017年度抢救保护工作。做好国家级重点档案文件级目录采集工作，为加强保护和开发打牢基础。统筹做好馆库楼顶“平改坡”维护，墙体加固、档案托裱修复等工作，确保馆藏档案万无一失。

【档案事业管理】 年内，市档案局编制完成《烟台市“十三五”档案事业发展规划》并经市政府常务会议审议通过后印发执行；开展档案科学化管理测评工作和档案执法检查，全市有12个单位被评为省档案科学化管理示范单位，61个单位被评为先进单位。召开市直档案工作协作会议，制发通知对市直部门年度归档文件整理、档案进馆、档案测评等工作进行安排部署；实地检查指导市纪委、市商务局等50余个单位及烟台大学等驻烟高校的档案工作。年内，与鲁东大学联合举办《档案——照亮回家的路》专题讲座；在烟台滨海广场开展“家的档案、家的记忆”主题宣传活动；开通烟台档案微信宣传群；在《中国档案报》《山东档案》等新闻媒体发表稿件74篇。举办2017年全市档案业务培训班，全市200余名档案从业人员参加培训；开展学术研究，24项成果获“山东省档案学优秀成果奖”；编辑《档案工作交流》12期，出版《烟台档案》4期；市档案学会连续六次被评为“烟台市社会科学先进学会”。

【服务经济社会】 年内，市档案局与市扶贫办联合出台《精准扶贫档案规范化管理建设年活动方案》。为编撰《烟台改革开放实录》提供利用服务，完成档案事业发展专题内容的编写工作。各县市区档案馆发挥优势为社会服务，龙口市档案馆成为全市首个全省中小学档案教育基地；蓬莱市举办“两学一做”学习教育专题展览供党员干部参观，编印《蓬莱记忆——2016》展示蓬莱2016年各项工作成绩；莱州市以域内著名历史事件、标志性建筑等为素材，编修8万字的《史舆文》。加强经济领域档案管理，制发《关于做好2017年重点建设项目档案工作的通知》，对市级重点建设项目档案登记、监管和验收工作进行安排部署；会同行业主管部门加强重点项目的监督指导和管理服务，对金山湾生态城、万华集团、烟台发电厂等项目进行档案专项验收。制发通知规范市属国有企业、金融业企业档案管理工作。

【信息化建设】 年内，市档案馆加强档案系统管理平台维护和推广应用，指导市直部门进行电子文件逻辑归档；增强数据库承载功能和安全性能，全年著录和修改案卷目录1万余条、全文数据1.5万余件；加强网站管理维护并进行改版升级，全年上载工作动态88条、政务公开信息11条、《档案工作交流》12期，回复网上咨询22条。开发区档案馆成为全市首家“国家级数字档案馆”；牟平区筹集资金近50万元，海阳市投入资金90余万元，高新区争取财政资金100万元进行档案信息化建设。

（撰稿：田炳义　审稿：陈英起）

责任编校：云　霞

烟台市人民代表大会

综　述

【概况】 2017年，市人大常委会贯彻落实中央《关于健全人大讨论决定重大事项制度、各级政府重大决策出台前向本级人大报告的实施意见》，依法行使重大事项决定权，全年作出决议决定12项。坚持党管干部和人大依法任免相统一，完善《烟台市人大及其常委会宪法宣誓仪式组织实施细则》，落实“两院”提请任命人员初步审查、法律知识考试、供职报告、宪法宣誓等制度，加强对新任命人员的监督。全年任免国家机关工作人员130人次。受理群众来信来访757起，全部及时转办督办。

【服务中心】 市委十三届二次全会后，常委会把加快推进项目建设作为重要任务，主任会议组成人员直接参与全市重点工作领导小组。召开企业家人大代表座谈会，听取对营商环境的意见建议，协调解决企业发展中的实际困难，推动构建亲清新型政商关系。集中两个月时间开展“推进项目建设，人大代表建功”系列宣传报道。听取审议市政府对台工作情况报告，支持台资企业健康发展。组团赴台湾屏东、花莲等地访问，推进经济文化交流合作、招商引资引智。

听取审议全市国民经济和社会发展计划执行情况报告，提出要抓住创建泛济青烟新旧动能转换综合试验区核心区重大机遇，深化供给侧结构性改革，集中发力抓好重点项目，做优做强实体经济，加快传统产业优化升级。听取审议2017年城市规划和城建重点项目实施情况暨2018年安排意见的报告，提出要以国际视野和世界眼光抓好城市规划和品位提升，加快推进棚户区、老旧小区、背街小巷改造和打通断头路，积极保护开发好朝阳街和所城里历史文化街区。

【地方立法】 年内，常委会制定出台《烟台市安全生产监督管理条例》《烟台市城市供水条例》2部地方性法规。《烟台市安全生产监督管理条例》明晰安全生产责任体系，强化生产经营单位主体责任，健全完善安全监管措施，细化应急救援和事故调查处理程序，为全市各级政府及职能部门履行监督管理职能和行政执法提供法律依据。《烟台市城市供水条例》针对供水安全和供水管网设施，制定具体保护设施，对二次供水设施的建设和管理维护责任及水质安全等进行规定。

年内，常委会制定第一个五年立法规划，对本届人大立法工作作出统筹安排。列入规划的立法项目共36件，其中城乡建设与管理类20件，环境保护类8件，历史文化保护类8件。制定《立法顾问工作规则》，聘请28名专家学者担任立法顾问；出台《地方立法基地管理办法》，与烟台大学、鲁东大学、山东工商学院3所驻烟高校合作建立立法基地。加强规范性文件备案审查，完成对市政府76件现行有效规范性文件和县市区人大常委会21件规范性文件的梳理工作，为开展备案审查做好准备。

【保障和改善民生】 年内，常委会围绕解决市民普遍关注的市区义务教育均衡发展问题，听取审议市政府专项工作报告，针对教育资源总量不足和校际、城乡差距等问题，提出“两突出一深化”建议，突出抓好“全面改薄”和解决“大班额”问题，加快标准化学校建设；突出抓好教师队伍优化配置，促进教育公平；深化办学体制改革，推动教育资源整合重组，逐步解决“择校热”问题。围绕解决水资源匮乏，保证市民饮水安全，开展《烟台市饮用水水源保护条例》贯彻实施情况执法检查。常委会各主任带队赴县市区，到水库河道、污水处理厂、自来水厂进行现场督查，要求重点抓好污水处理、农药化肥减量、畜禽养殖整治三个关键环节，健全完善组织保障、考核奖惩、生态补偿、资金投入四项长效机制，加快备用水源建设。围绕解决人民群众反映强烈的文体活动场所建设问题，组织对市区群众文体活动场所建设有关规划落实情况的视察，提出强化规划执行的刚性，加大项目建设推进力度。要求市政府建立督查评估工作机制，重点督查评估财政足额投入、项目进展、运营管理情况及群众满意度，确保如期实现规划目标。

【监督工作】 年内，常委会分别听取审议决算、预算执行和审计工作及审计查出问题整改情况报告，审查批准2016年市级决算和2017年市级预算调整方案。提出要切实落实好减税降费政策，增强企业发展动力。强调要适应“营改增”新形势，坚持依法征收，不断提高财政收入质量。要求审计工作加快推进对公共资金、国有资产、国有资源和领导干部经济责任审计全覆盖，加大审计结果公开力度，做到“阳光审计”。推进《预算法》贯彻落实。制定《加强市级部门预算审查监督的若干规定》，强化预算约束，提高预算审查监督实效。

【推动公正司法】 年内，常委会第一次会议听取审议市中级人民法院关于全市法院执行工作情况报告。调研分析造成执行难的深层原因，强调要充分运用法定强制性措施，集中解决一批执行难的典型案件，确保2017年6月底前实现基本解决执行难问题。为巩固扩大成果，常委会第三次会议作出进一步加强人民法院执行工作的决议，要求法院充分发挥职能作用，政府和检察、公安机关形成支持执行合力，同时加强法制宣传，促进社会诚信。市政府对29个部门和单位的56项主要工作，列出支持法院基本解决执行难责任清单，逐项抓好落实。法院、检察院和公安机关积极开展全面清理积案联合行动，有力保证按期实现基本解决执行难目标。刑罚执行是维护司法公正的重要抓手。常委会第四次会议听取审议市人民检察院关于刑罚执行监督工作情况报告，提出要严格执行《刑事诉讼法》，全面履行刑罚执行监督职责；扩大刑罚执行监督范围，增强监督实效；加快建设协同办案信息化平台，全面提升刑罚监督工作水平。

【代表工作】 常委会决定本届任期内，在全市各级人大代表中广泛开展“为人民履职，做合格代表”主题实践活动，注重抓好活动载体，提出投资或引进一个项目、帮扶一个困难企业或贫困村、救助一个困难家庭或学生、化解一件社会矛盾、做一项公益事业、提出一件有价值的议案建议等“六个一”实事好事任务目标，增强主题活动实效。代表结合自身情况，选择1～2项实事好事作出公开承诺，主动抓好落实，年内，完成承诺事项11086件。

加强代表建议办理工作。市十七届人大一次会议以来，代表共提出建议224件。常委会制定《代表建议、批评和意见督办工作办法》，建立常委会各主任、各专门委员会、代表工作机构层层督办的“大督办”机制。常委会确定12件重点建议，由各专门委员会跟踪督办，市政府确定5件重点建议，由分管副市长牵头督办。8月开展“建议督办月”，走访70多名代表，面对面征求意见，对代表不满意的建议反馈承办单位进行二次办理。至年底，219件建议办结并答复代表，5件建议正在办理中。其中，撤销烟蓬观光大道蓬莱潮水收费站、烟台山景区免费开放等128件建议所提问题已经解决或基本解决，朝阳街所城里历史街区基础设施改造、加快建设烟台城市科技广场等64件建议所提问题正在解决或列入计划逐步解决。

做好代表履职保障工作。换届之后，对新一届市人大代表进行全员培训，重点学习宪法法律、人大理论和代表履职基本知识，提高思想政治水平、法律政策水平和履职能力。出台《进一步加强人大代表工作的意见》。组织住烟全国、省人大代表围绕全市林业自然保护区建设管理和环渤海潍烟高铁建设情况进行专题调研。围绕促进民生事业发展，征求代表意见建议，征集为民服务实事126项。坚持联系代表制度化，制定《常委会组成人员分工联系住烟全国、省和市人大代表的意见》，加强常委会与代表的经常性联系。开展“联系代表月”活动，常委会组成人员集中走访代表，征求对常委会工作的意见，征询监督工作建议议题，扩大代表对常委会工作的参与，提高代表履职积极性。

【重要会议与活动】 1月18日，经山东省第十二届人民代表大会常务委员会第二十五次会议批准，《烟台市饮用水水源保护条例》和《烟台市燃放烟花爆竹管理条例》公布施行。

1月25日，市十六届人大常委会第四十次会议举行。李淑芹、于旭华分别主持全体会议。会议表决通过了人事任免名单，决定任命张波、王晓军为烟台市副市长，任命江敦斌为市中级人民法院副院长、审判委员会委员、审判员，邵汝卿为市人民检察院副检察长、检察委员会委员、检察员。会议表决通过了烟台市人民代表大会常务委员会关于接受杨丽辞去烟台市副市长职务的请求的决定、关于接受尹佐海辞去烟台市中级人民法院院长职务的请求的决定和关于接受段连才辞去烟台市人民检察院检察长职务的请求的决定。根据市人大常委会主任会议的提请，会议决定江敦斌为烟台市中级人民法院代理院长、邵汝卿为烟台市人民检察院代理检察长。会议举行新任命人员宪法宣誓仪式。

2月16—17日，全国人大常委会副委员长、民革中央主席万鄂湘一行在省委常委、统战部部长、省政协副主席吴翠云，省政协副主席、民革山东省委主委孙继业等陪同下，到烟台就“环渤海地区水域治理与保护”进行专题调研并召开座谈会。

2月20日，市人大常委会召开住烟全国人大代表座谈会。

2月28日—3月2日，全国人大财政经济委员会副主任委员邵宁一行到烟台开展推进供给侧结构改革加快制造业转型升级情况专题调研。

3月14日，市十六届人大常委会第四十一次会议举行。李淑芹、高琦分别主持全体会议。会议听取、审议关于烟台市第十七届人民代表大会第一次会议筹备工作情况的汇报，决定市十七届人大一次会议于3月20

日至24日上午召开，会期四天半。会议听取、审议并表决通过市人大常委会代表资格审查委员会关于烟台市第十七届人民代表大会代表的代表资格的审查报告，确定出席市十七届人大一次会议的代表应为489名。会议审议并表决通过烟台市第十七届人民代表大会第一次会议议程（草案）、提请烟台市第十七届人民代表大会第一次会议审议的烟台市人民代表大会常务委员会工作报告、烟台市第十七届人民代表大会第一次会议主席团和秘书长名单（草案）、列席烟台市第十七届人民代表大会第一次会议人员范围、烟台市第十七届人民代表大会第一次会议计划预算审查委员会成员名单（草案）和议案审查委员会成员名单（草案）。

3月20—24日，烟台市第十七届人民代表大会第一次会议举行。

4月10日，市人大常委会主任王晓敏、副主任李宁到市中级人民法院就全市法院执行工作情况进行专题调研。市中级人民法院院长江敦斌参加调研。

4月17—19日，省人大法制委员会主任委员李少华率立法调研组到烟台，就《山东省风景名胜区条例（草案）》开展立法调研。调研组实地考察烟台市风景名胜区保护工作并召开座谈会。

4月18日，市县乡三级人大换届选举工作总结会议召开。会议总结三级人大换届选举工作整体情况，对做好市县乡三级换届选举统计报表填报工作提出要求。

4月19—20日，全国人大内务司法委员会委员赵凯率调研组到烟台，就网络安全和网络信息保护工作进行调研。

4月21日，市十七届人大常委会第一次会议举行。王晓敏、刘洪波分别主持全体会议。会议补选王晓敏为山东省第十二届人民代表大会代表（其代表资格须经省人大常委会确认）。会议听取、审议市政府关于2015年度市级预算执行和其他财政收支审计查出问题整改情况的报告，市中级人民法院关于全市法院执行工作情况的报告。会议审议并表决通过烟台市第十七届人民代表大会常务委员会代表资格审查委员会组成人员名单和人事任免名单，举行省人大常委会批准任命的市人民检察院检察长宪法宣誓仪式。

5月2—3日，市人大常委会在市委党校举办全市人大代表培训班暨代表主题实践活动动员会议。王晓敏出席会议并作动员讲话，李宁主持会议并作总结讲话。全国、省人大常委会等有关专家领导作了辅导报告。市十七届人大常委会委员、市十七届人大代表、市人大常委会和各县市区人大常委会机关有关人员参加了会议。

5月5日，王晓敏带队赴福山区视察法院执行和水源地保护工作。常委会副主任李宁、张伟参加视察，市中级人民法院院长江敦斌及福山区有关负责同志陪同活动。

5月23—24日，省人大常委会研究室主任王树忠一行到烟台就人大讨论决定重大事项有关问题进行专题调研。

5月25日，王晓敏会见浙江省金华市人大常委会主任黄锦朝一行。

5月26日，市十七届人大常委会第二次会议在东山宾馆6号楼第一会议室举行。王晓敏出席会议并讲话。王晓敏、张伟分别主持全体会议。会议审议并表决通过了市政府提请的人事任命名单，王晓敏向新任命人员颁发任命书。会议举行新任命人员宪法宣誓仪式。

5月26日，市人大常委会召开2017—2021年立法规划座谈会。王晓敏出席会议并讲话，副主任刘洪波主持会议。

6月5—8日，省人大常委会副主任张新起一行到烟台就修改促进科技成果转化条例和推动新旧动能转换工作进行调研。

6月7—9日，全国人大常委会委员、致公党中央副主席闫小培一行到烟台就中华优秀传统文化走出去及党派社会服务工作有关情况进行调研。王晓敏在东山宾馆会见客人。

6月22日，市人大常委会在鲁东大学举行地方立法基地签约暨立法顾问聘书颁发仪式。王晓敏出席仪式并讲话，刘洪波主持仪式。烟台大学、鲁东大学、山东工商学院负责人和市人大法制委员会负责人、常委会有关副秘书长参加仪式。

6月27—28日，市十七届人大常委会第三次会议举行。王晓敏、李宁分别主持全体会议。会议听取市政府关于烟台市2016年市级决算草案和2017年以来预算执行情况的报告、关于烟台市2016年市级预算执行和其他财政收支的审计工作报告；市人大财政经济委员会关于烟台市2016年市级决算草案的审查报告，市人大常委会关于进一步加强人民法院执行工作的决议（草案）的说明、关于贯彻落实中央《八项规定》和省委《实施办法》市委《实施意见》细则（修订草案）的说明；书面印发市政府关于提请审议《2017年烟台市市级预算调整方案（草案）》的议案。会议审议并表决通过烟台市人民代表大会常务委员会关于批准烟台市2016年市级决算的决议、关于批准2017年烟台市市级预算调整方案的决议、关于进一步加强人民法院执行工作的决议、关于贯彻落实中央《八项规定》和省委《实施办法》市委《实施意见》细则。

6月28—30日，省人大常委会办公厅组织省人大常委会机关厅级退休干部到烟台开展党建教育活动。

6月29—30日，市人大常委会党组举行理论学习中心组读书会。会议期间，与会人员参观烟台市党风廉政建设教育基地和胶东革命纪念馆，瞻仰胶东革命烈士陵园；举行宪法、党章和党风廉政建设专题讲座；部分县市区人大常委会进行座谈交流，王晓敏作总结讲话。

7月4—6日，省人大常委会委员、城建环保委员会副主任委员张传亭率齐鲁环保世纪行记者团一行，到烟台对贯彻落实环保法情况进行采访。

7月18日，王晓敏、黄永政到烟台港西港区、万华集团就全市安全生产工作情况进行专题调研。

8月2—4日，省人大常委会副主任夏耕率省人大常委会安全生产“一法一条例”第二执法检查组一行，到烟台开展贯彻实施《中华人民共和国安全生产法》和《山东省安全生产条例》情况检查。

8月10—11日，市人大常委会对全市水资源建设与管理情况进行视察。

8月16—17日，省人大常委会委员、法制委员会副主任委员吕明辰一行，到烟台对《山东省水资源条例（草案修改稿）》、《山东省建设工程抗震设防条例（草案修改稿）》和《山东省法治宣传教育条例（草案修改稿）》开展立法调研。

8月17—18日，省人大常委会法制工作委员会副主任杨利率立法调研组到烟台就省十三届（2018—2022年）人大常委会立法规划、市人大常委会备案审查工作开展立法调研。

8月29—30日，市十七届人大常委会第四次会议举行。王晓敏、黄永政分别主持全体会议。会议听取、审议了市政府提请的《烟台市安全生产监督管理条例（草案）》及其说明、《烟台市城市供水条例（草案）》及其说明、关于今年以来我市国民经济和社会发展计划执行情况的报告，市人民检察院关于全市检察机关刑罚执行监督工作情况的报告，市人大常委会执法检查组关于《烟台市饮用水水源保护条例》执法检查情况的报告，《烟台市人民代表大会常务委员会关于加强人大代表工作的意见（草案）》及其说明、《烟台市人民代表大会代表建议、批评和意见督办工作办法（草案）》及其说明，市人大常委会代表资格审查委员会关于个别代表的代表资格变动情况的报告和市政府、市中级人民法院、市人民检察院分别提请的人事任免名单。表决通过《烟台市人民代表大会常务委员会关于加强人大代表工作的意见》、《烟台市人民代表大会代表建议、批评和意见督办工作办法》、市人大常委会代表资格审查委员会关于个别代表的代表资格变动情况的报告和人事任免名单。王晓敏向新任命人员颁发任命书。会议举行新任命人员宪法宣誓仪式。

8月30日—9月1日，省人大常委会委员、农业与农村委员会主任委员战树毅一行，到烟台就《中华人民共和国种子法》贯彻实施情况和海洋与渔业发展特别是海洋牧场建设情况进行调研。

9月14—15日，市人大常委会组织部分住烟台全国、省人大代表到栖霞市和招远市围绕全市林业自然保护区建设管理情况和环渤海潍烟高铁建设进展情况开展专题调研并召开座谈会。

9月20—22日，省人大常委会副主任温孚江一行，到烟台对依法兴旅促进乡村旅游健康持续发展进行专题调研。

9月26日，市委组织部、市人大常委会办公室、市委统战部联合召开全市住烟台全国和省人大代表、政协委员推荐提名工作会议。市委常委、组织部长于涛，市委常委、统战部长于永信，市人大常委会副主任李宁出席会议并讲话。

9月27日，王晓敏、张伟、潘士友到烟台东部海洋经济新区进行专题调研。

9月29日，市人大常委会对市区群众文化体育活动场所建设有关规划落实情况进行视察。王晓敏、潘士友、黄永政、牟强等参加视察。

10月17日，马来西亚巴达旺市议会代表团一行到烟台访问，潘士友陪同。

10月19—20日，全国人大财政经济委员会办公室主任王闻越一行，到烟台送挂职干部赴任。

10月24日，台湾基隆市议会议长宋玮莉一行到烟台进行基层交流活动。

10月24—25日，广东省人大侨民宗委副主任委员蒋乐仪一行，到烟台学习考察新农村示范点及宗教活动场所建设情况。

10月30日，市十七届人大常委会第五次会议举行。王晓敏、潘士友分别主持全体会议。会议传达党的十九大精神并对做好学习贯彻工作进行安排部署；听取市人大法制委员会关于《烟台市安全生产监督管理条例（草案）》审议结果的报告、关于《烟台市城市供水条例（草案）》审议结果的报告，审议《烟台市安全生产监督管理条例（草案修改稿）》、《烟台市城市供水条例（草案修改稿）》；听取、审议市政府关于烟台市市区义务教育均衡发展建设情况的报告、关于全市对台工作情况的报告和市人大常委会、市政府、市中级人民法院、市人民检察院分别提请的人事任免名单；表决通过关于召开烟台市第十七届人民代表大会第二次会议的决定、关于接受有关常委会组成人员辞职请求的决定和人事任免名单。王晓敏向新任命人员颁发任命书。会议举行新任命人员宪法宣誓仪式。

11月7—12日，王晓敏赴台湾屏东、花莲、基隆、高雄等县市进行访问。期间与议会高层、知名工商界人士及社区基层组织、协会等进行互动交流，宣传推介烟台，推动经贸项目，深化人文交流。

11月16—18日，省人大常委会副主任夏耕到烟台参加第四届泰山商务论坛暨第三届中国生活服务业大会。

12月7—8日，市人大常委会副主任张伟率农业与农村委员会和市林业局有关人员，对《烟台市森林防火条例》贯彻实施情况进行督查并召开座谈会。会议听取市政府贯彻实施条例情况的汇报和部分农业与农村委员会委员的意见建议。

12月12日，市十七届人大常委会第六次会议举行。王晓敏、刘洪波分别主持全体会议。会议听取、审议市政府关于2017年城市规划和城建重点项目实施情况暨2018年安排意见的报告，关于2017年全市环境状况和环境保护目标完成情况的报告，关于市十七届人大一次会议以来代表建议、批评和意见办理情况的报告；听取市人大常委会关于市十七届人大一次会议以来代表建议、批评和意见办理情况的报告；审议市政府关于提请审议《2017年烟台市市级预算调整方案（草案）》的议案和市政府、市中级人民法院提请的人事任免名单；表决通过《烟台市安全生产监督管理条例》和《烟台市城市供水条例》，报请省人大常委会批准后施行；表决通过烟台市人民代表大会常务委员会关于批准2017年烟台市市级预算调整方案的决议和人事任免名单。王晓敏向新任命人员颁发任命书。会议举行新任命人员宪法宣誓仪式。

12月28日，市十七届人大常委会第七次会议举行。王晓敏、李宁分别主持全体会议。会议听取、审议关于烟台市第十七届人民代表大会第二次会议筹备工作情况的汇报，决定市十七届人大二次会议于1月6日至10日上午召开，会期四天半。会议听取、审议并表决通过烟台市第十七届人民代表大会常务委员会代表资格审查委员会关于个别代表的代表资格变动情况的报告，确定出席市十七届人大二次会议的代表应为485名。会议表决通过烟台市第十七届人民代表大会第二次会议议程（草案）、提请烟台市第十七届人民代表大会第二次会议审议的烟台市人民代表大会常务委员会工作报告稿、烟台市第十七届人民代表大会第二次会议主席团和秘书长名单（草案）、列席烟台市第十七届人民代表大会第二次会议人员范围、烟台市人大常委会2018年工作要点和人事任免名单。王晓敏向新任命人员颁发任命书。会议举行新任命人员宪法宣誓仪式。

全国、省、市人大代表

住烟台全国人大代表（6名）

江林昌　李登海
周洪江　宫明杰
郝翠娟（女）　穆范敏

住烟台省人大代表（62名）

于归赫　于建友
于晓宁　于新建
才利民　马红玲（女）
王　安　王　锋
王曰义　王光耀
王全杰　王珍海
王相泽　王信恩
王德涛　车　轼
尹　鹏　尹佐海
白泉民　曲敬阳
刘筱杰　孙业宝
孙茂齐　孙福建
牟树青　杜昌祚
李　波　李世勋
李鸣琴（女）　李春亭
李胜刚　李淑芹（女）
杨原田　张仁华（女）
张心达　张永霞（女）
张行如　张江汀
张建华　张隽秋（女）
张维利（女）　陈　蕾（女）
陈云昌　陈兆宽
孟凡利　赵志浩
赵金菊（女）　赵瑞林
宫　权　姚秀霞（女）
秘波海　栾鲁闽
高　秀　高　薇（女）
高云建　唐溶绩（女）
曹积生　常建富
韩仁年　韩世军
翟黎明（女）　潘书昌

烟台市第十七届人民代表大会第二次会议代表

芝罘代表团（63名）

于　波　于全胜
于丽萍（女）　于希茂
于爱军　于德利
王　庆　王大军
王中平　王永才
王国栋　王建中
王洪海　王桂一
王祥和　王清东
孔德娟（女）　卢　刚
吕清波　曲云峰
曲敬阳　乔　巧（女）
朱洪利　任吉宏

刘德平　衣美华（女）
闫德中　安家德
孙红卫　孙茂健
杨　军　杨秀丽（女）
杨希勇　杨恒坤
李　波　李莎莎（女）
李增群　吴忠强
吴晨光　宋红云（女）
宋恒继　张　庆
张　兵　张胜云
张健业　陈希亮
林裕明　胡祇光
赵国明　赵雪平（女）
姜　勇　姚云喜
徐向东　郭新章
唐　波　曹庆礼
崔芳菲（女）　商静宇
隋丰俊　蒋忠强
程伟华　管延松
翟维兴

福山代表团（33名）

丁开鸿　于守田
王曰义　王庆凯
王荔强　王德胜
由庆生　吕红梅（女）
朱文龙　朱　波
朱瑞超　刘丽丽（女）
刘建民　祁小青（女）
牟树青　牟德华
孙　平　苏永强
苏　展（女）　苏　智
李　春　李春磊
陈　琼（女）　林　良
林　霞（女）　胡　辉
徐少宁　郭大为
唐玉才　黄　健
韩国昌　彭德洲
廖增太

莱山代表团（31名）

于　东　于永军
王永远　王远杰
王艳杰（女）　史亚萍（女）
毕可志　曲学芬（女）
刘学祥　刘洪波（女）
孙伟杰　孙军强
孙克法　杨永学
李存明　辛　军
宋吉良　宋华西
宋　勇　张仁祖
张风团　张恒传
赵珍阳　宫　权
袁会先　郭京兰（女）
高　琦　黄丽英（女）
温金祥　蔡润圃
谭秀森

牟平代表团（38名）

于　环（女）　于录章
于善栋　王玉琪
王寿纯　王启瑚（女）
王国京　王建国
王　涛　王德东
石德彬　吕冠成
曲君利　曲胜利
朱秀香（女）　刘一品
刘启明　闫青利
牟　强　孙传美（女）
孙延杰　孙　杰
杨秀军　李林才
李　明　李　玲（女）
李宪洲　宋有锋
宋宪礼　张本杰
林吉学　姜玉波
姜善红（女）　费洪美（女）
高鹏斐　黄永政
戚剑波　隋自清

海阳代表团（40名）

刁培松　马丽萍（女）
王玉东　王玉玲（女）
王成华（女）　王彤辉
王春珍（女）　王　勇
王惠刚　王　磊
包信锐　曲鲁娟（女）
任江超　伊剑锋
刘　卫（女）　刘长城
刘宏涛　刘学利
刘绍旭　孙同库
孙翔宇　杜军海
杨越嵋（女）　李英作
李咏梅（女）　李彬善
李维记　吴　放
吴德柱　辛晓伟（女）
陈振汉　邵汝卿
邵珠峰　罗鲁豪
姜曰象　姜兆伟
程　波　程　春
鲁晓龙　颜世芹（女）

莱阳代表团（57名）

于函令（女）　于　涛（女）
王曰刚　王作鹏
王启波　王凯源
王　波　王建峰
王彦博　王翠云（女）
巩和国　吕同策
刘清玉（女）　刘筱杰
衣明军　孙东伟
纪法清　杜　杰
苏　芳（女）　李　明（女）
李　勃　李胜刚
李　耿　李富宁
吴明菊（女）　邹常厚
汪学明　宋志波
宋　海　初秀勇
初鹏飞　张仁贤
张　君（女）　张培勇
张德润　迟秀法
陈日文　武永刚
郑树强　柳喜彬
郝志学　赵焕志
宫庸超　姜千坤
夏晓丽（女）　郭文满
唐宫殿　盖仲彦
盖新平（女）　梁　辉
梁翠芝（女）　尉云高
尉栋军　隋春霞（女）
董永利　鲁效梅（女）
潘旭日

栖霞代表团（40名）

王日芝（女）　王利益
王　彬（女）　史维宁

吕扬文　朱　涛
刘永乐　刘言志
刘炳言　刘瑞伟
孙步云　李　宁（女）
李明起　李宝路
李淑芹（女）　吴洪亮
邹风谦　邹志强
张永霞（女）　张　乔
张朋义　张　涛
迟　伟　陈兆宽
林卫卫（女）　林文海
林锡堂　林翠英（女）
周少霞（女）　柳喜军
郝敬尧　赵树荣（女）
姜延泉　姜志礼
郭惠平（女）　龚景仁
崔永明　温向东
慕　森　潘岐军

蓬莱代表团（31名）

王一涵（女）　王成家
王　轰　王　栋
王晓敏　王晓楠（女）
王培歧　司培东
朱锦祥　刘长庭
孙丕卿（女）　孙宪法
孙浩斌　杜康生
杨仁祥　杨东洲
杨原田　李　卫（女）
李志英（女）　李　莉（女）
张世欣　张启元
张维利（女）　迟力夫
迟志波（女）　欧大力
季恩军　赵明远
修维东　黄继星
董　芹（女）

长岛代表团（9名）

于旭华　王红燕（女）
刘树军　孙华君
张巧英（女）　李盛平
胡志德　赵作军
赵胜龙

龙口代表团（45名）

于建春　于俊田
马玉岳　马　林
王伟修　王兆铭
王　英（女）　王建生
王春燕（女）　王继东
王清业　王　鹏
孔凡平　付述智
吕少梅（女）　朱之方
朱见来　刘维波
江敦斌　孙月红（女）
孙为富　杜纪挑（女）
杨作强　李秀梅（女）
吴金海　吴新明
宋卫宁　宋维刚
张海燕（女）　陈家忠
苑春丰　呼勋光
赵　海　战永广
姜春华（女）　姜常娥（女）
高赫男　戚永茂
崔晓林　麻名萱
隋荣庆　韩世军
傅继东　潘士友
薛　磊

招远代表团（39名）

王　磊　王凤玲（女）
王兴发　王志忠
王　浩　丛春万
兰香才　曲云彬
刘　娟（女）　刘光瑞
孙发敏　孙艳丽（女）
李　军　李殿林
杨守高　杨彩红（女）
张少伟　张立夫
张　伟　张孟苏
张晓燕（女）　陈松海
范玉超　林美龄（女）
岳德川　赵德彬
姜　峰　贺业增
徐林宏　翁占斌
栾书冰　曹学军（女）
彭少军　彭桂东
温吉华（女）　温洪福
臧　宁　滕　毅
魏　东

莱州代表团（52名）

于　宁　于　波
井　毅　王　中
王永刚　王召永
王茂东　王明娥（女）
王凌燕（女）　王景波
王耀仪　毛合成
由绪斌　冯光瑞
曲成斌　衣学航
孙文明　孙水玲（女）
孙国生　孙建国
杨丽燕（女）　杨秀莉（女）
杨忠耀　李玉峰
李明治　李　政（女）
李秋萍（女）　李　涛
李新华（女）　宋福林
初晓光　张寿岐
张祖峡（女）　张鲁东
迟爱梅（女）　所尚君
周天军　郑洪刚
孟宪崇　柳尧林
赵浩材　姜文岐
姜肖蓬（女）　秦世贤
徐　敏（女）　徐锦诚
崔文罡　崔汉良
董志良　程　岩（女）
焦建军　滕春竹

解放军代表团（7名）

王福晓　白利生
李　宁　张正良
林清华　金　巍
栾春盛

（撰稿：张冰　审稿：王国京）

责任编校：云　霞

烟台市人民政府

常务会议

1月6日上午，市委副书记、市长张永霞主持召开市政府第65次常务会议。会议听取并原则同意市教育局关于烟台市“十三五”教育事业发展规划的汇报、市科技局关于烟台市“十三五”科技创新规划的汇报、市水利局关于烟台市“十三五”水利发展规划的汇报、市林业局关于烟台市“十三五”林业发展规划的汇报、市公安局关于烟台市“十三五”消防事业发展规划的汇报、市住建局关于烟台市共有产权住房管理试行办法的汇报。

1月22日上午，张永霞主持召开市政府第66次常务会议。会议听取并原则同意市发改委关于全市2017年经济社会发展主要指标初步安排意见的汇报、关于2017年市级重点项目安排意见的汇报，听取并原则同意市住建局关于《烟台市房屋使用安全管理规定》的汇报、市国资委关于烟台石川密封科技股份有限公司分拆上市意见的汇报、市财政局关于2017年市级财政预算安排意见的汇报。

3月24日下午，张永霞主持召开第十七届人民政府第1次常务会议。会议听取并原则同意市政府办关于《政府工作报告》重点工作责任分工的汇报。会议对当前及今后一个时期政府工作进行安排部署。

5月5日下午，张永霞主持召开市政府第2次常务会议。听取并原则同意市水利局关于烟台市全面实行河长制工作方案的汇报、关于烟台市调水管理办法的汇报，听取并原则同意市发改委关于建立完善守信联合激励和失信联合惩戒制度加快推进社会诚信建设实施意见的汇报、市城管局关于烟台市户外广告和牌匾标识设置管理办法的汇报、市财政局关于烟台市再担保有限公司增资扩股意见的汇报。

7月21日下午，张永霞主持召开市政府第4次常务会议。会议听取并原则同意市委组织部关于2017年度经济社会发展综合考核办法的汇报、市卫计委关于建设国家级医养结合示范市的实施方案的汇报、市审计局关于进一步加强审计工作的意见的汇报、市民政局关于进一步健全特困人员救助供养制度的实施意见的汇报市城管局关于烟台市城市供水条例（草案）的汇报。

7月31日下午，张永霞主持召开市政府第5次常务会议。会议听取并原则同意市水利局关于烟台市全面实行河长制有关工作制度（办法、规则）的汇报、市交通运输局关于《烟台市出租汽车行业改革实施意见》《烟台市网络预约出租汽车经营服务管理实施细则》的汇报、市环保局关于全市环境突出问题综合整治进展情况及自然保护区有关情况的汇报。

8月7日上午，张永霞主持召开市政府第6次常务会议。听取并原则同意市环保局关于2013—2017年度中央及省级环保资金项目进展情况有关内容的汇报及重金属污染整治工作情况的汇报、烟台市保障中央环境保护督察工作协调联络组8个专项工作组组长关于工作开展情况的汇报。

8月24日晚，张永霞主持召开市政府第8次常务会议。会议听取并原则同意市纪委关于汪光祖、慕程杰、宋卫绪、吴吉壮违纪问题处理意见的汇报。

9月15日上午，张永霞主持召开市政府第10次常务会议。会议听取并原则同意市纪委副书记、监察局局长连峻峰关于李剑违纪问题处理意见的汇报。

9月22日上午，张永霞主持召开市政府第11次常务会议。会议听取并原则同意市国资委关于加快推动国有企业改革促进发展的实施意见的汇报、市国资委关于蓝天开发投资设立烟台蓝天建设有限公司的意见的汇报，听取并原则同意市食品药品监管局关于2017医药创新与发展国际会议情况的汇报、市海洋与渔业局关于建设海洋强市的意见的汇报、市财政局关于2017年追加预算动支预备费的意见的汇报。

11月10日晚，张永霞主持召开市政府第13次常务会议。会议听取并原则同意市政府调研室关于烟台市政务信息系统整合共享实施方案的汇报、市商务局关于强化招商引资推动新旧动能转换的若干措施和烟台市重大外资项目引进评估办法（试行）的汇报、市商务局关于推动省级以上开发区改革发展意见的汇报、市发改委关于2017年省区域战略推进专项资金支持烟台核电研发中心建设意见的汇报。

11月28日上午，张永霞主持召开市政府第15次常务会议。会议听取并原则同意市政府调研室关于《烟台市政务服务热线整合工作实施方案》的汇报。

12月22日下午，张永霞主持召开市政府第17次常务会议。会议听取并原则同意市环保局关于烟台市区饮用水水源保护区调整方案的汇报、关于烟台市环保机构监测监察执法垂直管理制度改革工作方案的汇报；市国土资源局关于烟台市地下空间国有建设用地使用权管理办法的汇报；市经济和信息化委关于烟台市物流业发展中长期规划（2016-2025年）的汇报、关于烟台市煤炭清洁利用管理办法（草案）的汇报；市法制办关于烟台市法治政府建设情况的汇报、关于烟台市人民政府2018年立法工作计划（草案）的汇报；市金融办关于烟台市打击逃废银行债务工作实施办法的汇报；市财政局关于2017年第二批追加预算动支预备费情况的汇报。

办公室工作

【重要事项协调】 2017年，市政府办公室研究制定《关于进一步优化全市营商环境的意见》《关于切实加强和改进城市规划建设管理工作的实施意见》等政策性文件和改革措施，促进新旧动能转换、深化放管服改革、金融风险防控等重要工作落实，协调推进“两港两铁两路一水”“三改一通”“一岛一带两街区”“全域治水三年攻坚行动”等重大工程建设，组织开展全市重点项目观摩、食品安全城市创建等重大活动。

【重点工作落实】 年内研究制定《关于建立“三张任务清单”推进工作落实的实施方案》，梳理形成33项战略性工作、45项突破性工作以及191项职能性工作。聚焦新旧动能转换重点工程、国家和省有明确定量要求任务、“10个工作领导小组”重点任务、市政府“三张任务清单”重点事项等四大类工作，分解形成37大项113小项工作。结合市委《关于全面深化改革重点工作分工方案》和《关于当前重点工作责任分解落实的通知》，调整为55大项125小项工作，作为2017年政府系统抓落实的主要抓手，每周一调度，推动工作开展。推进法治烟台建设，会同市法制办制定《烟台市地下空间建设用地管理和土地登记规定》《烟台市煤炭清洁利用监督管理办法》，配合完成《烟台市安全生产监督管理条例》《烟台市城市供水条例》的地方性立法工作，参与开展《烟台市停车场管理条例》《烟台市集体建设用地流转管理办法》等6项条例办法的立法调研。抓好打私工作，以“国门利剑”“齐鲁之盾”等国家和省打私专项行动为重点，集中查处一批走私贩私案件，打私工作在全省年度考核中名列前茅，荣获全省反走私信息和网站建设工作先进单位，争取打私专项资金53万元。全面加强史志、驻外办事机构和信访稳定、普法、计划生育等工作。

【重要工作任务】 年内参与全市安全生产百日攻坚治理行动，相关领导和工作人员到乡镇一线开展全覆盖专项督查。加强应急管理，完善应急预案，制定出台《烟台市突发地质灾害应急预案》《烟台市重大传染病疫情处置应急预案》等8个专项预案，配套制定《烟台市森林火灾应急处置流程》《海上搜救预案》等操作手册，每季度发布突发事件预测分析及对策建议，组织开展2017核应急联合演习等实战演练活动。加强应急体系建设，组织起草《进一步推进烟台市突发事件应急体系建设的意见》，强化专家队伍、平台、示范点等建设，提高应急保障能力。在省内率先出台《关于加强突发事件应急响应工作的意见》，提高处置突发事件能力水平，第一时间做好应急处置工作，全年及时有效处置涉海险情、森林火灾、道路交通、安全生产等12起较大级别突发事件。烟台市作为山东省唯一的全国“安全生产月”试点城市在全国活动总结交流会议上发言。参与生态环保工作。在中央环保督察中，配套副秘书长及部分党组成员担负指挥协调的重要责任，办公室17人进入市迎接中央环保督察组工作，所负责的881件案件转办工作都在规定时间内完成，51件重点案件经过跟踪督察和回头看，确保问题整改到位不反弹。参与打好脱贫工作。办公室参与开展脱贫攻坚问题整改落实专项行动，相关领导和工作人员参加巡回督查组，对县市区开展两轮巡回督查，对发现的问题逐一向县市区反馈，督促问题整改落实。

【综合文稿撰写】 全年起草领导讲话、会议纪要、新闻稿件等2600多篇、860多万字。其中，撰写的政府工作报告以及科学发展观摩、经济工作、交通运输、安全生产、城市管理、棚户区改造、森林防火、旅游、金融、商务、医改等会议材料，立意较高、篇幅精炼、语言朴实。打造“7+N”主导产业集群、加强城市规划建设管理等建议纳入市委、市政府决策。

【文电和保密工作】 年内加强文稿审核、文件制发、保密、档案和印信管理等工作，增加来文拟办概要，实行文件登记跟踪制度，随时按需送撤文件，对紧急公文随到随送、随批随办。全年审核制发公文500多件、200多万字；处理来文来电6400多件，领导批示转办率100%。在全省保密检查中获得优秀等次。

【调查研究】 年内组织开展优化营商

环境、加快新旧动能转换等重要课题调研，形成调研报告、汇报材料 80 多篇。其中，《农业龙头企业带动“三农”发展的成功模式》《烟台：开创城市工业品牌宣传新模式》等调研文章在省级刊物上发表，《以创新驱动引领新旧动能转换倾力打造先进制造业名城》《加快建设公共技术平台助力生物医药产业发展》等调研报告得到省市领导批示并进入决策。

【政务信息工作】 年内加快整合全市政务、商务和民用大数据，构建“统筹一片云（电子政务云）、规范两张网（电子政务内网、外网）、建成三大体系（数据资源、政务服务、业务协同体系）、强化四个支撑（政策、产业、标准、安全支撑）、落实五项保障（体制、财力、智力、监督、审计保障）”的“12345”发展格局。组建 5 个工作小组，成立由 9 名专家组成的专家组，完成包括烟台政府门户网站在内的 89 个政府网站和政务服务平台的迁移上云工作。全年编发各类信息 1650 多篇，其中《专报领导参阅信息》300 多篇、《经济信息参考》22 篇、《政务通报》30 篇。适时调整信息采编角度，挖掘在贯彻落实上级大政方针、推动地方发展等方面遇到的困难和问题，撰写的《当前新能源汽车出口面临四重阻力需关注》《烟台支持全省重点项目建设存在三方面问题亟需解决》等信息获上级领导批示。

【督查工作】 年内编发《政务督查通报》46 期、《督查专报》52 期；组织开展城市黑臭水体整治、违法建设治理等专项督查 28 次，对 60 项工作进行挂号督办；落实省政府督查 43 项，办理市领导批示件 1500 多件次；组织办理人大代表建议和政协提案 669 件，办复率 100%，满意率 99%，在市人大常务会评议中满意率比上年提高，市政协常委会给予高度评价。发挥督查在优化营商环境中的作用，对企业家座谈会、外商投资企业座谈会等反映的问题进行督查督办，解决企业在人才引进、降低企业成本、土地指标、简化审批流程等方面问题 214 个。市政府办公室承担市长张永霞直接联系的万华集团的协调服务工作，建立服务企业直通车制度，第一时间为企业运转、调度报批文件。

【综合协调】 市政府办公室加强与市委、市人大、市政协机关的沟通对接，定期报告、通报有关工作情况，及时征求意见和建议。注重与部门、基层的沟通协调，对涉及多个部门的重要工作，主动牵头搞好对接。做好会议审批、组织和协调工作，控制全市性会议，压缩会议活动规模、参会人员和时间。全年审批、备案全市性会议方案 45 次，组织市政府全体会议、常务会议、市长办公会议 40 多次，专题会议 340 多次，调研活动 380 多次，协调市政府领导出席各类会议活动 590 多人次，办理政府系统领导干部请销假手续 970 多人次。

【公务接待】 年内参与组织 2017 医药创新与发展国际会议、第九届华商企业科技创新合作交流会等 30 多项重大活动的接待工作，组织各类会见、签约 80 批次，接待各类督导检查组 30 余批次，累计接待客人 790 多批次、6700 多人。

【后勤服务】 年内加强节约型机关建设，进一步规范节电、节水、节约资源等工作，连续第四年在机关节能考核中名列前茅。加强财务经费和固定资产管理，严格经费审批报销、办公用品领用登记等制度，压缩办公经费和三公经费支出，三公经费同比下降 10%。做好后勤保障工作，全年参与会议服务 860 多次，组织工会各类活动。做好老干部服务工作。组织赴龙口、招远等地参观考察，丰富老干部业余文化生活；坚持每月问询走访，全年看望老干部 200 多人次。加强车辆管理。严格落实公务用车使用规定，把好公车“公用关、安全关、节约关”，保障应急处置、机要通信以及接待调研等公务用车，燃油维修费比去年大幅下降。进行技术服务和设备维修 1200 多次，为部门提供技术咨询 700 余次。

【民生工作】 年内采取领导批办、电话催办、现场督办等形式，加大督查督办力度。对群众反映强烈的供水、供热、环保等热点难点问题以及可能引起群体性事件的诉求，直接到现场督办解决问题。全年受理群众反映问题 4 万多件次，“市长信箱”来信 800 余件，办结率达到 99.2%，与市广播电视台联办《聚焦民生》50 期、《市民之声》106 期。

【政务公开和电子政务工作】 年内将政务公开纳入县市区综合考核指标体系，推进“放管服”改革、重大建设项目、新旧动能转换等信息公开，主动回应社会关切。全年全市主动公开政务信息 5.1 万多条，印发《烟台市人民政府公报》12 期、16.8 万份。加快推进“互联网＋政务服务”工作，制发实施方案，提高政府服务效率和透明度，便利群众办事创业。

（撰稿：孟凡晓　审稿：祝潜）

政务服务工作

【概况】 2017 年，市政务服务中心完成各类行政许可、公共服务事项

13.4万件，群众满意率99.9%。被山东省文明委评为“2017年度省级文明单位”。12月10日，烟台市政务服务中心管理办公室更名为烟台市政务服务管理办公室。2017年12月13日，市政管办投资建设项目“容缺审批并联办理”服务模式、网上政务服务平台“一级平台、三级应用”建设模式两项工作创新，被山东省政府认定为深化放管服改革优化营商环境典型经验做法在全省范围推广。

【项目管理】 年内，市政管办开展窗口完全授权专项行动，采取集中摸底、逐一约谈、限期整改、跟踪督查等方式，对133个授权不到位事项进行集中整改，实现行政许可事项“应进必进、进必授权”和“全链条”进厅办理，增加窗口人员22人。其中，消防建审大厅整建制进驻，成为全省第一家。完成全市公共服务事项梳理审查工作，将59个部门（单位）715项公共服务事项录入网上政务服务平台，并筛选出12个部门（单位）依申请实施的25个公共服务事项纳入“中心”统一办理，为群众办事提供方便。加强事项动态管理，全年取消行政许可事项10项、新增3项、调整7项，涉及16个部门（单位）。

烟台市政务服务“一窗受理”窗口

【办事流程优化】 年内，市政管办以“最多跑一次”为目标，与20个先进城市全面开展对标优化，从压减时限、简化环节、削减材料、深化网办等多个方面着手，减少服务对象跑腿次数，实现申报材料数100%最少、审批时限100%最短。将“零跑腿”和“只跑一次”事项，全部纳入网上政务服务平台，并逐项公开事项跑办次数，接受社会监督。10月，市委、市政府组织十三路记者，对市政务服务中心“零跑腿”和“只跑一次”落实情况进行大规模暗访检查，群众普遍反映办事更加便利。11月，烟台市企业家联合会、外商投资企业协会围绕“放管服”工作组织问卷调查和座谈，企业家们普遍认为“中心”审批服务效率大幅提高。

【一窗受理】 年内制定实施《烟台市政务服务“一窗受理”工作方案》和《实施细则》，分领域设置投资建设、商事登记、综合事务“一窗受理”窗口，按照“前台统一受理、后台分类审批、统一窗口出件”模式办理政务服务事项，大幅简化办事流程，为当事人“最多跑一次”提供便利。结合实行“一窗受理”，制定实施《烟台市市级投资建设项目“容缺审批并联办理”实施方案》，通过再造审批流程、分阶段并联审批，将投资建设项目开工审批总时限由86个工作日压缩到27个工作日，复杂项目32个工作日，实现走在全国前列目标。实行容缺审批，对投资建设项目232个申请材料进行梳理审查，确定可容缺受理非关键材料61个，确保审批流程高效推进。

【服务创新】 年内，市政管办建立全天候即时应需服务机制。针对8小时工作时间外审批服务缺位问题，将服务时间延伸至法定节假日、公休日、下班时间。市政务服务中心窗口全年365天待命、全天24小时在线，为市重点建设项目、新旧动能转换项目，以及群众特殊紧急事项提供随需随办审批服务。对工作日到达下班时间后尚未办结的事项，窗口主动进行延时服务。设立午间错时服务值班岗，随时受理服务对象午间办件申请。对办件量大或到窗口现场办理审批事项存在困难的企业以及存在特殊情况的群众，窗口提供上门服务。当事人可通过现场、电话、网络等不同方式提出预约申请，按约定时间、地点办理业务。年内开展预约服务、延时服务、上门服务220多人次。

【重点项目代办】 市政务服务中心大厅和部门单设办事服务大厅设立专服员66名，开展代办教育培训。制定实施《烟台市政务服务代办工作实施意见》，加强市县两级政务服务代办网络建设。年内，12个县级“中心”设立代办科，148个乡镇（街道）便民服务中心设立代办窗口，1547个社区（村）设立便民服务代办点。按照主办部门牵头、政管办协调、相关部门参与模式，建立“1+1+X”重点

工作人员为企业提供上门服务

项目代办联席会议制度，完善代办工作机制，对全市重点项目提供分类归口代办。年内为德龙烟铁路等178个项目提供代办服务，其中重点项目66个，投资额313亿元。

【网上政务服务平台建设】 年内，市政管办按照“一级平台、三级应用”模式深化网上政务服务平台建设。将行政许可和公共服务事项纳入政务服务平台，加强进厅事项上网运行，实现“应上尽上、全程在线”。拓展材料网上流转、事项预约办理等功能应用，提高网办率及网办深度，全程网办和“只跑一次”项目比例提高到93%。开展证照免费寄送服务，利用第三方为市县两级“中心”开展物流寄送证照和申请资料服务，寄送范围覆盖至所有村居（社区）。加强电子监察，以事项办理零红牌和咨询按时回复率100%为目标，安排专人对网上办理事项进行监测、督办。利用手机APP向工作人员推送办件提醒信息，确保事项快速流转，限时办结。推动网上服务向乡镇延伸，根据“事项全进、程序最优、公开公正、充分授权”原则，梳理确认乡镇（街道）公共服务事项17432项，全部纳入烟台市网上政务服务平台运行。

【监督管理】 年内，市政管办重新修订《百分达标考核办法》，改进考核方式，调整考核事项。强化窗口日常工作监管，综合运用领导值班检查、科室日常巡查、系统实时监控、群众评议、考核结果公示等手段，全年发现窗口问题80余项，全部按规定进行处罚、整改。制定实施《市级优化营商环境政务服务工作考核办法》《县市区优化营商环境政务服务工作考核办法》，将行政许可集中授权、压减时限、优化流程、创新服务、深化网办等优化营商环境要素作为硬指标纳入全市年度经济社会发展综合考核体系。

【公共资源交易】 年内，完成公共资源交易平台工程建设交易系统、土地交易系统、政府采购、产权交易等电子系统建设。建成烟台市公共资源交易网，与省公共资源电子服务平台完成数据对接，建设工程交易实现全流程电子化操作，省、市、县同步发布交易信息，以及交易信息互联互通和数据共享。

（撰稿：刘强　审稿：王晓光）

人民防空工作

【人防军事斗争准备】 2017年，市人防办组织完成县市区街道级人民防空方案修订工作，高新区、海阳市建成人防指挥所信息系统，新增固定式电声警报器13台，全市警报音响覆盖率98%以上。完成人防卫星通信系统改造、人口疏散指挥信息系统和全市防空防灾人口疏散导引系统建设任务，组建烟台市人防常备合成专业队伍，建成烟台市人防疏散基地（张裕国际葡萄酒城）。以《人民防空训练与考核大纲（试行）》为指导，开展按纲施训，组织办机关、管理处、保障中心及13个县市区的86名参训人员开展全市人防系统共同科目集中训练及“准军事化”训练。结合“815”防空警报试鸣，11个县市区、20余支人防专业队伍、3000余名社区居民和企业员工参加应急演练。组织低空预警雷达系统和防空警报控制系统业务培训，组织全市人防机动指挥通信系统拉动训练与跨区域应急通信保障训练，参加“鲁防-2017C”全省人防机动指挥所演练和国家人防办“跨越-2017”军事演习准备工作。

【人防工程建设】 年内，全市开展“全市人防工程建设规范提升年”活动，省人防办在烟台召开全省人防工程建设管理工作现场会推广烟台市经验做法。至年底，全市审批结建防空地下室面积比上年同期增加75.34%，新增竣工人防工程面积增加12.2%，全市征收易地建设费增加1.96%，其中市本级征收易地建设费增加120.99%。维护改造5个人防工程，彻底消除西大街单建人防工程安全隐患。

【人防从业市场监管】 年内，市人防

办建立执法质监验收联动机制，现场检查全市36个报监工程项目。修订完善《烟台市人防工程建设从业单位监督管理办法（试行）》，对8家设计、7家防护设备、18家监理等人防工程建设从业单位进行核验登记和公示。

【人防服务与管理】 年内，市人防办建立完善《烟台市人防办政务服务窗口管理办法》和《烟台市人防办行政审批事项提速增效实施办法》，规范内部审批流程及网络审批流程，压缩审批事项数量及审批事项提报资料和审批时限，结合民用建设修建防空地下室行政审批由法定审批时限20个工作日缩减至3个工作日。层层签订安全生产责任状，组织开展安全生产大检查、安全宣传咨询活动。

【人防宣传教育】 年内，市人防办利用新媒体平台向社会普及人防知识，开展人防微信有奖问答活动，将防空防灾宣传教育片列入明年网络党校教育课程。举办人防宣传骨干培训班和人防教师培训班，开展“走进人防”小记者开放体验日活动。至年底，通过各类报刊杂志发布稿件213篇，其中国家级6篇，省级6篇。连续第二年被评为省级文明单位。

（撰稿：郑书伟　审稿：赵明山）

外事侨务工作

【招商引资】 2017年，市外侨办成功承办国侨办第九届“华交会”，吸引40多个国家和地区的200余名华商企业家、专家学者和海外侨领到烟台参会，签约投资合作项目13个，合同总金额9亿美元，达成合作意向30多个，意向协议金额2.8亿美元。举办“2017华商博士烟台行”活动，吸引28个国家和地区的153名华商博士、科创委员和海外侨领到烟台考察交流，推动达成合作意向70多个。举办“慧聚烟台2017海外人才引进政策及重点岗位需求信息推介会”，与36名海外高层次人才签署到烟台创业意向协议，其中“双百计划”人才6名。邀请瑞士大使馆、荷兰大使馆、澳大利亚南澳州政府、挪威斯塔万格市政府和世界500强企业飞利浦集团、孚宝集团等高访团组到烟台，举办经贸交流活动11场，推动达成合作意向50多项。其中，杰瑞集团与加纳国家天然气有限公司签订6亿美元的输气管道项目；中集来福士与挪威海洋牧场集团签署《三文鱼产业战略合作备忘录》，并将合作建立“深远海渔业装备联合创新中心”；御花园养老有限公司与德国蕾娜范集团合作开发颐养院项目，年内正式投入运营。组织“项目出访”336批次，接待高层次外宾团组33批295人次，直接推动和服务项目696个。其中，帮助推动南山集团与美国乙烷公司达成项目合作；帮助推动莱阳市政府与恒大香港集团签署总投资150亿美元的丁字湾恒大海上新城项目等。承办以“打造城市国际化营商环境”为主题的第31届全国城市外事服务系统协作会议，吸引全国27个省份的138家外事服务机构负责人参会；承办以“提升城市涉外人力资源服务”为主题的第12届世界就业联盟东北亚区域会议，吸引中日韩三国120余家有影响力的人力资源服务机构参会。

【对外友好交往】 年内，烟台市与俄罗斯顿河畔罗斯托夫市、马来西亚巴达旺市正式缔结国际友好（合作）城市关系，烟台市友城数量达到27个。在韩国群山设立中韩产业园烟台城市形象展示馆，累计接待参观团组和市民76批5200余人次，为企业提供各类咨询320余项。组织开展8批次“走出国门看友城”活动，与日本别府市、宫古市和韩国群山市、安山市建立友城宣传合作机制，在官方媒体上开辟“友城烟台”专栏，联合举办或派员参加烟台——泰国普吉府结好20周年纪念活动、法国昂热卢瓦尔孔子学院总结大会、鲁东大学韩国群山文化讲堂等文化交流活动20余场。在马来西亚吉隆坡、阿联酋迪拜、匈牙利布达佩斯、法国巴黎、德国法兰克福、加拿大蒙特利尔和日本东京，新建7处海外联络处，与美国、加拿大4家侨团组织签署投资促进合作协议，在纽约、旧金山等城市搭建合作平台。涵养海外侨务资源，寄发贺信、贺电400余封，接待港澳委员和海外华侨华人1630人次，新结交海外侨团25个，新结识“四有”侨领38人，录入重点侨胞档案170人。加强海外华文宣传，承办3场“中国寻根之旅”夏（冬）令营活动，累计吸引300余名海外华裔青少年参加；承办“中国文化海外行”（英国）活动和“中华文化大乐园”（德国）活动，累计吸引近300名华裔同胞参加。邀请瑞士驻华使馆带领瑞士方面专家组到烟台考察，组织烟台市考察团赴瑞士考察交流，举办中瑞低碳城市试点项目专家研讨会。组织参加“2017中欧城市可持续发展论坛”，推动烟台市加入中国国际城市发展联盟。

【涉外服务】 年内，市外侨办从严从实从细做好涉朝、涉韩有关问题和涉外渔业管控、“一带一路”沿线投资企业风险摸排防控等工作，全年未发生一起政治或外交问题。严格落实全市涉外突发事件应急预案，妥善处理海阳市进元电子有限公司爆炸火灾案、烟台韩国学校校车案等涉外案件40余起。依靠外交部领保中心、驻外使领馆等平台，妥善处理领事保护案件6起。开展外国人和海外侨胞在烟台帮助计划，健全完善“五个一”工作模式，服务内容拓展到商务支援、手续代办、生活关心、人事服务4大类40余个项目，全年办理外国人来华邀请确认函1153份，服务对象增加到30多家驻烟台外资企业、近2000名外国人及海外侨胞。建立升级领事认证综合管理系统，优化领事认证和代办签证服务，全年办理领事认证2065份，因公因私签证共2814批5531人次。开展“暖心侨务”和“侨爱工程”活动。为贫困归侨侨眷发放精准扶贫资金5.42万元，覆盖率达到100%。申请重点医疗救助资金7.4万元，处理、解决涉及房屋拆迁、落实待遇、经济纠纷、侨房落实政策等历史遗留信访案件12起，审核、确认“三侨考生”身份5人。开展侨资企业大走访活动，专门协调出两间办公室，设立海外华侨来烟投资创业服务中心和办公室。对到烟台投资侨商和在烟侨企实行全程帮扶，跟踪服务的美国国际物流园、日本润东养老院和香港葡萄酒交易与展示中心等侨资项目，完成前期对接和初步选址等工作；服务的隽秀生物科技和德邦先进硅材料2家企业入选国侨办第五批重点创新创业团队；服务的烟台留学人员创业园区入选“全国社区侨务工作示范单位”。

（撰稿：王晓辉　审稿：卞明）

民族宗教工作

【民族工作】 2017年，全市有50个民族成分，49个少数民族成分人口6万余人，接近全市总人口的1%。其中少数民族常住人口2.3万余人，占全市总人口的0.34%。超过1000人以上的有朝鲜族、满族、回族、蒙古族、佤族、土家族、苗族7个民族。少数民族人口大部分来自东北、西北等少数民族地区，以经商、求职、投亲、学习等各种形式流入，80%集中在城区。全市无民族乡（镇）、民族村（居），无民族学校。

2017年，全市有11个省级、16个市级、35个县级民族团结进步创建活动示范单位；2个省级、1个市级少数民族传统体育训练基地；1个少数民族艺术团；有少数民族特需商品定点生产企业5家；清真餐饮饭店、拉面馆500余家；全年为4名少数民族群众依法更改民族成分。

【宗教工作】 佛教。烟台市有佛教信教公民38000人，依法批准的佛教活动场所26处（其中寺院12处，固定活动处所14处），佛教僧人106名。全市有佛教爱国团体4个，分别为烟台市佛教协会和龙口市、莱州市、福山区佛教协会。4月8日，福山山合山卢寺举办与新加坡光明山普觉禅寺缔结友好寺院一周年庆典。

道教。全市有道教信教公民12500人，依法批准的道教活动场所13处（其中宫观10处，固定处所3处），道教道士40名。

伊斯兰教。烟台市有常住穆斯林民族成分8个，人口3232人，占烟台市常住少数民族人口总数的13.8%。流动人口6000多人。就从事行业来说，常住人口穆斯林多从事教科文卫等工作。流动穆斯林大多从事经营拉面馆、卖葡萄干、烤肉串等小本生意及到烟台从事劳动密集型工作，还有来内地求学的学生。烟台市有清真寺1座。

天主教。烟台市有天主教信教公民2000人左右，60%集中分布在芝罘区、开发区、福山区、莱山区和牟平区。烟台天主教教区有神甫4名。全市有正式登记开放的教堂1座、堂口7处，天主教爱国团体4个。

基督教。烟台市有基督教信教公民6万余人，信徒多集中分布于芝罘区、开发区、福山区、莱山区、牟平区和莱阳、龙口、蓬莱等县市区。全市有正式认定备案的基督教教职人员77人，依法登记的基督教活动场所166处。全市有基督教爱国宗教团体13个，其中烟台市基督教三自爱国运动委员会和基督教协会（简称烟台市基督教“两会”，办公驻地在世兴路11号世秀教堂）；另有莱山、福山、牟平、开发区、莱州、栖霞、莱阳、海阳、龙口、招远和蓬莱11个县级基督教三自爱国运动委员会。

（撰稿：林笛　审稿：刘兵兵）

地方史志工作

【概况】 2017年，烟台市及所属12个县市区全部印发《地方史志事业发展规划纲要》，实现全覆盖。市史志办在推进志书编修、年鉴编纂、信息化与方志馆建设和史志资料征集、储存、编纂和开发利用方面，较好发挥传承文明、服务社会的作用，连续第六年被评为省级文明单位。

【志书编修】 年内，市史志办完成《烟台市志》总纂，形成评议稿，计330万字。12月18日召开志稿评审会，省政府办公厅党组成员、省史志办主任刘爱军，烟台市政府副市长张波出席会议并讲话，与会的8位省修志专家对志稿总体上给予充分肯定和高度评价，并提出详细、中肯的修改意见。《莱阳市志》《烟台开发区志》出版，《芝罘区志》《莱州市志》评审，督促推进《福山区志》《海阳市志》《长岛县志》编修工作。推进全市部门志、行业志、村镇志编修工作，启动编修《烟台市发展改革志》《烟台市人事志》《烟台市财政志》等行业志、部门志编修工作。《蓬莱市刘家

沟志》《开发区古现东村志》列为全国名镇志，其中，《开发区古现东村志》获全国名镇名村志称号，《开发区金东社区志》获齐鲁名村志称号。《莱州南关村志》《招远东关村志》排版印刷。完成《山东省援藏工作志》烟台部分内容。

【年鉴工作】 年内，市史志办编辑出版《烟台年鉴（2017）》，完成《山东年鉴》和《山东方志年鉴》烟台部分供稿任务。《烟台年鉴（2016）》获山东省年鉴特等奖。全面启动县市区年鉴编辑工作。对《莱州年鉴》《芝罘年鉴》等作专题业务培训。全市12个县市区全部启动年鉴工作，10个县市区完成年鉴编辑任务。

【方志馆建设】 烟台方志馆旧馆使用权2018年3月到期，已争取市政府及有关部门调整相关规划，将新馆纳入市档案馆项目一并规划建设。芝罘区方志馆面积约1000平方米，开始运行。莱州、招远、栖霞、蓬莱等市均将1000平方米的方志馆建设纳入当地公共文化设施建设中。

【地情资料开发利用】 年内，市史志办每月整理编辑《烟台大事记》，在烟台市情网及时发布，并汇集成册，报送市委、市政府有关部门，提供决策服务。出版《烟台往事》《招远市情手册》等地情资料图书，留存记忆、服务大众。为烟台党性教育基地展览、《烟台改革开放实录》等提供大量地方史料。

（撰稿：王磊　审稿：季胜林）

机关事务管理

【概况】 2017年，市机关事务管理局继续保持省级文明单位称号，获评全省机关事务系统先进集体，被市委、市政府评为市直先进集体。年内增设政工科。

【机关办公用房管理】 年内，启用市人防指挥中心楼，将市工商局楼纳入集中管理，增加8万多平方米办公用房，安排37个单位900多人入驻办公，减少外租办公用房3万多平方米，每年可节省租金1000多万元。将30多个在外租房办公的单位纳入集中管理，重新核定办公用房面积，对10多个单位外租房进行整合，每年节省租金80万元。完成市委市政府办公楼部分办公室的修缮改造，将3台高压锅炉更换为常压锅炉，更换4部老旧电梯，把院内路灯更新为LED灯。完成市人防指挥中心楼的装修改造和配套工作，在院内增设数字监控设施、车辆识别系统。完成占地2万多平方米可提供400多个车位的综合停车场前期的建设工作。完成西部老旧办公区的维护改造，对自来水管道、暖气管道进行更换，对楼顶作防水处理，保证老办公区的正常运转。开展对县市区和市直机关办公用房使用情况专项检查，及时更新完善管理台账。参与做好行业协会商会与行政机关脱钩有关工作，印发《烟台市行业协会商会脱钩改革行政办公用房管理办法（试行）》，对首批126个脱钩单位的办公用房进行清理整顿。

【公共机构节能管理】 年初，市机关事务管理局印发《关于2017年全市公共机构节约能源资源工作安排的通知》和年度考核评分细则，明确人均综合能耗、单位建筑面积能耗和人均用水量同比分别下降2.5%、2.2%和3.5%的年度目标。加强对县市区节能工作的业务指导和培训。4月，召开全市公共机构节能会议，与各县市区和市直各单位签订节能目标责任书。9月，召开专题会议对推进“十三五”公共机构节能工作进行安排部署。加强公共机构节能业务培训，启用国家新版能耗统计系统，按时完成能耗统计任务和分析，得到省检查组的高度评价。强化全市公共机构节能管理的督导，完成县市区、市直部门及所属事业单位年度节能考核工作。完成《我市公共机构节能工作发展历程及主要经验》调研。继续抓好典型示范，不断营造节能浓厚氛围。组织第三批节约型公共机构示范单位创建和能效领跑者遴选。创建4家国家级示范单位、5家省级示范单位，1家单位获得山东省公共机构能效领跑者荣誉。重点推进太阳能光伏发电项目。开通公共机构节能微信公众号，举办“节能有我，绿色共享”为主题的节能宣传周和低碳日活动。

【公务用车管理】 年内，市机关事务管理局起草《烟台市市级党政机关公务用车制度改革后保留车辆使用管理有关问题的通知》，规范保留车辆的管理使用程序。组织3次取消车辆网上公开拍卖会。在机关服务中心设立车辆服务科，组建市级机关公车调度中心，完成市级党政机关公务接待调研、市党代会和人大、政协会议等重要活动服务保障。完成市级机关单位260辆公车标识的喷涂工作。加强公务用车日常使用的监督检查，组织3次集中检查，坚持实行节假日公车封存制度。11月，组织市级单位公务用车使用管理的自查自纠工作，防范公车私用现象。完成新一轮定点汽车租赁服务招标工作，选取3家大型客车租赁公司、7家小型汽车租赁公司。推进节能环保型纯电动车的配置和使用管理，在全市5个区和3个县级市的机关办公区和公共机构设置充电桩200多个并配备一定数量充电汽车。加强机关通勤车的调度管理。

【财务资产管理】 市机关事务管理局年内完成市委办、市府办、市纪委（市监察局）财务和资产管理工作。提供周到的记账、对账、结账和报销服务。严格控制经费列支和费用审核，严格按照财政拨款进度，完善资金支付流程。细化专项经费和项目支出管理，实施项目预算、项目验收、资金支付的跟踪管理。

【生活管理】 市机关事务管理局引进2家餐饮公司对市人防指挥中心楼、市工商局楼食堂进行服务保障。制定配套考核办法和违约惩罚制度，定期组织测评。对机关办公区两个自营食堂就餐方式加强管理创新，全部实行自选就餐模式，分批次供应，降低浪费。

【后勤服务保障】 年内，市机关事务管理局推进物业服务社会化。通过公开招标的形式，选择2家企业为市人防指挥中心楼和原工商局楼提供物业服务，并由机关服务中心进行监管。组织“规范化建设年”活动。推进机关办公区服务保障精细化、规范化，确保水电、电梯、空调、消防等设备设施安全运行，完成会务服务、卫生保洁、环境绿化等服务工作，保障率达到100%。完成机关集中生活区的日常物业管理，完成老大院和鹿鸣、翠苑小区道路沥青罩面、设施整修，更换部分路灯。市委、市政府办公楼会议室和市府礼堂接待各类会议1400多场次。

（撰稿：周洪亮　审稿：张前程）

市政府驻北京联络处

【政务服务】 2017年，驻京联络处为市委、市政府主要领导在北京举办的重大政务活动提供服务。服务市委主要领导参加“全国社会治安综合治理优秀城市”表彰大会、党的第十九次代表大会、全国文明城市表彰大会；服务市政府主要领导参加住建部会商房地产形势会、证监会烟台企业座谈会、烟台入围世界特色魅力城市200强经验介绍会、石药集团、长城汽车招商活动等大型活动。为市委、市政府有关领导在中央党校年轻干部理论培训和党性培训班、中国纪检监察学院纪委书记调训、社会主义核心价值观宣传教育工作培训班、全国地市以上新任统战部长培训班、文化部学习贯彻公共文化服务保障法培训班等提供保障工作。为市人民政府与新浪动漫框架协议签约，发改委召开城市信用监测工作座谈会、知识产权强市答辩会、国家食品安全示范城市颁奖典礼、外交部举办“一带一路”建设专题研究班、考察世界500强企业、国家食药总局参加会议等活动提供保障服务。全国“两会”期间为市代表在京活动提供服务。至年底，联络处接待各级来京领导150批次。

【经贸和招商引资】 年内，驻京联络处先后与中科院北京研究中心、清华大学天津高端研究院、中关村天津科技产业园、国防科技大学天津军民融合科技成果转化中心、军事医学科学院天津研究所等院所建立业务联系，探讨合作模式。其中，中科院北京研究中心与高新区合作建立烟台企业创新服务平台达成意向。先后与天津天士力、航天中瑞、中集通讯、汉能移动能源、华为企业云、国美集团、中关村发展、威马新能源汽车等企业建立业务联系，了解投资方的产业方向，熟悉落地方的产业布局，衔接双方优势资源，促成双方相互考察，推进产业项目落地。其中签约落地项目2个：国美智慧城科技有限公司投资建设的智慧城项目，该项目总投资9亿元，与栖霞市共同打造智慧城管、智慧农业、智慧旅游等一系列智慧平台项目，该项目同时引进北京数字政通、高德科技、科大讯飞、联想科技等合作方。北京同心医联科技有限公司的智慧健康城项目，该项目一期总投资8亿元，与高新区共同建设医养健康诊治中心、医疗影像中心、理疗中心、医疗器械研发中心为一体的智慧健康城产业。该项目同时引进联想君联资本，中金康瑞等企业共同发展现代智慧健康城。在谈项目7个：华为云计算大数据项目；汉能移动能源项目；中关村生命科学园烟台分园项目；航天中瑞医养健康产业项目，双方已经完成考察，与高新区达成合作意向，具体合同条款正调整修改补充中；国美智慧产业园项目，是由国美云服科技，国美智能家居共同投资建设，与高新区达成合作意向；威马新能源汽车项目与高新区达成考察意向；台湾氢电池项目，正在跟进。协助组织栖霞、高新区等市区在北京的招商活动，促成汉富控股，安盛集团，远洋投资等企业与牟平相关企业达成合作意向。协助当地政府推进特色小镇项目，年内上报特色小镇3家，分别是招远玲珑镇和金岭镇、海阳辛安镇。招远玲珑镇入选第二批全国特色小镇，招远金岭镇入选山东省第二批省级特色小镇。

【信息报送】 全年为市委、市政府报送信息438篇，被市委办信息科采用2篇，领导批示1篇。组织编辑北京信息专刊36期，最美烟台电话信息发送2期。其中，《北京市广告牌整治的经验》得到市政府主要领导关注，《贸易新形势下农业供给侧结构性改革战略取向》获得分管市领导批示。

（撰稿：宋芸　审稿：姜开）

市政府驻济南办事处

【接待服务】2017年，驻济办接送来济各级领导和工作人员达1394人次，安全行车10余万公里，票务服务500多人次，办理领导交办事项近50件次，做到“零失误”和“零差错”。特别是山东省把新旧动能转换确定为统领全省经济发展的重大工程，并确定烟台作为“三核之一”后，加强与省发改、财政、人社、商务等部门和济南铁路局、国际机场等单位的联系，搭建起烟台市直部门与省直部门联系的桥梁，促进工作对接更加及时快速、高质高效。

【联络协调】年内，驻济办开设省市工作直通车。发挥驻省会城市的窗口媒介作用，强化与省直部门的联络和沟通，先后协助有关市直部门和县市区与省发改、财政、环保、海洋渔业、民政等省直部门和单位加强联系沟通，主动到龙口、福山、开发区等县市区开展调研对接，加强与县市区的工作对接，健全完善相关联络机制。搭建烟济企业合作桥，开展联络走访活动，持续强化内引外联工作，组织多种形式的经济技术合作，协助烟台市有关部门和企业开拓市场，推销产品。开展城市推介，利用各种场合讲好烟台故事，打响“仙境海岸康养胜地”品牌，宣传烟台城市形象、发展成果、规划远景、战略优势、招商政策、营商环境，2017年有效走访在烟投资的驻济大型企业、商社和有关机构10多家，汇总整理企业对在烟投资发展的意见建议，对烟台招商引资和项目建设起到积极促进作用。

【信息服务】年内，驻济办打造政经信息快速路，加大信息服务工作力度。全年编发各类信息100多条，多篇重要信息为领导科学决策，争取工作主动，起到及时准确的参考作用。

（撰稿：刘润鹏　审稿：刘润鹏）

市政府驻上海联络处

【政务服务】2017年，驻上海联络处继续保持同上海市合作交流办公室、市政府接待处、机场、铁路、学校、医院等部门的联系，加大同上海市有关职能部门的联络和沟通。7月20日，市政府在上海宾馆举办“仙境海岸魅力烟台”城市形象宣传推介会，向上海市民展现“宜居宜业宜游”的良好烟台形象。全年接待到沪客人192批次1749人次，其中市级领导37批次217人次。

【信息报送】年内，驻上海联络处收集上海及长三角地区的先进经验和新思路、新做法，拓宽信息收集渠道，挖掘筛选有价值的信息。全年报送信息151期。

【招商引资】年内，驻上海联络处加强同上海市外国投资促进中心、世界500强的联络沟通，与荷兰皇家飞利浦、美国霍尼韦尔、美国江森自控等500强、跨国公司加强项目对接力度。香港上市公司——美丽中国控股有限公司在莱州注册成立莱州盛邦环保科技有限公司，注册资本4000万美元，总投资10亿元人民币，从事沙河镇固废处理业务。12月烟台维巍智能机器人有限公司在烟台开发区注册成立，从事机器人技术设备加工、制造、设计、安装、改造、销售及维修服务，注册资本5000万美元，总投资1亿美元。有4个重点储备项目：意大利MA-EL金属冲压件项目、烟台码爱乐精密金属制品有限公司；普洛斯综合物流园项目、法国催化剂再生加工项目、华潍融资租赁项目。中集产城——中国制造2025示范区、东渡国际商业地产、烟台国际科创城、飞利浦与瑞康药业合作、上海交大健康研究院、意大利法拉利特色小镇等储备项目正在推进中。

（撰稿：毕君毅　祝倩倩
审稿：丁新军）

责任编校：云　霞

中国人民政治协商会议烟台市委员会

综　述

【重要会议与活动】 1月22日，市政协党组召开专题民主生活会。

3月13日，市政协召开十二届二十九次常委会议，听取关于十三届市政协换届人事安排有关问题的说明，审议通过召开十三届一次会议的有关事宜，决定市政协十三届一次会议于2017年3月19日在烟台召开。

3月19—23日，市政协十三届一次会议在烟台召开。

3月23日，市政协召开十三届一次常委会议，审议通过政协第十三届烟台市委员会副秘书长名单，关于设置政协第十三届烟台市委员会专门委员会的决定，政协第十三届烟台市委员会专门委员会主任、副主任名单。

4月18日，市政协召开十三届三次主席会议，审议通过市政协各专门委员会委员名单、市政协2017年视察活动安排计划、界别委员联络组和区域委员活动组组成名单；研究确定十三届市政协有关领导工作分工；审议通过关于开展"站在新起点、实现新作为"学习讨论活动实施意见。

5月11日，朱秀香到杰瑞集团、东方海洋科技股份有限公司调研。

5月16日，朱秀香到烟台工程职业技术学院调研。

5月24—25日，市政协举办新任政协委员培训班。

6月6日，市政协组织委员视察特色村庄建设和传统村落保护情况。

6月27日，市政协召开全域旅游民主监督工作座谈会。

7月10日，市政协召开十三届五次主席会议，审议通过市政协《关于发挥优势精准履职 助推全市创新发展持续发展领先发展的实施意见》和有关人事事项。

7月15日、18日，朱秀香到调研联系点牟平区、昆嵛山保护区，传达市委近期重要工作部署。

7月24日，市政协召开十三届六次主席会议，审议通过市政协服务经济社会发展"九项举措"重点工作任务清单。

7月25日，市政协召开理论中心组读书会暨县市区政协主席座谈会。

7月26日，市政协召开十三届二次常委会议，审议通过《市政协2017年协商工作计划》《关于在市政协委员中开展"岗位建功促发展、履职有为树形象"活动的意见》《政协烟台市委员会关于常委联系基层的工作意见》《政协第十三届烟台市委员会常务委员会关于加强自身建设的意见》和有关人事事项。

7月31日，朱秀香带队到牟平区，督导棚户区改造、信访稳定、环境保护、安全生产工作，调研政协工作。

8月2日，市政协召开全域旅游民主监督工作座谈会。

8月4日，朱秀香到烟台市持久钟表集团有限公司走访调研。

8月9日，朱秀香主持召开校所城融合发展座谈会。

8月10日，朱秀香到蓬莱嘉信染料化工股份有限公司走访调研。

8月15日，市政协召开烟台市人民政协理论研究会成立大会、全市政协宣传信息工作会。

8月24—29日，朱秀香主持召开"校所城融合发展"系列座谈会。

8月31日，朱秀香到山东工商学院、烟台大学，围绕"促进校所城融合发展，助推新旧动能转换"进行调研。

9月1日，朱秀香到牟平区水道镇下河村调研扶贫工作。

9月6—7日，市政协组织部分医疗卫生界委员和专家，深入长岛县大钦岛乡和砣矶镇开展义诊活动。

9月10—15日，朱秀香到芝罘、莱山、海阳、莱阳和栖霞等县市区，围绕"加快旅游公共服务设施建设，打造国家全域旅游示范区"进行调研。

9月13日，市政协组织委员视察矿山地质环境修复与治理工作。

9月15—19日，市政协组织港澳委员、侨外工作顾问，视察创建国家全域旅游示范区工作，举行"委员接待日"暨创建国家全域旅游示范区工作座谈会。

9月20日，市政协围绕"培育名品名城，加快制造业强市建设"召开对口协商座谈会。

9月28日，市政协召开委员企业与金融单位银企合作助推发展座谈会。

10月11日，市政协召开十三届三次常委会议，传达学习全市建设制造业强市工作会议、城市化工作会议精神，听取市发改委关于环渤海潍烟高铁情况通报，围绕"促进校所城融合发展、助推新旧动能转换"开展专题协商，审议通过校所城融合发展建议案。

10月18日，市政协组织全体党员干部集中收听收看中国共产党第十九次全国代表大会开幕会实况直播。

10月24日，朱秀香主持召开食品药品质量工作座谈会。

10月26日，市政协围绕“以科技创新为核心，加快重点产业转型升级”召开对口协商座谈会。

10月28日，朱秀香到市政协机关第一书记村——福山区张格庄镇文家村走访调研。

11月2日，市政协组织委员到市食品药品检验检测中心、高新区山东国际生物科技园医药健康产业展示平台、绿叶制药研发中心，视察医药健康产业发展情况。

11月12日，市政协召开十三届四次常委会议，学习贯彻中共十九大精神，传达学习省政协十一届二十八次常委会议、市委十三届三次全体会议精神，审议通过《政协烟台市委员会关于深入学习宣传贯彻中国共产党第十九次全国代表大会精神的决议》。

11月17日，市政协组织委员视察棚户区改造情况。

11月18—24日，朱秀香带队赴香港、澳门走访看望住港澳市政协委员和侨外工作顾问，开展宣讲十九大精神、宣传推介烟台和考察、交流、联谊活动。

11月24日，市政协组织委员到万华集团和华安集团视察化工产业安全生产转型升级情况。

11月29日，市政协围绕“‘互联网+’现代农业”召开对口协商座谈会。

11月29日，朱秀香带队视察朝阳所城历史文化街区搬迁改造项目推进情况。

11月30日，市政协组织委员到山东东方海洋集团有限公司、烟台杰瑞石油服务集团有限公司、山东国际生物科技园，视察海洋经济新旧动能转换工作。

12月22日，市政协组织住烟全国、省政协委员到莱山区凤凰南路和凤凰东路断头路改造、芝罘区黄务集中安置区和凤凰台智慧社区老旧小区改造、福山区河滨路断头路改造和山前李家棚户区改造等项目现场，视察“三改一通”工程进展情况。

12月27日，市政协召开十三届五次常委会议，听取市政府关于市政协十三届一次会议以来提案办理情况的通报，审议通过召开市政协十三届二次会议的有关事宜，决定市政协十三届二次会议于2018年1月5日在烟台召开。

【协商民主】 2017年，市政协组织开展各类协商活动14次，形成建议案、协商报告、调研报告等30余篇；市政协主席会议牵头，围绕“促进校所城融合发展、助推新旧动能转换”进行调研，经常委会议专题协商，形成《建议案》，市委、市政府主要领导都作出批示；围绕全市十个方面重点工作，形成“培育名品名牌、加快先进制造业名城建设”“大力发展海洋生物产业、建设海洋经济强市”“加强旅游公共服务设施建设、打造国家全域旅游示范区”“借助互联网+、加快发展现代农业”“以科技创新为核心、加快重点产业转型升级”等一批重大协商成果；围绕违法建设整治执法、农村传统建筑保护性建设、农村集体产权制度改革等议题，组织界别委员与相关部门单位面对面协商座谈；围绕实施先进制造业强市战略、创新驱动发展，组织20余名界别委员代表进行协商座谈，提出做大做强龙头带动型企业、保护优质中小创新企业等15条建议，均被认可和采纳。

【促进发展】 年内，市政协主席会议成员牵头，围绕“加强旅游公共服务体系建设”和“提高农产品质量安全”，到县市区开展专项民主监督活动；围绕主城区重点项目建设、棚户区改造、化工产业安全生产转型升级、医药健康产业发展、矿山地质环境修复与治理，开展5次委员集体视察；举办“委员接待日”活动14次，主席会议成员先后与120余名委员座谈交流，征求委员们对全市经济社会发展和政协工作的意见建议；主席会议成员先后到18家委员单位和企业实地走访，了解企业生产经营和委员履职情况，帮助企业排忧解难；搭建银企对接平台，组织委员中的银行负责人和企业家展开协商座谈，4家银行与20户委员企业达成协议、签订合作意向书。

【服务民生】 年内，市政协组织政协委员与500名困难群众结对帮扶，捐资捐物价值31万元，帮助解决子女就业、房屋修缮、看病就医等问题20余件；组织医药卫生界委员和专家，赴长岛县大钦岛乡和砣矶镇等偏远海岛渔村，为1200余名群众免费诊疗、发放药品；部分港澳委员和侨外工作顾问组织开展“光明行”活动，邀请知名眼科医生为百名贫困白内障患者免费治疗，为300多名贫困学生爱心捐款40余万元。

【重点提案】 年内，市政协出台《重点提案遴选与督办办法》《提案办理协商办法》；全面启用新版提案工作管理系统，上线手机APP客户端，首次开展提案办理工作满意度网上测评；会同市委、市政府办公室遴选重要提案呈送市委、市政府主要领导及市委常委阅批，市长张永霞对“推动创新力量协同发展，打造‘国家海洋制造中心’”提案作出批示；筛选20

件重点提案，由市政协主席会议成员和市政府副市长共同督办；推动提案办理纳入全市年度经济社会发展综合考核，完善考核细则，量化考核标准；对十二届五次会议以来的23件优秀提案进行表彰。

【团结联谊】 各民主党派、工商联和无党派人士全年提交集体提案67件，反映社情民意信息70余篇；组织港澳委员、侨外工作顾问围绕“加强旅游公共服务设施建设、打造国家全域旅游示范区”到烟台考察；市政协主席会议成员带队，赴香港、澳门走访看望港澳委员和侨外工作顾问；制定《市政协常委联系基层工作意见》，常委与70余个镇街政协工作机构、210余名基层政协委员建立固定联系，共收集和反映社情民意信息、撰写提案40余篇，为基层协调解决规范海上旅游“渔家乐”、民营企业船舶证件审批、村庄供电供水等问题11件。

【文史资料】 年内出版《烟台文史》第二期、第三期，共24万字，发行4000册；出版《京剧烟台》第二卷、第三卷，共60万字，发行6000册；完成省政协《记忆山东》系列丛书“记忆胶东”和“记忆半岛海疆”分卷编纂工作，上报文稿100多万字；启动烟台市文史资料数据库的建设工作；举办喜迎“党的十九大”书画笔会。

全国、省、市政协委员

住烟台全国政协委员（1名）

董翠娜（女）

住烟台山东省政协委员（41名）

王淑霞（女） 叶乐明
毕宪顺 吕英林
刘泽铭 刘学信
刘跃华 汤义军
李　静（女） 李明治
李建平 李建奎
李海锋 吴健民
宋向阳 宋国章
张金波 张宝健
张培良 张善勇
范庆梅（女） 赵　夔
郝德军 秦　松
夏晓峰 栾　奕（女）
高月明 唐　波
隋子林（女） 隋志光
彭德洲 董翠娜（女）
韩彦明 程伟华
傅永宽 释真龙
释悟实 温永林
温金祥 潘　澍（女）
魏金陵

烟台市政协委员（485名）

中国共产党（25名）

王天立 王玉平（女）
王立国 王式亮
王国伟 王维宙
叶文君 朱秀香（女）
许前东 孙运波
孙学文 牟　强
杨效坤 肖模田
吴明理 宋志刚
张　岩 张建生
陈绍广 郝德军
姜中二 郭尊东
梁传松 谭　伟
戴志东

中国国民党革命委员会（7名）

卢　辉 刘希光
孙猷昆 张宏伟
周晶明 贾志林
隋子林（女）

中国民主同盟（11名）

王　瑞 王　德
丛　芸（女） 冯钢铭
华　臻（女） 杨世安
冷广东 苗志萍（女）
俞祖华 姜海燕（女）
鞠晓明（女）

中国民主建国会（8名）

于春水（女） 王凤泰
王家涛 刘义钦
杜振民 郎丰忠
郝瑞勇 徐杰芳

中国民主促进会（7名）

于　泳 曲荣君
孙泓炜 陈宗利
侯西勇 姜洪波（女）
高素琴（女）

中国农工民主党（7名）

王茂波 孙丰宝
李京波（女） 连　清（女）
张恩宁（女） 郝翠芳（女）
贺业赤

中国致公党（8名）

刘林德 李忠维
李德翔 宋鹏飞
陈桂勇 姜斑女（女）
高秀岩 唐振铎

九三学社（9名）

牟冬梅（女） 李　玲（女）
李忠臣 张香兰（女）
张桂德 秦　松
常黎明 梁启华
樊　静（女）

无党派人士（9名）

马永平 王雪欣
田明宝 刘建峰
孙吉福 李　玲（女）
迟美娜（女） 张邦业

韩　玲（女）

中共共产主义青年团（6 名）

王东亮　　张朋尧
张嘉江　　陈海东（回族）
胡珊珊（女）　薛文华

总工会（12 名）

王　枚（女）　王玉新
闫艳华（女）　李成山
李红新　　辛兆强
房本瑜　　郝宗发
高明才　　唐玉卿（女）
翟　纯（女，蒙古族）
魏　强（女）

妇女联合会（13 名）

于　晶（女）　马晓菲（女）
王明洁（女）　王晓梅（女）
王晓燕（女）
王笑停（女，满族）
朱长红（女）　孙春杰（女）
邹　虹（女）　宋修波（女）
赵恒立（女）　曹凤春（女）
潘　莅（女）

青年联合会（6 名）

王　哲　　孙长虹（女）
张　真（女）　张同泉
陈　静（女）　解继全

工商业联合会（12 名）

王凤华（女）　王立波
王全宁　　刘兰清（女）
刘德旭　　纪华芹（女）
纪涵文　　陈光晓
范绍波　　季道远
姜军武　　訾艳芹（女）

科学技术协会（10 名）

于希峰　　王云芝
王连红（女）　丛　宁（女）
仲晓宁（女）　刘维正
李君斋　　郝春萍（女）
钱如贵　　梅展豪

台湾同胞联谊会（2 名）

李建平
蔡志强（高山族）

归国华侨联合会（13 名）

王少健　　王岩峰
王瑞君（女）　尹国武
华永良　　刘　洋
刘前进　　牟永生
陆　赟　　邵伟伟
崔　超　　鲍冠云（女）
翟一鸣

文化艺术界（18 名）

王　冶　　王秀梅（女）
卞　涛　　李国森
吴昭冰　　冷　宁
迟京丞　　张　宁（女）
陈燕琴（女）　郑洪杰
修思礼　　姜常论
贺宗仪　　袁承光
徐汉伟　　栾晓宾
唐　玮　　彭成瑶（女）

科学技术界（52 名）

于自强　　王　珺
王　梦（女）　王广群
王云杰　　王文本
王永军　　王志政
王滋强　　方琼谊
孔　伟　　邓俊英（女）
石高峰　　冯　庸
曲宏伟　　曲昆生
刘云龙　　刘永胜
刘宏玉　　刘黎明
汤传乐　　孙明海
李　波（女）　李日华
李勇军　　李殿邦
杨　平　　吴春峰
邹安革　　宋焕毅
张　侠　　张捌瑜
陈　静　　陈　磊
周国永　　赵岩杰
赵金菊（女）　柳忠豪
姜　波　　姜训波
姜振良　　耿继川
倪道卫　　徐敬伟
栾希英（女）　陶旭东
盖元举　　董翠萍（女）
焦召明　　解居麟
熊川虎　　薛致勇

社会科学界（5 名）

于　豪　　王建光
孙桂杰（女，锡伯族）
林　江　　姜　亮

经济界（62 名）

于丰豪　　王　宁
王　涛　　王仁学
王文强　　王旭东
王岩峰　　王积武
王培学　　王新军
孔宪凤（女）　史本峰
付培锦　　曲　雯（女）
曲运铎　　吕素霞（女）
刘　勇　　刘希忠
刘尚伟　　刘艳霞（女）
孙大超　　孙明志
孙宗升　　孙春萌
李　孟　　杨永业
杨永亮　　杨守贤
张　安　　张　荔（女）
张华胜　　张启友
张建芳（女）　张善生
陈　蕾（女）　陈义亮
林绍文　　罗小阳
周忠昌　　赵　军
赵广孝　　赵光明
侯立斌　　姜　军
贾　平（女）　顾善科
徐中平　　徐宝华
徐建华（女）　栾　宣
郭黎青（女）　黄尚渭
曹　杰　　隋玉娜（女）
提瑞婷（女）　彭德杰
葛显光　　韩文亭
傅光辉　　傅基伟
曾　巍　　谭益波

农业界（22 名）

于作昌　　王清明
方立锁　　权福健
曲容田　　任尚泉
刘仁众　　衣学军

孙　健　　吴树康（女）
沈兴海　　张建勃
范长山　　郑　钧
郝加喜　　姜　梅（女）
姜松环　　顾兆国
徐月华　　崔晓云（女）
蒋旭东　　潘德辉

教育界（33名）

于　波　　于　莉（女）
于建涛　　山其红（女）
王秀姬（女）　王孙爱珍（女）
王淑燕（女）　王新宁（女）
邓殿栩　　冯开梅（女）
毕见武　　曲卫君（女）
牟　岩（女）　牟晓华（女）
李文喜　　李向红（女）
李育华（女）　李鹏运
杨峰丽（女，苗族）
肖丽春（女）　迟景国
陈端梅（女）　林同海
季美娜（女）　赵少俐
赵冬梅（女）　徐　荣（女）
徐世艾　　徐丽珍（女）
郭宏成　　寇润平
董晓良　　翟小芳（女）

体育界（7名）

于　风（女）　于永生
孙逢安　　李亚林（女）
吴　明　　所洪彬
颜秉蓬

新闻出版界（4名）

王　宏（女）　张　博
黄　玮（女）　韩　梅（女）

医药卫生界（22名）

于　霞（女）　于军修
马德年　　王　慧（女）
王为娜（女）　王建涛
付希满　　吕志波
李　玲（女）　邹　勇
张敏静（女）　张燕飞
陈　静（女）　林　卫
胡书俊　　姜兆友
姜洪洋　　郭　晶（女）
黄河亮（女）　崔　伟
傅风华　　薛云丽（女）

民族、宗教界（12名）

于　磊　　刘万弓
安春宇（达斡尔族）
孙　静（女）　邹钟毅（女）
张心祥　　陆洪军（侗族）
金宗峰（回族）侯信阳
龚清泰　　释真龙
释悟实

特别邀请人士（83名）

于　坤　　于大勇
于水泉　　于文兴
于立祝　　于茂清
于忠杰　　于健安
王少丽（女）　王寿山
王宏铭　　王宗超
王政昌　　王家惠
王策铭　　王焯琳（女）
王嗣强　　王翠珍（女）
田　力　　田存基
丛鹏程　　毕荣花（女）
吕卫东　　吕松霞（女）
任志昱　　刘　君
刘　维　　刘心同
刘世渊　　刘来英
刘治波　　刘思媛（女）
刘振东　　刘铁军
刘焕明（女）　刘静文（女）
安克强　　孙永军
孙建华　　杜伟德
李　刚　　李心敏（女）
李光耀　　李国安
李新新（女）　杨　林
杨东霖　　吴晓飞
何炳权　　谷玲坤（女）
邹　钧　　辛卫东
宋贤章　　宋昌林
宋宗良　　张　强
张华胜　　张行如
张杰平　　陈思泷
邵力波　　林福云
赵志善　　赵美瑜（女）
赵晓晖　　郝正运（女）
郝永平　　咸国涛
夏晓峰　　徐成东
殷广春　　高景波
郭银涛　　曹承华
盖会霞（女）　梁　涛
葛卫华（女）　董福荣
韩国功　　韩桂锦
蒲晓虹（女）　薛建伟
魏红国

（撰稿：任高飞　审稿：李新征）

责任编校：云　霞

中共烟台市纪律检查委员会

综 述

【严明政治纪律】 2017年，市纪委把维护政治纪律、政治规矩摆到首要位置，严肃查处妄评妄议党的理论和路线方针政策、参加非组织活动及封建迷信活动以及把同党中央保持高度一致挂在嘴上、落实不到行动上的人和事。严明组织纪律和换届纪律，匡正选人用人风气，共查处1起严重违反换届纪律、干扰正常换届秩序问题，并在全市通报。立足“再监督”“再检查”，出台《关于加强监督执纪问责服务全市经济社会发展的意见》和具体配套措施，严查部门及其工作人员不履行或不正确履行职责行为，共通报1起损害营商环境典型问题，下发“检查建议”1份、“监察建议”4份。开展环保领域专项问责，做好中央环保督察组交办事项问责工作，共问责195人，其中给予党政纪处分77人。着眼推动问责常态化制度化，成立4个专项问责工作组，负责对落实中央和省市委重大部署、环境保护、山林防火、信访维稳等10个重点领域的专项问责工作，分领域起草问责办法。

【落实管党治党责任】 年内，市纪委采取考核检查、党课辅导、约谈督导等方式，加大责任传导力度。落实党风廉政建设主体责任、加强日常监督“两个台账”制度，对各级各部门落实两个责任情况实行“痕迹化”管理。全市各级开展主体责任方面的工作9246次。严格落实党内问责条例，制定《烟台市党内问责工作流程（试行）》，全市实施党内问责304起，问责党组织240起、问责党员领导干部261人，市纪委分两批次对7起落实全面从严治党责任不力典型问题进行通报曝光。

【纠治“四风”】 年内，市纪委采取重要节点访、区域交叉访、全程跟踪访、随机抽查访、敏感场所蹲点访等方式，组织全市范围明察暗访8次，发现问题线索255起。对党的十八大后、中央八项规定出台后、党的群众路线教育实践活动后发生的“四风”问题，从严定性量纪，全市查处违反中央八项规定精神问题310起、处理349人，其中党政纪处分232人，分别同比增长66.7%、70.2%和33.3%；市纪委先后分11批次通报曝光55起典型问题；各县市区分60批次通报曝光138起典型问题。

【“四种形态”】 年内，市纪委开通运行“烟台纪委”手机客户端，打造“一网一微一端”立体化传播的全媒体平台，及时发布权威信息；分层面组织现场参观烟台廉政教育基地展厅，观看警示教育专题片，开展德廉和党风党纪知识学习测试，在党校增设警示教育课程，编发《市管干部忏悔录选编》《典型案例选编》。制定与市委组织部在实践中运用“四种形态”加强协作配合的实施办法和“四种形态”相互转化指导意见，实现党纪处分与组织处理全面对接，明确各种形态转化的条件、程序、标准。着力在第一种、第二种形态上下功夫，全市纪检监察机关运用第一种形态处置667人次，运用第二种形态处置1082人次；各级党组织综合运用各种方式开展日常监督4856次、11256人。高压查处腐败行为，全市纪检监察机关处置问题线索2264件，立案1965件，结案1499件，处分1527人，其中县处级47人、乡科级173人；移送司法机关23人；市纪委自办案件54件，处分50人。

【从严治党】 年内，市纪委制定《关于开展扶贫领域精准监督的工作方案》，将莱阳市、栖霞市、海阳市作为市级扶贫领域重点督导县市区，确定6个扶贫重点镇街，加强联系督导，及时交办问题线索。推进扶贫领域腐败和作风问题专项治理，全市查处扶贫领域违纪问题61起、处理76人，其中党政纪处分61人、移送司法机关4人；分15批次对33起典型问题进行通报曝光。开展信访举报突出问题专项治理，分两批确定30个问题集中镇街、126起信访大户、120个突出问题，作为专项治理重点，实行“三级联包”，着力化解矛盾、解决群众诉求。围绕解决侵害群众利益问题，分两批次对全市118个镇街开展直查直纠专项行动，初核问题线索252起，立案219起，处理243人，其中纪律处分215人；问责负有主体责任和监督责任的领导干部38人，负有监管职责的工作人员88人，其中给予党政纪处分5人；分3批次对12起典型问题进行通报曝光。

【党内监督】 年内，市纪委印发《县市区党政领导班子成员和市直部门单位领导班子成员述责述廉工作办法（试行）》，在市级、市直部门、县市区三个层面组织286名领导干部开展54次述责述廉。市级层面，组织7名市直部门和县市区党政主要负责人向市纪委全会述责述廉，质询问题14个，收集各类意见建议49条；市直部门层面，组织两轮40个部门领导班子成员向全体党员述责述廉，发现问题11个，对11名“一把手”进行提醒谈话，约谈5名、通报批评1名领导干部；县级层面，在12个县市区开展县级党政班子成员向同级纪委全会述责述廉。结合换届后县市区领导班子成员调整情况，由市纪委书记、副书记与县市区党政正职、党委副书记和政府常务副职等58名领导干部进行一对一、面对面式的廉政谈话；责成县市区党政主要负责人对领导班子其他人员进行廉政谈话，分层督促党员干部履行好管党治党责任，带头廉洁从政。严格落实市县巡察制度，健全完善体制机制，市县两级全面启动开展巡察。市委7月份启动首轮巡察，巡察市管企业9个，组织开展个别谈话619人次，发现问题171个；从11月上旬开始，市县两级联动，聚焦扶贫攻坚“1+27”工作方案涉及的部门单位，对扶贫领域腐败和作风问题开展专项巡察，发现重点问题119个。加强对领导干部个人报告事项抽查核实，先后对9名“疑点人员”进行调查核实，给予党政纪处分6人、诫勉谈话3人；分2批次对6起未如实报告个人有关事项典型问题进行通报。推进市级派驻机构“全覆盖”，市级派驻机构改革工作基本完成。成立市深化国家监察体制改革试点工作小组及办公室，统筹做好各项基础性工作。

【队伍建设】 年内，市纪委制定《关于全市纪检监察系统学习宣传贯彻党的十九大精神的实施意见》，召开全市纪检监察干部队伍自身建设会议，出台加强干部队伍建设的具体意见办法。会同市委组织部研究制定落实“四个提名考察办法”的“提名函”制度，提拔、重用、交流副县级以上领导干部22人、科级干部42人。市纪委先后举办党风政风监督、纪律审查、信访举报、巡察业务培训班；分两批组织80余名领导干部到浙江大学专题培训；组织54名基层干部到市纪委机关以干代训。同时，坚持刀刃向内，以“零容忍”态度清理门户，处置问题线索22件，查处纪检监察干部5人，其中党纪处分2人，教育谈话3人。

重要会议与活动

2017年1月17日，中国共产党烟台市第十二届纪律检查委员会第九次全体会议举行。市纪委委员31人出席会议。市委书记、市人大常委会主任孟凡利出席全会并讲话。市委常委，市人大常委会、市政府、市政协等领导同志出席会议。

3月9日，省委第七巡视组对烟台市巡视“回头看”工作动员会召开。省委第七巡视组组长王成方作动员讲话，省委巡视工作领导小组成员明春德就配合做好巡视工作提出要求，市委书记、市人大常委会主任孟凡利主持会议并作表态发言。

3月13日，中国共产党烟台市第十二届纪律检查委员会第十次全体会议举行。市纪委委员33人出席会议。市纪律检查委员会常务委员会主持会议。

3月18日，中国共产党烟台市第十三次代表大会选举产生的烟台市第十三届纪律检查委员会，在烟台国际博览中心第二会议室举行第一次全体会议。全会选举中共烟台市第十三届纪律检查委员会常务委员会委员、书记、副书记。

5月18日，省委第七巡视组向烟台市委领导班子反馈巡视“回头看”情况会议召开。省委巡视工作领导小组成员、办公室主任刘铁生出席会议并就抓好巡视整改工作提出要求，市委书记王浩主持会议并就做好整改工作作表态发言。

5月24日至25日，省委常委、省纪委书记陈辐宽到烟台就贯彻落实中央纪委和省纪委全会精神，深入推

2017年7月31日，十三届市委巡察工作动员部署会议召开

进党风廉政建设和反腐败工作等进行调研。市委书记王浩，市委常委、市纪委书记岳德川等参加活动。

6 月 29 日，市纪委机关、市监察局组织举办“争做敢于担当、勇于作为的纪检监察干部”主题演讲比赛。

7 月 5 日，由市纪委、市监察局、市文广新局联合主办，市京剧院创排演出的新编历史京剧《闯王进京》在烟台大剧院上演。市纪委监察局机关、派驻机构等纪检监察干部、市直文广新系统干部职工 1000 余人观看演出。

7 月 18 日，市委常委、市纪委书记岳德川到莱阳市、栖霞市调研扶贫领域监督执纪问责工作。

7 月 26 日，市纪委、市监察局、市委外宣办召开新闻发布会。市纪委常委张丽敏通报第一批群众身边不正之风和腐败问题直查直纠专项行动有关情况。

7 月 31 日，市委巡察工作领导小组第一次会议暨十三届市委巡察工作动员部署会议召开。市委常委、市纪委书记、市委巡察工作领导小组组长岳德川，市委常委、市委组织部部长、市委巡察工作领导小组副组长于涛出席会议并讲话。

7 月 31 日，“纪检监察干部问题线索网络举报平台”在烟台市纪委监察局门户网站正式开通。

8 月 2 日，市纪委召开第二批群众身边不正之风和腐败问题直查直纠专项行动动员培训会议。市纪委副书记邢永强出席会议并作动员讲话。

9 月 28 日，烟台市纪委手机客户端“烟台纪委”正式开通运行。

11 月 7 日，中国共产党烟台市第十三届纪律检查委员会第二次全体会议举行。出席全会的市纪委委员 35 人。会议由市纪委常委会主持。市委常委、市纪委书记岳德川作讲话。

11 月 7 日，市纪委召开专题会议，对扶贫领域腐败和作风问题专项治理工作进行动员部署。市委常委、市纪委书记岳德川出席会议并讲话。

11 月 10 日，烟台市召开扶贫领域专项巡察工作动员部署会议，宣布巡察组组长、副组长授权名单及任务分工，部署启动扶贫领域专项巡察工作。

12 月 4 日，市委召开全市推开国家监察体制改革试点工作动员部署会议，省委常委、市委书记王浩出席会议并讲话，市委常委、市纪委书记岳德川主持会议并作具体安排，市委常委、市委组织部长于涛传达中央、省部署要求，市检察院检察长邵汝卿就检察机关职能划转、人员转隶工作讲话。

12 月 8 日，烟台市召开十三届市委第二轮巡察工作动员部署会议。市委常委、市纪委书记岳德川，市委常委、市委组织部部长于涛出席会议并讲话。

12 月 11 日，中共烟台市委向市各民主党派、工商联、社会组织联合会负责同志和无党派人士代表通报全市党风廉政建设和反腐败工作情况。市委常委、市纪委书记岳德川通报情况，市委常委、统战部部长于永信主持会议。

（撰稿：丛麟　戚树明　审稿：孙学材）

责任编校：云　霞

民主党派与工商联

中国国民党革命委员会烟台市委员会

【概况】 2017年，民革烟台市委审查通过党员12名。其中，大学以上学位10名，中级以上职称7名。至年底，全市有民革党员271名，基层组织16个，各级人大代表、政协委员42名。

【思想建设】 4月，民革烟台市委召开机关办公会议，研究部署年初市委统战部提出的开展“新集体、新作为、新形象”争先创优活动；6月召开市委扩大会议，传达市委统战部召开的各党派主要负责人座谈会及中共山东省第十一次党代会精神及市委有关会议精神；11月召开市委扩大会议，组织学习中共十九大报告。开展各种主题活动，举办培训班、报告会、座谈会等。10月底，组织部分骨干党员参加由市委统战部主办的全市县处级党外领导干部进修班、各民主党派领导班子和骨干成员培训班、新任党外市政协委员培训班；11月下旬组织部分骨干党员参加在山东省社会主义学院举办的民革山东省委2017年党员骨干培训班；组织鲁东大学6名党员参加学习贯彻十九大精神知识竞赛测试答题活动；组织50余名各领域的党员分批参加市委统战部举办的每期“同心大讲堂”。

【组织建设】 年内，民革烟台市委发展党员12人。10月底成立民革烟台市委第十支部，张琪当选支部主委；12月成立民革烟台市芝罘区基层委员会，刘学军任基层委主委；成立民革烟台市委各专门委员会。5月12日，在民革山东省第十三次代表大会上，市委主委隋子林当选民革山东省第十三届委员会常务委员，市委副主委贾志林当选民革山东省第十三届委员会委员。10月30日，经民革山东省第十三届二次主委会议研究决定，任命市委副主委周晶明为民革山东省第十三届委员会人口资源环境委员会委员，牟平支部主委孙艺洲为民革山东省第十三届委员会“三农”委员会委员，第九支部副主委刘一品为民革山东省第十三届委员会科教文卫体委员会委员。9月下旬，市委会参加在井冈山红色文化教育学院举办的为期一周的民革山东全省机关干部培训班。市委会在基层组织中开展“争先创优”活动，部分基层组织主动创新，与异地民革组织进行结对共建。4月下旬新区支部与菏泽市直支部进行座谈，互相交流支部日常工作的经验，结为友好关系合作支部，在以后的支部建设发展中互相学习交流；5月三农支部邀请青岛市南一支部到仙人盆村参加樱桃采摘文化节，并与之结为友好支部。年内，市委会加强对网站的管理，共发布工作动态、党员风采、学习交流等信息20余条。民革烟台市委精准帮扶仙人盆村的经验被民革中央机关报纸《团结报》（6月8日）头版刊发，精准扶贫的“烟台经验”在全国推广。9月初民革中央团结报在南京举办《团结报》创刊60周年纪念大会暨民主党派新闻宣传与信息化建设研讨会，民革烟台市委作为全国唯一地级市民革组织在大会上受到表彰。

【参政议政】 民革烟台市委年初组织一支部部分党员及芝罘区相关部门到浙江金华对垃圾分类整治进行实地考察调研，形成“关于建设现代垃圾分类服务体系，实现垃圾减量的调研报告”；组织烟大支部及第十支部部分党员对芝罘区违法建设整治进行调研，经过11月底的界别协商讨论，完成“关于理顺烟台市市区两级违法建设整治执法的管理体制和程序的调研报告”；6月初组织部分企业家党员到中俄基地参观考察“一带一路”；11月组织市委委员及支部主委参观烟台绿茶龙泉基地，对烟台绿茶、桑叶茶、红茶生产与销售情况进行一次实地调研，并对茶叶产销等方面提出合理化建议。在芝罘区世秀社区开展垃圾分类试点工作，由一支部党员杨克忠牵头组织外出到安徽、浙江、上海、泰安和日本等地考察参观，到芝罘区和蓬莱市垃圾处理场调研，并与芝罘区环卫处共同编撰《芝罘区2018年试点开展生活垃圾分类工作实施方案》及《社区生活垃圾分类指南》。在市“两会”上共提交提案49件。烟台大学支部邹钧、十支部王晓曦《关于理顺烟台市市区两级违法建设整治执法的管理体制和程序的建议》，鲁东大学支部孙鹏《关于将克利顿饭店旧址改建为孙中山、徐镜心纪念馆的建议》，四支部张丰和、宋迎利等人《关于加强我市住宅物业管理的建议》和一支部杨克忠《关于建设现代垃圾分类服务体系，实现垃圾减量的建议》被市委会列为集体提案。其中《关于加强我市住宅物业管理的建议》在市委统战部《议政建言》第11期刊发。开发区支部主委卢辉

《关于加快推进烟台蓬莱国际机场实现零距离换乘的提案》被市政协采纳并予以答复，《关于加快推进环渤海高铁建设突破山东半岛烟威城市群交通瓶颈的提案》通过市委会报省。9月下旬参加全市科技创新驱动发展工作情况通报协商会，从驻烟高校科研创新支持烟台发展的角度提出建议；10月初参加市委统战部组织的烟台东部新区和牟平区发展调研活动，建议东部新区打造东部新区企业家俱乐部，同时建议山东仙坛股份有限公司改进财务管理；10月底组织党员中的部分专家学者对朝阳、所城历史文化街区的建设改造和规划设计进行实地调研、座谈交流，提出《把握政策导向，加快历史街区更新改造》《朝阳、所城现代城市文化的历史记忆》《烟台作为辛亥革命北方中心历史地位的确认及其影响》等建议；11月下旬组织党员参加芝罘区委统战部“不忘合作初心、牢记共同使命”座谈会，从党派基层组织活动场地、经费及调研等方面提出具体建议；12月初参加全市医养结合示范市建设专题协商会，从多元办医、创新模式、放宽准入、鼓励政府购买社会服务等方面提出建议；12月中旬参加市委、市政府召开的各民主党派、工商联、社会组织联合会和无党派人士代表座谈会，提出《关于构建六区统一供水格局的建议》。

【社会服务】 年内，民革烟台市委先后在民革教育实践基地——海阳市盘石店镇仙人盆村举行“中山纪念林”植树活动、“中山思源井”揭牌仪式、“首届仙人盆福虎岭樱桃文化节”、慈善拍卖活动和文艺汇演；协调市金融办争取到120万元农发资金为仙人盆村修建总蓄水量达5万平方米的水库两座，协调海阳市财政局拨款80万元为村整修河道1000余米，这两项工程均于7月初完工。贵州纳雍精准扶贫持续推进。年初牟平支部接待贵州纳雍由2名畜牧专家及20余名家禽养殖技术人员组成的考察团，为其提供住宿并免费进行养殖技术指导，并对土鸡养殖整个生产链条进行近一个月实习培训；4月下旬市委携牟平支部赴贵州纳雍开展精准扶贫考察；11月下旬牟平支部主委孙艺洲被民革中央评为“民革全国社会服务工作先进集体先进个人”。

【组统工作】 6月中旬，民革烟台市委主委隋子林到民革中央汇报筹备海峡两岸古筝艺术周活动事宜；10月下旬接待烟台市海外联谊会名誉副会长、台湾籍的李永祥及林桂芝，并陪同他们考察民革党员吴春峰的烟台丹源仓储有限公司和烟台富康生物科技有限公司两家台资企业；10月由一支部党员迟云英负责在开发区磁山举办烟台市第一届中华老爷车展览与论坛，加强与海峡两岸的文化与商业合作交流；烟台大学支部主委曹云峰长期与一些台湾的著名音乐家在音乐文化方面保持着友好关系，10月接待来自台湾两岸文化教育交流协会秘书长张浩一行，他们代表台湾中原大学与烟台大学签订互派留学生协议，并在烟台大学音乐舞蹈学院开始启动该合作项目。还与台湾著名长笛教育家莊清林相约到昆明云南艺术学院进行文化交流，并与昆明艺术剧院签订长笛音乐会演出意向；八支部陈燕琴12月随中华旗袍会环球之旅第20站赴台湾进行两岸传统文化交流。加强涉台参政议政。鲁东大学支部党员孙鹏博士的调研论文《台湾青少年国族认同路径探析—基于鲁东大学—华梵大学两岸大学生书写夏令营的实践》2月获全省统战理论调研宣传“四新工程”优秀理论调研成果优秀奖。

（撰稿：张雪莲　审稿：隋子林）

中国民主同盟烟台市委员会

【概况】 2017年，民盟烟台市委有县级委员会1个，基层委员会2个，支部21个，专门工作委员会11个。全年共发展新盟员57人，平均年龄37.8岁。大学以上文化程度54人，其中硕士研究生13人；中级以上职称29人，其中高级职称5人。文化教育和科技主界别24人，政府及事业单位11人，新的社会阶层13人，非公经济人士9人。区政协委员1人。

【思想建设】 年内，民盟烟台市委以“不忘合作初心，继续携手前进”主题教育活动为引领，举办“民盟大讲堂”“支部开讲”、参观胶东抗战第一枪纪念馆和杨子荣纪念馆等系列活动。市委会印发《民盟烟台市委关于学习宣传贯彻中共十九大精神的通知》，先后举办十九大精神专题学习班、特约信息员培训班、新盟员学习班、参政议政培训班，组织领导班子成员、骨干力量先后参加各级政治学习20余场，近600人次参加。“烟台民盟”微信公众号，配合“烟台民盟”网站为盟务思想建设和发展、社会服务和重大活动进行宣传和推介，发稿186件。

【参政议政】 年内，民盟烟台市委成立特约信息员队伍，修订《民盟烟台市委关于进一步加强参政议政工作的意见》，举办参政议政骨干培训班。年内完成统战部重点调研课题2个，分别是《烟台市特色小镇与历史文化名村》《关于烟台市畜禽养殖废弃物综合利用的建议》。完成统战政策理论课题3个。在各级“两会”上共提交并立案的提案114件，集体提案6

件。其中，烟台市政协选为政协主席重点督办提案3件，市政协年度优秀提案1件。社情民意信息工作有新突破，年内向市政协提交社情民意25件，其中11篇被市政协采用，2篇被省政协采用；向民盟山东省委提交社情民意35篇，18篇被采用，通过民盟省委渠道上报的信息有9篇被省政协采用。

【组织建设】 年内，民盟烟台市委确立市委会主要负责人与市委统战部常务副部长联系制度，建立《民盟烟台市委会关于进一步加强参政议政工作的意见》《民盟烟台市委会组织发展实施办法》《民盟烟台市第七届委员会常委联系各级民盟组织制度》等制度。新成立4个支部，完成7个支部换届。科学统筹新成立11个专门工作委员会，根据各专业特点制定5年工作计划，定时考核汇报。各基层组织相互促进，按规划有制度的开展盟务工作。颁布《民盟烟台市委会关于加强"盟员之家"建设的意见》，先后在民盟烟台芝罘教育支部、民盟烟台医务综合支部挂牌成立"盟员之家"，打造盟员学习交流之家、参政履职之家、风采展示之家、凝心聚力之家。12月，民盟烟台市芝罘区基层委员会成立，是烟台民盟在中心行政区建立的第一个基层委员会。

【社会服务】 年内，民盟烟台市委促成并承办"民盟远程教育'烛光行动·千校计划'签约仪式暨2017年中国基础教育信息化论坛"启动仪式，活动共向烟台市17所学校捐赠价值近700万元的教育教学资源。"中国民主同盟烟台市委员会同心·健康服务基地"在烟台成友中医院揭牌，开展各类义诊活动合计28次，健康知识讲座26次，举办接诊1760人次，慰问救助困难家庭3次。"文化、科技、健康、法律"民盟专家四进社区大型系列公益活动先后进入市区和乡镇社区开展专家义诊、科技知识讲座、免费治疗等。全年累计捐助贫困家庭20多户，免费义诊惠及群众3万余人，捐赠药物共计10万余元。同步开展多场专题普法活动和法律咨询。市委会与蓬莱市政协联合，组织中国农大烟台研究院盟内外10余位葡萄酒研究领域的专家学者和园艺景观设计师送"科技"进社区，为葡萄种植、酿造企业面对面送去专业技术指导。民盟烟台市委与烟台市芝罘区体育发展中心联合主办"烟台市第二届跆拳道竞技王·争霸赛"，助力烟台健康城市建设。

2017年4月20日，民盟烟台市委承办民盟远程教育"烛光行动·千校计划"签约仪式

【助力地方发展】 年内，"中国民主同盟烟台市委员会龙泉同心实践基地"成立。作为市委会第一个同心实践基地，"盟地"合作模式是新探索新尝试。民盟烟台市委会围绕如何打造文化龙泉、健康龙泉、现代农业龙泉、大数据龙泉以及原生态旅游龙泉等，组织盟员专家提出建议和规划指导，助力牟平龙泉镇快速发展。

（撰稿：温　琦　审稿：鞠晓明）

中国民主建国会烟台市委员会

【概况】 2017年，民建烟台市委有基层委员会3个、总支部2个、支部31个，会员总数614人，平均年龄42.4岁，其中大专以上学历541人，占会员总数的88%；中级以上职称269人，占43.8%。

【思想建设】 年内，民建烟台市委共编印《工作季报》4期，编发"民建烟台市委"网站稿量130余篇，选定中央、省、市理论调研课题3项，完成理论研究成果9篇。1篇作品获得民建中央工匠精神征文二等奖，1篇作品获得民建省委工匠精神课题达标成果奖；4篇作品获得民建山东省委理论研究课题达标成果奖；1篇作品被评为民建省委主题征文优秀作品。民建烟台市委先后获得"民建山东省委2017年度理论宣传工作突出先进单位""民建山东省委2017年度网站工作先进单位""民建山东省委2017年度参政议政先进单位"。

【组织建设】 年内，民建烟台市委完成基层组织换届，新建总支部2个（莱山总支部、工业总支部），新建支部6个。创建预备会员入会考试制度，建立《中国民主建国会理论知识考试》试题库，举办预备会员培训考试2期，培训预备会员80人。举办骨干会员学习中共十九大精神专题培训班，民建省委副主委李旭茂就《不忘合作初心，继续携手前进，做合格的民建会员》进行专题讲座。继续开展“做优秀会员、创模范支部、树机关新风”活动，对原有的考核办法进行修订汇总，形成更为科学、合理的《先进集体及个人考核表彰办法》。年底，表彰1个基层委、7个支部，2个专委会、5个企业家联谊会分会，87名优秀会员、34名先进个人。

【参政议政】 年内，民建烟台市委启动“参政议政精品计划”，组建“参政议政精品计划领导小组”。从会内筛选确定27名优秀会员成立“参政议政精品计划专家团”，形成高质量调研成果12篇，上报民建中央和民建山东省委调研课题3个。举办两期骨干会员参政议政专题培训，邀请民建省委、市政协研究室为各支部主委、专委会主任、参政议政委员会成员进行专题培训。对“做优秀会员、创模范支部、树机关新风”活动考核办法中参政议政有关内容进行修订，落实参政议政“五个一”制度。年内，民建烟台市委提交集体提案21件、委员个人提案80件，其中集体提案《关于进一步完善河长制的建议》被列为市领导重点督办提案，2件个人提案《加快推进我市海绵城市建设的建议》《关于加大在校中小学生毒品预防教育的建议》被评为2016年度市政协优秀提案。同时《关于全面推进农村集体产权制度改革的建议》受到市政协关注，专门召开市政协界别协商会议。年内共上报社情民意信息35篇，被省政协采用5篇，被民建省委采用20篇，被市政协采用11篇，其中《非法集资和金融诈骗向农村蔓延势头亟需遏制》的建议上报全国政协。

【社会服务】 年内，民建烟台市委对“同心·民建思源服务基地”——海阳市大庄村进行持续帮扶，会员企业云顶集团新投入100万元联合该村30余家农户组建专业合作社，养殖树下作物松茸菌，推进产业扶贫。挂牌成立“烟台民建妇委会女童关爱基地”。在招远市杨家营村投入扶助金5万元，修建“民建同心·思源路”。4月，企业家联谊会联合毓璜顶医院共同创作的以关爱自闭症儿童为题材的公益微电影《用爱唤醒你》上映，该电影是烟台唯一入围第七届北京国际网络电影节作品。企业家联谊会、文化委员会及高校支部共同承办的“凝情聚力”助孤残，“同心同向”促和谐的民建关爱孤残儿童捐助活动走进烟台心生元儿童成长培训学校，为学校孤残儿童捐赠150套印有“民建爱心”的运动服和文具；开发区一支部与联谊会五分会投入5万余元在青少年宫大剧院携手举办2017年“开生医药杯”广场舞大赛。企业家联谊会、文化委员会共同承办的“民建关爱环卫、共铸城市文明”的大型公益活动为芝罘区环卫工人捐赠现金和物资1.63万元；莱山总支筹资近3万元为区社会福利中心的老年朋友捐赠画案、博古架、电视、笔墨纸砚、教材等书画用品。芝罘二支部、七支部连续十几年开展“社工筑情”送温暖活动，年内，筹措资金2万元，为通伸街道办事处辖区贫困家庭购买家庭保险50份，为他们带去米面等慰问品。联谊会二分会发起的爱心果园活动，从根本上为栖霞三户困难家庭解决后顾之忧。12月17日，由企业家联谊会、开发区委员会联合烟台电视台举办“落槌有爱 为爱相约”大型公益拍卖活动，现场拍卖成交额中有7万多元通过“同心·民建思源扶助金”捐赠给烟台开发区福利院，专款用于30多名特殊障碍儿童的康复治疗。联谊会十一分会发起的新春送温暖活动为栖霞市前台村60多位低保老人发放围巾、大米、海鲜礼盒等春节慰问品；烟台山河家具有限公司总经理张志强为芝罘社会福利院的儿童捐赠价值6万余元的儿童衣柜和图书；高校支部连续两年与企业家联谊会联合开展大学生专场招聘会，累计为在烟大学生就业提供400多个岗位；妇女委员会的七夕鹊桥会、海阳支部的“精准暖冬扶贫”行动、龙口支部的慰问屺坶岛空军雷达连活动、芝罘八支部的“扬帆助学”行动、开发区二支部的“手牵手助学计划”。年内，全会投入捐赠帮扶资金203万元，帮扶困难家庭31户，资助贫困学生111人，开展各类技能培训38次，受训1087人，提供就业岗位1051个。

（撰稿：孙承东　审稿：郎丰忠）

中国民主促进会烟台市委员会

【概况】 2017年，民进烟台市委有基层委员会1个、基层支部25个，会员338名。其中，女会员160名，占47.3%；离退休会员96名，占28.4%；大学及以上学历占77.5%；中级以上职称占75.2%；担任全国和省、市、县级人大代表、政协委员职务的70名，受聘为“一府两院”特约人员的33名。

【参政履职】 年内，民进烟台市委先

后围绕“深化城市整体发展”“创新驱动发展战略”“医药健康和医养结合”“互联网+现代农业发展”“海洋产业链薄弱环节”“科技评价体系改革”等提出合理化建议70多条。推行“参政议政全员参与制”和“集体性、参与性、专题性、同步性”集体调研模式，出台《参政议政工作积分量化管理办法（试行）》，推行调研课题征集制、集中审核制，先后就“高等教育资源与产城教融合”“（学校）家庭教育工作”“朝阳、所城历史文化街区建设运营”等开展集体性调研18次。年初“两会”期间，担任人大代表、政协委员职务的70名会员先后提交集体提案9件，个人政协提案、代表建议和社情民意信息139件，形成《议政建言》3篇。《关于修改医疗器械分类目录中全自动酶联免疫分析仪管理类别的建议》被民进中央和全国政协采用；《加强科技企业孵化园区建设》《基层综合性文化中心建设》《配套完善公交车内设施及服务》等7件被确定为市级领导重点督办提案，《关于文明城市建设常态化的建议》等3件被评为优秀提案。融入“新型智库”“科研创新与成果转化”“产学研一体化”，参与新旧动能转换等10个公共问题研究，围绕养老产业发展、东部新区建设等建言献策；主持国家和省级自然科学、社会科学基金项目25项，获得国家发明专利6项、在申3项，国家和省市级科研奖项17项，自主创新成果转化重大专项5项，在国内外核心期刊和学术媒介发表论文160多篇；参与完成“国家樱桃良种苗木繁育基地建设”“农产品质量安全综合检验检测中心建设”等9项，开展校地共建16项、联合研发23项、投产12个。

【社会服务】 年内，民进烟台市委集中帮扶蓬莱4个省定贫困村160户465名国家标准贫困人口，协调筹措建设资金300多万元；向上争取文化专项资金200万元，助推莱州38个省定贫困村全部实现文化达标建设；救助因病致贫军人家庭户，捐建板房及物资用品6万余元。持续13年“同心·城乡助学行”，年内捐款38万余元；持续11年“同心·科技指导小分队”，年内提供专业技术服务5000多次，帮助减少损失500多万元；持续3年“进乡村·暖乡亲·春联万家”，年内送出春联1000多幅、慰问品5万余元；持续12年“进乡村·暖乡亲·同心送健康”，年内向4个省定贫困村4000多名村民提供疾病检测、保健咨询服务；持续5年“法律援助”专项服务，年内开展“法律援助进社区”“法律援助进乡村”活动8次，受益人群6000多人次。实施“文教敷旋”工程，持续开展农村支教活动，捐赠教育教学物资30余万元；实施“智力帮扶”工程，培训服务外包软件及影视动画人才781人，涉农技术和无业人员300余人，安置零就业家庭和农民工600多人次；实施“爱心救助”工程，继续支持母亲教育中心活动，开展“走进敬老院·情注孤寡人”活动，参与“春蕾女童”“南丁格尔志愿服务队”“绿叶爱心服务队”“千名血栓患儿免费用药”等公益活动，结对帮扶困难家庭、弱势群体和贫困学生1900余人次，累计捐款捐物20余万元。

【组织建设】 年内，民进烟台市委修订完善“发展会员工作流程”，推行“一个邀请、三个征求、两个问责”工作法，试行入会积极分子考察制，年内批准入会16名。健全信息报送机制，更新基层支部“六个有”标准化建设模板，增加“民进与国歌、国庆节”“民进与教师节、教师法”等内容，修订《会员履职档案》等归档材料，先后获得各级各类表彰奖项14个，170多名会员获得表彰奖励。修订完善《基层组织工作条例（试行）》，适度创新基层组织换届模式，坚持法定方式和提名方式并举的原则完成23个基层支部的换届工作。

（撰稿：姜　轲　审稿：姜洪波）

中国农工民主党烟台市委员会

【概况】 2017年，农工党烟台市委审查通过党员29名。其中，硕士以上学位5名，中级以上职称8名。至年底，全市有农工党员269名，总支（支部）19个，各级人大代表、政协委员45名。

【思想建设】 年内，农工党烟台市委成立《农工党烟台简史》编委会，开始党史的资料挖掘、收集和整理工作，发挥党史资政育人作用。年内召开《农工党烟台简史》编委会会议，梳理工作脉络，明确责任分工，编写完成《农工党烟台简史》《风雨历程·光辉画卷》。

【组织建设】 年初，农工党烟台市委与市其他民主党派联合出台《关于学习贯彻市党代会和人大“两会”精神开展新集体、新作为、新形象三看六比争先创优活动的实施意见》。全市各基层组织通过改善条件、创新活动形式等增强基层组织活力和凝聚力。市委会开展组织建设专题研讨，制定《农工党烟台市委2017年支部换届工作方案》，下半年开始支部换届工作。开展先进基层组织和优秀党员评选活动。授予市直一支部等5个支部“先进基层组织”荣誉称号；授予中医药专委会等4个专委会“优秀专委会”荣誉称号；授予张金波等79名党员

“优秀党员”荣誉称号。

【参政议政】 农工党烟台市委在市政协十三届一次会议提交集体提案21件，委员提案23件。其中由沈兴海、薛云丽、朱清毅分别撰写的《关于积极开展全域旅游的建议》《关于加快推进烟台生物医药产业发展的建议》《关于加强各级政府网站开展信息无障碍改造的提案》被列为重点督办提案。沈兴海《关于加大投入深入推进扶贫开发工作的建议》《关于全面提高农田质量水平的提案》被市政协评为2016年度优秀提案。农工党市委被中共烟台市委统战部评为“2016年度全市统战理论调研信息工作先进单位”，市委副主委邹常厚被中共烟台市委统战部评为全市统战理论调研信息先进个人。围绕“医养结合”主题，先后到绿叶医疗集团和蓬莱市中医院进行调研，参观考察绿叶鲍巴斯康复医院、蓬莱市中医院“医养结合”养老项目，行成调研报告《对我市健康产业发展的几点建议》，并报统战部《议政建言》。参与中共市委统战部开展的烟台东部新区和牟平区发展调研活动，提出《突出特色，着力发展健康产业，打造医疗健康养生旅游目的地》建议。组织部分党员专家学者对朝阳、所城历史文化街区进行实地调研、座谈交流，提出建议《恢复历史原貌，展现文化底蕴》。加强与市食药局、渔业局等对口联系部门协作，完成农工党广州市委在烟台开展的“打造品牌、擦亮广州化妆品行业质量名片”专题调研，农工党北海市委“现代海洋渔业”专题调研。成立农工党烟台市医疗联合体调研组，协调卫计委等有关部门就烟台市医疗体建设情况进行调研，并形成《烟台市医疗联合体建设情况调研报告》报农工党省委。

【社会服务】 年内，农工党烟台市委开展送医送药、送健康特色活动。第十届“中国环境与健康宣传周”期间，联合滨州医学院附院组织神经内科、骨科、内分泌科、心血管内科、公共卫生科共5名医学专家，6名护理人员，携带超声、心电图、血压计、血糖仪等专业设备到栖霞市中桥吕家庄开展义诊活动。义诊共服务村民约150余人次，发放宣传材料100余份。成立农工党烟台市委法律服务团，召开法律服务工作座谈会，通过培训授课、法律咨询、法律援助等方式发挥优势、服务社会，打造农工党法律服务工作亮点品牌。为农工党社会服务基地黄务中心卫生院做礼仪专题培训。联合九三学社烟台市委组织渔业专家赴莱州市金仓街道北仓村海水养殖场开展专家到户指导。

（撰稿：王　宁　审稿：贺业赤）

中国致公党烟台市委员会

【概况】 2017年，致公党烟台市委有1个基层委员会，13个基层支部，全年发展新党员24名，至年底有党员251人。市委会被致公党中央授予“坚持和发展中国特色社会主义学习实践活动先进集体”“社会服务工作先进集体”称号。

【思想建设】 年内，致公党烟台市委开展“坚持和发展中国特色社会主义学习实践活动”“不忘合作初心，继续携手前进”专题教育活动，组织党员学习贯彻中共十九大精神。围绕“初心与梦想”，组织开展口述历史征集活动，采访4名老党员对多党合作优良传统的思考感悟。结合“新集体、新作为、新形象”争先创优活动，围绕“责任与担当”，征集60多名党员的优秀事迹和对致公党工作的感悟，编印出版《我是中国致公党党员》第一辑。全年编印《烟台致公》2期，在市级以上媒体刊发新闻稿件20余篇，烟台统一战线公众号及网站刊发稿件32篇次。

【参政议政】 年内，致公党烟台市委先后陪同致公党中央调研组赴烟台开发区和长岛县就“留学归国人员成果转化与产业化问题”“发展海岛经济 推进海上丝绸之路建设”开展调研。市委会各基层组织针对建设美丽乡村、实施医疗一卡通、农村地区冬季采暖、发展高端医疗器械产业等课题进行调研，并提出相关意见建议。创新参政议政机制，聘请山东工商学院6名专家学者成立“参政议政专家咨询团”。参加中共烟台市委、市政府、统战部门组织的恳谈会、协商会及调研考察活动，围绕“东部新区建设”“科技创新工作”“医养结合示范市建设”“朝阳、所城街区改造”等提出意见建议；向市政协提交集体提案12件，委员个人提案44件。2件集体提案被市政协表彰为优秀提案，2件提案被确定为重点督办提案，1件提案被市长批阅。1件课题被致公党中央作为集体提案提交全国政协会议；向致公党山东省委提报各类课题项目35个；向市委统战部提报课题5个。整理报送社情民意信息50多条，其中致公党山东省委采用20条，省政协采用9条，致公党中央采用2条，全国政协采用1条；市委统战部《议政建言》采用5条。“关于对国内制药企业海外上市产品相对应的原材料进口放松监管条件的建议”经致公党中央常务副主席蒋作君批示后，被全国政协采用并转国家相关部门办理。市委会被中共烟台市委统战部授予统战理论调研信息工作先进集体。

【组织建设】 年内，致公党烟台市委成立山东工商学院支部和高新区支部，成立芝罘区基层委员会；完成4个支部换届工作。严把党员入口关，保持“侨”“海”比例，全年发展党员24名。加大党员推荐使用工作，第六届委员会成立后，在全市党员中，推荐产生76名省市区级人大代表、政协委员。2017年，市委会及4个基层组织被致公党山东省委评为先进集体，26名党员被评为优秀党员，2项成果被评为参政议族优秀成果奖，5项工作被评为社会服务贡献奖，2人被评为优秀机关工作者。

【社会服务】 年内，致公党烟台市委实施“文化公益、医疗公益、美丽乡村共建、引凤引智”社会服务四大工程。全年共开展捐赠图书、举办书画展和文艺演出等文化公益活动10多次，其中为莱山区桃林村捐赠价值4万元的图书，为牟平一中捐赠10万元建设鲁慈爱心图书室；开展捐赠“爱心急救包”、义诊咨询、医疗培训等医疗公益活动30多次，其中为开发区、高新区、莱山区捐赠爱心急救包2360余个，价值20余万元，惠及学生6万余名；开展为农服务和捐助活动13次，引荐山东电视台《我是大明星》栏目组到濯村举行文艺演出，加强与龙口沟头于家村、莱阳濯村等村的联村共建，通过捐助和引进资金，开展议政调研，建言献策等方式助力美丽乡村建设；搭借致公党中央和省委海外联络平台，邀请省委会副主委刘新泳等领导到烟台考察，借助省直支部党员在国内的知名度和国外专家学者的联系，做好“引凤引智”进烟工程，全年引进国家“千人计划”“万人计划”专家10人，省“泰山系列”人才8人，市“双百计划”专家1人。深化社会服务践行基地建设，优化“同心医疗”“同心科技”等品牌活动，仅在实践月期间就开展咨询讲座、捐资助学等多种形式的社会服务活动10次，参与党员80人次，受惠群众6000余人次，捐献钱物合计17万余元。全年，市委会及各基层组织开展捐赠致公书屋、医疗心理讲座、科技法律咨询、帮扶困难学生、救助困难母亲等社会服务活动60余次，参与党员200余人次，受惠群众8万余人次，捐献钱物合计200余万元。党员参与引进内外资项目31个，总投资额达49亿元。

2017年7月7日，致公党莱山区支部为莱山区学校捐赠急救包

【对外联络】 年内，致公党烟台市委引进美国铁姆肯慈善基金为美术博物馆捐助90余万元，用于书画藏品库房设备改造。市委会副主委唐振铎随致公党省委代表团，对加拿大、美国进行友好访问；依托在美国洛杉矶成立的中国美术馆，继续开展形式多样的国际文化艺术交流活动；邀请俄罗斯、法国、美国等国的友人到烟台开展文化、学术、经济交流。为在所城里街区搬迁过程中遇到困难的侨眷（属）免费提供法律服务；帮助香港同胞解决12年历史遗留问题，挽回损失500多万元；组织法律界党员帮助泰国侨商制定企业危机化解方案。组织驻烟台高校的30多名外教开展烟台社情之旅体验活动，与常驻白俄的烟台人及莫斯科华人华侨联合会建立联系，并建立在烟俄罗斯人微信群，为其解决困难10余起；救助在烟台生病日本老人，日本驻青岛总领馆专程来烟感谢。

（撰稿：马海涛　审稿：唐振铎）

九三学社烟台市委员会

【概况】 2017年，九三学社烟台市委辖3个基层委员会，18个直属支社，5个直属小组。社员总数545人，平均年龄55岁，具有高级职称的社员占60%以上，70名社员具有博士学位，66人次担任各级人大代表、政协委员。年内，社市委获评九三学社中央“2013—2017年度参政议政工作先进集体”，参政议政工作、信息工作和思想宣传工作分别荣获九三学社山东省委二等奖。1名社员获评九三学社中央“坚持和发展中国特色社会主义学习实践活动全国先进个人”，3名社员获评九三学社中央

“2013—2017 年度参政议政工作先进个人”，14 名社员受到九三学社山东省委表彰。

【思想建设】 年内，九三学社烟台市委到基层组织开展中共十九大精神宣讲活动，开展心得体会征文活动。以“携手走进新时代，同心共筑中国梦”为主题，在烟台群众艺术馆、龙口画院组织庆祝十九大胜利召开系列书画摄影展。举办第二期九三科学讲坛。组织学习习近平总书记参加全国政协民进农工党九三学社联组会讲话精神、习近平总书记 7.26 重要讲话精神。开展打造“书香九三”活动，向全市社员发出自觉抵制、主动清理海洋塑料垃圾的倡议。加强对社市委网站、QQ 群、微信圈的管理，开展立体多样、灵活生动、务实高效的宣传工作。编印社市委刊物 2 期。编写完成《烟台九三学社简史（第二部）》。2 幅作品获“天下苍生——九三人镜头中的美丽中国”首届摄影大赛入围奖。形成理论调研文章《创新新媒体下高校党外知识分子统战工作的对策和建议》。

【参政议政】 年内，九三学社烟台市委调研完成的 2 件建议被九三学社中央作为集体提案向全国政协提交。6 件建议被九三学社山东省委作为大会发言或集体提案向省政协会议提交。针对《政府工作报告》提出的 4 条修改意见被采纳。社市委和所属担任政协委员的社员提交的 117 件提案被各级政协会议立案，其中社市委集体提案 11 件。4 件提案受到市政协表彰。1 件提案得到市长张永霞批示。3 件提案被列为市领导重点督办提案。组织社内外专家分别到浙江舟山进、江苏无锡进行考察调研。完成申报九三学社中央课题 1 项、九三学社省委课题 3 项；另外报送九三学社中央、省委建议 4 项。完成 2 项中共烟台市委重点调研课题，提交的 6 篇议政建言信息全部得到采用。报送社情民意信息 38 篇，其中九三学社中央采用 2 篇，九三学社省委采用 17 篇，省政协采用 9 篇。

2017 年 11 月 21 日，九三学社烟台市委与烟台爱康国宾健康体检中心联合承办“学子远行，爱在延续”关爱贫困生父母大型公益活动

【社会服务】 年内，九三学社烟台市委组织中科院烟台海岸带所、高新区蓝海软件园与市传染病医院、滨医烟台附属医院的专家合作，形成 4 个重点科研方向，初步形成一批有效促进患者康复的成果。组织科技讲座和技术咨询活动 30 余次，提供致富信息 40 余条，受益群众 2 万余人。举办“学子远行，爱在延续”关爱贫困生父母大型公益活动，为 29 位贫困大学生家长免费进行健康体检。组织开展较大规模的义诊服务 6 次。组织书画摄影展 4 次，参观群众 4000 余人次。组织书画笔会 3 次。开展送文化进社区、进农村、进军营活动 4 次，送出书法绘画作品 400 余幅。社员长笛独奏会在烟台大剧院举办。“法进农家”公益律师驻村活动在 13 个村开展。莱阳市支社与公安部门联合建立“戒毒康复人员就业安置基地”。年内，社员取得科研成果 31 项，发表论文 62 篇，获得专利 2 项。捐款捐物折合 30.5 万元。2 名社员通过专业技术二级岗位评审，1 名社员入选 2017 年烟台市名中医专家名单。强化芝罘、龙口、莱阳、长岛等同心服务基地建设。

【组织建设】 年内，九三学社烟台市委制定并贯彻常委会议听取科学讲座制度。组织全体社市委委员赴龙口市开展“科技助推产业发展暨加强基层组织建设”调研。成立科学技术、医疗卫生、教育、经济、法律等 5 个专门委员会，参政议政、妇女、青年、老龄等 4 个工作委员会，调整烟台九三艺术院、《烟台九三》编辑部成员。6 个基层组织完成换届。社中央检查组到社市委开展机关建设情况核查，机关建设情况入选社中央《材料汇编》。

（撰稿：尹文东　审稿：张桂德）

烟台市工商业联合会

【概况】 2017 年，全市工商联基层商会 276 个，会员 16629 人。

【教育培训】 年内，市工商联先后与市委组织部、市委统战部、经信委等联合开展工商联商会领导班子培训班、优秀企业家深圳大学“智慧提升培训工程”、浙江大学“非公有制经济代表人士培训班”等不同形式的培训活动。党的十九大召开后，先后组织市工商联副主席、副会长及直属商会会长等参加市里举办的报告会，并举办直属商会会长、秘书长、党组织书记学习辅导培训班。各县市区工商联、市联各直属商会通过举办辅导报告会、座谈会等多种形式共培训会员3000余人次。

【精准扶贫】 年内，全市工商联系统组织开展“凝心聚力‘十三五’，助力打赢脱贫攻坚战”“百企帮百村”行动。超额完成省联下达的协议帮扶35家省级建档立卡贫困村任务后，2017年参与企业数达150个，帮扶省定贫困村124个，实施项目190个，投入资金289.4万元，帮扶建档立卡贫困人口819人。

【社会服务】 年内，市工商联组织开展庆“三八”、唱响“劳动者之歌”、国防教育日、“感恩行”等系列社会实践活动，积极组织引导非公经济人士参与社会公益事业。全市工商联系统捐款捐物1000多万元。

【对外联络】 年内，市工商联先后组织30余家会员企业赴俄罗斯、巴基斯坦等“一带一路”沿线国家和地区开展经贸活动。指导协调市工商联金融业商会承办首届“一带一路”烟台（中巴合作）论坛。来自巴基斯坦、泰国、澳大利亚等6个国家的政府官员、国会议员、专家、优秀企业家600余人出席论坛，中国前外交部部长李肇星、巴基斯坦国民议会议员拉娜·穆罕穆德·阿夫扎尔·汗等在论坛上作主旨发言。论坛签约项目5个，投资金额10亿人民币。

【服务经济建设】 年内，市工商联协调推动烟台汽车商会举办春秋两季烟台国际汽车工业展览会，售车13300辆，销售总额约17.29亿元。指导内蒙古商会节能环保产业园区稳固发展，在开发区成立烟台开创互联网产业孵化园，在高新区成立烟台光电产业孵化园，在河北邢台成立了台节能环保科技产业园。其中，烟台开创互联网产业孵化园自运营以来入驻企业60余家，解决就业300余人，举办各类活动达130余次，服务人员5000人。与金融商会共同承办第五届中国（烟台）齐鲁英才合作发展论坛暨齐鲁英才十佳年度人物颁奖典礼活动，来自全国各地山东商会和齐鲁文化促进会的企业家约400人参加活动。与市委统战部联合举办浙商走进烟台暨烟台市浙江商会成立大会，500多位浙商和在烟浙江籍企业家参会。

【优化发展环境】 年内，市工商联与市委统战部联合启动烟台市非公经济金融服务平台；与市总工会联合开展工资集体协商“集中要约”行动；与市人社局共同举办“民营企业招聘周”活动；组织实施2017年度“厚道鲁商”品牌形象榜推荐工作和实力百强、全国民企500强推荐上榜等活动；省工商联牵头组建的山东民营投资控股股份有限公司，市工商联两家会员企业入股，投资额1亿元人民币。完善市、县两级工商联、基层商会和工商、税务、劳动等相关部门共同参与的法律维权联动机制，依托各级法律服务中心为会员企业开展法律咨询、代理服务等，年内，协调解决经济纠纷78起，代理经济案件22宗，挽回经济损失约3000多万元。

【组织建设】 年内，市工商联实施直属商会“会长形象工程”“秘书长素质工程”“工作品牌工程”，全市乡镇街道商会覆盖率达100%。各级工商联组织共发展会员810名。先后下发《2017年度非公党建工作要点》《烟台市非公有制经济组织党建工作基本规范（试行）》和《关于开展创建非公党建工作示范点行动的实施方案》，开展全市非公有制经济组织党建工作规范化建设，推进“建组织扩覆盖”工作。至年底，全市工商联系统275个基层商会成立党组织的227个，占总数的82.5%，其中，市工商联经过民政部门注册登记的30个直属商会已全部建立党组织，覆盖率达100%。

【参政议政】 年内，市工商联围绕促进经济发展和优化发展环境开展多层次专题调研，先后与省政协、省工商联联合开展降低企业经营成本调研、降低实体经济企业综合成本调研、全省民营经济转型升级专题调研等调研活动，提交《市工商联营商环境创新工作报告》《关于推进数据整合进一步完善诚信体系建设的建议》和《关于进一步支持和引导民营经济加快发展的建议》等，其中《关于进一步支持和引导民营经济加快发展的建议》得到市领导重视，并重点督办。

（撰稿：鞠方强　审稿：纪华芹）

责任编校：云　霞

群众团体

烟台市总工会

【概况】 2017年，烟台市总工会辖6区、7市、1县，共14个县市区总工会和昆嵛山保护区、保税港区2个工会工作委员会，5个市直产业工会，21个市直系统工会，65个市直属单位和中央、省属驻烟单位工会。至年底，全市基层工会组织近1.8万个，涵盖单位4.5万家，职工人数约180万人，工会会员近174万人。2017年，市总工会获评“山东省工会工作创新奖”“2017年度市直先进集体”。

【全市庆祝“五一”国际劳动节大会】 4月28日召开，市委副书记王继东、市人大常委会副主任潘士友、副市长王晓军、市政协副主席曲荣君、市总工会主席王建国出席会议。大会授予烟台市芝罘区住房和建设局等20个单位“烟台市五一劳动奖状”；授予秦平林等100名职工“烟台市五一劳动奖章”；授予烟台鲁宝有色合金有限公司氩弧焊接班等50个班组（科室）“烟台市工人先锋号”。

【十八届三次全委会议暨全市工会工作推进会议】 8月28日召开。会议选举市人大常委会副主任、总工会党组书记刘洪波为市总工会主席，选举市总工会党组成员王德新为副主席。市委副书记王继东出席会议并讲话。

【工会改革】 市委全面深化改革领导小组第30次会议通过群团改革方案。6月30日，市委办下发《关于印发〈烟台市总工会改革实施方案〉〈共青团烟台市委改革实施方案〉〈烟台市妇联改革实施方案〉〈烟台市科协系统改革实施方案〉的通知》，标志烟台工会改革正式启动。11月7日，市委办下发《关于印发〈烟台市总工会机关主要职责内设机构和人员编制方案〉的通知》。市总工会按照批复的“三定”方案，调整内设机构设置和职能分工。同时定期调度各县市区工会改革推动情况，对各县市区总工会改革实施方案加强把关指导，保证质量。至年底，全市12个县市区总工会全部出台工会改革方案。

【荣获“山东省工会工作创新奖”第一名】 2017年，市总工会策划开展“建功烟台·工会在行动”品牌创建活动，实施“九大行动”、实现“三大突破”。九大行动：1.“重点工程立功行动”。围绕全市重点工程建设项目，组织1200多个参建单位、50多万名职工参与。2.“职工技术创新竞赛深化行动”。组织开展“百万职工大阅兵、十万精英大比武”活动，先后在焊接、维修等29个行业近百个工种，开展1000多场次技术创新竞赛活动。3.“安全生产‘查保促’专项行动”。全市1.8万多家企业、163万职工参与，共排查出安全隐患近9万起，督促整改8.7万起。4.“协商机制建设行动”。工资集体协议覆盖企业2.86万余家，百人以上非公企业行政与工会沟通机制建制率达到92%。5.“城市困难职工精准脱困行动”。筹措送温暖资金863多万元，帮扶救助困难职工7930人次，建档困难职工比2016年同期减少2800多户，脱困率达23%。6.“劳模示范引领行动”。全市创建职工（劳模）创新工作室1020多个，“于建友大师工作室”承担第44届世界技能大赛瓷砖贴面项目中国集训工作，指导中国选手崔兆举夺得金牌。赛后，于建友受到李克强总理接见。7.“烟台工匠孵化行动”。启动首批“烟台工匠”评选活动。建立“工匠孵化基地”，80多家规模以上企业开展“工匠孵化行动”。8.“争当创新创业先锋行动”。聚焦众创空间、科技企业孵化器、大学生创新创业示范基地等创业平台，开展“创新创业大赛”。组织一线科研人员积极开展科技研发、发明创造活动，获得一批发明专利成果。9.“寻找最美一线职工行动”。重点在环卫、护林等苦脏累险行业开展“最美一线职工”推荐活动。加大“职工驿站”建设力度，为环卫工人、农民工等提供休息、饮水、热饭的场所。在机场、车站、码头、企业等建成“妈妈小屋”118家，为一线女职工提供哺乳休息场所。三大突破：1.深化职工服务工作。启动“工会会员优惠服务卡”，在帮扶救助、医疗保障、金融服务等方面提供优惠。设立职工维权法律服务站，受理法律咨询260多次。筹资100多万元慰问森林防火、环卫、交通、公安等行业的一线职工。组织1300多名优秀一线职工免费疗休养。举办第四届青年职工牵手大会。升级“12351”职工服务热线，全天候解答职工提出的法律和政策咨询。2.网络化服务平台建设。市级总工会开通烟台市总工会公众号，对“烟台工会网”进行升级维护，完善信息发布、服务流程等内容。3.工会事业发展。工人文化宫深化“情系职工—文化送基层”工作品牌，下厂矿、到工地、进社区慰问演出49场次。工人疗养院充分发挥“全国劳动模范疗休养基地”金字招牌影响，先后接待57批2190名一线职工疗休养，为劳模和一线职工体检5000多人次。国际海员俱乐部抓住国庆节、海员日、航海日等重要时间节点，开展常态化登轮，并率先在全国建立“海员家属服务站”和“海员医疗绿色通道”。

（撰稿：邱春波　邢成刚
审稿：李维广）

2017年6月1日，共青团烟台市委举办烟台少先队“喜迎十九大——我向习爷爷说句心里话”主题队日活动暨新队员入队仪式

中国共产主义青年团烟台市委员会

【概况】 2017年，共青团烟台市委获“省级文明单位”称号。烟台海事局志愿者服务总队获评“十一届中国青年志愿者优秀组织”，“让每一所大学都成为农民工子女心中的科技馆”“幸福28”获评“十一届中国青年志愿者优秀项目”，张志刚被团中央、农业部命名为第十届“全国农村青年致富带头人”。

【青少年思想引领】 年内，团市委制定下发《关于组织全市团员青年认真学习宣传贯彻党的十九大精神的通知》，组织召开各界青年学习贯彻党的十九大精神座谈会、党的十九大精神动员部署会、党的十九大精神宣讲会，各级团组织共开展学习宣传党的十九大精神相关活动700多场次。组织开展“青春 初心”喜迎党的十九大暨庆祝中国共青团成立九十五周年主题团课、“我向习爷爷说句心里话”“我的中国梦”“红领巾相约中国梦”“我为社会主义核心价值观代言”“核心价值观记心中”“国学达人挑战赛”等活动。组织开展“烟台十大杰出青年”“最美中学（职）生”等优秀典型评选宣传工作，张勇被推荐评选为十大“齐鲁最美青年”之一，盖星、田培金被评为首届山东省青年互联网+十大领军人物。举办“圆梦中国人·奋斗的青春最美丽”齐鲁最美青年分享团走进烟台活动。推进“书香润烟台 开卷益青春”读书工程，成立烟台青年文创中心，开展“青少年公益阅读计划起航”“旧书换新绿”“余治莹早期阅读指导讲座”等活动。突出网络新媒体引导作用，“青年之声”平台浏览量达到5000多万人次，在线专家6000多人，问答总量40多万个，成为港城青年交流互动的重要渠道。做好微博、微信、门户网站建设维护工作，确保微信、微博每天有更新。

【服务中心工作】 年内，团市委围绕新旧动能转换，建立完善“烟台青年人才库”，组织开展“烟台市乡村旅游青年致富带头人”寻访评选、青年电商培养计划等活动。围绕精准扶贫，开展“牵手关爱”“金晖助老”“青联委员服务百家脱贫”“青年文明号助百村”“农村贫困中小学生健康成长工程”等品牌工作，筛选确定3100名农村贫困留守儿童作为帮扶对象，帮扶失独贫困老年人733人。开展烟台市大中专学生志愿者暑期文化科技卫生“三下乡”社会实践活动，招募大中专学生583人，组建实践团队53支，到全市贫困村镇开展支教支医、助残助困、科技推广、政策宣讲、社会调研等形式多样的社会实践活动。整合扶贫资源，与“第一书记”帮扶村—海阳市二十里镇姜家庄村签订《助力精准脱贫结对帮扶协议书》，募集捐助20万元用于修建村文化大院。与德州共青团签订《烟台共青团·德州共青团对口帮扶合作框架协议》，与共青团巫山县委签订《烟台共青团·巫山共青团对口扶贫协作框架协议》，开展工作交流，实行脱贫互助。围绕生态文明烟台建设，开展“森林防火 青年志愿者在行动”“青春绿色行动 共建美丽烟台”等活动，统筹推进“小手拉大手 共筑碧水蓝天”“小手拉大手 共守文明交通”活动，少年儿童影响家庭、带动社会的效果明显。开展“为城市文明加油”“礼让斑马线 文明烟台行”“助力党建 情暖基层”“暖冬行动”等志愿服务品牌，助推文明城市创建。

【服务青少年成长成才】 年内，团市委依托“青年之声”平台，组建就业创业导师团，线上为就业创业青年答疑解惑，线下举办“青年创业调研行”“我为烟台代言”“青春创业故事汇”等活动，组织青联委员、青企协会员、金融专家为青年开展创业就业辅导，提供切实有效服务。密切团银合作，深化创业青年小额贷款工作，推进“鲁青基准贷”项目，为67户青年创业者提供5300多万元贷款支持。深入开展“青年文明号”“青年致富带头人”“青年安全生产示范岗”“青年电商带头人”等评选表彰活动，提升青年创新争优意识。举办“颐新”杯青年创新创业大赛、“恒隆地产杯”创新创业大赛等活动，激发广大青年创新创业热情。满足青少年多样需求。举办“青年民生大集”品牌活动，组建健康成长、就业创业、志愿服务、婚恋服务、国学教育、法律维权六大服务联盟，团干部和服务专家面对面服务青年，被团中央评选为活动典型。启动新兴领域青年“筑梦计划”，为青年文化人才搭建圆梦舞台。支持青年开展健康的交友交流活动，开通“青心烟台”微信公众号，通过组建微信群、QQ群等方式，为青年交流交友搭建平台，举办“青春有约”“青城之恋”“17在一起”“周末大舞台”“金石良缘·并蒂花开”烟台市第28届集体婚礼等活动，为青年婚恋交友提供必要的基础保障和便利条件。实施“圆梦行动”“一助一”“心愿直通车”“希望图书室”等项目，提供精准化的“微服务”。希望工程募集“一助一”“圆梦行动”等资金312万余元，资助贫困青少年1400人。维护青少年合法权益。启动“法治进校园”活动，联合市检察院在市县两级组建法治巡讲团，并引入社会工作者、志愿者成立普法志愿者工作队伍，依托四点半学校、法德讲堂、青少年教育基地等阵地，组织开展各具特色的法律讲座、模拟法庭大赛、法律知识竞赛等活动。拍摄少儿安全题材烟台方言MV——《萌娃说安全》，涵盖交通安全、防骗、防拐、预防校园欺凌和暴力等行为，提升少年儿童自护意识。依托12355青少年服务台，组织心理专家开展中高考心理辅导专题视频访谈节目，教授考生缓解焦虑、轻松备考的方法。联合市司法局启动青年志愿者参与社区矫正工作，组织驻烟高校大学生志愿者投入到社区矫正工作中，引导社区矫正人员融入社会。持续开展“远离毒品 让生命出彩”禁毒宣传活动，提高广大青少年识毒、拒毒、防毒意识。

2017年3月4日，由共青团烟台市委主办的“三五”学雷锋志愿服务集中宣传活动暨第三届“青年之声·民生大集”在市文化广场举行

【从严治团】 年内，团市委成立改革工作领导小组，多次组织召开改革专题会议，市级改革方案以及全市12个县市区改革方案全部印发实施。运用培训宣讲、媒体宣传等多种形式，引导各级团干部和广大团员青年进一步理解、支持、参与改革。与市委组织部联合下发《关于做好县乡团委换届工作的通知》，推进县市区配齐配强工作力量。“青年之声”“智慧团建”“专挂兼干部队伍打造”等重点改革事项推进有序。同步推进青联、青企协、学联、少先队改革工作。加强团干部队伍建设，推进“两学一做”学习教育常态化制度化，贯彻落实“三会一课”制度，组织开展集中学习20余次。持续开展“作风能力双提升”“三建三联”、“走、转、改”大宣传大调研、“1+100”“机关开放日”“主题党日”等活动，引导广大团干部深入基层、走进青年。加强党风廉政建设，组织机关干部到烟台廉政教育基地进行党性教育，组织班子成员和中层以上干部签订《领导干部廉洁自律承诺书》，组织全体机关干部签订《权力运行廉政风险防控表》《排查防控表（岗位）》。加强团干部培训，各级团组织通过组织培训班、研讨班、选派人员参加上级培训等方式，培训团干部1000余人次。扩大团的组织覆盖面，着重扩大互联网、非公企业、社会组织等新兴领域团组织覆盖面，新建各领域团组

2017 年 5 月 3 日，烟台市各界青年喜迎党的十九大暨庆祝中国共产主义青年团成立九十五周年主题团课在烟台电视台演播大厅举办

织 235 个。打造“青春源空间”“烟青 e 家·志愿益站”等青年活动平台，推进“青年之家”系统化、标准化建设，积极入驻云平台，实现镇街全覆盖。加强与青年社会组织及其骨干的定期联系、培训交流、项目合作，开展青年社会组织优秀项目评选活动，向市财政申请专项资金对 25 个青年志愿服务示范项目给予专项扶持。加强团员管理教育。实行发展团员总量调控，严格按照初、高中阶段毕业班团青比例分别控制在 30%、60% 以内的要求，学校、县市区团委、团市委严格审核计划数，做好团员发展工作，保持合适的团青比例。加强团员先进性教育，严格组织生活，严肃团内执纪，宣传中学生团员先进典型。推进“一学一做”教育实践常态化制度化，开展“不忘初心跟党走”入团仪式、“让爱与生命永续”社会实践、“团员先锋岗（队）”创建等活动。完善少先队工作体系，制发《烟台市少先队员证》，实现档案化管理。

（撰稿：王杰　审稿：张朋尧）

烟台市妇女联合会

【妇联改革】 2017 年 3 月，全市妇联改革工作启动，3 月 27 日召开专题座谈会，组织各县市区妇联主席和部分乡镇（街道）妇联主席学习《山东省妇联改革实施方案》精神，围绕当前组织结构、干部管理、人员编制、工作模式、活动方式等存在的困难和问题，以及改革的重点、方向等进行研讨交流。6 月 30 日，市委办公室印发《烟台市妇联改革实施方案》。11 月 7 日，市委办公室下发《关于印发〈烟台市妇女联合会机关主要职责内设机构和人员编制方案〉的通知》。改革试点坚持“一发全动、一家一品、一核四驱、一考多评”思路，打破以往“选点定标”方式，要求各县市区根据组织建设改革的关键领域，自定方向、自选动作，所有县市区均承担市级试点任务，在此基础上形成各县市区基层妇联组织建设改革试点任务清单，包括 4 方面 12 项基层妇联组织改革试点任务，定期进行调度。7 月 19 日至 20 日全市基层妇联组织建设工作推进会召开，赴淄博周村区参观学习。9 月 17 日，省妇联主席张惠到烟台就妇联组织改革和妇女儿童工作进行调研，先后到芝罘区凤凰台街道中台社区、婚姻家庭指导中心、烟台市反家庭暴力妇女保护中心，与基层妇联干部和妇女群众面对面交流，了解妇情民情，征求意见建议。9 月 28 日至 29 日，市妇联召开全市县市区妇联主席会议暨改革工作现场推进会。

【基层妇女组织建设】 年内，市妇联在具备条件的“两新”组织、广场舞协会和女性集中的专业市场、工业园区中建妇女组织 513 个；村居妇女组织向网格等最小单元延伸，探索建立“社区－片区－网格”为基本框架的组织体系。加强基层阵地功能建设，争取省第七批家园项目 6 个、资金 60 万元，探索在妇女之家、妇女儿童家园建立妇联干部、执委联系点和工作站等。推进全市村、社区妇代会改建妇联工作；下发《关于进一步做好村、城市社区女性进“两委”工作的意见》，明确提出“确保村委会、城市社区居委会 100% 有女性，村、城市社区妇联主席 100% 进‘两委’，村、城市社区党组织女性成员和‘两委’女性正职比例高于上届，城市社区居民委员会女性比例不低于上届”的目标；加强女干部队伍建设，与市委组织部联合举办第 22 期科级女干部培训班。加快网上妇联建设，县级以上微信公众号全开通，并坚持以有用、好用、多用、常用为原则，加强对已建立起来的“烟台女性”微信公众号以及各级妇联网上平台的维护完善，推动实现线上线下的有机融合。组织参加省妇女第十三次代表大会，12 月 1 日，烟台市妇联召开十五届九次执委扩大会议，选举李咏梅为市妇联主席，同时选举产生了 53 名出席山东省妇女第十三次代表大会的妇女代表（含省妇联 1 名）。12 月 10 日，市委副书记王继东为烟台妇女代表团送行，并与代表进行座谈。

【女性素质教育】 年内，市妇联以“喜迎十九大、贯彻十九大”为主线，以“巾帼心向党 扬帆新征程”群众性主题教育活动为总抓手，利用全媒体开辟“喜迎十九大 烟台女性在行动”“喜迎十九大 砥砺奋进的五年”等专题专栏，集中展播展示全市妇联亮点工作、优秀妇女典型成长故事，并以“兰心蕙质吐芳华”为主题，举办全市各界妇女庆“三八”联谊暨优秀女知识分子表彰会，表彰30名优秀女知识分子，同时授予市“三八红旗手”称号，在全市广大妇女中营造“巾帼心向党 建功十三五”的浓厚氛围。十九大召开之后，以“巾帼心向党 建功新时代”主题活动为总抓手，制定下发全市各级妇联组织学习宣传贯彻党的十九大精神的通知，推动十九大精神宣讲活动进妇女之家、妇女儿童家园、巾帼文明岗等基层妇女阵地，纳入到“新农村新生活”培训计划，以群众喜闻乐见的形式开展有深度、有广度的宣传宣讲。市妇联先后举办全市各界妇女学习十九大精神座谈会、专题辅导报告会，发挥“烟台女性”微信公众号、“大小新闻”APP烟台女性专题以及各级妇联组织网上平台优势，集中展播展示各级妇联组织学习宣传贯彻十九大精神的生动实践，引领广大妇女在思想、政治、行动上自觉与党中央保持高度一致。

【家庭建设工作】 年内，市妇联推进家庭文明工程，常态化开展寻找“最美家庭”活动，以寻找烟台最美“书香家庭”为主题，通过对候选家庭电视片集中展播、新媒体平台公布候选人事迹、公众投票等途径，推动“书香烟台”建设，有2户家庭获“全国最美家庭”称号、5户家庭被评为省“最美书香家庭”；激活家风建设，制定出台《烟台市关于指导推进家庭教育的五年规划（2016—2020年）》，继续加大《新女性三字经》的推广传唱力度，开展好家风好家训宣传展示、“四德”系列健身广场舞推广等活动，实施文明家庭巡讲和好家风传播工程，将爱国、明礼、诚信、守法等传统美德融入家风，以好家风支撑起好的社会风气。9月17日，全国妇联副主席、书记处书记邓丽一行到烟台经济技术开发区妇女儿童活动中心、福山区清洋街道云上社区妇女儿童家园实地调研，对活动中心坚持开展“书香飘万家”家庭亲子阅读活动给予肯定。

【妇女维权工作】 年内，市妇联出台2017年为妇女儿童办实事意见，启动实施农村适龄妇女“两癌”检查等11项普惠项目；强化基层维权服务，特别关注改革进程中涉及妇女儿童权益的重点难点问题，做好农村集体产权制度改革中妇女权益维护工作；以“法德共进、家家平安”为主题深化法治宣传教育，举办“进社区、进家庭、到身边”百场巡讲，在全市建立婚姻家庭纠纷调解机构9处，指导县市区普遍建立县区级反家暴庇护所；继续实施“春蕾计划”、“爱心大篷车”、安康工程等公益项目，全市投保总额达到1349万元，为176人次患病妇女理赔987.5万元。争取省妇联、省慈善总会“她基金”6万元，救助福山、牟平长岛、招远6名“两癌”患病贫困母亲；争取“贫困母亲两癌救助”中央专项彩票公益金24万元，资助莱山、福山、莱阳、栖霞、蓬莱、招远、莱州等7个县市区24名贫困患病妇女；联合市慈善总会开展“温暖母亲”救助活动，为莱阳、栖霞100名贫困妇女发放救助金10万元；市妇联共收到“春蕾计划”资助款100450元，资助女童213名。

【巾帼扶贫工作】 年内，市妇联深入实施巾帼创业创新和巾帼脱贫“两大行动”。多措并举抓扶贫，组织引导农村妇女居家创业就业脱贫致富，创建省巾帼居家创业就业脱贫行动“大姐工坊（大姐农家乐）”19个，省巾帼居家创业就业脱贫行动示范基地3个。加强对口协作帮扶，召开烟台—德州巾帼帮扶协作推进会，赴蓬莱进行实地观摩考察，就手工加工、现代农业等合作项目签订帮扶协作协议，并为德州10个省定贫困村困难家庭贫困母亲提供救助金4万元。创业建功强服务，召开女企联工作创新发展研讨会、女企业家“蓬莱行”活动；围绕破解妇女创业就业的资金项目岗位等瓶颈，继续开展烟台市巾帼创业创新行动暨女大学生专场招聘会，利用妇女小额担保财政贴息贷款等金融政策，为15家企业申请省巾帼创业贴息资金44.59万元。

（撰稿：张瑞凤 审稿：杨丽红）

烟台市科学技术协会

【科协改革】 2017年5月，市科协先后召开科协全委会议和全市科协主席会议，进行动员传达和政策解读。市委关于群团改革工作部署会议之后，由班子成员牵头，开展组织建设、人才工作等7项专题调研。实施方案形成后，梳理科协系统改革方案对接问题清单与政策依据，并就机构设置、人员编制、科普经费等方面涉及的关键问题与市编办、市财政局等部门进行多次沟通协调。6月30日，市科协系统改革方案经烟台市深改组第三十次会议审定通过并组织实施。

【重点课题研究】 年内，市科协组织所属学会积极申报省科协2017年度泰山科技论坛2项、智慧沙龙2项、扬帆行动1项。6月，联合烟台大学以《山东省大学生创新创业沙盘模拟经营大赛》入选山东省大学生科技节赛事活动。

（撰稿：赵瑞高　审稿：李洪山）

烟台市文学艺术界联合会

【概况】 2017年，市文联所属社会组织脱钩3个：市企业文化协会、市茶文化协会、市赏石研究会，辖19个文艺家协会和现代画院、中民协（烟台）展览中心2个民办非企业单位。各文艺家协会拥有国家级会员585人，省级会员2377人。市文联被省文明委评为2017年度省级文明单位，获评第三届市直机关道德建设先进单位。

【双联双促】 年内，市文联与福山区福新街道办事处小杨家居民区建立帮扶关系，领导班子成员还结对帮扶张格庄镇张格庄村、张格庄镇岔夼村。1月11日，市文联筹集资金5000余元，组织由烟台市书法家协会、市美术家协会、现代画院等协会10余位书法和美术艺术家组成的志愿服务小分队，现场创作美术作品和书法作品30余幅，赠送村民书法作品100余幅、春联500余幅。对村里3户低保和困难群众进行走访慰问，赠送价值1000元慰问品；10月17日，市文联领导班子成员以及部分机关干部一行，对所在村3户困难家庭进行走访慰问，分别赠送价值1000元慰问品。

【志愿服务】 年内，市文联组织各协会开展"福字进万家""送春联"志愿服务活动5次，向广大市民赠送春联、福字等800余幅。会同市委宣传部、市文明办、市双拥办组织文艺志愿服务小分队深入武警烟台支队、武警消防支队、市环卫处，看望慰问广大官兵和环卫一线工人，赠送书法作品200余幅，春联1000余幅。11月26日，由市委宣传部、市文联会同芝罘区委宣传部、芝罘区文联举办的"踏上新征程 筑梦新生活"文艺工作者进社区活动在市府礼堂启动，邀请著名评书表演艺术家刘兰芳为市民表演，全市文艺工作者同步分赴毓璜顶街道南通社区、毓西社区、毓东社区、大海阳社区，展开书法、美术、摄影、舞蹈、民间艺术等文艺惠民活动。

（撰稿：孙晓政　审稿：贺宗仪）

烟台市社会科学联合会

【概况】 2017年，市社科联获"山东省先进地市社科联"称号。许世友在胶东纪念馆、儿童汉字教育产业化研究及推广基地、莱阳市博物馆、宋琬故居入选"山东省第十批社会科学普及教育基地"。在山东省第31次社科成果奖评选活动中，获得一等奖2项、二等奖9项、三等奖11项。

【市社科联五届四次全委会】 12月28日召开。会议总结五届三次全会以来的工作，动员部署全市社科界深入学习贯彻党的十九大精神，全面贯彻落实习近平新时代中国特色社会主义思想，不断推动哲学社会科学事业繁荣兴盛，为全市经济社会创新发展、持续发展、率先发展做出新贡献。根据市委提名，会议选举张烟航为烟台市社会科学界联合会五届委员会专职副主席。市委常委、宣传部长徐少宁出席会议并讲话。

（撰稿：李亮　审稿：孙文章）

烟台市归国华侨联合会

【服务经济社会】 2017年，市侨联利用节会和对外经贸活动加强与海外的沟通联谊，接待来自10多个国家和地区的670多人次的海外客人。5月，中国侨联经济科技部赵红英部长、省侨联梁波主席一行来烟考察烟台申报的中国侨联创新创业基地，先后考察高新区、吉林大学烟台产业园和开发区留学生创业园区。8月，承办中国侨联、省侨联"海外侨胞故乡行—'一带一路'沿线国家侨领走进山东"活动，70余位侨领来到烟台蓬莱进行实地考察，并参加在当地举

2017年12月28日，烟台市社科联五届四次全会召开

2017 年 8 月 30 日，烟台市侨联承办中国侨联、省侨联“海外侨胞故乡行——‘一带一路’沿线国家侨领走进山东”活动

办的“投资环境推介会”。注重招贤引智工作，全市侨联系统引荐海外智力人才来烟讲学、开展学术交流 9 人次。发挥侨联在服务创新驱动发展战略中的作用，中国侨联将开发区留学生创业园设立为“中国侨联新侨创新创业基地”。搭建县市区侨联与驻烟高校侨联的联络平台，龙口市侨联、栖霞市侨联、芝罘区侨联、海阳市侨联与鲁东大学侨联、滨州医学院侨联、烟台大学侨联加强联系沟通，就引进人才和企业技术指导等方面达成共识，促进优秀人才与当地企业的有机对接。

【侨爱工程】 年内，市侨联做好《山东省归侨侨眷权益保护条例》的宣传贯彻落实工作，办理来信来访 80 余件，协调相关部门为归侨侨眷解决实际问题 98 件，协助侨资侨属企业安置下岗归侨侨眷再就业 35 人。开展“访侨胞送温暖”活动，市侨联走访慰问贫困归侨 50 余户，发放慰问金 6.3 万元，全年各县市区侨联走访慰问困难归侨侨眷发放救助金和慰问金 34.7 万元。做好“刘仁政教育奖金”“栾尚麟袁美玲助学基金”等助学金的监督工作。

【联谊空间】 年内，市侨联与美国、澳大利亚、韩国等国家和中国香港的 60 多个海外侨社团保持联系，新结识海外侨团 6 个，新建海外联络点 3 个。3 月，组织部分县市区侨联负责同志赴广东考察学习，与广州、深圳两市侨联进行座谈交流，学习他们的先进侨务工作经验和方法。10 月应香港冀鲁旅港同乡会邀请，市侨联一行 2 人随市委统战部访问团赴香港出席香港冀鲁旅港同乡会举办的庆祝中华人民共和国成立 68 周年、香港回归 20 周年、冀鲁旅港同乡会成立 70 周年的庆典活动。在《山东侨报》刊发专版 52 期，宣传推介莱州、蓬莱。发挥福山区王懿荣纪念馆、莱州中华武校等 4 个“中国华侨国际文化交流基地”作用，开展文化交流活动。组织参加“世界华人学生作文大赛”，共获奖 102 篇，福山区侨联等 4 个单位被授予组织奖。

【参政议政】 年内，在政协会上市侨联组织市侨界委员撰写“关于加快推进农村村村亮”“关于加强学生心理健康筛查，建立高效预防干预机制”等内容的 16 份提案。全市侨界代表委员共提议案、提案 70 余件。11 月，组织市台侨界政协委员、部分县市区侨联主席到特色产业园区进行调研并召开座谈会，贯彻落实党的十九大精神。10 月，从归侨当中推荐 2 名全国人大代表初步人选；从侨界推选 4 名全国、省人大代表初步人选。

【承办中国侨联法治学习活动】 6 月 21 日至 23 日，中国侨联“法治中国·你我同行”——2017 年侨界法治学习活动在烟台举办。21 日，在活动开班仪式上中国侨联法顾委主任、最高人民检察院原常务副检察长张耕，中国侨联权益保障部部长、中国侨联法顾委秘书长张岩，山东省侨联主席、党组书记梁波，中共烟台市委副书记王继东，省侨联秘书长、党组成员卢文朋，烟台市侨联主席孙学光等出席。张耕代表中国侨联法顾委在开班式上讲话，王继东代表烟台市委、市政府致欢迎辞，介绍烟台的经济社会发展情况。

【参加“世界华人学生作文大赛”】 年内，市侨联在全市中小学生中发动，甄选出 300 多篇优秀作品参赛，烟台市获得一等奖 13 篇、二等奖 42 篇、三等奖 47 篇，福山区侨联、开发区商务局外事侨务处、招远市侨联、长岛县侨联被授予组织奖。

【中国华侨国际文化交流基地】 年内，市侨联利用“中国华侨国际文化交流基地”平台，发挥福山区王懿荣纪念馆、莱州市中华武校、蓬莱市蓬莱阁、栖霞市太虚宫等 4 个基地的作用，开展形式多样的文化交流活动，传播中国文化，讲好中国故事，4 个基地全年接待归侨侨眷和海外侨胞 2000 多人次。

【山东省侨联 2017“海外侨胞故乡行—‘一带一路’沿线国家侨领走进山东”活动烟台行】 8 月 30 日，70 余位侨领参观考察君顶酒庄、京鲁船业有限公司、西海岸文化新区项目和中国华侨国际文化交流基地—蓬莱阁，并参加“蓬莱投资环境推介会”，省侨联秘书长、党组成员卢文朋、烟台市侨联主席孙学光、蓬莱市市长杨升岩出席。

【八届四次全委（扩大）会议】 12 月 15 日上午召开。市侨联主席孙学光代表市侨联八届常委会做工作报告。市侨联委员、不是市侨联委员的县市区侨联驻会负责人及市侨联机关部室负责人 60 余人参加会议。会上，传达学习《万立骏同志在省级侨联党组书记主席党的十九大精神学习班上的讲话》。会议卸免市侨联常委 8 名、委员 7 名，增补市侨联委员 8 名、常委 6 名。

（撰稿：王丽丽　审稿：吕文怀）

烟台市残疾人联合会

【概况】 2017 年，全市 11 个县级、151 个乡级残联完成换届工作。芝罘区、福山区、蓬莱市获评“全省基层残疾人组织建设示范县”，芝罘区凤凰台街道办事处及幸福街道办事处、蓬莱市新港街道办事处及刘家沟镇、龙口市诸由观镇、莱阳市高格庄镇等 6 个单位获评示范乡镇（街道）。

【组织建设】 年内，市残联开展残联组织建设“强基育人”工程目标任务评估工作，围绕群团改革、残联换届、基层残疾人组织建设等工作，市县两级残联进行全面自查。做好全国残疾人干部信息库信息采集工作，对行政级别为副科级以上、技术职称为初级以上，学历大专以上，获得荣誉称号县级以上的 330 名残疾人干部，采集完善基本信息，向省信息库上报符合条件的 12 人。2017 年全市当选人大代表或政协委员的残疾人及亲友、残疾人工作者共 22 人，其中残疾人及亲友 14 名，残疾人工作者 10 人。

（撰稿：孔玉宁　审稿：隋京文）

烟台市人民对外友好协会

【概况】 2017 年，市对外友协邀请接待 30 多批海外友好团体及友好人士访烟，促进达成相关合作意向 10 余项，举办对外交流活动 10 余场。

【合作平台搭建】 5 月，市对外友协举办“2017 韩国水产食品出口商谈会”，组织韩国 15 家水产食品企业与烟台市 20 多家水产加工、进出口贸易、跨境直购平台公司代表交流洽谈，探讨合作。11 月，会同市贸促会、市外商投资企业协会共同举办“韩国庆尚南道贸易团烟台经贸洽谈会”，邀请韩国机械加工、医疗器械、化妆品、食品等领域 10 多家企业参加，与烟台市 40 多家企业代表交流洽谈。达成合作意向 7 份。

【海外人才引进】 年内，市对外友协邀请山东省友好使者、山东省友谊奖获得者加拿大教育专家凯斯博士来烟进行参观考察；邀请德国莱策博士项目咨询所负责人高级经济师克劳斯莱策博士为企业培训高管人员，引进先进管理经验及模式；邀请法国退休专家志愿者协会（4000 多会员）中国区负责人来烟访问，组织专家学者为烟台中小企业提供农业、教育、医疗卫生、金融保险等方面的技术支持。

【海外交流】 5 月，全国首个“西班牙文化交流中心”在 1861 文化创意产业园正式成立，西班牙驻华大使馆文化参赞格罗利亚·明格斯女士参加揭牌仪式，对烟进行实地考察。协助烟台天马栈桥文化发展有限公司举办“第二十二届国际美食美酒图书颁奖典礼”，70 多个国家的 500 多名嘉宾参加，40 多个国家媒体对本次活动进行报道。推动 1861 中韩文化产业园区国际大学中心项目，11 月 17 日

2017 年 11 月 7 月，韩国庆尚南道贸易团烟台经贸洽谈会举行

2017年5月25日，在芝罘区1861文化创意产业园西班牙文化参赞罗利亚·明格斯为全国首个西班牙文化中心揭幕

正式启动国际大学中心，并先后与韩国安养大学、东南保健大学、极东大学等高校建立授权委托业务关系。持续支持1861广告创意产业园国际馆建设，先后引进烟台亚派教育咨询有限公司、韩国赛努力教育咨询有限公司、烟台奇爷动漫有限公司等文创类公司入驻园区。年内，扩大烟台市与一带一路国家的交流，先后两次组团出访俄罗斯、白俄罗斯、格鲁吉亚、阿塞拜疆和乌克兰。推动教育领域海外合作。与韩国青少年环境体育联盟合作，邀请首尔特别市教育厅赵喜昖教育监（教育厅长）率领40多位教育界人士到烟台考察交流。促成美国Tess教育集团牵手烟台华兹华斯培训学校，双方签署留学美国海外家庭寄宿合作协议。

【对外宣传】 年内，市对外友协组织烟台市荣誉市民贺伯特先生的新书《亚洲杂记》签赠活动。该书关于烟台的介绍长达80多页，涵盖包括烟台及各县市区在内的经济、文化、教育、体育等多方面内容。签赠活动有80多位国际友人参加。开展“我们的节日”民俗文化主题活动，邀请在烟国际友人共度传统节日感受中国传统文化。2017年中秋节与烟台电视台合作拍摄《外国人在烟台过中秋》专题节目；组织国际友人参加2017年烟台艺术节开幕式；分期分批组织部分在烟国际友人到烟台山医院参观并免费体检。2017年，经烟台友协推荐、省友协组织评选，烟台市上报的富乐（烟台）新材料有限公司董事长蔡志伟（美籍）和烟台荣昌制药股份有限公司首席科学家、总工程师房健民（加拿大籍）荣获2017年度“山东省人民友好使者”荣誉称号。10月，省政府举行表彰仪式。

（撰稿：赵云清　审稿：杨林）

烟台市红十字会

【概况】 2017年，市红十字会组织宣传、义诊、便民服务等活动200多场次，县级以上媒体宣传报道近千篇次。

【学法普法】 5月8日，市县两级红十字会组织开展《中华人民共和国红十字法》暨全国红十字应急救护知识竞赛答题活动，全市5600多人参加。牟平等县级红十字会走入高校宣传讲解。市红十字会5月8日早间在烟台电台《民生热线》直播间通过与听众互动，就《中华人民共和国红十字会法》的修订、红十字会的职能、公众如何参与支持红十字会等方面的问题与听众沟通交流；并宣传红十字会的起源、红十字救灾救助、遗体、造血干细胞捐献等红十字知识。5月8日，市各地红十字会组织工作人员和志愿者们开展“我是红十字人”主题宣誓活动。

2017年5月18日，市红十字会防灾减灾日急救知识宣传进学校

【志愿者队伍建设】 年初，市红十字会制定优秀志愿者表彰奖励办法，年内评选表彰65名优秀志愿者。6月底，烟台护士学校的优秀志愿者代表烟台市幸福社区急救志愿队参加全省应急救护大赛获得二等奖和优秀组织奖。7月，牟平区“衣往情深西部行”公益捐赠项目，被市委宣传部等10个单位联合授予烟台市学雷锋志愿服务“四个50”最佳志愿服务项目，12月被省委宣传部授予山东省学雷锋志愿服务“四个100”最佳志愿服务项目。

市红十字会联合爱心企业举办送爱心送健康活动

【救护培训】 年内，3支专业救援队和2支救护志愿服务队结合“防灾减灾日”等进行演练、复训、建分队等。救护培训“进企业、进社区、进学校、进机关、进农村”，完善规范市县两级一体化救护培训模式，建起系统完善的救护培训体系，应急救护知识普及教育达2万多人次。全年培训持证救护员1270人。被评为“全省红十字会系统应急救护培训工作先进单位”。

【社会救助】 年内，全市投入救助款物近800万元，受益群众上万人。芝罘区组织5家爱心企业及慈善义工艺术团走进黄务养老服务中心，为中心170余名老人捐献大米、面粉、苹果、服装等。莱山走访看望特困群体，莱阳救助特困学生。福山通过设立基金和成立弘艺艺术团参与省市慰问活动并多次获奖。牟平区红十字会“衣往情深西部行”公益捐赠惠及边远山区。被评为“全省红十字会系统应急救援救助工作先进单位”。

【生命关怀工程】 年内，市红十字会“三献”工作参与率和支持率提升。全市采集造血干细胞血样411份，累计13718份，实现捐献5例，累计实现39例；实现角膜捐献12例，累计实现66例；实现遗体捐献10例，累计实现捐献68例。市红十字会被评为“全省红十字会系统造血干细胞捐献工作先进单位”“全省红十字会系统遗体器官组织捐献工作先进单位”。

（撰稿：刘月明　审稿：于才己）

责任编校：云　霞

军　事

烟台警备区

【思想政治建设】 2017年，烟台警备区抓好党的十九大精神和习近平新时代中国特色社会主义思想，开展"严规范、正学风、促转化"学用讲话活动，打造学习贯彻十九大精神基层领头人的做法被军委国防动员部刊发。开展"维护核心、听从指挥"主题教育和军委主席负责制学习教育，组织"适应新体制、谋求新作为"大讨论，开展庆祝建军90周年、喜迎十九大系列活动和"强军风采"群众性文化活动，精心组织"强军路上斗志扬"文艺创演展演，被省军区评为优秀组织奖。持续开展优秀"四会"政治教员评比活动，2名个人受到省军区通报表彰。计划生育、信访工作、退休干部移交安置工作完成顺利，新闻报道工作继续走在省军区前列。

【组织建设】 年内，烟台警备区坚决贯彻党中央、中央军委关于反"四风"正作风决策部署，制发正风反腐改进措施，广大党员干部纪律观念、规矩意识进一步强化。组织召开警备区第六次党代表大会和军人代表大会，围绕"三对照三查纠"召开党委民主生活会。研究制定加强自身建设措施，党委集体领导效能不断增强。推进"两学一做"学习教育常态化制度化，开展"为改革强军助力，为党旗军旗增辉"主题党日活动。持续抓好党风廉政建设，紧盯重要节点、重点部位常态开展明察暗访，部队风气更加纯正。

【战备训练】 年内，烟台警备区抓好民兵信息员队伍建设，协调召开市国动委办公会议和军地信息交流协调会，引接海事、渔业、交通等信息系统，建立军地信息交流机制。常态抓好日常应急备勤，指导做好防汛救灾和应急反恐准备，完成赴蓬莱、栖霞和牟平等地山林灭火任务。加强军民融合发展问题探索，协调论证和推进烟台市国民经济动员军民融合式发展对策措施。组织现役人员和民兵分队训练，烟台警备区被省军区表彰为军事训练先进单位。

【国防动员】 年内，烟台警备区开展"赞颂辉煌成就、赓续红色基因、支持改革强军"全民国防教育活动，增强广大干部群众的国防观念和忧患意识。加强国防动员潜力建设，完成百余项潜力数据信息采集更新。狠抓兵役登记、业务培训、体检站标准化建设等重点工作落实，在全省率先组织开展大学生征兵启动仪式暨征兵宣传进校园活动，首次组织市县乡三级征兵工作人员集中业务培训，组织撰写致烟台籍新兵、训新骨干和家长"三封信"，引发良好社会反响。全市大学生征集比例达到69.5%，位居全省第二，直招士官征集数量位居全省第一，实现无责任退兵。持续开展基层武装部达标建设活动，组织基层武装部和专武干部队伍建设调研，基层武装部"三室一库"建设质量不断提升，民兵连（部、室、家）阵地建设不断巩固。

【部队管理】 年内，烟台警备区开展"学法规、用法规、守法规"和"严纪律、正秩序、树形象"活动，开展"安全整顿月"活动，制定出台小散远单位车辆派遣、手机使用、量化管理等措施。开展"解难题、送温暖、办实事"活动，帮助基层改善生活和文化配套设施，发放救济金67余万元，救助帮扶120余名生活困难官兵、职工和老党员；组织召开基层建设形势分析会和巡回观摩考评，组织基层党支部书记和政工干部集训，基层自建能力进一步增强。福山区、莱山区、长岛县人武部被省军区表彰为先进团级单位。

【综合保障】 年内，烟台警备区健全完善财务、油料、物资采购和车辆维修等方面制度规定，推动全面停止有偿服务项目落实，协调市委、市政府和驻烟部队召开领导小组会议和矛盾梳理碰头会，各项工作落实到位。加强民兵装备仓库安全管理，引接公安"天网"系统，完善外围监控范围，装备安全管理能力进一步提升。烟台警备区被省军区表彰为保障工作先进单位。

（撰稿：栾俊宝　审稿：姚吉光）

地方预备役部队

【思想政治建设】 2017年，烟台预备役师学习贯彻党的十九大精神，认真学习习近平强军思想，党委中心组带机关落实36个学习日，两期干部集中理论培训，实现理论轮训全覆盖。同步推进维护核心、听从指挥主题教育和"两学一做"学习教育常态化制度化落实，开展"服从改革大局、合力建强陆军”“讲政治、严纪律、促改革”专题教育，集中利用驻地和师团教育资源创造性开展教育。落实战区陆军营区政治文化环境建设《规范》，开展“重温入党誓词、牢记初心使命”主题党日、庆祝建军90周年、预备役军官授衔仪式等系列活动。持续加大扶贫帮困和助学兴教力度，师团党委统筹68万元用于精准扶贫。积极协调做好转业干部安置、特困党员干部救助、随军家属就业和子女入学入托等涉及官兵切身利益难题，老干部工作、新闻报道和双拥工作取得新进步。

【战备训练】 年内，烟台预备役师主动适应转隶战区陆军领导管理新体制，严格落实军委《战备制度八项规定》，修订完善战备方案，落实战备教育，组织战备应急演练，严密组织战备值班培训，配套完善战备库室建设。清明节期间，228团应栖霞市政府请求，迅速出动参与扑救山火任务，受到战区陆军和地方政府表扬。坚持按纲施训，突出基础理论、基础体能、基本技能训练，师团3次组织现役军官集中强化训练和个人补差训练，狠抓官兵基础性课目训练和军官业务技能训练，分阶段分单位组织专业骨干教学法集训、应急分队骨干集训。8月份完成烟台黄金职业学院学生军训工作。着眼预备役部队使命任务，突出非战争军事行动训练和应急能力建设，持续抓好战备值班分队建设，围绕重点目标防卫、维稳处突、抢险救灾进行演练，提高部队应急抢险和遂行多样化军事任务能力。

【安全管理】 年内，烟台预备役师开展“学法规用法规守法规”活动，组织“整顿作风、整肃军纪”教育整顿和“四反”警示性法治教育，两次组织官兵参加驻地普法宣传。落实战区陆军“十抓”安全指导法、“1+10”安全管理法，两次调整补充“三委”和“1+10”领导小组，定期召开安全形势分析会，落实“三委”联动、分部门按系统抓安全工作机制。开展争创“安全年”活动，持续推进安全风险评估、领导跟班作业制度落实，组织“五清”“六个摸排一遍”活动，抓好涉密信息集中管控和文印室建设。狠抓经常性安全预防管理，开展互联网涉军涉密信息、官兵开设新媒体账号、官兵私存枪弹等专项清查整治，落实军委、陆军和战区陆军禁酒令，组织安全用网上网教育和安全预防骨干集训，常态抓好“三个经常性工作”，落实士兵定编定岗定训制度，依法加强兵员管理，部队形势安全稳定。

【基层建设】 年内，烟台预备役师落实战区陆军预备役部队建设专题电视电话会议精神，主动开展常委帮抓联系点和营连长驻基层制度，2次组织师团首长机关到基层帮抓指导。按照《军队基层建设纲要》，开展“三帮”活动，师团同步组织开展整组工作。开展“双争”评比活动，年内表彰一批先进预备役营连和优秀预备役军官、优秀基层干部。持续开展“住基层、摸实情、解难题、送温暖”活动，为基层办实事解难题，不断改善官兵训练生活设施。针对部队改革过渡期人员少实际，采取机关干部“基层兼职，双岗双责”方式，及时充实“一线指挥部”的领导力量，确保领导力量不减弱、工作任务不断线。

【后装保障】 年内，烟台预备役师落实“打仗型”后勤建设要求，充实完善后勤指挥器材和保障装备，筹建应急救护小组和应急车辆运输分队，提高部队后勤综合保障能力。落实党委管财、科学理财、精准用财，严格经费使用审批和联审会签，开展“节能有我，绿色共享”节能宣传活动。推进师团停止有偿服务工作，执行物资集中采购和招投标制度，对师机关营院、食堂和上夼东路库室进行综合整治和绿化亮化工作，营区秩序得到进一步规范。学习贯彻《装备管理条例》，3月组织开展“装备法规学习宣传月”活动，组织装备物资、保障资源大清查及装备器材弹药清仓查库，高标准迎接友邻单位互查和上级抽查工作，受到战区陆军表扬。坚持落实车场日、月维护和换季保养制度，定期组织武器装备、工化车辆保养维护，完成年度工作训练装备弹药保障任务，装备完好率、配套率持续提升。

【党风廉政建设】 年内，烟台预备役师贯彻民主集中制，召开党委民主生活会，组织师团党委常委在所在支部上党课、以普通党员身份过组织生活。传达学习上级违纪通报，开展基层风气专项教育整顿，组织“真情助廉寄语”活动，严格个人对照检查、党员大会辨析讨论，集中纠治发生在官兵身边的10种“微腐败”和不正之风，部队呈现心齐力聚的新风常态。严格纪检督导标准，调整健全纪委组织，严密开展“严纪律、迎改革”和正风肃纪专题教育，拓展官兵民主监督渠道，注重发挥群众监督作用。按照“6个肃清”要求，全面彻底肃清郭伯雄徐才厚流毒影响，组织党员领导干部人人向组织交心交底，开展干部政策教育和稳心尽责常态化教育，做好人员“两项清理”工作，签订管理责任书，部队作风和风气建设进一步加强。

（撰稿：林峰　审稿：于强）

武警烟台市支队

【思想政治建设】 2017年，武警支队学习贯彻习主席系列重要讲话精神，落实党委机关“6526”和基层“10145”理论学习制度，发挥“六学机制”“五小阵地”作用，掀起十九大精神学习热潮。围绕“提振精气神、聚力迎大考”层层组织党课教育、讨论辨析，统筹抓好“两项重大教育”，出台加强隐蔽斗争“15个严禁”，建强用好“四支队伍”，细致做好一人一事工作，官兵“三个维护”思想根基更加牢固。注重用强军文化铸魂育人，政治环境和荣誉室建设面貌焕然一新，“赞颂新成就、喜迎十九大”系列活动开展活跃，新闻宣传报道工作给力，在省级以上媒体刊稿260篇，支队知名度、影响力得到提高。支队被武警部队政治工作部表彰为武警政工网宣传工作先进单位，被总队表彰为新闻宣传工作先进单位。

【练兵备战】 年内，武警支队以打好“三场维稳战役”为牵引，健全“三点三线”力量部署格局，按照实战化要求狠抓练兵备战，遂行任务能力持续提升。实践“六种组训模式”，纠治“两块短板”，高标准承办总队“魔鬼周”训练和器械教练员集训，分层次、分专业组织勤训轮换、教练员集训，循序渐进搞好新兵教育训练，表彰比武先进个人，立起鲜明导向。持续深化“三哨”活动，开展执勤等级评定和隐患治理，探索“四个一”的方法路子有效提升哨兵执勤能力。支队连续35年实现执勤无事故，被总队评为正规化执勤优秀单位。年内，出动兵力3273人次，完成押解、等级警卫、城市武装巡逻和扑救山火等临时任务293起。

【基层建设】 年内，武警支队开展“学法规、知法规、用法规”活动，每月组织过“三日”加强工作研究，分3批组织干部轮训，大练按纲抓建基本功；狠抓“八项经常”打基础，全面评估基层单位建设现状，按照“每个部门每个月破解1～2个难题”的思路，集中破解建设难题；突出“五帮”建立“三下三上”蹲点帮建模式，注重抓两头带中间，推动部队全面进步全面过硬。四中队被总队表彰为成武式标兵中队，牟平、福山、海阳、龙口、莱州、五中队被表彰为基层建设先进中队，二大队被表彰为基层建设先进大队，教导队被表彰为先进教导队。

【依法治军】 年内，武警支队把规范秩序促正规作为依法治军的治本之策，坚持关口前移、主动预防、软硬隐患一起纠治。注重研究常态落实安全工作“八个规范”的方法途径，严密组织安全风险评估、安全大检查，开展“每日一例”警示教育、“枪弹专项清查整治”和“百日安全竞赛”系列活动，落实“四心工程”40法、预防自杀“68双10+20”措施，部队安全稳定基础持续巩固。支队连续20年实现“四无”。推进“第四步”调整改革，组织改革专题教育凝聚思想共识，开展“三学三整三规范”教育整顿活动，二中队、五中队移交转隶顺利，支队机关按新编制体制运转顺畅。

【后勤保障】 年内，武警支队坚持“三个服务”导向，规范后勤战备工作秩序，优化战备物资储备方式，强化“一组五队”和中队保障单元建设，保障中心更加聚焦。组织后勤“规范周”“厉行勤俭节约”和“明职责、守规矩、钻业务”学习教育训练活动，开展财务大清查“回头看”，管理水平逐步规范。培养“一专多能、一兵多用”后勤专业队伍，每月组织司务长集体办公，定期组织驾驶员轮训复训，分批次组织炊事员轮岗交流，服务保障效能明显提升。

【党建工作】 年内，武警支队加强政治能力训练，制定“22条措施”推进“两学一做”学习教育常态化制度化，突出“两个清理”全面彻底肃清郭徐流毒影响，严格“三会一课”、双重组织生活和党费收缴等制度，党委常委每月带头上党课，党内政治生活质量不断提高。注重依靠民主集中制建班子，在选人用人、经费开支、物资采购、工程建设等重大敏感问题上，严格按规章制度办事，增强党委的凝聚力和公信度。注重层层传导责任压力，开展“12个专项检查整改”和“正风肃纪教育清理整治月”活动，瞄准具体问题出重拳、下猛药，对违规违纪官兵敢于唱黑脸、揭伤疤，纠治“四风”、正本清源成效明显。

（撰稿：衣佳星　审稿：刘伟）

责任编校：云　霞

法　　治

综　述

【概况】 2017年9月19日，在全国社会治安综合治理优秀城市表彰大会上，烟台市第四次捧得“长安杯”，成为全国唯一的“七连冠”地级城市。

【争创全国社会治安综合治理优秀城市】 年内，市委政法委按照市委、市政府“两办”文件出台的46项创城工作责任清单要求，抓好迎检点筛选打造、宣传发动和现场展示等各项工作。建立争创工作责任落实机制，出台领导干部参与综治工作实绩档案、各级党委政府签订平安建设工作承诺责任书等制度，推动全市社会治安、公共安全等问题得到及时整改。以“两办”名义下发《烟台市健全落实社会治安综合治理领导责任制实施细则》，对各级党委政府、有关部门建立完善综合治理目标管理责任制情况做出具体规定。创新打造烟台市雪亮工程“村村通”建设品牌。6月29日，中央综治办在全国“雪亮工程”建设推进会议上，播放烟台市《打通视频监控建设“最后一公里”》专题汇报片。设计制作烟台市综治中心标准化建设专题片，在中国长安网进行展播。11月30日，在全省社会治安综合治理工作创新暨表彰大会上，烟台市多元化化解矛盾纠纷、法律管家制度、平安志愿者队伍建设等先进工作经验被收录到经验材料汇编，成为全省被推广经验最多的地市之一。全年编发《情况通报》45篇，为争创工作提供理论支撑。全国社会治安综合治理表彰大会召开后，市级主要新闻媒体均开设宣传专栏，连续在烟台日报、烟台晚报头版刊发两篇《勇夺“七连冠”、再攀新高峰——我市第七次荣获“全国社会治安综合治理优秀城市”综述》，《烟台日报》用8个版面宣传全市政法综治工作近年来取得的巨大成绩，烟台电视台《德与法》栏目连续播出8期政法综治工作专题节目。争创工作结束后，针对近年来取得的成绩和涌现的先进典型，向中央和省委推荐先进集体和先进个人，协调争取政策支持和表彰名额。11月21日，全市争创全国综治优秀城市“七连冠”暨十九大安保维稳工作总结表扬会议召开，会上分别对30个优秀乡镇（街道）、60个先进集体和100名先进工作者给予通报表扬。

【平安烟台建设】 年内，全市政法系统完成“一带一路”高峰论坛、建军90周年、“金砖领导人峰会”等敏感节点防控任务。市委政法委围绕“三个一切”和“五个不发生”的目标定位，先后以两办名义下发十九大安保维稳工作实施意见13份，组织政法部门在打黑除恶、打霸治痞、打击涉众型犯罪、整治黄赌毒等10个重点领域，开展“百日破案会战”、打击涉恐活动专项行动等活动，破获刑事案件5272起，刑事拘留3169人、逮捕1243人；破获涉恐案件5起、抓获涉恐人员10名。

【立体防控】 年内，市委政法委推进“雪亮工程”城乡一体化建设，下发《关于进一步加强全市视频监控建设应用工作的意见》。全市完成投资5.9亿元，新建监控探头1.4万个，通过监控抓获违法犯罪嫌疑人1300余人，破获案件1700余起。加强易肇事肇祸精神病患者服务管理工作，召开全市电视电话会议，印发《关于加强严重精神病患者服务管理工作的通知》，开展“实施以奖代补政策、落实严重精神病患者监护责任集中突击月”活动。至年底，全市各县市区全部出台落实奖补政策，登记在册精神病患者30566人，鉴定危险性评估三级以上的严重精神病患者1726人，落实以奖代补资金542万元，签订奖补协议1550人。

【严打整治】 年内开展打黑除恶、治爆缉枪、“两抢一盗”、电信诈骗、非法集资等专项行动，打击暴力犯罪、多发型侵财犯罪、涉众型经济犯罪、网络违法犯罪等犯罪活动，破获“12.01”特大团伙电信诈骗案件，抓获31名团伙主要犯罪嫌疑人，摧毁境外电信诈骗窝点3个，涉案金额7800余万元，成为全国电信诈骗犯罪嫌疑人境外作案、境内抓获的典范。开展禁毒斗争，抓获毒品犯罪嫌疑人1063名，强制戒毒633名，缴获毒品70余公斤，同比分别增长134%、35.8%、59.1%。破获“2017-17”公安部毒品目标案件，缴获的冰毒数量是全省三年禁毒人民战争以来最多的一次。全年查处治安案件40988起，破获刑事案件14969起，其中56起命案全部破获。在全国打击农村黑恶势力违法犯罪现场推进会上，烟台市做典型发言。

【“正气烟台”建设】 1月和12月，市委政法委先后举办两场“正气烟台”见义勇为颁奖典礼，对近年来涌现出的先进人物予以表彰，发放奖金151.5万元。将市见义勇为基金会成立的7月12日作为每年的全市见义勇为集中宣传日，开展社会宣传、新闻宣传、短信宣传等活动，开通正气烟台微信公众号，开办“正气烟台”媒体专栏，召开全市爱心企业支持见义勇为事业恳谈会和新闻发布会，募集资金600多万元。

【服务社会发展】 年内，市法院在全市率先出台《为全市重大项目建设提供司法保障的10条意见》。全市政法部门均出台服务保障全市重大项目建设的相关文件，开展一系列护航经济发展的专项行动。在芝罘区、高新区等科技企业密集区，建立集咨询宣传、定期联络、侵权办理、延伸服务等于一体的知识产权保护中心，办理侵犯知识产权案件3起，防范侵权案件12起，该做法被评为全省创新成果一等奖。年内，侦办食药环案件870起，打掉黑窝点、黑工厂316处，移送起诉755人。审结民商事案件62182件，“吉列”商标侵权案入选全省知识产权司法保护十大案例。

【法治建设】 年内，市司法局在全市范围内选拔23名法律专家组建市级“七五”普法讲师团，联合市委组织部、市委党校，举办2期“七五”普法骨干培训班，培训各级普法干部200多人次。开展“法德共进”主题宣传月活动，联合团市委等30多个部门在市区中心广场开展集中宣传活动。配合中央电视台《法治中国》摄制组，对“法德共进”工作全面采访拍摄，将经验推向全国。搭建学术研究平台，开展法学研究交流工作，联合省法学会举办一期全省法学法律界专家学者培训班。组织召开全市法院执行工作会议，加大对长期未结诉案件的清理力度，全年执结案件34937件，对83233件执行积案进行了全面清理。落实全面深化司法体制改革相关规定，完成全市959名法官、检察官遴选工作。全市法院系统按照“法官＋法官助理＋书记员”模式，组建415个审判团队。全市检察机关不断完善办案组织和专业化团队建设，建立检察官办案组71个，独任检察官办案组330个，制定出台检察官监督、司法责任追究、办案组织设置、案件质量评查、司法档案管理等细则，逐步形成完备的司法责任制度体系。

【矛盾纠纷多元化解】 年内排查群体性风险隐患2248起，调处2133起，调处成功率达到95%。创新推出专业化、常态化、全域化“三化”调处模式，在医患、劳资、物业、交通事故等领域分别成立矛盾纠纷专业化调处领导小组和人民调解委员会，在所有县市区和镇街设立专业化调解中心，聘请专业人员以第三方身份、中立化立场为群众提供责任认定、法律援助、赔偿调解、协议签订、保险理赔、心理疏导等“一站式”服务。在市县两级法院、检察院、公安局、司法局、法制办、仲裁委分别设立协调指导办公室，加强对人民调解、行政调解、司法调解、仲裁调解、律师调解、行业调解的指导协调。依托基层综治中心，定期排查调处矛盾纠纷，县级每月排查，乡镇每半月排查，村居每周排查。至年底，全市建立各种形式的人民调解组织7102个，行业性专业性调解组织89个；有人民调解员21357名；其中专职人民调解员5163名；调解各类矛盾纠纷22880件，调解成功22499件，调解成功率超过98.3%。从3月下旬开始，在全市开展矛盾纠纷大排查大调处工作，期间，全市矛盾纠纷排查率达到100%，防止“民转刑”案件34件，涉及当事人71人。推进非访处置工作，至年底全市进京非访438人次，同比下降49.8%；化解330人次，化解率为76.02%。

【基层建设】 年内，市委政法委创新推出“9+N”模式的镇街综治中心机构设置新模式。组织召开全市镇街综治中心标准化建设现场会议，推广福山区、开发区两地镇街综治中心标准化建设经验，印发《全市乡镇（街道）综治中心标准化建设指导意见》，启动为期4个月的镇街综治中心标准化建设攻坚战。至年底，14个县市区申报的121个镇街综治中心中97个达到标准化建设要求，建成率达到60.2%。组建综治干部队伍、综治中心队伍、网格员队伍和村居专业综治力量等“四支队伍”。重点推动“一村一警务助理”建设，在综治中心指导下开展治安巡防、矛盾调解、隐患排查等工作，落实专项资金2802万元，招录警务助理6159名，实现全市6137个行政村全覆盖。打造莱山城区社区警务、福山义警总会、开发区平安“微积分”、蓬莱农村警务助理、莱州治安要素管控等一批亮点和品牌。先后印发《关于加强和规范网格化管理的通知》《关于加强社区网格员培训管理的通知》。年内，市县乡三级财政累计投入1.2亿元，全市城乡社区划分网格9862个，配备网格员16313名，做到“一格一员”或“一格多员”。

【政法队伍建设】 4月，市委政法委与市委组织部联合在武汉大学举办“烟台市平安法治建设专题研修班”，组织实地观摩武汉市法治、平安建设现场。6月，与市委组织部、市委党校联合举办为期1个月的政法系统科级领导干部进修班。制定《中共烟台市委政法委员会会议制度》《烟台市政法机关党组织向党委请示报告重大事项实施细则》《中共烟台市委政法委员会对政法队伍纪律作风督查的工作制度》和《关于加强全市政法系统社会监督员队伍建设管理的意见》等文件，建立60人的社会监督员队伍，对政法干警规范文明执法严加管理、严加监督。协助市委组织部做好政法系统拟提拔交流县级领导干部的考察工作，全年完成20批46人次的协管干部批复工作。

（撰稿：姜浩然　审稿：袁明园）

地方立法

【立法规划】 2017年，市人大常委会召开全市立法规划座谈会，研究商定立法规划项目。历时10个多月形成2013—2017年立法规划讨论稿，经主任会议讨论通过后，上报市委研究同意。烟台市历史上首个五年立法规划批准实施。

【提高立法质量】 年内对常委会审议的法规草案全部在胶东在线、《烟台日报》、烟台人大信息网公开，公开草案、草案说明，并公开征求意见建议。6月，制定《烟台市人民代表大会常务委员会立法顾问工作规则》和《烟台市人民代表大会常务委员会地方立法基地管理办法》；修订完善市人大法制委员会工作职责和工作规则，对工作内容、方式、要求以及法制统一审议作具体规定，加强立法机制建设。同时，对地方立法联席会议制度、立法协商制度进行初步研究。6月，举办立法基地授牌暨立法顾问聘书颁发仪式，与烟台大学、鲁东大学、山东工商学院三所驻烟高校合作建立立法基地，聘请28名从事法学研究、法律事务的专家教授、执业律师和立法权限涉及领域内的领军人物担任立法顾问。

【地方性法规】 年内，市人大常委制定出台《烟台市安全生产监督管理条例》《烟台市城市供水条例》2部地方性法规。《烟台市安全生产监督管理条例》明晰安全生产责任体系，强化生产经营单位主体责任，健全完善监管措施，细化应急救援和事故调查处理程序，严格法律责任，为全市各级政府及职能部门履行管理职责和行政执法提供法律依据。《烟台市城市供水条例》针对供水安全和供水管网设施，制定具体保护设施，围绕提高供水质量；针对存在的二次供水设施建设和管理多元化，以及运行维护责任不到位、水质污染风险高等问题，对二次供水设施的建设和管理维护责任及水质安全等进行规定。7月，常委会专门组织开展《烟台市饮用水水源保护条例》执法检查。

（撰稿：刘伟杰　审稿：赵雪平）

政府法制工作

【法治政府建设】 2017年8月1日，市委市政府成立烟台市法治政府建设工作领导小组，办公室设在市法制办，原烟台市依法行政工作领导小组同时撤销。市政府印发《关于严格落实重大行政决策事项实行法定程序的通知》。市法制办合法性审查《烟台市人民政府关于进一步健全特困人员救助供养制度的实施意见》和市政府重大合同、协议等15份。

【法治政府宣传】 4月，市法制办被省政府法制办评为“2016年度全省依法行政宣传工作先进单位”。2017年共采编各级各类政府法制信息400篇，其中被省办采用34篇，报送市政府53篇，网站发布205篇。开建“烟台法制”微信公众号，集中宣传依法行政工作动态。借助《烟台日报》等媒体对法治政府建设、法律顾问等工作进行宣传报道。撰写完成《烟台市改革开放实录—烟台法制建设巡礼》。

【党政一体法律顾问】 11月29日，在市法制办举行第一届市委市政府法律顾问签约仪式。12月23日，在东山宾馆举行第一届市委市政府法律顾问聘任仪式。市长张永霞为获聘顾问代表颁发聘书并讲话，市委副书记王继东主持，副市长王晓军公布第一届市委市政府法律顾问名单。

【政府行政立法】 年内，依照立法程序，经8次市内市外立法调研，20多次起草审查论证，《烟台市安全生产监督条例》《烟台市城市供水条例》2件地方性法规和《烟台市地下空间国有建设用地使用权管理办法》《烟台市煤炭清洁利用监督管理办法》2件政府规章颁布施行。办理《山东省建设工程抗震设防条例》等省级地方性法规和政府规章征求意见稿12件，提出修改意见建议40余条。受理拟以市政府或政府办发布的文件50多份，其中经合法性审查确认的规范性文件21件，避免“问题文件”出台。

【“红头”文件清理】 年内，组织清理“红头”文件4次。清理市本级规范性文件140件，其中废止55件，修改9件，继续有效的76件；清理市直部门288件，废止179件，继续有效的109件；清理县级920件，废止279件，修改121件，继续有效的520件；清理乡级6件，废止2件，继续有效的4件。

【行政执法监督】 1月22日，经市编委研究并报省编办批准成立烟台市人民政府行政执法监督局。制定《全面推行行政执法公示制度、执法全过程记录制度、重大执法决定法制审核

制度实施方案》。审查各执法部门提报网络案源240起。优秀案卷评查在全省获第二名。备案市级重大行政决定235份，清理各县市区不合格二级执法主体31个。审验《山东省行政执法证》3500人、新办证件1410人。

【政府负责人首次出庭应诉】 12月11日，副市长王晓军代表烟台市政府，出庭芝罘区人民法院，接受烟台某建筑装饰有限公司“状告”烟台市人社局、烟台市政府对第三人房某某（农民工）工伤认定和行政复议不服案件的审理应诉。 2017年共出庭应诉129件，市法制办办理以市政府为被告的行政应诉案件161件。

【行政复议】 年内，市本级收到行政复议申请225件，受理202件，审结184件，综合纠错率32%。完成《行政复议标准体系》（涉及规定140余项）《行政复议法律文书汇编》（涉及文书80余项）《行政复议相关规定汇编》（涉及规定13项）《行政复议法律法规汇编》（涉及法律规定140余项）。市县两级实现行政复议案件平台审理运行。

【建立高校实习基地】 8月31日，市法制办与烟台大学、鲁东大学、山东工商学院举行共建法律实习培训基地签约授牌仪式，签署《共建法律实习培训基地协议书》，明确共建“法律实习培训基地”的目标和规划。

（撰稿：胡梦月　审稿：李永臣）

公　安

【概况】 2017年，市公安机关综合考核位列全省市级公安机关第1名，被省公安厅表彰为全省优秀市级公安局。省公安厅19项维稳工作考核，烟台18项进入优秀等次，14项夺得全省第一；群众安全感列全省第三，群众满意度列全省第二，综合排名全省第一。市公安局被表彰为省级文明单位、党的十九大安保维稳工作先进集体、“迎接十九大忠诚保平安”主题活动优秀单位、2017年度市直先进集体。打黑除恶、爱民固边、“互联网＋公安”等25项工作经验被部、厅推广，全省公安信息化“三个一”建设、反邪教专项工作等现场推进会在烟台召开。开展护航十九大百日破案大会战，破案5272起，刑事拘留3169人、逮捕1243人，均创历史新高，打击传统盗抢骗犯罪成绩全省第一。全省追逃比武总成绩、清除逃犯库存量比率、抓获目标逃犯全省第一，实现“三连冠”。破获电信诈骗案件1001起，抓获犯罪嫌疑人364名，破案数、破案率全省第一，打黑除恶综合成绩、百名民警查处涉毒人数、打击涉恐、盗抢骗等侵财案件破案数、抓获数均居全省第一。交通、消防执法量翻倍增长，交通事故起数、死亡、受伤数明显下降。创新情指行一体化现代警务模式，建成实战型智慧型指挥中心，全国首创实时音视频交互的@110新型报警方式。“互联网＋公安”政务服务平台走在全国政务网前列，320项公安业务实现网上办理。建成基于大数据、国内领先的智能办案系统，部分模块全省推广使用。推出服务保障全市重点项目和城市建设10条措施，深化放管服改革，身份证异地受理、驾驶人异地考试、驾驶人科目考试全面下放县市，出入境、消防等业务全面缩短办理时限等便民利民举措。开展基层基础三年攻坚战，130项重点攻坚事项全部高标准通过省厅验收。在城区和农村分别推行“1+2+N”和“一村一警务助理”社区警务模式，“天网工程”全市社会面总探头数达到19万个，创建技防示范村411个。研究制定《关爱民警十项措施》，设立1800余万元的优抚基金。举办首届公安创新大赛，开展“港城卫士”“烟台公安青年卫士”、优秀共产党员、优秀军转干部等评选表彰活动。8个单位荣立集体二等功，1人被授予全国公安系统二级英雄模范，5人被公安部表彰为全国优秀人民警察，5人荣立个人一等功，40人荣立个人二等功，36个集体和66名个人受到省部级以上表彰。

【实战化指挥体系建设】 年内，对指挥大厅进行升级改造，采取“7+N”融合式办公。县级公安机关指挥中心全部设立指挥长岗位，配备指挥长92名。加快推进城区派出所勤务指挥室建设，全市50个城区派出所全部建成勤务指挥室。市政府办下发《关于规范政府公共服务热线平台对非警务报警和非紧急求助事项处置的通知》，明确110报警服务台不再受理五类非警务报警和非紧急求助。年内，全市非警务警情分流率达73.5%。

【重大活动安保任务】 年内完成各级“两会”“党代会”“一带一路”高峰论坛、金砖国家领导人会晤、全运会等重大活动安保组织协调、情况调度任务。特别是十九大安保期间，统筹指挥协调全市公安机关安保维稳工作，落地核查重要线索督办单398期1243人次；启动公安检查站和治安卡口87个，核查车辆95.5万余台次、人员280万余人次。组织情报会商会、安保调度会等各类会议130余次，印发通知、通报、安保专刊210余件。

【指挥处置重大敏感案事件】 年内妥善处置“3.12”海阳新元广场反韩聚集事件、“8.25”莱山特大涉外抢劫案等突发、敏感案事件97起。

2017 年 11 月 12 日，蓬莱市公安局执行“2017 年蓬莱国际葡萄酒马拉松赛”安保任务

【大情报平台应用】 年内成立市局情报委员会，纳控情报平台重点群体 472 个、重点人员 51942 名，临控 23400 余人，车辆 2500 余台，抓获犯罪嫌疑人 1300 余人；红色指令抓捕 612 人，抓获率达 73%。在全省情报合成研判追逃十佳精品案例、十佳技战法评选中，市局《三级三色分类筛选追逃技战法》取得技战法第一名、《抓获红追目标逃犯孙伟纪实》取得精品案例第五名；在全省情报综合研判比武中，烟台情报处荣获团体第一。自行研发的“321”系统被评为省内首创，“人员风险监测”“事件预警防范”功能被评为国内领先。

【信息化建设】 11 月 3 日，全省公安信息化“三个一”建设现场推进会在烟台市召开。公安机关整合汇聚内外部 716 类 88 亿余条数据，车联网标准数据全量实时上传省厅。建立数据分析建模为主、人工智能为发展方向的研判模式，构建基础关系、专业分析模型 278 个，及时将民警优秀技战法转化为数据模模型。依托“科信委 + 攻坚组”工作模式和四大智慧警务实验室，组建多个攻坚团队，联手 22 家高科技互联网企业，研发网络安全态势感知平台、车联网、合成作战、猎鹰、警搜、数据魔方等功能模块21个，全部纳入全省“一个门户”；建成移动警务系统，发布移动警务商店及 60 个移动应用。

【政务服务平台】 年内，烟台市在全省首创“互联网 + 公安”政务服务平台，11 类 320 项业务全网办理，实现一网通办、一站服务。平台注册用户已达 316 万人，超过全市人口总数 1/3，其中实名认证 218.7 万人，为群众提供服务、办理事项 442 余万次，网上缴费 1.2 亿元，成为烟台公安为民服务的新品牌。“烟台公安”微信公众号作为政务服务功能主载体，连续夺得全省新媒体桂冠，多次进全国公安新媒体三甲。

【干部队伍建设】 年内，市公安机关开展全警轮训，提升整体素质。组织各类培训 22 期，参训民警 2500 余人，启动“护航十九大、送训上一线”活动，为 31 个基层所队、11 个检查站 1900 余名民警送教上门，培训总量同比增长 165%。聘任 235 名市级教官，培养 388 名县级教官；建设水上救援训练中心、警体训练中心；推进县级训练基地建设，全部达到基层基础建设三年攻坚标准。开展“最小作战单元”训练，培训民警、辅警 3200 名。出台鼓励支持民警参加司法考试意见，开展司法考试“师带徒”助考活动，组织 2 次 1335 名民警参加模拟司法考试。建成集公安“大讲堂”“微课程”平台、心理健康园地于一体的烟台远程教育体系。

【宣传工作】 年内，创办烟台公安内部首档电视栏目——“警营烟台”。在中央电视台、《人民日报》《人民公安报》、中新网、新华网等中央级媒体发稿 3600 余篇，在《大众日报》、山东电视台等省级媒体发稿 4500 余篇，在《烟台日报》、烟台电视台等市级媒体发稿 8000 余篇，发稿数量位居全省前列。面向社会推出“向人民汇报”——烟台公安文化演出宣传活动。召开烟台公安新闻发布会 3 次、新闻通气会 32 次，组织媒体集中采访 20 次，开展新媒体主题宣传活动 15 次。全年通过烟台公安官方微信发布 1100 余条信息，通过烟台公安官方微博发布 400 余条信息。

【辅警过渡工作】 市局政治部成立辅警过渡工作专班。过渡警务辅助人员 6888 名（其中，市本级 482 名，县级公安机关 6406 名），取得市本级全省第一家出台过渡方案、第一家启动过渡、第一家完成过渡任务，县级公安机关过渡全省第一家完成试点任务“四个第一”的成绩。

【警务保障】 年内，完成 2017 年预算编报工作，年度预算较 2016 年增加 46%。全市争取十九大安保专项经费 3.8 亿元，其中市本级 1800 万元。争取财政立项项目 41 个，专项资金 8823 万元，投入 7527 万元，完成互联网出口侦控、刑事技术装备、警务云、技侦装备等 34 个公安重点装备项目建设。争取财政基本建设经费

3500万元，完成警体训练中心、水上救援训练中心、办案中心、办公楼加层改造等一批市本级建设项目。争取经费4500万元，推进看守所、警校项目。完成“十三五规划落地”“县级经费保障达标”等四项攻坚任务；各县市区党委政府均下发有关解决事业编和辅警执勤用车的文件，全市公安机关共购置警务用车416辆。

【打击经济犯罪】 2017年，全市公安机关受理经济犯罪案件1542起，立案1432起，破案704起，抓获犯罪嫌疑人1050人，涉案金额40亿元，挽回直接经济损失8686万元。“云端2017”专项行动成功发起全国性集群战役49起，研判210起，部署应用打击85起。“猎狐2017”专项行动共缉捕外逃犯罪嫌疑人4名，提前完成公安部规定的20%的目标任务。做好“e租宝”“泛亚”“上钰财富”“善心汇”等涉众性经济犯罪案件利益受损群体重点人员稳控工作，全市累计稳控步众性经济犯罪案件重点人员1800余人，参与处理到各级党委政府、公安机关上访事件17起，未发生赴省进京维权集访事件。通过烟台经侦“一端双微三网”平台，发布各类预警防范信息3500余条，服务保障全市重点项目建设和民生发展。7月，公安部经侦局在烟台召开会议推广烟台经侦宣传工作经验。

【治安基层基础建设】 年内，市公安机关落实“1+2+N”和“一村一警务助理”社区警务工作模式。全市311个城区警务区共配备社区民警425名、社区辅警951名、网格员5521名，实现“1+2+N”；6137个行政村，招录警务助理6424名，覆盖率达100%。明确派出所职能定位，实施“三队一室”“两队一室”“岗位分工”为基本功能框架的派出所勤务模式，落实派出所综合保障，夯实派出所基层基础工作。全市175个派出所实施“三队一室”的24个、“两队一室”的90个、“岗位分工”的61个，配备民警2734名，派出所民警数占县级公安机关的46.6%。

【治安防控体系建设】 年内，全市累计投入资金近10亿元，建成一类视频监控1.4万个，社会面监控探头达14.7万台。推动“雪亮工程”建设，打造“示范村”151处。全市公安机关利用视频监控破获各类案件2200余起，抓获嫌疑人2077名。全面加强治安检查站建设，加强功能区规范化建设和软硬件升级改造。十九大期间，共核查车辆89万台次、人员263万人次，劝返重点人员380余人，收缴危险品1500余件。

【治安公共安全监管】 年内，全市公安机关收缴枪支1123支、子弹5.2万发、炸药1.9万公斤、雷管4285枚。开展爆破作业地面“更衣室”建设，在县级公安机关统一建立民爆视频监控平台，对民爆物品的运输、储存和爆破作业实时监控，动态管理。推动出台《烟台市燃放烟花爆竹管理条例》，全市制止违规燃放行为2700余起，查处案件312起，处罚315人。对辖区内3条长途输油管道、4条长途输气管道，建立公安指导、企业巡护、治安保险一体化安保模式。

【治安行政管理】 年内，市公安机关深化户籍制度改革，开展户籍改革中期评估，推进人才落户制度改革，调整完善户口迁移政策，户籍人口城镇化率达53.8%。依托“互联网＋公安”政务服务平台，深化便民利民举措，20项户籍业务实现全环节网上办理。全市登记流动人口达103万人，办理居住证40万张。解决登记无户口人员886人，异地办理居民身份证2.1万张。联合司法部门研究制定加强刑满释放人员衔接管理工作意见，开展集中列管摸排，健全完善管理档案，全面落实重点人口居住地和户籍地“双列管”要求，列管重点人口2.1万人。对全市易肇事肇祸精神病人进行重新摸排和动态管控，列管精神病人964名。按照“多证合一”改革要求，主动对接配合工商部门，完成3902家行业场所证照换发任务，换发率达100%。出台娱乐服务场所分级管理办法，建立动态升降管理制度。

【重点单位安保】 年内，公安机关对全市665家治安保卫重点单位、150家医院、1546家中小学幼儿园、2509辆公交车、741家加油站，加强安全防范指导，消除整改各类安全隐患。建立寄递物流企业基础台账，摸排邮政普遍服务网点271个，寄递行业经营许可的企业93家，备案分支机构186个，逐一签订治安管理责任书。年内，与综治、交通运输、邮政管理等部门联合召开会议，建立健全协作配合机制，协助邮政管理部门推行寄递实名登记系统，2017年，查处各类非法寄运类案件348起。

【执法办案】 市公安机关全年侦办涉假案件38起，侦办涉黄涉赌刑事案件308起。特别是侦破公安部督办的全省首例“妖妖直播平台传播淫秽物品牟利案”，相继破获海阳市系列涉黄平台传播淫秽物品牟利案和开发区“色AV”网站传播淫秽物品案2起重大案件，抓获犯罪嫌疑人17名，打掉涉淫秽色情网站16个、网络直播平台47个。

【破案会战】 全市公安机关自8月1日至11月8日，组织开展“护航十九大百日破案大会战”，共破案

6981起，刑拘3688人，取保2910人，逮捕1646人，抓获逃犯650人。全年共破获刑事案件16121起，抓获刑事犯罪嫌疑人11088人，其中刑拘8242人，逮捕3332人。

【打黑除恶专项行动】年内，全市打掉黑社会性质组织3个，其中二审判决1个，开庭审理1个，在侦1个；打掉恶势力犯罪集团10个，判决涉恶类团伙243个，判决九类涉恶类人员720人，12条省重点线索全部查结。侦办的高新区西泊子村村委会主任朱永君组织、领导黑社会性质组织案件，抓获犯罪嫌疑人40余名，破获案件30余起，缴获枪支6把；龙口市香坊村村主任孙立强为首的恶势力犯罪集团，抓获涉案人员4人，缴获枪支3把。

【打击电信网络新型违法犯罪】年内，成立烟台市反诈中心，全市侦破电信网络诈骗犯罪案件984起，其中自侦破本地案件608起，本地带破外地案件295起，外地带破本地案件81起，抓获犯罪嫌疑人334人，打掉电信网络诈骗团伙106个、窝点96个，冻结资金3479.46万元，自侦破本地电信诈骗案件数和破案率均居全省第一。烟台“12.01”系列电信诈骗案，在黑龙江省哈尔滨市抓获犯罪嫌疑人31名，摧毁境外电信诈骗窝点3个。经初步查证，该犯罪团伙作案199起，涉案金额7800余万元，省厅专题给烟台市发来贺电。10月，市反中心和莱州公安局历时两个半月侦查，侦破“美国凯特国债逆回购平台投资”特大电信网络诈骗案，抓获犯罪嫌疑人18名，捣毁诈骗窝点一处，追缴赃款1000余万元、冻结涉案资金800余万元，涉案总金额3000余万元，该案受害群体涉及20余个省份442人。

【打击盗抢骗专项行动】年内，全市组织开展全市公安机关集中打击盗抢骗犯罪行动。起诉四类犯罪嫌疑人1121名，起诉增长率为3.5%，5年以上重刑总数103人，跨区域案件16串700余起。在省厅侵财经典案例评比中，由烟台市选送的2起经典案例评选中，分别获得第二、第四的好名次。

【全警追逃】年内，全市抓获各类逃犯1950名，其中抓获2016年底前上网逃犯454名，抓获2016年6月30日前上网逃犯226名，公安部B级通缉逃犯名1名，省督逃犯13名，抓获2016年底前上网命案逃犯21名，潜逃20年以上逃犯11名，潜逃10年以上20年以下逃犯17名；全市上网逃犯下降率达到62.16%。在省厅开展的情报平台红色指令追逃比武竞赛中，烟台市获全省总成绩第一名。

【基层监管基础建设】年内，市看守所、牟平看守所和长岛拘留所的老旧设施改造提前完工；莱阳、栖霞看守所提前两年完成；龙口看守所正在进行竣工前的清理验收；芝罘、招远两地拘留所新建任务正式立项，并列入计划。市级监管病区完成建设工作，市级强制隔离戒毒所完成前期筹备工作，县级专门病区全部建成启用。11月13日和12月14日，开发区看守所和福山拘留所先后通过公安部考核评定小组的评审。全省12个一级所烟台有4个，全省4个标兵所中烟台有1个，成为全省占比最高的地市。5月，在全市开展监管场所“深挖犯罪，矛盾化解”专项行动，各级监所实行“所长牵头，副所长包片，民警包监室”的目标考评机制，全市看守所深挖犯罪2132起，拘留所化解矛盾1982起，单项指标名列全省第一。烟台市在全省第一个提前完成强制医疗执行工作任务，先后组织转送、收治被强制医疗人员13名。

【出入境窗口服务】年内，市县两级公安机关进行接待大厅硬件建设，市局投入180余万元购置5种16台自助设备投入使用。推进港澳团队旅游自助签注制作和签注权限下放，新增权限下放县市区4个。将赴港澳紧急商务纳入“绿色通道”办证范围。7月28日上午，省厅副厅长李祝群、出入境管理局政委于娜到烟台出席山东省“永居证”首发仪式，为4名“千人计划”外国友人颁发“永居证”。推广“互联网＋出入境”服务，推出延时服务制、双休服务制等便民举措，推广港澳台旅游再次签注自助办理。

【外管工作】年内，市公安机关每天调度全市酒店、涉外单位及散居社会面住宿登记申报工作，全面掌握烟台市重点国家常住、临住人员情况。举办全市公安机关社区民警外管业务培训班，编发《基层民警外管工作简明手册》。召开全市涉外高校座谈会，建立烟台高校外语人才库，储备朝鲜语、日语、法语、德语翻译人才12人。全年查处各类涉外违法犯罪案（事）件123起，397人。开展打击“外国人非法务工”行动，加强在烟台29名朝鲜人员管理，加强走访，确保不出问题。

【出入境工作】年内，市公安机关配合相关部门做好领导干部个人事项报告抽查核实专项工作，查询各类出入境证件信息3762条，出入境记录信息14465条。完善国家工作人员登记备案信息库，国家工作人员新增备案90985人次，在控174338人。

【法制工作】年内，市公安机关在省厅法制考核中获得全省第一的好成绩。开展执法突出问题“清障行动”。编印《刑事执法手册》2 辑 16000 册下发全市公安机关民警供学习参考。制定《烟台市公安机关维护民警正当执法权益工作规定》《烟台市公检法司从严办理妨碍民警执行职务案件意见》《关于进一步深化公安执法规范化建设的意见》《烟台市公安局办案场所管理规定》等执法制度。完成行政许可“对标立标”，与全国 20 个对标城市进行比对，确保手续最简、时限最短。行政许可事项（除出入境、交警外）全部入驻市政府政务服务大厅统一办理。

【网上安保维稳】 年内，市公安机关先后完成“一带一路”高峰论坛、省第十一届党代会和“十九大”等重大活动网上安保维稳任务。网安支队连续荣获市局集体嘉奖 2 次，并被烟台市政府评为“党的十九大安保维稳工作”先进集体。全市网安部门破获各类涉网犯罪案件 1.1 万起，省部督案件 20 起，抓获犯罪嫌疑人 1500 名。组织警力检测网站 1458 家 / 次，通报问题网站 135 家，完成 535 家单位等级保护备案工作。年内完成互联网信息监控中心、电子数据勘察取证分析中心、网络社会综合防控中心和网络攻防实验室等网安信息化手段和场所建设任务，走在全省前列。支队电子物证和网络特侦两支队伍参加全省比武竞赛，分别获团体第 2 名。

【禁毒】 年内，全市破获毒品刑事案件数 1063 起，抓获毒品犯罪嫌疑人 1097 名，缴获毒品 72.9 公斤，其中破获部目标案件 3 起，省目标案件 14 起。强制隔离戒毒 689 名。烟台市破获的“2017—17”公安部毒品目标案件，受到省公安厅和市局领导的通报表彰。落实《山东省社区戒毒社区康复办公室规范化建设基本标准》，硬件实现“三室一办”，全市规范 183 个社区戒毒社区康复办公室。将吸毒人员纳入重点人口管控，累计查控脱失吸毒人员 476 人。

强化易制毒化学品管理流程，全方位建立易制毒化学品生产、运输、经营、使用监管和流失追溯制度。年内，全市列管的易制毒化学品企业单位近 1500 家（不含撤销的），审批办证 17125 张，核发购买 530 余万吨，运输 140 余万吨，都能良性运转，未发生一起违法违规行为。

【特警支队建设】 年内，市特警支队派 7 批骨干力量 20 余人次，分赴济南、德州、广州、秦皇岛、滨州、潍坊、菏泽等参加武器警械、排爆、突击攻坚、群体性事件、狙击、破拆、警务危机谈判、警务实战等培训班；支队选派 1 人到新疆参加为期三个月的援助教活动；完成“一带一路”“十九大”以及春节、两会等重大安保活动，参与警卫任务 8 次，执行重大活动安检、排爆勤务 6 次，处置可疑爆炸装置 1 件。

【信访工作】 年内，市公安机关整理交办 187 起涉公安信访案件，息诉结服 46 起，结服率为 25%，办结率为 95%。处理信访事项 812 起，接待来访群众 1257 人。制订印发《烟台市公安机关信访工作长效机制实施意见》。分离非公安管辖案件 163 起。公安机关共受理涉法涉诉信访事项 164 起，占全年涉法涉诉类初访总数的 50%，同比下降 21.1%。

【严打食药环领域违法犯罪】 年内，全市 14 个县市区公安局食品快检实验室建成，提前一年完成“2018 年内建成县级食品快检实验室”的工作目标。全市累计破获食品药品和环境犯罪案件 939 起（其中食品领域犯罪案件 481 起、药品领域犯罪案件 334 起、环境领域犯罪案件 124 起），抓获犯罪嫌疑人 1348 名，涉案价值 7 亿余元。2 起案件发起全国集群战役，27 起案件被公安部、省厅列为督办案件，省厅、市局领导多次给予批示表扬。

【联勤联动】 年内，市公安局与市食品药品监管局、环保局、畜牧局、农业局等行政监管部门推行实施《联勤联动执法合作机制》，有针对性地组织开展保健食品、水产品、肉制品等领域集中抽检，累计抽检等样品 450 余份，样品检出率始终保持 60% 以上，破获制售有毒有害食品犯罪案件 200 余起。

【反恐怖工作】 年内，市公安局下达整改通知书 340 份，全市通报 12 期，约谈整改部门、单位 356 家。市公安机关组织不同形式的反恐宣传教育活动 57 次，发放宣传资料 30 余万份，受教育群众 35 万余人次。在全省率先出台实名制管理办法，检查各类场所 4.65 万家，发现问题隐患 3106 处，责令停产停业 167 家，拘留 137 人，开出 9 张共 72.5 万元反恐罚单。先后举行“利剑—2017”“8·03”实战演练等一系列反恐红蓝对抗演习。健全反恐防回流工作报送、筛查机制，排查重点国家出入境人员 1022 人次。对全市 344 个海港口、码头和停泊点，实行红橙黄蓝 4 色风险等级管理；利用沿海技防，实现对辖区港船的 24 小时监控；对来往重点国家地区以及重点航线船舶，建立“重点三查”机制；对本地渔船民全部登记在册，严禁私自驾船运输关注人员出海；对 17 个重点方向国家有停留轨迹的关注人员证件查验和信息甄别，严防暴恐分子持伪假证件或使用“漂白”身份证件入境，坚决守住防回流防“渗透”第一道关口。处理各类涉恐情报线索 150 余条，及时消除一批涉恐安全隐患。破获涉恐案件21起22人，抓获新疆危安上网追逃人员15名，非法持有、传播暴恐音视频类案件数量和质量均位列全省第一位。

【道路交通安全】 年内，市交警支队落实各项交通安全管理措施，维护辖区道路安全畅通。全市发生道路交通事故591宗，死亡210人，受伤537人，直接经济损失658605元，分别下降4.98%、2.78%、5.29%、22.56%，全市未发生三人以上死亡道路交通事故，道路交通安全形势保持平稳态势。支队在总队考核中列全省第一。

【智慧交通管理云应用平台】 年内，市交警支队建成烟台市智慧交通管理云应用平台，开展道路交通“平安行·你我他”行动。支队申报的“基于人工智能及大数据的高速交警综合应用关键技术研究与示范工程”获山东公安科学技术进步奖三等奖。

【城市交通管理】 年内，市交警支队推动成立烟台市停车场建设管理办公室，研究提出道路停车设施规划意见，制定《烟台市道路停车管理暂行办法》，建议市政府及早审核出台《烟台市区道路机动车停车管理暂行办法》。

【高速路管理】 年内，市高速支队创新建立情指勤一体化联合作战室。2017年查处各类违法行为85万余起，超限超载查处总量及查处率均列全省第一。与市气象局建立气象信息点对点通报机制，提升恶劣天气应对水平。创新成立全省首个高速交警交通广播直播间，建设拥有全省高速交警系统第一个自主管理的外网网站。

【烟台警校】 年内，烟台警校承办全省多个警种司晋督培训班，全省军转干部班；全年举办各类培训班42期，培训系统内民警、辅警2818人次，完成市局交办全市公安民警大轮训培训班10期，参训民警1400多人，完成全省“迎接十九大、忠诚保平安”综合实战演练大阅警方队训练，举办各业务警种和县市区培训班26期，连续2年被评为烟台市文明单位，被评为全省文明单位。

【边防工作】 年内，市边防支队创新打造以“数据采集－计算分析－研判预警－布控打击”为主的“3×3”预警研判模式；选派8名“虎鲨”突击队骨干赴新疆轮勤轮训，提升实战能力；部署开展“碧海2017”专项整治行动，开展出海船舶大检查、涉外渔船大整治、“三无”船舶大摸排等专项行动；创新推行渔港及船舶分层分类分级管理模式，区分红、黄、绿三类治安风险等级落实渔船管理。推进“岛港区线”一体化防控体系建设，构建“近海平安岛链、全海域管控网络、陆地沿海平安带”三大安全高地；紧盯涉黑涉选、“盗抢骗”等群众反映强烈的案件，部署开展百日破案攻坚、打击“盗抢骗”等6个专项行动；探索建立预测预警预防“六类”数据分析研判模型，创新推行“五化”打防新机制，查破案件2857起，打击处理989人，抓获逃犯142人。推动服务长岛旅游发展16项措施跟进落实，开辟1县13镇34个辐射片区的爱民固边模范创建主阵地。

【消防工作】 年内，全市接警出动9075次，出动车辆1.8万余车次、警力10.8万余人次，保护财产价值1亿余元，完成“两节”“两会”“一带一路”国际合作高峰论坛、省党代会、党的十九大等消防安保任务。强力清剿火灾隐患，火灾防控水平不断提高。先后开展“护航十九大、百日大会战”消防安全专项整治、电气和高层建筑综合治理等12个专项活动，检查单位9.98万余家，整改隐患11.6万余处，临时查封3568家，责令“三停”2750家，罚款8664余万元，拘留730人，执法量位居全省前列。加强基础设施建设，综合保障能力稳步增强。2017年，市县两级财政投入资金2.63亿元，连续三年突破2亿元，采购隧道、高喷、大功率大吨位等消防车38辆、战勤保障车11辆、摩托车2辆、器材装备1.1万余件（套）。全市配备各类执勤消防车165辆，其中远程供水系统2套，装备实力走在全省前列。新建4个城市消防站，新增、补建3100具消火栓，改造危旧营房5处，建设公寓房26套。

（撰稿：宫　琪　段振刚　李伟鹏　朱海龙　王舒雅　张大伟　岳建霞　凌晓鹏　谷　宁　莫　松　姜海荣　马红军　李德峰　戚海燕　徐岩松　王为民　潘春山　周天琦　贾明春　闫大伟　刘家刚　杨　镇　贾桂玉　路文涛　孙绍虎　栾炳建　周向义　王　远　李志强　于筱卉　宫钦松　肖程月　于庆喜　李建东　孙述强　王洪江　李宗海　冯厚为　吴　迪　魏明君　李百宏　董立公　王诗杰　王　朋　刘德为　贾雁飞　卢　璇　田　艳　赵连东　刘成科　张　波　赵云鹏　李向东　孙璐璐　魏　森　黄　飞　审稿：张立红）

检　察

【概况】 2017年，市检察院辖14个基层院，包括46个派驻检察室。市院辖14个基层院，包括46个派驻检察室。全市编制1181人，实有1062人。市院机关内设机构19个，编制171人，实有162人。

【服务经济发展】 年内，市检察院制定服务优化营商环境、生态文明建设等意见，运用法治思维和法治方式助推经济发展。围绕防控经济风险，部署开展打击涉众型经济犯罪专项监督，参与互联网金融领域专项整治，起诉借网上理财之名实施传销、非法集资等犯罪73人，依法办理上钰财富非法吸收公众存款和全省首起“校园贷”等一批重大案件，8起案件被评为“山东省优秀服务经济发展案件”。围绕服务优化营商环境，严惩破坏市场经济秩序犯罪321人，严肃查处项目审批、工程承揽等过程中官商勾结、权钱交易、侵吞挪用严重影响改革发展的职务犯罪96人，为国家挽回损失8.5亿元。依法立查23名国家工作人员徇私舞弊、失职渎职致使福利企业骗取退税3000余万元的系列案件，及时发出检察建议，相关部门高度重视，开展全面整治，查补税款2000万元。围绕推动传统企业转型升级，出台服务措施32项，帮助解决债务重组、劳资争议等涉法涉诉问题116个，查办在过剩产能化解过程中借机渔利、失职渎职的职务犯罪14人。围绕保障“两铁两港两路一水”等政府重大投资安全，构建院领导挂帅、预防特派员和预防志愿者全覆盖网络体系，与311个重点项目和企业廉政共建，帮助完善风险防控措施179项，提供行贿档案查询1.5万余次，建议取消11家单位招投标资格。围绕服务绿色发展，开展打击破坏环境资源犯罪专项行动，依法办理非法采矿、污染环境等刑事犯罪121人，监督立案12件，查办环境资源领域职务犯罪26人，督促相关部门关停污染企业10家，促进生态城市美丽烟台建设。严惩危害民生民利犯罪，突出查办教育就业、医疗卫生、惠农补贴、社会保障等领域严重侵害群众切身利益的职务犯罪65人，促进公共服务均等化；持续开展危害食品药品安全犯罪专项立案监督，批捕制售假药、有毒有害食品等犯罪53人，建议移交和监督立案14人，依法提起全省首起食药领域民事公益诉讼案件，促进食安烟台建设。高度重视未成年人司法保护，建成运用大数据网络平台和全国首个青少年心理成长研究中心，对64名涉罪未成年人宽缓处理，帮助31人重返校园或就业，其中18人考上大学。检察机关在办理未成年学生鲁某故意伤害案时，考虑其日常表现良好，真诚悔罪，单亲家庭，生活异常困难，多方筹措资金，帮助赔偿损失，促成双方达成和解，依法作出不起诉处理，使其重返校园并考入大学。新建和改建“一站式”检察服务大厅10个。年内，走访群众2.3万人次，解决诉求588件，帮扶贫困村和困难家庭469个，为101名生活陷入困境的当事人或近亲属发放救助资金82万元。在省院民意测评中，检察工作群众满意度为96.31%，连续5年实现提升，居全省前列。做好十九大安保维稳工作，参与争创全国社会治安综合治理优秀城市“七连冠”，19个集体和个人受到市综治委表彰。与公安、法院密切配合，开展打黑除恶、打击邪教、电信诈骗等专项行动，依法严厉打击严重暴力、黑恶势力、毒品等犯罪，全年批捕刑事犯罪嫌疑人3469人、起诉5808人。贯彻宽严相济刑事政策，决定不捕不诉轻微刑事犯罪嫌疑人2060人，促成刑事和解327件。创新第三方监督见证、检察宣告等和谐司法方式，公开宣告检察决定188件，实现案结事了人和；推行律师参与化解和代理涉法涉诉信访案件制度，联系18家律师事务所安排77名律师定期到检察机关值班，为来访群众提供第三方法律服务，促使息诉罢访117件。

【惩治职务犯罪】 年内，全市检察机关立查职务犯罪嫌疑人255人，增加6.2%，其中大案要案79人，县处级以上干部17人，科级干部60人。依法查办山东广电网络有限公司原董事长刘保聚、国家核电技术公司设备部原副主任李军等重大案件；立查烟台市城市管理局原局长田炜、烟台市自然资源博物馆原馆长聂洪顺、滨州医学院实验教学管理中心原主任王洪德、蓬莱市交通局原局长李海东、招远市农业局原局长王兴田等一批腐败案件。坚持文明规范司法，严格执行全程同步录音录像、律师会见和非法证据排除制度，健全刑事司法与纪检监察协作配合机制，及时通报、移送国家工作人员违反党纪政纪线索。围绕党委政府关注、群众反映强烈的突出问题，部署开展专项行动，依法查办专项领域职务犯罪92人。围绕打赢脱贫攻坚战，继续开展集中整治和加强预防扶贫领域职务犯罪专项工作，查办国家机关工作人员与村干部相互勾结，采取虚报冒领、侵吞截留、优亲厚友等方式贪污受贿、失职渎职，严重破坏扶贫政策落实的职务犯罪20人。针对群众反映强烈的医疗和教育领域突出问题，集中查办利用职务便利在学校物资采购、校服制作、工程招投标以及医药购销环节索贿受贿、吃拿卡要的职务犯罪40人。参与重大安全生产事故调查，依法查办失职渎职造成重大人员伤亡和财产损失的职务犯罪，结合办案提出对策建议，市领导作出批示。严厉打击行贿犯罪，查办围猎干部、主动行贿、情节恶劣的犯罪分子32人。加强源头预防重实效。强化教育为本、防范为先理念，把关心爱护干部的基点放在预防犯罪上，尽力使干部少犯错误、发展少受干扰。坚持“请进来”与“走出去”相结合，组织开展预防职务犯罪邮路活动，创作廉政短片、公益广告、微电影等19部，充分发挥38个警示教育基地和基层教育展室功能，3万余名干部群众接受教育。完善预防约谈诫告制度，组织约谈诫告35人次，与106个单位建立预防网络协作关系，实现预防工作社会化。系统开展工程建设、行政执法等专项领域的预防调查，提出预防建议和报告72份，各级领导批示25次。

【法律监督】 年内，全市检察机关加强刑事立案和侦查活动监督，依法监督纠正适用强制措施不当、违法取证等侵犯诉讼参与人合法权益的案件99件，对2366起案件退回补充侦查；监督立案95件，监督撤案62件，追捕追诉494人。对确有错误的刑事判决裁定提出抗诉51件105人，法院改判或发回重审25件49人。检察机关在审查路某某故意杀人案判决时，严查细究，发现对有犯罪前科的被告人量刑不当，遂依法提起抗诉，经省高级人民法院审理、最高人民法院核准，由死刑缓期二年执行改判为死刑立即执行，被害人家属送来锦旗表示感谢。综合运用抗诉、检察建议、公益诉讼等手段，加大对裁判不公、侵害国家和社会公共利益案件的监督力度。审查民事行政诉讼监督案件174件，对认为确有错误的民事行政裁判，提请抗诉、提出抗诉和发出检察建议59件，法院改判、发回重审和采纳检察建议14件。部署开展虚假诉讼、生效裁判执行以及行政执法检察专项监督，办理执行监督、虚假诉讼监督和行政执法监督案件186件。认真贯彻习近平总书记关于“检察官作为公共利益代表，肩负着重要责任”的重要指示，抓住“公益”这个核心，突出生态环境和资源保护这个重点，开展公益诉讼试点工作，启动诉前程序案件72件，对仍不履行职责、公共利益继续受到侵害的提起公益诉讼19件，法院判决13件，维护国家和社会公共利益，试点工作走在全省前列。莱州市王某某、马某某在没有办理环评手续的情况下，私自从事盐酸清洗长石颗粒项目，偷排和填埋废酸液，造成土壤、河道内水及地下水严重污染，检察机关依法提起公益诉讼，法院判决被告承担污染物处置和生态损害修复费用77.6万元，该案系全省首例公开宣判的民事公益诉讼案件。坚持维护在押人员合法权益与突出重点环节监督相结合，强化刑罚执行监督。建立在押人员反映问题绿色通道，健全定期谈话、检察官约见、在押人员投诉处理机制，审查处理在押人员申诉建议132件，办理羁押必要性审查案件356件。注重日常检察与专项检察、派驻检察与巡视检察相结合，监督纠正监管场所和社区矫正违法问题283个，监督纠正减刑、假释、暂予监外执行案件185件，4个驻看守所检察室被最高人民检察院评定为一级规范化检察室。开展集中清理判处实刑罪犯未执行刑罚专项检察活动，依法监督将47名罪犯重新收监执行。牟平区武宁镇于某某因故意伤害罪被判处有期徒刑10年，未依法收监，检察机关审查发现后，监督公安机关及时进行网上追逃并实施抓捕，最终将其收监执行。履行新增职能，开展强制医疗、指定居所监视居住和财产刑执行监督专项活动，监督纠正违法案件40件。加大惩治司法监管人员腐败力度，严肃查办刑事执行过程中司法人员玩忽职守、贪赃枉法的职务犯罪5人。市人大常委会专题审议刑事执行检察工作，市人大内司委到检察机关调研，协调解决派驻监管场所检察室信息化建设、机构编制等问题。

【自身建设】 年内，市检察机关推进司法责任制改革，员额制检察官、检察辅助人员和司法行政人员全部实现分类定岗，建立办案组织388个，完善配套制度16项，明确检察官办案职责权限和司法责任追究情形，新的办案机制有序运行，落实“谁办案谁负责、谁决定谁负责”。全市399名员额制检察官人均办案较改革前增加133%，两级院领导带头办案837件。把深化国家监察体制改革摆上突出位置，配合做好职能划转和机构人员转隶等工作，确保改革顺利推进。完善人才选拔机制，健全教学练战一体化培训制度，联合高校举办素能培训班和组织岗位练兵活动148期2400余人次，招录遴选公务员35人，招聘辅助人员79人，34人被评为业务标兵和入选全国全省检察人才库。深化信息化和司法规范化建设，全面建成集公诉人出庭远程观摩指挥、多媒体示证、视频讯问、对接智能检委会等于一体的刑检办案指挥中心，研发律师服务、廉洁事项报告、检务管理等系统，助推检察工作提质增效。持续加强司法规范化建设，构建统一受案、自动交办、动态监督、案后评查的案件管理机制，开展案件质量评查活动，纠正问题126个，7起案件被评为全国全省十佳精品案例。推进“六型”基层检察院建设，4个基层院被表彰为全省示范院。深化阳光检察和纪律作风建设。坚持以公开赢公信，组织检察开放日活动和新闻发布会23次，接待律师阅卷和安排会见1226人次，发布案件信息和法律文书1.07万件、微博微信1.1万余条，在新闻媒体发稿3000余篇，市院被最高人民检察院表彰为保障律师执业权利示范单位。接受人大和政协监督，邀请人大代表、政协委员参加案件评审、庭审观摩等活动20次，书面汇报工作和发送信息近万人次，办理议案和提案4件。落实中央八项规定精神和党风廉政建设“两个责任”，持续开展规范司法行为专项整治，突出抓好省院党组巡视和省审计厅审计反馈意

见整改工作，对6个基层院巡察，整改问题116个。全市178个集体和个人受到市级以上表彰，芝罘区院、全国模范检察官王家强、全市十大杰出青年王文博分别荣获全国文明单位和全国五一劳动奖状获得者等荣誉。

（撰稿：李璐　审稿：陈勇）

审　判

【概况】 2017年，全市法院新收各类案件112685件，审执结115554件。其中，市法院新收各类案件9596件，审执结9916件。全市法院39个集体、159名干警受到市级以上表彰，4家法院荣获全国司法宣传工作先进集体，市法院研究室荣获全国法院先进集体，吴晓慧法官荣获全国法院先进个人。

【维护社会稳定】 年内，全市法院审结一审刑事案件4926件，判处罪犯6230人。依法严惩杀人、抢劫等暴力犯罪和盗窃、诈骗等多发性侵财犯罪，审结案件1960件，判处罪犯2472人。依法严惩领导、参加黑社会性质组织和贩卖、运输、制造毒品等涉黑涉毒犯罪，审结案件333件，判处罪犯406人，审理修建龙等27人涉黑案和贩毒数量达21公斤的辛永清等4人贩卖毒品案。严惩集资诈骗、非法吸收公众存款等涉众型经济犯罪，审结案件53件，判处罪犯82人。严惩贪污、受贿等职务犯罪，审结案件187件，判处罪犯213人，审理国家核电技术公司设备部原副主任李军贪污、受贿案。坚持宽严相济刑事政策，对确有悔罪表现、罪行轻微的初犯、偶犯和未成年犯，依法从宽处罚。强化风险防控，参与打黑除恶、扫黄打非等专项整治活动。

【服务经济发展】 年内审结一审商事案件28427件。贯彻新发展理念，准确把握推进制造业强市、城市化建设等重点工作中的司法需求，制定为全市重大项目建设提供司法保障的10条意见，妥善处理“一岛一带两街区”等项目建设中的征地拆迁、安置补偿等纠纷，依法保障重大项目顺利推进。平等保护市场主体合法权益，依法审结买卖、租赁、加工承揽等案件7073件，维护公平竞争市场秩序。依法保障供给侧结构性改革，审结破产重组、股权转让等案件93件，推进“执转破”，27家执行不能的企业法人转入破产程序，促进资源优化配置。防范金融风险，设立金融审判专业团队，审结融资租赁、金融借款等案件11719件，引导金融资本服务实体经济。发挥司法保护知识产权主导作用，推行知识产权案件跨区域管辖，审结侵犯商标权、著作权等知识产权案件1113件，服务创新驱动发展战略。“吉列”商标侵权案入选山东省知识产权司法保护十大案例。服务对外开放，审结涉外案件38件，办理司法协助案件25件。

【法治建设】 年内审结一审行政诉讼案件724件，其中，判决328件，撤诉232件，驳回起诉131件；依法审查非诉行政执行案件1588件，裁定准予执行1370件，不予执行218件，监督支持依法行政，维护行政相对人合法权益。加强行政协调、调解工作，坚持行政、民事交叉案件一并审理，推动完善行政机关负责人出庭制度，出庭应诉305人次，在一起工伤确认行政案件审理中，行政机关负责人出庭应诉，市直和县市区相关部门人员160余人旁听庭审，促进行政争议实质化解。强化司法和行政良性互动，发布行政审判白皮书和应诉指南，及时就生态环境整治、违章建筑拆除、棚户区改造等提出司法建议。

【化解民生纠纷】 年内审结一审民事案件29868件。推开家事审判改革，建立家事案件冷静期、心理测评干预、案后跟踪回访等机制，完善人身安全保护令制度，审结婚姻家庭、赡养抚养等家事案件10251件，促进家庭和睦社会和谐。服务乡村振兴战略，依法审结农村土地确权、土地流转等涉“三农”案件238件，保障农业农村优先发展。强化环境资源司法保护，审结涉及资源保护、环境治理的案件136件。探索推进公益诉讼案件审判，审结涉及破坏生态环境、食品药品安全等领域的民事、行政公益诉讼案件10件，受理全省首起由检察机关提起的消费民事公益诉讼案件。

【兑现胜诉权益】 年内执结各类案件38328件，保全案件4195件，标的额85.6亿元。建成两级法院执行指挥中心，实现统一管理、统一指挥、上下一体、内外联动。探索建立以执行法官为主导的执行团队模式，常态化开展网络执行查控，将查控范围扩展到银行理财等金融资产，实现主要财产形式及被执行人信息“一网打尽”，对37483案进行查询冻结，查询车辆6753辆、房屋4476套、证券0.66亿股，冻结资金17.3亿元。建立网络司法拍卖新模式，15家法院均入驻淘宝网，拍卖标的物724件，成交额2.9亿元，溢价率17.2%，为当事人节省佣金1150.8万元。强化失信信用惩戒，联合市发改委等53个部门制定失信惩戒备忘录，将失信名单嵌入市级行政审批系统，自动比对、自动拦截、自动惩戒，构建“一处失信、处处受限”的联合监管格局。运用定期发布“诚信黑榜”、今日头条精准曝光、电话彩铃信誉惩戒等方式，发布失信被执行人名单信息

17612例，限制9114人次购买机票、10879人次购买高铁票，5462人主动履行义务。严厉打击拒执行为，对122案123人罚款157.7万元，拘留421人次，移送立案侦查49案50人，判处刑罚7案8人。

【便民机制建设】 年内整合诉讼服务中心、律师服务平台和12368热线等功能，开通“智慧小法”智能法律问答平台，为群众提供网上查询、网上立案、联系法官等便捷服务5279次。健全完善假日法庭、旅游速裁法庭、果业法庭等工作机制，打通司法服务群众“最后一公里”。推动矛盾纠纷多元化解，建立特邀组织和特邀调解员名册，聘用老教师、老党员担任特邀调解员“驻院”“驻庭”调解，完善交通事故、劳动争议、金融消费等领域诉调对接机制，为群众提供多元化纠纷解决渠道。推进涉诉信访工作精细化、实质化、信息化建设，加大源头预防力度，完善律师代理申诉、远程视频接访等机制，巩固“网、视、电、信、人”五位一体信访工作格局，落实“三到位一处理”原则，引导人民群众理性表达诉求，推动信访案件实质性化解。依法开展司法救助，为1009名当事人减缓免诉讼费925.6万元，为257名困难群众发放救助金892.2万元。

【司法责任制】 年内推进司法人员分类管理，按照法官员额制改革要求，严格执行入额标准比例，全市法院首批遴选员额法官553名，其中，市法院81名，探索推进司法辅助人员职务序列改革，实现法官、司法辅助人员和司法行政人员各归其位、各尽其责。加快推进新型审判团队建设，按照“法官+法官助理+书记员”模式，组建以法官为中心，以辅助人员为支撑的审判团队415个，对婚姻家庭、商品房买卖等类型案件，确定专业审判团队或法官工作室审理，提升案件质效，员额法官人均结案209件，较改革前上升81.7%。建立院、庭长办案刚性约束机制，院、庭长结案60567件，占结案总数52.4%。健全司法权力清单和责任清单，突出法官办案主体地位，提交审判委员会讨论案件数量大幅下降，全市法院由独任法官、合议庭直接签发裁判文书的案件数量占结案总数99.2%。

【优化办案机制】 年内推行案件繁简分流，一审民商事案件优先适用简易程序，简易程序适用率89.3%，同比上升4.4个百分点；发挥小额速裁、轻刑快审等机制功能，对追索劳动报酬、物业纠纷等案件应用固定庭审和文书模板，探索行政诉讼要素审判和表格式裁判文书，实现简案快审、繁案精审。依托减刑假释信息化办案平台，实现网上报送、网上审理、网上监督，各个环节全程留痕，确保刑罚执行公正，批准减刑假释1039件，不予批准129件。强化审判监督和业务指导，审结二审案件5952件，再审案件217件；坚持改发案件沟通交流、审判态势定期分析、典型案例集中发布等机制，全面规范自由裁量权。

【智慧法院建设】 年内建成全市法院审务云平台，各类审务信息实时统计、实时更新、互联互通，精准把握审判执行态势，提升审判管理科学化水平。开发移动办案系统，建设智能化工作平台，为法官提供类案推送、文书纠错和数据分析等智能服务，让信息化为法官“减负”、为审判“助力”。创新新媒体平台应用，构建以“公正烟台”为统一标识的新媒体矩阵，发布微博5032条，微信300余期，多次入选全国法院新媒体排行榜前十名。探索“互联网+”时代司法公开新途径，不断完善审判流程、庭审直播、裁判文书、执行信息四大公开平台功能，上网公布裁判文书67682份，依托全市法院庭审直播网，常态化开展庭审直播523件，最多时近2万人同步在线。

【司法能力建设】 全市法院适应司法责任制改革要求，探索实行分类、分级、全员培训，定期举办优秀庭审评比、典型案例评查、速录业务技能竞赛等活动，举办、参加各类培训班86期，2300余人次参训。强化理论调研，定期举办“青年法官沙龙”、审判理论研讨，47篇裁判文书、典型案例、调研论文在全国、全省法院获奖。创新培训方式，依托“法e通”网络法官学院和手机微学院，开展网上培训、在线学习，就建筑工程、劳动争议等审判实务热点问题，邀请专家教授、资深法官专题授课12次，实现优质培训资源共享。

（撰稿：李启航　审稿：曲振涛）

仲　裁

【概况】 2017年，全市受理仲裁案件522件，涉案标的额7.1亿元，完成仲裁收费542万元；审结案件451件，涉案标的额6.9亿元。

【宣传推行】 年内，市仲裁办开展走访企业活动，发放宣传资料，组织填写调查问卷，宣讲仲裁法律制度，撰写“走访日志”，全年累计走访各类企业81家。开展“仲裁走进校园”活动，4月7日、6月16日分别在烟台大学文经学院、烟台大学法学院组织现场仲裁庭审活动。5月23日，主要领导受邀到鲁东大学法学院，现场讲授仲裁法律知识。运用网络媒体宣传。与烟台水母网合作，在其主页建立烟台仲裁委员会宣传专栏，搭建仲裁网上宣传平台，7月该栏目正式投入运行，全年发布各类仲裁信息150余条。民生热线答惑解疑，9月4日，到烟台人民广播电台《民生热线》栏目直播间，向广大市民介绍仲裁法律制度，解答相关法律问题。10月14日，与烟台市保险行业协会共同承办山东省法学会保险法学研究会2017年度学术年会，开展保险法理论与实务问题主题研讨，全省各高等院校教学科研部门、部分中级人民法院、仲裁委员会及保险公司、律师事务所的代表190人出席该次会议。12月4日，在芝罘区文化广场开展沿街法治宣传活动，开展“12.4”普法宣传，向广大群众提供零距离的仲裁法律咨询和法律服务。

【案件审理】 市仲裁办全年受理案件主要集中在商品房预售、金融借款、财产保险三个方面，占立案总数的53%。道路交通损害赔偿、医疗纠纷等新类型案件的受理数量逐渐增多，成为新的立案增长点。借助互联网平台，探索在线咨询、网络推送、远程立案、书面审理等一系列全新工作模式，受理并及时审结19起P2P网络借贷纠纷。落实案件质量管理，落实疑难复杂案件集体研究联席会议制度、仲裁员承诺制度、错案追究制度和仲裁员、仲裁秘书庭审纪律规定，保证仲裁案件公正审理，全年未出现被人民法院撤销和不予执行案件。加强审限管理，落实审限预警制度和审限管理月统计汇报制度，监督案件审理全过程，督促仲裁员及时结案。平均结案时间不足40天，快速结案率达85%。注重调解、和解，确立调解优先、以调促和理念，特别是涉及民生领域的物业纠纷、商品房预售纠纷等集团仲裁案件，做到案结事了，全年案件调解、和解率达78%。争取市级财政支持专项资金20万元，在2个仲裁庭建设建成仲裁庭同步录音录像系统，9月投入运行。

【基层建设】 4月12日，开发区分会成立，分会数量达到9个。8月9日，在莱州分会召开分会工作现场会，是烟台仲裁委员会成立以来首次召开分会工作现场会议。全年9个分会受理案件309件，标的额5.69亿元。6月6日与烟台市汽车商会联合成立汽车消费仲裁中心，8月17日与烟台市住建局、烟台市房地产业协会联合成立房地产纠纷仲裁中心，4月21日成立莱州旅游纠纷仲裁中心，6月16日成立龙口旅游纠纷仲裁中心，其中莱州旅游纠纷仲裁中心是山东省首家县级旅游纠纷仲裁中心。保险、旅游、交通事故仲裁中心分别受理案件34起、6起、31起，占立案总数的18%。5月、6月分别派出3个工作组赴武汉、厦门和泉州、西安和宝鸡学习调研，学习先进仲裁机构工作经验，研究仲裁发展新方向。9月派员参加省仲裁发展促进会赴英国专题培训，学习现行国际争议仲裁法律制度，把握境外仲裁最新发展趋势。8月13日、8月19日分两次开展选聘新任仲裁员考试，共计386人报名参加考试。

【两化试点】 仲裁案件受理多样化、纠纷处理多元化简称仲裁“两化”，烟台仲裁委员会是第二批全国仲裁“两化”试点单位。市仲裁办多次向分管副市长专题汇报，将该项工作列入烟台市政府2017年市长亲自调度的重点工作。7月12日，烟台市人民政府办公室印发《关于实施仲裁“两化”试点工作的意见》，确定用三年时间在各试点行业和县市区全面建立仲裁解决纠纷机制，并成立“两化”试点工作协调小组。

（撰稿：张育铭　审稿：韩长安）

司法行政

【概况】 2017年，全市司法行政系统有政法专项编制1017人。其中，监狱475人，强制隔离戒毒所97人，市级机关65人（公证处14人、援助中心12人），县级机关380人（其中，司法所215人）。有律师事务所151家，执业律师1636名。有14个公证处，公证员60名。有14个法律援助中心，工作人员81人。有118个基层法律服务所，基层法律服务工作者616人。有面向社会提供服务的司法鉴定机构12个，司法鉴定人员124人。

【普法依法治理】 年内，市司法局部署开展“法德共进”主题宣传月活动，配合中央电视台对“法德共进”工作模式进行采访拍摄，于央视黄金时段播出。以市委、市政府名义印发《关于落实国家机关“谁执法谁普法”普法责任制的实施意见》，与66个执法部门签订《国家机关普法责任承诺书》，构建起分工负责、各司其职、齐抓共管的大普法工作格局。与市委政法委、市中院、市检察院、市法制办联合印发《关于加强以案释法工作的意见》，建立完善以案释法制度。首次联合市委组织部、市委党校，举办2期“七五”普法骨干培训班。与市委组织部、市委宣传部、市人社局联合印发《关于完善国家工作人员学法用法制度的实施意见》，健全完善学法用法各项制度。

【基层基础建设】 年内，62个司法所被省厅命名为省级规范化司法所，87个司法所经过自评达到省级规范化标准。农村社区司法行政工作室建成率75%以上。开展全市人民调解工作，2017年全市各类人民调解组织共调解矛盾纠纷24925件，涉及当事人51865人，调解成功24522件，协议涉及金额129058.09万元；协议履行23890件，司法确认437件；排查纠纷7449次，预防纠纷7196件；防止民间纠纷转化为刑事案件35件，涉及当事人76人；防止群体性上访163件，涉及当事人3716件。

【公共法律服务体系建设】 年内，市县两级普遍建立公共法律服务中心，其中海阳、龙口公共法律服务中心被评定为全省示范中心基地。建成全市12348法律服务热线，筛选200名律师组成“爱心律师团”，为拨打热线的群众提供免费、高质量的法律解答。指导各县市区组建了“法律顾问之家”和“法律顾问在您身边”两个微信群，发挥现代信息技术对“法律管家”和“一村（社区）一法律顾问”工作的推动作用。联合市委组织部、市财政局等部门印发《关于开展“一村（社区）一法律顾问”工作的实施意见》及补助经费管理暂行办法，全市6680个村（社区）均配备上法律顾问。

【法律服务】 市委、市政府印发《完善法律援助制度的实施意见》，市司法局联合卫计局、计生协会在全省率先开展计划生育法律援助工作，全年全市受理6375件援助案件，挽回经济损失约9600万元。全市新增律师事务所9家，新增执业律师172人。12家律师事务所入选市委市政府法律顾问团，担任3405家单位法律顾问。全年律师行业办理各类法律事务33233件，业务收费33100万元。深化律师代理申诉和参与涉法涉诉案件工作，接待群众1250余人次，解答咨询1130余次，涉及案件420余件。全市6家行政体制公证处改为事业体制公证处，公证行业办理各类公证67245件，同期增长3%，人均办证975件，同期增长4.6%。

【社区矫正】 年内，全司法系统向各县市区政府、政法委主要领导发送《社区矫正执法建议书》，全年共调剂、招录社区矫正工作人员28名，社会工作者78名。坚强联动机制建设，在全市开展为期半年的社区矫正安全隐患专项整治活动。联合市检察院、市公安局举办全市社区矫正业务培训班。组织社区矫正工作人员参加心理咨询师考前培训班并参加全国统一职业资格考试，壮大社区矫正专业心理咨询师队伍。全年全市接收社区服刑人员3124名，解除3209名，累计再犯罪率远低于全国全省平均水平。

【监狱】 年内，烟台监狱以“规范落实年”为抓手，狠抓监管隐患排查整治、监管秩序整顿、监管制度落实及狱内侦查等工作，连续18年实现安全稳定目标。改造升级监狱指挥中心，建成掌静脉点名系统和周界光纤振动报警系统，监狱技防实力明显提升。以“教育质量提升年”为抓手，举办“初心·归”大型亲情帮教活动，全年共有637名罪犯和1072名犯属参加活动。与中央电视台《法律讲堂》栏目和中国民主法制出版社建立战略合作关系，设立法治教育拍摄基地和“普法进监狱”活动示范基地，拓宽社会帮教渠道。以“创新管理年”为抓手，开展“安全生产主体责任落实月”及“安全生产月”专项活动，增强企业安全生产能力。以“素质强警年”为抓手，组织警察职工到清华大学、华东政法大学和大连理工大学进行履职能力轮训，推广“警师带徒”培养模式。实施“阳光惠警工程”，建成职工活动中心、单身公寓、生态洗衣中心和社区一期住宅楼，监狱全面纳入城镇医疗保险。

【戒毒】 市强戒所贯彻落实所队两级研判制度，定期组织安全检查督导，严抓戒毒人员行为规范；围绕“孝”文化品牌打造“一队一品”工程，教育戒毒人员以“孝”立德，戒除毒瘾；与联合滨州医学院开展国家自然科学基金课题“戒毒人员运动干预对冰毒成瘾者康复期学习记忆影响及研究机制”课题；明确安全生产责任主体，逐级签订责任书，强化习艺现场管理，保持所内的安全稳定。

（撰稿：于跃　审稿：宋毅）

责任编校：云　霞

经济管理与监督

综合调控

【经济社会概况】 2017年，全市生产总值比上年增长6.5%，达到7338.95亿元，其中，第一产业增加值479.90亿元，增长2.3%；第二产业增加值3674.35亿元，增长5.7%；第三产业增加值3184.70亿元，增长8.0%。第一产业增加值占地区生产总值的比重为6.5%，第二产业增加值比重为50.1%，第三产业增加值比重为43.4%。全部工业增加值3309.38亿元，增长6.2%，其中规模以上工业增加值增长5.9%；一般公共预算收入增长6.4%，达到600.32亿元；固定资产投资增长8.5%，达到5594.24亿元；社会消费品零售总额增长10%，达到3273.08亿元；进出口3077.6亿元，增长6.3%；实际使用外资增长6.5%，达到144.89亿元；城镇和农村居民人均可支配收入均增长8%，分别达到4.18万元和1.81万元。

【固定资产投资】 2017年，全市完成固定资产投资5594.24亿元，同比增长8.5%，增速分别高于全国、全省1.3和1.2个百分点。其中第一产业投资59.09亿元，增长7.7%；第二产业投资2505.52亿元，增长10.8%，其中工业投资2435.94亿元，增长11.3%；第三产业投资3029.63亿元，增长6.7%。基础设施投资905.33亿元，增长22.6%，占固定资产投资的比重为16.2%。民间投资4257.02亿元，增长6.9%，占固定资产投资的比重为76.1%。高新技术产业完成投资690.45亿元，增长15%。

【服务业发展】 2017年，全市服务业完成增加值3184.7亿元，占比达到43.4%，同比提高0.8个百分点。19个项目入围省级服务业载体项目，12家企业入围2017年度省级服务业名牌，总量居全省第2位。新增7家上市公司，总数达到47家，稳居全省首位。全域旅游示范区创建纵深推进，全年接待游客7157万人次，实现旅游消费总额961.5亿元，增长14.6%。开通集装箱远洋航线，港口货物吞吐量突破4亿吨、集装箱吞吐量270万标箱，烟台港进入全国沿海十大港口行列。机场旅客吞吐量650.3万人次，货邮吞吐量5.1万吨。电子商务交易额增长32.6%。

（撰稿：徐少杰　审稿：王兆辉）

2017年7月18日，在首届“中国城市信用建设高峰论坛”上，烟台市获“全国城市信用工作创新奖”

重点项目建设

【省级重点项目】 2017年，烟台市有7个项目入选省重点项目，总投资94.8亿元、年度计划投资23.5亿元，其中新开工项目6个、续建项目1个。年末，7个项目全部开工建设，累计完成投资25.9亿元。

【市级重点项目】 2017年市级重点项目215个，总投资2145亿元，年度计划投资516亿元。其中，新开工项目123个，总投资967亿元，年度计划投资284亿元；续建项目92个，总投资1177亿元，年度计划投资232亿元。年末，全市215个市级重点项目开复工209个，开复工率97.2%；完成投资500亿元，占年度计划投资比重为96.9%。

【重点项目考核】 年内优化调整全市重点项目考核办法，对各县市区负责的重点项目实行季度现场核查，着重加大对新开工项目个数排名、项目年度计划投资完成率等的评分比重。同时对市直有关部门、单位服务重点项目建设的情况一并进行考核，形成重点项目建设体系推进、联动协同的工作格局。

【重点项目调度督导】 年内重点做好全市重点项目建设进展情况及制约瓶颈梳理汇总工作，并通过新闻媒体向社会公开。对未开工项目，各项目建设单位与相关责任部门共同梳理查找问题难点，研究明确解决措施和开工时限，并由项目所在地党委主要负责人和相关责任部门主要负责人共同签字确认。

（撰稿：徐少杰　审稿：王兆辉）

国有资产管理

【概况】 2017年，市管企业实现营业收入1007.7亿元、利润234.4亿元、上缴税金83.5亿元，同比分别增长43.8%、170.8%和66.8%。资产规模达到1747.4亿元、所有者权益740.9亿元、国有权益246.3亿元，分别增长13.6%、35%和18.6%。2017年度，市管企业营业收入、利润总额、上缴税金增幅分别高出全国国资监管企业平均水平29.1、147.3和55.3个百分点；与央企相比，市管企业分别高出30.5、155.6和61.3个百分点；与省管企业相比，市管企业各项主要经济指标增幅均高于省管企业，市管企业资产总额仅为省管企业的1/14，却实现省管企业1/10的营业收入，创造省管企业1/2的利润总额；烟台市市管企业资产总额、营业收入、实现利润稳居全省第二位。

【企业党建】 年内，市国资委组织市管企业将党建工作总体要求写入公司章程，修订企业党组织和其他治理主体的议事规则、决策程序，厘清权责边界，形成各司其职、协调运转、有效制衡的公司治理机制。指导市管企业新建、调整党组织52个，规范完善基本制度123项，组织集中学习研讨3000余次、专题党课1000余场。组织开展“3553”党建创新示范工程，各企业党委首批选择培育党建示范点21个。

【国资管理体制改革】 市国资委年内起草下发《关于加快推动国有企业改革促进发展的实施意见》。10月27日，市政府印发文件，批复同意将烟台国丰投资控股有限公司改建为国有资本投资公司，构建“国资委—国有资本投资运营公司—实体企业”三层架构。12月14日，市政府办公室印发《关于加快推进市属经营性国有资产统一监管整合组建国有资本投资运营公司的实施方案的通知》。

【混合所有制改革】 年内，东方电子集团混合所有制改革顺利完成，累计引入战略投资21.2亿元。交运集团员工持股试点方案已经省国资委同意。融资担保公司注册资本增至4.1亿元，再担保公司注册资本金超过10亿元，完成万华化学股份增发、泰和新材股份减持等工作。万华实业集团整体上市方案已经市政府正式批复，冰轮集团密封科技上市工作已进入上市辅导环节，东方电子股份重大资产重组方案已经证监会初审。烟台港集团分3批发行债券50亿元，完成卓能材料首轮600万股定向增发。研究提出发起设立烟台国盛（生物医药）产业投资基金和烟台国丰（汽车）产业投资基金的初步方案。

【重点改革任务落实】 年内完成市管企业及权属企业的公司制改建工作，基本完成中央、省属驻烟国有企业及市属企业社会职能及“三供一业”分离移交各项既定任务。签署烟台盐业公司整体划转烟台市管理移交协议。研究拟定国有科技型企业股权和分红激励办法，完成东方电子股份公司股权激励计划。

【项目建设】 年内市管企业24个过亿元重点投资项目累计完成投资105亿元，比上年同期增长15.4%。烟台港西港区一期工程获准投入运营，二期工程有序推进。万华全球研发中心项目主体框架基本完工，万华工业园二期项目稳步推进。东方智能产业园项目已建成投产，长岛港陆岛交通码头工程项目进度已完成50%，卓能锂离子电池生产线项目基本完成土建施工。

烟台港作业场景

万华工业园

【企业创新】年内制定下发《关于深入实施创新驱动发展战略提升市管企业科技创新能力的意见》。市管企业投入科技研发费用12.7亿元，同比增长48.7%，拥有院士工作站3个、博士后工作站5个，拥有泰山学者等高端人才12人。万华化学聚合物表面材料制备技术国家工程实验室正式获批，万华MDI生产工艺入选国家级循环经济标准化试点示范项目。冰轮集团欧洲研发中心实验室已建成并正式投入使用。蓝天钛合金紧固件项目助力C919成功首飞，张裕参与的《中国葡萄酒产业链关键技术创新与应用》项目获国家科学技术进步二等奖。持续加强企业商业模式创新，引入创新成果评价机制，建立以“互联网+”“工业4.0”为主要方向的商业模式创新体系，重点打造万华实业集团采购业务、泰和新材集团芳纶产业链、东方电子集团区域运维等商业模式。加强品牌创新，万华化学入围2017年全球上市公司2000强，成为中国大陆唯一入围化工企业。张裕集团连续14年入选中国500最具价值品牌，并成功入选首批“民族品牌传播工程”。冰轮集团连续13年入选中国机械工业百强企业，是全国制冷空调行业唯一入选企业。

【国际化经营】市管企业积极融入“一带一路”建设，万华实业集团、冰轮集团、东方电子集团、烟台港集团等6户企业分别在匈牙利、印度尼西亚、马来西亚等22个国家和地区投资设立子公司32户，设立办事机构9处，累计投资近150亿元。万华实业集团中匈宝思德经贸合作区已吸引来自7个国家的15家企业入驻。烟台港集团在非洲投资建设的几内亚博凯港码头2个港区7个泊位已全部建成投产，年内完成3000万吨出矿能力。张裕集团完成对智利贝斯酒庄葡萄酒业务85%股权的收购，启动收购澳大利亚克里克努葡萄酒公司80%股权的项目。

烟台国际机场

【服务社会】市管企业全年实现社会贡献总额362.8亿元，同比增长83.6%。烟台港集团实现货物吞吐量2.88亿吨，增长8.6%，其中集装箱270万标箱，增长3.85%；蓬长客港实现旅客吞吐量364万人次、增长7.4%；国际机场集团完成旅客吞吐量650万人次、增长26.5%；交运集团累计完成客运量2242万人次；公交集团累计安全运营9913万公里。

【依法监管】年内，国资部门研究拟定《关于深化市管企业和国有资本审计监督的实施意见》《市管企业境外投资管理暂行办法》《市管企业境外投资分类监管清单》等文件。持续加强市管企业公司章程管理，全面完成市管企业及权属企业公司章程修订工作。

冰轮集团全景

【阳光监管】 全年各监事会检查企业60户次、反映问题31个，涉及金额近10亿元、提出各类建议36个，企业通过整改清理应收账款3.2亿元、盘活资产7.3亿元、挽回经济损失3460万元。配合国有产权代表依法履职，充分发挥在混合所有制企业董事会中的作用，参加17次董事会会议，表决85项议案。

【清单监管】 年内组织完成裕祥化工、海洋事务所股权转让等13个项目的资产评估核准，为市管企业办理产权登记71户次，完成热力公司等企业公司制改建工作。烟台联合产权交易中心共挂牌77项，其中成交67项，涉及挂牌总价值21.7亿元、总成交价15.5亿元。

（撰稿：齐贵山　审稿：康建中）

国土资源管理

【概况】 2017年，烟台市国土资源局继续保持全省文明单位称号。被国土资源部、农业部通报表扬为全国永久基本农田划定工作表现突出单位。被省国土资源厅、省教育厅表彰为第六届地科杯“珍惜资源 爱我国土”有奖征文活动优秀组织单位。

【土地资源】 据土地变更调查统计，全市土地总面积138.52万公顷，其中农用地105.83万公顷，占76.41%；建设用地20.97万公顷，占15.14%；未利用地11.7万公顷，占8.45%。耕地面积44.56万公顷，占农用地的42.10%。全市永久基本农田面积38.64万公顷。

【土地规划和计划管理】 年内组织开展全市土地利用总体规划调整完善工作，全市耕地保有量调整为43.68万公顷，建设用地总规模调整为21.12万公顷，较原规划建设用地总规模增加9427公顷。全面贯彻落实国家、省关于供给侧结构性改革的重要决策部署，创新土地利用方式，落实产业用地政策，优化土地资源配置，推进实施新旧动能转换重大工程。制定印发《烟台市地下空间国有建设用地使用权管理办法》《关于创新用地模式落实产业用地政策的实施意见》等文件。加快推进环芝罘湾区片改造，成立环芝罘湾一二三四突堤项目指挥部，签订一突堤土地储备补偿合同，完成二三四突堤范围勘测定界和地上附着物初步清点工作。

【耕地保护】 2017年，烟台市在全省率先完成永久基本农田划定任务。全市共划定永久基本农田38.64万公顷，涉及图斑16万余个，设立永久基本农田保护标志牌242块，埋设界桩8800余个，签订各级责任书39万余份，向农户发放责任卡150万余份，初步构建城市开发实体边界，形成节约资源和保护环境的空间格局。逐级落实耕地保护和基本农田保护责任，实行数量、质量和生态“三位一体”保护。实施耕地占补平衡项目34个，总规模128.88公顷，净增耕地110.8公顷。完成高标准农田建设项目4533公顷，超出上级下达任务2000公顷。

【土地征收】 全市上报批准用地109卷，用地1171.85公顷，占全年计划指标100%。在全省率先完成征地地上附着物和青苗补偿的调整工作，新标准平均增幅达139%。贯彻执行《烟台市征地准备金管理办法》，全面落实征地准备金制度。在国土门户网站建立全市土地征收信息公开查询专栏“烟台市国土资源局征地信息公开查询系统”，并与烟台市政府网站和胶东在线关联，将2008年至2016年共计1500多个征地批次的批复文件、征地告知书、一书四方案、征地批后实施的征地公告、征地补偿安置公告进行公开。全年共办理征地依申请公开87个，满意率达100%。

【建设用地与土地市场管理】 年内，烟台市供应土地880宗、面积2466.67公顷，成交价款140.6亿元，其中招拍挂出让419宗、面积1213.33公顷，成交价款131亿元。严格遵循“严控增量、盘活存量、优化结构、提高效率”总要求，指导各县市区积极开展节约集约模范县创建活动，全市2007—2017年平均供地率达71.81%。深入开展闲置低效用地盘活利用专项行动，全年共处置闲置土地760公顷，城镇空闲土地1586.67公顷。规范土地评估评审工作机制，首次采取检察部门现场监督，公开摇号确定评估公司、专家，形成基层部门把初审、市级部门把政策、专家评委把技术，局长办公会议集体决策的工作机制，最大程度上保证评估工作的依法、公正、规范。

【地籍管理】 年内，依托地籍管理数据对用地报批进行权属审查。根据不动产统一登记需要，与不动产登记实现数据共享，满足其登记和数据整合需求。加强对地籍数据的分析研究，更好地服务于土地利用决策。在综合分析城镇地籍数据的基础上，形成《烟台市城镇土地利用数据分析报告》，对全市城镇土地利用结构、产出效率及利用合理性进行全面深入地分析，并结合当前经济发展形势和烟台实际情况，对此后一段时期的土地利用提出相应的建议。

【不动产登记管理】 年内在全省率先完成不动产登记数据整合汇交，不动产登记办理时限由法定的30个工作日全部压缩至15个工作日，部分办理事项实现7个工作日内办结，发证工作顺畅稳定，发证总量突破34万本。加快不动产登记信息化建设，开通微信公众号、短信通知和网站等便民服务措施。联合中国邮政EMS在全市推出证书快递服务，方便群众办理不动产登记。开展不动产登记问题小区摸底调查专项行动，调查中心城区因历史遗留问题不能办理登记发证的小区和居民点235处，涉及居民约7万户。

【矿产资源储量管理】 年内，将储量登记纳入网上审批，研究制定网上审批工作流程。抓好矿山储量年报管理与储量统计的衔接工作，确保本年度矿产资源储量查明、开采、保有的统计结果真实、准确。开展全市矿产资源储量统计培训，提升储量统计工作效率和质量。完成全市292个矿山企业的355个矿区的储量统计工作，统计矿种39个，开采矿种22个，储量统计覆盖率达到了100%。摸清全市矿产资源底数，全市探、采矿区内保有金金属量2683吨。

【地质勘查管理】 年内提交11个金矿勘查报告，新增金金属量超过420吨，继续保持全省领先。5月4日，全国找矿突破战略行动中东部省区深部找矿现场交流会在烟台莱州召开。深入贯彻落实矿业权人勘查信息社会公示制度改革，全市385个探矿权人按要求公示勘查信息，公示率为94.6%。完成烟台市辖区黄渤海岸带总面积约为8900平方公里的水文、工程地质、环境地质综合调查，查明海岸带地质构造特征及水文、工程、环境地质条件，掌握海岸线资源分布状况，开展海岸带地质环境质量综合评价，为烟台市海岸带制定发展建设规划提供科学依据，实现海岸带地质环境的可持续发展。

【矿产资源开发管理】 全年办理市级采矿登记发证23件，初审省级发证报件43件。开展矿山安全生产大检查及百日攻坚专项行动，组织各类检查组37个，打击无证勘查开采、以采代探、乱采滥挖、超层越界等违法勘查开采行为，检查矿山企业300余处，发现的150余处安全隐患全部整改到位。加快推进科技管矿工作，坚持“资源整合，信息共享”原则，以矿山企业现有设备和信息系统为基础，整合对接科技管矿监管平台，全面提升矿产开发利用监管服务科技化和智能化水平。继续推进资源整合，鼓励和支持有实力的大型骨干企业，通过兼并、收购等方式，对现有矿山进行整合重组，着力打造规模适宜、绿色发展、生态环保、安全生产、集约高效的大型矿山企业。

【地质环境保护】 年内完成全市地质环境恢复治理保证金划转工作，累计收取保证金5.5亿，2017年度收取4450万元。安排2017年市级财政补助资金3715万元，用于重点废弃采空区、“三区两线”露天矿山治理。制定发布《烟台市突发性地质灾害应急预案》及《2017年烟台市地质灾害防治方案》，组织发布7次汛期地质灾害黄色预警，排查全市42处重要地质灾害隐患点的变化动态和防灾责任单位及监测责任人、群测群防人、防灾措施的落实情况，连续六年实现地灾“零伤亡”。

【测绘管理】 年内完成国土资源“一张图”数据中心、电子政务平台、综合监管平台和共享服务平台四大平台建设。国土执法监察系统建设项目和“一个平台、两个市场”建设项目同时获2017中国地理信息产业优秀工程银奖。安排财政资金近400万元开展芝罘区、莱山区、高新区的1∶500大比例尺基础地形数据修补测及地理实体建库工作。进一步完善全流程网上审批系统及监管机制，新增划拨地商品房出让业务、征收土地公告审批、省发证矿产资源储量登记审批、勘查报告储量估算初审等10多个业务审批流程，共计受理报件1300多件，按时办结率达94%。“天地图·烟台”成功接入天地图国家主节点。数字烟台地理信息公共服务平台应用范围进一步拓展，市级平台累计为25个部门的47个系统提供在

2017年5月4日，国土资源部在莱州市召开找矿突破战略行动中东部省区深部找矿现场交流会

线服务。开展2017年全覆盖排查整治“问题地图”专项行动，全市累计排查市县政府部门、涉图单位270余家，排查网站200余个，博物馆、展览馆17个，检查发现问题地图25件。开展全市卫星导航定位基准站安全专项整治行动，联合国家安全部门对全市35座卫星导航基准站进行上门调查，对无法达到整改要求的基准站进行关停和拆除。

【自然博物馆】 年内投资216万元完成烟台自然博物馆消防改造和设施整修，消防水平达到国家级工程建设消防技术标准。与山东“爱哪去哪”网络科技有限公司、烟台市旅游集散中心等26家旅游企业达成合作意向，全年接待团体参观30余次，累计接待游客1.2万余人次。

【执法监察】 2017年土地矿产卫片执法监督检查工作顺利通过省级验收，全市县市区无一被问责，总体位次继续前移。全市1118宗、406公顷违法用地全部查处到位，收缴罚款3480.53万元，没收违法建筑42.87万平方米，提出处分建议35人；查处矿产违法图斑77个，收缴罚款38.17万元，没收违法所得16.39万元、违法采出矿产品2.7万吨。完成2017年度全天候遥感监测违法违规问题整改工作，整改图斑559个、599.47公顷，销号率达90%，国土部门依法履职到位率100%，案件查处率100%。烟台市国土资源执法监察综合管理信息系统建成并试运行。

【法治建设】 市国土部门制定《抓基层强基础深入推进法治国土建设工作方案》《关于全面落实“谁执法谁普法”普法责任制的意见》，组织召开全市法治国土建设工作会议，深入推进全市法治国土建设。开展“4·22”世界地球日、“6·25”全国土地日、“8·29”测绘法宣传日和“12·4”国家宪法日等节日宣传活动，举办《民法总则》培训班。

（撰稿：杜善胜　审稿：于振海）

审　计

【概述】 2017年，全市完成审计（调查）项目单位710个，查出各类违规行为金额26.4亿元，管理不规范金额2007.6亿元，促进增收节支12.9亿元，移送违法违纪案件线索及处理事项85件，涉及人员61名。年内，市审计局继续保持省级文明单位荣誉称号，被评为全市2017年度经济社会发展综合考核先进集体，并成为全市唯一获省总工会“富民兴鲁劳动奖状”的市直部门。

【跟踪审计】 年内，全市审计系统创新审计方式方法、整合审计资源、提升工作成效，完成盘活财政存量资金、行政审批制度改革、钢铁煤炭行业化解过剩产能等11项重大决策部署落实情况跟踪审计，有力促进政策红利向发展成果转化。

【财政审计】 全市审计系统创新“三级联动”财政数字化审计，重点关注全市经济建设资金保障情况、财税体制改革推进情况、行政运行绩效等诸多方面，并加大“三公经费”、财政存量资金、专项资金绩效管理等审计力度，同步完成税收征管、信息系统等10个专项审计调查。全年实施预算执行和财政决算审计项目330个，查出各类问题金额517.2亿元。

【政府投资审计】 年内完成烟台港、万华专用铁路项目审计和城市地下管线基础设施建设情况审计；根据省审计厅部署，首次对烟台市对口支援西藏聂拉木县政府投资项目和资金进行审计，审计援藏资金近亿元、援建项目8个。

【金融、企业、外资审计】 年内完成金融支持实体经济政策措施落实情况跟踪审计和烟台市政府股权引导基金运营和管理情况专项审计调查，对恒丰银行原董事长进行离任经济责任审计。完成全市国有企业资产质量专项审计调查，对烟台万华合成革集团董事长开展任期经济责任审计。完成烟台SOS儿童村项目和蓬莱海德尔节能减排项目等2个项目外资公证审计，完成莱阳市和蓬莱市政府利用PPP模式投资项目绩效情况审计调查。

【社会民生审计】 年内加大对直接涉及群众切身利益的住房、医疗、扶贫以及环境保护等方面的审计监督力度，完成保障性安居工程、养老保险基金、公立医院改革等审计或专项审计调查，开展大气污染、采煤塌陷地、城市污水处理绩效审计。组织全市审计力量上下联动完成对市本级和10个县市区的精准扶贫政策落实情况审计，涉及金额1020万元，市审计局被评为全市扶贫工作先进单位。

【经济责任审计】 2017年，全市完成经济责任审计项目481个，查出违规金额11.6亿元、管理不规范金额1750.7亿元。围绕促进领导干部履职尽责，根据省审计厅的授权，完成对莱州、招远、莱阳、福山等6个市（区）书记和山东中医药高等专科学校党委书记、校长共8名省管领导干部实施离任经济责任审计，同步对莱州、招远、莱阳、福山等6个市（区）长实施离任经济责任审计。围绕促进领导干部履行自然资源资产管理责任和生态环境保护责任，完成对长岛县原县长履行自然资源资产管理和生态环境保护责任情况的试点审计，促使长岛县构建水资源管理考核指标体系和考核机制，有效提升水资源管理力度和效率。围绕规范村级负责人经济责任审计，制定《烟台市村级干部任期经济责任审计操作规程》，指导市县两级审计机关对6190个村居进行审计，推进全面从严治党向基层延伸。

【审计服务】 年内，市委、市政府出台《关于进一步加强审计工作的意见》《烟台市党政主要领导干部和国有企业领导人员经济责任审计结果运用暂行办法》。审计系统高质量完成全市落实“放管服”政策措施情况跟踪审计及财政收入真实性情况专项调查；抽调精干力量参与省厅对青烟荣威城际铁路公司、威海市“海上粮仓”等多个项目审计；参与塔山南北路指挥部、河长制等全市重点工作，服务改革发展大局。完成对烟台市原市委书记市长离任审计、省级预算执行审计等多个项目的整改工作，全年累计督导审核、汇总上报各类审计整改报告200多件，2015年度市级预算执行审计查出问题整改情况报告获人大常委会全票通过，满意率达100%；与财政部门联合在市直范围内开展财政审计专项检查工作。全年共提报审计信息和综合性报告896多篇，被批示、采用395篇次，名列全省前茅；发表宣传稿件900多篇，其中市审计局在《中国审计报》刊登2期整版，龙口、莱州、芝罘、莱山、招远5个县级审计机关均在《中国审计报》刊发专版。

【审计业务管理】 年内完成对40多项政府规范性文件的审查回复。针对省厅2017年检查全市审计项目质量情况发现的问题，抓好整改提高，印发进一步提高审计质量的意见等制度办法10多项。完成全市内部审计情况督查工作和部分市直部门内管干部经济责任审计情况调查，组织实施内部审计协会脱钩换届工作，全市有7个单位和8名同志受到国家和省内审工作表彰。

【审计信息化建设】 年内，全市审计系统推进智慧审计建设，强化数据归集及标准划工作，作为全市首批26个市直部门之一顺利完成政务信息系统整合；组织12名审计人员参加全省计算机审计中级培训，11人一次性通过；在上年全省大数据审计实战比武活动中，烟台代表队获全省第二名。

【审计科研】 年内帮助山东工商学院开设《政府审计》选修课程并派员前去授课，吸收学院选派3名优秀学生代表到局机关参与审计工作实践，出台加强审计科研工作的实施意见和科研课题管理办法，全年在各类刊物发表科研文章70多篇。

（撰稿：朱荣华　审稿：周强）

统　计

【概况】 2017年，全市统计系统高质量组织实施48项常规统计调查和普查、重要专项调查任务。

【核算制度】 年内，全市统计系统适应国家GDP统一新要求，夯实GDP统一核算基础数据，明确基础数据采集、加工、使用等各个环节的工作要求，提高GDP数据与相关指标的支撑性、协调性和匹配性。建立派生产业统计制度。建立现代服务业、文化产业、体育产业、健康产业、生产性服务业增加值核算制度，开展现代服务业、文化产业、体育产业、健康产业等派生产业增加值的核算。建立新兴经济统计制度。制定印发《烟台市新技术新产业新业态新模式统计制度（试行）》，在全市开展新经济统计和增加值核算，全面反映新经济综合发展和现代农业、战略性新兴产业、新产品、新服务、高技术产业、科技企业孵化器、企业创新、互联网平台、电子商务、互联网金融、城市商业综合体、开发园区发展情况，科学测算评估新兴经济活动在经济增长、资源节约、劳动就业、收入税收等方面的贡献，为加快新旧动能转换提供参考。

【统计改革】 年内严格执行新投资统计制度，做好投资统计改革“三轨”运行工作。强化入库管理，确保及时入库、项目统全统准，保证投资统计数据质量。全面建立“去产能”“去杠杆”监测指标，做好产能过剩和产能过剩产品产量统计，全面加强资产负债统计。扩大规上服务业统计范围，开展规模以上服务业季度景气调查，“大服务业”统计体系基本形成。

【重点统计】 年内，生态文明及绿色发展统计监测及应对气候变化统计工作取得积极进展，能源消耗监测预警体系建立健全，省政府下达烟台市的能源消费总量和能耗强度“双控”考核目标任务圆满完成。人口就业统计重大突破，年度1%人口抽样调查制度全面建立，调查工作圆满地完成任务，流入人口、流出人口、出生人口、死亡人口、乡村转移人口等基础数据资料逐步建立健全。贸易统计有效加强，完善批发和零售业、住宿和餐饮业财务状况统计调查，开展网上零售和城市商业综合体统计。基本单位名录库进一步完善，健全调查单位申报核准制度、日常核查工作制度，抓好“四上”企业入统，实现应统尽统、动态更新。

【农业普查】 年内，市农业普查办公室带领全市2.7万名普查人员圆满完成登记工作，组织对全市150处乡镇（街道）、6442个行政村、161.78万农村住户和1.63万农业生产经营单位现场登记，顺利通过国家和省组织开展的事后质量抽查验收。

【统计服务】 年内，统计部门建立统计信息报送制度、月度主要经济指标预测和快报资料报送制度和统计数据快速反应制度，每月将主要统计数据第一时间、最快速度提供给市领导。继续完善对比分析制度。做好跟踪对比分析。继续开展首批沿海开放城市主要经济指标数据的季度搜集整理和对比分析、省内城市对比分析，使市主要领导能及时掌握情况。建立完善经济预测预警制度。针对经济下行压力、供给侧结构性改革、中央环保督查等情况开展调研，形成内参件向市委市政府主要领导和分管报告。剖析GDP、投资、工业、服务业等多领域经济运行情况，为确保全市经济稳健运行提供参考意见。

【基础管理】 年内利用举办专题培训、法制讲座、“12.4”全国法制宣传日和“12.8”统计法颁布日宣传活动等，开展统计法宣传教育活动。将统计法治教育纳入全市干部教育培训规划，继续推进统计法进党校（行政学院），组织行政执法人员法律知识考试。全面推行统计服务监管“双随机”抽查工作机制，建立随机抽查事项清单和检查对象、检查人员名录库，制定“双随机”抽查工作细则。在市统计局外网建立统计失信企业公示平台。全市完成对896个单位的执法检查，查出统计违法行为43起，立案11件，结案4件。网络信息安全管理得到强化。执行《烟台市统计数据全程质量管理办法（2016）》，对统计数据生产全过程实行严格的质量控制，坚持统计数据风险评估和数据质量形势分析制度，数据质量责任制全面落实。

（撰稿：牟韶莉　审稿：李广）

工商行政管理

【概况】 2017年，全市新登记市场主体12.33万户，总数达到71.65万户。企业新登记3.85万户，总数19.86万户；个体工商户新登记8.31万户，总数50.4万户；农民专业合作社新登记1634户，总数1.38万户。市工商局继续保持省级文明单位称号。

【商事制度改革】 3月1日始，烟台市全面推行企业简易注销，年内5134户企业通过简易注销程序退出市场。9月1日，正式启动“多证合一”改革，实行31证合一，全市全年办理“多证合一”营业执照1.22万份。牟平区市场监管局推行个体工商户登记“身份识别＋身份证信息自动读取＋口述登记＋自助打印”改革试点。10月始，有序推进企业电子化登记，全市颁发电子营业执照21张。11月份，有限合伙企业和特殊普通合伙企业（外商投资的合伙企业除外）登记管辖权下放到县市区市场监管局，市工商局已登记的784户企业管辖权同步下放。市政府11月13日印发《烟台市市场主体住所（经营场所）登记管理办法》，住所登记由申报制改为申报承诺制，定于2018年1月1日正式实施。年内开放市级企业名称库，实现企业自主查重。定于从2018年1月1日始，冠“烟台”行政区划企业名称登记核准权下放到各县市区市场监管局、市局分局。

【商标培育】 2017年，全市新增有效注册商标8769件，总数达到5.48万件；新申请马德里国际注册商标21件；新增地理标志证明商标6件，总数达到51件。

【户外广告监管平台升为省级平台】 10月18日，山东省工商局批复同意将“烟台市工商局户外广告监测平台”命名为“山东省户外广告监测平台”。

【信用监管】 2016年度全市企业、个体工商户和农民专业合作的年报率分别为87.8%、87.4%和94.4%。未年报的2.17万户企业、694户农民专业合作社被列入经营异常名录。市工商局与发改委、法院等28个部门签署《烟台市对失信企业协同监管和实施联合惩戒的合作备忘录》，推行诚信“红黑榜”发布及联合惩戒制度。《烟台市工商和市场监管部门“双随机一公开”实施细则》制定出台，市场主体名录库和执法人员名录库建立，《市级随机抽查事项清单》编制完成。围绕省工商局确定的22个抽查事项，市、县两级同步启动双随机抽查。《烟台市“守合同重信用”企业公示办法》修订出台，355户企业被公示为烟台市2015—2016年度“守合同重信用”企业。2017年全市办理动产抵押登记618份，抵押登记金额142亿元。

【竞争执法】 开展反垄断和反不正当竞争执法，2017年查办垄断案件1起，核查垄断线索1起。组织开展“促竞争、树品牌、保民生”专项行动，查办案件307起，其中不正当竞争案件

19起。联合公安开展打击传销“斩草”执法行动，处置涉传大案2起，移送传销案件4起。联合教育、公安、人社部门开展整治以“招聘、介绍工作”为名从事传销执法行动，开展联合行动11次，清查招聘企业、平台、网站58户，取缔传销窝点1处。

【流通领域市场监管】 全市投入抽检经费312万抽检加油站830座（次），抽样2532个，实现市、县两级成品油监督检测100%全覆盖，质量合格率98.8%。全市投入抽检经费107.82万元抽检农资经营主体589家，抽检化肥样品1458个，合格率92.2%。年内抽查商场超市50家、市场经营者120户，抽检消防器材、针纺织品、皮制品、儿童用品、家用电器、日用百货、装饰材料、汽车配件等商品8大类13小类，计451个批次，合格394个批次，不合格57个批次。

【消费维权】 全市12315系统接听来电3.23万件，其中咨询2.37万件，投诉7813件，处结7806件，处结率97.35%，为消费者挽回经济损失773.5万元。举报715件，处结679件，处结率94.97%。

2017年烟台市注册地理标志证明商标一览表

表7

序号	商标名称	注册人	注册号	注册商品
1	海阳毛衫及图	海阳市针织毛衫行业协会	16966776	25类针织服装
2	欧家夼板栗	招远市瓜菜协会	19055199	31类新鲜板栗
3	欧家夼蓝莓	招远市瓜菜协会	19055200	31类新鲜蓝莓
4	莱阳缢蛏及图	莱阳市渔业技术推广站	18841521	31类缢蛏（活的）
5	莱阳河蚬	莱阳市渔业技术推广站	17626877	31类河蚬［贝壳类动物（活的）］
6	莱阳五龙河鲤及图	莱阳市渔业技术推广站	18841522	31类活鱼

烟台市中国驰名商标一览表

表8　　认定单位：国家工商行政管理总局

序号	商标名称	企业名称	认定商品/服务	认定时间
1	北极星	烟台北极星钟表集团公司	钟表	1991年
2	张裕	烟台张裕葡萄酿酒公司	葡萄酒	1993年
3	三环	山东烟台造锁总厂	锁	1999年
4	龙丰	山东龙丰集团公司	方便面	1999年
5	LONG DA	山东龙大企业集团	加工过的肉、蔬菜	2002年
6	鲁花	山东鲁花集团有限公司	植物油	2005年
7	威龙	烟台威龙葡萄酒股份有限公司	酒、含酒精的饮料（啤酒除外）	2005年
8	丛林河	山东丛林集团有限公司	铝型材	2006年
9	登海	山东登海种业股份有限公司	农业种子	2006年
10	南山	山东南山实业股份有限公司	铝型材	2006年
11	双塔	烟台金华粉丝有限公司	粉丝	2006年
12	玲珑	山东玲珑橡胶有限公司	轮胎	2007年
13	新牟	烟台新牟电缆有限公司	电线、电缆	2007年

续表

序号	商标名称	企业名称	认定商品 / 服务	认定时间
14	冰轮	烟台冰轮股份有限公司	冷冻机	2007 年
15	Taishan	山东泰山管乐器制造有限公司	管乐器	2008 年
16	Yn 及图	烟台市农业生产资料总公司	肥料、混合肥料	2008 年
17	可利尔	烟台新潮实业有限公司	亚麻制品	2008 年
18	吉斯	烟台吉斯家具集团有限公司	沙发	2008 年
19	金宝及图	山东金宝电子股份有限公司	电解铜箔、覆铜箔板	2008 年
20	冠珠及图	招远三嘉粉丝蛋白有限公司	粉丝	2008 年
21	六六顺及图	烟台大鹏果蔬食品有限公司	粉丝	2008 年
22	春雪	山东莱阳春雪食品有限公司	鸡肉及鸡肉制品等	2008 年
23	白洋河及图	烟台白洋河酿酒有限责任公司	葡萄酒等	2008 年
24	NANSHAN 及图	山东南山铝业股份有限公司	精纺呢绒、毛料布	2009 年
25	圣豪 SUNHAO 及图	山东圣豪家纺有限公司	毛毯	2009 年
26	环日及图	山东环日集团有限公司	液化气钢瓶	2009 年
27	丽鹏及图	山东丽鹏股份有限公司	金属包装容器等	2009 年
28	NANSHAN 及图	山东南山铝业股份有限公司	精纺呢绒、毛料布	2009 年
29	ELYSEE 及图	烟台奥威酒业有限公司	葡萄酒	2009 年
30	红壹佰	烟台红壹佰照明有限公司	灯	2009 年
31	古金及图	烟台市金河保险粉厂有限公司	保险粉、染料助剂	2009 年
32	招金及图	山东招金集团有限公司	贵重金属锭	2009 年
33	蓬翔 px 及图	一汽山东汽车改装厂	专用汽车 汽车车桥	2010 年
34	JINCHUANG 及图	蓬莱金创集团公司	阀（精铸）	2010 年
35	朋珠及图	烟台蓬珠酒业有限公司	葡萄酒 白兰地	2010 年
36	绿叶	山东绿叶制药有限公司	医药制剂（注射剂）	2010 年
37	荣昌及图	烟台荣昌制药有限公司	人用药	2010 年
38	国珍	烟台新时代健康产业有限公司	花粉健身膏、非医用营养粉	2010 年
39	荣康 RONGKANG 及图	山东康泰实业有限公司	按摩椅	2010 年
40	第 1757452 号图形	山东中际电工机械有限公司	绞械机、嵌械机、整形机	2010 年
41	第 1805769 号图形	山东国大黄金股份有限公司	黄金冶炼	2010 年
42	东方海洋 ORIENTALOCEAN 及图	山东东方海洋科技股份有限公司	鱼制食品、海带	2011 年
43	丛林河及图	丛林集团有限公司	水泥	2011 年
44	龙须及图	龙口龙须粉丝有限公司	粉丝（条）	2011 年
45	莱艺及图	山东省莱州工艺品集团有限责任公司	藤制品、草制品、草织物	2011 年

续表

序号	商标名称	企业名称	认定商品 / 服务	认定时间
46	丝宝宝及图	山东金城股份有限公司	粉丝	2011 年
47	仙坛及图	山东仙坛股份有限公司	猪肉食品	2011 年
48	蓬莱阁 PENGLAIGE	蓬莱阁管理处	旅行社	2011 年
49	膜天 MOTIAN	山东招金膜天有限责任公司	水净化装置	2011 年
50	烟台苹果及图	烟台市苹果协会	苹果（截至）	2011 年
51	铁力士及图	山东鸿达建工集团有限公司	起重机、搅拌机	2011 年
52	解百纳	烟台张裕集团有限公司	葡萄酒	2012 年
53	晶山 JingShan 及图	莱州诚源盐化有限公司（与港澳台合资）	工业用盐	2012 年
54	龍管及图	山东龙口油管有限公司	内燃机配件	2012 年
55	兴民及图	山东兴民钢圈股份有限公司	车轮；车轮圈	2012 年
56	持久	烟台持久钟表集团有限公司	钟；精密记时计	2012 年
57	益生 YISHENG 及图	山东益生种畜禽股份有限公司	种家禽；活家禽；孵化蛋（已受精）	2012 年
58	五洲丰	烟台五洲施得富肥料有限公司	肥料	2012 年
59	第 1991421 号图形	东方电子集团有限公司	工业操作遥控电力装备、信号遥控电力设备、电站自动化装置、电脑软件（已录制的）	2012 年
60	金色时代莊園 GOLDENTIMESFAZENDA 及图	烟台时代葡萄酒有限公司	葡萄酒	2012 年
61	大丰 DaFeng 及图	烟台大丰轴瓦有限责任公司	轴瓦	2012 年
62	蓝白及图	烟台蓝白食品有限公司	馒头、粽子、元宵	2012 年
63	仙阁及图	烟台渤海制药集团有限公司	中成药	2012 年
64	恒丰银行	恒丰银行股份有限公司	银行	2012 年
65	绿杰及图	烟台绿杰饮料股份有限公司	果汁饮料（饮料）	2013 年
66	天誉及图	栖霞市天誉果品有限公司	鲜水果	2013 年
67	宝	山东六六顺食品有限公司	粉丝	2013 年
68	滙源	山东招源硅胶有限公司	硅胶	2013 年
69	顽皮 WANPY	烟台爱思克食品有限公司	宠物食品	2013 年
70	双宝 SHUANGBAO 及图	山东宝源生物有限公司	农业肥料	2013 年
71	膜天 MOTIAN 及图	山东招金膜天有限责任公司	水净化装置，过滤器，水净化器具和机器	2013 年
72	第 1290006 号图形	烟台同化防水保温工程有限公司	防潮建筑材料；保温用非导热材料；防热散发合成物	2013 年
73	方圆及图	方圆集团有限公司	起重运输机械	2013 年
74	金光及图	烟台金光工具有限公司	锯条（手工具零件）	2013 年

续表

序号	商标名称	企业名称	认定商品 / 服务	认定时间
75	丽鹏 LP 及图	山东丽鹏股份有限公司	容器用金属盖；桶用金属盖	2014 年
76	佳恒及图	山东中佳新材料有限公司	铜	2014 年
77	肛泰	烟台荣昌制药股份有限公司	贴剂	2014 年
78	悦龙 YUELONG 及图	山东悦龙橡塑科技有限公司	胶管、胶板	2014 年
79	爱斐堡	烟台张裕葡萄酿酒股份有限公司	葡萄酒	2014 年
80	众德 KJXN	众德肥料（烟台）有限公司	肥料	2014 年
81	365 及图	山东港华石材有限公司	花岗石、大理石	2014 年
82	第 1000511 号图形	莱州三力汽车配件有限公司	刹车盘	2015 年
83	雄鹰及图	山东豪克国际橡胶工业有限公司	轮胎	2015 年
84	南山 NANSHAN 及图	山东南山铝业股份有限公司	铝、铝箔、金属片和金属板	2015 年
85	蓬建 PENG JIAN 及图	山东蓬建建工集团有限公司	建筑信息、铺沥青、建筑	2015 年
86	京鲁远洋及图	蓬莱京鲁渔业有限公司	鱼(非活的)、虾（非活）、海参（非活）	2015 年
87	八仙过海及图	蓬莱八仙过海旅游有限公司	船只出租、旅行社(不包括预定旅馆)、观光旅游	2015 年
88	泉源及图	烟台泉源食品有限公司	鲜水果、新鲜蔬菜	2015 年
89	金潮 GOLDEN TIDE 及图	山东金潮新型建材有限公司	塑料管、板、杆、条;浇水软管;非金属软管	2015 年
90	婴儿乐	烟台婴儿乐集团有限公司	饼干	2015 年
91	荣顺 RONGSHUN	山东荣顺鞋业股份有限公司	鞋	2015 年
92	DELLMA	南山集团有限公司	服装	2016 年
93	苦菜花	蓬莱红卫化工有限公司	用于工业的化工原料	2018 年

（撰稿：许坤　审稿：张波）

质量技术监督

【概况】 2017 年，全市质监系统着力塑造提升“品质烟台、山海情怀”良好城市形象。市质监局连续 4 年获市委科学发展杰出贡献奖。

【质量管理】 年内印发实施全市质量工作发展纲要，全面完成城市质量状况分析、城市质量满意度调查，出台《创建全国质量强市示范城市工作方案》。召开全市创建全国质量强市示范城市动员会议，国务院参事张纲、省质监局局长张宁波和市领导张永霞、王晓军对创建工作进行动员部署。在主流媒体设立“创建质量强市唱响烟台品牌”专栏，开展全方位质量公益宣传。蓬莱市成为全市首个获批创建“全国质量强市示范城市”的县级市。圆满完成省政府质量工作考核实地核查任务，烟台市被确定为 A 级。

【品牌建设】 年内，市政府出台《关于进一步加快品牌建设的实施意见》。“烟台葡萄酒”“烟台苹果”两种产品进入“中欧 100+100”地理标志产品互认公示名单，全省最多。结合实施“万千百十”行动，免费开展首席质量官、名牌申报、质量提升等系列培训活动以及品牌企业回头看工作，新增 20 个山东名牌产品、12 个山东省服务名牌，1 个省优质产品生产基地，1 个全国旅游服务质量标杆培育试点单位。在全省首次企业品牌价值评价信息发布会上，市质监局组织申报企业品牌总价值达到 1312.65 亿元，占发布品牌总价值的 30% 。

【化解风险】 年内，市质监局协调市安委会同意对原来由市局监管的 3 家机动车检测机构移交相关区局监管。联合市公安局、环保局等13个部门印发全市检验检测机构质量提升方案，并顺利通过省专项督查验收。开展全面质量监管专项整治，涉环保类机构执法检查等5次综合性检查活动，对186家机构进行368次监督检查，消除风险隐患372项。利用世界认可日等重要节点，组织开展专业培训、观摩交流，加大宣传舆论引导，不断提升技术机构的能力水平。

【计量监督与管理】 年内，市质监局组织全市相关计量检定机构，从4月1日起停止收取强检计量器具检定费，把国家减轻企业负担的政策落实到位，全市免费检定强检计量器具约22万台件，为企业减免费用2306万元。开展计量专项监督检查。组织开展加油机专项计量监督检查、计量技术机构专项检查、环境监测用计量器具监督检查和定量包装商品的监督检验，有关情况通过网站及时向社会公布。加强对安全防护计量器具的监管。配合“百日攻坚”和“安全大生产活动”检查企业1139家，检查安全防护计量器具共3037台件，排除隐患7个；对全市煤矿、非煤矿山等重点领域开展安全防护计量器具专项检查，排查单位390家，发现问题62个。做好计量宣传及知识普及工作。组织参加“2016年全国计量科普知识（山东赛区）”竞答，烟台市的史慧娟获得山东赛区“年度达人”第一名并获得“全国计量科普达人”荣誉称号，5人获得“全国计量科普之星”荣誉称号。组织开展520世界计量日系列宣传活动。

【标准化工作】 年内，市质监局落实《烟台市标准化工作资助办法（试行）》，对87个符合条件的项目进行资助，发放资金727万元。托烟台市质量强市及名牌战略推进工作领导小组办公室，年初向各市直部门征集并下达标准化工作任务及项目推进表，年底进行调度总结。组织重点企业负责人进行国际标准化专题学习考察，在中国计量大学举办“烟台市质监系统标准化助力质量提升培训班”，标准化服务大局水平有效提升。至2017年末，全市累计参与制修订473项国家标准、552项行业标准、287项省地方标准，1320家企业在“企业标准信息公共服务平台”上自我声明公开5866项标准，发布数量位居全省前列。推动企业参与国际标准化活动取得实质性进展。烟台孚信达双金属股份有限公司主导制定的“铜铝复合导电扁排”ASTM国际标准于5月发布，玲珑轮胎至年末在参与6项ISO国际标准制订，烟台市企业开展标准化工作的层次和水平不断提升。在农业、服务业、循环经济、社会管理和公共服务等领域持续推进标准化试点示范项目创建。年内3个国家级第九批农业标准化示范区项目、2个国家级循环经济标准化试点项目获批立项，17个项目入选山东标准建设项目。至2017年末，全市创建国家级农业标准化示范区26个、省级示范区6个；国家级服务标准化试点项目4个、省级55个；循环经济标准化试点项目国家级2个、省级3个。企业标准“领跑者”制度建设试点工作初见成效。万华化学集团股份有限公司被列入2016年度山东省企业标准“领跑者”名单，是全省首批获评的8个“领跑者”企业之一，受到省质监局、省经信委、省环保厅联合表彰。

【特种设备安全监察】 2017年，全市特种设备总量8.54万台，比上年增加2648台，年增长率为3.2%，未发生较大以上事故和重大社会影响事件。全市质监系统建立完善特种设备安全生产例会制度，严格落实《烟台市安全生产行政责任制规定》，制定印发《烟台市质监局直管企业管理办法》，确立60家市局直接监管企业名单，建立双实名制监管台账和隐患台账。按照“双随机一公开”原则，建立完善特种设备生产单位、检验检测机构的监督检查机制，完善分级分类监管模式。部署开展质监系统百日攻坚、化工产业特种设备大快严、安全生产“清底”行动、锅炉节能减排攻坚战、电梯整治回头看、大型游乐设施专项检查等一系列专项行动。完成直管企业包企检查和包市督查工作。高度重视环保督查突出问题处理，对全市2014年以来新上燃煤锅炉使用情况进行调度和督导，对不符合政策登记的300台10蒸吨及以下燃煤锅炉使用登记进行公告注销。广泛组织电梯整治回头看活动，在全省率先以政府购买服务的方式对31台电梯开展安全评估。对基层360多名安全监管、执法人员进行特种设备基础知识和法律法规的专题培训；举办县市区特种设备数据库系统管理人员培训班，实现特种设备安全监管市、县、乡三级整体联动；组织对全市124名特种设备B类安全监察员进行培训，对全市300多名安全监察人员进行继续教育。组织市局直管企业特种设备法规培训班暨“学规矩懂规矩守规矩”启动仪式，开展电梯安全进校园活动，电梯、气瓶、大型游乐设施安全知识专题宣传，电梯、大型游乐设施、客运索道、化工企业特种设备等20多次应急救援演练活动。

【质量监督与行政执法】 全年抽查1350家企业1664批次产品，检出不合格产品40批次，不合格产品检出率2.41%。其中对防火门、型煤、学生装、儿童服装、配电板等17种产品开展的专项督抽查，抽查514批次产品。每一批监督抽查结束后下发通报，在烟台金质网公布。办理国抽、省抽、市抽及外部移送后处理60件。组织开展机动车、危化品、电线电缆、消防产品等各类产品质量专项整治12个，与其他联合开展监督检查8次，检查企业657家，对35家企业提出整改要求，对存在的问题落实整改。全年无重大产品质量安全事故发生。建立“双随机、一公开”的监督抽查工作机制。依托《山东省工业产品监督管理系统》平台，组织各县市区市场监管局对基本正常生产的工业产品生产企业建立企业数据库。筛查监管企业1.1万家，录入基本信息近60万条。开始对保税港区29个企业特种设备全覆盖检查，发现并消除安全隐患53起。

（撰稿：牛利刚　审稿：綦瑞凤）

食品药品监督管理

【概况】 2017年，市食品药品监督管理局以“食安烟台”建设为引领，以国家食品安全城市创建为抓手，以坚守食品药品安全底线为根本目标，完善质量保障、监管网络、信用自律三大体系，实现技术支撑、信息化监管、社会共治三大突破，提升依法行政、风险防控、助推帮扶三种能力，全市食品药品安全形势平稳，没有发生重大食品药品安全事故，食品药品监管各项工作取得新成效。

【国家食品安全城市创建】 全市组织召开市食安委全体（扩大）暨创建国家食品安全城市推进会议，市政府与各县市区政府签订《2017年度食品安全暨国家食品安全城市创建目标责任书》，对2017年食品安全及创建工作安排部署。5月份，烟台市以全票通过国家层面的综合评议、公示和明察暗访。在6月29日举行的2017年全国食品安全宣传周启动仪式上，烟台市正式被授牌命名为国家食品安全示范城市。以市政府办公室名义在全省率先印发《烟台市食品安全“三年提升行动”实施方案》，持续巩固和提升示范创建水平。

【综合治理和专项整治】 年内完善由烟台市倡导并牵头建立的环黄渤海“6+1”稽查协作机制，组织召开环黄渤海“6+1”稽查协作区推进及培训会议，签订稽查应急处置合作备忘录，邀请中国人民公安大学及台州、鞍山、深圳等地稽查打假专家从行刑衔接、基层稽查技能、执法文书以及网络案件查办等方面进行专题授课。在全国稽查工作会议上，环黄渤海“6+1”稽查协作机制经验做法得到国家总局领导充分肯定。与协作区成员单位共联合查办案件15起，协查57次，协作区成果不断显现。深化专项整治，组织开展桶装水、食用植物油、中药饮片等33个专项整治，开展蔬菜农残、餐具洁净度等食品快检1000余批次，受理投诉举报6942件，查处案件456件，移送司法机关262起。强化联合打假，联合公安机关，采取行、刑、企联合检查模式，实现证据链条无缝衔接，成功破获刘伟销售假药案，涉及全国23个省市，涉案金额4500余万元；联合市葡萄酒局开展葡萄酒市场专项整治，组织抽查葡萄酒生产企业10家，立案查处1家；加强与法国波尔多葡萄酒协会的线索互通，成功破获3起假冒法国波尔多产区葡萄酒案，查扣假冒葡萄酒6000余瓶，涉案货值10余万元。

【技术支撑体系建设】 全市153个乡镇、156个基层监管所全部建成标准化、规范化的食品快检室，配备专门的检验检测人员，基层检验检测能力显著增强。完善抽检体制机制，实现各环节抽检计划制定、抽样检验、结果公示、核查处置等各项工作“一条线”到底的工作模式。完成食品安全监督抽检4.3万批次，达到每千人6.1批次，居全省前列，药品抽检2200批次。加快推进国家药品进口口岸药检所创建工作。市食品药品检验检测中心组织相关人员专程赴苏州市食品药品检验所就创建口岸所所需的基础设施、检测能力、人才队伍等7个方面内容进行对口学习考察，进一步修订完善创建工作方案。在资金保障方面，市政府确定此后三年内，每年拿出2000万元用于创建口岸所必需的大型仪器设备采购和实验改造。至年末，新购置的43台检验仪器设备已全部到位，实验室改造已完成，创建口岸药检所的关键项目LIMS实验室信息管理系统正式上线运行。完成1名博士、3名硕士的招聘工作，中心博士总数已达5名。

【信用体系建设】 年内完成包括2种信息主题、3种信息大类、6种信息小类361项信用信息事项的公共信用目录编写工作，启动省级食品药品安全诚信体系建设试点，公布黑名单6批次，上报许可处罚信息537条，录入食品药品企业信息2762家，录入量居全省第三。广泛开展以推进农商直联机制、完善“肉、菜”追溯体系等7项措施为主要内容的“放心肉、菜示范超市”创建活动，进一步落实“肉、菜”质量安全责任，培育创建“放心肉、放心菜示范超市”30家、食品安全管理规范化农贸市场14家，创建数量居全省第一。

【风险防范】 在全省率先建立起市局全面监测、县局区域监测、第三方服务重点监测的三位一体监测＋省局辅助监测的“3+1”舆情监测模式，率先构建起以行政监管、稽查、检验检测、不良反应监测等人员为专业力量，以协管员、信息员和志愿者队伍为补充力量的应急队伍体系，应急处置能力和水平进一步提升。年内，先后编发提报舆情专报3期，快速处置负面舆情信息36条，有效防止负面舆情信息被恶意炒作。切实加强不良反应监测报告工作，上报药品不良反应病例报告1万份，医疗器械不良事件5541份，化妆品不良反应监测报告736份，药物滥用监测报告1254份，审核风险预警信号1500余个，报告数量和质量均居全省前列。

【服务医药产业发展】 年内，市药监部门落实市政府《关于促进医药健康产业创新发展建设国际生命科学创新示范区的实施意见》文件精神，协调市科技局、财政局等部门共同研究制定针对新药研发、医疗器械新产品申报及仿制药一致性评价等方面的具体奖励实施细则，定期调度，推动落实。全市召开2017年度医药健康产业创新发展奖励兑现会，对11家企业兑现创新发展奖励1000余万元；完成《关于进一步支持我市医药健康产业创新发展的补充意见》，以市政府文件印发。烟台市扶持发展医药健康产业的做法得到省局领导充分肯定，多个地市前往专题进行考察学习。

2017医药创新与发展国际会议于9月16—17日在烟台市成功召开，17位国家部委副司级以上领导、4位国内外院士、41位医药领域“千人计划”专家、22家世界著名跨国药企、23家国内医药百强企业等400余人参会，如此众多数量的“千人计划”生物医药专家以及高层次的跨国公司、龙头企业高管同场参会，在国内同类医药会议中，均尚属首次。会议期间，烟台市与山东省食药监局、中国医药创新促进会分别签署合作共建烟台国际生命科学创新示范区协议，石药集团（山东）中诚医药物流等14个项目签约，与拜耳、雅培等跨国药企达成合作意向16个。

制定出台《市局领导班子成员定点联系市级重点项目制度》，6名领导班子成员分别对市级200个重点项目中与食品药品相关联的26个项目进行定点联系，实行精准化对接、一对一帮扶。绿叶制药获批全省首家麻醉药品定点生产批件；瑞康医药和绿叶药品贸易公司第二次获批药品直调试点，为全国首家开展药品直调试点的药品批发企业和全国首家开展集团内生产药品直调业务的生产企业，年可为企业节省费用近1000万元；瑞康医药获批全省首家多仓联动、跨区域配送试点，年可为企业节省药品贮运成本2000余万元，增加税收460余万元；康诺盛世入选全省首家跨区域配送药品流通企业，年可为企业增加销售收入近10亿元。至年末，全市在建或规划建设的25个企业园区进展顺利，新开工项目14个、总投资39亿元，有总投资超过10亿元的鑫汇包装、润中药业等8个项目建成投产，神州医药、国控烟台、德裕昌、联合众生4家企业达到药品现代物流企业标准。

（撰稿：宫帅　审稿：曲洪功）

物　价

【概况】 2017年，全市居民消费价格比上年上涨1.6%。其中，消费品价格上涨0.7%；服务项目价格上涨3.0%。工业生产者出厂价格上涨4.2%。工业生产者购进价格上涨7.4%。固定资产投资价格上涨5.7%。新建住宅销售价格上涨7.2%，二手住宅销售价格上涨5.4%。

市委市政府年内印发《关于推进价格机制改革的实施意见》，确定6个方面24项具体任务，推动价格机制改革向纵深发展。市物价局、市价格监督检查局被省文明委表彰为“2017年度省级文明单位”，市价格认证中心（市价格监测中心）、市价格调节基金征收管理办公室被市文明委表彰为“2017年度市级文明单位”。

【价格管理】 年内两次下调非居民用天然气基准门站价格和终端销售价格，基准门站价格共下调0.124元/立方米，终端销售价格共下调0.376元/立方米；出台非居民天然气销售价格联动政策；在冬季全国供气紧张局面下，及时出台临时性天然气价格政策，确保全市企业和居民正常生产和采暖用气。下调一般工商业、大工业等销售电价，上调燃煤发电标杆上网电价，落实污泥掺烧、垃圾焚烧、风力、光伏等新能源发电补贴政策，促进可再生能源、生物质发电项目健康发展。出台农业水价综合改革实施方案，推行分类水价，逐步建立分档水价；取消城市公用事业附加，非居民供水取消0.18元/立方米，特种供水取消0.64元/立方米；污水处理收费标准按规定调整到位，居民污水处理费0.95元/立方米，非居民及特种供水污水处理费1.40元/立方米；出台价格政策鼓励企业使用再生水，供需协商最高用水限价3.80元/立方米。召开新能源空调公交车票价听证会，对部分公交线路空调车实行一票制。一级公立医院取消药品加成，理顺医疗服务价格，全面完成公立医院综合改革任务；制定家庭医生签约居民服务付费标准；调整部分儿童医疗服务项目价格标准；制定部分医疗服务项目价格；制定13个中医优势病种和106个西医单病种收费标准。

【收费管理】 年内重点规范教育机构收费行为，公办普通高中、公办幼儿园收费由市、县人民政府管理，民办教育实行市场调节价。实行旅游景区门票价格分类改革，对利用公共资源投资建设的游览参观点实行政府定价或政府指导价，其他游览参观点门票价格实行市场调节价。规范烟台市基本殡葬服务价格。制定市区共有产权住房配售价格。出台市区城市地下综合管廊有偿使用收费定价规则。制定出台新的市区普通住宅物业服务收费标准和普通住宅物业管理区域内停车服务收费标准。取消、停征机动车抵押登记费、白蚁防治费等收费项目，降低公民出入境证件费、水土保持补偿费等收费标准。防空地下室易地建设费6级及以上执行下限收费标准，由每平方米2500元降至2000元。对施工图审查、集装箱查验没有问题外贸企业，吊桩移位仓储等发生的费用，由政府“买单”购买服务。

【环境保护问题整治】 年内全面落实燃煤发电机组脱硫、脱硝、除尘等环保优惠电价政策，对排放符合限值要求的燃煤发电机组落实超低排放电价政策。完善和落实使用清洁能源价格支持政策。落实居民阶梯电价制度、居民峰谷分时电价政策，合理降低电费负担等“电代煤”价格政策；完善和落实阶梯气价制度，制定出台独立采暖用气价格等“煤改气”价格政策，鼓励居民用电用气取暖。加大环保收费政策实施力度。加快实施有利于再生水利用的价格政策，促进水污染防治。严格执行差别化排污收费、挥发性有机物排污收费等政策。

【监测调控】 市物价局每周二、四对市区7个农贸市场、6个大型超市、2个批发市场、2个平价蔬菜连锁超市的82种商品价格进行监测；每月3次对11个县市区25种农资等重要商品价格进行采集、审核和汇总；对水果、生猪屠宰等重要商品实行周监测报告制度；樱桃采摘期实行日监测报告制度；对登海种子、长岛海参、海阳网纹瓜、莱阳梨等8种特色产品分别实行周、旬监测报告制度；承担国家、省17大类444种商品价格监测任务，监测数据上报率100%。每周定期在“烟台价格监测网”发布重要商品价格信息以及价格分析材料，全年发布粮油副食品、生产资料等170余种重要商品价格信息4万余条，价格分析材料40余篇；全年上报市场价格监测分析材料106篇，被上级有关部门采用45篇，在各类媒体发布146篇次。根据省物价局印发的《关于在莱阳市正式开展生猪目标价格保险试点的批复》，在莱阳市正式开展生猪目标价格保险试点。

【监督服务】 年内持续开展“反价格欺诈”专项整治，重点查纠使用欺骗性或误导性的语言、图片、计量单位进行虚假宣传的价格违法行为，预防隐瞒价格附加条件、设置价格陷阱的价格欺诈行为。召开价格政策提醒会3次，开展涉企收费、电力价格、商品房明码标价、市场价格行为等专项检查。参加省“阳光政务热线”、市“广播对话——民生热线”以及“胶东在线”“网上嘉宾访谈”等栏目，与市民展开直接对话，宣传价格政策法规，解答市民有关价费方面的问题。全市12358价格举报系统受理价格举报、投诉、信访、咨询4000多件，收到群众表扬锦旗3面。在《烟台日报》等新闻媒体发表宣传稿件150多篇，在政府网站等网络平台发布752条信息，编发《价格快报》15期。全市各级价格认证机构共办理各类价格认定业务1849起，认定标的总金额1.35亿元。

【价格指数体系建设】 年内成立“烟台价格指数研究中心”，承担烟台特色优势产品价格指数的编制、评审和指数的实务应用及学术研究等工作。完成“烟台港·中国化肥FOB”价格指数编制工作，进入试运行阶段；完成“烟台海参”价格指数编制初步技术方案。编制“烟台价格指数平台”建设方案并已完成政府采购招标工作。对已上线运行的“烟台苹果”“鲁花食用油”等价格指数进行维护，每月分析价格走势和市场运行情况，发布相关专家观点、市场分析、行业资讯等内容，扩大价格指数的知名度和影响力。

【成本调查】 年内组织对全市6个县市区96个农调户开展小麦、玉米、生猪、特色农产品成本收益情况和农户存售粮情况等12项常规调查、专项调查以及福山区西红柿等3种市级设施蔬菜和露地大白菜成本收益情况调查，编写上报分析材料20余篇，编印上年度《农产品成本收益调查资料汇编》120册。坚持将成本监审作为政府制定和调整价格的重要程序，将成本监审结论作为价格决策的重要依据，组织对市区污水处理、二次供水、天然气、空调公交车等6个项目定价成本进行监审，累计核减不合理成本费用9500余万元；建立健全成本监审资料“档案库”。年内2次受邀参加国家发改委召开的座谈会议，交流烟台市成本监审、成本调查方面的经验做法。

（撰稿：刘竞骏　审稿：于培超）

安全生产监督管理

【概况】 2017年，全市发生各类安全生产事故77起，死亡74人，事故起数、死亡人数同比分别下降

23.76% 和 18.68%。未发生重大及以上事故。烟台市被评为全国安全生产宣传教育试点城市。市安监局连续 7 年被评为全国“安全生产月”优秀单位，连续 16 年被评为山东省“安全生产月”组织单位，连续 10 年获评省级文明单位；获评 2017 年市直先进集体。

【安全生产责任制】 年内，全市开展安全生产“清底”行动、领导干部“双实名”包企业督查机制、安全生产“学规矩、懂规矩、守规矩”活动三项重点工作，充分发挥责任落实拉动力度。全面落实《烟台市安全生产工作问责制度》，全年对 2 个县市区和 10 家企业予以“黄牌警告”，对 1 个镇街予以“一票否决”，立案查处非法违法行为 1043 起，实施经济罚款 2162.71 万元，曝光重大隐患企业 15 家，公布“黑名单”企业 2 家，取消 2 名处级干部提拔重用资格。

【隐患排查治理】 年内统筹开展“大快严”集中行动。围绕重点领域，采取明察暗访和随机抽查相结合方式，集中排查治理各类问题隐患，全年排查企业 24.91 万家（次），查处各类隐患 17.51 万处。开展百日攻坚治理行动。确保党的十九大期间全市安全生产形势稳定。强化重点行业领域专项整治，治理生产矿山采空区 3 处、头顶库 31 处；停产停业整改危险化学品企业 6 家，注销行政许可 29 家；立案查处工商贸企业 11 家；查获非法经营烟花爆竹行为 21 起。市安委会办公室协调有关部门开展油气管线隐患专项整治、“平安行、你我他”行动、公路安全生命防护工程、平安农机、平安渔业、平安校园等活动。

【安全基础管理】 市安监局年内成立行政许可科，将分散的行政许可事项、权力事项和公共服务事项集中至窗口办理。开展“两个体系”建设，培育省市县三级标杆企业 425 家，全年上报风险点 31.61 万个，排查城乡公共领域安全生产风险源 1597 处，完成“两个体系”建任务企业 1659 家。推进安全生产标准化工作，全市新增一级标准化企业 3 家、二级标准化企业 36 家、三级标准化企业 642 家。

【安全保障】 市安监局组织起草《烟台市安全生产监督管理条例》，于 12 月 12 日经烟台市第十七届人民代表大会常务委员会第六次会议审议通过，将于 2018 年 5 月 1 日实施。完成 8 个《安全生产科技项目任务书》编制工作，累计上报安全科技项目 73 个、推荐省级科技成果奖 12 项，59 个科技项目列为省级、国家级安全生产科技发展计划项目。完善应急救援体系建设，累计举办培训班 4 期，培训人数 770 多人；全市 3000 余家生产经营单位开展应急处置卡推广工作；组织各类应急演练 8200 余次，参演人员 9 万多人。

【文化宣传教育】 年内，全市 4 家企业获得国家（2 家）、省级（2 家）安全文化建设示范企业称号；烟台市与国家安监总局、煤矿文工团、省安监局联合拍摄电影《安保部长》。组织“安全生产月”活动，突出打造六大活动亮点。探索建设特种作业人员仿真模拟实际操作考试基地，加大安全生产培训力度，组织县市区政府分管领导，集中参加省委党校举办的安全生产培训；培训复审特种作业人员 1.8 万多人、生产经营单位主要负责人、安全生产管理人员 1.5 万多人。

（撰稿：高晋　审稿：于建平）

责任编校：渠敬伦

口岸管理

综　述

【概况】 2017年，烟台航空口岸旅客吞吐量再次实现百万级跨越，达到650.3万人次，同比增长26.6%；完成货邮吞吐量5.1万吨，增长1%；完成航班起降6.2万架次，增长21.9%。其中，完成出入境货邮吞吐量2.4万吨，出入境旅客63.6万人次。全市辖区内水运口岸累计完成外贸运量1.16亿吨，增长14.2%；外贸集装箱运量49.9万标箱，增长10.1%；出入境旅客22万人次。

【口岸开放】 年末，烟台辖区内烟台港、龙口港、蓬莱港和莱州港4个一类水运口岸共有正式开放泊位121个，临时开放泊位19个，其中，当年新增临时开放泊位2个。烟台港西港区和海阳港区查验业务用房建设完成，符合散杂货查验要求的现场查验配套设施基本建设完成。

【电子口岸建设】 年内，烟台率先完成空港口岸货运系统端口与山东电子口岸的对接准备。全年外贸企业通过国际贸易“单一窗口”完成ECIQ报检2.21万单、报关2.5万单、原产地证申报量8437单、船舶申报量1.54万单、跨境电商申报量17.9万单，合计25万单。烟台口岸国际贸易“单一窗口”配套建设力度、对接上线时间、培训企业数量、推广使用规模等均位居全省前三位。

【航线开辟】 烟台航空口岸引进西藏航空、厦门航空、北部湾航空、顺丰航空等多家公司入场运营，高峰期驻场运营航空公司达到28家。全年累计通航城市67个，其中，通航国际（地区）城市9个，分别为日本大阪、名古屋、福冈，韩国首尔、釜山，泰国曼谷，新加坡以及中国香港、台北；运行航线151条，其中，先后运行国际包机航线2条，分别为柬埔寨暹粒、俄罗斯伊尔库茨克航线，新增国际客运航线3条，分别为泰国曼谷、新加坡及日本福冈航线，恢复国际货运航线1条，为韩国首尔航线。

烟台水运口岸新开东南亚集装箱班轮远洋航线1条，每周1班；在营国际客运航线2条，分别为烟台至韩国仁川航线和烟台至韩国平泽航线，均为每周3班。

【口岸通关环境】 烟台口岸各查验单位继续开展双休及节假日进出口报关、报检加值班通关业务，实现海港口岸无假日、全天候快速通关。全年相关查验单位工作人员累计加班116天1352人次，口岸货物进出口通关效率进一步提升。推进口岸查验配套服务费改革试点，全年完成免除查验无问题进出口集装箱5274个自然箱，为200多家企业免除吊装移位仓储费用458万元。

（撰稿：肖翔　审稿：姜保周）

海　关

【概况】 2017年，烟台海关共监管进出境货物2952.6万吨，同比增长13.9%；进出口总值2462.3亿元，增长15.3%；进出集装箱47万箱，增长11.8%；进出境运输工具9806艘架次，下降4.6%；进出境人员96.3万人次，下降0.3%；罚没收入631.8万元，增长48.5%；刑事立案16起，移诉案件4起，行政立案181起；备案加工合同3295份，降低4.2%；合同备案金额20.3亿美元，增长15.2%；审核货物报关单52.5万份，增长5.4%。

【税收征管】 烟台海关做好验估工作管理，加大重点商品价格审核力度，强化价格后续稽查、减免税核查和加工贸易内销征税，税收实现大幅增长。全年税收入库122.19亿元，同比增长66%，税收入库总量创历史新高，居关区第三位。其中，归类、审价合计补税1.95亿元，同比增长2.5倍，稽查补税8093万元，同比增长86%，加工贸易内销征税1.7亿元，同比增长25%。

【查缉走私】 烟台海关推进“国门利剑2017”联合专项行动，对毒品、洋垃圾、农产品、中韩航线走私等重点领域重拳出击，自主查发毒品走私案件1起，实现烟台海关旅检渠道查获毒品零突破。立案2起绕关走私白糖案，在打击农产品走私方面取得新突破。立案侦办枪支走私案件5起，缴获疑似枪支20余支。打掉中韩化妆品走私团伙1个，涉事案值700余万元，涉税170余万元。全年刑事立案16起，案值7346.55万元，涉税1752.25万元；行政立案181起，案值1.63亿元，涉税1504.35万元。

【通关监管】 烟台海关自主开发物流

监控外勤执法视频录证系统，全面推广查验单兵作业系统，完成辖区集装箱类监管作业场所的卡口放行信息联网工作。提高查验集装箱物流效率，加大非侵入式查验和机检径放比例，实现“双随机”全流程覆盖，全年机检率和机检径放率分别达39%和71%，随机查验比例超过90%，查验货物1.03万票，查获率达5%。严格落实进口固体废物“三个100%”查验要求，开展涉废监管场所专项整治。严密监管滞港朝煤，涉事货物61.09万吨全部在规定期限内妥善处置完毕。在邮递渠道查获600张空白信用卡，协助地方公安打掉一个非法获利1000余万元的跨国金融诈骗团伙。发挥执勤武警作用，全年检查进出境车辆3800余台，查验货物3100余票。

【海关统计】 年内，烟台海关推进统计监测预警，对本地区农产品、化肥等重点商品长期关注，及时撰写监测预警分析。发挥服务监督作用，有针对性地撰写烟台市对韩、对非等专项分析，服务地方经济。参与总署、总关多项专题研究，提升课题研究水平。全年共上报总署和地方进出口监测预警分析100余篇，1篇获山东省委书记刘家义批示，12篇被海关总署要情采用，7篇被省府要情采用。

【风险管理】 烟台海关参与社会信用体系建设，联合多部门签署合作备忘录，参建烟台公共信用信息平台，提升海关高级认证企业“含金量”。推进风险防控工作，移植企业数据监管系统，整合通关、物流、加贸等多部门数据，通过“参数判别+人工审核”实现数据监管全覆盖。提升风险分析效能，完善自主开发的风险测量系统，全年预定式布控有效率5.7%，较无干预随机布控提高近2倍。

【稽查作业】 年内，烟台海关连续查发3起走私违规情事，货值6400余万元，涉税1200余万元。推进常规稽核查领域“双随机”改革，率先在关区范围内将双随机理念引入中介和稽核查企业的选取。联合中介机构完善GPS卫星遥感技术，规范大宗散货盘点，相关经验在关区推广。全年开展稽核查212起，查发走私违规情事29起，案值8703万元，涉税1628万元，稽查追补税17起，追补缴税款8093万元。

【法制建设】 烟台海关2017年度征集立法建议近50条，被总署采用9条。强化知识产权海关保护，开展“龙腾”行动，培塑2家企业入选全国重点名单，5家企业入选关区重点名单，查发涉嫌侵权案件66起。做好辖区关停、倒闭企业欠税追缴工作，全年追缴税款877万元。

【加工贸易与保税监管】 烟台海关实施“量体裁衣”保税监管模式，支持装备制造企业跨越发展。取消加工贸易银行保证金台账，允许企业自行承运保税货物，推进加工贸易无纸化改革。针对龙大食品、东方海洋的集团式监管需求，摸索建立“总担保”等创新监管模式，助力企业集聚发展。全年加工贸易进出口293亿美元，同比增长6.4%，内销征税2.3亿元，同比增长26%。

【服务地方经济】 年内，烟台海关紧密跟进全市新旧动能转换重大工程建设，向市政府报送7条可争取的优惠政策。中韩（烟台）产业园正式获批后，第一时间开展政策研究，针对产业园建设实施方案提报12条意见建议。有关推动加工贸易转型升级、外贸新旧动能转换、跨境电商发展等课题调研报告6次得到市领导批示肯定并转督办落实。推动烟台跨境电商快速发展，顺利完成全国电商统一版系统切换；指导烟台建成6处跨境电商监管场所，构建海空邮全覆盖、直购进口保税进口全模式的发展格局。助力烟台国际陆港快件监管中心获批设立，协调推进国际海运快件业务尽早运营。指导辖区企业顺利签发全省首票中瑞原产地自主声明，享受到“零关税”的税收优惠。持续开展“路铁联运”业务，为企业节省物流成本100余万元。指导烟台西港区完善监管设施，协调海关查验业务用房建设，统筹做好临时开放期间监管工作，推动尽早正式扩大开放；支持芝罘湾港区西迁、蓬莱国际机场二期建设，加大“智慧港口”建设指导力度，提高港口监管的集成化、智能化水平。助推烟台保税港区发展，推进信息化系统上线试运行，港区信息化监管水平显著提高；成功复制推广20项自贸区海关监管创新制度，助力保税港区主要业务指标多年稳居全国同类区域前列。年内，烟台海关领导分头带队深入辖区6区2市走访调研，与地方党政领导及36家重点企业面对面座谈交流，协助解决企业发展难题21项；推出服务“直通车”企业10项措施，组织召开政策宣讲会，取得良好宣传效果。助力辖区重点企业发展，主动对接、提前介入，确保烟台中集来福士建造的全球最大海上钻井平台“蓝鲸1号”顺利出口，并成功开采“可燃冰”；协调解决山东绿叶制药自主研发新药进口配件通关问题，助推全国首例国产药在美国早日上市。上报20项税政调研课题，其中牙齿固定件、蔓越橘干降低进口关税及取消绿泥石出口关税等3项被采纳实施，预估每年为企业减少税负成本3000万元。

（撰稿：刘清华　审稿：于晓光）

出入境检验检疫

【概况】 2017年，烟台检验检疫局共检验检疫出入境货物7.89万批、119.42亿美元，同比分别减少3.37%和增长58.86%；其中，出境6.46万批、32.05亿美元，均增加1.64%；入境1.43万批、87.37亿美元，分别减少20.92%和增长100.21%；检出进出境不合格货物1715批、15.42亿美元，分别减少77.08%和增长53.10%。检疫查验出入境旅客87.47万人次，增长3.15%；预防接种5264例，减少29.34%；传染病监测体检5457人次，增长201.66%。检疫出入境船舶3323艘次、飞机6482架次、集装箱28.18万标箱，分别减少8.66%、3.83%和增长19.09%。烟台检验检疫局继续保持国家级文明单位称号，被烟台市委、市政府表彰为“科学发展突出贡献单位”。

【食品农产品检验检疫】 烟台检验检疫局年内深入推进“进口食品安全放心工程”，加大对敏感国家高风险进口食品的检验监管力度，封存来自动物疫区的肉类2960公斤，退运销毁不合格进口食品化妆品22批。优化“源头监管、过程控制、分类管理、快速验放”的出口食品监管模式。出口食品农产品5.8万批、28.46亿美元，同比分别增长1.44%和1.75%。

【公共卫生检验检疫】 烟台检验检疫局年内妥善处置2起国际航行船舶入境前船员、旅客死亡事件，首次从活鼠体内检出汉坦病毒阳性，检出携带蚊蝇等医学媒介生物船舶266艘次、检出率21.1%。被烟台市授予“反恐怖工作先进单位”称号。

【重大动植物疫病疫情防控】 年内，烟台检验检疫局深入开展“绿蕾”行动，加强重大动植物疫病疫情防控。圆满完成3328头进境新西兰种牛隔离检疫工作，在旅客携带物中截获人类HPV疫苗和大量含有肉类成分的“美军野战口粮”，属山东省口岸首次。在烟台集中销毁2017年山东检验检疫系统截获的1402批次、1500公斤旅客携带或邮寄禁止进境物，新华社、人民网、山东电视台等媒体均进行报道。

【大宗资源性及敏感商品和口岸环保安全】 全年检出不合格入境工业品411批、10.22亿美元，退运销毁环保等指标不合格进口货物56批。持续开展“口岸天平行动”，检出重大短重案例12批次，通过出具重量鉴定证书帮助企业成功对外索赔300万美元。

【通关效能提高】 烟台检验检疫局在山东检验检疫系统率先建成首个入境报检审单中心，检验检疫全流程由8个环节压缩到3个环节，不需实施现场检验检疫的货物流程时长由1～1.5天变为立等放行。建立进口葡萄酒“前置备案+专项检测+口岸快放+后续监控”的监管放行新模式，验放时间缩短30%以上。对低风险出口危险化学品包装实施“现场检验+远程视频检验”检验监管模式，放行速度提升80%。强化检测周期管控，平均实验室检测周期同比缩减27.2%。截至12月份，进出境平均流程时长同比缩短15.4%，分别比全省平均流程时长低38.28%、37.06%。

2017年5月17日，烟台机场口岸首次进口冰鲜金枪鱼

【降低贸易成本】 全年共减免行政事业性收费5607万元、经营服务性收费700万元。4月1日起，对符合条件的出入境人员免征黄热病疫苗接种等法定体检接种费用，共计减免费用106.3万元。通过实行出入境船舶检验检疫免费申报、企业无纸化报检、监管模式创新，降低企业关联成本，减少企业交通费、仓储费、开箱费、泊港费、人员费以及贸易损失等各项成本约1.81亿元。

2017年8月21日，烟台口岸首次进口新西兰肉用种牛

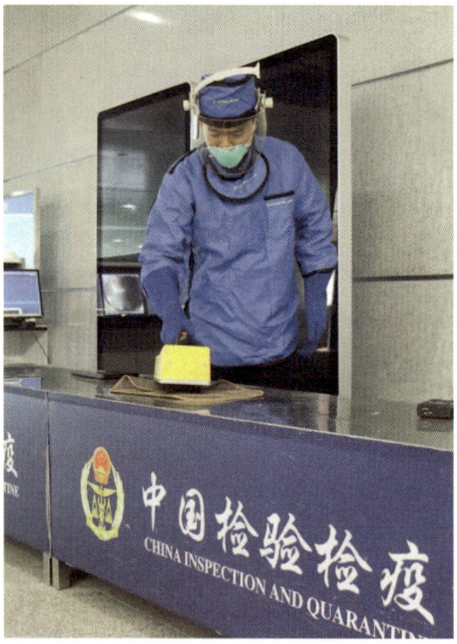

2017年7月，烟台口岸截获放射性超标255倍的保健用品

【涉企服务优化】 年内，烟台检验检疫局出台《促进烟台市新旧动能转换工作措施》《优化烟台市对外开放营商环境“27条”措施》并狠抓落实，获市委主要领导批示肯定。解决烟台港进口原油难题，当年烟台港进口原油1007.3万吨，同比增长495%。开展“增品种、提品质、创名牌”专项活动，帮促29家企业新增品种43个，新创品牌7个，马德里商标国际注册8个，指导32个出口果园取得GAP认证。帮助解决输美苹果多菌灵等难点问题，实现烟台苹果、梨出口美、加、澳等高端市场4859吨，创历史新高。新增内外销“同线同标同质”（简称“三同”）食品企业50家、累计87家，“三同”产品国内销售总额8.51亿元，企业数量和内销效益均列山东省首位。指导玲珑轮胎公司成为全国首批轮胎“三同”企业。推动烟台熟制禽肉首次出口欧盟，打破长达24年的烟台熟制禽肉输欧禁令，输欧熟制禽肉年创汇108.8万美元。成立全国首个原产地签证区域审单中心，栖霞苹果协会获山东检验检疫局批准成为烟台市首家原产地证书社会组织发证机构。签发各类原产地证书5.1万份、29.5亿美元，为辖区企业减免国外关税7000万美元。

【科技进步】 烟台检验检疫局被市政府列为烟台市检验检测公共服务平台建设牵头单位，与市政府调研室联合完成前期调研并向市政府提交建设建议，网络服务平台搭建基本完成。新增国家认监委批准的检测能力877项，新增技术储备检测能力121项。获山东检验检疫局科研立项6项，获山东检验检疫局“科技进步奖”二等奖1个、三等奖1个，获山东检验检疫局“优秀科技论文奖”一等奖3个、二等奖3个、三等奖3个。由烟台检验检疫局牵头，中科院、中国测试技术研究院等15家单位共同协助的《进出口贸易突发性事件检测及应对技术研究》项目（NQI）通过国家立项公示，获批科研经费949万元。

（撰稿：王文雯　审稿：耿金培）

2017年11月16日，山东检验检疫系统内首家审单放行中心在烟台启用

水上交通安全监督管理

【概况】 2017年，烟台海事局保障2.55亿吨货物（危险货物运输7498万吨）运输、15万艘次船舶进出港、1251万人次旅客海上出行安全；发生等级以上事故1起，死亡1人，无船舶沉没，直接经济损失200万元。

【水上安全监管】 年内，烟台海事局提请市政府召开全市冬季海上安全暨搜救工作会议，制定西港区30万吨级主航道附近水域安全风险管控责任清单，与海洋渔业、港航部门签订《海上联合联动执法合作框架协议》，与驻烟部队签订《军地联合海上安全管控协作机制》，开展海上巡航1270次、2.97万海里，查处非法砂石运输船舶15艘，非法载客船舶12艘，驱离碍航渔船1300余艘，清理碍航养殖145公顷。强化船舶监督管理，现场检查船舶10402艘次，查纠缺陷3468项；实施船舶安检1024艘次，查出缺陷7174项，滞留船舶83艘。加强航运公司日常监督检查，检查公司144次、查纠隐患318项。实施行政处罚360件、罚款270万元，分别同比增长61.5%和39.6%。牵牢客运安全“牛鼻子”，推行客运船舶动态监控清单，编制《客船船员监管指南》，协调更新客运船舶87艘，推动蓬长航线实施儿童“零元票”制度，解决了旅客人数统计不准确问题。严格落实禁限航措施，辽鲁省际客运航线停航252小时，蓬长陆岛运输航线停航470小时，客运船舶连续12年未发生等级以上事故。

【海洋防污与溢油应急】年内，烟台海事局参与化工产业安全生产转型升级专项行动、环境保护突出问题综合整治攻坚行动，推广危险货物选船机制，审批船载危险货物5273艘次，开展现场监督检查2166艘次，查纠违章行为641项。承办全球动议中国项目溢油应急防备与反应非正式技术咨询组第二次会议，举办2017年国际溢油应急研讨会、船舶污染应急指挥人员培训班。《智能化控制水上溢油处置平台研制》课题研究项目获2017年度中国航海学会科学技术二等奖；负责起草的《围油栏》国家标准以及承担的《港口码头水上污染事故应急防备能力要求》《水上溢油环境风险评估技术导则》《溢油应急处置船应急装备物资配备要求》等3个交通运输行业标准正式发布实施。

【海上应急搜救】年内，烟台海事局承担海上搜救组织协调职能，强化海上应急能力建设，组建全市应急专家库，举办全市海上搜救业务培训班；组织开展大型客滚船遇险联合搜救演习等各类演练9次；扶持开发区、龙口、蓬莱成立3支海上志愿救助队，为社会救助力量申请并发放国家搜救奖励资金27万元。中国海上搜救中心、省人大、厦门市人大到烟台市调研海上搜救工作。组织搜救行动14起，协调出动搜救船舶421艘次、飞机13架次，成功救助205人、2艘船舶，人命救助成功率93.6%。

【船员管理】至2017年底，全市注册船员2.89万人，培训机构2家、外派机构5家，甲级服务机构2家，乙级服务机构9家，体检机构2家。航海院校在校生1355人。制定《烟台海事局改进海事政务办理服务工作方案》《“零跑腿”和“只跑一次”事项清单》，开展海事服务进军营、进海岛、进企业、进校园活动7次，组织船员培训考试694期、2.2万人，签发各类船员证书1.87万本。推动校企合作，开展订单式培训30批次，培训船员1200人次。

【服务经济社会发展】年内，烟台海事局助力口岸开放，协调延长19个泊位临时开放期限，推动龙口港区新增涉外作业点通过开放验收；推行国际贸易“单一窗口”系统，组织实施国际航线船舶联合登临检查10次，进一步提高通关效率。服务长岛生态保护和持续发展，实施蓬长客运航线一体化监管模式，建立并运行“蓬长一体化动态监控中心”，全力支持蓬长航线在旅游旺季延长营运时间，长岛海事工作船码头和国家级海上溢油应急处置设备库列入海事系统“十三五”规划建设项目。制定《烟台海事局服务经济社会发展重点项目建设工作方案》，做好西港区30万吨原油码头二期工程、长岛陆岛交通码头工程等重大项目服务对接和政策扶持，保障30万吨油码头、大型散货码头、LNG、海阳核电重大工程作业安全。

（撰稿：李群　审稿：朱容向）

2017年6月15日，烟台海事局在蓬莱组织开展大型客滚船综合消防演练

边防检查

【烟台边防检查】2017年，烟台边防检查站应对烟台港口重心西移、口岸通关压力增大等情况，优化勤务调配，加强指挥中心建设，实现出入境随机调配、跨单位灵活调度、科队间快速增援。推出“服务烟台外向型经济发展六项十八条举措”，完成国家战略项目“蓝鲸1号”钻井平台、亚洲最大客箱船“海蓝鲸”等重大勤务。

启动“蓝色壁垒”十九大安保专项勤务，实行“安保指挥部+六支特勤队”战时指挥体系，全面落实“五个专项行动”。举行十九大安保决战决胜誓师大会，深化口岸管控协作和情报会商机制建设，构建“边检主导、多方共管、各负其责”的新型工作机制。十九大安保期间，查获船员携带暴恐音视频案件1起2人次。高标准建成应急警械装备库，推行红、黄、蓝、绿四级响应机制，提升应急处突能力。树立“全程查缉”理念，突出“事前预查”和“后台核查”，建立“双录双查、三级审查、四分查控”阵地摸排机制，实现对辖区基本登轮面的可控可靠。与有关反恐部门

2017 年 6 月 23 日，烟台海事局举行世界海员日庆祝活动

建立“重点人员信息联合调查”机制，堵塞口岸回流通道。

围绕“智慧边检”提档升级，高标准推进建成占地 1242 平方米的西港报检大楼，建成 2 个智能验证台和 2 条自助查验通道。实施“亮眼”工程，升级改造港区 86 处视频监控设备。在全省边检系统率先将 350 兆数字集群并入市局网络，并实现所有战位全覆盖。完成锚地雷达建设，打造口岸管控“无影区”。致力于“业务培训强化年”和“全员持章上岗”目标，开展证件鉴别培训、反恐实战演练、业务岗位考评等 17 期，选派 2 批业务骨干赴北京、上海总站跟班学习，4 篇调研材料被总队转发推广。

（撰稿：申凯元　审稿：张韶斐）

【烟台机场边检】 2017 年，烟台机场边防检查站验放出入境旅客近 70 万，创历史新高。落实公安部 16 项便民利民措施，首创“边检大礼包”服务，区分驻地党委政府、企事业单位及出入境旅客，分类推出“清单式”服务举措。创新“智慧边检”建设，在执勤现场建设 23 条智能查验通道、7 条自助查验通道，旅客自助通关查验时间由 40 秒大幅缩短至 15 秒。围绕优化通关环境，推出延时通关、取消外航接送机、启用旅客通关服务显示系统等措施，平均每个航班缩减进出港时间 20 余分钟。

深化出入境信息报送制度，及时向市政府上报出入境数据分析报告，研提工作建议。出台《服务经济建设八项举措》，推行“电子口岸”“移动验放”等便利化服务。深化“互联网 + 边检服务”理念，做大“通关 e 家亲”微信公共服务平台，建设“智慧口岸”微官网。

牵头与口岸各单位签订反恐合作协议，与机场公安分局签订武装联勤巡逻工作机制，与反恐、国保、安全等单位建立防止不法人员潜入潜出协作机制。发挥部队战力优势，与开发区边防大队建立联巡机制，组建六人巡逻队，定期在开发区主要场所开展联合巡逻；注重加大对口岸重点航线的情报预警及数据分析，实现对重点方向重点航线的全程查缉，确保查控零死角、全覆盖。年内，查获国际刑警组织红通人员及涉恐危安人员等多起非法出入境案件。

（撰稿：任鹏　审稿：李建华）

责任编校：渠敬伦

农　业

综　述

【概况】 2017年，全市实现第一产业增加值479.9亿元，同比增长2.7%；农林牧渔业总产值898.5亿元，增长3.1%；农村居民人均可支配收入1.81万元，增长8.1%。全年粮食种植面积36.52万公顷，总产量238.6万吨；油料10.21万公顷，43.1万吨；苹果18.8万公顷，484万吨；大樱桃2.16万公顷，20.3万吨；蔬菜3.73万公顷，201.6万吨。

【粮油产业】 至2017年末，全市建设山东省粮食高产创建示范方31个、7.35万公顷。莱阳市、莱州市承担省粮食高产创建平台项目，每个项目县建设核心示范区666.67公顷，小麦、玉米两季亩产达1200公斤以上；建设辐射带动区6666.67公顷，小麦、玉米两季亩产达1100公斤以上。招远市承担省花生绿色高产高效创建项目，建设核心示范区333.33公顷，平均亩产达400公斤以上。龙口市小麦高产创建攻关田，亩产801.3公斤，烟台市小麦高产创建连续四年亩产突破800公斤大关，为全国北方冬麦区首次。烟台粮油生产继续走在全省、全国前列。

【农产品质量安全】 年内争取省级农业标准制定推广项目5个，新制订烟台市地方标准9项，新创建省级农业标准化基地29个，总数达到76个，新增“三品一标”（无公害农产品、绿色食品、有机农产品和农产品地理标志统称"三品一标"）109个。全市有效使用“三品一标”标志的企业260家、产品483个，认定基地面积21.04万公顷。全年定量抽检蔬菜、水果等农产品1948批次，平均合格率为98.7%，其中苹果、大樱桃、草莓抽检合格率为100%。牟平区确定为省级农产品质量安全县，龙口市确定为国家级农产品质量安全县创建单位，蓬莱、莱州市被评为省级农产品质量安全县创建单位，全市共有国家、省级农产品质量安全县及创建单位8个，市县级监管追溯平台数量9个，追溯点500余个。

【农业科技】 全年举办各类培训班1600多场次，科技人员下乡9000多人次，发放技术资料、明白纸10万多份，接受不同方式培训的农民达15万多人次。依托玉米工程技术中心、苹果育种中心等国家级科研中心，开展协同创新，继续在粮食、水果、蔬菜良种培育、关键技术等方面加强科研攻关，初步建立以烟台农科院、农业龙头企业为主体的农业科技创新体系，承担国家、省现代农业产业技术体系综合试验站项目总数达到12个，新增山东省院士工作站2个。全市国家、省级审定主要农作物品种10个，新增植物新品种权11项。申报省农牧渔业丰收奖项目7项，获省农牧渔业丰收奖成果奖二等奖2项、三等奖1项，合作奖1项；获农业部中青年干部学习交流活动“科技创新驱动发展”专题论文优秀奖1项。确定2017年烟台市农业主推技术36项，并予以发布。争取2017年国家、省级新型职业农民培育项目县9个，基层农技推广体系改革与建设补助项目县11个，项目资金1405万元。组织23名家庭农场经营者、农民合作社和农业企业领办人、种养大户及市有关管理人员赴台开展为期6天的农业培训。

【生态循环农业】 年内争取生态循环农业示范县项目3个、国家大型沼气工程项目4个、国家秸秆综合利用示范县项目1个、国家果菜茶有机肥替代化肥项目1个、省级耕地质量提升项目4个、省级水肥一体化技术示范项目2个。编制烟台市《十三五现代生态循环农业建设工作方案》，将到2020年省定烟台生态循环农业发展面积17.8万公顷任务分解落实到各县市区，2017年全市发展生态循环农业面积6.8万公顷。争取省级生态循环农业基地建设资金投入680万元，新建生态循环农业示范基地400公顷。争取国家沼气建设资金投入1485万元，新建沼气池容9900立方米，年处理畜禽粪污2万吨。争取国家秸秆综合利用试点项目资金1000万元，在莱州市整县制推进秸秆综合利用，建设秸秆有机肥生产厂2家，增加青贮收割机3台，秸秆利用总量1.27万吨。争取省耕地质量项目4个。完成土壤修复治理300.67公顷、农残治理400公顷、重金属污染面积40公顷。争取农业部果菜茶有机肥替代化肥项目资金1000万元，在蓬莱组织实施。共推广有机肥替代化肥1101.33公顷，其中生物有机肥替代化肥216公顷，畜禽粪污堆肥替代化肥418.67公顷，沼液替代化肥466.67公顷，组织6期有机肥替代化肥培训班，200多人参加学习科学施肥技术。加强农业面源污染防治，推广使用各类农业生态保护技术。争取省级水肥一体化项目2个，在招远、牟平组织实施推广水肥一体化266.67公顷。争取市级水肥一体化专项资金1000万元，在福山、栖霞、海阳等水源地保护区域推广水肥一体化面积666.67公顷。

【新型农业经营主体】 至年末，全市农字号上市企业13家，国家级农业产业化龙头企业13家，省级农业产业化龙头企业72家，省级以上农业产业化龙头企业年实现销售收入662亿元。农民专业合作社注册总数1.2万家，实有会员38万户；家庭农场发展到2800家。147家合作社被认定为省级示范社，23家被列为国家级示范社。注册自有品牌356个，300多家合作社、家庭农场通过“三品”认证。

【农业支持保障体系】 至年末，全市有5766个村完成确权颁证工作，占涉农村总数的96.6%，完成确权面积40.33万公顷，占总耕地面积的92.2%。建立县级流转服务中心4个，乡镇级147个，土地流转面积达到9.73万公顷，占承包面积的24%。建立县级农村土地承包纠纷调解仲裁委员会11个。建立县级农村综合产权流转交易中心4个。落实农业支持保护补贴，其中落实耕地地力保护补贴2.73亿元。政策性农业保险启动实施，参保面积达到12.6万公顷，参保农户53.89万户次。组织实施农业脱贫攻坚五大工程，召开全市农业脱贫攻年度考核暨农业脱贫攻坚推进会议，全年共帮扶建档立卡贫困户3070户、惠及贫困人口5458人。

果茶业

【苹果产业】 年内，全市建设多品种示范园1处，扶持建设市级苹果智能化示范基地7处、市级抗重茬示范基地1处，开展果品质量安全风险管控、苗木监管检测跟踪评价等，加快果业提档升级。示范推广果园新建或升级改造1.33万公顷。栽培面积18.74万公顷，产量567.733万吨，产值251.18亿元。

【大樱桃产业】 年内通过加强优良品种选育、培植规模化种苗繁育基地、强化技术培训等方式，培植起一大批大樱桃标准化示范基地。全市大樱桃栽培面积2.28万公顷，产量21.52万吨，其中设施栽培面积379.27公顷，产量385.07万公斤。

【蔬菜产业】 年内重点发展设施蔬菜，有观光采摘休闲功能的蔬菜园区发展到34家，节水灌溉、防虫网、杀虫灯、黄板诱蚜、日光温室秸秆反应堆、硫磺熏蒸器等技术得到广泛应用。蔬菜面积3.79万公顷，产量达到203.8万吨。蔬菜加工企业发展到200多家，年加工出口蔬菜60多万吨。

【种子种苗产业】 至年末，全市有各类种子种苗持证企业29家，其中育繁推一体化企业2家，生产经营主要农作物杂交种子及其亲本种子企业8家。全市共审定农作物品种200多个，其中玉米160个，小麦16个，甘薯17个，谷子2个，蔬菜38个。

【绿茶产业】 年内，全市茶园面积超过1858公顷，茶叶加工企业86家、茶业合作社118家，年产干茶920吨，产值2.12亿元。基本形成茶农、基地、企业、合作社一条龙生产加工销售体系。

（撰稿：郭树田　审稿：刘民晓）

畜牧业

【概况】 2017年，全市肉蛋奶总产量169.81万吨，同比下降10.68%。其中肉类总产107.09万吨，禽蛋总产27.11万吨、奶类总产35.61万吨。全市畜禽规模化、标准化养殖比重分别达到92%和83%，分别增长1个和3个百分点。中宠股份成功上市，全市共有5个上市公司及2个新三板挂牌企业。申报省农业重大应用技术创新项目1项、国家发明专利1项。参与研究的课题获得省农牧渔业丰收奖一、二、三等奖各1项、市科技进步三等奖1项。

【畜牧业品牌创建】 年内研究制定“烟台肉鸡”国家地理标志证明商标申报方案，完成LOGO设计。5个企业获“厚道鲁商”称号，2个企业的3类产品获“全省知名农产品企业产品”品牌。

【畜牧产业化发展】 年内，益生股份建成投产全国首家曾祖代白羽肉种鸡场，填补国内空白，改变中国祖代白羽肉鸡全部依赖进口的状况。仙坛股份建成投产年产4万吨、春雪食品建成投产年产5万吨的肉鸡熟制品加工生产线。

【畜牧生态治理】 全市改造各类畜禽规模养殖场610个，创建国家级示范场5个、省级示范场19个，创建省级畜牧业绿色示范县3个、省级畜牧业旅游示范区3个。审核、汇总、报送中央第三环保督察组调阅资料7批次500多份。关闭搬迁全市禁养区内畜禽养殖场户2525个。莱阳市争取到国家级畜禽粪污资源化利用试点县项目，获得扶持资金4200万元。

【动物防疫】 年内，全市规模养殖畜禽全部实现程序化免疫，散养畜禽实行每年两次集中免疫，全市用O型口蹄疫疫苗免疫猪645万头、O型亚I型口蹄疫联苗免疫牛羊103万头只、A型口蹄疫疫苗免疫牛7万头、高致病性禽流感疫苗免疫家禽7952万只，小反刍兽疫疫苗免疫羊40万只，免疫密度基本达到100%。全年累计抗体水平监测O型口蹄疫样品1.27万份、亚I型口蹄疫样品6400多份、A型口蹄疫样品1500多份、H5N1和H7N9样品1.79万份、小反刍兽疫样品2000多份，抗体水平合格率均超过农业部规定标准；累计高致病性禽流感监测病原学样品5900多份、小反刍兽疫监测病原学样品375份、口蹄疫监测病原学样品639份、口蹄疫监测感染抗体样品5700多份，全部为阴性。全市建设产地检疫申报点141个，生猪定点屠宰厂（场）、大型禽屠宰检疫申报点30处，全市共产地检疫猪牛羊507万头只、禽（含雏鸡）11亿只，其他动物46万头只，屠宰检疫猪牛羊247万头只、禽3亿只，病害动物全部无害化处理。产地检疫率、屠宰检疫率均居全省前列。布病防控坚持科学化。累计监测样品8.5万份，阳性畜全部无害化处理。

【畜产品质量安全】 年内对全市畜禽规模养殖场、屠宰场等开展风险评估，根据评估结果对1379个规模养殖场、30个畜禽屠宰场、125个饲料厂、10个兽药厂实行规范化、制度化、程序化监管。开展生猪屠宰“扫雷行动”“瘦肉精”、生鲜乳、抗生素药物、农资打假、兽药饲料、动物检疫6个方面专项整治行动，全年出动检查人员3582人次，检查生产经营单位3682个次。抽检畜产品和尿样2000多批次、饲料216批次、兽药317批次，检测合格率99%。开展“食品安全城市”“整建制农产品质量安全市创建”“畜产品质量安全宣传月”活动。

（撰稿：尼悦　审稿：赵剑波）

林　业

【概况】 至2017年末，烟台市林业用地面积54.67万公顷，其中森林面积51.87万公顷，活立木蓄积量886万立方米，森林覆盖率达到36.35%，居全省首位；全市林业产值925亿元，居全省第三位。拥有市级以上自然保护区18处、总面积14.87万公顷，其中国家级2处、省级13处；市级以上森林公园25处、面积4.03万公顷，其中国家级7处、省级4处；湿地公园8处、面积0.95万公顷，其中国家级3处、省级5处。市林业局被评为全省林业科技工作先进集体、全省林业产业先进单位、创建国家食品安全示范城市工作先进集体，并评为省级文明单位。

【国土绿化】 年内突出抓好景观通道建设、水源地绿化、山区绿化和退耕还果还林，完成造林4000公顷，占总任务的133.3%；完成退化林修复5333.33公顷、森林抚育1.45万公顷。全面开展森林城市三级联创活动，海阳市、招远市获省林业厅批准创建省级森林城市，全市评选10个市级森林乡镇、100个森林村居，4个乡镇获评省级森林乡镇，40个村居获评省级森林村居。

【森林防火】 全市累计投入资金2亿多元推进“三网”建设，新建、修整防火通道1300余公里，修建水库、塘坝等2247处，市森林防火预警指挥中心投入使用，13个县市区建成县级指挥中心，全市已建成林火视频监控点136处、智能语音卡口1617处、护林房和检查站等3500余处，重点林区监控覆盖率达到80%以上。对非法野外用火行为进行严厉打击，全市共查处违法野外用火119起，行政处罚49人，刑事立案7起、拘留11人，收缴火种18822个。成功承办全省第二届森林消防技能大比武活动，开展全市首次森林消防技能大比武暨地空配合灭火演练活动。市航空护林站于2017年11月经市编办批准成立，将协调省航空护林站调派1架k-32直升机参与全市新一轮防火期驻防工作。全市森林防火预警监测、应急指挥、扑救处置能力全面提升，森林防火形势保持持续平稳。

【林业产业】 全市年内新发展核桃、文冠果等特色经济林800公顷、种苗花卉666.67公顷、林下经济2000公顷，林业产业规模不断壮大。全市新增省级以上林业龙头企业4家、省级以上林业专业合作社示范社16家，共为12家林业龙头企业5.9亿元贷款申请中央财政贴息资金1059万元，助推企业加快发展。组织有关企业参加第十四届中国林交会、第九届中国花博会等重要展会，获金奖29枚、银奖9枚，金奖数居全省第一，市林业局被授予优秀组织奖和优秀设计奖。统筹市级以上林业资金550余万元用于扶贫，为12个省定贫困村发展经济林进行补助，并为贫困人口提供护林员岗位62个。开展食用林产品监督抽检工作，完成食用林产品抽检100批次，合格率为99%。

【资源管护】 年内，全市林业部门对照环保督察、专项督查反馈问题，全力以赴抓好林业自然保护区突出问题整改。强化林业有害生物防控，累计砍伐病死树、衰弱木、被压木等15万多株，部分区域松材线虫病疫情得到有效控制，美国白蛾实现“有虫不成灾”。推进森林保险工作，完成公益林投保19.26万公顷，占公益林总面积的85.7%。《烟台市国有林场改革实施方案》获省政府批复实施，国有林场管理体制进一步理顺。莱阳濯村获批中国森林养生基地，昆嵛山保护区获评全国林业科普基地和中国森林氧吧。

【服务大局】 市林业局印发《关于林业部门做好全市重点项目服务保障工作的意见》，对全市215处重点项目占用林地情况进行全面摸底，共排查出18个项目涉及占用林地审核审批。塔山南路项目获国家林业局批复；山东一路交通科技公司汽车检测中心、海阳隆海汽车创新园建设项目上报省厅审核。引进重庆华宇园林有限公司投资5000万元在烟成立山东丽鹏生态建设有限公司。落实中央财政造林补贴、森林抚育等项目资金1.6亿元，位居全省各地市首位。为对口帮扶的昆嵛镇打磨子村争取扶持资金75万元，重点帮助发展种苗产业，并铺设管道800余米，硬化道路7400平方米，整修道路2公里。

（撰稿：孙鹏科　审稿：张晓伟）

农业机械化

【概况】 2017年，全市争取省级以上农机化发展资金9115万元。至年末，全市农机总动力739.5万千瓦，拖拉机保有量27.9万台，联合收获机保有量1.01万台，主要农作物耕种收综合机械化水平达到91%，林果业机械化水平达到65%。

【现代农机化】 年内成立市农机局现代农机装备推进工作领导小组，制定考核办法，明确2017—2019年全市农业机械化发展的工作目标和保障措施，任务和责任层层分解落实到市局分管领导、具体科室、责任人和有关县市区农机局。纳入全市考核的重点工作共有三项：提高农业综合机械化水平、落实农机购置补贴任务、落实土地深松任务。至年末，圆满完成各项工作任务。

【农机购置补贴】 全年争取中央财政农机购置补贴资金7740万元，共补贴各类机具2.9万台（套），受益农户1.5万户，带动农民投资2.1亿元。突出补贴重点，对粮食作物和大宗经济作物、林果生产全程机械化装备实行敞开补贴，应补尽补。安排200万元专项市级补贴资金，重点补贴植保无人机、保温被、阳光板等没纳入全省补贴归档的产品。严格规范操作程序，强化督导检查，坚决守住“廉洁”底线。12月底补贴资金全部结算完毕，位于全省前列。与市财政局研究制定全市农机精准扶贫方案，省级贫困村的合作社购买重点机具实行累加补贴，补贴资金为101万元，2016—2017年累计累加补贴资金为390万元。

【林果生产机械化】 2017年全市用于林果业机械购置补贴资金占到总量的近50%，林果业机械装备总量快速增长。已建成37个苹果、葡萄等林果机械化作业示范推广基地。苹果套袋和采摘机械、葡萄剪枝机械等主要环节已获突破，为全面解决苹果、葡萄全程机械化奠定坚实基础。至年末，全市林果业机械化水平达到65%。

【农机创新升级项目】 年内围绕苹果、葡萄、花生等林果和经济作物机械化，实施省农机科研装备研发项目9个，省级转型升级推进工程项目2个，市级创新示范项目6个。国内第一台自走式果园作业平台、苹果套袋机、苹果植保无人机、葡萄剪枝机、大蒜和大姜联合收获机等样机研发成功，进入实地演示调整阶段。

【农机合作社】 2017年，全市创建18家市级农机合作社示范社，20家省级示范社，11家国家级示范社，农机合作社总量发展到450家，拥有各类机械9800余台（套），固定资产近4.2亿元，农机服务总收入1.6亿元，农机大户发展到6000余个，年作业服务面积超万亩的农机合作社100多家，土地规模经营超过千亩的15家。全市农机合作社和农机大户作业服务面积达到66.67万公顷，约占总作业服务面积的70%。

【深松作业补贴】 年内争取省级深松作业补助资金705万元，深松作业任务50万亩，其中深松作业补贴试点面积20万亩。深松整地工作列为全市现代农业发展重点事项之一，由市政府进行考核。全年共完成深松作业（含深耕）3.33万公顷，其中补贴试点面积1.34万公顷，超额完成省局下达的工作任务。

【农业机械作业服务】 年内继续组织农机合作社和农机大户开展订单服务、托管服务和跨区作业。加快深松整地、联合收获、粮食烘干、节水灌溉等机械化技术推广应用。三夏、三秋期间，全市小麦机收率达到99.9%，玉米机收率达到90%左右，花生机收率达到85%，培训农机手2.7万人，检修各类机具11万台套。

【农机安全生产】 年内开展农机安全

生产隐患“大快严”集中行动，全市167台变型拖拉机及3190台运输用拖拉机全部完成整治任务。至年末，全市创建国家级“平安农机”示范县3个；省级“平安农机”示范县7个、示范镇89个，省级示范农机合作社43个。2017年，全市未发生较大以上农机事故，农机安全生产形势保持稳定。

（撰稿：刘芳园　审稿：李长海）

水　利

【概况】 全市全年争取国家、省水利补助资金9.8亿元，用于重点水利工程建设、水生态文明建设等。

【供水安全】 全年建设3400多处抗旱应急水源工程。水利部门编制并组织实施市、县两级城乡供水应急保障预案，14次向省水利厅提出全面调水申请，23次赴济南向省有关部门汇报请求增加调水量，争取省里向烟台调水1.05亿立方米。从栖霞庵里水库向门楼水库应急调水2036万立方米（门楼水库进水1755万立方米）。莱阳启动从栖霞龙门口水库调水工程，海阳实施水系连通工程，招远、莱州、龙口加快建设中水回用工程。深入实施最严格水资源管理制度，组织开展节约用水行动，全市用水总量、用水效率均达到省控指标。

【重点水利工程建设】 年内开工建设市级重点项目——栖霞市与开发区水系连通补水工程，完成海阳建新、石砚水库至才苑、南台水库水系连通工程，实施里店水库增容和5座大中型、170座小型水库除险加固工程，治理河道40公里，治理水土流失面积184平方公里，发展节水灌溉面积126.67平方公里，解决794个村的水质保障问题。开辟“绿色通道”，实施“容缺审批”，完成15个县市区、20个市直单位（部门）、273项重点项目的对接。编制《烟台市区水资源综合利用暨供水保障规划》，通过专家评审。提请市委市政府开展全域治水三年攻坚行动，制定全域治水三年攻坚行动实施方案和行动计划，计划2018—2020年投资110多亿元，实施500余项治水工程，打造河河相通、河库相连的坚强现代水网和本地水、客水、中水、海水“四水”共用的多水源供水保障体系。

【全面实行河长制】 年内建立市县乡村四级河长组织体系，全市设立9名市级河长、126名县级河长、504名乡级河长、3850名村级河长。制定完善市县乡三级工作方案，在全省率先出台市级工作制度，县、乡工作制度全部出台，“一河一策”编制完成市级河库综合整治方案。组织开展“清河行动”、河道清淤和底泥清理活动，设立河长制公示牌2933处，招募巡河志愿者5300多名。9位市级河长现场巡河13次，县级河长共开展巡河行动500余次，河长制工作在全省考核中排名第一。

【防汛抗旱】 全年投入抗旱资金5亿元，建设“拦、蓄、引、提”等小水源工程3458处，增加蓄水能力1100多万立方米。组织270多名水利专家和技术人员以及12支县级以上抗旱服务队、100多支乡级抗旱服务队深入抗旱一线，带动广大群众投入抗旱劳力108万人次，启动泵站1342处、机电井7.9万眼、出动各类抗旱机械设备29.4万台套，累计浇灌农田、果园2300平方公里次，挽回经济损失4.6亿元。做好防汛准备和安全调度工作，汛期共拦蓄洪水6.94亿立方米，全市安全度汛。

【水生态文明建设】 全年完成投资59亿元、65个水生态文明提升项目，全国水生态文明城市建设试点形象进度达到95%。在全国水生态文明城市建设第二批试点城市中第一个通过水利部中期评估。全面落实最严格水资源管理制度，在省政府对各地市考核中位列第一。

【水利扶贫和库区移民帮扶】 年内改善24个贫困村灌溉条件，帮助995名省定贫困移民脱贫，277个省定贫困村全部实现通水。向全市9.45万水利库区移民发放直补资金5600万元，完成201项库区移民扶持项目和7个美丽移民村建设，帮助库区村和移民安置村有效改善生产生活条件。

【水利改革】 年内编制《烟台市农业水价改革实施方案》，完成改革面积6133.33公顷。推进莱山区、开发区、蓬莱市、长岛县小型水库管理体制改革，实现“有专人管理，有维护经费”的目标。实施国有水管单位规范化管理，完成6个省级规范化管理单位复核，2个省级规范化管理单位创建工作。强化水政执法规范化管理，海阳市水利局被评为省级水政执法规范化建设示范单位，蓬莱市水务局、牟平区水务局被评为省级水利法制示范单位。蓬莱市被省水利厅认定为首批省级高效节水灌溉示范县。

（撰稿：徐晓静　审稿：于杰宁）

海洋与渔业

【概况】 2017年，烟台市海洋经济发展、现代渔业建设、海洋生态文明建设、海洋综合管理和干部队伍建设等方面均走在全省前列。全市海洋生产总值实现2009亿元，比上年增长10%以上。渔业经济总产值突破 1000 亿元，达到 1032 亿元，增长 9%；渔民人均纯收入达到 2.48 万元，增长 10%。

【海洋强市建设规划】 年内，市海洋与渔业局组织起草《关于建设海洋强市的意见》，明确全市建设海洋强市的发展思路、目标和重点任务，力争海洋经济总量稳居全省前 2 名，在首批沿海开放城市中进入前 6 名。《意见》经过 2 次市委常委会和 1 次市政府常务会议讨论研究，两次向县市区政府及市直有关部门征求意见，年末已基本成熟。聘请国内最高水平的中国海洋大学专家团队编制《烟台海洋强市建设规划》，为海洋强市建设制定路线图和分阶段目标表。《规划》共涉及重大涉海项目 44 个，总投资 2700 亿元。

【海洋强市建设开局良好】 年内，市海洋与渔业局制定出台《海洋强市建设工作领导小组成员单位职责分工》和《海洋强市建设工作考核细则》。筹建海洋产业发展基金，总规模 10 亿元，市财政出资 15%，已进入专家评审。争取总投资 1.5 亿美元的世行贷款中国食品安全示范项目落户烟台，专项支持“海上粮仓”建设。筹备成立海洋强市专家智库，已确定国家海洋信息中心、天津大学等 5 名专家学者加盟，研究领域涉及海洋经济管理、海洋渔业、海工装备、海洋生物等。滨海旅游业向千亿元产业迈进，“寻仙”主题海上特色旅游项目正式启动。海洋装备制造业发展势头强劲，中集“蓝鲸 1 号”实现中国可燃冰开采领域零突破，“蓝鲸 2 号”成为全球最大的第七代双钻塔超深水海上钻井平台；国内首座自主研发、建造的自升式和半潜式海洋牧场多功能管理平台在烟台市下水，国内首个自主设计的深远海智能化坐底式网箱在烟台市建造。争取东北亚地区海洋经济创新发展示范论坛在烟台市成功举办，充分展示烟台在海洋经济创新发展示范中取得的成效，来自中、日、韩、蒙等 4 个国家 500 多名代表参加论坛，于国安副省长出席论坛并致辞。配合国家海洋局开展全国首次海洋经济调查，对全市 1.3 万家涉海单位进行海洋产业情况摸底。

【海洋经济动能转换推进】 年内推进国家海洋经济创新发展示范城市建设，全面启动首批 16 个总投资 9.8 亿元的示范项目，已完成投资 2.2 亿元，新增专利 69 项。全市海洋高端装备、海洋生物两大战略性海洋新兴产业产值突破 700 亿元，比上年增长 16%。集中力量向上争取具有全局性、战略性、基础性的海洋与渔业项目 36 个，落实上级资金 4.45 亿元，烟台市长岛国家公园（海洋类）试点、国家海洋生物医药新型产业集群、国家海洋牧场示范区和海洋产权交易中心等 4 个事项列入全省新旧动能转换综合试验区重点项目。争取国家试点示范，落实国家海洋局海洋环境在线监测试点、农业部渔船装备（海洋牧场多功能管理平台）检验试点和全国海洋工程环境保护执法示范单位。

【海洋牧场建设】 年内，市海洋与渔业局研究制定《烟台市海洋牧场建设规划》《关于加快海洋牧场建设的实施意见》，全市新增 7 处省级海洋牧场示范区，总面积新增 3333.33 公顷，达到 6.33 万公顷。推进海洋牧场观测网建设，已建成 5 个，在建 8 个，基本实现省级海洋牧场示范区“可视、可测、可控、可预警”全覆盖；推进海洋牧场装备化建设，已下水海洋牧场多功能管理平台 3 座，在建 8 座，意向建设 5 座，总计 16 座，总投资近 1.6 亿元；在建深远海智能化坐底式网箱 2 座，总投资达到 5000 万元。以海洋牧场为依托，发展以休闲垂钓、“渔家乐”和观赏鱼为主的休闲渔业，产值达到 38 亿元。

【海洋科技合作】 2017 年新公布的 14 个国家级水产新品种 3 个出自烟台，获山东省海洋与渔业科学技术奖 4 项、青年奖 3 项。示范推广 10 个养殖新品种和 10 项养殖新技术，新建贝类示范基地 3 处，全市水产品总产量达到 197 万吨，年培育各类苗种 3400 亿单位，产值 28 亿元，继续保持全省领先。与海军航空大学、中国海洋大学、烟台大学等高校签署产学研合作框架协议，为“海上粮仓”战略实施提供技术支撑。新增省级海洋工程技术协同创新中心 6 家，总数达到 11 家，涵盖海洋渔业、海洋装备、海洋生物医药等领域。组建山东省泰山产业领军人才工程团队，引进中科院海洋所 4 名高层次专家，重点解决海洋牧场生境修复、资源养护、监测评价与预警预报技术。做好招商引资和大走访活动，接待国内来访 50 人次，外资投资方 8 家，引进外资 30 万美元。组织渔业企业赴塞拉利昂和摩洛哥洽谈渔业合作项目，促成《中华人民共和国农业部与塞拉利昂共和国海洋资源与渔业部关于渔业合作谅解备忘录》成功签署。派出远洋渔船 56 艘，分赴大西洋、太平洋、秘鲁、缅甸等地从事鱿鱼钓、金枪鱼钓、秋刀鱼钓等项目，全年产量 5.6 万吨，与去年持平。

【烟台渔业品牌建设】 年内，“烟台海参”品牌价值达到 42.37 亿元，位列全国农产品品牌价值第 30 位。成功举办“2017 中国（烟台）国际名优海参博览会”，签署合作意向协议 157 项，实现交易额 2.8 亿元。开通烟台市水产品质量追溯平台，实现鲜活养殖产品附带质量追溯标签销售，已在北京、上海等地销售鲜活大菱鲆30余万尾，销售额900余万元。推进水产品电子商务建设，实现水产品网上销售额15.5亿元，完成年度目标。推进“三品一标”认证工作，新增无公害水产品认证24个，总数达241个，新增无公害产地认定13个，总数达127个，无公害认证面积占养殖总面积的90%。新增“五龙河鲤”“五龙河蚬”“莱阳缢蛏”3个地理标志证明商标，全市地理标志保护品牌总数达到27个。培育龙头企业，东方海洋、京鲁渔业、富瀚海洋获“2017最具影响力渔业企业品牌”荣誉称号。推进水产品质量安全支撑体系建设，加大水产品质量安全隐患整治力度，完成水产品抽检1348个，合格率99.3%。

【海洋生态文明示范区建设】 年内聚力推进烟台、长岛国家级和海阳省级海洋生态文明示范区建设。新增莱山国家级海洋公园，国家级海洋保护区总数达到12处，占全省（28处）的42%，占全国（67处）的18%。海洋保护区总面积达到2572平方公里，占管辖海域面积的1/5，保持全省领先。在长岛组织举办“仙境海岸、蔚蓝烟台、生态海洋、自在长岛”为主题的山东海洋生态文明专家行活动。争取中国生态学会、中国海油海洋环境与生态保护公益基金会、国家海洋局第一海洋研究所在长岛举办国家公园学术沙龙。

【海洋生态修复】《烟台市海域海岛海岸带整治修复规划》《烟台市海洋环保“十三五”规划》年内编制完成。对接国家“南红北柳”湿地修复、“蓝色海湾”综合治理和“生态岛礁”整治修复等工程，重点实施海岸带、入海河口、海岛及滨海湿地生态环境的整治和修复，建设优美滨海景观，促进生态效应的发挥。渤海海洋生态修复暨能力建设共22个项目全部通过验收。蓝色海湾项目等17个海洋整治修复工程全部开工，总投资14.9亿元，拟修复岸线28.1公里，年底竣工项目10个。

【海洋生态底线守护】 年内推进烟台港国际商品物流区、烟台港西港区30万吨原油码头配套罐区工程、芝罘区滨海西路岸线整治等重大项目用海环评，共核准海洋工程项目13个，征收海洋生态补偿费1865.02万元。推进全市海洋预报体系建设，市海洋预报台和长岛、蓬莱、招远、开发区、海阳、莱州6个县市区已成立海洋预报减灾机构。稳妥做好溢油、赤潮、绿潮、海冰等各类突发事件监视监测和应急处置工作，维护海洋生态安全。制定印发《烟台市海洋预报发布管理办法》，自2017年11月1日起在烟台广播电视台新闻综合频道发布近岸海域海洋预报。

【海域资源管理】 年内争取围填海计划71.3公顷，优先保障烟台港国际商品物流场地工程、烟台港西港区原油配套罐区工程等市级重点项目用海需求。落实国家《关于进一步加强渤海生态环境保护工作的意见》，暂停受理渤海内围填海项目用海申请。加强烟台市海洋功能区划与烟台市矿产资源规划、烟台市海上风电规划、省港口布局规划等涉海规划相衔接，形成“多规合一”的海洋空间发展蓝图。

【用海服务保障】 年内对市级200个重点项目中涉及海域使用的17个重点项目建立工作台账，推进海阳核电、蓬莱中兴电力、龙口LNG码头等项目用海审批顺利进行。指导支持烟台海洋产权交易中心业务发展，逐步建立起全省统一的交易模式和服务体系，业务范围扩展到烟台、威海、滨州等地，已有91宗26.2万亩海域使用权确定通过海洋产权交易中心挂牌出让。对12项行政许可事项审批流程进行优化，实行“容缺受理”，用海项目审查审核效率明显提高。

【海洋监察执法】 年内，海洋渔业部门以国家海洋督察为契机，以围填海专项整治为重点，组织开展全市海域执法巡查，遏制严重违法违规用海案件发生。创新开展无人机航拍执法与陆地专项执法相结合，实现全市所有大陆岸线和用海项目全覆盖，巡查岸线5500公里、项目1604个次、海岛293个次，立案查处违法违规案件24起，收缴罚款近4亿元。加大伏季休渔管理力度，立案查处违规案件312起，收缴罚款492万元。以渔船、渔港管控为抓手，加强渔业安全生产管理，在全省率先实施“以港管船”，推行港长制，覆盖全市133处人工渔港、自然港湾和渔船停泊点；排查涉渔“三无”船舶2456艘，清理整治2443艘；至年末，没有发生渔业安全生产责任事故和涉外渔业违法违规事件。

（撰稿：李宁　审稿：宋吉华）

责任编校：渠敬伦

工　业

综　述

【概况】 2017年，烟台市规模以上工业企业累计实现增加值比上年增长5.85%；实现主营业务收入1.4万亿元、增长3.1%，利润1043.6亿元、增长11.3%，两项指标绝对额均居全省第一。全市工业用电累计完成386.3亿千瓦时，总量列全省第2位，增长4.9%，高于全省6.6个百分点。

【优势行业】 全市工业37个行业大类中分别有23个行业增加值增长、23个行业收入增长、18个行业利润增长或减亏，增长面分别为62.2%、62.2%和48.7%。5个千亿行业收入总额合计占全市的58.9%，其中有色金属冶炼和压延加工业增长5.6%、农副食品加工业增长6.3%、有色金属矿采选业增长3.6%、计算机、通信和其他电子设备制造业增长2.6%、汽车制造业负增长1.6%，拉动全市收入增长2个百分点。

【骨干企业】 全市50户重点企业累计实现主营业务收入6872亿元、同比增长7%，利润579.6亿元、增长41%。50户企业收入、利润总量分别占全市工业的49%和55.5%，增速分别高于全市平均3.9个和29.7个百分点。

【投资改造】 全市技术改造累计完成1601.8亿元，较上年增长16.4%，技改投资占工业投资的65.8%。万华工业园二期、通用汽车9BXB项目、通用动力总成下一代C系列发动机项目等一批重点项目顺利推进，万华工业园一期项目、南山铝业航空航天用合金材料生产线技术改造项目等一批过10亿元重点项目陆续投达产，形成新的经济增长点。

【技术创新】 至年末，全市累计拥有国家级企业技术中心24家；国家级工业设计中心1家、省级企业技术中心120家和工业设计中心15家。“北京科技大学烟台工业技术研究院”成功入选首批山东省制造业创新中心；南山纺织入围全国“质量标杆”企业，总数达到2家；新增国家两化融合贯标试点企业3家，总数达到20家，位居全省前列；新增泰山产业领军人才3人，总数达到10人。举行制造业强市创新合作项目签约仪式，中德工业设计中心、山东省产学研科技创新公共服务平台、山东省增材制造产业技术研究院等一批新型创新平台落户烟台市。与腾讯云开展全面合作，将烟台市打造成为省内首个数字生态共同体中的数据枢纽城市。企业创新能力不断增强，万华集团成立行业首家聚合物表面材料制备技术国家工程实验室；南山铝业成为国内首家为波音公司提供铝合金航空板材的企业；绿叶集团5种新药在美国开展临床试验；中集来福士制造的超深水半潜式钻井平台“蓝鲸1号”，在可燃冰开采中承担重任；艾睿光电成为省内首家牵头国家“核高基”项目的企业；持久钟表入选国家首批服务型制造示范企业。新增国家制造业单项冠军示范企业1家；新增山东省制造业单项冠军企业12家，总数居全省首位。

【节能降耗】 烟台市连续11年完成省下达的节能目标，顺利通过省政府对烟台市年度节能目标现场评价考核。制定出台《烟台市“十三五”节能减排综合工作方案》，印发《烟台市“十三五”节能和循环经济规划》；组织开展省、市节能奖评选，南山铝业获省节能突出贡献企业称号。实施工业绿动力计划，争取2家企业获中央预算内项目补贴，24个项目获省专项资金支持；组织23户企业参加省节能环保技术对接会，17户企业加入省节能环保产业联盟，21个项目列入省节能环保产业重点项目名单。启动烟台市绿色制造示范创建工作，组织玲珑轮胎等3户行业领军企业开展绿色自我评价和第三方评价，南山纺织列入国家工信部第一批绿色制造示范名单。落实能效领跑者制度，东方电子油浸式电工钢带配电变压器入选山东省能效领跑者名单。

【运行服务】 年内升级调度监测平台及大跨度调度平台部分内容和功能，在线企业突破500家。争取168户企业参与直购电交易，节约用电成本3.46亿元。累计为36户企业发放信贷周转金9.54亿元。对全市重点企业、高增长企业的中高层管理人员开展多种形式的培训，全年累计举办“智慧提升工程”专题研修班4期、智慧大讲堂1期，培训企业家560人。成立烟台市化工产业安全生产转型升级专项行动领导小组，印发《烟台市化工产业安全生产转型升级专项行动工作方案》，开展化工产业安全隐患大排查快整治严执法集中行动；严格执行省八条断然措施要求，结合“三评级一评价”情况，针对不同类别企业分类施策，累计“关停搬转”化工企业 526 家。围绕重点行业领域开展专项治理组织开展安全生产检查 42 次，检查企业 510 户次，查出各种安全隐患问题 164 处，并已全部整改完成；取缔非法加油点 126 个，查处违法违规经营加油站（点）332 个。

2017 年各县市区规模以上工业主要经济指标完成情况统计表

表 9　　单位：万元、%

分县市区	工业增加值	主营业务收入		利润	
	%	绝对额	%	绝对额	%
合计	5.85	140426830	3.1	10436251	11.3
芝罘区	-3.7	1261216	5.3	38497	-46.1
福山区	10.2	3239608	4.8	110360	-8.6
牟平区	10.68	5684491	0.8	220637	-28.1
莱山区	13.43	2674750	8.6	315238	47
开发区	6.9	39760306	3	2470222	4
高新区	10.93	381150	10.3	19725	14.6
长岛县	-40.8	25447	-38.7	489	-45.7
龙口市	6.01	24073804	7.6	1815530	5.2
莱阳市	10.14	8905054	8.3	806805	12.3
莱州市	-3.9	9267929	-25.5	467666	-46
蓬莱市	8.61	12468857	4.8	1023580	2.8
招远市	5.86	17198346	6.5	1148402	8
栖霞市	9.15	3250519	9.9	193559	10.6
海阳市	9.04	2484206	5.7	114102	6.3

2017 年全市 50 户重点工业企业主要经济指标统计表

表 10　　单位：万元、%

序号	单位名称	主营业务收入		利 税		利 润	
		绝对额	%	绝对额	%	绝对额	%
	合 计	68720658	7	7387576	31.2	5795967	41
1	富士康（烟台）科技工业园	12499729	0	825712	3.6	723977	4.1
2	南山集团有限公司	8140639	5.7	941011	6	759412	2.6
3	上汽通用东岳基地	6538413	-3	800530	-6.4	514056	3.9
4	山东招金集团有限公司	5106370	2.9	172241	42.1	120704	41.6
5	山东黄金矿业股份有限公司	4649560	2.4	166662	-16.1	160042	18
6	烟台万华实业集团有限公司	3846074	102.7	1580002	286.8	1392408	343.1
7	乐金显示（烟台）有限公司	3029022	-2.2	93956	43.4	87973	34.4

续表

序号	单位名称	主营业务收入		利税		利润	
		绝对额	%	绝对额	%	绝对额	%
8	山东鲁花集团有限公司	2653368	14.9	387091	17.4	336090	18.5
9	浪潮乐金数字移动通信有限公司	2044691	0.1	115412	–3.8	97974	3.4
10	烟台恒邦集团有限公司	1976436	17.5	54720	15.5	45946	41
11	山东中矿集团有限公司	1948602	8	34171	–30	29026	28.4
12	斗山工程机械（中国）有限公司	1199580	11.8	196700	–0.8	146798	1.3
13	山东丛林集团有限公司	1177309	15.1	107899	0.5	96827	–0.2
14	龙大食品集团有限公司	1158951	15.6	56312	14.3	38537	11.7
15	烟台张裕集团有限公司	1155659	1.4	278686	5.1	177465	0.1
16	玲珑集团有限公司	1113700	28.7	93955	–9.2	45474	–5.6
17	隆基集团有限公司	1020590	2	68845	–6	61800	0.8
18	烟台新时代健康产业有限公司	789240	7	131491	22.3	92692	5
19	龙口海盟机械有限公司	720483	20.2	90405	21.3	61301	14.9
20	龙口矿业集团有限公司	707022	94.6	152305	增盈 424026	73955	增盈 391269
21	烟台冰轮集团有限公司	494559	2.7	83388	11.2	62642	15.2
22	山东中际电工装备股份有限公司	485901	21.1	27351	1.1	25848	0.4
23	烟台首钢东星集团公司	419128	11.7	92738	10.6	67042	14.8
24	山东绿叶制药有限公司	418266	13.9	191193	23.8	123565	29.8
25	华电莱州发电厂有限公司	369311	12.8	76436	–24	54281	–27.2
26	乐金电子部品（烟台）有限公司	368148	3.6	23369	68.9	22768	64.6
27	东方电子集团有限公司	346139	10.5	35093	3.5	20285	11
28	烟台杰瑞石油服务集团股份有限公司	320938	15.6	29714	–57.6	13360	–76.2
29	烟台东海新材料有限公司	320319	–5.4	6228	–28.6	4069	–16
30	烟台胜地汽车零部件制造有限公司	310984	16	53551	–35.8	50108	–38
31	正海集团有限公司	273137	–6.5	36126	–16.9	27045	–17.4
32	烟台市喜旺食品工业发展有限公司	263641	0.1	26461	38.4	14631	63.6
33	山东鸿达建工集团有限公司	258147	3.7	35196	5.6	28545	5.5
34	蓬莱中柏京鲁船业有限公司	258142	0.2	13292	2.4	13292	2.4
35	山东舒朗服装服饰有限公司	245488	6.5	17598	–29.4	14298	–13.2
36	山东鲁鑫贵金属有限公司	235274	8.5	24017	10.2	16642	7.6
37	烟台矢崎汽车配件有限公司	226011	15.2	29305	55.1	16111	45.6
38	汉高乐泰（中国）有限公司	219458	28.9	117573	59.2	93623	55.8

续表

序号	单位名称	主营业务收入		利税		利润	
		绝对额	%	绝对额	%	绝对额	%
39	烟台欣和企业食品有限公司	215032	13.5	33783	9.1	19046	7.9
40	烟台东方不锈钢工业有限公司	182397	22.3	13924	27.6	13924	27.6
41	烟台泰和新材集团有限公司	173884	-6	20492	-7.6	13635	-12.3
42	山东安德利集团有限公司	147094	8.9	11646	0.6	11013	0.1
43	方圆集团有限公司	145043	-4.5	29580	16.8	22535	15.3
44	烟台中集来福士海洋工程有限公司	143139	-73.2	-21974	增亏 33374	-27150	增亏 31303
45	烟台三环锁业集团有限公司	121304	7.7	13613	17.8	8683	33.9
46	大宇造船海洋（山东）有限公司	84017	-8.8	3456	-3.3	1769	-5.6
47	山东富海集团有限公司	65688	18.2	-811	0	-1067	0
48	烟台啤酒集团有限公司	63699	-2.9	15031	-9.3	4061	-23.3
49	山东环日集团有限公司	35566	15.6	3132	7.1	510	-39.7
50	山东丽鹏股份有限公司	35367	0.8	-1030	0	-1603	0

（撰稿：于国文　审稿：张宏）

机械工业

【概况】 至2017年末，全市规模以上机械制造企业663家，实现主营业务收入2178亿元，同比增长4%，利润175亿元，增长1.5%，占全市规模以上工业的比重分别达到15.5%和17.1%，已发展成为烟台的重要支柱产业。其中，高端装备制造业占机械制造业比重已达到23%以上，领域涵盖高技术船舶、海洋工程装备、航空航天设备、核电装备、数控机床、制冷设备、工程机械等。

【骨干企业】 烟台中集来福士公司是中国海洋工程行业的领军企业，产品覆盖半潜平台、自升平台及海工特种船舶三大类，其自主设计制造的深水半潜式钻井平台达到国际先进水平，2017年烟台中集来福士建造的半潜式钻井平台“蓝鲸1号”在南海神狐海域试采可燃冰（天然气水合物）成功，标志着中国成为全球第一个实现在海域可燃冰试开采中获得连续稳定产气的国家。杰瑞集团是中国最大的油田增产作业设备生产企业，是中国油气装备领域市值最大的民营上市公司，产品广泛用于海上油气资源开发，其产品销往美国、加拿大、俄罗斯等63个重要油气生产国家和地区。烟台冰轮集团有限公司是制冷设备制造行业唯一具备双甲级工程设计资质的企业，曾获中国机械工业核心竞争力30佳、中国大企业集团竞争力500强、中国机械工业100强、中国工商制冷空调行业排头兵企业、装备中国功勋企业等称号。台海集团成立于1996年，经过20多年的发展，已发展成以先进材料研发设计，军工、核电装备制造为主，以石化、海工、航空、新能源等领域装备制造为辅助的跨国民营企业。

【技术创新】 年末，全市装备制造业已有国家级企业技术中心3个、工程技术中心1个，省级技术中心40个、工程技术中心26个、重点实验室6个，市级企业技术中心达58个，数量均占全市工业企业的4成。其中，冰轮集团拥有国家认定企业技术中心、国家地方联合工程实验室、博士后科研工作站等5个国家级科技创新平台，拥有7个省级科技创新平台，“冰轮”螺杆压缩机荣获国家科技进步二等奖，CO_2制冷技术获联合国全球项目示范奖（中国唯一）。拥有全温差气温控制技术，研发的超低温用氦气螺杆压缩机，成功应用到中科院“液氦到超流氦温区大型低温制冷系统”，氦气压缩机是其关键核心设备，代表着中国乃至世界制冷界技术巅峰。杰瑞集团拥有国家级工业设计中心、山东省企业技术中心、山东省固压设备示范工程技术研究中心、山东省油田固压设备工程实验室、山东省“一企一技术”研发中心等科技创新平台，承担60余项各级部门重点项目的研发与建设，参与行业标准制定5项，拥有产品相关专利220项，获山东省科学技术进步奖二等奖1项、三等奖3项；获烟台市技术发明奖一等奖1项、科技进步奖一等奖2项、二等奖1项。台海集团承担国家863计划项目、国家火炬计划产业化项目、山东省科技发展计划等21项科研项目，拥有发明专利14项。

【名牌产品】 至年末，全市装备制造业中获得省级以上著名商标69个，其中中国驰名商标4个；获得省级以上名牌产品68个，其中中国名牌3个。中集来福士设计建造全球最先进的第七代超深水半潜式钻井平台“蓝鲸1号”；蓬莱中柏京鲁船业自主研发的新型远洋渔船填补国内空白；南山集团高端航空铝制品打入美国市场；台海集团自主研发制造核级主管道、堆内构件等关键设备，填补国内市场空白，在核电市场上占60%以上的份额。其中，杰瑞集团是国家高新技术企业，拥有6个大型高端能源装备制造研发基地；在美国休斯顿、加拿大卡尔加里，烟台、北京、成都、天津、上海、德州等设有8大研发中心，自主研发制造的能源装备已遍布全球60多个国家和地区，是众多国内外知名油公司、油服公司的合格供应商和战略合作伙伴。杰瑞集团与英国Plexus公司签署战略合作与投资正式协议，成为中国第一家海洋水下井口设备供应商。冰轮集团积极实施走出去战略，并购北京华源泰盟节能设备有限公司，同时拥有该公司的核心技术，其基于电厂余热利用吸收式热泵用于城市供热技术列入国家节能产品目录，获得过国家科技进步二等奖，成功实施山西省大同市、太原市城市供热系统改造；通过海外并购顿汉布什集团，拥有其在世界各地的研发机构，获取国际先进的中央空调技术和品牌；还通过与日本荏原制作所、韩国现代重工业株式会社、德国卡贝欧公司等国际知名公司合作兴办合资企业，强强联合，实现技术的优势互补。

（撰稿：周海亮　审稿：张宏）

汽车工业

【概况】 2017年，全市汽车行业规模以上企业214家，实现主营业务收入1425亿元，利润105亿元，主要产品有：整车、汽车发动机、变速器、车灯、制动零部件、载重车车桥、汽车轮胎、汽车线束、车用轴承、随车工具等。全年生产汽车42.8万辆，其中乘用车42万辆，客车5005辆。汽车产业带动了机械、电子、化工以及职业教育等行业健康发展。

【重点企业】 上汽通用东岳汽车有限公司、烟台舒驰客车有限公司、山东蓬翔汽车有限公司、上汽通用东岳动力总成有限公司、山东隆基集团有限公司、首钢东星（集团）有限公司、山东鸿达建工集团有限公司、龙口海盟机械有限公司、烟台矢崎汽车配件有限公司等。

【重点项目】 至年末，东岳基地具备年产60万辆整车、112万台发动机和72万套自动变速箱的能力。2017年，实现主营业务收入654亿元，占全市规模以上汽车工业企业的46%。

围绕上汽通用东岳基地，德尔福、伟世通、江森、佛吉亚等12家世界500强企业构建较为完整的汽车配套产业链。东岳汽车本地化配套率超过80%，为其配套的本地企业200多家，形成以东岳汽车为核心的汽车及零部件产业集群。

抓住国家大力推动新能源汽车发展的机遇，积极推进舒驰客车和海德汽车开发新能源客车、环卫车、清扫车新产品并报工信部审批，年末有12款车型进入国家工信部新能源汽车推荐车型目录。5月份、10月份为舒驰客车和海德汽车两次组织申报2016年度国家新能源汽车推广应用补助资金约2.8亿元。

（撰稿：朱绪光　审稿：张宏）

纺织服装业

【概况】 2017年，全市规模以上纺织服装工业实现主营业务收入319亿元、利润21亿元，分别下降11.2%、18.3%。其中，规模以上纺织企业完成毛机织物（呢绒）产量3282万米，主营业务收入96亿元、利润7.4亿元；规模以上化纤企业完成各类合成纤维和高性能纤维产量5.7万吨，主营业务收入29.5亿元、利润2亿元；规模以上服装服饰企业完成产量1.78亿件（其中针织服装1.5亿件、梭织服装2200万件），主营业务收入193亿元、利润11.9亿元。

【特色产业】 海阳毛衫产业集群现有企业450余家，规模以上企业54家，骨干企业有亚琦纺织、盈通制衣、清鸿制衣、英杰制衣、信诚制衣等，为毛衫企业配套加工的个体工商户5000余个，从业人员达12万余人，拥有电脑横机1.3万台。2017年，“海阳毛衫”集体商标在国家工商总局商标局成功注册；海阳毛衫创新园一期工程完工并投入使用；海阳市政府联合中国纺织工业联合会成功举办海阳毛衫产业发展高峰论坛和海阳毛衫纱线展；海阳毛衫产业集群稳健发展，行业内企业纳税同比增长5.6%。

【骨干企业】烟台泰和新材集团是国家级高新技术企业、国家创新型试点企业，拥有国家级企业技术中心、国家芳纶工程技术研究中心、博士后科研工作站，2次获得国家科技进步二等奖，5次获得省部级科技进步一等奖；氨纶、间位芳纶、芳纶纸、对位芳纶填补国内产品空白，芳纶等特种化纤研发生产达到国际先进水平，是国内规模最大的高性能纤维研发生产基地，氨纶年产能4.5万吨、居全球第五位，间位芳纶年产能7000吨、居全球第二位，对位芳纶年产能1500吨、居全球第四位，芳纶纸年产能2000吨、居全球第二位。2017年，公司的“高性能纤维纸基复合材料共性关键技术研究及应用”获国家技术进步奖二等奖；“高性能纤维纸基功能材料制备关键技术及应用”获教育部技术发明奖一等奖；“导电间位芳纶制备关键技术及其在防静电阻燃服中的应用”项目获纺织工业联合会科技进步二等奖。公司全年生产各种纤维3.47万吨，实现销售收入17.6亿元。

南山纺织服饰公司拥有中国驰名商标“南山”和“DELLMA”、国家级技术中心和国内领先的高档精纺技术装备，是中国职业装领军企业。2017年，公司入选工信部公布的120家“重点跟踪培育服装家纺自主品牌企业”名单；通过中国纺织工业联合会白名单资质评审；“高端纺织服装个性化定制试点示范”项目入选工信部公布的2017年智能制造试点示范项目名单；被工信部授予首批绿色工厂示范企业；被工信部、中国纺织工业联合会授予“全国纺织行业水效领跑者”称号；“毛成衣染色复古水洗休闲西装”项目获中国服装协会颁发的“服装科技发展会议科技进步奖”；获中国纺织工业联合会授予的“纺织技术创新示范企业”“2017全国纺织行业群众质量管理优秀企业”、中国服装协会授予的“全国服装行业百强企业”“中国服装行业优势企业”等称号。年末，南山纺织服饰公司更名为山东南山智尚科技股份有限公司，稳步推进上市。

山东舒朗服装服饰股份有限公司拥有舒朗、美之藤、醉酷、珂蕾朵姆等8个自主研发品牌，舒朗女装为全国领军品牌。2017年，总投资4亿元的舒朗电子商务公司智能仓储项目主体工程完工；舒朗国际时尚创意设计平台入选工信部公布的全国第二批纺织服装创意设计试点园区（平台）名单；公司连续第9年成为中国服装行业协会公布的“中国服装百强榜”企业，入选商务部公布的“2017-2018年度电子商务示范企业拟入选名单”；与山东女子学院签订协议，在校企合作方面取得新的突破；获得省电子商务促进会颁发的“2017年度山东优秀互联网品牌”称号。年内公司完成工业总产值26亿元，实现销售收入25亿元。

山东圣豪家纺公司拥有中国驰名商标“圣豪”，生产的化纤毯是行业重点出口产品，2017年，被省经信委、省财政厅列为全省毛毯行业唯一重点培育的百年品牌企业；被中国毛纺织行业协会授予“2016/2017年度中国毛毯行业综合竞争力评价最具竞争力企业”称号；年内公司实现销售收入11.2亿元，出口创汇3050万美元。

烟台北方家用纺织品有限公司是省级守合同重信用企业，生产的中、高档系列床上用品90%以上销往欧美、加拿大、澳大利亚、南非等国家和地区。2017年，在建厂40周年之际，公司新厂区落成并完成整体搬迁；公司获得“中国纺织行业人才成长最佳企业”称号；年内实现销售收入5.9亿元；出口创汇8736万美元，同比增长10%。

烟台旗源服饰有限公司是一家拥有传承四代、历经百年旗袍品牌的企业，先后获“中国服装行业信誉十佳品牌”“中国职业装设计优秀品牌”“中国服装成长型品牌”等荣誉。2017年，全国人大常委、致公党中央副主席闫小培女士参观调研“旗源”品牌中华旗袍博览园项目。年内，公司生产旗袍291余万件，销售收入3亿元，实现利税过千万元。

山东拉峰服装有限公司以智能制造柔性工厂为中心，与国内第一休闲品牌美特斯邦威、美国第四大零售商TARGET等开展个性化定制业务。2017年，拉峰定制业务开拓日本和南非市场，扩大美国和加拿大市场的份额；年内前来拉峰公司参观服装个性化智能定制流水线的团体共计96个、1400多人次；中央电视台、日本WWD、新浪网等分别予以报道。

（撰稿：肖守瑜　审稿：董涛）

医药工业

【概况】2017年，在《关于实施制造业强市战略的意见》《关于消费品工业“三品”战略示范试点城市实施意见》等重大支持政策和工作意见中，烟台市把推进医药工业列为转型升级、新旧动能转换、新兴产业培育的重点。全市规模以上医药工业实现主营业务收入171.78亿元，实现利润18.64亿元。医药工业已成为烟台市发展潜力优势较大的新兴产业之一。

【骨干企业及产品】绿叶集团、荣昌制药、石药百克、先声麦得津、东诚生化、渤海制药、万润药业等医药企业分别在化药、生物药、核药、中药、原料药等领域成为全国药品生产创新龙头，烟台迈百瑞国际生物医药公司成为亚洲生物医药研发与生产服务龙头。绿叶集团在提升国内抗肿瘤、心血管系统以及糖尿病三大治疗领域市场份额的基础上，推动研发产品在国际市场加速上市，并购美国、瑞士、德国等多家药企，加快了集团全球化步伐。东诚药业并购5家境内外知名药企，加快打造集原料、制剂、生物制品为一体的产业平台。万润药业收购3家国内药企，发展成为原料药和口服固体制剂及保健食品研制、生产与销售的综合型制药企业。

【重点项目】 绿叶集团投资20亿元建设绿叶国际医药产业园，其中按cGMP标准建设的产业园1期工程已经投入使用。至年末，产业园2期工程正重点推进“年产120万瓶长效注射用微球生产线”“抗体药物生产线”等建设项目。烟台荣昌制药股份有限公司与同济大学、烟台经济技术开发区管委开始共同建设“生物新药创制联合平台及开发基地”，已入驻荣昌制药、荣昌生物、迈百瑞和同济大学烟台研究院等4家单位。东方海洋收购美国艾维可公司，正在研发第六代HIV诊断试剂测验技术，建设精准医疗产业园。普罗吉生物医药园项目总投资12亿元，占地13.33公顷，已完成一期工程胰岛素车间、诊断试剂车间、动力中心、质检楼等12栋单体的主体建设，年末正在进行厂房设备设施和工艺的验证工作。东诚北方工业园，规划用地面积20公顷，按照国际GMP最高标准进行设计，包括冻干粉生产车间、水针生产车间、固体制剂生产车间、预灌装车间等。韩美制药投资5.67亿美元的烟台全球生产基地项目已经在开发区生物医药产业园开工建设。

【科技创新】 全市医药工业搭建一批行业领先的创新平台：其中，国家重点实验室、国家工程实验室、国家认定企业技术中心各1个，博士后流动站2个，省工程技术研究中心13个，省级重点实验室2个，省院士工作站4个。研发一批国内外领先的技术和产品，包括：源于海洋鱼软骨的硫酸软骨素原料药出口量全国第一（东诚药业）、世界上首例血管内皮抑制素抗癌新药——“恩度”（山东先声）、中国第一个用于肿瘤辅助治疗的长效重组人粒细胞集落刺激因子注射液“津优力”（石药百克）、知名产品“巴曲亭”占据全国止血药市场份额的40%（诺康制药）。加快推进一批高端创新药物，包括：绿叶制药有7个在研产品在海外注册，其中治疗精神分裂的利培酮微球有望成为中国第一个在美国上市的新药；荣昌生物的抗体——药物偶联（ADC）技术是国际上治疗癌症最先进的方法之一，其自主研发的生物一类新药RC48是中国第一个进入临床研究的乳腺癌ADC-抗体新药；东方海洋第六代艾滋病诊断试剂检测技术在全球处于领先地位，被认定为全世界最好的艾滋病诊断试剂；隽秀生物研发的神经修复产品已获国家发明专利授权，为全球首创。汇聚一批行业领军人才：全市共有国家“千人计划”19人，省泰山学者32人。东方海洋大健康研发团队是由2012年诺贝尔化学奖得主罗伯特·莱夫科维茨任科学顾问，拥有从事医药、生物研发领域10～25年以上的博士60余人；荣昌生物的房健民教授，普罗吉的罗永章教授，绿叶制药的李又欣博士、李锡明博士，均为入选国家“千人计划”的特聘专家，先后承担或参与多个国际、国内重大新药项目的研发，在业内有着重要影响。

（撰稿：都继红　审稿：张宏）

冶金工业

【概况】 2017年，全市冶金工业实现主营业务收入1273亿元，同比下降0.5%；实现利润90.1亿元，下降1.6%。

【重点项目】 年内，山东南山铝业股份有限公司汽车轻量化铝镁合金材料生产线产品优化技术改造项目，烟台万隆真空冶金股份有限公司350km/h以上高铁铬锆铜合金接触线及线棒材短流程工艺研发及产业化项目，山东丽鹏股份有限公司瓶盖二维码技术升级改造项目均已完工。

山东南山铝业股份有限公司年产6万吨汽车轻量化高性能铝合金生产线技术改造项目、航空航天用高强高韧高端铝合金生产线技术改造项目、轨道交通高性能大断面复杂薄壁铝合金材料生产线技术、交通运输用高性能铝合金材料生产线技术改造项目，山东恒邦冶炼股份有限公司12万吨阴极铜技术改造项目正在建设中。

【技术创新】 年内新增烟台万隆真空冶金股份有限公司新型高纯无氧铜箔工艺研究项目；山东龙口三元铝材有限公司适用于镭射加工的新型拉环材料研发与应用；隆达铝业（烟台）新型三缸发动机缸盖轻量化材料专用铸造铝合金KPSNC；烟台首钢磁性材料股份有限公司晶界微观分析方法的健力肌磁性能机理研究等技术创新项目，成为新的增长点。

【行业亮点】 南山铝业通过航空材料方面的ISO9001、AS9100C质量管理体系认证和NADCAP特种工艺认证，通过国军标质量管理体系认证。与波音公司签订7050产品2017—2018年供货合同，已通过波音审核，开始批量供货。正在为中国商飞研制C919大飞机用高性能2524铝合金蒙皮材料和新一代高损伤容限2024HDT铝合金厚板产品。年末，已基本完成产品研制，通过中国商飞认证。南山铝业已成为中航工业沈飞民机、昌飞、哈飞的合格供应商，向沈飞民机批量提供2024铝合金厚板产品，向昌飞提供军机用2A12铝合金蒙皮产品，正在开展西飞2024、7050合金板材产品认证，通过认证后实现批量供货。与空客公司签署挤压型材采购合同，获得2026、7150合金型材2017—2022年亚太区订单。

煤炭工业

【概况】 2017年，全市规模以上煤炭工业实现主营业务收入72.7亿元，同比增长108.3%；实现利润8134万元，同比增盈4.27亿元。根据全省煤炭行业化解过剩产能关退煤矿的计划，9月，相关部门对龙矿集团北皂煤矿关闭退出工作完成情况进行现场验收。

【技术创新】 年内，新增龙口煤电有限公司机电维修制造中心多功能巷道修复及设计与开发应用；龙口矿业集团有限公司复杂多构造工作面回采过煤2老巷、缩面改造及撤面期间通风等技术创新项目，成为新的增长点。

建材工业

【概况】 全市建材工业形成水泥、石材加工、新型建材、陶瓷等四大类产品。2017年，建材工业实现主营业务收入414.3亿元，同比下降17%；实现利润35.3亿元，下降21%。为化解产能过剩和减少污染排放，组织有窑水泥企业于11月15日至2018年3月15日开展冬季水泥错峰生产。

【重点项目】 丛林铝模板工程技术有限公司铝合金建筑模板生产线智能化改造项目，龙口正仁节能建材设备制造有限公司正仁节能建材技术改造项目均已完工。

【技术创新】 新增山东迈拓林铝膜板工程技术有限公司铝合金模板在建筑模板中应用技术；烟台蒙特防水材料有限公司水性混凝土构筑物防腐防霉变防护涂料的研发、用于混凝土构筑物的水性防腐防水涂料的研发；烟台政通节能建材设备制造有限公司综合利用固体废弃物开发新型保温墙体材料关键技术研发；山东隆和节能科技股份有限公司绿色装配式轻质隔墙板的研发；山东新活新材料科技有限公司拉片式管廊铝合金模板系统及施工方法研究与应用；山东新活新材料科技有限公司保温墙体用铝模板连接结构及施工方法研究与应用等技术创新项目，成为新的增长点。

化学工业

【概况】 2017年，全市化工工业实现主营业务收入1293亿元，同比增长18.6%，实现利润227.2亿元，增长102.5%。

【重点项目】 美瑞新材料股份有限公司二期年产6万吨TPU项目，烟台巨力精细化工股份有限公司制气提纯装置节能环保改造项目均已完工。

山东道恩高分子材料股份有限公司多孔硅酸钙/石墨烯绿色复合材料的集成应用示范线改造，蓬莱嘉信染料化工股份有限公司年产3.5万吨新型染料/染料中间体转型升级技术改造项目处在建设中。

【技术创新】 烟台海川化学制品有限公司热固性丙烯酸酯类液晶树脂单体的研究开发；中节能万润股份有限公司G线光刻胶聚合物的开发、绿色高效铜基分子筛催化烟气脱硝关键技术、高介电常数液晶材料的开发；烟台九目化学制品有限公司高性能空穴传输材料三苯类化合物的研发及产业化；烟台恒邦化工助剂有限公司新型硫化矿复合捕收剂研究开发；烟台显华化工科技有限公司染料液晶的研发与产业化；山东玲珑轮胎股份有限公司全钢轻型载重子午线轮胎研究开发；美瑞新材料股份有限公司热塑性有机硅聚氨酯弹性体的开发；山东道恩高分子材料股份有限公司长玻纤增强热塑性塑料的研究开发及产业化等技术创新项目，成为新的增长点。

烟台万华聚氨酯股份有限公司"聚氨酯中间体二氨基二环已基甲烷制造技术"获市科学技术进步一等奖；烟台显华化工科技有限公司"智能电表用TN混合液晶"、山东道恩高分子材料股份有限公司"超高耐磨PA66材料研究与应用"、山东宏丰新材料科技有限公司"三氟氯乙烯和三氟乙烯新工艺开发及产业化应用"获市科学技术进步三等奖。

【亮点工作】 11月9日，在中美两国领导人的见证下，南山集团与美国乙烷公司签署乙烷进口合作协议，南山乙烷制乙烯项目即将开始建设。万华烟台工业园（二期工程）主要建设百万吨级的乙烯项目和自主研发的20余项高附加值的化工新材料项目，已陆续开工建设。

【品牌建设】莱州诚源盐化有限公司“晶山 JingShan 及图”、烟台五洲施得富肥料有限公司“五洲丰”2件商标被国家工商总局认定为中国驰名商标。

（撰稿：王伟　审稿：张宏）

电力工业

【概况】2017年末，全市有发电厂95家，装机总容量1028.1万千瓦。其中：省统调电厂4家，发电设备12台，装机总容量423万千瓦，分别是：山东百年电力公司4台机组88万千瓦，烟台发电厂4台机组59万千瓦，国电蓬莱电厂2台机组66万千瓦，华电莱州发电厂2台机组210万千瓦。全市并网运行的地方公用及企业自备电厂（含南山、东海电厂）91家、总容量605.1万千瓦。其中：公用火力发电厂12家、44.6万千瓦；风电发电厂47家、303.67万千瓦；太阳能光伏电站7座、13.55万千瓦；鸡粪沼气发电1家、0.9万千瓦；垃圾发电5家、6.9万千瓦；中节能生物质综合利用2家、6万千瓦；企业自备电厂17家、229.48万千瓦。

【发用电情况】全市完成发电量445.96亿千瓦时，比上年增长4.7%。其中：统调电厂224.76亿千瓦时，增长3%，非统调电厂完成221.20亿千瓦时，增长6.4%。全市全社会用电量487.97亿千瓦时，增长5.37%。其中：工业用电量386.27亿千瓦时，增长4.9%。

【变电站情况】烟台电网内拥有500KV变电站4座，分别是光州站、栖霞站、莱阳站、牟平站，变电总容量6500 MVA，500KV线路18条，线路总长度1616.25千米。220KV变电站39座，变电总容量13995MVA，220KV线路122条，线路长度2796.4千米。110KV变电站151座，变电总容量12993.55MVA，110KV线路238条，线路长度3070.8千米。35KV变电站137座，变电总容量2730.95 MVA，35KV线路341条，线路长度2734千米。

【直购电情况】全市有168户企业参与电力市场直接交易，总交易电量约为116.5亿千瓦时，可为企业节约用电成本3.46亿元。

（撰稿：刘雪辉　审稿：林乐杰）

【国网山东省电力公司烟台供电公司供电概况】国网山东省电力公司烟台供电公司（以下简称公司）售电量完成308亿千瓦时，省调调度负荷创693.2万千瓦历史新高，连续安全生产突破6200天。获山东省电力公司（以下简称省公司）先进单位、业绩考核A级企业和同业对标综合标杆，3家县公司获省公司先进单位、12个集体获省公司先进集体，29个班组获省公司先进班组，99人受到省公司表彰。公司继续保持“全国文明单位”称号，获国家电网公司基建信息化应用先进单位、山东省质量管理小组活动优秀企业、省公司班组建设先进单位。

【电网发展】与10个县（市）政府举行战略会谈并签署合作协议。公司“十三五”规划项目全部纳入土地利用总体规划，城乡电网规划获政府批复。完成500千伏牟平扩建等项目核准26项，220千伏资源等31项工程通过省公司可研评审。在全省率先创办《中低压配网可研储备工作月报》，项目可研模板在全省推广应用。完成基建“18开工、14投产”任务，投产线路长度150公里、变电容量109.6万千伏安。3项工程荣获国家电网公司输变电优质工程奖。长岛通“大网电”项目提前2个月竣工。累计完成1.89万眼机井、402个中心村、50个动力电不足村和187个贫困村电网改造升级任务。配电网标准化建设改造创建活动高质量通过国家电网公司达标验收。11项配农网工程入选省公司优质工程，蓬莱10千伏蔚河Ⅰ、Ⅱ线入选国网公司百佳工程，数量均居全省首位。八角、牟平新区供电所建成投运。

【改革服务创新】年内成立电力体制改革研讨小组，深入调研全市25个园区、5个企业自供区资产状况和竞争动态，制定“一园一策”服务策略。建立市场流失问责机制，市级及以上园区实现“门对门”服务全覆盖。主动对接全市215个重点项目，落实重要客户“零跑腿”十项措施。严格先接入、后改造，完成高压送电160.3万千伏安，同比增长19.8%。促请政府出台新建住宅小区配套费政策并在市县全域执行。建成1个五星级供电所，7个四星级供电所。“三供一业”分离移交框架协议签订率100%，完成送电921户。建成海阳碳晶电采暖等5个示范项目，完成替代电量11.54亿千瓦时。开展不停电作业1.58万次，减少停电80.2万时户。完成6.9万户“多表合一”采集接入，远程费控覆盖率超过81%。开展电力设施和电能保护整治行动，查处窃电、违约用电案件118起，挽回经济损失297万元。

（撰稿：秦奎福　审稿：卢刚）

船舶工业

【概况】2017年末，全市有规模以上船舶及海工装备企业26家，年海工装备生产能力25万吨，造船能力120万载重吨，船段生产能力30万吨。全市规模以上船舶及海工企业实现主营业务收入360亿元，同比增长4%；利润24亿元，下降25%。烟台市成为全球四大深水半潜式平台建造基地之一，是山东省高端装备产业（船舶及海工装备）制造基地，拥有开发区、蓬莱2个“山东省船舶工业聚集区”和4个“山东省高端装备制造产业园区”。

【技术创新】 全市有海工装备研发人员1500余人，建成中集海工院、杰瑞工业设计中心、油田固压设备工程技术研究中心等一批国际知名的研发创新平台。世界顶级的挪威船级社、美国船级社和国际知名供应商、欧美著名设计公司等机构均已入驻烟台市。其中，中集海工院是国家级能源海洋石油钻井平台研发（实验）中心，也是山东半岛蓝色经济区海洋装备产业联盟基地。通过这一平台，中集来福士联合挪威船级社、美国船级社、中国船级社等建立跨国性协同研发中心。杰瑞集团与中国海洋大学、哈尔滨工程大学、中国石油大学等知名院校建立长期合作关系，并在中国、美国、加拿大等地建立8个研发基地，拥有全球最大的钻采设备研发团队，技术人员超过1000人，杰瑞集团油气开发装备工业设计中心获得工信部“国家级工业设计中心”认定，是国内油气田装备研发制造领域唯一获此认定的工业设计中心。

【品牌建设】 烟台中集来福士有限公司是首批获得国家《船舶规范条件》《海洋工程装备（平台类）行业规范条件》认定的白名单企业，是国内唯一、全球六大具备批量建造半潜式平台能力的企业，其建造的深水半潜式平台交付量占国内同类产品的70%，在国际市场的占有率近30%，多次获得挪威北海“月度最佳平台”奖。烟台中集海洋工程有限公司自主建造的超深水双钻塔半潜式钻井平台“蓝鲸2号”成功完成DP3操作模式下的电力系统的闭环试验。蓬莱中柏京鲁船业有限公司是首批获得国家《船舶规范条件》认定的白名单企业，已通过IS09001、ISO14001、OHSAS18001质量/环境/职业健康安全管理体系认证，被农业部渔业船舶检验局授予唯一的“远洋渔船建造与技术示范基地”、农业部1233工程定点建造船厂资格，公司拥有一级钢制渔业船舶建造资质，是德国船级社（GL）、法国船级社（BV）、英国船级社（LR）中国技术委员会单位、中国船舶工业行业协会副会长单位，建造的7.52万吨巴拿马散货船被评为山东名牌，现已获得专利30多项，其中坞内“3+3”造船法为世界首创。蓬莱中柏京鲁船业有限公司建造的首艘21000DWT散装水泥运输船是世界最大的水泥运输船。该船配备的水泥自卸/装载系统是采用机械传输，同时采用密闭舱室装/卸货，实现水泥粉尘的有效收集，避免环境污染。蓬莱巨涛海洋工程重工有限公司是国家首批获得《海洋工程装备（平台类）行业规范条件》认定的白名单企业。蓬莱市巨涛海洋工程重工有限公司的FPSO专用单点制造稳居国内第一，并且同国际仅有的4家客户建立稳定的合作关系。海上大型浮吊结构制造业务在国内排名前二，同世界浮吊巨头美国的NOV公司建立牢固的长期合作关系。

（撰稿：周海亮　审稿：张宏）

黄金工业

【概况】 2017年，全市黄金产量166.2吨，同比下降7%，其中矿产金产量57.77吨，下降7.24%，对外冶炼加工成品金产量108.43吨，增长6.16%；主营业务收入1778亿元，增长2.89%。利税74.72亿元，利润64.16亿元，分别增长1.52%和2.51%。

黄金深加工完成70.93吨，同比下降5.68%。其中首饰8.33吨，下降18.25%；金丝12.54吨，下降3.68%；金条22.44吨，下降19.07%；金盐40.62吨（含金27.62吨），增长13.91%。

【骨干企业】 山金（烟台域内）、招金、中矿、恒邦主营业务收入分别实现577亿元、511亿元、195亿元、198亿元，总量占全市的83.28%。招金励福、招金膜天两家企业三板上市。其中：招金集团连续14年入选“中国企业500强”，入选“中国500最具价值品牌”，品牌价值达到346亿元，在中国500最具价值品牌评选中，位列第101位，较2016年又提高了1个位次。山东黄金集团玲珑金矿、焦家金矿分别于2017年10月、11月累计黄金产量突破100吨大关。中矿集团被烟台市委、市政府评为经济发展标兵企业。恒邦集团入围“中国制造业企业500强”“山东省企业100强”“山东民营企业100强”。集团下属的山东恒邦冶炼股份有限公司连续7年入围中国上市公司500强，位居355位；连续3年位居“中国黄金冶炼十大企业”排行榜榜首，拥有山东省博士后创新实践基地、山东省技师工作站、山东省职工创新工作室。获得“中国黄金销售收入十大企业”“中国黄金经济效益十佳企业”“中国黄金精炼十大企业”等称号。恒邦物流在新三板挂牌上市。

【产业转型】 招金集团在稳定发展埠

内矿业的同时，实施走出去战略，稳步推进资源开发遴选大项目和优质资源126个，完成2个国内项目和3个海外股权项目并购。实施基建技改项目38个，完成市级重点项目5个。投资2.06亿元，助推环保提档升级，投资8300万元进行矿业重点领域攻关。中矿集团全年投入项目建设资金2.38亿元，开工建设非煤矿山实操培训基地，中矿工业园生活服务中心、工程技术中心已基本建成。黄金博物馆被评为山东省服务名牌单位。恒邦集团十二万吨阴极铜建设等重点项目总投资10亿元，建成投产。完成废水深度处理工程、环集烟气治理工程等环保项目，废水、废气得到有效治理。湿法黄金冶炼废渣无害化处理项目正在建设。长春黄金研究院贵金属所在福山区成立长春黄金研究院烟台贵金属材料研究所有限公司，与烟台大学黄金研发中心合作开展纳米黄金催化剂产业化项目。

【科技创新】 招金集团实施创新驱动，推进科技创新项目61项，完成5项省级科研项目立项，新增专利66项，获省部级以上科技进步奖8项，制定国家标准7项，新增市级研发平台2个。推进工业化和信息化深度融合，完成9大两化融合项目，其中招金精炼借助信息化与业务、产品融合，被评为烟台市智慧企业。恒邦集团“氧气底吹熔炼造锍捕金处理复杂金精矿技术开发与应用”科技成果被认定为世界首创，荣获中国有色金属工业科技进步一等奖。中矿集团《破头青断裂南段金成矿系统与勘查突破》项目获得国土资源部科学技术二等奖。招金精炼加大市场拓展力度，纯金产品顺利通过欧盟ROHS合格资质认证，“鸡年西福”贺岁项目，累计销量90余万件，新增直营及加盟店52家。

【矿山建设】 2017年，全市黄金资源储量达到3600吨。其中，山东黄金矿业股份公司莱州西岭矿区探获金金属量380吨。中金莱州纱岭金矿、招金莱州海域金矿新建采选冶1万吨/日、莱州朱郭李家金矿采选5000吨/日、招金栖霞笏山金矿采选1500吨/日、烟台金曼750吨/日等建设项目陆续开始建设。受山东省“十三五”期间原则上不再新建地下矿山政策的影响，新建矿山开工建设手续核准进展缓慢。

【黄金珠宝展】 2017山东（烟台）第八届国际黄金珠宝玉器展览会由山东省黄金协会、烟台市经信委黄金管理局支持，青岛雅雄会展公司承办，于6月24—26日在烟台国际博览中心成功举办。本届展会规模及档次再次荣膺“山东之最”：博览中心A、B、C馆同时开放，1200个国际标准展位迎接来自海内外的千余参展商携万余种珍宝入驻，成为“山东省第一大黄金珠宝盛会”。第十一届招远黄金节暨首届网络黄金节8月27—30日在招远市成功举办。以“中国金都·财富招远”为主题，在举办国际黄金矿业技术高峰论坛、国际黄金珠宝首饰展销会、黄金文化游等传统活动基础上，增加全域旅游论坛、珠宝首饰设计大赛和网络黄金节等活动，实现经济效益和社会效益双赢，有来自15个国家和地区的500多名中外嘉宾参与节会的多项主题活动。

（撰稿：朱战胜　审稿：张宏）

轻工工业

【概况】 2017年，全市轻工系统完成主营业务收入11.5亿元，同比增长5.1%；完成工业增加值6.3亿元，增长6.9%；完成出口创汇500万美元，增长6.4%；实现利税1.56亿元，增长6.5%；实现利润1.23亿元，增长6.6%。

【重点项目】 伊司顿酒庄资产转让、环海路15号汽车城项目建设、悦丰木业公司标准厂房建设、开发区黄河路15号厂房转让这4个重点项目的推进工作，是联社2017年主要工作。伊司顿酒庄项目位于牟平区养马岛，占地5.32公顷，规划建设为集葡萄酒庄、休闲娱乐和艺术博览等功能为一体的综合性旅游休闲项目，由于政策、经济大环境等原因，招商一直未能成功，年内已进入司法拍卖程序。环海路15号厂区进行整体租赁，与中标企业签订合同，后者拟建设汽车城，相关审批工作正在进行。悦丰木业公司建设标准厂房项目，年内工程勘察设计已完成，年末尚在进行航空控制、工程勘察设计等工作。开发区黄河路15号厂房转让项目，前期的评估准备工作已经完成，年末尚在办理挂牌交易转让等相关手续。

【资产监管】 年内，联社对审计中发展的公款私存、违规设立小金库、重大开支无预算、重要事项不报告、违规发放补贴等突出问题，开展“即知即改”活动，制定“集中建账，统一管理”和基建项目“一个平台”管理制度，直属企业费用支出比去年减少100多万元。

（撰稿：孙成利　审稿：王君廷）

盐　业

【概况】 2017年，全市盐业企业资产总额1.58亿元，全市盐业批发企业销售各类盐产品10.12万吨，其中，销售食盐8.31万吨，销售小包装食盐1.3万吨。

【食盐专营】 全面落实国家、省《盐业体制改革方案》要求，构建跨区经营、产销一体化的经营模式，合理调配食盐品种结构，保证辖区内食盐品种供应齐全。与烟台邮政进行战略合作，通过共建线上线下食盐配送体系、共享零售终端渠道资源，实现经营业务的强力互补，累计销售各类食盐1000吨。

【盐业市场监管】 全市出动盐政执法人员1.72万人次，查办各类涉盐案件142起，查没私盐150吨，公安出警42人次，联合办案2起，刑拘1人，判刑6人，结案率100%。全市盐政工作始终保持高压态势，多次开展食盐市场集中整治行动，持续加大查处力度。4月，全市查获来自河南的“臭脚盐”约25吨。

【项目建设】 海阳“福地名苑”地产项目办理完成各类施工手续。与威海盐业公司、威海高岛制盐公司共同投资成立威海高岛南海制盐有限公司，实现产销融合一体发展；莱阳盐场2万吨/年多品种盐项目顺利建成，成功获准进入国家食盐生产体系，其推出的天然低钠优质海盐，已与广东、福建、北京、黑龙江、四川及湖南等省份用户达成初步供货意向。推进巴基斯坦岩盐合作项目，项目拟投资6亿元，建成达产后，销售网络将遍布亚欧及世界各国。

（撰稿：杨丽君　审稿：张建青）

葡萄酒业

【概况】 2017年，是国际葡萄酒组织授予烟台市为“国际葡萄·葡萄酒城”30周年。至年末，全市获得葡萄酒生产许可证的企业162户，其中规模以上企业35户。全市规模以上葡萄酒企业实现产量32.61万千升，实现主营业务收入224.8亿元、利润27.06亿元。

【品牌建设】 7月，市葡萄与葡萄酒局联合市委宣传部、市文联、市委外宣办（市政府新闻办）举办“国际葡萄·葡萄酒城30周年书画摄影名家走进烟台采风创作活动暨书画摄影作品展”活动。11月，在烟台画院举行“国际葡萄·葡萄酒城30周年书画摄影作品展暨《烟台红》画册首发仪式”。9月，经国家工商总局商标局审核通过，“烟台葡萄酒”地理标志证明商标申办初审公示（第1569期），公示期3个月，有望在2018年2月申办成功。出台《烟台市葡萄酒旅游发展意见（征求意见稿）》，拟于2018年3月前发布实施。在第97届全国糖酒会（秋季）投放产区形象宣传广告，集中展示烟台葡萄酒厚重的葡萄酒文化。在市区主要出入口、高速公路设置产区形象广告，增强城市葡萄酒文化氛围。至2017年末，全市葡萄酒企业拥有中国名牌产品3个、中国驰名商标8件、山东省名牌产品10个，山东省著名商标16件。

【葡萄酒庄建设】 重点推进蓬莱“一带三谷”酒庄群、瀑拉谷葡萄酒产业集群以及张裕国际葡萄酒城项目的建设。总投资90亿元的瀑拉谷葡萄酒产业集群项目在建酒庄6个，其中2个酒庄完成室内装修；总投资60亿元的张裕国际葡萄酒城项目生产中心一期投入运营，丁洛特酒庄、可雅白兰地酒庄内外装修完工，葡萄酒研究院已启动装修；蓬莱“一带三谷”酒庄群在建酒庄11个，其中7个酒庄主体建设完工，2个酒庄完成80%室内装修。至2017年末，全市建成在建葡萄酒庄63座。

【酿酒葡萄基地建设】 市葡萄与葡萄酒局邀请上海交通大学、中国农业大学、西北农林科技大学、山东农业大学、山东省农科院、烟台市农科院、美国、德国及法国等国内外葡萄酒专家来烟开展酿酒葡萄种植管理、葡萄酒酿造现场技术培训及交流活动，培训1000余人次。10月份，联合蓬莱市葡萄与葡萄酒局开展优质酿酒葡萄示范园评选活动，开展政策性酿酒葡萄种植农业保险工作，全年投保面积万余亩。

【产学研合作】 市葡萄与葡萄酒局牵头组织创建山东省葡萄酒产业技术创新战略联盟。整合烟台产区专家委员会和驻烟高校力量，与滨州医学院葡萄酒学院签订共建项目协议书，在2018—2022年期间开展“烟台产区葡萄酒产业技术基础性研究”和“基于地理标志视阈下的烟台葡萄酒法定产区制度研究”两个项目的研究。11月份，联合市人社局、滨州医学院葡萄酒学院等部门，举办“国家级葡萄酒三级品酒师培训班”暨“2017年烟台市葡萄酒品酒职业技能竞赛”。市葡萄酒局联合国家葡萄酒及白酒、露酒产品质量监督检验中心、烟台市葡萄与葡萄酒协会制定《烟台产区葡萄酒庄园分级规范》等规范制度，计划2018年以团体标准发布。

【对外交流合作】 3月份，市葡萄与葡萄酒局组织葡萄酒骨干企业抱团参加第96届全国（春季）糖酒商品交易会。3天展会共接待咨询品鉴的客商及专业人士3000余人，意向签约600余份。举办2017“来自国际葡萄酒城的芬芳”为主题的烟台葡萄酒产区巡展推介会，赴郑州、西安、成都、泉州四地开展宣传推介。《华夏酒报》《河南日报》《华商报》《三秦都市报》和凤凰网、网易、中国酒业新闻网等当地主流媒体进行及时跟踪报道。参会企业共意向签约 120 余份，金额 3000 余万元。11 月，烟台市葡萄与葡萄酒局牵头组织产区部分优秀葡萄酒企业在承德市工商联合会主办的承德市葡萄酒协会年会上，举办“爱上烟台葡萄酒”为主题的烟台葡萄酒推介会。来自承德市工商联成员单位、葡萄酒协会会员企业及爱好者 150 余人与会。

【文化普及】 4—7 月，“仙境海岸 魅力烟台”城市形象宣传推介会分别在北京、上海、杭州举办。活动重点围绕仙境海岸、文化名城、葡萄酒城、县域风采四个方面宣传展示烟台城市形象。“葡萄酒城 魅力烟台 北京推介会”为关键词，在互联网上检索量达 140 余万条，海内外各级各类媒体共刊发、转载相关报道 4000 余篇（条），评论、点赞超百万人次。2017 年，市葡萄与葡萄酒局与市广播电视台烟台周刊合作，葡萄酒文化专版全年出版 52 期。

（撰稿：何丹丹　审稿：袁泽璞）

中小企业

【概况】 2017 年，烟台市实施创办小企业、“小升规”培育、互联网 + 中小企业创业创新行动三项计划和中小企业创新能力、产业集群发展能力、中小企业管理素质三项提升工程，推进中小企业转调升级、创新发展。至年末，全市实有个体工商户 50.4 万户，私营企业 18.32 万户。

【创业兴业】 年内新注册私营企业 3.77 万户，新登记个体工商户 8.31 万户。筛选确定 166 户 2017 年度小升规培育企业名单，定期进行调度，促其上档升级。150 户小微企业升级为规模以上企业。加强经济运行监测分析，围绕中小企业经济运行、创业创新、电子商务、产业集聚、政策扶持等方面开展一系列专题调研活动。

【新旧动能转换】 年内出台《关于培育发展中小企业新动能的意见》，实施产业集群发展能力提升工程，开展中小企业产业集群升级年活动，莱州市城港路街道入选 2017 山东特色产业镇动能转换 20 强，烟台大丰轴瓦有限责任公司入选 2017 山东特色产业镇动能转换 20 强优秀企业。实施中小企业创新能力提升工程，开展以“一企一技术”为核心的中小企业创新活动和转型升级优胜企业创建活动，修改完善“一企一技术”认定办法，推荐认定省级第十三批“一企一技术”研发中心和第十一批“一企一技术”创新企业 17 个、山东省中小企业发展新经济示范单位 8 个、转型创新优胜企业 16 个、“隐形冠军”企业 20 个、省级“专精特新”企业 24 个，认定市级“一企一技术”研发中心和创新企业 37 个、“专精特新”企业 60 个、市级中小企业发展新经济示范单位 47 个。实施互联网 + 中小企业创业创新行动计划，与烟台移动、联通、电信达成合作协议并联合举办中小企业信息化系列服务活动。

【融资服务】 年内搭建起“烟台中小微企业融资服务平台”，导入优质纳税企业信息 2.79 万条，27 家银行机构入驻平台，发布特色金融产品 42 个。加强平台宣传推广，组织开展融资服务平台操作使用培训活动 4 次，培训 800 人次。建立融资服务跟踪对接机制，组织银行机构与 400 余家有融资需求企业进行线下对接，28 家企业实现融资 30 笔，贷款金额 2.56 亿元。落实财税扶持政策，继续实施中小企业信用担保机构减免增值税政策，4 家担保机构获得减免增值税 383 万元。会同人民银行继续组织开展中小企业信用担保机构信用评级工作，18 家中小企业信用担保机构参加信用等级评定，其中信用等级达到“A”级以上的 15 家。实现中小企业融资担保额 80 亿元。配合人民银行开展“2017 烟台金融支持实体经济银企合作‘网上行’活动”和中小微企业应收账款融资专项行动。组织开展小微企业融资成本调查，收回调查问卷 132 份，形成专题调查报告。赴广州、东莞、珠海、佛山学习考察，形成考察报告，提出扶持中小微企业发展的措施建议。推进中小企业规改股、股上市，融入资本市场。新增上市中小企业 7 家。

【公共服务体系建设】 年内印发《烟台市小微企业创业创新示范基地认定办法》《烟台市中小企业公共服务示范平台认定办法》，认定市级中小企业创业辅导师 8 名，推荐认定山东省小型微型企业创业创新示范基地 4 个、山东省中小企业服务机构 4 个。依托中小企业大讲堂举办“新征途、新梦想、新未来”发展高峰论坛等一系列专题培训活动，组织各类培训 32 期，免费培训 4400 余人次。搭建中小企业对外交流合作平台，组织 8 家企业参加“2017 海峡两岸（山东）创业创富项目博览会暨中小企业展洽会”（简称创博会），8 家企业参加第十四届中国国际中小企业博览会，并被省中小企业局评为最佳组织奖。

（撰稿：于远明　审稿：万树建）

责任编校：渠敬伦

贸　　易

国内贸易综述

【概况】 2017年，全市社会消费品零售总额3273.1亿元，增长10%。其中，城镇2586.97亿元，乡村686.11亿元；餐饮业274.3亿元，商业零售业2998.78亿元。

【商贸服务业发展】 年内实施城市共同配送末端网点建设，安装智能快件箱397组，实现主城区全覆盖。启动“品牌农产品进超市工程”试点，振华量贩在15个连锁超市设置品牌农产品销售专区。11家企业获得“中华老字号”“山东老字号”称号。振华集团获2017年度中国连锁百强企业。在全省率先开展家政服务业征信信息管理平台建设，构建“互联网+家政”新模式。11月16—18日，第四届泰山商务论坛暨第三届中国生活服务业大会在烟成功举办。

【餐饮业转型升级】 年内出台《关于加强“中国鲁菜之都”品牌建设促进餐饮业健康发展的意见》《烟台市鲁菜产业十三五发展规划》《关于提升住宿餐饮业服务质量的意见》等文件，顺利通过中国烹饪协会“中国鲁菜之都”复审。10月举办2017烹饪技能竞赛和首届“烟台银行杯”饭店烹饪行业服务员节，评选出一批烹饪名师、名店以及优秀服务员。推进国家钻级酒家酒店等级评定工作，全市国家级酒家酒店达到白金五钻级1家、五钻级26家、四钻级2家。

【商贸流通业发展】 年内，烟台市获批全国农产品冷链流通标准化示范城市，出台《烟台市农产品冷链流通发展规划（2016—2020）》《烟台市农产品冷链流通标准化示范试点城市实施方案》和《烟台市农产品冷链流通标准化示范项目管理办法》，烟台喜旺等6家企业项目基本完成，烟台果品8家企业与省级公共服务信息平台实现对接。推进山东省冷链物流发展示范市试点，支持8家农产品冷链流通试点企业进行标准化设施设备建设。推动烟台市物流协会、联民集团、山东贝福特新材料、程果商贸、振华集团等13家协会及企业加入山东省托盘联盟，全市商贸流通企业使用托盘7.5万个，其中标准化托盘2.2万个。

【消费促进机制】 7月21日至8月13日举行“乐活港城，聚惠盛夏——2017年烟台购物节”，共推出32个主题促销、酷夏冰雕节、明星演唱会等系列活动，体现商、购、游、娱的相互融合及水平提升。

【重要产品流通追溯体系建设】 全市肉菜流通追溯体系实现市区肉菜流通主渠道的全覆盖，辐射3处蔬菜果品批发市场、280多个大中型生鲜超市（包括振华量贩、家家悦等）、8个农贸市场、50个中小学和企事业单位食堂、8家生猪屠宰企业、2处大型生鲜配送中心、10余家配送企业、1个中央厨房和1个生鲜电商平台，每天向城市管理平台传输3万多条农产品流通追溯信息。8月份，省商务厅组织专家对烟台市肉菜流通追溯体系建设进行考核验收。

【苹果追溯体系建设】 10月16日，全国首个以苹果为主体的特色农产品质量追溯平台——烟台苹果农产品追溯平台在栖霞市正式上线。12月12日，商务部在烟台市召开重要产品追溯示范建设推进会议和现场观摩活动，期间，现场观摩烟台中天远大智慧餐饮管理有限公司、烟台泉源食品集团和栖霞德丰食品有限公司3家重要产品追溯体系建设试点企业。

【电子商务发展】 年内，张裕、舒朗等6家企业入选“互联网+品牌”重点支持企业。舒朗电子商务公司被确定为商务部2017—2018年度电子商务示范企业。福山区获评全省第三批电子商务示范县（区）。烟台大樱桃获“2016年中国农产品区域公用品牌网络声誉50强”，栖霞（苹果）、福山（樱桃）被评为2017最受欢迎山东农产品十大原产地。组织开展“阿里年货节”“村淘春耕节”“京东·樱桃节”和“栖霞苹果网货节”等活动。栖霞辛庄村被阿里巴巴评为“淘宝村”。市商务局与德州市商务局签署扶贫协作框架协议，引导阿里、京东等电商平台在25个省定贫困村设立电商服务机构。全市电子商务交易额3650亿元，增长32.6%，其中网络零售额746.5亿元，增长42%。

【市场运行监测】 印发2017年《烟台市市场运行监测工作绩效考核办法》，按月考核并通报。建立重点企业市级联系机制，年末全市整体监测规模达到社会消费品零售总额的25.6%，监测样本企业251家，安装智能数据采集信息泵15个。完成烟台商务预报改版，13 个县市区开通县级商务预报网站，全年被商务部采纳各类市场信息 456 篇。

【单用途商业预付卡管理】 年内建立单用途商务预付卡商务部门主要领导负责制及资金存管机构审核制，召开驻烟金融机构单用途商业预付卡资金存管工作会议、发卡企业业务培训会议等。划定重点监管网格 93 个，梳理出监管风险点 27 个，对其中 12 户已备案发卡企业的 14 个违规行为，逐一查证并出具整改意见。

【打击违法犯罪】 11 月 20 日，市编办正式批复在市商务局市场运行与秩序科加挂市打击侵犯知识产权和制售假冒伪劣工作办公室牌子，成为全省首个依托商务部门机关正式成立的双打专职工作机构。全年全市立案查处侵权假冒案件 767 起，罚没款 1248.5 万元。公安机关侦办侵权假冒和涉烟案件 664 起，抓获犯罪嫌疑人 800 余人，涉案总价值 5 亿余元；检察机关受理侵权假冒案件 30 件，批准逮捕 18 件 22 人；法院系统受理侵权假冒案件 54 件，审结 48 件。

会展经济

【概况】 2017 年，全市举办各类会展活动 32 个，展出面积超过 45 万平方米，其中展览面积在 1.8 万平方米以上的大型展览 13 个。展会涵盖食品、汽车、文化产业、房地产、建筑建材、服装服饰、养老保健、体育休闲等众多领域。32 个展会中，国际展会 11 个，达到 34%，较上年提高 4 个百分点。全年共举办汽车、住房、年货等内贸展会 23 个。

【自主品牌展会】 全市举办的 13 个展览面积在 1.8 万平方米以上的大型展览会均为烟台市本土品牌展会。第十八届国际果蔬・食品博览会参展企业 318 家，参展展位 559 个，展览总面积 1.2 万平方米。参观人数 5.5 万人次，意向贸易成交额 1.5 亿元。

【招会引展】 年内，全市引进承办包括 2017 中国（烟台）国际钓具、游艇暨户外用品博览会、2017 中国（烟台）国际健康产业暨养生博览会、第四届泰山商务论坛暨第三届中国生活服务业大会等国家级展览活动。

【行业管理】 1 月，根据省商务厅要求，组织烟台国际博览中心有限公司、烟台金诺会展有限公司、烟台天方国际会展有限公司等 5 家企业申报山东省览业重点联系企业；7 月，组织企业参加在泰安举办的全省会展业重点联系企业培训班，加强同其他地市同行的交流沟通，提高服务能力；10 月，推荐国际果蔬・食品博览会和烟台装备制造业博览会参加山东省品牌展会申报认定；12 月，组织企业参加在北京举办的全国展览业管理业务培训班，进一步提升会展主体管理、经营和服务能力，发挥其对行业促进的基础作用。烟台市获“2017 年度全国优秀会展城市奖”。

（撰稿：王兆鹏　审稿：赵新志）

供销合作

【概况】 2017 年，全市供销社实现销售收入 136 亿元，实现利润 1.13 亿元，其中，直属企业实现销售收入 80 亿元，实现利润 2527 万元。6 月，中华全国供销总社正式批复烟台市供销社为全国供销社综合改革产业发展基金专项试点单位，市政府同意给予基金 2000 万元的支持。

【经营服务规模】 2017 年，全系统拥有智能配肥机 97 台，开展测土配方智能配肥面积超过 25.13 万公顷；建成为农服务中心 137 处，建成各类庄稼医院 135 处，拥有植保机械和无人飞机 136 台架，开展机防机治和飞防飞治服务面积 7.84 万公顷；建成各类示范基地 51 处，开展土地托管服务面积超过 24.13 万公顷；创办有机肥生物肥厂 7 处；推广实施水肥一体化节水农业面积 1333.33 公顷，全省供销社水肥一体现场推进会议在烟台（牟平）召开，全省各地市和县市区供销社主任及部分县市区政府领导 200 余人参加。

【实体经营服务网络】 2017 年，烟台农资公司建成并投入使用 7 处大型区域配送中心，全系统建成并投入使用 80 处县域配送中心、直营店 649 处，新增为农服务中心 23 处，新增直营店 47 处。农用成品油网络依托中国供销石油烟台有限公司建设，按照“配送中心 + 加油站 + 消费合作社和用油大户、村两委”的模式，努力实现农村加油站的全覆盖，不断适应农业机械化发展新要求。供销石油公司通过购买、租赁、新建、合资合作等多种形式，在全市发展农村加油站 60 处，分布于全市 60 多个乡镇，服务 1000 多个村庄。日用消费品网络按照“配送中心或配送组合 + 乡镇超市（村级超市）+ 各类消费主体”的模式建设，全面恢复供销社在农村的日用品、必需品经营服务业务。年末，全市供销社系统拥有日用品配送中心 9 处，发展直营超市 205 处。农产品经营服务体系立足本地优势特色农产品资源，按照“标准化示范基地 + 专业合作社组织 + 标准化规模生产 + 优势骨干企业 + 终端市场”的模式建设。全市供销社系统创立农产品品牌 46 个，收购各类农产品 9 万吨，收购额近10亿元。

【电子商务】 年内，供销系统与全国知名平台电商合作，在淘宝、京东等电商平台开设网点，提高烟台名优特新农产品、食品在全国的影响力；发展微信商城和微店、手机终端APP等，拓展烟台农产品销售渠道，不断扩大经营规模，发展各具特色的区域性直销电商、县乡电商，对接全国总社、省供销社的电商平台，把县域电商纳入全国、全省一张网，培育新的经营服务优势，推动传统经营方式与电子商务线上线下融合发展。2017年，全市供销社系统电子商务交易额达21亿元。

【农民合作组织领办创办】 到2017年，全市供销社系统共领办各类农民合作社521个，组建专业或区域合作社联合社89处；全年通过“社村共建”为农民增收近1.2亿元，组织开展培训达21万人次。

（撰稿：张云　审稿：姜增道）

粮食流通

【概况】 2017年，全市粮食系统争取国家和省政策性扶持资金6778万元，启动总投资8000万元的国家级军粮综合应急保障基地项目建设，成功申报“中国好粮油”品牌。烟台市粮食局获评“2017年度省级文明单位”。

【粮食安全】 市委市政府将粮食安全作为逆向指标纳入全市科学发展综合考核，市粮食局牵头相关责任单位，完善6项考评机制，搞好市级自查和县级督导，在2016年度全省考核中达到优秀等级。实施“优质粮食工程”，成功申报海阳、莱阳、招远、莱州4个产粮市10个产后服务中心项目，莱阳市及鲁花集团为“中国好粮油”示范县和示范企业，鲁花、龙大、金龙鱼、味福美等4个品牌为“中国好粮油”产品，规划新建县级粮食质监站10个，先期实施莱阳、海阳、牟平建站项目3个。市、县粮食应急体系项目全部建成，全市应急加工企业22家、储运企业18家、供应网点279个，形成较完善的应急保供网络。烟台国家粮食储备库和6个县级储备库以及16个收纳库系统仓库智能升级完成软硬件安装调试。在莱州、招远两市开展农户科学储粮建设项目，为农户免费发放示范仓5000套。参与粮食收购库点全部安装了“一卡通”系统，粮款快速直达售粮者，全市收购夏粮22.2万吨（国有企业12万吨）、秋粮8.5万吨，做到应收尽收，没有发生“打白条”、压级压价和“卖粮难”问题。

【产业发展】 年内，三维饲料研发创新性生物科技产品—核糖蛋白填补国内空白，进入试生产阶段，产品申报2017年烟台市科技项目。引导扶持涉粮企业拓展经营链条，蓝白公司与外合作推进蔬菜基地建设，推动实现一二三产业融合、全产业链式发展。新培育市区“放心粮油”承办企业1家、认定市级“放心粮油”示范加工企业3家，全市共设立放心粮油（应急）配送中心15个、放心粮店282个，覆盖185个镇街，进学校372个，放心粮油年经营量24万吨。完成县市区主食产业化项目验收4个、基本建成3个、新筛选上报2个，除长岛外实现项目全覆盖。以蓝白、菜根香等为骨干，“居民厨房”（快餐店）服务网点不断扩大。

【流通监管】 年内，市粮油质检中心抽检整理主要粮油样品1068个，同比增加205个。推行粮食收购资格全程网上办理，委托下放到县级，收购许可承诺办理时限调整为1.5天，申报材料减为6项，在全国最少。组织夏粮收购市场专项检查、政策性粮食销售出库、粮食流通统计执行情况和日常流通监督检查，维护市场秩序和涉粮者利益。

【军民融合】 年内依托烟台市军粮供应站，启动国家级军粮综合应急保障基地创建工作。项目集军粮保障、成品粮油及主食加工配送、仓储、冷冻、质检等于一体，中央、省财政投资60%，是省内最大的国家级军粮保障项目。前期准备工作就绪，建设方案获批后即可启动开工。4月上旬和8月下旬分别承办全省军粮供应工作现场会、全国军粮系统培训会议。莱阳、龙口军粮供应站成功争创省“四星级”“三星级”站，年末全市有“五星级”“四星级”军粮供应站各1个、“三星级”军粮供应站3个。

（撰稿：王学良　审稿：艾传勇）

烟草专卖

【概况】 2017年，山东烟台烟草有限公司实现税利16.27亿元，同比增长4.1%；其中上缴税金11.8亿元。

【专卖管理】 年内，烟草专卖机构与综治、公安、交通、工商、邮政、海关、海警等相关部门协调联动，探索运用大数据搜集和分析研判涉烟违法信息，建立全员提报涉烟案件信息激励机制和微信涉烟违法行为全面排查工作机制，推进“齐鲁之盾”（2017）专项行动。全年查获涉烟案件3986起，查获违法卷烟1192.33万支，烟丝烟叶11.69吨，总案值1451.08万元。

【卷烟经营】 年内，烟草专卖机构挖掘婚庆、旅游、农村等专项市场潜力，年内销售重点品牌 20.41 万箱，占总销量的 80.92%；销售细支烟 4.21 万箱，占总销量的 16.7%，销售比重继续保持全省第 1 位；销售鲁产烟 10.28 万箱，增长 12.82%，市场份额突破 40%；销售“泰山”品牌 7.32 万箱，增长 20.31%，市场份额提高 4.43 个百分点。推进零售户自律互助小组建设，建立自律小组 783 个，覆盖 1.47 万名零售户，占比达到 55%，零售户毛利率达到 9% 以上。加强现代终端建设，全市电子结算率保持在 97% 以上，成功率 100%；网上订货率 89.2%，居全省第 1 位；“经营助手”使用户数 8804 户，使用率 32.91%。

【基础管理】 年内，烟草专卖机构推进质量管理体系、企业综合标准体系、职业健康安全管理体系和系统性廉洁风险防控体系建设“四标合一”；开展“制度建设年”“制度提升年”活动，新建、修订制度 72 项。开展课题攻关、科技创新等精益改善活动，3 个课题获得省局（公司）三等奖。健全降本增效责任落实体系，降本增效合计 205.76 万元。

【公益活动】 年内，烟草专卖机构实施“双联双促”新农村帮扶工作，支援对口帮扶村及地方有关部门改善村容村貌、加强道路设施建设、完善森林防火工程、开展水利设施建设等项目，捐赠帮扶款 75 万元；参加慈善爱心捐助活动，捐款 68.17 万元，其中职工个人捐款 20.17 万元；开展“助力寒门学子”活动，向驻烟高校贫困大学生、市教育部门捐赠助学金总计 34.38 万元，帮助他们解决生活困难、顺利完成学业；支持地方见义勇为公共事业，捐赠资金 50 万元；救助困难职工和社会困难家庭，捐助资金 25 万元。年内累计捐款 252.54 万元。

（撰稿：吴非　审稿：郭术兵）

石油经营

【中国石油化工股份有限公司山东烟台石油公司】 2017 年，公司向市场投放成品油 90.35 万吨，其中枪出量 65.85 万吨，直分销量 24.5 万吨，非油品营业额 4.2 亿元，上缴税金 8191.23 万元。至年末，在岗员工 1897 人，营业站 219 座，在用油库 3 座，库容 6.21 万方，市场占有率 62.6%。

合理组织资源调配，通过设立保供站、“惠农一周”、开展送油到田间地头、免费送油等措施，顺利完成“三夏三秋”保供任务。科学制定保供措施，确保节假日用油高峰期不脱销、不断档。强化双卡营销，利用充值优惠、加油赠券等活动回馈客户。2017 年全员营销惠及充值客户 13 万名，累计充值额 31.3 亿元。按照“小超市、大连锁”的要求，丰富商品种类，优化商品结构，引进全国重点名优商品和本地特色商品，保障“易捷”门店无假货，满足加油客户及周边居民的购物需求，卓玛泉、燃油宝、普洱茶等多项商品受到客户的青睐。开展多元化经营，发展餐饮、汽服、保险、广告等新业务，推广尾气处理液。

发展新建加油、加气站。新建加油站 6 座、加气站 6 座，夯实网络基础，优化区域布局。加强环境污染防治，推动双层罐改造工作，4 季度“双罐双线”改造涉及 10 个县公司 92 座站，点多面广，历时 3 个多月，全部竣工投营，单站工期 27 天。打造舒适的消费环境，圆满完成加油站各类改造。完成 15 座城区站提量改造、54 座站旱厕改造和 12 座站 98# 汽油升级改造，八角港油库顺利投营，保供能力得到进一步提升。清理假冒、仿冒站 12 座，维护中国石化品牌形象，捍卫消费者合法权益。

推进库、站“7S”标准化建设；开展“我为安全作诊断”“安全生产月”等主题活动，发动全员开展风险识别、隐患排查，做好风险管控和隐患治理。增加“四不两直”检查频次，开展站、库检查 2 万余次，检查问题 7 万余条，系统整改率达到 100%。数质量管理。强化加油、接卸油等现场管理；完成加油站柴油罐车柴置换工作，把好“质量和计量”两个关口，确保油品抽检合格率 100%，全年未发生等级数质量事故及媒体曝光事件。财务管理严谨精细。完善修订财务管理制度和考核办法，形成完善的管理体系；强化费用管理力度，降本减费成绩显著，加强资产管理，做好资产盘点、转资等工作，通过资产处置、核销、计提减值准备，实现处置收入的最大化。

（撰稿：李廷坤　审核：吕呈兴）

【中国石油山东烟台销售分公司】 2017 年，实现纯枪销量 26.6 万吨，非油收入 6460 万元；全年“零事故、零伤害、零污染”，经营目标同等条件下实现提升。

分区域建立商情小组，及时掌握市场动态，精准施策快速跟进，力保客户不丢、份额不降。坚持以客为上，打造汽油站品牌名片。按照“形象佳、服务优、效率高、营销准、团队强”总体要求，在 26 座汽油站升级现场软硬件设施，推出擦车送茶等候关怀，开展岗位练兵、技能比武，提升员工服务本领。坚持精准营销，线上线下立体传播。线上组建单站客户群 610 个，粉丝数量达到 6 万人；依托中油好客 e 站电子券搭建会员体系，持卡客户获得感不断提升。线下丰富充值赠礼、消费赠礼、幸运抽奖等会员日内容，开展个性化站级营销，促进销售上量。坚持业务拓展，持续提升客户体验。推出“惠民系列”营销，开展“一元换购”活动，组织专场推介会，提升昆仑好客品牌效应，推动“人·车·生态圈”建设。

遵循资产站优先、租赁站补充的原则，紧盯开发目标，拓展零售网络，零售网络竞争力进一步提升。严守存量不丢，确保已有市场份额不降。贯彻“守住一个存量站比开发一个新站更实用”的理念，全面监控租赁站动向，推动租赁站资产化和临期站续租，保住市场份额的稳定。统筹推进，保障改造项目顺利完工。按照“安全第一、质量至上、投资受控、工期合理”的原则，严守安全、质量两条底线，强化工程项目管理。全年完成工程改造和检维修项目1000余项。

梳理细化各单位、各岗位QHSE职责，层层签订《安全环保责任书》，全员签订《个人安全承诺书》，提升安全责任意识。QHSE体系建设。以加强风险管理为核心，2次开展全员、全业务链、全过程危害因素辨识与风险评价，有效控制各类风险。以岗位责任落实为主线，开展所有库站QHSE体系量化审核，运营达标率98.9%。推进风险分级管控和隐患排查治理的“双体系”建设，体系运行更加科学、系统和完善。隐患排查治理。开展库站隐患全面排查、罩棚安全隐患专项排查，制定针对性防范措施。重点时段保障。严格落实十九大安全升级管理，开展维稳安保防恐现场督查，履行24小时值班值守，加油站全面禁售散装汽油，施工作业实行升级管理，确保十九大期间安全平稳运营。

（撰稿：李伟奇　审稿：袁慧娟）

对外经贸综述

【概况】 2017年，全市新批外资项目207个，同比下降10.8%，合同外资204.1亿元，下降5.3%，实际使用外资144.9亿元，增长6.5%。外贸进出口3077.6亿元，增长6.3%，其中出口1740.5亿元，增长6.1%，进口1337.1亿元，增长6.5%。新备案境外投资企业（机构）45个，中方协议投资额16.5亿美元，下降4%，实际投资额9.1亿美元，下降35.7%；对外承包工程合同额5.7亿美元，营业额9.7亿美元；外派劳务人员7534人次，年末在外人数1.27万人。

【中韩（烟台）产业园】 年内，印发《2017年中韩（烟台）产业园工作要点》。与新万金产业园间实务洽谈第二次会议召开。委托商务部研究院编制的《中韩（烟台）产业园产业发展规划研究报告》通过专家组评审。与安永（中国）就产业园国际合作课题研究签订协议，与烟台大学就合作设立“中韩产业园发展研究中心”机构签订协议。全年组织32批次赴韩经贸招商和合作交流活动，全市新批韩资项目57个，实际使用韩资10.4亿元；对韩进出口536.3亿元，是全省对韩贸易额最大的城市。12月11日，国务院以国函〔2017〕142号文正式批复在山东省烟台市设立中韩产业园，打造中韩国际产业合作新高地。市投资促进局被中国商务部、韩国产业通商资源部、日本经济产业省联合授予“泛黄海经济·技术交流大奖”。

【利用外资】 招商活动。编制《2017年境内外经贸促进活动计划》和《烟台市重点招商合作项目册》，组织或参与香港山东周、医药跨国公司对接会、山东美国周等投资促进活动30多次，其中，香港山东周签约重大项目17个，协议外资33亿美元。11月9日，龙口市南山乙烷综合利用项目在中美两国领导人见证下正式签约，成为中国进口美国乙烷的首单合同，也是山东省唯一入选见证签约的项目。年内，中国香港地区、韩国、日本、美国到账外资分别为10.5亿美元、1.6亿美元、1.1亿美元和1.7亿美元。

招大引强。编印《2017年世界500强企业调研汇编》，建立世界500强投资项目调度机制，开展“大走访”活动。年内，新批千万美元以上项目52个，合同外资11.9亿美元。16家世界500强新投（增）资19个项目，合同外资6.7亿美元，增长143.2%，其中谷歌首次在山东投资。

外资结构。新批第一产业项目6个，合同外资2.2亿元，实际使用外资2.4亿元。第二产业项目92个，合同外资84.9亿元，实际使用外资77亿元。其中，医药制造业、通用设备制造业、专用设备制造业、仪器仪表制造业利用外资分别增长104.9%、113.8%、70%和148.4%。第三产业项目109个，合同外资117亿元，实际使用外资65.5亿元，分别增长27.9%和46.8%，其中房地产利用外资增长163.9%。

创新方式。开展千企大走访活动，市政府召开外商投资企业座谈会、韩资企业座谈会、外商中秋联谊会，帮助企业解决规划、用工、用电、社保等企业反映问题100多件，推动84个外资项目新增合同外资10.3亿美元，分别增长12%和76.6%。市政府与苏格兰总商会签署全面合作备忘录，其中国首个代表处在烟台揭牌成立。强信机械、金正环保分别在中国台湾、美国上市。新设外资融资租赁项目5个、外资并购项目 7 个。12 月 15 日，烟台集装箱远洋航线正式开通，将打通烟台至欧、美、澳、非等世界主要港口的外贸运输通道，最终实现与世界港口物流的全覆盖。

【对外贸易】 开拓国际市场。年内，组织近 700 家企业参加华交会、广交会、美国国际服装展、日本国际食品饮料展等 30 个境内外重点展会，对日本、中国台湾地区、美国等传统市场出口分别增长 42.1%、11.9% 和 13.8%，对大洋洲、非洲、“一带一路”、拉丁美洲等新兴市场出口分别增长 53.4%、269.1%、8.9% 和 2.5%。在“2016 中国外贸百强城市”榜单中，烟台市位列全国第 25 位。

壮大主体队伍。全市有进出口实绩企业达到 4496 家，同比增加 155 家，其中进出口过 10 亿元的企业达 30 户，21 家企业入围全省外贸百强企业，5 家企业入围全省进出口百强前 20 强，鸿富锦精密电子、浪潮乐金分列全省第 1 和第 3。

优化外贸结构。中集来福士 5.79 亿美元的双钻塔超深水半潜式钻井平台“蓝鲸 1 号”成功交付，33 家品牌企业出口 208.2 亿元，占全市比重 12%，同比提高 2.9 个百分点。一般贸易进出口 1153 亿元、增长 17.1%，占全市比重同比提高 3.5 个百分点；机电和高新技术产品进出口分别占全市进出口的 53.3% 和 21.9%。出口农产品质量安全示范市创建活动成效明显，农产品出口 215.9 亿元，增长 3.9%。

培育新型业态。出台《山东（烟台）跨境电子商务综合试验区实施方案》，市级跨境公共服务平台上线，开通网购保税进口模式，敦煌网烟台运营中心落户，全市在阿里巴巴等平台注册企业 3620 多家，全年全市跨境电商交易额 28.8 亿美元，增长 28.3%。支持外贸综合服务企业发展，朗越国际、森泽物流等 3 家省级外贸综合服务企业服务中小企业 200 多家，带动出口 3 亿多元。三站市场申报第四批国家市场采购贸易方案已报商务部。中外运仓储等 8 家企业新开展旅游购物业务，全市旅游购物资质企业达 29 家。

发展服务贸易。烟台市获批省级服务贸易创新发展试点市，出台《建设省级服务贸易创新发展试点市实施方案》，实施“369”培强工程，6 家企业入围省级重点文化产品和服务出口企业，16 家院校（机构）获批全省服务外包人才培训机构，认定 3 家首批市级特色服务（贸易）发展示范区。与世界 500 强日立、西门子签署合作框架协议，全年全市服务贸易进出口 402 亿元，增长 13.7%，其中文化贸易额 323 亿元，增长 163.%，总量居全省第一。

扩大进口规模。全年液化气、原油、铜矿砂、铁矿砂、橡胶进口分别增长 116.2%、20.6%、54.3%、41.5% 和 58.2%，拉动全市进口增长 5.7 个百分点。民生领域消费品进口实现快速增长，服装、水果、红酒等进口分别增长 96.1%、64.6% 和 55.6%。

【对外投资】 对外投资主体。年内，新批境外投资企业（机构）45 家，中方协议投资额 16.5 亿美元。其中备案过千万美元项目 20 个，中方协议投资额 15.9 亿美元，占全市总额 97%，19 家实现首次“走出去”。

“一带一路”倡议。制定融入“一带一路”战略推进对外投资合作工作方案，建立《“一带一路”优势企业服务台账》和重大项目储备库，中航林业年产 20 万立方米的密度板生产线项目列入中俄边境及地方间经济合作支持项目，中匈宝思德经贸合作区等 21 个项目纳入省级重点项目库。年内，对“一带一路”沿线投资项目 19 个，中方投资额 10 亿美元，增长 255.7%。烟台市与“一带一路”沿线 64 个国家和地区均有贸易往来。凭借良好的贸易和投资基础，烟台市获评中国“一带一路”最具活力城市。

境外园区建设。中俄托木斯克木材工贸合作区和中国匈牙利宝思德经贸合作区两大国家级境外经贸合作区，累计投资 39.6 亿美元，引进入园企业达到 34 户，为当地提供就业岗位 5000 个，带动进出口 9 亿美元。

境外工程承包。年内，新签对外承包工程合同 48 个，营业额 9.7 亿美元，增长 10.6%；派出劳务人员 7534 人，增长 16.8% 烟建集团连续五年、烟台国际公司连续四年入选全球最大 250 家国际承包商榜单，烟台国际、华天国际列入全省首批高端劳务基地培育扶持名单。

【经济园区】 烟台开发区获国务院定向奖励全省唯一扩区资格，在全国 219 家国家级开发区中综合排名第 6 位。3 家省级开发区进入全省综合评价前 20 强。招远市与世界 500 强德国贺利氏集团合作建设中德高科技产业园，至年末入驻德国先进制造业高新项目 5 个，国际特色园区建设初具规模。

龙口开发区体制机制创新试点通过省里中期评估，蓬莱、莱阳经济开发区纳入全省第二批体制机制创新试点，烟台开发区成为全省 2 家中小企业双向投资促进公共服务平台建设试点单位之一。

组织开展复制推广自贸区改革试点经验自查自评，烟台市复制率达到 85.6%，其中“电子税务局”、原产地签证区域审单中心、知识产权金融服务联盟等 18 项为创新复制推广措施，数量居全省第一。

2017 年烟台市重点企业出口完成情况统计表

表 11 金额单位：万元

单 位	2017 年	2016 年	同比增减 %
全市出口总值	17404886	16404228	6.1
50 家企业合计	11306061	10431493	8.4
占总值比重 %	65	63.6	—
鸿富锦精密电子（烟台）有限公司	3240218	2688637	20.5
浪潮乐金数字移动通信有限公司	1566506	1662941	-5.8
上海通用东岳汽车有限公司	665389	765969	-13.1
富泰京精密电子（烟台）有限公司	488607	371292	31.6
烟台锦泰国际贸易有限公司	488164	290010	68.3
烟台海港国际物流有限公司	440366	208114	111.6
乐金显示（烟台）有限公司	438853	749487	-41.5
鸿富泰精密电子（烟台）有限公司	405554	539766	-24.9
山东玲珑轮胎股份有限公司	381732	369427	3.3
烟台胜地汽车零部件制造有限公司	258664	221765	16.6
大宇造船海洋（山东）有限公司	236603	263637	-10.3
乐金电子部品（烟台）有限公司	205124	170331	20.4
蓬莱巨涛海洋工程重工有限公司	201809	301678	-33.1
万华化学集团股份有限公司	137196	73629	86.3
烟台万润精细化工股份有限公司	128227	102302	25.3
烟台帕特仑电子有限公司	96337	97239	-0.9
烟台矢崎汽车配件有限公司	93132	85870	8.5
龙口海盟机械有限公司	87446	85211	2.6
烟台泉源食品有限公司	85126	5275	1513.7
烟台绮丽集团有限公司	77385	78949	-2.0
山东隆基机械股份有限公司	73724	12465	491.5
烟台龙大食品有限公司	71908	63455	13.3
蓬莱中柏京鲁船业有限公司	67587	84818	-20.3
山东招金金银精炼有限公司	67135	45389	47.9
烟台明远家用纺织品有限公司	66733	54284	22.9
大韩电子（烟台）有限公司	62832	55483	13.2
山东宏泰电器有限公司	62334	62812	-0.8
烟台东诚药业集团股份有限公司	62106	53887	15.3

续表

单 位	2017 年	2016 年	同比增减 %
山东省中鲁远洋（烟台）食品有限公司	59524	56597	5.2
烟台首钢磁性材料股份有限公司	58985	43881	34.4
山东道恩国际贸易有限公司	58545	44846	30.6
烟台红壹佰照明有限公司	55909	37773	48.0
烟台北方家用纺织品有限公司	55263	52052	6.2
五洲丰农业科技有限公司	54989	34920	57.5
龙口慧博国际商务服务有限公司	53973	30097	79.3
烟台杜奥尔车饰有限公司	52843	43312	22.0
山东东方海洋科技股份有限公司	50996	47763	6.8
烟台杰瑞石油装备技术有限公司	49441	62973	–21.5
德尔福柴油系统（烟台）有限公司	49068	25620	91.5
万华化学（烟台）石化有限公司	47285	22519	110.0
烟台铁姆肯有限公司	46729	40697	14.8
龙口现代星宇汽车配件有限公司	42970	42071	2.1
贝思特宽带通讯（烟台）有限公司	42209	39554	6.7
烟台同德食品有限公司	40734	41182	–1.1
烟台北方安德利果汁股份有限公司	40155	53891	–25.5
海阳比艾奇电子有限公司	39019	34058	14.6
莱州三力汽车配件有限公司	38727	39607	–2.2
栖霞长裕玻璃有限公司	38079	29367	29.7
烟台港务货运经营有限责任公司	36946	13422	175.3
山东豪克国际橡胶工业有限公司	36875	31169	18.3

（撰稿：王兆鹏　审稿：赵新志）

国际贸易促进

【交流合作】 2017 年，市贸促会参加东亚经济交流推进机构第 4 届国际商务分会和第 7 届执行委员会，与中日韩 11 城市代表围绕加强中日韩贸易投资合作交换意见。与比利时驻华使馆、英国驻华使馆、大韩贸易投资振兴公社、全澳华人联络会加强合作联系。与韩国韩中亲善协会签订友好合作协议。与陕西省宝鸡市贸促会签订友好合作协议，搭建两市外经贸领域交流平台。承办“一带一路”烟台论坛。联合巴基斯坦山东商会、烟台企业与企业家联合会等国内外的商协会，成功举办“一带一路”烟台论坛——首届中巴合作论坛，中国和巴基斯坦两国的友好协会和公共外交协会负责人、经济专家、企业家、媒体代表以及俄罗斯、美国、澳大利亚、秘鲁、马来西亚等国的嘉宾近 600 人出席。

组织企业参加“2017‘选择美国’济南路演”活动、泰国达拉泰市场走进中国洽谈会、韩国庆尚南道贸易团烟台经贸洽谈会；推荐玲珑轮胎报名总会成为 APEC 理事会成员单位，并参加 11 月在越南举办的 APEC 峰会；推荐南山铝业参加美国总统特朗普来华访问期间经贸活动。承办总会贸易投资促进部主办的“2017提升对非洲进口能力建设培训班”，邀请海关、中国检验认证集团等单位的专家为参会企业提升进出口能力做全方位辅导。帮助瑞康医药与英国卡迪夫大学达成设立瑞康博士学位基金项目和瑞康研究中心事宜合作意向，签订瑞康卡迪夫中国医学奖学金协议。

【招商引资】 年内组织出访欧洲、韩国等3次，推动瑞康医药与英国伤口治理国际服务公司签署合作协议，计划在烟台合作开办创伤管理医院，注册资本1000万人民币。促成一家医药企业与希腊3家药厂签订保密合作协议，针对海外收购和国内医药销售、合作建厂进行市场评估与合作洽谈。推动一家医药企业和韩国一知名康复医院签订合作协议，计划在烟台共建中韩康复医院。推动招金集团与意大利贵金属品牌合作、招金集团与墨西哥收购金矿项目合作，至年末2个项目进展顺利。为一家医药企业收购韩国种植牙公司牵线搭桥，已达成收购意向。

【国内外展览】 全年共组织86家企业参加20个国际展会，申请标准展位91个，帮助企业签订意向合同近1亿美元。组展总数较去年相比继续增加，以欧、美、日、韩等传统市场为主导，致力于新兴市场项目开发、培育。配合省贸促会进行第十三届中国国际会展经济合作论坛、2017香港礼品赠品展、香港家庭用品及家纺展、2017上海国际汽配展等经贸活动的联络、协调、组织工作。

圆满完成2017东亚国际食品交易博览会的举办工作。本届展会展览面积2.8万平方米，设国际标准展位1200个，国内外800多家企业参展，展出名优新特产品1.3万种。东亚食博会已经发展成为代表烟台市“中国食品名城”形象的品牌展会，是东亚地区食品加工制造、商贸合作的大型互动平台，也是华东地区和环渤海经济圈最具专业化、市场化、国际化的食品经贸盛会和年度重点展会之一。

成功协办2017时尚辣妈精品汇暨进口商品展。该展会由中粮集团所属中纺广告展览有限公司和《时尚芭莎》杂志社共同举办，首次落户烟台。展会为专业的母婴类B2C展会，采用“会展＋互联网＋传媒”的战略组合运作模式，展品涉及母婴育儿、儿童教育、时尚装扮、家居生活、进口商品几大品类，包括全国各地的时尚产品、烟台本地的母婴精品以及来自日本、美国、英国、澳大利亚、巴基斯坦等国的进口商品、近百家企业参展。展会期间，12场亲子活动丰富多彩，近5万观众到场体验并采购，参商满意度超过80%。

【法律服务】 2017年，签发各类单证总量3.1万份，同比持平。其中，优惠证签证量9200份，同比上升19%，中韩优惠证签证量占比达到69%。新增注册企业71家。新老签发系统平稳过渡，取得贸促总会对地市级贸促会的全部业务授权。市贸促会工作人员成为中国贸促会商事证明专家小组成员，全国仅13人获此资格。

举办两期手签员业务培训会，参会人次共近300人。参加阿斯塔纳世博会ATA单证册通关及中哈双边投资政策培训会、中国—格鲁吉亚自贸协定优惠原产地签证培训会议、贸促系统商事法律业务工作研讨会、贸促系统新版原产地证网上签证系统专项培训班等数次培训会议。

在线为企业解疑答复数万次，发布经贸摩擦预警信息80条，提供法律咨询10余次，受理商事调解案件2例，涉案金额460多万元人民币。与中国信保烟台办事处会谈，结合省市两级国家财政扶持政策开启“信保易”项目的初步探索和尝试工作。

（撰稿：赵建武　审稿：刘世民）

投资促进

【概况】 2017年，市投资促进局直接引进世界500强、跨国公司、行业龙头投资项目11个，总投资额4.5亿美元，同比增长350%，实际到账外资1.2亿美元，同比增长231%，其中世界500强项目3个，占全市17.6%。组织经贸活动39次，陪同市领导境内外出访（招商）13次，派出招商小分队41批次，接待来烟客商264批次926人次，推动烟台市与西门子等世界500强签署合作协议12项。年末，尚在推进重点在谈项目22个，其中外资项目14个，总投资19.65亿美元，内资项目8个，总投资250.2亿元。年内，获2017年度省级精神文明单位、山东省外经贸系统先进工会、市直事业单位考核A级单位等荣誉称号，并被中国商务部、日本经济产业省、韩国产业通商资源部授予“泛黄海经济·技术交流国际大奖”（机构奖），成为中国唯一获此殊荣单位。

【经贸合作平台搭建】 年内，市投资促进局组织县市区、产业部门、经济园区、重点企业赴境内外开展投资促进活动，推动市领导赴日本、韩国、欧洲、中国香港地区、北京、大连、深圳、济南等开展境内外出访13次，走访会见富士康、华润、中信、招商局、光大、保利等世界500强企业和行业领军企业主要负责人，拜访韩国LG显示、现代汽车、韩美制药、德国西门子、瑞士皮拉图斯等世界500强、跨国公司和法国卫生部战略发展司、德国巴伐利亚州经济、媒体、能源和技术部、瑞士沙夫豪森经济促进与区域发展署等政府机构，举办烟台——法国昂热市投资合作恳谈会、烟台——德国慕尼黑经贸合作恳谈会、烟台——瑞士经贸恳谈会等双向投资交流活动，在通用航天、智能制造、生物医药、现代化工、养老养生等领域达成多项合作意向。组织参加香港山东周、美国商务周、德国商务周、日本商务周、达沃斯论坛、夏洽会等重要经贸活动10次，在省里组织的各大经贸活动中，协调市领导会见客商层级之高、走访客户数量之多、签约项目质量之好均居全省前列。牵头举办跨国公司（烟台）医药对接会、中荷（烟台）商务对接会、中以（烟台）投资恳谈会、烟台——日本东海地区养老产业对接会、烟台——韩国保健医疗座谈会、世界500强正大医药医疗健康对接会、烟台——三菱电机冷链物流产业交流会等经贸活动29次，邀请客商累计1306名，获取经贸信息246条，储备项目73个，签约项目27个，带动市直部门、县市区、经济园区和意向企业2260人参会。

【重点项目推进】 市投资促进局全年派出招商小分队41批次，主动登门拜访三菱、住友、川崎重工、宜家、通用电气药业等160家世界500强、跨国公司、行业龙头企业，邀请客商来烟264批次926人次，面对面推介烟台优质载体，摸清企业投资重点，获取重点项目信息240条，推动形成总投资1.5亿美元的瑞典宜家家居、1亿美元的亚洁能新能源增资、7000万美元的住友商事污水处理场、50亿元人民币的传化智慧物流科技城、20亿元人民币的蓬莱特色小镇等重点在谈项目。

【合作交流】 年内在北美，与纽约烟台同乡会、美国硅谷科技创新中心、美国圣烟友好协会、加拿大齐鲁华人总商会签署战略合作协议，在欧洲，与德国巴伐利亚投资促进局、KPWT国际股份有限公司签署投资促进协议，并与日本、韩国、新加坡、澳大利亚等国家商协组织签订合作协议，建立完善覆盖全球的招商网络。促成烟台市政府与阿里健康，蓬莱市政府与棕榈集团、新华集团，福山区政府与传化物流，烟台职业学院与西门子集团，烟台工程职业技术学院与施耐德电气集团等签订合作协议。

【在谈项目落地】 年内，在新能源领域，推动世界500强美国高盛集团投资1亿美元的亚洁能光伏发电区域总部项目；在制造业领域，推动日本荏原冷热系统株式会社总投资5700万美元的荏原冷热系统（中国）有限公司项目；在医疗健康领域，推动跨国公司韩国艾多美总投资5000万美元的中国总部项目和韩国TENTECH株式会社投资1000万美元的奥拉克医疗器械项目；在现代化工领域，推动中国香港地区美丽中国控股总投资1.2亿美元的莱州盛邦环保科技项目；在金融融资领域，推动莱州强信科技作为全市首个中国台湾地区上市企业融资600万美元；在内资项目方面，推动新鸿宇酒店、蓝天特温暖清洁能源、山东兵港科技、舜世养老院、宏大建设等项目成功落地。

【营商环境优化】 年内，市投资促进局在招商项目征集方面，汇编形成《烟台市重点招商合作项目册》，对外推出优质招商载体177个；在招商对象研究方面，围绕重点区域、产业、企业，编制完成《世界500强企业调研汇编》《重点产业调研报告》《重点国别地区调研报告》等基础招商材料；在招商资料制作方面，编制完成2017版中英日韩版本《烟台商务指南》，结合不同经贸活动主题要求和客商特点，制作更新产业招商、国别招商、专题招商配音PPT片16个。运营维护“中国国际投资促进网”和“投资烟台”微信平台，更新网站信息1278条，推送微信信息149条。完成《改革开放实录烟台卷》“全市招商引资经验、历程及启示”课题撰稿，对全市招商引资工作进行梳理综述。注重外商投资服务，开展“百企大走访”活动，走访企业160多家，召开企业座谈会10多次，协调解决困扰烟台韩国学校不动产证、益海粮油环保等问题40余件，获得烟台韩商协会感谢锦旗及落户外资企业的普遍赞誉。

（撰稿：牟小龙　审稿：张刚）

责任编校：渠敬伦

旅　　游

综　　述

【概况】 2017年，烟台市再获“最佳避暑旅游城市”“2017年度中国最具生活品味旅游城市”称号，位居2017中国全域旅游魅力指数排行榜地市级第4位。全年接待游客约7000万人次、增长8%，实现旅游消费总额940亿元、增长12%。至年末，全市有中国优秀旅游城市7座，中国旅游强县1个。省级旅游强乡镇38个，省级旅游特色村92个。旅游企业1593家，旅游产业直接就业人数11.17万人，带动相关产业就业人数达67.02万人。

【住宿】 住宿设施4811家，客房总数11.43万间，床位数21.78万张。其中，星级饭店92家，客房总数1.26万间，床位2.21万张。

【旅行社】 旅行社245家，其中出境游组团社19家，经营国内旅游和入境旅游业务的旅行社226家。A级旅行社57家，持证导游员2859人。

【景区】 A级旅游景区85处，其中AAAAA级旅游景区2处，AAAA级20处、AAA级45处、AA级18处。国家级旅游度假区2处，省级旅游度假区8处。

【示范点】 全国农业旅游示范点9处、工业旅游示范点6处；省级农业旅游示范点55处、工业旅游示范点17处、休闲渔业示范点11处、精品采摘园58处。

【休闲购物】 省级旅游休闲购物街区4处、金牌旅游购物商店21处、旅游商品研发基地13处，全省购物旅游示范城市1个。

行业管理

【旅游改革创新】 6月24日，市委、市政府成立烟台市文化和旅游产业发展工作领导小组，确立文化旅游名城建设目标，文旅融合位列全市10项重点工作。

【旅游规划编制】 年内，《烟台市“十三五”旅游业发展规划》印发，《烟台市全域旅游发展规划》通过评审，《昆嵛山至滨海一线文化旅游专线规划》启动编制。市旅发委配合省旅发委研究编制《长岛全域旅游规划》，芝罘区、牟平区、蓬莱市、龙口市、莱州市、招远市、莱阳市、海阳市、长岛县、昆嵛山保护区10个县市区完成全域旅游规划编制。

【依法治旅】 年内，市政府办公室印发《关于贯彻鲁政办发〔2016〕48号文件加强旅游市场综合监管的通知》，首次梳理确定19个政府部门旅游市场监管职能。市旅发委推动蓬莱市、长岛县等重点旅游区域在创新“1+3+N”旅游管理体制机制方面取得显著成效；指导莱州市、龙口市挂牌成立旅游纠纷仲裁中心；在6家AAAA级（含）以上旅行社设立首席调解员，首次建立旅游首席调解员制度。与市交通运输稽查、市消费者协会等相关部门会商，建立旅游市场联合执法检查、投诉受处理移交转办长效机制。采取横向联合执法、纵向异地交叉执法、随机抽查暗访等方式开展旅游市场专项整治行动、“旅游交通市场秩序专项检查”和“旅游市场消费秩序专项检查”，联合执法8次。制定印发2017年县域城市旅游服务质量调查实施方案，公开招标新的调查公司按方案具体实施调查。

【产业评价考核】 年内，烟台在全国旅游系统创新建立旅行社质量信息综合评价管理体系和“旅行社质量信誉网”，对全市230家旅行社、61家分公司的质量信誉实行动态化等级评定和公示，相关经验在全省推广。制定2016年度地区旅游消费总额及增长率测算办法、旅游度假区上榜考核指标体系，加强对各县市区旅游产业和旅游度假区发展质量的考核。

【推进行业标准化】 年内，市旅发委与市质监局联合制定印发《关于深入推进旅游标准化工作的实施意见》。完成《星级饭店餐饮配送服务标准》《葡萄酒品鉴与服务标准》及星级饭店、旅行社和景区岗位管理及服务标准编制工作。蓬莱阁管理处纳入全国旅游服务质量标杆培育试点名录。

【旅游行业管理】 市旅发委年内印发《2017年度全市旅游安全生产工作要点》，与市文明办联合制定印发《2017年度文明旅游工作要点》，成立烟台旅游院校文明旅游联盟，并召开第一届理事会议。完成《2017年旅游服务品质提升工作方案》，组织举办专题讲座、培训班、旅游职业技能大赛等提升专业素质，累计举办培训班8个，培训旅游企业400多家次、旅游从业人员3000余人。

【旅游企业管理】 年内印发《旅游景区三年提升计划》。新评定AAA级旅游景区5家；烟台南山皇冠假日酒店、烟台金海岸希尔顿酒店获批五星级饭店；蓬莱三仙山大酒店、君顶葡园酒店、蓬莱国宾酒庄获评首批山东省文化主题饭店；烟台阳光国际旅行社和烟台海湾国际旅行社获评山东省智慧旅行社；烟台新华国际旅行社和烟台永安国际旅行社获批AAAAA旅行社；山东海洋国际旅行社、烟台商旅国际旅行社、烟台蓝海国际旅行社、烟台中青国际旅行社和烟台新中国际旅行社获批AAA旅行社。

【智慧旅游】 年内，烟台市旅游应急指挥平台建成，接入全市268路景区视频监控信号。建设旅游大数据产业监测服务平台，全市18家AAAA级以上景区30个流量监测布点并接入游客流量监测数据。完成携程、同程、去哪儿、驴妈妈等6大知名OTA网站的数据采集，对100多家微信、微博等自媒体定向监测和10余个旅游资讯平台数据感知。与OTA企业同程旅游合作，组织验客来烟进行旅游体验；烟台旅游同程官方旗舰店上线一个月，推出旅游景区、酒店、产品线路等800余项；面向大学生和社会征集烟台旅游金句（广告语）、金曲、金影像、金点子，广告语征集1500余条，金点子200余个。旅游微信、微博、新闻客户端等自媒体推送信息1万余条次、粉丝量突破320万。

【旅游公共服务】 年内新建9处旅游咨询集散中心，其中在烟台火车站北广场建设1处一级旅游集散中心。在高速公路和国省干线公路新设置19处旅游景区交通标志。设置90处烟台旅游信息窗，年内累计发放旅游宣传品190万份。

【旅游厕所革命】 2016年改扩建的344处旅游厕所通过省级验收，获省级建设资金376万元；2017年内完成新改扩建旅游厕所400处。AAAAA级旅游景区蓬莱阁景区、三仙山景区、龙口南山景区共建成8处第三卫生间。组建全市旅游厕所开放联盟，共有300家单位加入。

旅游产品供给

【项目开发】 年内，市旅发委印发《2017年度烟台市旅游项目建设推进意见》，建立县市区领导分包旅游项目责任制。至年末，全市在建旅游项目77个，6个项目建成运营，完成旅游投资180.1亿元。编印2017年烟台市旅游招商项目手册，包装策划34个招商项目，建立十大重点旅游投资企业名录。栖霞古镇项目争取50万元十大文化旅游目的地品牌省级旅游发展专项资金。山东莱阳白垩纪国家地质公园入选2017年全国优选旅游项目。推荐4个项目申报省级新旧动能转换项目、6个项目申报山东省旅游基础设施项目、5个项目申报交通旅游融合发展项目，争取国开行优惠贷款支持。1000亿元的丁字湾恒大海上新城旅游综合体项目、300亿元的莱阳白垩纪国家地质公园“科普文旅小镇”等大项目签约。

【乡村旅游与旅游扶贫】 年内开展乡村旅游“双十双百”活动，推出十条精品线路、百个示范单位、百项主题活动，评选十大“我最喜爱的乡村旅游点”和十大“我最喜爱的乡村旅游节庆”。莱州市驿道镇初家村创建省级精品民宿；莱阳市姜疃镇濯村、莱州市郭家店镇小草沟村获“山东最美绿色乡村”称号；莱州市、蓬莱市国宾葡萄酒庄、长岛县北城村和莱州市初家村、莱州文昌路街道傅家桥山水田园景观分别入选山东省休闲农业和乡村旅游示范县、山东省休闲农业和乡村旅游示范点、山东省美丽休闲乡村、齐鲁美丽田园创建名单；莱州市土山牧场畜牧旅游示范区、烟台市牟平区珠鸿祥兴畜牧养殖专业合作社、海阳市三月三牧业有限公司创建“山东省畜牧旅游示范区”。17个旅游扶贫重点村贫困户全部脱贫，全年共争取省级各类乡村旅游奖励扶持和精准扶贫资金490万元。

【海上旅游】 长岛引入“寻仙5号”“寻仙6号”两艘高端主题游船，开通万鸟岛之旅。依托太平湾游艇码头举办“游艇帆船体验周”活动。长岛佳益、弘祥2个海钓基地获评省级休闲海钓示范基地。

【工业旅游】 年内推出葡萄酒、黄金等工业旅游主题线路，张裕葡萄酒文化旅游区成为全国10个、全省唯一的国家工业旅游示范基地，张裕旅游总公司、山东核电科技馆、招远金翅岭金矿入选山东省首批工业旅游示范基地。

【培育旅游新业态】 至年末，全市旅游新业态企业49个，资产规模199.8亿元，实现营业收入12.4亿元，海阳旅游度假区成为首批全国30个、全省2个“国家体育旅游示范基地”创建单位之一。

市场开发

【主题形象宣传】 年内，烟台在山

东卫视、台湾东森、美国地理频道等投放旅游广告，冠名2列高铁旅游专列；在同程网设立官方旗舰馆，设计烟台旅游故事、钢笔画明信片等宣传品，推出烟台旅游MV，官方微博影响力居全国地市级旅游部门前10位。

【精准营销】 年内赴北京、上海等城市开展城市对外宣传，组织半岛7城市赴北京、天津、济南开展首次联合营销，赴青岛、威海开展“山东人游烟台”主题促销，赴大连开展“乘火车共渡渤海”专题促销，赴哈尔滨、大连举办“仙境海岸故乡烟台”专题推介。通过“旅游+航空”专项营销，拓展俄罗斯远东、日本、新马泰市场，开通至俄罗斯旅游包机。

【旅游节庆活动】 年内创新举办“烟台人游烟台”活动，策划组织主题活动180余项，推出惠民游线路62条，累计办理市民休闲护照超过15万册。该活动荣登2017年度“山东好时节”十大创新品牌节事活动榜单。

节庆旅游

【“烟台人游烟台”启动仪式暨牟平第六届杏花节】 4月2日，由市政府主办、市旅发委、牟平区政府承办的“烟台人游烟台”活动启动。本次活动在牟平区姜格庄街道里口山村十里杏花谷设主会场，11个县市区设分会场，同步启动。

【37° 梦幻海首届加勒比动漫美食嘉年华狂欢节】 4月2日在开发区37° 梦幻海水乐园拉开帷幕。本次活动由烟台开发区旅游局主办，山东爱哪去哪网络科技有限公司承办。

【莱阳梨花节】 4月16日，2017中国·莱阳梨花节在莱阳市照旺庄镇西陶漳村启幕。梨花节包括“十年树木”梨树认筹、“爱在春天花为媒”相亲会、“寻枝溯梨”抽奖、“唱响梨园”曲目表演、“飞花写意”书画展览、“春舞梨乡”广场舞大赛等活动。

【烟台人游烟台——走进蓬莱暨蓬莱欧乐堡梦幻嘉年华】 4月29日在蓬莱欧乐堡景区广场启动。期间举办向劳模致敬，启欢乐旅程；“旅游+葡萄酒”；“烟台大学生走进最美校外课堂”等十大活动。

【烟台人游烟台——走进莱州暨烟台县域旅游市场合作联盟启动仪式】 5月20日，仪式在莱州中华月季园举行。在“走进莱州”活动现场，烟台市旅游行业工作者携手成立“烟台县域旅游市场合作联盟”。

【5.19中国旅游日庆典暨文明旅游进校园·旅游“双百千”社会监督共建活动启动仪式】 5月19日在烟台工贸技师学院举行。在中国旅游日组织相关景区采取低价优惠、市民持休闲护照优惠等方式鼓励旅游消费。

【山东好时节·采摘季暨第十一届中国·烟台大樱桃节】 5月28日启动。活动由省旅发委支持，市旅发委、市农业局、福山区政府联合主办。活动期间，举办第十一届中国·烟台大樱桃节开幕式，山东好时节樱桃采摘季，烟台人游烟台—走进福山等活动。

【“烟台人游烟台城乡互动游”走进烟台山、东炮台】 7月1日举办，有来自县市区的十辆大巴，近千名游客进入烟台山、东炮台景区。自是日起，烟台山、东炮台向游客市民免费开放。

【2017“人间仙境·葡萄美酒”休闲旅游季】 7—10月，由蓬莱市旅游局主办。活动以“游蓬莱仙境、品葡萄美酒、过神仙日子”为主题，分为“游仙境美景、享酒庄风情”优惠大放送活动、精品酒庄系列、蓬莱产区葡萄美酒风情展、特色文化艺术演出、世界七大葡萄海岸高峰论坛、戚继光故里小剧场文艺演出6大主题活动和葡萄酒标设计大赛、“蓬莱阁”杯旅游商品创新大赛、美酒美食烹饪大赛、全国公开水域游泳比赛、蓬莱葡萄酒马拉松比赛、全球华人华侨高尔夫邀请赛6大主题赛事。

【莱山区海昌渔人码头灯光音乐节】 7月22日起，价值亿元的灯光设备齐聚渔人码头，再现“人工再造海市蜃楼”奇妙景象。7月22日至8月13日，鲸鲨海洋公园开放夜场。7月24—30日台湾美食节开幕。

【第八届长岛海鲜节暨长岛环岛马拉松嘉年华】 9月2日举行。活动以“饕餮海鲜节，享跑马拉松”为主题。海鲜节推出海岛渔家特色海鲜大拼盘，及渔民祭海、渔家号子表演、民俗节目演出、海滩篝火晚会等旅游活动。长岛环岛马拉松赛下午2：30鸣枪开跑。

【2017首届烟台仙境海岸旅游节暨“新海岸新烟台·巡航崆峒列岛”启动仪式】 9月6日在烟台旅游大世界旅游码头举行。旅游节设置“新海岸”和“新烟台”两大板块。“新海岸”板块组织看海听涛之旅、仲秋赏月之旅、采摘之旅、生态之旅、葡酒之旅、秋韵之旅；“新烟台”板块举办旅游节庆活动，展示烟台魅力。

【昆嵛山“乡村绿道单车骑游”体验行】 9月中旬，昆嵛山国家森林公

园联合捷安特自行车举办。活动以“生态高地，美丽昆嵛”为主题，自张家口村至无染寺景区全程28公里。

【张裕卡斯特酒庄葡萄酒狂欢节】 9月9日至10月中旬举行，由风情采摘节、葡萄公主十周年PARTY、葡萄采摘、葡萄酒品鉴、亲子嘉年华、T台秀、精彩文艺演出、葡萄酒美食等活动组成。

【9.27世界旅游日庆典暨2017烟台大学生旅游节】 9月23日在鲁东大学启幕，来自全市50余家旅游单位把旅游展览会开进校园。活动同期发布“9.27世界旅游日”旅游惠民政策，烟台市十大“我最喜爱的乡村旅游点”、十大“我最喜爱的乡村旅游节庆”、十大乡村旅游自驾游线路、2017旅游商品创新大赛评选、烟台必购旅游商品等评选结果。

【第十六届栖霞苹果艺术节】 9月30日至10月31日举办，以“相约果都栖霞，共享甜美生活”为主题，打造“苹果之都·甜美栖霞”城市品牌。

【龙口孝德文化节暨南山国际长寿文化节】 10月28日举办。节日期间，南山旅游景区举办民俗演出、庆寿宫登高比赛、素宴养生文化展示、徒步等精彩活动。

【莱州金秋旅游文化节】 10月28日在寒同山举行。火红的万亩枫林、悠久的神仙洞古迹、精彩的民俗文化活动，吸引来自济南、青岛、淄博、潍坊、东营、烟台以及当地数万名游客前来赏秋。

【烟台首届服务员节】 10月30日上午在万达文华酒店开幕，活动持续一周。为全国首创。开幕式上，服务大师、服务名师、服务能手、服务明星受到表彰。饭店业服务人员现场进行礼仪工装展示和服务技能展示。各饭店协会各成员单位开展了美食周、优质服务月等活动。

【烟台惠民旅游周】 11月11—17日，“烟台人游烟台”旅游惠民周活动启动。烟台45家景区平均5折优惠，烟台市民凭本人身份证5折参观30家景区。持有烟台《市民休闲护照》者畅游15家指定景区也可享受门票半价优惠。

【烟台网络温泉节】 2017首届网络温泉节于12月17日正式上线启动，将磁山温泉小镇、雨岱山温泉、百纳中国院子温泉、莱州市桃源温泉、招远大唐金汤园、海阳恒健康养温泉运动中心、栖霞艾山温泉等烟台特色温泉资源进行整体宣传展示。

烟台市AAA级以上景区一览表

表12

等级与名称	批准时间	等级与名称	批准时间
AAAAA级（3家）		开发区马家沟生态旅游景区	2013.12
蓬莱阁景区	2007.01	海阳天籁谷景区	2014.12
龙口南山旅游景区	2010.12	莱阳市梨乡风情旅游区	2014.12
烟台三仙山·八仙过海旅游景区	2012.12	地雷战旅游景区	2014.12
备注：蓬莱阁景区与三仙山、八仙过海景区一起同属蓬莱阁旅游区		福山区国露（峆山卢）寺佛教文化旅游区	2014.12
AAAA级（20家）		唐皇山谷国宾酒庄旅游景区	2014.12
张裕酒文化博物馆（市直）	2005.12	蓬莱烽台胜境旅游景区	2014.12
烟台金沙滩旅游度假区	2005.12	杨子荣纪念馆	2015.11
蓬莱海洋极地世界	2005.12	大悦城	2015.11
牟氏庄园	2007.12	黑尚莓酒庄	2015.12
养马岛旅游区	2008.12	王懿荣纪念馆	2015.11
烟台山旅游风景区（市直）	2009.01	西弗拉姆酒庄	2015.11
烟台张裕国际葡萄酒城	2009.01	架旗山景区	2015.11

续表

等级与名称	批准时间	等级与名称	批准时间
海阳旅游度假区	2010.09	金都魁星文化休闲区	2015.12
艾山国际温泉度假村	2010.09	辛庄滨海旅游度假区	2015.11
中粮君顶酒庄	2010.09	金街银巷文化街区	2015.12
招远罗山 黄金生态旅游区	2011.12	天崮山原生态旅游风景区	2015.11
昆嵛山国家森林公园	2012.11	英灵山胶东革命烈士陵园	2015.12
长岛风景区	2012.11	八路军胶东军区机关旧址及许世友在胶东纪念馆	2015.11
海阳招虎山国家森林公园	2013.10	蓬莱平山河湿地公园水利风景区	2015.11
烟台塔山风景区	2014.12	泰生小镇养生旅游景区	2015.11
莱州市大基山景区	2014.12	东炮台海滨风景区（市直）	2016.12
磁山温泉小镇	2014.12	国路夼生态旅游区	2016.12
烟台海昌渔人码头旅游景区	2015.12	招远市三联南海林苑景区	2016.12
太虚宫	2017.04	烟台胶东文化广场	2016.12
蓬莱欧乐堡梦幻世界	2017.04	海阳市林山滑雪场	2016.12
AAA 级（45 家）		山东核电科技馆	2016.12
烟台市农博园（市直）	2005.01	莱州马家庄现代农业园	2016.12
烟台市体育公园（市直）	2005.12	莱州初家村景区	2016.12
招远黄金珠宝首饰城	2008.05	蓬莱黄金河度假村旅游区	2016.12
莱州黄金海岸生态旅游景区	2013.09	蓬莱艾山国家森林公园	2016.12
莱州云峰山风景区	2013.09	莱山区烟台植物园	2017.12
烟台莱州中华月季园	2013.09	莱阳市濯村特色农业旅游区	2017.12
毓璜顶公园（市直）	2013.12	海阳市碧桂园十里金滩	2017.12
北极星钟表文化博物馆（市直）	2013.12	海阳市大秧歌·琵琶岛影视文化旅游基地	2017.12
广仁路开埠文化旅游区	2013.12	长岛海上景区	2017.12

（撰稿：杨晓丽　审稿：李玮静）

责任编校：渠敬伦

金　融

银　行

【概况】 2017年末，烟台市金融机构（含外资）本外币各项存款余额7932.64亿元，比年初增加353.78亿元，同比少增196.46亿元。本外币各项存款增速4.67%，低于全省平均水平1.56个百分点，增幅居全省第13位。人民币（含外资）各项存款余额7460.35亿元，比年初增加300.34亿元，同比少增188.69亿元。人民币各项存款增速4.19%，低于全省平均水平1.94个百分点，增幅居全省第14位。

2017年末，烟台市新增社会融资规模325.06亿元。本外币各项贷款余额5099.37亿元，比年初增加363.06亿元，同比多增96.76亿元；本外币各项贷款增速7.67%，低于全省0.96个百分点，增速居全省第13位。人民币（含外资）各项贷款余额4897.09亿元，比年初增加367.34亿元，同比多增60.03亿元。人民币各项贷款增速8.11%，低于全省平均水平1.37个百分点，增幅居全省第13位。

2017年末烟台市金融机构存贷款情况统计表

表13　　　　单位：亿元

栏目／项目	各项存款余额 2017年末	各项存款余额 2016年末	栏目／项目	各项贷款余额 2017年末	各项贷款余额 2016年末
本外币存款余额	7932.64	7580.07	本外币贷款余额	5099.37	4736.75
人民币存款余额	7460.35	7161.22	人民币贷款余额	4897.09	4530.19

【货币政策】 年内，人民银行烟台市中心支行认真执行“货币政策＋宏观审慎政策”双支柱金融调控政策，加强辖区法人银行机构宏观审慎管理，引导货币信贷和社会融资规模合理增长，着力疏通金融支持实体经济渠道，在全省率先启动银企合作“网上行”活动，组织开展金融顾问团百日行活动，推动山东省融资服务网络平台、应收账款融资平台、中小微企业融资服务平台“三网融合”，构建涵盖14个县市区不同部门间的“横向”和“纵向”的银企信息实时对接机制。

【金融稳定】 人民银行烟台市中心支行坚持金融风险监测全覆盖，围绕提高监测信息化、针对性和有效性，完善监测分析方式，强化金融机构重大事项报告制度执行，突出对法人银证保机构、大企业担保圈、债务融资工具违约等的重点监测，加强金融风险防范和处置，基本摸清辖区风险底数。做好存款保险评级、费率确定、保费收缴等工作。在地方政府统一部署下，参与对恒丰银行风险处置预案的制定、各类突发事件的处置以及对其存在问题的整改。开展互联网金融风险专项整治，打击非法集资，参与各类金融风险处置，守住不发生系统性金融风险的底线。

【金融服务与管理】 年内，人民银行烟台市中心支行在支付环境建设、信用体系建设、现金服务与管理、国库服务与管理、金融消费者权益保护、金融科技、反洗钱等方面成效突出，多项工作位于全省前列。构建整治非法买卖银行卡信息、电信网络新型违法犯罪、预付卡违规经营等多项长效工作机制。创新实施“助农取款点＋”试点，持续深化农村支付环境建设。推广非现金支付工具创新，推进金融科技发展和移动金融的推广应用。全面深化征信系统接入机构合规管理，实现异常查询调查核实全覆盖。开展农村和中小微企业信用体系建设。严守国库资金和系统运行安全两条底线，在全省率先实现地税退库业务联网办理。指导恒丰银行在省内首家开办“凭证式国债到期约定转存业务”。探索推进县域普惠金融试验区建设，实现农村金融消费维权联络点乡镇全覆盖。全面推动硬币自循环工作，创新开展“小面额票币定向投放”活动，成功搭建硬币供需信息平台。

【外汇管理与服务】 年内，国家外汇管理局烟台市中心支局围绕促进贸易投资便利化和防范跨境资本流动风险，“扩流入、控流出”，实现跨境收支顺差 40.19 亿美元，居全省第三位；结售汇顺差 41.95 亿美元，居全省第三位。在控流出方面，坚持间接柔性和分类管理，完善大额、异常购付汇监测约谈工作机制。在扩流入方面，指导企业用活用足全口径跨境融资宏观审慎、跨境担保、资金回流等外汇管理政策，支持扩大利用外资。指导万华、渤海轮渡等企业通过内保外贷在境外融资 2.44 亿美元，节约资金成本 450 万美元。在推进贸易投资便利化方面，创新开展网上预受理行政审批模式，提高行政审批效率，所有行政审批业务均在受理当天流转办结。创新开展与地方政府、园区管委的联合政策宣讲，外汇政策宣传和市场预期引导成效突出。在外汇监督检查方面，严格规范外汇行政执法，严厉打击外汇违法违规行为。

（撰稿：高艺杰　审稿：徐忠波）

【支持实体经济】 2017 年，烟台银监分局构建引领银行业支持新旧动能转换的“2+2+2”政策体系，在省内率先出台 29 条银行业支持新旧动能转换具体指导意见及考核办法。摸清全市 52 家高新技术企业和科技型中小企业、247 家重点企业及 200 个重点项目融资需求，组织银行机构进行包干走访，有针对性地提供融资解决方案。引导全市银行业大力发展普惠金融，对接烟台市中小微企业融资服务平台，合作银行已达 39 家，提供融资金额 2.56 亿元；支持产品创新，累计开发小微企业创新产品 202 种。年末，全市银行业小微企业贷款增速、贷款户数、申贷获得率三项指标均高于全部贷款平均水平，降低小微企业融资成本 0.12 个百分点；涉农贷款余额达 2089.8 亿元，较年初增加 150.89 亿元，其中支持特色农业、农村基础工程项目建设贷款余额 243.46 亿元，并通过创新产品、优化信贷审批等方式支持“一带三区二十园”的海洋经济、10 座海洋牧场平台及百万亩海洋牧场建设，已发放支持“海上粮仓”五大主导产业贷款 103 亿元。推动涉农银行机构精准对接扶贫需求，累计发放富民农户贷 4 万元，惠及贫困人口 7 户；累计发放富民生产贷 5.13 亿元，惠及贫困人口 3128 户。搭建科技投融资信息对接平台，汇编《银行业金融机构科技金融特色产品手册》，分发至全市 370 家高新技术企业和 691 家科技型中小企业，一企一本，畅通银企信息。

【风险防控】 年内成立烟台市银行业债委会工作领导小组，3 月 21 日出台《烟台市银行业债权人委员会工作实施细则和考核办法》，选派经验丰富的优秀人员到重点风险区域指导工作。成功帮扶 2 户企业走出经营困境，恢复正常生产经营，涉及贷款金额 7.41 亿元；帮扶 16 户企业降低融资成本 1.14 亿元，弱化风险金额 124.29 亿元。年末，138 家债委会企业的贷款余额较成立时增加 213.18 亿元，增幅为 14.33%。整体不良贷款余额 23.16 亿元，较成立时减少 3.29 亿元，占比由债委会机制建立时的 1.78% 降至 1.36%。圆满完成福山珠江村镇银行风险处置工作，已处置不良贷款 3221.86 万元，其中核销 3050 万元，现金清收 171.86 万元。聚焦监管核心，严控信用风险。年末，全辖累计处置不良贷款 68.71 亿元，较年度工作目标多处置 14.07 亿元。全面开展“合规制度建设年”活动。组织开展辖区银行业“安全稳定隐患排查治理专项活动”，扎实做好案防法规及禁止性规定测试工作，辖内 49 家机构 6000 余人次参与案防考试自测；1323 人参加全省案防集中测试，平均成绩 95.91 分。烟台银监分局着力防范流动性、舆情声誉、信息科技和互联网金融风险，通过与金融办、公安、工商等多部门联合对 P2P 网贷机构开展现场检查，整改 6 家，停业 2 家，移交公安部门取缔 2 家。

【银行业改革】 年内开展“三违反”“三套利”“四不当”等主要专项治理活动，集中整治银行业违规操作、多层嵌套拉长金融服务链条、增加金融风险和实体经济融资成本的违规行为和市场乱象，促进辖区银行业切实回归本源主业。完善法人公司治理，组织开展法人银行机构“两会一层”风控责任落实情况专项检查，累计发现各类问题 26 个，严格督促落实整改措施，并拟对部分严重问题给予行政处罚。烟台银行综合化改革深入推进，首期 8.5 亿元二级资本债成功发行，50 亿元绿色金融债券获准发行，第二家异地分行东营分行获批筹建，新增 6 个县域支行顺利开业。邮储银行尚未完成二类支行改革的 29 家代理网点名行实所改造基本完成。推荐龙口农商行成为全国标杆农村商业银行，推动南山财务公司获批产业链金融服务试点资格。

【金融服务优化】 年内，烟台银监分局组织全市银行业金融机构集中开展“2017 年金融知识进万家”宣传服务月活动，活动期间进行 2232 次户外宣传，发放资料 58.61 万份，受众 233.76 万人次。组织 26 家银行机构在烟台大学举办宣传月活动，与胶东在线、烟台大众网、齐鲁晚报等媒体合作，累计发稿 332 篇；利用短信、微信、微博等多种形式，广泛宣传金融服务月活动情况和金融知识，累计发送各类信息约 25 万条。组织对烟台市 31 家金融机构的 85 家分支机构开展专区双录实施情况专项评估检查工作，有效提升辖区银行机构专区双录规范水平。开展进走访“增提创”主题年活动，累计开展监管走访 104 次，其中分局领导带头走访28次，政监银协同走访66次，债委会联合走访64次。活动期间，烟台市银行业金融机构累计走访企业、项目及园区2376个，制定综合服务方案1136个，为1436个企业、项目及园区提供授信，授信余额1753.49亿元，较走访前增加162.18亿元，贷款余额724.06亿元，较走访前增加69.53亿元。

2017年末烟台市银行机构资产规模统计表

表14　　　　单位：亿元

机构名称＼项目	资产总额	机构名称＼项目	资产总额
政策性银行合计	131.28	莱州	291.07
农业发展银行	131.28	龙口	275.19
国有商业银行合计	3123.50	蓬莱	110.64
工商银行	597.77	招远	112.32
农业银行	986.89	莱阳	130.33
中国银行	573.26	海阳	128.41
建设银行	756.92	栖霞	113.89
交通银行	208.65	长岛	23.42
股份制商业银行合计	2357.07	青岛	10.97
中信银行	116.71	威海	0.51
光大银行	269.79	**新型农村金融机构合计**	87.07
华夏银行	135.71	龙口国开村镇银行	8.71
招商银行	119.61	蓬莱民生村镇银行	24.86
浦发银行	89.94	莱州珠江村镇银行	8.65
兴业银行	159.90	海阳珠江村镇银行	9.49
民生银行	118.99	福山珠江村镇银行	3.73
恒丰银行	1138.75	招远建信村镇银行	6.44
渤海银行	45.91	栖霞中银富登村镇银行	2.51
平安银行	39.46	牟平胶东村镇银行	8.15
广发银行	39.93	莱阳胶东村镇银行	6.25
浙商银行	82.37	芝罘齐丰村镇银行	4.85
城市商业银行合计	1016.52	莱山齐丰村镇银行	3.42
烟台银行	858.83	**外资银行合计**	36.95
威海银行	48.23	韩亚银行	11.31
德州银行	15.77	企业银行	25.64
青岛银行	35.25	**非银行金融机构合计**	115.46
潍坊银行	20.83	南山财务公司	84.33
天津银行	27.27	招金财务公司	31.12
日照银行	10.34	**邮政储蓄**	447.50
农村合作金融机构合计	1608.51	**全金融机构合计**	8923.85
烟台	411.77		

（撰稿：曲楠楠　审稿：肖起峰）

证　券

【概况】2017年，全市证券经营机构按照“法制、监管、自律、规范”方针，为烟台及各县市区经济社会和资本市场发展提供研究、咨询和资金支持，为各类企业的股权融资、债券融资、新三板挂牌、风险管理等提供资本市场服务，为广大投资者提供证券代理买卖、财务顾问、资产管理等专业化服务。全年新引进落户证券机构5家，分别是广州证券、中银国际证券、西藏东方财富证券、天风证券和爱建证券。截至2017年末，全市共有证券经营机构33家，其中证券分公司5家，证券营业部50家，数量居全省第3位。

【交易】全市证券经营机构新增股民开户10.07万户，实现交易总额1.1万亿元，较2016年分别减少18%、23%。其中，中泰证券实现交易额4392.12亿元，交易总量居全市第一位；国信证券实现交易额862.88亿元，银河证券实现交易额760.81亿元，分居全市第二、第三位；广发证券、招商证券、华泰证券、中信建投证券、金元证券、中信证券全年交易额也都超过500亿元。

【经营】至年末，全市证券机构资产总额85.54亿元，托管客户资产1611.75亿元，较2016年分别增长18%、7%；实现营业收入16.67亿元、净利润5.02亿元，分别增长250%、215%。

2017年烟台市证券机构和交易情况统计表

表15　　　　单位：亿元

序号	证券机构	交易金额	序号	证券机构	交易金额
1	中泰证券	4392.12	12	申万宏源证券	204.53
2	国信证券	862.88	13	国联证券	156.09
3	银河证券	760.81	14	安信证券	146.02
4	广发证券	593.09	15	长江证券	84.71
5	招商证券	584.79	16	华林证券	76.19
6	华泰证券	556.41	17	新时代证券	62.49
7	中信建投证券	524.67	18	国盛证券	58.95
8	金元证券	514.17	19	中航证券	57.43
9	中信证券	513.07	20	渤海证券	49.13
10	海通证券	325.13	21	国都证券	42.35
11	光大证券	244.12	22	恒泰证券	34.09
23	国泰君安证券	32.23	29	首创证券	9.69
24	东方证券	31.62	30	华鑫证券	5.69
25	爱建证券	31.61	31	华福证券	4.95
26	联储证券	16.74	32	西藏东方财富	3.02
27	广州证券	12.04	33	中银国际证券	0.58
28	天风证券	12.01	合计		11003.42

2017 年烟台市境内上市公司一览表

表 16

序号	企业名称	上市时间	上市板块
1	烟台冰轮股份有限公司	1998.05	深圳主板
2	烟台张裕葡萄酿酒股份有限公司	2000.10	深圳主板（A 股）
		1997.09	深圳主板（B 股）
3	万华化学集团股份有限公司	2001.01	上海主板
4	东方电子股份有限公司	1997.01	深圳主板
5	烟台园城黄金股份有限公司	1996.10	上海主板
6	山东益生种畜禽股份有限公司	2010.08	深圳中小板
7	瑞康医药股份有限公司	2011.06	深圳中小板
8	渤海轮渡股份有限公司	2012.09	上海主板
9	烟台东诚药业集团股份有限公司	2012.05	深圳中小板
10	烟台泰和新材料股份有限公司	2008.06	深圳中小板
11	烟台正海磁性材料股份有限公司	2011.05	深圳创业板
12	烟台龙源电力技术股份有限公司	2010.08	深圳创业板
13	中节能万润股份有限公司	2011.12	深圳中小板
14	烟台杰瑞石油服务集团股份有限公司	2010.02	深圳中小板
15	山东东方海洋科技股份有限公司	2006.11	深圳中小板
16	烟台新潮能源股份有限公司	1996.11	上海主板
17	瑞茂通供应链管理股份有限公司	1998.07	上海主板
18	山东恒邦冶炼股份有限公司	2008.05	深圳中小板
19	山东丽鹏股份有限公司	2010.03	深圳中小板
20	山东南山铝业股份有限公司	1999.12	上海主板
21	兴民智通（集团）股份有限公司	2010.02	深圳中小板
22	山东隆基机械股份有限公司	2010.03	深圳中小板
23	朗源股份有限公司	2011.02	深圳创业板
24	山东中际电工装备股份有限公司	2012.04	深圳创业板
25	山东登海种业股份有限公司	2005.04	深圳中小板
26	山东龙大肉食品股份有限公司	2014.06	深圳中小板
27	山东民和牧业股份有限公司	2008.05	深圳中小板
28	烟台双塔食品股份有限公司	2010.09	深圳中小板
29	山东仙坛股份有限公司	2015.02	深圳中小板
30	山东鲁亿通智能电气股份有限公司	2015.02	深圳创业板

续表

序号	企业名称	上市时间	上市板块
31	恒通物流股份有限公司	2015.06	上海主板
32	威龙葡萄酒股份有限公司	2016.05	上海主板
33	山东玲珑轮胎股份有限公司	2016.07	上海主板
34	山东道恩高分子材料股份有限公司	2017.01	深圳中小板
35	烟台艾迪精密机械股份有限公司	2017.01	上海主板
36	烟台正海生物科技股份有限公司	2017.05	深圳创业板
37	山东弘宇农机股份有限公司	2017.07	深圳中小板
38	烟台中宠食品股份有限公司	2017.08	深圳中小板

2017 年烟台市境外上市公司一览表

表 17

序号	企业名称	上市时间	上市地
1	北方安德利果汁股份有限公司	2003.04	香港
2	中国高革股份有限公司	2006.10	新加坡
3	招金矿业股份有限公司	2006.12	香港
4	中国欧华庄园葡萄酒股份有限公司	2010.11	马来西亚
5	杰瑞能源服务有限公司	2014.03	加拿大
6	绿叶制药集团有限公司	2014.07	香港
7	烟台汉和食品有限公司	2015.02	英国
8	强信机械科技（莱州）股份有限公司	2017.05	台湾
9	烟台金正环保科技有限公司	2017.07	美国

（撰稿：黄永香　审稿：纪永强）

商业保险

【概况】2017 年末，烟台市设有保险总公司 1 家，地市级保险机构 73 家，其中财产险机构 31 家，人身险机构 42 家。全市保险从业人员 7.32 万人，保险业总资产达 549.77 亿元，较 2017 年初增长 11.47%。另有各类中介法人机构 14 家，各类中介分支机构 316 家。

全市实现原保险保费收入 251.21 亿元，同比增长 21.66%，稳居全省第二位（不含青岛）。其中，产险公司 65.33 亿元，增长 11.43%；寿险公司 185.88 亿元，增长 25.72%。

全市保险业累计承担风险责任 6.8 万亿元，增长 54.2%。全行业赔款和给付支出达 79.36 亿元，增长 10.07%，其中，产险业务赔款 33.88 亿元，增长 4.08%；寿险业务给付 33.44 亿元，增长 6.93%；健康险业务赔款和给付 10.76 亿元，增长 53.27%；意外险业务赔款 1.28 亿元，增长 2.50%。

全市保险业缴纳税收 13.79 亿元，增长 7.23%，其中财产险公司代收代缴车船使用税 5.29 亿元，增长 7.09%。

【农业保障】年内，全市保险机构在发展海水养殖天气指数保险基础上，继续推出苹果、樱桃降水指数保险和茶叶、樱桃低温指数保险。至年末，累计承保樱桃 44 公顷，提供风险保障 266 万元；承保苹果 49.07 公顷，提供风险保障 147.2 万元；承保茶叶 10 公顷，提供风险保障 30 万元；承保扇贝、海参 1200 公顷，提供风险保障 1.2 亿元。推动实现玉米和小麦大灾保险在莱州试点，农户仅承担 20% 保费即可获得包括地租成本在内的风险补偿。全年玉米大灾保险累计承保3453.33公顷，提供风险保障2539万元。

【社会保障】 年内，人保财险等5家公司承保民生综合保险，对辖区内所有人口及居民家庭财产因自然灾害、重大意外事故和抢险救灾遭受的损失提供风险保障，至年末共计赔付1485万元。提高健康保险业务覆盖面，烟台地区健康险业务保费收入30.11亿元，同比增长28.92%；赔款和给付10.76亿元，增长53.27%。持续开展“银龄安康工程”，全市老年人意外伤害保险累计参保69.2万人，累计赔付9638人次，累计赔款2160.7万元。将基本医疗保险目录外的18种抗肿瘤分子靶向药和治疗疾病的特效药纳入大病报销范围，城乡居民大病保险累计承保404万人，累计赔付27.93万人次，赔款2.89亿元。启动职工大病补充保险，将全市197万职工纳入大病保险保障范围。全面推行养老机构综合责任保险，累计为160家养老机构提供风险保障8亿元，支付赔款37.45万元；4家养老险公司为52家企业提供企业年金服务，累计受托管理基金5.6亿元，投资管理基金6.65亿元。

【社会治理保障】 至年末，烟台市治安保险累计为17.91万户居民提供风险保障56.19亿元，累计支付赔款255.7万元。责任保险累计赔付支出2.25亿元，其中医疗责任险累计赔付991万元，同比增长56.34%。食品安全责任险为23家乳制品、白酒、肉制品生产企业和30家中小学、幼儿园提供6635万元的风险保障。

【新旧动能转换保障】 年内，全市保险机构推动产业技术革新，烟台首台（套）技术装备及关键核心零部件保险累计承担风险保障10.53亿元，支付赔款1366.66万元。发挥保险增信功能，小额贷款保证保险累计为4457人次提供3.06亿元的增信支持；出口信用保险为烟台375家次出口企业提供风险保障50.4亿美元，协助融资2.94亿元。推进“政采贷”“科贷宝”等创新险种发展。

【消费者合法权益保护】 市保监局继续做好营销员评价管理系统和培训人员法律法规测试，持续强化制度执行力。推行投保影像留存制度，确保销售行为可回溯。继续做好车险理赔难治理工作。对投诉反映较多的公司进行窗口指导，对涉嫌违法违规的信访件开展调查。做好消费投诉处理。实施投诉处理考评机制，压实公司主体责任。2017年，未发生投诉处理不当导致的区域性、群体性事件。继续推动保险纠纷诉讼、调解对接机制，在芝罘区法院试点设立保险纠纷调解室，派驻专人负责诉前调解。至年末，共调解案件305起，达成协议215起。

【风险防范化解】 年内，市保监局与金融办等部门联合成立金融风险防范工作领导小组，联合打击非法集资，集中开展非法集资宣传月活动。召开辖区风险防范会议，提升公司责任意识。对业务失衡公司加强风险监测，累计对13家公司开展风险巡查。持续开展人身险公司年度风险测评，对11家公司下发监管意见书。

【扶贫攻坚】 市保监局协调保险机构对贫困户实施大病保险精准补偿，对贫困人口起付线标准减半，个人负担部分分段报销比例提高5个百分点，补偿上限提高到每人每年50万元。对口帮扶栖霞市桃村镇李老铺村，为其安装路灯和监控，捐资完成100米深饮用水井施工，积极对上争取保险专项扶贫资金。联合扶贫办、财政等部门，推出专门面向建档立卡贫困户的特惠保险，为贫困群众提供包括意外伤害、家庭财产和补充医疗等多险种在内的一揽子保险保障。搭建保险业扶贫平台。搜集全市扶贫重点村的280多个项目需求，其中保险公司认领项目超过50个，投入资金117万余元。

2017年烟台市财产保险公司业务统计表

表18　　单位：万元

公司名称	原保险保费收入		赔款支出	
	本年累计	同比增长	本年累计	同比增长
人保财险	161383.42	10.56%	101436.77	-9.17%
平安财险	97020.35	25.95%	45755.31	6.16%
华海财险	89775.56	10.64%	50018.09	183.99%
太保财险	60316.79	18.57%	33122.21	-1.99%

续表

公司名称	原保险保费收入		赔款支出	
	本年累计	同比增长	本年累计	同比增长
国寿财险	35069.28	2.39%	19035.32	3.75%
大地财险	30146.6	15.74%	14452.63	10.11%
阳光财险	27715.09	9.97%	14270.10	-7.49%
中华联合	19637.22	-10.05%	16752.04	28.50%
太平财险	13916.21	30.34%	6279.37	16.80%
安华农险	13426.76	30.40%	7076.71	23.27%
长安责任	12225.22	-14.47%	6210.92	29.48%
天安财险	11547.38	8.05%	6899.72	7.11%
华泰财险	7536.07	11.99%	3533.62	13.21%
永安财险	7411.29	-17.43%	5941.28	20.37%
浙商财险	6523.24	71.82%	2315.86	1.65%
渤海财险	6097.71	-20.54%	4491.62	-12.32%
亚太财险	5649.47	5.20%	3024.12	2.13%
安盛天平	5325.79	-29.26%	4529.61	-15.73%
长江财险	4370.77	155.73%	1367.61	940.30%
安诚财险	4342.82	114.79%	1417.31	19.69%
安邦财险	3639.16	-29.17%	3099.36	-8.23%
信达财险	3612.38	-17.14%	2738.89	-3.44%
永诚财险	3582.32	18.32%	2888.45	28.95%
利宝保险	3562.58	61.41%	1161.79	306.90%
泰山财险	3546.13	3.47%	1800.65	-34.94%
紫金财险	3450.62	-7.41%	2012.59	-19.50%
中银保险	3294.38	20.62%	2156.17	24.00%
都邦财险	2774.65	-18.84%	2555.21	4.31%
中路财险	2440.83	316.85%	776.14	3100.67%
华安财险	2384.21	-24.93%	1784.54	-5.20%
英大财险	1596.39	-33.07%	1682.13	0.63%
合计	653320.72	11.43%	370586.15	10.47%

2017 年烟台市寿险公司业务统计表

表 19

单位：万元

公司名称	原保险保费收入		赔付支出	
	本年累计	同比	本年累计	同比
国寿股份	408761.75	14.37%	162326.87	-3.00%
平安人寿	232596.50	33.49%	26837.66	22.30%
新华人寿	158281.31	6.04%	60936.12	24.81%
太平人寿	154824.60	31.91%	15791.53	-3.86%
泰康人寿	106471.44	22.36%	21777.60	6.13%
天安人寿	100690.15	348.20%	3432.26	350.76%
华夏人寿	89699.90	44.46%	8094.26	67.10%
太保人寿	87358.38	19.36%	23518.56	10.21%
安邦人寿	75887.67	239.36%	688.37	4734.20%
国华人寿	39631.18	116.36%	1549.47	-29.68%
人保寿险	33897.78	-50.54%	28837.44	31.47%
信泰人寿	31983.92	858.10%	1219.75	56.74%
农银人寿	28613.78	7.93%	5820.86	198.47%
中银三星	27752.30	4.95%	226.66	95.60%
阳光人寿	27301.98	-14.39%	9035.55	-13.81%
工银安盛	26051.64	13.67%	98.64	174.72%
建信人寿	21697.19	-26.98%	805.05	-40.52%
富德生命	21211.55	-51.18%	9288.31	32.17%
幸福人寿	18328.95	-10.62%	1542.49	-44.89%
民生人寿	15027.40	5.07%	7134.84	69.54%
华泰人寿	13623.76	59.18%	1421.24	-28.82%
合众人寿	11546.86	39.06%	1461.76	82.46%
光大永明	11492.98	0.00%	3.22	0.00%
中德安联	10593.46	41.79%	1353.23	25.87%
招商信诺	9723.27	-2.89%	448.93	29.88%
同方全球	9466.24	54.05%	1059.13	84.00%
交银康联	9255.52	5956.88%	21.44	0.00%
中英人寿	7920.51	29.66%	990.85	22.17%

续表

公司名称	原保险保费收入		赔付支出	
	本年累计	同比	本年累计	同比
百年人寿	6888.51	84343.09%	382.04	0.00%
长城人寿	6047.22	37.99%	1116.25	-36.61%
信诚人寿	6020.48	69.06%	299.98	40.25%
中宏人寿	6014.26	19.43%	594.51	10.21%
北大方正	5935.76	32.55%	431.64	96.43%
恒安标准	5892.47	17.37%	635.68	13.23%
中意人寿	5552.72	-6.52%	1293.46	249.07%
国寿存续	5424.44	-52.35%	18338.03	4.58%
人保健康	4894.92	-32.66%	788.04	117.98%
利安人寿	3859.07	-13.13%	365.07	178.62%
德华安顾	3364.79	131.75%	182.94	77.71%
英大人寿	3316.98	32.83%	358.88	-12.44%
平安养老	2934.04	5.57%	1870.14	27.58%
中荷人寿	2064.19	39.83%	419.17	-63.06%
国泰人寿	849.40	20.65%	225.70	24.02%
合计	1858751.23	25.72%	423023.63	9.73%

（撰稿：董家伟　审稿：李大平）

融资担保

【概况】 2017年末，全市列入监管范围的担保机构共26家。从区域分布情况看，全市有12个县市区设立融资担保机构，其中芝罘区、福山区、龙口市、招远市、蓬莱市融资性担保机构数量达到3家，开发区融资性担保机构数量达到2家。

全市26家法人机构注册资本共计46.83亿元，较去年同期增加9.80亿元，户均注册资本1.80亿元，同比增长26.47%，其中5家机构注册资本达到3亿元以上，1家机构注册资本达到10亿元以上。

全市国有独资、国有控股或参股的融资性担保机构共计18家，占全部机构总数的69.23%，其中国有独资机构4家，国有控股机构7家，国有参股机构7家，市县两级政府累计出资27.57亿元，占全部注册资本58.87%，较上年度增加9.4亿元。

全市融资担保行业从业人员334人，较上年末有所减少，机构高管全部具有财务、金融或担保行业从业经历，其中研究生学历16人，本科学历189人，大专及以下学历129人。

【融资担保业务】 至年末，全市融资性担保机构实现新增担保额96.58亿元，其中，新增融资性担保额73.57亿元，同比增长4.90%，新增再担保额18.41亿元。年末在保余额111.59亿元，融资性担保放大倍数1.5倍。

全市融资性担保机构为全市1112户中小微企业提供融资担保83.78亿元，其中，为897家小微企业提供融资担保61.19亿元，为257家“三农”企业及农户提供融资担保7.71亿元，为85户高新技术企业提供融资担保10.24亿元，为11户外贸企业提供融资担保2.03亿元。

【年度财务营收】 年末，全市26家融资性担保机构资产总额62.96亿元，负债总额13.75亿元，净资产总额49.21亿元，资产负债率21.84%，流动性比率451.01%。

机构全年共实现担保业务收入1.68亿元，收取平均融资担保费率1.97%，担保业务利润1.21亿元，净利润4755万元，资产利润率0.97%。

【政府政策扶持】 2017年度，全市2家融资担保机构获政府部门政策扶持，共获得市级及以下扶持资金32万元（包括担保业务补助12万元、担保费补贴金额20万元）。

2017年烟台市融资性担保机构一览表

表20

序号	区县	企业名称	序号	区县	企业名称
1	市　直	烟台市融资担保有限责任公司	14	海阳市	海阳市盛海融资担保有限公司
2	市　直	烟台市再担保有限公司	15	龙口市	龙口市南山融资担保有限公司
3	市　直	山东民生担保有限公司	16	龙口市	龙口市德嘉融资担保有限公司
4	芝罘区	烟台市隆飞融资担保有限公司	17	龙口市	龙口市裕丰融资担保有限公司
5	芝罘区	烟台环宇融资担保有限公司	18	招远市	山东天健融资担保集团有限公司
6	芝罘区	烟台中恒信融资担保有限公司	19	招远市	招远山玲担保投资有限公司
7	莱山区	烟台市莱山融资担保有限公司	20	招远市	招远市企业融资担保有限公司
8	牟平区	烟台鑫鼎融资担保有限公司	21	蓬莱市	蓬莱金信融资担保有限公司
9	开发区	烟台银桥融资担保有限公司	22	蓬莱市	山东汇洋融资担保有限公司
10	开发区	山东东方融资担保有限公司	23	蓬莱市	山东盛业融资担保有限公司
11	福山区	山东光大融资担保有限公司	24	栖霞市	烟台市鑫达融资担保有限公司
12	福山区	烟台润福融资担保有限责任公司	25	长岛县	长岛县中小企业融资担保有限公司
13	福山区	烟台创新融资担保有限公司	26	莱阳市	山东鼎铉融资担保有限公司

（撰稿：黄永香　审稿：纪永强）

责任编校：渠敬伦

财政·税务

财　政

【概况】 2017年，全市一般公共预算收入600.32亿元，比上年同口径增长6.4%。一般公共预算支出708.07亿元，比上年增长3.8%。其中，教育支出115.66亿元，下降11.9%；社会保障和就业支出99.13亿元，增长22.5%；医疗卫生支出56.88亿元，增长3.7%；节能环保支出17.92亿元，增长23.1%；城乡社区事务支出106.21亿元，增长19.3%；农林水事务支出79.14亿元，下降9.9%。

【保障全市重点项目建设】 2017年，烟台市财政应对政府举债融资管控空前严格、土地收入锐减的形势，累计筹集资金128亿元，主动对接服务，支持“两铁两港”、塔山南路北路、城区“三改一通”等重点项目建设。

【支持组建新的市级融资平台】 年内，市财政局推动新城投公司启动运营；注入国有资产和现金流，支持交通、旅游文化、国丰等平台公司组建成立；优化资产配置，拓展业务范围，推动财金公司做大做强；推动城市公共资产加快向可经营资产转变，市政公用事业建设加快向资本经营转变。

【资金争取和招商引资】 市财政局抢抓泛济青烟新旧动能转换综合试验区建设战略机遇，主动对接上级政策，全年争取各类资金402亿元。其中，新增债券53.5亿元，比上年增加13亿元，支持龙烟铁路、市区道路、套子湾污水处理厂等重点项目建设；置换债券159.85亿元，每年累计节省利息支出约21亿元；争取中央水污染防治资金1.7亿元，占全省的1/5。招商引资取得重大突破，成功对接腾讯集团，达成云计算领域深度合作意向，张永霞市长带队赴腾讯总部签订战略合作协议，启动创建全省首个数字经济共同体。

【政策性贷款使用】 年内，烟台市与国开行签订全省第一个新旧动能转换战略合作协议。全面利用好棚改融资优惠政策，将所城里、朝阳街、会西街、经伦街等更多城建项目纳入棚改计划。

【推广PPP模式】 市财政局把PPP模式作为创新公共服务供给机制的“金钥匙”，强化与中交、中建等优质央企的合作，在塔山北路、朝阳二期、生活垃圾焚烧发电、污水处理厂升级改造等有现金流、市场化程度较高的项目中全面推开PPP模式，调动更多社会资本参与城市建设。

【财政政策扶持体系构建】 年内，烟台市研究制定制造业强市13条、创新驱动30条等一系列导向明确、含金量高的财政奖补政策。最大程度用好全国海洋经济创新发展、国家医养结合试点等政策红利，争取山东半岛自主创新示范区建设、新材料集群转型升级等30多项政策向烟台市倾斜，蓝色海湾整治、现代农业产业园、居家养老、生态循环农业等11项试点在烟台展开。

【新旧动能转换关键领域投入】 市财政局年内落实资金5亿元，支持引进各类人才3.5万人，引进上海交大信息技术研究院等一大批创新载体落户。拨付资金8000万元，支持举办首届医药创新与发展国际会议，推进国际生物科技园建设。兑现奖补资金710万元，支持增创国家工程实验室1家、省级工程实验室、技术中心28家。统筹资金1500万元，落实出口增长奖励、信用保险补贴等政策，提升外贸出口竞争力。安排航线补助资金8000万元，支持新增国际航线3条、国内航线43条，形成引导资金、技术、人才等优质资源加快聚集，创新链、产业链、财税链深度融合的良好局面。

【财政产业扶持方式创新】 烟台市以建设国家级基金产业聚集区为契机，做大股权投资引导基金规模，每年安排5亿元，四年出资20亿元，参与全省新旧动能转换引导基金组建。推进总规模80亿元的烟台福颐养老、源创科技等6支子基金投资运营，累计完成投资额16亿元，投资项目28个。推广安全生产责任险试点、扩大信贷周转金规模、用好创业担保贷款，打好组合拳，拓展“财政+金融+科技”的产业扶持模式，实现花小钱、办大事。

【减税降费政策落实】 2017年，烟台市继续执行促进小微企业、高新技术企业发展等税收优惠政策，全年累计减税超过300亿元，是历史上实现减税最多的一年。全面落实行政事业性收费和政府性基金减免政策，主动调低防空地下室异地建设费等2项收费标准，实现所有收费项目都按最低标准征收。开展涉企收费专项调查，有效减轻企业和居民负担6.35亿元。

【民生保障】 全市全年用于民生领域的支出达到548.2亿元，占财政支出的比重达到77.4%。筹集资金41亿元，全力保障市区“三改一通”工程，改造棚户区3万套、老旧小区6万户、新建维修市区道路35条。全面完成中心区供水、供热、供暖老旧管网改造任务。安排资金6亿元，支持开展“全面改薄”、大班额整治、美丽乡村、全民阅读、残疾儿童“春苗阳光”等一大批群众看得见、摸得着的暖心工程。

【为民服务实事】 年内，市级财政针对历史罕见特大旱情，紧急筹措抗旱资金近10亿元，支持受旱地区开展抗旱救灾。全面推开民生综合保险工作，免费为全市所有家庭投保自然灾害意外伤害保险和家庭房屋财产损失险。保障烟台山、东炮台景区实现免费开放。安排资金57亿元，清偿政府拖欠工程款。继续提高居民基本医疗保险、基本药物制度、残疾人生活补贴等民生政策保障标准，扩大家庭经济困难学生生活费补助范围。

【推进县域基本公共服务均等化】 10月份，一次性解决积压多年的栖霞、莱阳等财政困难县市区机关事业单位工资待遇问题，基本公共服务均等化“五个基本统一”实现重要突破。

【补齐民生领域短板】 年内继续完善“行业资金+扶贫资金”的扶贫保障模式，安排专项扶贫资金9600万元，比上年增长38%，统筹行业资金6500万元，实现精准扶贫与行业发展有效对接。突破政策界限，成功将烟台市纳入全省公益事业扶贫基金扶持范围。全年完成281个省定、市定扶贫重点村和1万多人脱贫任务。把生态环境保护摆在优先位置，统筹生态环境建设资金21.6亿元，支持水源地保护、海岸带修复、黑臭水体整治、淘汰燃煤小锅炉等工程实施。安排补助资金5140万元，新增新能源公交车103辆。争取全省唯一一个国家级区域生态循环农业试点，推进农业清洁化生产。争取资金2500万元，在福山狮子山、昆嵛山开展引水上山森林防火试点，有效增强森林火灾处置能力。落实资金3000万元，支持“食安烟台”建设。

【财政收支管理】 年内，烟台市健全税收保障机制和财税联席会议制度，出台资本市场开放创新发展扶持政策，连续召开多次财税联席会议、县市区财政局长会议，传导压力、凝聚合力，有效遏制财政收入快速下滑势头。应对预算平衡压力，通过“腾退调”等方式，缓解财政收支矛盾，将有限的财力从无效、低效的项目中腾退出来，激活趴在账上的存量资金，优先用于保障重点项目建设和重大民生政策落实。

【预决算公开】 2017年首次将财政专户资金、第三方绩效评价情况、产业投资基金、PPP等情况对社会公开。在8月份清华大学公共管理学院发布的《2017年中国市级政府财政透明度研究报告》中，烟台市在全国所有市级政府中排第5名、所有地级市第1名，是山东省唯一进入前10名的城市。

【资产管理改革取得重大突破】 年内首次开展全口径政府经管资产统计和地方政府性债务投资项目资产清查，组织启动行政事业单位不动产评估，第一次全面摸清政府资产“家底”。坚持节约、集约并重，建立国有资产集中统一管理机制，全面激活政府各类要素资源。

【预算绩效管理】 年内委托第三方开展绩效评价项目49个，其中，资金项目31个，规划项目18个，总数是去年的2倍。集中检查行政事业单位和企业71个，推动全市财经秩序的规范和资金使用效益的提高。

【制度建设】 年内，市财政局在对现行各种规章制度进行全面梳理的基础上，制定完善科室单位职责划分、内部考核、中介机构和专家使用管理、政府采购项目前期论证内部管理规程等28项制度文件，规范内部管理体制，保障机关高效有序运转，堵住管理漏洞。

（撰稿：李明哲　审稿：黄永政）

国家税务

【概况】 2017年，全市国税系统完成全口径税收收入658.8亿元，同比增长25.6%，增收134.3亿元。剔除海关代征后，完成国内税收462.8亿元，增长15.6%，增收62.5亿元。其中，市县级收入完成192.9亿元，增长32.2%，增收47亿元。

【税收政策】 年内，全市国税系统落实国务院6项减税政策，全年累计兑现各类税收优惠政策246.15亿元。围绕传统产业改造提升，落实抵扣固定资产进项税额30.2亿元。围绕新兴产业培育壮大，落实高新技术企业减免10.1亿元。围绕外经外贸发展繁荣，全年办理出口退（免）税77.7亿元，出口退税审核通过率、国库退付率稳定保持在100%。围绕大众创业环境优化，落实支持小微企业发展减免税额9.8亿元，受惠面100%。同时，支持节能环保项目减免税额4.5亿元，促进“三农”发展减免税额28.9亿元。

【税收治理】 年内研究出台深化征管体制改革专项试点任务实施意见以及配套文件，以招远市国税局和蓬莱市国税局为综合试点单位，稳步推进改革事项。实施以“抓大、控中、管小”为主要内容的税源分类管理，全面推行实名办税制。持续推进农产品核定扣除试点扩围，对福利企业实施专业化分级分项目管理。加强所得税汇算清缴管理，开展核定征收企业专项整治和房地产企业税收调查。与烟台海关签订《加强数据交换和联合监管的合作协议》，实现“信息互换、监管互认、执法互助”。配合国家税务总局开展税收双边磋商和预约定价谈判，加大反避税工作力度，探索上市公司减持交易的税收征管新模式。建立大企业涉税诉求快速响应机制，先后与南山集团、上汽通用东岳汽车、张裕集团等企业签订税收遵从合作协议。与公安、海关、人民银行联合成立打击虚开和骗税工作领导小组，进一步推进税警协作机制实体化运行，重拳打击发票违法犯罪行为，全年对524户企业实施税务稽查，查补入库税款4.86亿元。

【纳税服务】 年内，全市国税系统按照网上办税为主、自助办税为辅、第三方代办相补充、办税服务厅兜底“四位一体”办税服务新格局建设要求，启动便利化办税改革。加快电子税务局建设步伐，推行网络化、自助化、无纸化办税措施，新增24小时自助办税厅11个，上线自助办税设备139台，无纸化办税注册比例超过50%，配置“税务一扫通”系统窗口138个。在全省率先开展电子发票试点工作，在手机移动端和大型超市实现电子发票开具“双突破”，全年实现电子发票推行6.17万户，电子发票普及率达到64%，占山东省电子发票推行户数的92%。加强国地税服务融合，通过互设窗口、共建办税服务厅、共驻政务中心等形式，实现“进一家门、办两家事”的便捷服务。制订服务“一带一路”发展战略十项保障措施，确保“走出去”企业服务落地生根。联合地税部门做好信用等级评价的数据采集核对、联合评价、名单公示、动态管理等工作，组织开展纳税信用评价3.6万户，及时发布纳税信用A级纳税人名单。健全银税互动合作机制，推动纳税信用评价结果增值运用。

（撰稿：姜旭军　审稿：王清波）

地方税务

【概况】 2017年，全市地税收入累计完成303.83亿元，收入规模继续保持全省第三位，可比口径增长3.19%，增收9.4亿元。其中，中央级收入完成58.48亿元，增长22.27%；市县级收入完成245.35亿元，下降0.2%。分税种比较，企业所得税完成51.31亿元，增长27.63%，个人所得税完成41.47亿元，增长13.86%，两项所得税的税收贡献率达到30.54%，较上年提高8.94个百分点。营业税清欠入库0.91亿元，代征增值税入库4.7亿元。其他各项收入共完成205.44亿元，同比下降3.97%。其中，土地增值税、车船税分别增长34.64%、20.75%；房产税、印花税、土地使用税、城建税分别增长9.78%、8.37%、3.83%、0.06%；契税、耕地占用税、资源税分别下降27.55%、31.53%、52.66%。年内，市地税局经复查合格继续被表彰为“全国文明单位”，市地税局纳税服务中心获评“全国三八红旗集体”，市地税局牟平分局纳税服务中心获评“全国巾帼文明岗”和山东省“巾帼文明岗位创新成果展十佳”，招远市地税局纳税服务中心获评“全国青年文明号”，系统内1人获得山东省“富民兴鲁”劳动奖状，1人获得山东省第一届“文明家庭”荣誉称号。

【税收征管】 年内，全市地税系统组织开展税收征管基础建设年活动。开展纳税人登记、房产土地申报信息等涉税资料核查，建立房屋出租税源台账5803户，对3.01万户企业纳税人应税房产原值和土地面积进行核实，核实应税房产税9428万元，核实应纳土地使用税3600多万元。加强土地增值税清算精细化规范化管理，清算28个开发项目，清算入库税款2.42亿元。加强市中心区存量房税收管理，由物价部门委托评估机构开展市中心区存量房交易价格评估工作，并联合多部门召开价格调整论证会，确定调整存量房交易价格。规范印花税管理，规范核定征收流程，强化据实征收力度，征收印花税6.94亿元，同比增长8.37%。开展企业所得税汇算清缴，汇缴企业2.38万户，汇缴面达到100%。完成年所得12万元以上个人所得税自行申报工作，全市年所得12万元以上个税自行申报人数达到4.56万人次，同比增加1.2万人次。开展欠税清理工作，对218户欠税大户执行了银行强制扣款等措施，清缴入库税款5220万元。加强国地税合作，国税部门代征地税税费6786万元，联合国税部门清缴欠税1750万元，依托税收保障平台联合采集信息260多万条、增收8.3亿元。

【税收服务】 年内，全市地税系统开展便民办税春风行动，连续第四年进行春季企业走访调研，走访企业118户，实地了解企业办税需求，形成具有针对性的税收服务措施。推行网上办税为主、自助和其他社会办税为辅、实体办税服务厅兜底的办税模式，提高办税效率。推广应用山东地税电子税务局，在烟台地税微信公众号增加办税功能，实现办税预约、手机申报、银联缴款、申报提醒、税收政策查询等多项便民功能。加强与国库、银行等部门协作，探索推广电子退税工作。梳理公布第一批“零跑腿”清单15项，“只跑一次”清单7项，实现非即办类业务前台受理、后台流转。落实税收优惠政策，为8129户小微企业减免所得税8617万元，为103户高新技术企业享受研发费用加计扣除额8.55亿元，为月销售额10万元以下的5.19万户纳税人减免教育费附加、地方教育附加及地方水利建设基金1326万元，为55户物流企业减免土地使用税2643.53万元，为15户困难企业减免房产税1278万元，为14户困难企业减免土地使用税928.44万元。深化税银携手助推小微企业发展活动，参与烟台市中小微企业融资服务平台建设，全市通过该平台取得贷款的企业有28家，贷款金额达2.55亿元；通过人民银行征信系统向金融部门推送小微企业信用等级D级以上信息2481条，帮助159户小微企业取得贷款7.16亿元。首创面向自然人纳税人的税银合作品牌“税荣贷”，完善对贷款难群体的金融服务链条，为2373位纳税人授信发放税荣联名信用卡，成功刷卡客户达2254人，透支额1336万元；办理税荣贷27人次，发放贷款855万元。做好“走出去”企业服务与管理工作，走访“走出去”企业98户，与国税部门联合承办“税收助力‘一带一路’发展主题宣讲系列活动”，全市共80户“走出去”企业现场参加宣讲会。

2017年12月1日，市地税局微信办税正式上线

2017年8月22日，市地税局牟平分局为行动不便老人上门办理二手房交易手续

【税收改革】 年内，全市地税系统试点征管模式改革，将现有涉税事项按照基础管理和风险应对两大类进行分类管理，并在机构职能调整、人员配置、业务流程、风险管理、信息管税等方面进行配套完善。组建税收风险管理办公室，作为全市税收风险管理专门机构，统筹指导开展税收风险管理中数据处理、任务管理、分析应对、下派风险处理结果把关等工作，自成立以来，先行在市级层面对股票减持、股权转让以及资产重组纳税人开展精准分析，分析有问题企业9户，入库税款及滞纳金3008万元。做好资源税改革相关工作，联合市国土资源局制定落实“三下”（指依法在建筑物下、铁路下、水体下通过填充开采方式采出的矿产资源）资源税优惠和衰竭期矿山资源税优惠政策意见方案，开展资源税改革政策效应分析，深入矿山企业开展调研活动，减征资源税5940万元。

2017年烟台市缴纳地税收入前50名（集团）企业统计表

表21　　单位：万元

序号	企业名称	年纳税总额
1	万华实业集团有限公司	130969.8
2	南山集团有限公司	95296.8
3	山东中矿集团有限公司	76488.7
4	山东招金集团有限公司	54554.1
5	山东黄金矿业（莱州）有限公司	45172.7
6	上汽通用东岳汽车有限公司	42913.8
7	烟台芝罘万达广场有限公司	33290.6
8	烟台张裕集团有限公司	31151.2
9	恒丰银行股份有限公司	28376.0
10	烟台万科房地产开发有限公司	25412.6
11	玲珑集团有限公司	24851.5
12	烟台港集团有限公司	19516.1
13	烟台龙湖置业有限公司	17966.6
14	华海财产保险股份有限公司	16572.2
15	渤海轮渡集团股份有限公司	16465.9
16	富士康集团	15352.5
17	山东烟台烟草有限公司	14936.3
18	中国人民财产保险股份有限公司烟台市分公司	14820.3
19	烟台恒邦集团有限公司	14786.0
20	烟台冰轮集团有限公司	13089.9
21	舒驰客车集团	10805.5
22	中节能万润股份有限公司	10710.6
23	烟建集团有限公司	10449.3
24	龙大食品集团有限公司	10323.4
25	烟台中海兴业地产有限公司	9938.1
26	龙口矿业集团有限公司	9916.4
27	烟台振华商业集团有限公司	9870.8
28	上汽通用东岳动力总成有限公司	9832.1
29	祥隆企业集团有限公司	9616.2
30	中国平安财产保险股份有限公司烟台中心支公司	8994.3
31	山东黄金矿业（玲珑）有限公司	8578.6

续表

序号	企业名称	年纳税总额
32	山东盛隆置业集团有限公司	7652.9
33	国网山东省电力公司烟台供电公司	7413.4
34	龙口胜通集团有限公司	7157.5
35	山东嘉元集团有限公司	6999.2
36	烟台银行股份有限公司	6909.3
37	烟台绿叶医药控股有限公司	6753.3
38	乐金显示（烟台）有限公司	6753.3
39	烟台海信瀚海置业有限公司	6723.0
40	烟台毓璜顶医院	6648.7
41	华电莱州发电有限公司	6472.7
42	中国太平洋财产保险股份有限公司烟台中心支公司	6004.1
43	桦林建设集团有限公司	5997.5
44	烟台杰瑞石油服务集团股份有限公司	5974.5
45	龙口市龙族永顺房地产开发有限公司	5916.7
46	海阳鸿辉发展有限公司	5887.0
47	斗山工程机械（中国）有限公司	5675.4
48	山东鲁花集团有限公司	5674.5
49	烟台胜地汽车零部件制造有限公司	5661.8
50	康宝莱（中国）保健品有限公司华东销售分公司	5500.0

（撰稿：孔若曦　审稿：刘中太）

责任编校：渠敬伦

城乡建设·环境保护

城乡规划

【概况】 2017年，烟台市受理建设项目804个，审批建筑面积968万余平方米、管线长度4.7万余米，发放“一书三证”1226份，全部优质高效办结。市规划局获全省住房城乡建设系统先进集体、全市党的十九大安保维稳工作先进集体等荣誉称号。

【城乡规划编制】 年内组织编制各类规划47项，全部达到预定目标。制定新一轮城市总体规划编制实施方案，完成总规实施评估和“十三五”城市近期建设规划、市域城镇体系规划，聘请国内最高水平的中国城市规划设计研究院，开展人口、用地等专题研究。强化专项规划支撑，共组织编制29项规划，城市交通数据库、综合交通、常规公交、地下空间开发利用、地下管线综合、海绵城市、体育、文化、教育、养老、防震减灾、防洪、水利、电网、通讯等18项规划已完成设计成果；医疗、旅游、消防、停车、燃气、油气管道、清洁能源、莱山区钟表之都、莱山区道路交通路网完善提升等11项规划正在加快推进。推动新一轮控规全覆盖，组织编制的11个片区控规全部形成成果，其中迎祥路西侧等7个片区控规已进入报批程序。起草控规编制和管理规定，以莱山区为试点开展控规管理单元规划编制，提高管控精度和实用性。加强县域村镇规划指导，长岛县总规成果报批，其他7个县市已基本完成总规评估和纲要，制定乡村规划许可管理制度、村镇风貌规划设计导则以及村庄规划编制导则等，完成全市农村新型社区和新农村发展规划，正在加快编制特色小镇总体概念规划。

【城乡规划研究】 年内，市规划局编制城市发展战略研究、蓬莱阁至昆嵛山滨海地带规划研究、养马岛概念性规划以及高铁南站区片、环芝罘湾北部滨海地带规划整合，形成初步成果；完成西部新港城总体概念规划和“港产城”一体化发展规划，明确发展定位、发展策略和建设规划。围绕重点区片开发和项目策划，整体策划规划环芝罘湾区片改造，提出朝阳街、所城里安置房选址方案以及经伦街、会西街区片的规划条件，完成原科技馆地块、峰山水库周边地块控规和修详规，会西街、环海路区片控规的初步方案。紧盯全市重大战略和重点工作，完成新旧动能转换调研、城市化实施意见、烟台国际肿瘤医学中心选址、市民中心项目选址等80余个重大事项的策划论证与研究；超前谋划今后3年主城区重点工程项目，提出综合交通、公共设施、市政基础设施、重点片区改造共计4类、139个项目库；对超出总规建设用地范围的项目处置进行研究，提出具体解决意见，勇于担当保障发展。围绕交通环境改善，完成红旗路快速化改造、东西向快速通道规划论证，莱山北部区域交通梳理与提升改造以及毓璜顶周边、北马路区域路网优化、蓬莱国际机场与市区快速交通衔接研究等规划编制；制定68条丁字路、断头路和6个立交桥建设方案，完成滨海路（开发区—蓬莱）、塔山南北路、G18改线、G228外移等选线论证方案。围绕抓好招商引资，制定项目推介指南、走访方案和考核办法，主动登门招商走访26家、56人次，接待外地投资方40余家、103人次。其中：会同市财政部门向市政府专题汇报关于成立烟台市产业投资基金事宜，并就城市基础设施建设和产业发展基金情况与中交建集团进行洽谈；成功引进总投资3亿元的烟台恒嘉商贸城项目和西南交通大学烟台新一代信息技术研究院项目。

【城乡规划管控】 年内，烟台市成功获批全国城市设计试点城市。启动总体城市设计、城市风貌管理导则和城市设计管理办法制定，完成滨海西路周边景观改造提升、东方海洋精准医疗科技园等20余项规划设计。加强空间管控，加强“绿线”控制，编制绿地系统规划；加强“蓝线”控制，完成市区海岸带保护控规；加强“紫线”控制，5条历史文化街区保护规划全部覆盖，顺利通过国家历史文化名城评估检查。严格执法监管，精心组织全市治理违法建设三年行动，推动成立市级领导小组和指挥部，印发实施方案。整治存量违法建筑148万平方米，拆除116万平方米，累计完成治理进度71.14%，超过年度60%的治理目标。

【城乡规划服务】 年内，市规划局出台行政审批制度改革和“一书三证”发放管理等相关规定，审批申报材料由29项减为15项，许可事项由7项减为4项，全部纳入“只跑一次”事项清单，下放基层直接办理。办理时

限再压缩，由法定的20个工作日压缩到2个工作日。审批程序再优化，实施项目“即提报、即研究、即审查”。服务水平再提升，推行“现场办公、首接负责、一次性告知、提前介入、跟踪服务、重点企业直通车”等服务制度，实现“容缺审批、并联办理”，已报送方案的250个市级重点项目、城建重点项目以及棚改、旧改项目，全部审批完成。科技创新再突破，制定信息化建设五年发展规划、启动“智慧规划”平台建设，完成市区三维模型更新和规划编制类数据收集，建立统一的数据标准体系、数据整合与更新机制，基本实现“立体”审查和“智能”审批。

（撰稿：窦传楠　审稿：石学臣）

城市建设

【组织领导】 2017年6月，市委、市政府成立书记、市长担任组长的城市化建设工作领导小组，作为全市主抓的十项工作之一强力推进；9月份高规格召开全市城市化工作会议，印发《关于切实加强和改进城市规划建设管理工作的实施意见（试行）》（烟发〔2017〕15号），确立打造先进制造强市、现代物流中心、文化旅游名城、健康养生胜地，建设创新开放包容、宜居宜业宜游的国际化滨海城市的目标定位；12月份召开全市城市规划建设管理工作会议，市委书记王浩亲自动员部署开展“城市提升工程”，市长张永霞与各县市区、有关市直部门主要负责人签订城建工作责任状。随后组建成立城市化推进办公室，制定印发《城市化建设工作领导小组考核办法》及实施细则，实行月调度、月考核、月排名、月通报；从25个部门抽调52人组建成立塔山南路北路、环芝罘湾区片建设指挥部，创新管理机制、服务机制、保障机制、考核机制，一线指挥办公、一线脱岗攻坚、一线解决问题。

【重点项目建设】 塔山南路北路工程。全长14.14公里的南路，征迁工作提前1个月完成，前期手续提前3个月办结，已经开工建设；全长14.7公里的北路，PPP咨询服务机构已经确定，初步设计审查已经完成。

环芝罘湾区片工程。朝阳街（一期）、所城里直管公房征收完成541户、完成率92.2%；北马路历史遗留的6户非住宅征迁提前一个月完成任务，大庙住宅安置房开工建设。

滨海西路及夹河桥工程。主路竣工通车，慢行系统、停车场、人行支路等工程完成竣工预验收；夹河桥主体工程量完成80%，正在组织主桥加劲梁安装施工。

白石区片改造工程。E地块完成25栋、3142套安置房建设，首批1550户居民陆续回迁。

城市地下综合管廊工程。全市开工项目8个、总长10公里，完成省级下达任务。

城建历史遗留项目。原71887部队拥军房、大庙一期安置房地块、上车门地块均实现溢价出让，新闻中心地块完成拆除工作。

【“三改一通”工程】 年内，印发《关于进一步加快城镇棚户区改造工作的实施意见》（烟政办发〔2017〕24号），开工棚改安置房3.04万套、开工率109.66%；基本建成2.63万套、建成率166.16%，超额完成改造任务；累计获批政策性贷款授信额度131.99亿元，争取上级各类奖补资金6.49亿元。

年内出台《老旧小区整治改造实施细则》，71个小区全部开工建设，57个小区、433.2万平方米、5.98万户当年竣工，竣工率95%。市住建局等8部门出台《烟台市既有住宅加装电梯试行办法》，列入全省电梯试点城市，2个加装电梯试点项目办理登记手续，2个项目完成技术方案，1个项目正在办理前期手续。

年内出台《背街小巷整治改造实施细则》，明确无私搭乱建、无乱堆乱放、无污水外溢、无乱占道停车、无卫生死角、无乱搭架空线、无外立面破损、无违规广告牌匾、无道路破损、无违规经营“十无”改造标准，完成任务摸底，并分解到各区政府（管委）、落实到具体项目。贯通断头路。五区投资5.2亿元，完成23条断头路改造，新增通车里程13.8公里，同时启动16条跨年度道路的征收、施工工作。观海路与滨海路之间5处交叉路口渠化全部完成，累计改造沥青路面2100平方米、人行道600平方米，新增5条车道。

村镇建设

【概况】 年内，印发《关于烟台创建特色小镇的实施意见》（烟政办字〔2017〕106号），形成《农业转移人口市民化发展规划》主要成果，2017年底全市城镇化率达到63.67%。全市新增1个全中国特色小镇、3个省级绿色生态城镇、3个省级历史文化名镇、2个省级美丽宜居小镇，7个特色小镇入围省级创建名单；获批1个全国美丽乡村示范村、10个省级传统村落、7个省级历史文化名村、4个省级美丽宜居村庄，数量居全省首位。新开工建设11个小城镇污水处理项目、15个农村新型社区污水处理项目，完成17.5万户农村户厕改造、737户贫困户危房改造和2.2万户农村气代煤、电代煤工程，农村人居环境持续改善。

建筑业

【概况】 2017年，全市完成建筑业总产值774亿元、同比增长10%，实现税收37亿元。创建鲁班奖1项、国优工程2项、中国装饰奖1个，预计创建泰山杯12项、装饰泰山杯5项、省级优质结构26项，总量居全省前列。其中，连续两年获鲁班奖、市政类获国优工程均为烟台市城建史上零的突破，同时市政国优工程也是2017年全省唯一获奖市政工程。

【建筑业综合实力】 年内，14家企业获批一级资质、36家企业获批二级资质、4家企业取得对外承包工程资格。烟建集团有限公司、烟台国际经济技术合作集团有限公司入选2017ENR国际工程承包商250强。

【质量安全】 省住建厅在全省推广烟台市政府购买服务开展质量安全监管辅助巡查抽测做法。烟台市在全省率先启用建筑塔吊安全监控系统，施工扬尘治理实现“六个百分百”全覆盖，建筑工地围挡高度、内容、大门、护脚“四统一”要求全面落实。2017年，建筑施工领域死亡事故起数同比下降33.3%、死亡人数下降60%。

【建筑市场诚信体系】 年内将建筑业企业资质审批等4项资质许可下放县市区实施。在全省率先建立“红黑榜”制度，定期公布红榜、黑榜企业名单。加大综合执法队伍建设，成立市级执法监察支队。累计查处13个违法建设工程，录入不良信息21条。

【装配式建筑】 年内，烟台市获批第一批国家级装配式建筑示范城市，2个基地获评国家级示范基地；蓬莱市获批省级装配式建筑示范城市，2个基地获评省级示范基地，新建装配式建筑120多万平方米、占新建建筑比例达到12%。

【绿色建筑水平】 年内制定出台《建筑节能和绿色建筑“十三五”规划》，1个小区获批省级智慧住区，12个项目取得省级绿色建筑星级标识，8个项目成为省级绿色施工示范工程。凤凰台小区智慧住区项目完成改造，中德合作被动式超低能耗绿色建筑示范项目（建城丽都幼儿园），一次性通过中德双方验收认证。

房地产业

【概况】 2017年，全市房地产业累计完成开发投资546亿元，同比下降0.87%；贡献税收94亿元，下降2.97%；销售商品房1252.1万平方米，增长32.1%；成交额827.2亿元，增长36.4%。

【房地产市场调控】 年内出台《关于进一步促进房地产市场健康发展的意见》（烟政办发〔2017〕23号），从土地供应、公积金首付比例、预售价格管控、市场监管等方面进行综合调控。实现交易系统和登记系统实时互联共享，增强调控精准性。

【规范房产交易秩序】 年内，市住建局等五部门出台《关于加强房地产经纪机构管理的意见》，市住建、工商部门发布二手房交易合同示范文本，建成启用存量房屋网上签约备案系统，进一步健全中介备案、从业人员实名制和二手房房源核验制度，推动房产交易市场健康发展。

【统筹去库存与控房价】 2017年末，全市商品房备案均价6879元/平方米同比增长12.6%，环比下降0.45%；商品房去化周期15.3个月，同比减少6.5个月，其中商品住宅去化周期13个月；6个区商品住宅去化周期7.5个月。

房产管理

【概况】 2017年，烟台市在全省率先出台《烟台市共有产权住房管理试行办法》（烟政办发〔2017〕6号）及配套实施细则，在市中心区推行实施。启动共有产权住房配售工作。累计筹集房源1529套，已向退役士兵家庭销售53套，剩余1476套在面向住房保障群体销售。超额完成市中心区年度住房保障租赁任务。市级办理新申请和年审家庭资格审批约1.08万户，新增发放租赁补贴3200户，完成任务率达163%。2017年底市级在保家庭1.13万户，累计发放租赁补贴资金3857万元，租赁补贴总量持续位居全省首位。

（撰稿：刘彦辰　审稿：李震）

城市管理

【城管执法改革】 2017年，市城市管理局推进法治城管建设。统一配备执法服装，开展执法队伍全员业务轮训。推进“强基础、转作风、树形象”专项行动，全面推行执法公示、执法全过程记录、重大执法决定法制审核制度，实现服装标志、执法证件、文明言行、全程记录“四个到位”。

推进“放管服”改革。将所有审批事项全部纳入“零跑腿”和“只跑一次”范围，城市管理领域承担的14项审批事项与杭州、青岛等20个先进城市对比，均已实现审批时限最低、审批材料最少。

推进数字化城管建设。加快推广数字城管系统，全市14个县市区全部建成并通过验收，实现全市数字城管全覆盖，初步建成市县一体管理平台。市区覆盖面积在上年度基础上再拓展6%。完成市级数字城管核心云平台和公用事业监管系统，在全省率先建成城市管理应急指挥平台和视频会议系统。2017年数字城管系统立案51.6万件，结案41.7万件。

【市政基础建设】 海绵城市建设。争取上级项目补助资金1779万元。全市8个县级城市全部完成规划编制并通过当地政府评审，全市完成海绵城市建设28.16平方公里，圆满完成目标任务。

污水处理厂升级改造。全市完成9座污水处理厂升级改造，套子湾、辛安河2座污水处理厂升级改造完成土建施工和设备采购招标，经调整工艺，出水水质已达到一级A排放标准，比省里要求提前一年实现达标排放。

垃圾焚烧发电设施建设。处理能力850吨/日的市生活垃圾焚烧发电改造项目经市政府研究同意并批复实施，成为市级首个获批的PPP项目，正在按程序组织招投标。县级垃圾焚烧发电项目牟平区、招远市建成运行，莱阳市基本建成，全市生活垃圾焚烧处理比例提高到56%。

再生水利用。全面推广应用污水处理厂再生水，全市建成再生水项目五个，再生水利用规模18.25万吨/日。启动全市7个再生水项目建设，其中套子湾污水厂供万华工业园再生水一期10万吨/日项目9月底全线开工，加快管线施工，计划2018年上半年完工通水。

排水防涝设施改造。组织各县市区加快雨污分流改造，全市完成改造300公里，其中芝罘区改造25.8平方公里、243公里，老城区基本改造完毕。完成中心区42个涝洼点位改造和7条河道及截留口维修清淤。清挖各类检查井14.3万座次，疏通各类管线52.4万米，设施完好率达93.4%，化粪池管理示范项目荣获“中国人居环境范例奖”。

老旧管网改造。加快供水供热供气老旧管网改造，全年完成管网改造404公里，市政府提出的两年内投资11亿元，全面改造中心区供水供暖供气老旧管网的目标按期完成。

市政设施养护。高效率、高标准完成机场路等7项道路大修改造，完成14座桥梁除险加固。全面抓好第一海水浴场管理，全年调运公共自行车15万车次，更换维修灯具1.5万套，打造迎宾路第五代照明节能“样板路”。市区道路照明LED节能改造项目获得“山东省人居环境范例奖”和“中国人居环境范例奖”，新机场航站区道路照明工程获得“全国市政金杯示范（路灯）工程”。组织实施滨海广场海岸线硬铺装地面改造及音乐喷泉重建、大张拉膜改造工程，启动城铁南站停车场收费，全面抓好广场保洁、设施养护、公益宣传和秩序管理，全年完成重大活动、公益宣传200余次。

【公用事业保障】 城市供水。实施供水加压站、高位水池建设及设备改造。积极应对降水量少、水源不足和客水源水混合水质复杂变化等问题，加强供水调度，强化水质监测，优化制水工艺，全力保障高峰供水和安全用水。全年向市区供水7000万方，水质综合合格率99.81%。加强节水管理，举办城市节水宣传周活动，推广节水型器具3.6万套，完成“户表”改造4.4万户，创建省级节水型企业社区10个，烟台市顺利通过全国节水型城市复查。研究制定《城市供水条例》并提请市人大审议通过，烟台市获全省城市供水规范化管理考核第二名。

城市供气。加强全市供气保障调度，不断扩大燃气供应覆盖面，全市新增天然气用户10万户，管道燃气普及率达到70.6%，其中市区90.5%。市区成功引进中石油泰青威管线第二气源，2017年底实现从中石油接气8.5万方/日，有效解决市区单一气源供气不足问题。深入开展燃气安全隐患排查、督查20余次，完成市区2.75万户管道液化气置换

2017年12月8日，市城管局运用数字城管平台开展清雪防滑应急演练

天然气改造。

城市供热。组织供热企业做好供暖准备，按时启动供暖，抓好供热煤炭储备、设备调试检修、供热服务保障。市区扩建2台160吨热水锅炉，敷设供热管网106公里，完成5台共530吨热水锅炉环保设施改造。全市新增供热面积295万平方米，集中供热普及率78%，其中市区79%。全面展开《烟台市区清洁能源供热发展规划》编制工作，全市使用清洁能源供热（空气源、地源、污水源）面积已达700万平方米，正在实施的污水源供热项目220万平方米。

应急管理。健全灾害性天气、安全生产预警和应急联动机制，完善应急预案，加强应急队伍建设，开展应急演练100余次，妥善处置公用事业保障突发事件。严格落实汛期、强降雪天气24小时带班值班制度，及时启动应急预案，积极应对5次强降雨、多次持续降雪天气，全力做好城市防汛和道路清雪防滑，保障城市安全度汛和生产生活秩序。

【城市园林绿化】 年内完成滨海路、观海路等路段草坪更换及喷灌系统建设，实施烟大海滨公园改造提升、东炮台公园月亮老人平台修复、海韵广场海岸壁修复等工程，抓好公园道路、公厕及附属设施维修。东炮台公园7月1日免费向社会开放，完成公益服务属性转型。组织开展绿地、公园综合整治，清除卫生死角，修剪苗木，规整树盆，园艺造型，打造通透背景林，全年累计清理、清运各类垃圾2.3万余立方，累计修剪树木死树枯枝6.5万余株。继续按照市区园林绿地精细化管理考核标准进行考核，全年督促各区检查处理各类园林绿化问题2400余次。

【城市环境卫生】 铁路沿线环境整治。充分运用城乡环卫一体化体系，组织县市区高标准抓好铁路沿线环境整治。先后召开全市工作会4次、专题调度会10余次、现场督导检查30余次。全市投资3.46亿元，完成全部320个省反馈问题、330个自查问题治理，烟台市顺利通过省里验收，综合评比与其他4个地市并列第一，沿线8个区市在全省142个县市区排名中并列第一。

黑臭水体整治。牢固树立环保责任意识，高效推进黑臭水体治理，全市22条城市黑臭水体全部完成整治并通过评估验收，比省里要求提前一年完成整治任务。

市容环境12项专项治理。围绕争创全国文明城市“五连冠”和国家食品安全示范城市，组织各区开展违法建设、渣土车运输管理、露天烧烤等12个方面环境整治行动，清理卫生死角184处，查处车辆粘带撒漏535起、餐厨废弃物非法收运车210辆，餐厨废弃物月均收运量同比增长125%；清理占道经营和乱堆乱放13万处、野广告17万处，维修指路牌470个，增设公益画面3100处、5.3万平方米，取缔露天炭火烧烤点2600处，绿化覆盖裸露土地107万平方米，维修指路牌470个，打造17条省级深度保洁示范路、4个老旧小区、5个园林绿化等示范项目。

户外广告治理。提请市政府研究出台《户外广告和牌匾标识设置管理办法》，按照“减量化、精品化”原则，停止一切新上广告审批，组织各区全面清理各类违章设置广告、到期广告，累计拆除户外广告3400多处、22万余平方米，占广告总量的55.6%，打造12条户外广告治理示范街。

生活垃圾分类试点。组织各区选定试点单位，编制实施方案、管理台账和经费预算，完成志愿者队伍建设、宣传发动等前期准备，组织18个试点单位约6万人参与生活垃圾分类试点。

城乡环卫一体化。在全市推广建设居民区小型垃圾压缩站48座，新建环卫工人休息点84个，全年转运市区生活垃圾45.8万吨。定期组织明察暗访，确保生活垃圾集中收运、及时处置，2017年底城乡环卫一体化满意度测评烟台市位于全省第3名，比2016年底上升8个位次。

气代煤、电代煤工程。组织县市区加快推进城区气代煤、电代煤工

居民区小型垃圾压缩站

程，全市计划改造城区气代煤、电代煤3.03万户，实际完成3.12万户，完成率103%，供暖前完成工程验收和调试，按时投入使用。

（撰稿：李炳志　审稿：邢学东）

环境保护

【概况】2017年，市区“蓝天白云”天数达到360天，同比增加18天，始终位居全省第二位。影响市区空气质量的四项主要污染物浓度均持续改善，细颗粒物（PM2.5）、可吸入颗粒物（PM10）、二氧化硫、二氧化氮平均浓度同比分别下降10.3%、9.2%、28.6%、9.1%。全市26条重点河流42个监测断面，COD（化学需氧量）和氨氮浓度平均值同比改善，市区饮用水水源地水质稳定达标。

【重点流域治理和水源地保护】年内，全市环保系统以全面消除劣五类水体为目标，通过挂号、约谈、区域限批、工程推进、综合治理、奖惩考核等一系列手段和措施，打好水污染防治“组合拳”。对全市427个单位，528个点位的在线自动监控污染源的实时数据进行每日筛查，日均浏览数据10万个以上，全年传输有效率99%以上，超过90%的国家标准。至年末，13个省级以上工业集聚区全部配套污水集中处理设施并安装在线监控装置，并与环保部门联网，达到年度考核要求。完成全市21个入海排污口、182个排水口、43条入海河流环境现状调查，督促有关县市区对3个设置不合理的入海排污口实施整改。26条重点河流水质整体较往年大幅改善。

【大气污染综合整治】年内，全市环保系统重点围绕燃煤、建筑施工扬尘、道路扬尘、城市裸露渣土及机动车尾气、加油站、储油库和油罐车油气污染等影响空气质量的主要因素，强化部门联防联控，加大污染防治力度。修订完善《烟台市环境空气质量生态补偿暂行办法》，将空气质量生态补偿系数由5万元提升至25万元，并对PM2.5和PM10达到国家空气质量二级标准的县市区分别给予100万元和50万元的一次性奖励。全市排查出的6012家散乱污企业已全部取缔整改完成；3198台10吨及以下燃煤锅炉已全部淘汰；198个（台）燃煤机组和锅炉已全部完成超低排放改造；723家加油站油气回收一、二级改造和建成区内202家加油站三级改造工作全部完成。

【土壤和固废污染防治】年内，市环保局加快编制烟台土壤污染防治工作方案，明确相关部门、单位土壤污染治理任务分工，启动全市农用地土壤污染状况详细调查。认真排查工业企业场地再开发利用过程中环境污染防治问题，严格二次开发利用项目环评审批。开展危险废物综合整治及涉危废企业大检查，规划建设51个“十三五”危废处置利用项目。

【生态建设】年内，莱州市、蓬莱市、福山区获得省级生态县（市区）命名，全市获命名的省级及以上生态乡镇数量达到82个。森林覆盖率达到40%，各类自然保护区总面积占全市国土面积的10%以上。

【环境监管】2017年，全市依法对2187家违法企业立案处罚，罚款7043万余元，责令36家企业限产停产，对34家企业实施查封扣押，行政拘留案件63件，移送涉嫌犯罪案件20件。

【中央环保督察和环保攻坚】中央环保督察下沉烟台期间，全市上下各级各部门凝心聚力，攻坚克难，解决一批突出环境问题，中央第三环保督察组交办的32批共计881件案件全部办结，启动问责195人，给予党政纪处分77人。结合中央环保督察，印发实施《2017年全市环境保护突出问题综合整治攻坚方案》，制定“散乱污”企业清理取缔、小火电和燃煤锅炉超低排放改造等17个任务清单和178个问题清单，实施清单式销号管理。年末，省攻坚方案涉及烟台市的38项任务除4项自然保护区整改工作外，全部完成。

【环境信访】年内，全市受理环境举报案件1.51万件。其中市环保局直接受理环境信访案件2798件（市属信访案件347件，县市区信访案件2451件），信访总处理率100%，处结率98%。

（撰稿：由国梁　审稿：徐世刚）

责任编校：渠敬伦

交通运输·邮政

交通综述

【概况】 2017年，全市公路通车总里程1.9万公里，其中，高速公路557.6公里。港口生产性泊位195个，其中万吨级以上泊位89个。全市公路完成客运量5076万人，同比增长1.1%，完成旅客周转量46.54亿人公里，与去年基本持平；完成货运量2亿吨、货物周转量398.93亿吨公里，同比分别增长13.8%、9.7%。水路完成客运量720万人、货运量4581万吨，同比分别增长10.6%和7.3%；港口货物吞吐量4亿吨，其中集装箱吞吐量270.2万标箱，同比分别增长13.3%和3.9%。

【交通基础设施建设】 全年累计完成投资69.2亿元，其中公路项目46.5亿元，港口项目20.9亿元，场站项目1.8亿元。

全市高速公路通车里程达557.6公里。蓬栖高速公路12月26日正式通车运营，比省政府要求提前半年完工。龙青高速路基工程完成90%，路面工程完成20%，桥涵工程完成80%。文莱高速项目正在开展地上附着物征迁补偿的商谈工作。滨海路征迁任务12月底前全部完成，开发区段开工里程20公里，蓬莱段开工里程14.8公里。落实《烟台市村级公路安全生命防护工程实施意见》，整治通客运班线和急弯陡坡临水临崖路段2000公里。加快建设“四好农村路”，新改建县乡公路200公里；龙口、海阳、福山、莱山4个第三批村级公路网化示范县完成改造任务800公里，全市农村公路网化水平明显提升。平畅河蓬莱段违章建筑物清理和流域公示牌安装全部完成。

西港区一期工程通过竣工验收，西港区30万吨级航道工程航道挖泥基本完工，西港区3个10万吨级通用泊位和蓬莱东港区4个3万吨级客滚码头正在进行主体施工，长岛港区陆岛交通码头工程已开工建设。

2017年烟台市交通主要业务指标统计表

表22

项目	计算单位	2016年	2017年	2017年占2016年%
一、旅客运输量	万人	5670	5796	102.2
公路	万人	5019	5076	101.1
水运	万人	651	720	110.6
二、货物运输量	万吨	21775	24496	112.5
公路	万吨	17504	19915	113.8
水运	万吨	4271	4581	107.3
三、港口货物吞吐量	万吨	35407	40058	113.1
其中：集装箱吞吐量	万TEU	260.1	270.2	103.9
四、全市公路通车里程	公里	19000.7	19472.5	102.5
其中：高速公路	公里	517.7	557.6	107.7

【节日运输】 春运（1月13日至2月21日）期间，全市共发送旅客446.58万人次，同比增长10.12%。其中，道路运输发送旅客269.79万人次，同比减少0.45%；水路运输发送旅客34.81万人次，同比增长1.93%；铁路运输发送旅客108.41万人次，同比增长45.36%；民航运输发送旅客33.57万人次，同比增长26.8%。道路运输方面，全市投入县际以上客车1225辆，旅游包车507辆；其中高级车764辆，中级车968

辆，共计7万余个座位；抽调120辆大型客车作为机动运力，以应对客流高峰。根据春运期间机场航班起降情况，适时优化调整了6条机场巴士和8条机场快线运行时间。围绕保障春运期间电煤、粮油、蔬菜等生产、生活物资需求，抽调55部货运车辆组成保障运输车队。水路运输方面，全市共投入客（滚）船49艘（客滚船35艘、客箱船1艘、客船13艘），共计36059客位、3124车位。铁路运输方面，烟台车务段安排担当临客运行线5对，其中直通临客1.5对，管内临客3.5对。民航运输方面，新增温州、佳木斯、丹东、盐城、大庆、南昌、北京南苑、日本静冈、日本福冈等地航班，加密大连、郑州、昆明、沈阳、哈尔滨、牡丹江、贵阳等多条航线，新投放2架过夜运力。

2017年国庆、中秋节期间（10月1日至10月8日），全市共发送旅客147.3万人次。其中，道路发送旅客69.7万人次，水路发送旅客30.55万人次，铁路发送旅客37.7万人次，民航发送旅客9.35万人次。道路运输方面，全市日均投放客运班车2300辆、出租车5400辆，市区1800余辆公交车全部正常营运；抽调120辆货车组成保障运输车队，重点保障汽柴油、液化气、电煤、粮油蔬菜等生产生活物资运输。水路运输方面，全市投入船舶47艘，其中客滚船33艘、客箱船2艘、客船12艘，总计35172客位、2905车位。国际运输方面，烟台至仁川航线投入客箱船1艘，392客位、293箱位，烟台至平泽航线投入客滚船1艘，810客位、460箱位。省际运输方面，烟台至大连航线投入客滚船10艘，15054客位、1772车位；烟台至旅顺航线投入客滚船3艘，1876客位、150车位；蓬莱至旅顺航线投入客滚船2艘，2699客位、400车位；龙口至旅顺航线投入客滚船1艘，1571客位、192车位。市内运输方面，蓬莱至长岛航线投入客运船舶26艘，其中客滚船15艘、客船11艘，共8899客位、235车位；崆峒岛和龙口桑岛投入船舶3艘，共226客位、6车位。

【安全生产】 统筹开展百日攻坚、大快严、危化品安全综合治理等9项集中整治活动。推进化工产业安全生产转型升级，全部暂停危险货物运输企业许可和新增运力审批，依法注销多家危货运输企业资质。推广紧急避险系统和引入保险机构的第三方管理模式，为道路运输安全提供坚强科技支撑。聚焦重点行业、重点领域、重点环节，扎实推进风险分级管控和隐患排查治理“两个体系”建设，连续开展3次副县级以上领导干部带队督查安全生产活动，实地检查企业112家，排查整改安全隐患166处。密集开展年初安全生产检查、安全生产互查和冬春季大检查活动，共组织安全检查组128个，排查整改安全隐患800余处。完成党的十九大、春运和“十一”黄金周等重点时期的运输安全保障任务，全系统未发生较大以上安全事故，交通运输安全生产形势总体稳定，市交通运输局被省安委会授予安全生产工作先进单位，被市委评为全市党的十九大安保维稳工作先进集体。

2017年6月29日，烟台渤海国际轮渡公司旗下世界最大客箱船“海蓝鲸”号首航烟台至韩国平泽航线

【交通工程质量和施工安全监督】 全年监督公路水运工程项目55个（含高速公路2个，国省干线公路12个，农村公路25个，水运工程16个），监督覆盖率100%。对19个工程项目进行了交工质量检测，交工检测合格率100%。以蓬栖高速、龙青高速、烟台港西港区通用泊位、干线公路改建和养护大修等工程为重点，推进“平安工地”建设，工程质量和施工安全始终处于受控状态，没有发生质量安全责任事故。

【文明创建】 全市交通运输行业连续10年保持全国文明行业荣誉称号，全市交通运输系统2个单位保持全国文明单位称号；烟台市交通运输管理处、蓬莱市交通运输局、烟台市牟平公路管理局等3个单位成功创建为省级文明单位，总量达到36个；国家级青年文明号集体2个，省级青年文明号集体 14 个；“文明在交通·爱心伴您行”、烟台汽车总站“陆地空港，阳光总站”、烟台公交集团公交车“爱在一起”和“青春 109”等文明品牌的知名度和美誉度不断提升，涌现出各类先进典型 320 余人。“烟台微运管”微信公众号关注量突破 10 万人，年点击量达 500 万人次，稳居同行业全国之首。群众性文明创建活动深入开展，“每周五学习日”“道德讲堂”“法德讲堂”三大平台搭建起交通干部职工队伍思想道德教育和专业技能培训的广阔舞台。依托微信公众号、新闻媒体手机客户端等新兴媒体影响力，加大行业宣传力度，省级以上新闻媒体发稿 40 余篇，全年市级以上新闻媒体累计发稿量达 880 余篇。

道路运输管理

【概况】 2017 年末，全市道路运输经营业户 2.29 万户，其中旅客运输业户（含出租客运）1508 户，货物运输业户 2.14 万户，客货兼营业户 7 户，从业人员 12.79 万人。机动车维修经营业户 2435 户，其中一类 50 户，二类 419 户。机动车驾驶员培训业户 69 户，教练员 5130 人，教学车辆 5046 辆。营运客车 1.2 万辆，其中客运班车及包车 2686 辆（包含旅游包车），出租汽车 5416 辆，公交汽车 3889 辆（折合 4497.4 标台）。营运货车 5.15 万辆、63.92 万吨位，其中载货汽车 5.15 亿辆、63.92 亿吨位。全市客运线路 624 条，其中跨省线路 41 条，跨地市线路 131 条，公交线路 325 条。等级客运站 61 个，其中一级站 3 家、二级站 16 家、三级站 7 家。等级货运站 22 个，其中一级站 5 个、二级站 4 个。检测站 16 个。

【道路班车客运管理】 组织专人对全市 277 个省定贫困村通客车和候车站点建设情况逐一进行实地勘验论证，登记造册，确定建设计划，全市共建设省定贫困村候车站点 170 个，277 个省定贫困村通客车率达到 100%。优化调整客运班线 8 条，新增和调整城乡公交线路 3 条，具备通行条件的 6087 个行政村全部开通客车，行政村通客车率达到 99.2%。推进汽车客运站省域联网，全市所有二级以上汽车客运站全部实现联网售票。

【道路包车客运管理】 以《烟台市包车客运发展专项规划》为指导，结合包车市场实际需求，扎实稳妥完成新增包车运力招投标。新增投放包车运力 255 辆，其中省际包车 245 辆、市际包车 10 辆，运力结构得到优化调整。持续强化包车客运车辆动态监控管理，依托 GPS 车载卫星定位监控装置设立“电子围栏”系统，自动对车辆行驶数据信息进行分析比对，当包车驶出规定经营范围时，系统后台自行触发探测围栏，发送报警信号。全市 582 辆县际以上客运包车全部实现“电子围栏”监控 100% 全覆盖。

【出租客运管理】 推进出租汽车行业改革，市政府办公室印发烟台市出租汽车行业改革实施意见。加强政策宣讲，通过各新闻媒体、政务网站、座谈会等形式进行宣贯。畅通沟通渠道，坚持维护行业稳定，全年召开出租企业和个体小组长座谈会 20 余次，及时掌握行业动态，排查处置不稳定因素。

【网约车管理】《烟台市网络预约出租汽车经营服务管理实施细则》于 8 月 11 日经市政府办公室印发，10 月 1 日起正式实施。制定网络预约出租汽车行政许可等各项业务办理流程，完成网约车监管平台建设与调试。

【公交客运管理】 8 月，烟台市成为交通运输部“十三五”期全面推进公交都市建设第一批创建城市。市区全年新增公交线路 5 条，新增及更换新能源公交车 275 辆。城乡公交一体化方面，全市新开通和调整城乡一体化公交线路 26 条，惠及 223 个村、近 10.3 万人。公交品牌创建方面，深化“青春 109 路”品牌共建，组织开展“学生心目中最喜欢的 109 路驾驶员”评选、青年志愿者文明引导队、开展公交进校园等活动，发放调查问卷近千余份征求广大师生群体意见。公交候车亭管理维护方面，督导市公交集团每月做好公交候车亭保洁维护工作；整顿公交站亭广告，配合文明城市创建，加大公交站亭公益广告投放力度。全年市区安装 1724 幅公益广告，占总广告数的 60%。

【道路货运管理】 全年新增危货运输车辆 355 辆。完善市场退出机制，对企业资质不达标，安全生产管理不到位，存在重大安全隐患的 3 家道路危货运输企业、386 台车辆注销营运资质，责令退出营运市场。注销普货企业 76 家，清理普货车辆 1.18 万辆。在省内率先贯彻“一超四罚”规定，对市直 99 家企业 363 辆超限超载货车进行了登记，约谈普货企业 176 次，对 48 家货车超限比例超过车辆总数 10% 的企业实行停业整顿，注销 5 辆超限 3 次以上的货车道路运输证。

【维修与车辆技术管理】 进一步规范 7 家二级维护作业维修企业工作流程，保证二级维护作业质量。严把维修市场准入关，分阶段、分批次对过期维修许可进行登报公示注销，全年清理过期维修许可 116 家。加快汽车综合性能检测站升级改造，全市15家检测站，累计投入资金约600万元，除福山检测站整体搬迁，其他14家全部完成改造升级和计量验收。

【从业人员管理】 全市道路客货运输驾驶员继续教育7.5万人，道路运输从业人员诚信考核7万人，新增考核客货运输驾驶员3000人、危险品驾驶员及押运员2500人、出租车驾驶员1200人。网约车驾驶员网上预报名系统于10月1日正式投入使用，200多名驾驶员完成注册，100多名驾驶员通过审核。

【驾培市场管理】 出台烟台市驾培改革实施意见，将行政许可权下放至县一级。优化驾培市场布局，全市新增二级驾校3所、三级驾校1所，新增各类教练车152辆。推行先培训后付费模式，驾校覆盖率达到96%。发挥驾培计时管理平台监管效用，将全市68家驾校、5526辆教练车、4065名教练员纳入驾培计时管理系统，实现对驾校、教练员、教练车日常经营、教学行为的联网联控。全年系统共完成学员信息采集5.41万人，审签培训记录2.88万人次；学员对驾校、教练员完成网上评价2.24万人次。

【场站配套设施】 莱山区公交调度中心及公交场站完成场地平整及土方施工，完成年度计划投资2000万元。城铁莱阳客运枢纽站完成广场及公交场站建设，完成年度计划投资5000万元。牟平城乡客运站，完成拆迁，年末尚在进行土方施工，完成年度计划投资2000万元。

【便民服务】 从优化营商环境、提升交通窗口形象入手，推进运管服务大厅品牌建设，安装启用排队叫号系统和窗口服务评价系统，提高群众办事效率，营造和谐有序的服务环境。在2017年度市政府开展的市级政务窗口季度考核工作中，运管服务大厅的群众满意度考核评价始终保持在98%以上，被市政府授予“全市政务服务窗口先进单位”。

【信息化建设】 创新便民服务举措，研发启用短信通知平台，累计向相关道路运输经营者发送办理许可、年审、技术等级评定等各类提醒短信7000余条。研发启用巡游出租车专用约车平台“易约的士”，全年平台注册出租车驾驶员1000余人，注册乘客约2万人。

【道路运输市场监管】 以出租车、货运车辆和“两客一危”车辆为监管重点，严格查处各类非法违法运输行为。与公安部门开展联合执法，加大“黑出租”查处力度。全年查扣涉嫌非法营运的“黑出租”770余辆，收缴各类非法营运标识1300余个。与公安部门开展联合治超，促进货运车辆超限超载治理工作常态化、长效化。开展夏季旅游运输市场联合整治、全市道路危险货物运输违法行为路面执法检查等专项行动，道路运输市场秩序进一步规范。

（撰稿：于天洋　审稿：栾秉政）

【烟台交运集团概况】 2017年末，烟台交运集团拥有20个全资及控股企业，运营客运线路600余条，拥有各类营运客车2264部，座位数9.22万个，实现客运量2421万人，位列中国道路运输百强诚信企业第28位。

【校车客运】 年内，成立福山和泰汽车服务公司，在福山区投放校车21部，服务3个乡镇、2个街道办事处的5所小学，运行线路43条。交运集团拥有校车475部，校车公司5个，校车线路921条，为招远、莱州、蓬莱、牟平、栖霞、福山、开发区、莱山区、高新区的112所学校近4万名学生提供用车服务。

【机场客运】 开通自高新区始发的机场巴士7号线；莱阳、莱州、栖霞等县市分公司成立全时段保障线路公司，建立有飞机起降就有烟台交运陆空对接车辆的保障体系；新增莱山佳世客异地值机服务，异地值机点达到8个。交运集团运营烟台机场快线10条、巴士7条、商务快线2条，营运车辆77部，发送旅客127万人次。

【定制客运】 出台《定制客运管理标准》；新增烟台—栖霞、海阳—烟台机场定制客运线路；与首汽约车合作项目正在稳步推进，打造区域高端网约商务用车平台。集团运营定制线路15条，核定车辆36部，以服务于高铁、机场出行旅客为主、县际出行旅客为辅。

【便民服务】 交运集团微信平台开通在线办理退票、改签、购买保险票功能，旅客乘车出行实现全程电子化，不需纸质客票，微信粉丝数达到115万人，售票105万张；烟台市是山东省省域联网售票试点地市之一，交运集团联网售票系统切换为省域联网售票系统，支持在线选择客运班线、班次、网络支付、异地取票等功能；交运服务热线“4006-369-369”接访24.7万次，开通微客服，接访客户7570人次。

【旅游集散中心】 依托辖属客运站和售票网点设立旅游集散中心、咨询中心，启用牟平旅游咨询中心，申报汽车西站、招远汽车站等5处旅游中心项目；在烟台汽车总站开通至招远、栖霞、海阳、龙口4条景区直通车，直达景区。交运集团辖属客运站15个，其中，一级站3个、二级站12个，已建成旅游集散、咨询中心13处。

【二手车交易市场】 位于芝罘区幸福南路4号至附10号，占地面积8.1万平方米，提供交易、上牌、过户、税费、年检、处理违章、金融服务等一站式购车服务。分为东、西两区，东区以中高档精品二手车经营为主，西区主要经营中、低端各类二手车，拥有商户80余家，年交易量近万辆。年内，获“2017年度中国汽车流通行业汽车金融服务创新奖”“2016年度山东省二手车流通行业最具影响力市场奖”。

【烟台市首届二手车展】 3月25日，由烟台市二手车认证协会、FM103烟台交通广播、烟台市汽车维修行业协会、烟台交运集团联合主办的烟台市首届二手车车展暨交运二手车市场精品展厅开业典礼在交运二手车市场盛大开幕，车展自3月25日至4月4日，共有二手车行、4S店置换机构、保险公司、金融贷款公司、质保延保公司及三方合作机构30余家参展商、300余台精品二手车参展。

（撰稿：刘洪强　审稿：于林广）

公路建设

【概况】 2017年，全市实施干线公路重点项目16个，完成投资29.47亿元，有7个项目建成通车，通车里程190公里，超额完成上级下达的建设任务。市公路局连续5年被评为“全国文明单位”。

【高速公路项目】 蓬栖高速按照省政府要求比原计划提前半年完工，12月26日通车运营。文莱高速项目法人7亿元土地补偿金已全部到位，并与海阳、莱阳市就项目搁置造成的撂荒补偿达成一致意见，年末尚在进行地上附着物征迁补偿的商谈工作。

【大中修项目提前优质完工】 在原计划2个大中修年内建成通车的基础上，克服原材料涨价、有效施工期短、安全管理难度大等诸多困难，将4个跨年度大中修项目全部提前到2017年完工，改造干线公路里程144.5公里，完成投资6.5亿元。

【新改建公路项目】 国道204烟上线莱阳城区段改线，6座大中桥和路基小桥涵全部完工，路面工程完成50%；省道306海莱线海阳南柳至紫石夼改建，7座大中桥基本建成，路基小桥涵完成56%，发城大街完成400米沥青下面层铺筑；其余4个新改建项目也取得新的进展。开展“工程质量管理年”活动，建设品质不断提升。

【重大项目谋划论证】 自市委、市政府提出G228丹东线烟台开发区至牟平段改建、G18荣乌高速外移项目的任务后，市公路部门迅速开展路线方案踏勘设计，多次征求项目沿线市、区和市相关部门、单位的意见建议，并加强与交通部和省交通厅、省公路局的汇报沟通。其中，G228改建工程提前一个月完成可研报告，并及时获得省厅行业批复意见，年末已开始立项支持性文件报告的编制；G18外移项目在短时间内完成路线方案设计。

【2018年项目争取】 2018年全省第一、二批普通国省道养护建设工程投资计划中，烟台市获项目资金5.79亿元，其中新开工项目10项，数量及里程居全省首位（占全省的近1/4），烟台公路发展后劲依然强劲。2017年末，全市建成国省道干线公路2370公里，包括国道8条1179公里，省道23条1191公里，其中高速公路558公里，一级公路838公里，二级公路784公里，管辖里程居全省第二，高速公路通车里程居全省第二。

【公路养护服务】 连续6年组织全市公路养护观摩会，督促各管养单位加大养护力度。全年完成小修保养投入7800万元。实施国道204绿化改造提升工程，完成投资约900万元。对台风造成的30多处水毁较严重部位紧急抢修，在最短时间内恢复通行。实施12项公路安全设施整治提升工程。完成国道309海阳停车服务区建设，并对8个公路站实施停车区改造。提请市政府下发工作方案，加强协调督促，迅速拆除高速公路和重要国省干线公路两侧大型广告199块。进一步简化路政审批流程，保留的申请材料数量、办理时限全国领先。

【国道206蓬莱收费站提前两年停止收费撤站】 10月30日撤销国道206蓬莱收费站，比收费期限提前两年，并为地方减免3.7亿元的撤站补偿资金。市公路部门稳妥做好撤站人员分流安置工作，做到无一人下岗失业。

【烟台市“智慧公路”列入全国试点】 市公路部门推动“智慧公路”建设，有效提升行业管理效能，并为公安等部门提供视频等数据。5月份，省公路局召集全省17地市公路局长在烟台市召开智慧公路建设现场会，在全省推广烟台市智慧公路模式，省交通厅将烟台市智慧公路作为全省公路行业唯一的项目向交通部申报公路智能化养护管理应用试点，市公路局成为全国6个公路智能化养护管理应用试点中唯一上榜的地市级单位。该项目还列入全省绿色交通样板项目和亮点工程，并被作为重点支持项目。

（撰稿：刘涛　审稿：柳敬禄）

铁路建设与运输管理

【铁路建设概况】 2017年，烟台市铁路建设硕果累累。龙烟铁路顺利开通，与既有德大铁路、大莱龙铁路实现德龙烟铁路全线贯通。环渤海潍烟高铁和大莱龙扩能改造工程2个项目前期工作进展顺利，2018年可实现开工建设。

【环渤海潍烟高铁】 潍烟高铁规划西接拟建的京沪二通道，东接青岛—荣成城际铁路，设计时速350公里，正线长约280公里，总投资470亿元，计划2018年开工建设。潍烟高铁建成后将填补烟台北部地区高铁空白，实现烟威地区快速通达京津冀、东北及中西部地区，突破胶东半岛交通瓶颈，对促进环渤海地区融合发展及改善民生具有重要意义。环渤海高铁全线建成后，烟台3小时内可直达北京，约4小时30分钟到达上海，约2小时到达济南。

2017年，项目取得重大突破。7月组织召开项目预可研评审会议，标志着项目推进取得第一个重要成果，省政府将其列入《山东新旧动能转换综合试验区总体建设方案》；9月成立项目筹备组和工作组；10月成立项目指挥部，同月完成项目可研、勘察设计及支持性文件一次性招标；12月中国铁路总公司鉴定中心对项目可行性研究报告进行了评审，为项目尽快开工建设奠定了坚实基础，同月完成项目勘察监理和设计咨询招标。

【龙烟铁路】 10月15日，铁路工程通过初步验收，满足设计标准，质量合格。12月6日，通过安全评估。12月19日，中国铁路济南局集团有限公司印发通知，具备开通使用条件。龙烟铁路西与大莱龙铁路龙口西站接轨，货运东与蓝烟铁路福山站接轨，客运经珠玑站进烟台站，线路长约120.1公里（含进港线），国铁一级，客货共线、以货为主，设计时速160公里，总投资79亿元。龙烟铁路建成通车后，将与既有德大铁路、大莱龙铁路实现德龙烟铁路全线贯通，形成一条新的环渤海经济发展大动脉。

（撰稿：徐少杰　审稿：王兆辉）

【烟台车务段】 中国铁路济南局集团有限公司烟台车务段管辖蓝烟铁路（蓝村至烟台）、青（岛）烟（台）威（海）荣（成）（简称青荣）城际铁路和龙烟铁路（龙口至烟台）三条线路的32个车站。其中蓝烟线车站10个，分别为烟台、珠玑、福山、旺远、桃村、海阳、莱阳、马格庄、莱西、姜家坡站。青荣线车站13个，分别为即墨北、夏格庄、莱西北、莱阳（普速、高铁合一）、海阳北、桃村北、芝罘、烟台南、牟平、威海北、威海、文登东、荣成站。龙烟线车站10个，分别为烟台西站、大季家站、大季家北站、解宋营站、西赵站、蓬莱市站、王李站、北沟站、龙口市站、芦头站。

车务段管辖总营业里程1136.8公里（蓝烟线和青荣线均为双线自动闭塞区段、龙烟线为单线自动站间闭塞区段）。其中蓝烟线182.6公里（烟台市境内121.2公里），与胶济线相连；青荣线营业里程302.8公里（烟台市境内146.3公里），与胶济客（运）专（线）相连，其他53公里；龙烟线113公里，与大莱龙线、德大线相连。全长137公里的桃威地铁线在桃村站与蓝烟线接轨，全长12.1公里的烟大铁路轮渡线在珠玑站接入蓝烟线。

蓝烟线图定货物列车27对、客车14对；青荣线图定动车40对。1月5日，青荣线增开列车2.5对（含高峰线2对）：济南—荣成D9457/D9458次、荣成—青岛C6592/C6591次、济南—荣成D6073次；停运列车1对：济南西—荣成D6079/D6080次。4月16日，青荣线停运列车1.5对：青岛北—荣成C6555/C6570次、烟台—荣成D6099次；蓝烟线停运列车2对：郑州—烟台K1360/1 K1362/59次、烟台—菏泽K8278/5 K8276/7次；蓝烟线临时停运列车1对：汉口—烟台K1476/7 K1478/5次。7月1日，青荣线增开列车1对：青岛北—

2017年10月30日，国道206蓬莱收费站提前两年撤站停止收费

荣成 C6555、荣成—青岛 C6516/3 次；蓝烟线停运列车 1 对：贵阳—烟台 K1202/3 K1204/1 次。12 月 28 日，青荣线增开列车 2 对：威海—石家庄 D1616/D1615 次，济南西—烟台 D9461/D9462 次（高峰线）；停运列车 1 对（周末线）：济南东—烟台 D6061/D6062 次。12 月 19 日 18：00，龙烟线（龙口至烟台）正式开通。12 月 28 日，青荣城际铁路开通运营三周年。

2017 年，发送旅客 1561.79 万人，实现运输收入 21.81 亿元。集装箱累计完成 19149 车，其中黄岛港班列 10181 车，新开行威海南至大朗班列 1426 车。8 月 3 日，首次开行莱阳至成都、昆明方向新能源小汽车运输。9 月 2 日，开行首列文登至沈阳东至德国汉堡集装箱班列，9 月 15 日，开行首列威海南至阿拉山口至德国杜伊斯堡集装箱班列。

车务段机关位于烟台市芝罘区芝罘屯路 87 号，有干部职工 1719 人，其中专业技术人员 251 人，工人技师 145 人。连续 10 年保持山东省和济南铁路局文明单位称号。连续 4 年被评为“烟台发展突出贡献单位”和“济南铁路局先进单位”。2017 年被中华全国铁路总工会授予全路“火车头奖杯”荣誉称号；被烟台市授予“五一劳动奖状”；被评为烟台市文明单位。

（撰稿：张筱玲　审稿：孙全）

港航建设与管理

【概况】 2017 年，全市完成港口建设投资 20.89 亿元；实现港口货物吞吐量 4.01 亿吨，同比增长 13.14%；集装箱吞吐量 270.23 万标箱，同比增长 3.88%；旅客吞吐量 1234.11 万人，同比增长 8.56%，铝矾土进口量、对非口岸贸易量等指标仍居全国首位；全市水运企业实现货运量 4581.33 万吨，同比增长 7.57%；客运量 720.52 万人，同比增长 10.62%。

【规划建设】 全年共争取上级无偿补助资金 7.75 亿元，同比增长 23%，各项资金均拨付到位。烟台港西港区 30 万吨级航道工程等 4 个港口建设项目被列入交通运输部 2017 年度补助计划并获中央财政无偿补助资金 6.37 亿元；争取 2016 年全市水路客运成品油价格补贴资金 1.14 亿元、客运站及客滚码头安检设备设施补助资金 1560 万元、老旧运输船舶提前报废更新补助资金 865 万元。3 月 24 日，《烟台港总体规划（2016—2030 年）》获省政府和交通运输部联合批复。西港区 30 万吨级原油码头、30 万吨级矿石码头和 15 万吨级煤炭码头通过竣工验收并投入正式运营，3 个 10 万～20 万吨级通用泊位投入试运行，30 万吨级航道拓宽工程完工，防波堤二期工程、30 万吨级航道工程基本完工，西港区 3 个 10 万吨级通用泊位和蓬莱东港区 4 个 3 万吨级客滚码头正在进行主体施工，长岛港区陆岛交通码头工程已开工建设。至年末，全市生产性泊位达到 235 个，其中万吨级以上深水泊位达 96 个。西港区 30 万吨级原油码头二期工程、西港区至淄博输油管线复线工程、西港区 LNG 接收站及管线工程、3 个 20 万～25 万吨级通用码头工程等 10 个总投资 300 多亿元的港口重点项目正在开展前期工作。

【海上运输】 2017 年，烟台至韩国平泽航线新建客箱船“海蓝鲸”号替换“思丹娜女神”号投入运营，结束烟台市长期使用二手船从事中韩海上客运的历史；“中华泰山”号邮轮新开辟海口至越南下龙湾、岘港，厦门至日本宫古、冲绳，防城港至越南下龙湾、芽庄、岘港，三亚至菲律宾马尼拉、长滩岛等航线，国际邮轮市场进一步拓展；蓬长航线联合营运中心顺利运营，开创蓬长航线全新的经营局面，为下一步推进股份制改造奠定基础；蓬长航线更新建造的 8 艘 1.71 万总吨的标准化客（滚）船投入运营，航线船龄平均降至 5 年，逐步向大型、豪华、舒适化方向发展；省际客滚运输航线全面推行旅客实名制售票和检票系统。

【安全生产】 市港航局开展“大快

2017 年 10 月 10 日，市委、市政府在烟台港西港区召开港口建设现场办公会

2017 年 12 月 15 日，中远海运集装箱远洋船舶首航烟台

严”、化工产业转型升级、反恐工作和环境保护突出问题专项整治等活动为主线，对全市港航生产经营企业实行“实名制”“网络化”管理，杜绝安全生产失控漏管问题发生；强化极端恶劣天气预警预防工作，严格落实客滚船“逢七不开”和客运站、危化品码头“逢七不作业”制度；发挥水路客运实名制售票检票系统、滚装安全信息共享系统、安检信息管理系统、客滚视频监控系统以及旅客人身、行包安检仪和车辆大型安检仪的作用，实现对旅客和车辆在登船前、登船中和登船后的全程有效监管；围绕港口危险货物作业、港口设施保安等工作重心，在不同港区组织开展大型港口设施保安应急联动演习和多次专项应急训练，港航应急处置能力不断提高；制定《烟台市港口和船舶污染物接收转运及处置设施建设方案》，并以市政府文件出台；禁止柴油车运输集疏港煤炭于 8 月底在全市所有港口开始实施，比国家和省里要求提前一个月完成任务。

（撰稿：王芳　审稿：李凯明）

海上运输

【烟台港集团】 2017 年末，烟台港集团有限公司辖芝罘湾港区、西港区、龙口港区和蓬莱港区四大港区，码头岸线 2.17 万米，码头泊位 107 个，其中万吨级以上泊位 68 个，10 万吨级以上泊位 11 个。全港全年完成货物吞吐量 2.88 亿吨，同比增长 8.6%，其中外贸吞吐量完成 1.05 亿吨；集装箱吞吐量 270.2 万标箱，同比增长 3.9%；旅客发送量 172 万人次，同比增长 9.7%；滚装车发送量 38.2 万辆，同比增长 6.6%；商品车吞吐量 26.5 万辆，同比增长 26.7%；铁路装车 30 万辆，同比增长 17.5%；完成营业收入 62 亿元，同比增长 24%。货物吞吐量、集装箱吞吐量、营运收入等主要经济指标均创历史最好成绩。

【港口生产】 芝罘湾港区完成吞吐量 13073.9 万吨，较上年下降 3.9%；西港区完成 6418.9 万吨，增长 51.1%；龙口港区完成 8051.9 万吨，增长 9.4%；蓬莱港区完成 1271.6 万吨，下降 3.8%。

散杂货运输。石油及制品完成 2839.9 万吨，同比增长 67.9%。西港区 601# 原油泊位累计靠泊原油船舶 79 艘次，卸载原油 1029 万吨；540 公里长输管线累计发送 901 万吨，成为港口生产新亮点。

非金属矿石吞吐量 9410.8 万吨，同比增长 23.2%；其中铝矾土吞吐量 9383.7 万吨，同比增长 23.6%。几内亚铝矾土全程物流链进口铝钒土 3250 万吨，夯实烟台港进口铝钒土全国第一港地位。

完成金属矿石 1539.8 万吨；煤炭 1517.4 万吨。

集装箱运输。北下南上航线布

2017 年 12 月 29 日，山东联合能源管道输送有限公司揭牌

局优化。6月6日，烟台港“烟台—广州”南北自营干线开通广西梧州驳船中转点，航线延伸至北部湾腹地；9月5日，第四条南北自营干线“烟台—广州黄埔”线开通。

自营船舶运力规模扩大。6月21日，第四条自有船舶“惠义”轮投入运营，集装箱自控船队规模达13条。

外贸航线恢复性增长。12月15日，中远海运集装箱远洋船舶首航烟台，标志着中远海集运东南亚航线开通，为全面打通烟台至欧美澳非等世界主要港口外贸运输通道奠定基础。

近洋航线增添新动力。11月19日，由中国自主设计建造的世界最先进的“海蓝鲸”轮实现烟台—韩国平泽航线客箱船422标箱满载航行，刷新中韩航线单船出口箱量纪录。

【港口建设】 9月8日，烟台港股份有限公司、东营广利港码头建设有限责任公司共同出资设立“东营拓源港务有限公司”，负责东营广利港通用码头的运营管理。

西港区。西港区一期工程通过竣工验收；318#-320#泊位工程完工并投入使用；顺岸304#-306#泊位工程水工主体结构基本建成；107#泊位工程进入收尾阶段；防波堤二期二标段、液化仓储中心围堰等工程有序施工；2#30万吨原油码头及转水泊位、LNG接收码头及管线、北突堤物流园区等工程着手前期工作。

芝罘湾港区。43#-46#泊位完成初步验收；12万吨粮食筒仓和高级技校实训楼工程进入竣工验收阶段；431#、441#库和商品车场地投入使用；一突堤城市化改造项目完成拆迁6万平方米。

龙口港区。10万吨级航道拓宽工程通过竣工验收；货场回填工程完工；24#泊位改造工程加紧施工，力争2018年5月底前投产；3#、4#泊位客滚改造工程前期工作进行中。

2017年11月4日，中交航务公司顺利完成几内亚博凯内港码头工程二港区4#泊位主体施工任务

蓬莱港区。长岛—蓬莱陆岛交通码头工程通过竣工验收；防波堤工程通过质量鉴定；新客运区码头工程加紧施工；货场回填工程形成陆域面积26.67公顷，完成工程进度44.3%。

几内亚博凯内港码头二港区1#-4#泊位建成投产；一港区、二港区重油电站分别建成；二港区运矿道路跨博凯N3公路、CBG铁路两座立交桥建成通车。

（撰稿：张晶　审稿：修少平）

民用航空

【概况】 2017年，烟台机场全年通航城市67个，完成航班起降6.2万架次，旅客吞吐量650.3万人次，货邮吞吐量5.1万吨。荣获“全国文明单位”称号。

【安全保障】 开展规章标准、资质能力、典型案例培训教育，层层签订安全责任书，修订完善《安全生产奖惩实施细则》；组织开展春运、安全生产月、安康杯、平安民航建设等活动，全面开展安全隐患整治行动，向市政府建议召开无人机管控调度会，深入周边地区宣传无人机飞行规定等净空保护知识，开展《航空器故障落地偏出跑道紧急出动》应急演练；强化航空安全保卫工作，确保“一带一路”高峰论坛、十九大等重大活动的安全保障。

【服务管理】 强化组织领导，2017年确立为“质量提升年”，制定印发活动方案，召开7次服务质量推进会，及时解决服务工作中的问题；强化学习培训，各单位开展外语、礼仪、岗位技能等培训，组织部分管理人员和业务骨干到厦门、广州、青岛等机场学习先进服务经验；强化监督整改，按照服务质量评价指标标准，对25个大项362个小项逐项梳理和分解任务指标，开展旅客满意度调查，邀请同行业专家把脉会诊，直面痛点，补齐短板；强化精品服务，推出一系列特色服务项目；强化硬件投入，增加自助值机设备，改造完善标识标志、母婴室等服务设施，不断提高服务保障能力。

【运输生产】 强化市场营销，成功承办华东地区夏秋航季航班时刻预协调会议；新增和恢复西藏航空、厦门航空、北部湾航空等11家航空公司，运营航空公司达到28家；新增东航、幸福航空3架过夜飞机，停场过夜飞机达到16架；扩大航线网络规模，开通和恢复乌鲁木齐、温州、宁波、兰州等19个国内城市定期客运航班，新增新加坡、曼谷、福冈3个国际城市定期客运航班，加密哈尔滨、深圳、杭州、西安等国内城市航线，高峰周出港航班量达到693班；扩张旺季包机规模，新开暹粒、曼谷、伊尔库茨克、满洲里、博鳌5条旅游包机航线，旅游加班包机达到140班；稳定运营仁川航空和韩亚航空的烟台至首尔全货机，与顺丰快递和邮政航空合作开通樱桃航班，航班架次和运输总量均创历史新高，首创鲜果电商销售快运模式，成为快递业鲜果运输的成功典范。

【基础设施】 聘请美国兰德隆与布朗公司编制机场发展战略规划，明确机场发展方向；完成货运仓库接建和货运综合业务楼项目建设，启动货机坪扩建工程；根据机场发展速度和态势，市委市政府正式启动机场二期工程建设。集团公司成立二期工程建设办公室，明确任务分工，推进项目立项、土地征迁等准备工作，召开二期工程规划方案评审会，开展方案优化和设计，全力推进工程建设。

（撰稿：孙务　审稿：杨玉彪）

海上救助与打捞

【海上救助概况】 2017年，交通运输部北海救助局（以下简称北海救助局）组织救助力量完成值班待命6615艘天，出动578艘/架/队次，执行救助抢险打捞任务404起，挽救398名遇险人员，使29艘中外船舶转危为安，直接获救财产价值约8.16亿元。

2017年7月21日，“北海救115”轮、“北海救117”轮、救助直升机“B7309”在滦河口附近成功救助沉没工程船“mingxing18”轮5名遇险人员

【海上救助】 1月11日，“北海救116”轮、“北海救118”轮在长兴岛东北25海里处，成功救助机舱失火工程船“平安98”轮及14名遇险人员。3月19日至25日，“北海救112”轮、“北海救201”轮、直升机“B7126”前往石岛南90海里处，成功救助爆炸失火油船“兴龙舟569”轮，并从过路船“港洋”轮上接救13名遇险人员。4月4日，救助直升机“B-7312”“B-7125”前往龙口市丁家镇窦韩村南山，成功扑灭两处山火。5月3日，“北海救118”轮在石岛南80海里处成功救助主机故障散货船“宏伟618”轮及18名遇险人员。7月21日，“北海救115”轮、“北海救117”轮、救助直升机“B7309”在滦河口附近成功救助沉没工程船“mingxing18”轮5名遇险人员。7月21日，救助直升机“B-7125”在滨州附近海域成功救助搁浅运砂船“祥顺777”轮及6名遇险人员。7月31日，“北海救116”轮在石岛南70海里处救助主机故障油船“大庆739”轮及16

2017年8月9—17日，“北海救101”轮、“北海救112”轮在威海龙眼港成功救助失火的俄罗斯籍大型远洋渔船“VICTORIYA”轮

名遇险人员。8月9—17日，“北海救101”轮、“北海救112”轮前往威海龙眼港成功救助俄罗斯籍大型失火远洋渔船“VICTORIYA”轮。9月11日，“北海救115”轮在莱州港北40海里处成功将失火运砂船“江顺97”轮安全拖至龙口锚地。9月16日，“北海救119”轮在曹妃甸锚地成功救助主机故障马耳他籍空载散货船“MONEMVASIA”轮，将遇险船安全拖至山海关锚地，21名外籍船员随船获救。10月1日，“北海救116”轮在成山头正东6海里处，成功救助主机故障货船“飞雄6”轮及16名遇险人员。10月6日，“北海救111”轮在石岛东南28海里处，成功救助因碰撞进水的满载散货船“方舟568”轮及15名遇险人员。10月24日，“北海救115”轮、直升机“B7309”在大连西北50海里处，成功救助舵机故障失联渔船“辽葫渔23280”及8名遇险人员。10月29日，“北海救131”轮、直升机“B7313”在龙口一号锚地，成功救助大风中走锚的“靖四方1”轮及16名遇险人员。10月31日，“北海救118”轮在大连东南40海里处，成功救助进水渔船“辽瓦渔75277”及10名遇险人员。11月21日，“北海救119”轮在曹妃甸港西南8海里处，成功救助碰撞船舱进水工程船“苏连海机0118”轮及16名遇险人员。11月27日，“北海救111”轮在石岛东南38海里处，成功救助失火渔船“桂北渔62768”及6名遇险人员。11月29日，直升机“B7312”从蓬莱起飞前往石岛东70海里处，成功救助日本籍远洋拖轮“KOHKI MARU”1名日籍受伤船员。

2017年8月8日，北海救助局完成中国首次组织的16名航天员和2名欧洲航天员海上救生专项训练任务保障工作

【航天员海上救生专项训练任务保障】历时21天，配合中国航天员中心在烟台附近海域圆满完成中国首次组织的16名航天员和2名欧洲航天员海上救生专项训练任务保障工作。出动2艘专业救助船舶和2架救助直升机，协助航天员中心圆满完成海上自主出舱、海上生存、海上搜救船救援及海上直升机悬吊营救等指定科目。

【“蓝鲸Ⅰ号”“蓝鲸Ⅱ号”钻井平台试航保障】组织“北海救119”轮和“北海救112”轮、“北海救131”轮，圆满完成“蓝鲸Ⅰ号”为期20天和“蓝鲸Ⅱ号”为期17天的海上试航训练任务，为大国重器快速投入使用提供安全服务保障。

【举行2017年度船岸应急演习暨救助航空器应急救援演练】9月30日上午，在蓬莱港附近海域成功举行2017年度船岸应急演习暨救助航空器应急救援演练。2艘专业救助船、1架救助直升机等救助力量，模拟开展了直升机空中抛投救生筏、救助船海面救人等科目的演练，提升节日期间海上应急保障能力。

【沿海空中巡航救助联动机制建设】优化资源配置，促进专业救助飞行力量与海事巡航执法有机结合，与海事部门联合开展空中巡航执法71次，共90小时25分钟，巡航里程约1.09万海里，其中配合山东海事局开展空中巡航53次，飞行时间67小时25分巡航里程约8090海里，配合辽宁海事局开展空中巡航18次，飞行时间23小时，巡航里程约2760海里。

【救助装备建设】14米级救助基地配套工作艇“北海救311”轮建造完毕，交付使用。与救助装备厂商联合开展无人救助船等新设备新技术研发和建造工作，完成2艘无人救助船水上功能测试，测试结果满足设计要求。

（撰稿：于海波　审稿：刁希杰）

【海上打捞概况】2017年，交通运输部烟台打捞局（以下简称烟台打捞局）执行救助任务8次，完成船舶打捞18次，搜救落水人员2次，打捞遇难者遗体1次；救助遇险船舶6艘，救助遇险人员6人，打捞遇难者遗体2具，直接获救财产价值约2.38亿元。烟台打捞局获“全国文明单位”称号。烟台打捞局港客运站获全国“青年文明号”称号。王道能同志获“交通运输青年科技英才”荣誉称号。姚志传、姜传吉两位同志荣获“山东省优秀海员”称号。邢思浩同志获“十佳烟台好人”荣誉称号。

【渤海湾“碧海行动”打捞】 渤海湾“碧海行动”是由国务院批准，授权交通运输部落实，由烟台打捞局具体实施的国家重点公益性打捞工程。5月21日至11月8日，烟台打捞局历时150余天、出动10余艘大型船舶和先进设备、400余人次，先后转战辽宁、天津、河北、山东4个省区海域，调遣行程达一万余海里，完成2017年“碧海行动”14艘沉船的打捞任务。自2014年起，烟台打捞局在渤海海域累计打捞沉船50艘。

【“鲁荣渔58790”难船打捞】 “鲁荣渔58790”轮是一艘远洋渔船，船长56米，船宽9.6米，型深4.5米，2016年12月31日，因机舱失火沉没在威海市荣成俚岛烟墩角水产有限公司船厂码头。接到打捞委托后，烟台打捞局立即派出项目组赶往现场对沉船进行探摸作业。1月5日发现一具遇难者遗体并打捞出水。1月8日，难船成功起浮出水。

【“同兴9”难船救助】 “同兴9”轮船长51.8米、型宽8.8米、型深4.08米。1月30日，受九级大风影响，6根缆绳全部断裂，搁坐于烟台山景区北麓礁石上，搁浅位置扼烟台港进出港航道咽喉，对密集的过往船舶及景区游人安全造成极大威胁，对周边海域及岸线产生严重溢油隐患。2月24日，烟台打捞局“烟救起重2号”“德港”船组调遣至施工现场实施救助。2月26日，搁浅近一个月的千吨散货船“同兴9”轮被成功整体吊抬脱险。烟台打捞局用时两天半，高效完成十年来烟台山海域首例船舶搁浅救助任务，恢复景区安宁。

【3000米级ROV海试】 4月9日，烟台打捞局“德渼”轮承担的烟台打捞局3000米级重型ROV（水下作业车）为期5天的海试任务结束。此次海试，ROV最大下潜深度2951米，标志着中国救捞系统具备3000米级深水救捞能力。

2017年4月9日，烟台打捞局完成3000米级ROV海试任务

【“辽河一号”轮打捞】 “辽河一号”轮总长144米，型宽40米，型深10.75米，空船重量达到1.47万吨。2016年9月，该轮船体中拱坐沉并于船舯断裂成两段。烟台打捞局历时半年、出动十多艘船舶和近千余人次实施救捞，于4月12日圆满结束任务。此次救捞工程创造并刷新多项烟台救捞史记录：“辽河一号”轮坐沉于潮间带，低潮时水深仅0.5米，而难船自重近15000吨，此次救助创造了烟台打捞局极浅海船舶救助最大吨位的新纪录；此次救捞工程首次设计、建造、使用了特种浮箱抬浮难船，创新了救助工艺和设备，为此后同类海域救捞工程提供借鉴；此次救

2017年4月2日，“辽河一号”沉船打捞现场

捞工程对两段难船实施多船组、长距离拖航为烟台打捞局首次，单程 270 海里、两次累计 540 余海里的破损难船高风险拖航创北方救捞史之最。

【“蓬莱—长岛”供水管线修复】 4 月下旬，蓬莱—长岛供水管线被货轮挂断，数万名驻岛居民用水全面告急。受长岛县政府委托，烟台打捞局精心策划，科学施工，于 8 月 31 日完成 800 多米新管线铺设任务，一次性通过压力试验，工程圆满交付。

【“渤海 9 号”溺水人员打捞】 7 月 24 日，在长岛工地作业的烟台打捞局“德滋”轮接到通知，前往“渤海 9 号”工地附近水域救助打捞一名溺水人员。“德滋”轮在风大浪高、能见度不足 0.4 海里的事发海域，仅用半小时便搜寻发现遇难者遗体并顺利打捞出水。最后协助相关人员将遇难者遗体运送至指定码头。

【“维多利亚”轮打捞】 8 月 9 日，“维多利亚”轮在维修作业过程中发生火灾，坐沉于威海龙眼港西码头。该轮长 140.8 米，宽 20 米，横倾 11.4 度。烟台打捞局项目组科学施救，封堵漏点 60 余处，经过 40 天的艰苦努力，9 月 22 日起浮难船，成功解除龙眼港和周边水域重大安全隐患。

【港珠澳大桥岛隧工程收官打捞】 10 月 15 日，烟台打捞局圆满完成港珠澳大桥岛隧工程建设。2012 年 10 月烟台打捞局潜水项目部正式进驻岛隧工程建设现场，高质量完成 33 节 80 米长沉管的水下对接任务，单节对接误差均控制在 3 毫米以内，最精确达 0.8 毫米，累计完成 27 万平方米的海底探摸，清理钢端壳面积 3.3 万平方米，投放回淤盒 1678 个，潜水作业时间累计超过 1.5 万小时，实现中国在外海水下独立安放沉管和远距离沉管对接毫米级误差两大突破。

2017 年 10 月 15 日，烟台打捞局潜水工作组被港珠澳大桥岛隧工程项目部授予“碧海蛟龙突击队”称号

【“大吨位沉船整体打捞探测、起浮技术及装备”项目】 12 月 19 日，受交通运输部科技司委托，由烟台打捞局承担的交通运输建设科技项目“大吨位沉船整体打捞探测、起浮技术及装备”顺利通过验收。该项目成果在渤海湾“碧海行动”和韩国“世越”轮等打捞工程中得以成功应用，其中大吨位沉船水下姿态探测关键技术达到国际先进水平。

【180 米、200 米巡潜试验】 12 月 21 日，烟台打捞局圆满完成为期 9 天的 180 米饱和、200 米巡潜实验。本次饱和巡潜实验，标志着烟台打捞局具备 180 米饱和、200 米巡潜技术并迈入国内饱和潜水技术先进行列。

（撰稿：王琴　审稿：李先腾）

邮　政

【概况】 2017 年，全市实现邮政业务总量 28.26 亿元，同比增长 22.51%，邮政业务收入 21.88 亿元，同比增长 10.02%。其中，快递业务量 1.11 亿件，同比增长 16.68%；快递业务收入 14.22 亿元，同比增长 4.50%。市邮政管理局连续四年被授予“烟台发展贡献单位”称号。

【邮政普遍服务和特殊服务】 全市邮政普遍服务局所 272 处，设有 1 个国家二级邮区中心局。持续扩大信报箱验收工作，全年实地验收新建住宅楼信报箱 1.9 万户。邮政普遍服务的广度和深度不断延伸，机要通信继续保持质量全红，党报党刊发行质量稳步提高。

【快递服务】 年内，全市取得快递业务经营许可企业 96 家、备案分支机构 194 家。主要品牌寄递企业不断加大投入，改建、扩建生产处理场地，更新完善生产设备设施，加大人员培训，企业生产能力、管理水平不断提升。全市 87 个乡镇快递服务实现全覆盖，乡镇设点覆盖率高于全国平均水平。末端网点设置总数 1300 多个，末端服务能力稳步提升。

【服务农业】 借助烟台大樱桃项目被列入首批7个全国快递服务现代农业示范基地的契机，研究起草《烟台市快递服务现代农业示范基地建设工作实施方案》，协调农业、财政、商务等有关部门，争取对辖区内寄递企业寄递农产品进行补贴。在第十届“烟台大樱桃节”时，协调大樱桃品牌官网“樱桃汇”，与顺丰优选、京东、农村淘宝等电商平台以及本地快递企业合作，促进快递、电商、农产品等关联产业深度融合。召开全市冷链快递发展座谈会，引导快递企业积极参与大樱桃寄递，有EMS、顺丰、圆通、韵达、中通、顺丰等5家企业集中力量开展大樱桃外运工作，主要快递企业共投入300多辆冷链车，直发全国20多个省份的多个城市，冷链快递运输量占大樱桃寄递总量的50%以上。整个樱桃季共寄递大樱桃1.73万吨，共590.3万单，比2016年增长50.7%。6月7—8日，交通运输部党组成员、国家邮政局局长马军胜到烟台市考察快递企业大樱桃惠民寄递项目。

【行业管理】 普遍服务和特殊服务方面，督促邮政企业开展普遍服务、机要通信、邮票销售等的自查工作，重点做好2017年新修订邮政普遍服务标准宣贯和实施工作，开展达标专项检查。制定全市邮政普遍服务达标监督检查工作方案，成立领导小组和工作小组，对12个县（市、区）的32个邮政支局、16个投递室、30个建制村进行实地监督检查，特别是将实名收寄、收寄验视、包裹投递以及标准中规定的安全性指标作为重点，采取逐个支局逐项检查。至年末，对发现的各类问题下发《责令改正通知书》6份，均已督促邮政企业整改完毕。

快递市场监管方面，严格执行《快递业务经营许可工作优化方案》，落实审批时限承诺制度，持续推动压缩审批时限，全面推动许可企业信息公开。依程序完成13家企业的许可申请指导工作和23家分支机构的受理、核准工作。实地核查企业40家，核查80人次。完成分支机构备案26家。对符合注销管理规定的3家许可企业依法提请注销，进一步加强许可工作的规范管理。做好重大活动期间安全保障，组织开展全国两会、金砖会晤、十九大、“双11”等寄递服务保障安全检查，开展检查380人次，检查单位180家，共约谈企业24家，下达责令改正通知书17份，进行行政处罚27起，其中5家企业停业整顿，罚款金额共17.15万元，并对检查和约谈等情况进行全市通报。

【安全生产】 推进“三项制度”落实，向企业下发《关于进一步加强寄递渠道安全管理工作的通知》《〈禁寄物品管理规定〉宣传贯彻工作方案》《寄递渠道安全综合整治工作方案》《关于进一步落实企业安全生产主体责任的通知》等系列文件，全面落实企业安全生产主体责任。贯彻实施《邮政业安全生产设备配置规范》《快递安全生产操作规范》，强化安全生产流程管控，明确收寄验视责任，全面落实开箱验视等收寄验视制度，完善实名收寄操作流程，严格执行用户身份查验、核对和信息登记。推进寄递企业安检设备配置工作，全市配置安检机28台，其中新配置12台。全年未发生寄递安全生产事故。

（撰稿：吴艳　审稿：张梅梅）

【中国邮政集团公司烟台市分公司（简称烟台邮政公司）】 年内，烟台邮政公司叠加便民服务项目，为客户提供金融业务、包裹快递业务、农村电商以及函件、报刊、集邮、增值等各类服务。烟台邮政公司下辖12个县（市）、区分公司，从业人员3400余名，营业网点272个，其中二类支行和代理金融网点238个。

年内，烟台邮政公司加大与政府、企业集团的合作力度，与地税、国税、盐业局、移动公司、联通公司、福彩中心、太平洋财险等签署战略合作协议，合作双方优势互补、资源共享，服务民生、回馈社会。在市老龄办、老体协的支持下，烟台邮政公司依托遍布城乡的邮政网点资源，利用三个月的时间，完成第三届“银龄杯”中老年广场舞大赛的海选、初赛、决赛，并继续为广大中老年朋友提供更加温馨、细心、贴心的优质服务。

基于邮政电商购物平台—邮乐网和农村电商信息平台——“邮掌柜”系统，依托线下农村邮政网点、邮乐购实体店等渠道，构建“购物不出村、销售不出村、金融不出村、生活不出村、创业不出村”的“五不出村”邮政农村电商生态体系。

3月28日，烟台市芝罘区文化路小学迎来烟台集邮协会、烟台邮政分公司及集邮爱好者联合举行的“中国梦—邮乐行”第55站巡回邮展公益活动；5月9日，蓬莱市北沟中心小学举办“少年邮局”与“全民阅读”启动仪式；12月20日，在莱阳公司的多次推荐引领下，童心教育集团3所少年邮局暨韬奋书屋同时挂牌成立；11月，烟台邮政联合山东广播电视台少儿频道小记者团联合举办“烟台邮政零距离体验活动”系列第一期、第二期，让小记者们走近邮政，了解传统书信与寄递文化，从方寸看世界，重建民族文化自信。

（撰稿：刁黎　审稿：阳潘婕）

责任编校：渠敬伦

信息产业

综 述

【概况】 2017年，烟台市出台《关于实施制造业强市战略的意见》等推动两化深度融合的政策文件，推动全市互联网+工业向深度融合发展。在2017年全省两化融合发展水平评估中，烟台市两化融合发展水平总指数达到76.87，居全省第三位。山东南山铝业股份有限公司、山东隆基机械股份有限公司、山东鲁花集团有限公司等3家企业被列为国家两化融合贯标试点，总数达到20户；29户企业列为山东省两化融合贯标试点。举办多场“互联网+工业”发展论坛。组织山东省两化融合深度行、烟台企业信息化解决方案等高峰论坛，万华、冰轮、招金等近千余家企业参加相关论坛。论坛围绕工业互联网、企业管理、业务开拓等主题，为企业提供解决方案、拓展专业交流渠道，特别是为广大的中小企业搭建提升工业互联网的平台。

【网络发展】 年末，全市骨干高速城域网总长度达370.8万纤芯公里，高速互联网出口达1928G；全面完成光网城市建设，城区宽带网络提速改造基本完成，光纤网络实现城区全覆盖，乡镇宽带网络基础设施建设正加速推进；FTTH家庭覆盖率达到91%。建设手机基站1.82万个，移动电话基站室内分布系统8533个，其中3G基站7224个，3G室内分布系统3205套，LTE基站11021个，LTE室内分布系统5328套；建设WLAN无线接入访问节点20余万个，基本覆盖高校、党政机关、交通枢纽、医院、旅游景点、大型文化会展中心、酒店宾馆、商场卖场等人流密集区域。

固定电话用户61.65万户，下降0.1%；移动电话用户804.38万户，下降0.02%，其中3G和4G移动电话用户517.33万户，增长0.3%。年末计算机互联网用户达151.47万户，增长0.04%，其中宽带用户达208.41万户，增长0.2%。

（撰稿：王宇　审稿：张宏）

信息技术制造业

【概况】 2017年，烟台市信息技术制造业拥有规模以上企业144家，从业人员12.5万人。累计拥有国家级技术中心1个，省级技术中心6个，市级技术中心5个，能够自主研制开发和生产11大类100多个品种的电子信息产品。其中，集成电路键合金丝产量占全国的60%，智能手机产量达到2549.6万部，游戏机2552.4万台，电力自动化系统、消费类电子以及集成电路用金丝、电解铜箔、高性能钕铁硼永磁材料等电子材料产品的技术水平和生产规模处于国内同行业前列。年内，全行业实现主营业务收入2739.75亿元、利税159.33亿元、利润129.23亿元，同比增长分别实现3.61%、-0.08%、和0.34%。

【园区建设】 全市有省级信息技术产业园2个。全年实现主营业务收入1698亿元，占全市信息技术制造业总收入的61%。

【骨干企业】 全市50户重点企业中电子信息企业达到9户，实现主营业务收入1721亿元，占行业总收入的62%。其中，收入过百亿元企业3家：富士康科技（烟台）工业园收入突破千亿元，达到1260亿元；浪潮乐金数字移动通信有限公司，主营业务收入220.6亿元；乐金显示（烟台）有限公司主营业务收入301.7亿；山东鲁鑫贵金属有限公司连续7年跻身中国电子信息百强企业，2017年（第30届）位居第91位。

【新兴产业】 发展新一代信息技术产业，射频识别（RFID）产业成长迅速。RFID产业向多个行业领域渗透，涌现出智能金融防伪系统、智能食品安全追溯防伪系统、智能电力资产管理系统等一批优秀产品。东方瑞创达作为烟台市RFID产业龙头企业，拥有烟台市唯一的省级RFID工程技术中心，利用其在RFID、传感器、数据库等方面的技术优势，研制开发多款基于RFID技术的应用产品，提高了烟台市的RFID技术应用水平，还参与制定RFID多个行业应用标准。累计在物联网产品防伪追溯、资产管理、智能交通、金融服务和智慧农业等多个领域，研发形成近20个具有市场推广价值的产业化产品。烟台艾睿光电科技有限公司（睿创微纳公司全资子公司）通过国军标武器装备质量体系、二级保密资质和装备承制单位资格等认证。艾睿光电产品在多个军品型号中实现进口替代，是中国承担红外成像军品型号核心探测器最多的公司，成为红外成像行业领军者。公司探测器产品已成功被10多个军品型号项目采纳，同时还有 20 多个型号项目正在研制。公司红外成像产品（红外鱼眼相机）成功在空间实验室和神舟十一号组合体实现应用。

（撰稿：刘悦敬　审稿：张林波）

软件产业

【概况】 2017 年，全市软件业务收入 255 亿元，同比增长 12.3%。全市共有软件（含系统集成）企业 200 余家，从业人员 2 万余人，通过国家认定的软件企业 185 家，软件产品登记和备案总数达到 994 件。

【骨干企业】 东方电子成功入围 2017 年中国软件业务收入前百家企业，列第 62 位，全省共 5 家企业入围。海颐软件公司 2017 年实现营业收入 2.9 亿元，实现利润总额 2300 万元；取得软件著作权 10 项，申请发明专利 7 项，授权发明专利 1 项。东方威思顿公司国网统招位次保持前三，销售收入达到 10 亿元，同比增长 20%，纳税过亿元，利润 1.2 亿元，获得基金注资近 10 亿元，企业整体呈现出强劲的发展势头。

【软件园区】 烟台软件园为省级软件园，分为 A 区、B 区和芝罘园区。软件园 A 区在莱山区创业服务中心，建筑面积 3.5 平方米。至年末，园区共进驻各类科技企业 108 家，其中软件企业 59 家；产业领域包括智能电网、港航物流、智慧家居、无线供电技术、云计算技术开发、VR 技术研发及应用、工业自动化控制等；软件企业实现销售收入 11.5 亿元，利税 2.14 亿元，软件企业从业人员 2500 余人，累计获得专利总数 173 件，软件著作权 321 个。园区以“双创”为重点，突出“互联网 +”苗圃项目孵化，形成规模化软件企业与中小微企业并行、传统软件产业与战略性新兴产业互为补充的丰富业态，园区孵化的贝格众创空间被国家科技部认定为国家级众创空间。软件园 B 区位于烟台市开发区，建筑面积 4 万平方米，年末园区累计孵化企业 165 家，通过省备案软件企业 41 家；累计开发软件产品 232 件，涉及手机软件、智能控制、物流软件、企业管理系统、医学软件、自动控制等各种行业应用软件。园区以新建软件园区为中心，向西连接中金数据，打造一个信息服务业园区；向北连接富士康研发中心，建立一个消费电子科技研发基地；向东沿长江路连接浪潮乐金研发中心、通用汽车研发中心等，整体形成一个软件综合发展带。芝罘园区，由烟台动漫基地、东和科技园、卧龙经济园区、青年科技创业大道四板块组成，被国家新闻出版总署认定为“国家动漫产业发展基地”。

（撰稿：刘悦敬　刘佳　审稿：张宏）

动漫产业

【概况】 烟台动漫基地作为“国家动漫产业发展基地”“全国科普教育基地”，自 2007 年成立以来，得到长足发展，至 2017 年末，园区入驻动漫企业 21 家，年产动画片能力超过 2000 分钟。在载体建设上，烟台市与中日动漫游戏交流促进机构、韩国文化产业振兴院、北京大学文化产业研究院、北京电影学院、中央美院、山东大学、山东工艺美术学院、烟台大学、鲁东大学等国内外众多知名高校、教育机构合作，在动漫基地内建设起烟台创意人才实训平台，每年为企业提供超过 500 名高端动漫创意人才，成为胶东乃至全省动漫人才培育的摇篮。在内容创作上，装甲风云游戏软件、海星宝宝真人动画、丝绸之路文化探险入选全省动漫品牌建设和保护计划项目，围绕“一带一路”战略，新创作的原创动漫《丝路斗士》完成项目立项。项目建设方面，8 月 22 日，国内动漫领域领军企业——新浪动漫成功落户烟台市，该项目将投资 1.3 亿元成立全资子公司，共同建设新浪动漫及影视产业基地。

（撰稿：朱志明　审稿：李文强）

电　信

【概况】 2017 年，烟台电信完成全业务收入 5.67 亿，基础业务收入完成 5.44 亿，其中：移动网收入完成 3.89 亿；固网收入（含专业公司收入）完成 1.78 亿。全业务收入份额达 10.73%。用户发展方面，发展移动用户 47 万余户，净增移动用户 12 万余户；新增宽带 11 万余户；净增宽带 5 万余户。

【存量运营】 连续参与全市“巨人归来”之“攻城略地”“红色风暴”“飓风行动”“巅峰之战”等一系列主题营销活动。全年老移带动宽带新增 9600 余户，老宽带动移动新增 1 万余户。

【新兴领域拓展】 发展翼支付绑卡用户 13 万余户，月均活跃近 7 万户，发展红包卡用户 6.6 万余户，带动移动业务发展作用明显。翼支付线下合作商户、线上民生应用迅速扩充，发展泛渠道 230 家。

【企业运营】 网络能力。全年开通 800M LTE 基站 1100 余个，4G 网络覆盖广度与深度得到进一步提升，4G 终端驻留 4G 网络时长占比、MR 覆盖率均位于全省前列；800M LTE

基站全部开通 NB-IoT 功能，建成烟台地区第一张物联网。新建运营商级 IDC 机房 600 平方米，同步完成 ISP 平台建设，云、大数据承载能力进一步加强。城域网出口由 320G 提升到 400G，完成市县 OTN 系统 56 个 10G 波道的扩容。建设光缆 904.5 皮长公里。光网宽带能力大幅提升，完成小区覆盖 300 个，完成农村覆盖 1800 个，光宽端口达到 120 万个，95% 以上端口接入能力达到 200M 及以上，千兆宽带网络已试点部署。

（撰稿：张文祺　审稿：蔡运涛）

移动通信

【概况】 2017 年，烟台移动固定资产 57.7 亿元，客户规模超过 500 万，持续保持行业领先地位。纳税近 3 亿元，纳税额保持烟台通信行业第 1 位。获市级及以上单位、集体和个人荣誉称号 30 余项。

【通信基础设施建设】 坚持“广建设、深覆盖、优感知、精服务”的精品网络建设原则，不断加强网络工程建设和扩容优化，不断提升有线宽带和 4G 网络通信质量，为广大用户提供高速流畅的上网享受和优质清晰的语音体验。为满足烟台城市现代化进程，公司不断加大通信基础建设投资，2017 年，完成 4G 无线网络建设五期工程，完成核心网络、传输网络的改造和升级工作。全年固定资产投资 5.68 亿元，新建管道 560 余孔公里，布放光缆 1.35 万皮长公里。新建 4G 站点 1600 处，建成 4G 基站近 8000 个，实现 4G 网络全面覆盖。新建宽带热点 2600 余处，建设宽带热点 1.1 万余处，可满足 320 万家庭高速上网需求。年内烟台移动完成窄带物联网一期工程建设，全市建成近 449 个 NB 基站，实现烟台所辖各城区的覆盖，奠定网络基础，借助窄带物联网广覆盖、低功耗、大连接和低成本等优势，加快产业生态培育，促进传统产业转型升级。

【信息化建设及应用】 以助力“智慧城市”建设、服务烟台经济发展为己任，为 1.8 万家企事业单位量身定制适合自身特点的通信综合解决方案，以“智慧政务”“智慧企业”“智慧民生”为落脚点，依托 4G 网络技术优势，开拓智慧应用新领域，打造“智慧烟台”城市名片。投资 1.2 亿元，推动政务、制造、农业、医疗等行业向“互联网 +”转型升级。在智慧政务领域，为全市 400 多家事业单位提供信息化服务，支撑政务信息化和民生服务。在智慧制造领域，与张裕集团、斗山集团、东方电子、冰轮集团等 45 家企业合作 IDC、物联网等项目，为企业节省成本达 10% 以上，助力制造业与物联网融合发展。在金融服务领域，为驻烟及本市金融机构提供安全、可靠的数据专线、IDC 托管等服务，实现全市银行 2500 个网点的连接。

【社会责任履行】 参与烟台市“创建文明城市”活动，在全市营业厅内投放社会主义核心价值观、行业规范等宣传材料；组织开展“总经理接待日”活动，参与“民生热线”“阳光政务热线”等电台直播节目，现场聆听并解决客户咨询问题，持续通过“胶东在线”、“水母网”等本地互联网媒体接受群众监督。烟台移动客户整体满意度到达 88%，营业厅窗口满意度到达 99%，各项指标均领先于行业水平。在全市建有自办厅 150 余处，各类社会服务网点 1 万多家，解决就业岗位达 3 万多人，并组织劳动技能培训，全面提升劳动者素质。配合上级部门全力抓好“实名制”工作的部署和落实，持续开展“防范打击通信信息诈骗”及“伪基站治理”行动，协助公安机关成功查处伪基站 14 处，抓获不法分子 23 人。响应国家“提速降费”的要求，全面取消手机国内和长途漫游费，大幅下调手机上网单价和宽带资费，单品主流宽带资费较年初下降 50%，流量单价较年初下降 30%。推出“小微宽带”等特惠产品降低中小企业互联网专线资费。

（撰稿：孙德明　审稿：王国奎）

网　站

【“中国烟台”政府门户网站】 于 2003 年 5 月 22 日正式开通，由烟台市人民政府主办，市人民政府办公室管理。网站群由主站和全市党政机关、企事业单位及社会团体、15 个县市区分网站组成，主站信息量 43 多万条，日均浏览量超过 75 万。主网站设有中文简体、英、日、韩、中文繁体等五种语言版本，提供无障碍浏览功能。网站从促进依法行政，提高社会管理和公共服务水平，保障公众的知情权、参与权和监督权出发，坚持以公众为中心，不断提高政府网站的公共服务水平，已成为烟台市推进政府信息公开、建设服务型政府的重要平台，也是市委、市政府联系群众、服务群众的重要途径和烟台市对外宣传的重要窗口。

12 月，按照烟台市政务信息资源整合工作的安排，政府网站群整体迁移到烟台市电子政务云平台。网站群平台共运行市政府主站和各部门单位网站及应用 89 个，其中门户网站应用 8 个，市直部门、党委、群团等其他单位网站 81 个。

（撰稿：李浚　审稿：张宏）

【水母网】 烟台日报传媒集团主管主办的国家级重点新闻网站，2000年12月28日上线，为烟台市第一家大型区域新闻门户网站。

2017年，网站精心策划、制作、推出“砥砺奋进的五年”“青山绿水就是金山银山”“精准扶贫攻坚战”“中央环保督查在山东”等各类新闻专题栏目100余个。网站发挥网络媒体优势，开展公益活动，助力提升人民群众的幸福感和满意度，组织策划“健康烟台 医疗扶贫”、公益植树等线上线下公益活动400多个。利用微信矩阵，推动新媒体融合发展，扩大新闻宣传覆盖面。年末，水母网微信公众号拥有30万+粉丝，微博拥有469万+粉丝。

（撰稿：王军华 审稿：李田）

【中国酒业新闻网】 该网是依托《华夏酒报》（中国酒类行业唯一一份公开发行的报纸）广泛的采编资源而创办的中国酒业门户网站。2003年7月25日上线。网站宗旨：“评述市场热点、解析行业政策、提供服务信息、引导消费潮流”。

2017年，网站有效整合《华夏酒报》的新闻资源，深耕中国酒业全产业链，通过大量的现场采访，形成新闻直播与报纸有机的、深度的互动。全年刊发各类报道6000余篇，以专业的深度，报道中国酒业媒体的探索和实践。网站的“华夏酒报”微信公众号推出新版式，并尝试推出视频直播，已经具备文图、音频、视频形式的全媒体传播，在2017中巴“一带一路”高峰论坛、中国千商大会博鳌酒业峰会等活动中通过新华社现场云直播平台，实现中国酒业盛况的全球直播。网站推出每周小雅播报，丰富微信公众号的内容和形式。网站整合“华夏酒报”官方微信、官方微博，“东方名酒”微信、“东方名茶”微信等新媒体组成传播矩阵，实现重要突发性事件、自办活动的快速传播，并与“华夏酒报”系列纸媒体、形成互动，覆盖新闻传播的第一二三落点。

（撰稿：姚根伟 审稿：李田）

【《大小新闻》移动客户端】 烟台日报传媒集团主办的移动客户端，2015年9月17日正式上线，2017年APP下载用户超达到152万，成为烟台市影响力最大的移动资讯门户、主流网络新媒体。11月，中央网信办主办的《网络传播》杂志排行榜显示，“大小新闻”的传播力在《人民日报》、新华社等全国主流媒体主办的移动客户端中位列第14名，在全国地市级媒体中位列第1名。

“大小新闻”主要分为“资讯”“圈子”“智慧城市”“个人中心”等板块。其中，“资讯”板块设“首读”“烟台”“政闻”等15个频道，以本地新闻为主，采用可视化、数据化等报道手段，第一时间发布当天重大时政、财经、社会等资讯。2017年，《大小新闻》升级改版，特别推出“圈子”板块，设“吃货圈”“旅游圈”“亲子圈”等六大圈子，客户在圈子中尽情发帖、跟帖，参与爆料等。在“智慧城市”板块，用户既能查询即时公交、交通违章、路况信息、公积金余额、社保等信息，还能缴纳水、电、暖、气费，购买车票、机票和火车票。升级版客户端的最大亮点，是积分体系上线，用户从下载注册客户端起，即可通过阅读、分享、评论，以及发帖、跟帖等用户行为不断获得积分，之后能到积分商城兑换相应的礼品。

（撰稿：郑勇军 审稿：李田）

【胶东在线网站】 2017年，网站完成十九大宣传和舆论引导工作，获“十九大主流媒体报道最具引导力媒体”荣誉称号。推出“仙境海岸 魅力烟台”2017全国知名作家学者采风行活动，首次在烟台创新采用作家学者采风的形式，新浪微博话题阅读量超过350万。举行“山东半岛这五年”大型主题宣传启动暨网络惠民研讨会，人民网、中新网等全国150余家网站给予突出报道。网络问政研究取得重大突破，依托“网上民声”栏目申报的网络问政课题项目，获得山东省社会科学规划办公室正式立项。胶东在线获“2017年中国网络理政十大创新案例”。网站2016年推出的“美丽家园·我的梦”活动，入选中央网信办百项网络正能量优秀专题活动。“爱心无限”“爱心律师”栏目分别获中央网信办“2016网络公益年度传播力”大奖、“2017网络公益年度创新”大奖。网站移动用户突破220万，综合传播力和移动传播力稳定进入全国城市新闻网站前五位。

（撰稿：郑坤 审稿：崔景友）

责任编校：渠敬伦

科　学

自然科学综述

【概况】 2017年，全市新上国家和省各类科技计划项目328项，获得支持资金1.72亿元，其中国家项目14项，省级项目314项。2017年，全市高新技术产业实现产值6314.69亿元，同比增长11.23%；占工业总产值比重达42.49%，比年初增加0.62个百分点，产值和比重分别居全省第2位、第3位。获得2017年度国家科学技术进步奖二等奖3项，2017年度山东省科学技术奖18项。国家创新型城市建设通过国家评估，烟台作为核心城市之一，获批建设“山东济青烟国家科技成果转移转化示范区”。

【科技成果与奖励】 年内，全市推荐205项成果进行山东省科技成果登记，其中应用技术成果153项，软科学、基础理论成果52项，全市获得国家科学技术进步奖3项。烟台民士达特种纸业股份有限公司参与完成的“高性能纤维纸基功能材料制备共性关键技术及应用”，蓬莱京鲁渔业有限公司参与完成的“鱿鱼贮藏加工与质量安全控制关键技术及应用”，烟台台海玛努尔核电设备有限公司参与完成的“压水堆核电站核岛主设备材料技术研究与应用”获国家科技进步奖二等奖。

全市获得山东省科学技术奖18项，占全省总数的12.2%。海军航空大学何友院士被建议授予山东省科学技术最高奖，这是省奖中最高等级的奖项，也是烟台市继2006年李登海、2009年丁建生获省最高奖以来又一次获此奖项，总数在各市中居第一位；鲁东大学陈厚等人完成的“高吸油性树脂的研发与产业化应用”、山东航天电子技术研究所杨海峰等人完成的“导航平台卫星高保真仿真技术及应用”山东省技术发明奖二等奖；鲁东大学参与完成的“模糊聚类及表示学习在肺部肿瘤辅助诊断中的研究与应用”获山东省科学技术进步奖一等奖；中国人民解放军海军航空大学完成的1项公共安全类项目、山东玲珑轮胎股份有限公司完成的“玲珑轮胎技术创新体系（企业科技创新）”、烟台大学但单位完成的“自升式海洋石油平台桁架桩腿系统的研究与应用”、烟台毓璜顶医院完成的“腹腔镜肾脏保留技术的基础研究与临床应用”、滨州医学院完成的“精准医疗下特发性肺纤维化立体分子调控网络的构建及其干预”、山东黄金矿业（莱州）有限公司三山岛金矿参与完成的“黄金矿山采选过程智能优化控制技术”、山东登海种业股份有限公司西由种子分公司参与完成的“大白菜优异种质资源挖掘、创新与系列新品种选育”、山东仙坛股份有限公司参与完成的“畜禽肠道健康合生元制品创新技术及产业化”、莱州大自然园艺科技有限公司参与完成的“银杏种质资源收集评价与新品种选育利用”、国家海洋局烟台海洋环境监测中心站参与完成的“莱州湾典型人工岸段生态化建设技术集成创新与应用”获山东省科学技术进步奖二等奖；山东省第三地质矿产勘查院主导完成的“深部地质岩心钻探关键技术与应用”、蓬莱京鲁渔业有限公司参与完成的“贝类食用安全典型危害因素检测与控制技术的建立与应用”、山东鲁花集团有限公司参与完成的“花生贮藏加工中黄曲霉毒素绿色防控技术及应用”、烟台毓璜顶医院参与完成的“抽动秽语综合症及强迫症遗传易感基因及其防治策略”获山东省科学技术进步奖三等奖。

【科技计划】 年内，全市新上国家和省各类科技计划项目328项，获得支持资金1.72亿元，其中国家项目14项，省级项目314项。具体包括：国家重点研发计划12项，资金2221万元，中央引导地方科技发展专项2项，资金250万元；省重点研发计划48项，资金4303.6万元，省创新公共服务平台专项计划计划13项，资金1280万元，省人才建设资金计划6项，资金700万元，省自然科学基金计划8项，资金57万元，省重点实验室专项建设计划1项，资金150万元，山东半岛国家自主创新示范区发展建设专项20项，资金1570万元，省企业研究开发财政补助资金计划132项，资金3109.39万元。安排烟台市科学技术发展计划121项，资金2237.7万元。其中；产业关键技术项目50项，资金1620万元；校所城产融合项目47项，资金540.7万元；医疗卫生项目24项，资金77万元。

【高新技术及其产业化】 2017年，全市高新技术产业实现产值6314.69亿元，同比增长11.23%，增速明显加快；占工业总产值比重达42.49%，比年初增加0.62个百分点，产值和比重分别居全省第 2 位、第 3 位。全市新增高新技术企业 83 家，总数达 453 家；烟台市科技型中小企业总数达 851 家。

【农业科技创新】 2017 年，全市争取国家项目 2 项，经费 236 万元；省项目 8 项，经费 745 万元；组织申报 8 个省农业科技园区产业提升项目。烟台市现代农业领域新增烟台市栖霞松山农科驿站等 16 家山东省“农科驿站”、富瀚海洋等 2 家国家级星创天地，省政府批复设立龙口省级农业高新技术产业开发区。烟台国家农业科技园区和蓬莱省级农业高新技术产业示范区分别通过国家科技部和省科技厅组织的验收，蓬莱省级农高区被认定为“创新驱动，运行良好型”。年内网上注册科技特派员 67 名，为现代农业发展提供基层一线技术服务。龙大食品集团有限公司的赵晓燕、山东富瀚海洋科技有限公司的张涛入选 2017 年度山东省泰山产业领军人才工程高效生态农业创新类人才。

【生物技术与制药】 市科技局在省内首家制定出台对药物和创新医疗器械研发及产业化的奖励、入驻国家级科技企业孵化器医药健康企业的房补政策，奖励新药和三类器械研发及产业化项目 11 项，资金 812.39 万元；国家级科技企业孵化器内医药健康企业房补 13 家，资金 74.4 万元。投资 2 亿元启动烟台市医药与健康公共技术服务平台建设，建设药物筛选与评价中心、药物代谢动力学研究与分析测试中心等“十中心，一基地”。东方海洋“山东省生物诊断技术创新中心”成为全省首批建设的五家技术创新中心试点之一。绿叶制药治疗帕金森的注射用罗替戈汀缓释微球完成中国、美国 I 期临床研究，治疗肿瘤的 1 类新药（poziotinib 片）获国家临床批件；荣昌生物 1 类新药泰爱开展针对类风湿关节炎、红斑狼疮和视神经脊髓炎 3 个适应症的临床试验，治疗乳腺癌、胃癌的 1 类新药 RC48 进入 II 期临床，有望于 2019 年获得新药证书。

【科技金融结合】 市科技局开展科技型企业信贷风险补偿工作，解决科技型中小企业融资难问题，年内为 21 家企业争取银行放款 1.1535 亿元，累计放款额达 3.2945 亿元。

【创新平台建设】 年内，全市新增国家级科技企业孵化器 1 家，总数 9 家；市级以上科技企业孵化器和培育单位 30 家，总面积 108 万平方米。省级以上工程技术研究中心 90 家、重点实验室 18 家。新增省院士工作站 15 家，总数达 25 家。

2017 年，实施科技报告制度，收录共享国家、省级和市级科技报告 122 份，烟台市被国家科技报告服务中心确定为地市级科技报告工作示范城市；烟台市科技服务云平台完成一期建设，上线科技专家管理系统、科技型中小企业统计系统、工程技术研究中心申报考评等系统；烟台市产业导航服务平台用户总数突破 4000 个，累计完成推送商业情报资讯达 155326 条，为企业提供服务达 13696 项（次）。开展大型科学仪器设备共享服务工作，2017 年全市入网大型科学仪器设备 1279 台套，总价值约 9.14 亿元，入网会员 791 家，拨付各类创新券补贴合计 828.8 万元。

【科技交流与合作】 年内，市科技局先后组织到北上广、成都、杭州、宁波等 13 个城市，走访上海交大、复旦大学、电子科大、中科院上海药物所、软件所、中国兵器工业集团七〇所等 16 所“双一流”高校和国字号科研院所，加强交流对接。上海药物所烟台分所正式揭牌运营，组建“烟台市医药与健康产业技术创新战略联盟”，开展 6 个一类新药研发活动。市政府与中科院沈阳分院签订全面科技合作协议。先后引进上海交大和西南交大分别在烟台市设立信息技术研究院，重点支撑服务全市信息技术产业发展。联合中科院，举办“中科院普惠计划烟台专场对接会”，面向中小企业推出中科院首批专利池专利 1100 余件，入池企业达 54 家。推动与东北大学、沈阳药科大学、电子科技大学、中国工程物理研究院等一批高新技术项目达成合作；与中科院微电子所、天津工业生物研究所、电工所、过程所、地球遥感所在烟共建研究院、实验室、科技园等服务平台达成共建协议，加速技术与成果转移转化。

市科技局组队前往白俄罗斯参加“丝绸之路高科技园区联盟第二次会议及国际工业论坛”，与白俄罗斯国立大学在明斯克签署战略合作协议，共建“烟台海誉技术转移中心有限公司”，推动开展相关合作项目；在乌克兰推动召开中集巴顿焊接技术研究中心第一次理事会，深化双方实质性技术合作。深化与俄罗斯、白俄罗斯的合作交流，市科技局分别与俄罗斯顿河国立技术大学、白俄罗斯国立技术大学签署共建信息技术联合重点实验室协议；邀请俄罗斯最大的水处理公司 BTP 总裁谢尔盖到烟台，与烟台市 6 家企业和中国农大专家举行技术交流洽谈会，初步达成 2 项合作意向。与美国硅谷中国创新发展中心共同举办“2017 美国硅谷创业者烟台行”活动，80 多个企业与来自美国、荷兰等国家的 16 个硅谷创业项目团队达成初步合作意向 31 个。烟台高新区中俄高新技术产业化合作促进中心和山东东方海洋科技股份有限公司2家企业获批山东省首批品牌国际科技合作基地。

市科技局与海军航空大学在高新区共建烟台市军民科技融合创新示范基地，一期3000平方米于6月底正式启动，首批10个项目入驻，重点开展无人系列智能装备的研发。

2017年烟台市获得国家科技进步奖项目一览表

表23

奖项	项目名称	完成单位（人）
国家科技进步二等奖	高性能纤维纸基功能材料制备共性关键技术及应用	山东恒邦冶炼股份有限公司烟台民士达特种纸业股份有限公司（第二完成单位）
	鱿鱼贮藏加工与质量安全控制关键技术及应用	蓬莱京鲁渔业有限公司（第三完成单位）
	压水堆核电站核岛主设备材料技术研究与应用	烟台台海玛努尔核电设备有限公司（第四完成单位）

2017年烟台市获得山东省科技进步奖项目一览表

表24

奖项	项目名称	完成单位（人）
山东省科学技术最高奖（1人）		何友
技术发明奖二等奖（2项）	高吸油性树脂的研发与产业化应用	陈厚（鲁东大学），曲荣君（鲁东大学），纪春暖（鲁东大学），梁英（鲁东大学），鲍贻清（烟台金正精细化工有限公司），吕虎（山东莱芜润达新材料有限公司）
	导航平台卫星高保真仿真技术及应用	杨海峰（山东航天电子技术研究所），潘宇倩（北京空间飞行器总体设计部），肖春霞（山东航天电子技术研究所），白东炜（北京空间飞行器总体设计部），张弓（北京空间飞行器总体设计部），刘吉霞（山东航天电子技术研究所）
山东省科学技术进步奖一等奖（1项）	模糊聚类及表示学习在肺部肿瘤辅助诊断中的研究与应用	山东财经大学，鲁东大学，山东大学，山东省千佛山医院
山东省科学技术进步奖二等奖（10项）	题目略（公共安全类项目）	中国人民解放军海军航空大学
	玲珑轮胎技术创新体系（企业科技创新）	山东玲珑轮胎股份有限公司
	自升式海洋石油平台桁架桩腿系统的研究与应用	烟台大学，烟台中集来福士海洋工程有限公司，烟台铁中宝钢铁加工有限公司
	腹腔镜肾脏保留技术的基础研究与临床应用	烟台毓璜顶医院
	精准医疗下特发性肺纤维化立体分子调控网络的构建及其干预	滨州医学院
	黄金矿山采选过程智能优化控制技术	山东黄金集团有限公司，北京矿冶研究总院，清华大学，北矿智云科技（北京）有限公司，山东黄金矿业（莱州）有限公司三山岛金矿
	大白菜优异种质资源挖掘、创新与系列新品种选育	山东省农业科学院蔬菜花卉研究所，山东登海种业股份有限公司西由种子分公司，青岛和丰种业有限公司

续表

奖 项	项目名称	完成单位（人）
山东省科学技术进步奖二等奖（10项）	畜禽肠道健康合生元制品创新技术及产业化	齐鲁工业大学，山东龙力生物科技股份有限公司，四川农业大学，济南海华生物科技有限公司，唐山中红三融畜禽有限公司，山东仙坛股份有限公司
	银杏种质资源收集评价与新品种选育利用	山东农业大学，郯城县林业局，四川金贝尔生态科技开发有限公司，莱州大自然园艺科技有限公司，桂林市林业科教站
	莱州湾典型人工岸段生态化建设技术集成创新与应用	山东省海洋生物研究院，中国海洋大学，山东省淡水渔业研究院，东营市海洋经济发展研究院，山东省潍坊市海洋环境监测中心站，国家海洋局第一海洋研究所，国家海洋局烟台海洋环境监测中心站
山东省科学技术进步奖三等奖（4项）	深部地质岩心钻探关键技术与应用	山东省第三地质矿产勘查院，中国地质大学（武汉），北京探矿工程研究所，山东省第六地质矿产勘查院
	贝类食用安全典型危害因素检测与控制技术的建立与应用	中国水产科学研究院黄海水产研究所，荣成泰祥食品股份有限公司，青岛市疾病预防控制中心，蓬莱京鲁渔业有限公司
	花生贮藏加工中黄曲霉毒素绿色防控技术及应用	青岛农业大学，中国农业科学院农产品加工研究所，山东省花生研究所，山东鲁花集团有限公司，青岛根源生物技术集团有限公司
	抽动秽语综合症及强迫症遗传易感基因及其防治策略	青岛大学附属医院，临沂市人民医院，烟台毓璜顶医院，中南大学湘雅三医院

（撰稿：孙运智　审稿：王宜清）

科学普及

【创新助力工程】 2017年，在省农技协对蓬莱果业继续进行支持的基础上，市科协协助栖霞苹果产业园区与省农技协建立创新助力发展工程协作对子，对栖霞老果树改造提供技术支持。市科协组织海阳市蜜蜂养殖加工示范区与省蜂业协会建立创新助力发展工程协作对子，通过项目实施支持海阳蜂产品企业转型升级，提高蜂业生产规模、标准化、产业化水平。

【海智基地建设】 4月，市科协组织烟台高新区海智基地烟台华孚制冷设备有限公司等5家高新技术企业赴意大利参加中国意大利创新周活动，参加4次园区、企业B2B对接会，与外方40多家企业进行面对面交流与合作洽谈。为县域经济发展提供海外人才智力支持。帮助海智专家尹春植博士与莱玉化工建立合作，促成二者签约建立合作关系，引进污泥生产有机肥环保项目。

【中国科协军民融合学会联合体党建强会烟台科普活动】 10月26日，中国科协军民融合学会联合体党建强会烟台科普活动启动仪式在烟台举行，中国航空学会理事、空军指挥学院国际功勋级试飞员徐勇凌，空军级飞行专家、空军八一飞行表演队原副队长张信民，中国造船工程学会高级工程师崔勇杰分别到3所学校作科普报告，中国航空学会等国家级学会向三所中学捐赠700架航模和500本科普图书，专家现场指导学生航模制作，开展航模放飞比赛。

【信息化建设】 5月，市科协召开科普信息化工作会议，组织对山东科普云系统操作和数字终端设备管理人员进行培训，邀请省科协数字科普中心专家进行授课，并对烟台市数字终端总控平台建设及数字设备管理进行讲解。

【送科技下乡活动】 3月，市科协与全市10余家单位共同组织开展“2017年送科技下乡”活动。以“赶科普大集”的方式，设立专家咨询台10个，摆放科普知识展板24块，设立医院专家咨询台4个，邀请中国农业大学烟台分校果树专家教授为果农开展果树种植管理技术专题讲座。活动中，为农民群众进行义诊查体500余人次，接受农民群众现场咨询900余人次。

【科普宣传】 年内，市科协做好第九个“防灾减灾日”宣传教育工作，开展以“减少灾害风险，建设安全城市”为主题的科普宣传活动，邀请老专家科技教育指导团地震专家走进社区，围绕地震成因、危害和紧急避险等方面，向社区居民开展防震减灾科普知识讲座，增强居民避灾自救能力。在6月29日全市食品安全宣传周启动仪式上，市科协围绕“尚德守法，创建食安烟台，共治共享食品安全”的主题，通过悬挂横幅、发放宣传资料、接现场受咨询等方式，扩大宣传覆盖面，并向广大群众普及食品安全相关法律法规和科学知识，引导食品商家商户诚信经营，呼吁全社会共同参与食品安全工作。

【烟台市第二届青少年机器人竞赛暨省赛选拔工作】 年内，市科协、市科技馆通过全市青少年机器人竞赛的层层筛选，选拔出道恕街小学等16支中小学代表队代表烟台参加本届竞赛，获得省级一等奖7项，二等奖5项，三等奖3项的成绩，其中道恕街小学代表队取得全省机器人竞赛FLL工程挑战赛冠军，代表山东省参加广东省中山市举办的全国青少年机器人竞赛，这是烟台代表队首次代表山东省参加全国青少年机器人竞赛。

【烟台市32届青少年科技创新大赛】 大赛设置科技创新成果竞赛、科技创意概念竞赛、科技辅导员科技创新成果竞赛和优秀少年儿童科学幻想绘画展、优秀青少年科技实践活动等项目，选拔优秀作品93项，参加全省青少年科技创新大赛，荣获一等奖29项，二等奖22项目，三等奖32项目，推荐10个项目入围全国参赛资格。

【全国科普日活动】 9月，市科协与蓬莱市科协联合举办启动仪式，开展常规性科普日活动，争取到中国科协举办的网络直播“海洋科普知识”网上（专家在青岛舰艇上）线下（蓬莱实验小学）专家、学生知识问答活动交流站点，该站点全国设置4个。科普日期间，烟台市科协联合福山区科协与航天有关部门沟通联系，在崇文中学举办“亚平校园科技馆”开馆仪式。

（撰稿：赵瑞高　审稿：李洪山）

航天科技

【概况】 中国航天科技集团公司第五研究院第513研究所（对外名称：山东航天电子技术研究所），始建于1958年，是山东省唯一一家从事航天高科技研究的科研事业单位，国家级高新技术企业，全国文明单位。2017年，获得山东省科技进步二等奖1项；国防科技进步一等奖1项，国防科技进步三等奖1项；2017年共申报专利40项，获得专利授权27项。

【参与中国航天任务情况】 2017年，513所参与中国以天舟一号、北斗三号卫星等为代表的14颗宇航飞行器发射试验任务。在实践十三号卫星中，承担平台综合业务单元、载荷综合业务单元、遥测遥控单元遥测模块、电源控制器6KW等关键单机的研制任务。其中，100V/6KW电源控制器为整星的关键单机，突破高效功率拓扑、高可靠性设计、三域自主控制、小型化、模块化等多项关键技术，实现对进口产品的无缝替换。在天舟一号货运飞船中，研制的宽波束中继测控系统，通过中继卫星搭建天基测控通信系统，建立天舟一号与地面之间的实时联系，可随时掌握天舟一号货运飞船和天宫二号的运行情况，并向飞船发送指令，保证任务的顺利执行。该系统曾是神舟十一号的四项重要技术创新点之一。研制的42V全调节母线3KW电源控制器是北斗三号全球组网卫星电源分系统的关键单机，为整星提供稳定的电源；研制的上面级S频段应答机及功放单元，实现测距、测速、卫星遥控遥测、火箭测控数传一体化等功能，确保一箭双星直接入轨任务圆满成功，其国产元器件使用比例达到95%以上，成本降低约20%，实现核心器件的自主可控。

【航天技术应用产业】 2017年，513所依托航天技术成果应用与转化，结合国家、地方经济建设以及新旧动能转换的需求，稳步推进卫星应用、电子信息技术领域的创新，加快推进军民融合产业项目的规模化发展，以电子信息产业为主业方向，重点发展智能工程、图像压缩芯片、微电子产业、节能环保装备制造等产业，取得重要成果。依托航天品牌优势，专注军工、医疗、政府等中高端客户，面向全国智慧城市建设的细分市场，在物联网、移动通信等新一代信息技术应用领域，加大业务拓展，先后中标北京508所超大光学遥感装测调试厂房安防及楼宇自控系统、文登整骨烟台医院一期智能化工程、烟台市国家安全局业务技术用房项目建筑智能化工程、福山区公安分局中心机房等项目。打造以蓝光存储为基础的数据存储、分析综合服务平台，面向军工、档案、数据中心、政府等领域开展大数据存储与分析业务，与北京航星中云科技有限公司签订蓝光存储系统建设项目，为其提供大数据备份、归档和存储优化的系统解决方案。助推成立高分山东数据与应用中心，并作为山东省高分项目的主要建设方和后期运营方，围绕综合通信、导航、遥感的山东海洋领域空间信息综合应用服务的总体架构与业务模式，开展数据资源管理、数据融合处理分析、信息综合服务系统，以及综合应用示范技术研究，构建海洋领域高分卫星数据产业化指标体系，建设空间信息大数据服务平台。与中科院遥感与数字地球研究所达成战略合作协议，共同成立山东遥感卫星应用技术融合创新中心，基于国产自主高分辨率卫星提供的实况遥感数据以及导航、通讯信息服务手段，融合“互联网＋天基＋”等新一代信息技术，建设卫星数据综合应用服务平台，开发移动业务应用终端，提供动态监测信息服务，推广卫星应用示范工程，实现卫星数据在农业、林业、海洋、城建、公安、交通、国土资源等领域的综合应用。与山西澳瑞特合作开发家庭健身器材领域，研发的太空智能自行车和太空跑台，以及系列家庭健身器材，布局健身器材产业化发展，获得较高的用户赞誉度和市场认可度；与龙芯中科技术有限公司签署战略合作框架协议，致力于龙芯系列国产化处理器在宇航、防务以及工业领域的应用和市场开发。向山东省科技厅申报，成立山东省微纳卫星与脉冲星导航示范工程技术研究中心，推进山东省微纳卫星制造和导航产业的快速发展，服务地方经济建设和科学技术水平的提升。

【航天科普工作】 年内，513 所向社会公众，特别是青少年，宣传中国航天事业取得的辉煌成就和航天事业发展中形成的以爱国主义为核心的“两弹一星”精神和“载人航天精神”，宣传航天科普知识，为提高公众科学素养。开展中国航天日（4 月 24 日）系类活动，通过请进来、走出去等多种方式，开展系列科普宣传，扩大航天科技影响力，增强航天事业感召力。举办“天舟团队媒体开放日”活动，邀请山东卫视、山东广播电台、山东闪电新闻 APP，以及胶东在线、烟台电视台、烟台广播电台、高新区电视台等地方媒体通过视频连线、网络直播等形式，请参与航天型号研制工作的一线设计师走到镜头前，向公众进行航天科普宣传。对外免费开放山东航天科技展馆，吸引广大市民以及团体、媒体前来参观。两天内接待来访超过 3000 人次。中国人民政府网、新华社、人民网、《光明日报》《科技日报》、网易新闻等，以及《大众日报》《湖北日报》《福建日报》等中央和地方几十家媒体都进行报道。招募青年志愿者担任科普讲师，组织“青年讲师进校园”活动，先后到黄海路小学、烟台第二中学（初中）、高新区实验小学、南山路小学、南通路小学、潇翔小学等 6 所中小学，走到礼堂、走到班级、走到中小学生身边，开展科普活动。在济南山东省科技馆，与山东省青少年科技活动中心、山东广播电视台农科频道共同承办——山东省航天科技进校园暨“我和太空种子共成长”公益科普活动。以科普实践为主要载体，将茄子、辣椒、番茄等 3 大类、10 多个品种的 2 万棵太空种苗将陆续发到济南的中小学生手中，让孩子们把神秘的太空种苗带回家里培栽，观察记录成长过程。

（撰稿：张翠贤　审稿：张术鹏）

知识产权

【概况】 2017 年，烟台市申请国内发明专利 4375 件，获国内发明专利授权 1238 件，有效发明专利拥有量达 5553 件，万人发明专利拥有量为 7.92 件，1 个项目获“中国专利金奖”，11 个项目获“中国专利优秀奖”，3 人获第五届“山东优秀发明家”称号。

【知识产权宏观管理】 年内，市知识产权局编制下发《烟台市知识产权状况》白皮书、《战略行动计划 2017 年度工作方案》《烟台市知识产权优势企业培育办法》《烟台市开展专利保险试点工作实施方案》等文件，贯彻落实《烟台市知识产权战略纲要（2016–2020）》，提高全市知识产权创造能力。知识产权工作指标纳入科技创新考核和市委市政府《关于进一步加快创新驱动发展的意见》，知识产权政策融入全市科技、人才、金融、制造业强市等政策中。组织开展“烟台市专利奖”和“第四届市工业品外观设计专利大赛”评选活动。

【知识产权示范城市建设】 年内，烟台市在“国家知识产权示范城市”2016 年度考核中，位列全国地级市第三名、山东省第一名，连续三年进入全国前五名，再次获“国家知识产权试点示范城市工作先进集体”称号。6 月 15 日，烟台市获批成为全国首批“国家知识产权强市创建市”之一，创建工作周期为 2017 年 6 月至 2020 年 6 月。为推进强市建设，成立“烟台市知识产权强市建设工作领导小组”，市政府印发《烟台市加快建设国家知识产权强市工作方案（2017–2020）》。11 月 29 日，组织召开“烟台市国家知识产权强市建设推进会议”，国家知识产权局副局长贺化，省知识产权局局长于智勇，市委副书记、市长张永霞出席会议并分别作讲话。至年底，全市被认定为市知识产权优势企业 53 家，省知识产权示范企业 74 家，国家知识产权优势企业 39 家，国家知识产权示范企业 4 家。全市完成 5 批次参与贯标企业 133 家，其中 111 家企业通过贯标认证，数量位居全省第二。高新区海洋生物医药产业知识产权集群试点，在国家知识产权局年度工作验收中，位列全国第 4 名。组织召开“烟台市专利保险工作会暨知识产权金融服务联盟成立大会”，成立烟台市第一个跨行业的知识产权金融服务合作平台——“烟台市知识产权金融服务联盟”。专利权质押贷款总额达到5.06亿元，增长64.7%。

【知识产权保护】 年内，市知识产权局受理专利侵权纠纷23起，结案17起，立案查处假冒及标识不规范专利行为304起。开展区域联合执法，出动执法人员70余人次，检查商品8.5万余件。强化电子商务领域假冒专利案件的执法协作，依法快速处理网上假冒专利案件8起；开展“雷霆”专项行动，办理电商领域专利侵权纠纷案件87起。通过12330公益服务热线接受咨询1400余人次，受理各类维权援助、举报投诉案件172件。金都招远黄金珠宝首饰城被认定为“第四批国家级知识产权保护规范化培育市场”。市知识产权发展中心在2016年度考核中，在全国76家维权援助中心中位列第三。5月31日，中国（烟台）知识产权保护中心正式获批，为全国首批、山东省首家，保护中心以现代食品行业为基础，围绕全市产业发展需求，建立集快速审查、快速确权、快速维权为一体的“绿色通道”。11月29日下午，国家知识产权局副局长贺化和烟台市长张永霞共同为中国（烟台）知识产权保护中心揭牌。12月30日，国家知识产权局正式对保护中心进行开通并开始运营，这是全国首家正式揭牌并运营的保护中心。

【服务平台建设】 年内，市知识产权局完成“山东半岛蓝色经济区知识产权公共服务平台”建设任务；完成“中外专利数据库服务平台”扩容升级任务，解决存在的速度慢、数据遗漏等问题；与国家军民融合平台合作，在全市展示交易中心网站设置国家平台项目库链接，为全市企业提供项目服务，增强服务经济社会发展的能力。为全市企业免费提供信息服务3000余人次。加大服务机构培育力度，全市有代理机构8家、贯标服务机构5家、企业标准山东培训工作站1处、国家知识产权培训基地1处、山东省知识产权研究院1处、中国知识产权维权援助中心1处，从业人员120余人，知识产权服务业体系逐步完善。开展“知识产权下基层，助推企业创新发展”活动，为89家企业，免费开展专利检索、专利挖掘、风险规避等业务培训，培训1000余人，帮助企业解决知识产权问题40余个，提高企业专利信息利用及侵权风险规避能力。推进展示交易工作，参与中科院专利普惠计划，收集入池专利1000余项，征集370件高质量可转让发明专利在全市范围内推广；加大军民融合专利项目推广力度，征集国家军民融合平台30余项最新前沿专利技术及2000余项解密国防专利在烟台高校、企业推广，促进高质量专利项目转移转化。

【教育宣传】 年内，市知识产权局开展知识产权教育培训工程，举办高层次创新型人才班、军民融合专利运营研讨班、院校知识产权普及教育等培训任务21期，培训人数4000余人。知识产权发展中心深入县市区，推广“知识产权下基层，助推企业创新发展”活动，为89家企业免费培训1000余人。开设企业、事业单位两个知识产权继续教育远程班，知识产权课程首次被列为全市专业技术人员继续教育公需科目，全市远程教育培训学习规模5.4万人，100余万人次，在全国154个分站位居第一。首次推荐2名学员参加WIPO世界知识产权学院中文课程的学习，并获得结业证书，成为全国第一批WIPO学院的合格学员。

2017年烟台市各县市区专利申请及授权情况统计表

表25

项目 数量 地市	当年累计申请情况			当年累计授权情况		有效发明专利情况		
	发明申请	同比增长（%）	PCT国际申请量	发明授权	同比增长（%）	有效量	增长率（%）	专利密度（件/万人）
全市合计	4375	-24.27	42	1238	-2.37	5553	16.6	7.92
开发区	1101	-18.20	23	274	-2.84	1333	9.4	40.73
莱山区	495	-22.78	7	167	-29.24	779	5.7	26.42
牟平区	120	27.66	4	35	-25.53	207	17.6	4.42
芝罘区	1101	-2.13	3	252	13.51	1099	21.4	13.13
龙口市	312	-36.46	3	105	10.53	418	25.1	6.02

续表

项目/数量/地市	当年累计申请情况			当年累计授权情况		有效发明专利情况		
	发明申请	同比增长（%）	PCT 国际申请量	发明授权	同比增长（%）	有效量	增长率（%）	专利密度（件/万人）
高新区	401	3.35	1	101	−18.55	360	32.8	71.86
招远市	175	−68.12	1	48	−9.43	265	24.4	4.68
福山区	112	−70.53	0	48	−23.81	265	13.7	8.80
蓬莱市	149	−43.56	0	46	70.37	183	26.2	4.05
莱州市	181	2.26	0	76	72.73	269	16.5	3.03
栖霞市	67	−34.95	0	34	0.00	120	42.9	2.05
莱阳市	100	−30.07	0	39	77.27	173	21.8	1.97
海阳市	58	−10.77	0	12	−29.41	77	10	1.22
长岛县	3	−72.73	0	1	−50.00	5	66.7	1.14

2017 年烟台市获十九届中国专利奖金奖项目表

表 26

序号	专利名称	专利号	专利权人	发明人
1	一种聚乙二醇修饰的 rhG-CSF 药物组合物及其制备方法	ZL201310022078.9	石药集团百克（山东）生物制药有限公司	梁关军　窦燕峰　王龙山　徐光

2017 年烟台市获十九届中国专利奖优秀奖项目表

表 27

序号	专利名称	专利号	专利权人	发明人
1	热塑性硫化胶的制备方法	ZL02156739.5	山东道恩高分子材料股份有限公司	张立群　田洪池　田明　伍社毳　冯予星　刘力
2	一种动态孔射流式反应器及采用该反应器制备异氰酸酯的方法	ZL201010149916.5	万华化学集团股份有限公司，万华化学（宁波）有限公司	华卫琦　薛永和　罗务习　孙中平　于天杰　孙德镇　张颜涛　宋锦宏
3	供热系统热量计量和热量节能控制方法	ZL201010579253.0	烟台东方智能控制有限公司	杨恒坤　孙爱国　李淑珍　李世乾　岳增辉
4	一种高阻抗高温度稳定性高压分压器	ZL201110082974.5	烟台东方威思顿电气有限公司	邓文栋
5	一种半导体 MEMS 芯片封装方法及其封装结构	ZL201110398236.1	烟台睿创微纳技术股份有限公司	熊笔锋
6	一种娑罗子提取液在接收洗脱液过程中的自动判断和控制	ZL201310084773.8	山东绿叶制药有限公司	薛云丽　左爱侠　刘雪松　李世旭　范艳丽　吴永江　王玉静　丁海樱　吕道敏　陈勇　孟莹　王龙虎　栾连军
7	一种制备高性能 R-Fe-B 系烧结磁体方法	ZL201310209364.6	烟台正海磁性材料股份有限公司	王庆凯　李咚咚　彭步庄　邵梅竹　魏蕊

续表

序号	专利名称	专利号	专利权人	发明人
8	一种预制钢丝网架保温板及其制备方法和施工方法	ZL201310367180.2	山东龙新建材股份有限公司	王英顺　王书元　吕秀玲　姜立松　王学玺　张仁常
9	自升式平台桩腿及具有该桩腿的海洋平台	ZL201410363897.4	中集海洋工程研究院有限公司，烟台中集来福士海洋工程有限公司，中国国际海运集装箱（集团）股份有限公司	傅强　杜之富　宋述占　尹秀凤　张文　刘静　张工　韩华伟
10	一种远程节能物联网终端控制系统	ZL201520020439.0	烟台智慧云谷云计算有限公司	胡克会　任海春
11	海面微动目标Radon-线性正则变换长时间相参积累检测方法	ZL201310108970.9	中国人民解放军海军航空工程学院	陈小龙　关键　王国庆　蔡复青　丛瑜　刘宁波　黄勇　何友

（撰稿：姜明明　审稿：马立宏）

气　象

【气象服务和防灾减灾】 2017年，烟台市前期持续干旱，地表蓄水降至历史最低，一个月内旱涝急转，降水量突破历史同期最高。启动IV级应急响应2次，发布重要天气报告136期，雨情报告94期，制作呈阅件7期，发送决策气象服务短信9万余条，应对森林山火、台风“海棠”、强降雨、小麦干热风、暴雪等灾害，做好春运、农业、果业、城市、海上等专题气象服务。首次实现地方人员独立作业，建设标准化固定火箭作业点，联合安监局开展人影安全检查。实施增雨作业90次，发射火箭弹701枚，点燃烟条80根。联合市应急办共同做好预警信息发布与传播，联合国土局发布地质灾害气象风险预警，联合高速公路交警做好交通气象服务，联合农机部门护航小麦收获，联合海上搜救、海上救助保障“平安海区”建设，建立环保视频会商平台，气象信息接入森林公安视频会商系统。助力“中国最佳避暑旅游城市”“国家低碳城市”“海绵城市”创建，全面融入现代化国际滨海城市建设。获全国重大气象服务先进集体，连续6年获烟台发展突出贡献单位。

【气象统计】 2017年，全市年平均气温13.6℃，较常年偏高1.1℃，较上年偏高0.2℃。年极端最高气温38.9℃，出现在福山，时间为7月11日，年极端最低气温-16.2℃，出现在招远，时间为1月21日。

2017年年降水量650.0毫米，分别比常年和去年同期偏多27.5毫米和121.6毫米。从地理分布来看，降水呈现西部南部多，东部北部少的态势。招远年降水量最多，为918.7毫米，较常年偏多301.2毫米，其次是莱阳为780.2毫米；长岛最少，为479.9毫米，较常年偏少64.7毫米。各县市区烟台、蓬莱、长岛、牟平的年降水量较常年偏少23.8～90.9毫米，海阳持平，其他各站比常年偏多17～301.2毫米。

2017年全市年日照时年日照时数2533.1小时，比常年同期偏少76.9小时，比去年同期偏多9.6小时；其中，招远日照时数最多，为2634.1小时，牟平日照时数最少，为2352.7小时。属正常略偏少年份。

【主要天气气候事件及其影响】 强对流。2017年夏季，副高强盛，冷空气活跃，烟台市多局地强降水天气，降水时空分布不均匀。其中，6月23—24日、7月6—7日、14—17日、19—20日、8月12—15日、17日、18—20日、23日先后出现局地暴雨，8月6日出现雷雨大风和局部冰雹。6月23—24日，受高空冷涡、低空低涡和地面气旋的共同影响，烟台市出现截至当时最大一次降水天气过程，降水分布不均，烟台市龙口、招远、栖霞、海阳等地先后出现暴雨，局部大暴雨，其中23日龙口日降水量达到102.3毫米，24日栖霞日降雨量97.3毫米，招远辛庄23日11时雨强达62.5毫米，栖霞松山24日11时小时雨强达64.9毫米。本次过程以强降水为主，雷电活动较弱。7月6—7日，受西风槽和副热带高压边缘的共同影响，烟台市出现大范围强对流天气过程，全市平均降水量为32.4毫米，其中，蓬莱、龙口、招远、牟平部分地区降水量超过50毫米。此次过程之后，进入雨季。7月14—20日，受副高边缘暖湿气流和弱冷空气共同影响，烟台市出现连续降水过程，其中16—17日莱州、招远出现大暴雨，19—20日莱阳出现暴雨。此次过程持续时间长，降水强度较大，分布不均，莱州的强降水时段集中在16日的上午和中午，最大小时雨强38.4毫

米，招远最强降水时段集中在16日21时至17日0时的3个小时内，最大小时雨强81.7毫米，降水效率非常高，部分地区出现城市内涝。8月6日夜间，受高空冷涡影响，烟台全市出现雷阵雨天气，区域站平均降水量为9.1毫米，最大站降水量30.8毫米；21时至23时，沿海和陆地出现短时大风，最大风力6级，阵风9～10级；另外栖霞、蓬莱的部分地区出现小冰雹。8月12—15日，受副高边缘暖湿气流、低层低涡、切变线和地面气旋的共同影响，烟台市出现持续性降水过程，南部地区雨量较大。全市平均降雨量33.9毫米。海阳等地出现局地暴雨，最大降雨出现在海阳凤城，达92.8毫米。海面风力达6～7级，阵风8级。8月17日，受华北冷涡影响，烟台市出现短时雷阵雨。17日6时，烟台市招远、龙口多个区域站出现40毫米以上的小时雨强。本次降水最大出现在龙口黄山馆镇，达62.1毫米。8月18—20日，受副高边缘暖湿气流和切变线共同影响，烟台市南部地区出现局地暴雨。最大降水出现在莱阳吕格庄，达109.1毫米。8月23日，受副高边缘暖湿气流和弱冷空气的共同影响，烟台市出现大范围降水天气，全市平均降水量35.4毫米，部分地区出现50毫米以上降水，最大降水量出现在栖霞寺口，为135.3毫米。烟台市发布暴雨蓝色预警信号，并发布年内第二次地质灾害风险黄色预警。

台风环流导致的暴雨洪涝灾害。8月2日夜间开始到5日，受台风“海棠”减弱后的低压环流影响，烟台市大部分地区出现暴雨和大暴雨，全市过程平均降雨量101.9毫米，降水量达50毫米以上的115个站，100毫米以上的54个站，最大降雨量出现栖霞寺口，达318.1毫米。牟平、海阳、莱阳、栖霞4个国家气象站降雨超过100毫米，烟台、福山、龙口、长岛4个国家气象站降雨量超过50毫米。从降雨时间来看，3日暴雨主要出现在莱州、招远、龙口、栖霞、蓬莱等地；3日夜间，烟台市区以及海阳等地出现暴雨；4日夜间莱阳、海阳、栖霞和招远部分地区出现暴雨到大暴雨，其中莱阳谭各庄区域站5日7时小时雨强81.9毫米，为本年度最大。3日白天，海面出现6～7级，阵风8级的东南风，陆地5～6级，阵风7级。并伴有较明显的雷电活动。针对此次过程，市气象台先后发布暴雨黄色、暴雨橙色和雷电橙色预警信号，并发布全市年内首次地质灾害风险黄色预警。至5日18时，全市受暴雨洪涝灾害影响，受灾人口78731人，紧急转移安置人口5015人。农作物受灾面积5776公顷，其中农作物成灾面积3087公顷，农作物绝收面积943公顷。倒塌房屋382间。直接经济损失31793.8万元，其中农业损失17225万元，基础设施损失9042万元，公益设施损失980万元，家庭财产损失3229.6万元。

干旱。受厄尔尼诺现象影响，自2014年汛后到2017年初夏，烟台市降水持续偏少，发生自2001年以来最为严重的连续干旱。2017年1月1日至6月30日，全市平均累计降水量150.1毫米，较常年同期偏少36.0毫米。由于连续三年以来降水的持续偏少，加之2016—2017年冬季雨雪稀少，土壤底墒较差，6月气温快速升高，进一步加快土壤失墒，致使当前旱情急速蔓延并加剧，烟台市部分地区出现比较严重的旱情。受干旱影响最重的还是农业生产方面。全市10.6万公顷在田农作物受旱，占全市在田农作物总面积的42.5%，其中重旱面积2.35万公顷、占在田农作物面积的9.4%，还有0.5万公顷农田因缺墒未播种。在全市18.23万公顷果树中，受旱面积8万公顷，占果树种植面积的43.6%。其中，重旱面积0.84万公顷、占果树种植面积的4.6%，干枯死亡面积100公顷。同时，城市水源也面临严重短缺，市区及莱州、招远、龙口、蓬莱等县域城市依赖调引客水来维持城市供水。海阳、莱阳等县域城市紧急启动区域内水系联网和从区域外调水等措施，以缓解城市供水水源短缺状况。

高温。年内，烟台市平均高温日数为4.5天，较常年（2天）明显偏多。5月16日，根据天气形势的演变，市气象台发布2017年首个干热风预报。受大陆暖高压控制，5月26—28日，烟台连续3天出现大范围的35℃以上的高温天气，市气象台发布高温黄色预警信号和干热风预报。高温天气和干热风加剧干旱的影响。6月15—18日，受西风带暖高压脊的影响，烟台市连续4天出现高温天气，11个国家气象观测站中，除长岛和蓬莱外，其他各县市区先后出现35～38℃的高温，莱阳最高，为38.2℃。7月11—14日，受副热带高压的控制，烟台市再次出现连续性高温天气。其中，11—12日高温范围最大。除海阳外，其他各县市区最高气温均达到35℃以上，部分地区出现37℃以上的高温天气，福山最高，为38.9℃。

春季森林火灾。年内，烟台完成龙口、开发区、栖霞、牟平、海阳等地山林大火应急气象服务10次，为历史上最多的一年。2月15日，天气晴朗，暖平流明显，陆地西南风达到5～6级，阵风7级，最高气温回升到13～15℃。傍晚，烟台市经济开发区磁山北侧发生森林火灾。烟台市气象部门出动气象应急指挥车，赶赴火灾现场进行预报服务工作，传回现场气象信息，烟台市气象台预报员进行一小时1次的火场周边实况及预报短信服务，森林大火在16日凌晨扑灭。省气象台、省气候中心均给烟台市气象台发来指导预报产品，及时进行预报服务工作。春季以来气温回升快，蒸发量大，森林火险气象等级持续偏高，4月5日、11日、18日、5月29—31日、6月2日、5日、10—11日，龙口下丁家、栖霞唐家泊、牟平王格庄、海阳盘石店、芝罘卧龙山、昆嵛山均先后出现山火。气象台均每小时提供火场附近自动站和火场的实况数据，并及时提供现场实时气象服务，仅6月10—11日这一次过程就连续服务开展服务27个小时。市气象台除每天早晚两次提供未来三天森林火险气象等级预报外，并在一周天气预测上对未来一周森林火险等级做出预报，服务相关部门。

大雾。年内大雾天气出现次数较少，持续时间较短。1月2日和4日早晨出现2次大雾天气，部分地区能见度低于200米，对交通产生严重影响，市气象台及时发布大雾橙色预警信号。2月4日下午，受暖湿气流和降雨的共同影响，烟台市北部地区及沿海海面出现大雾，市气象台发布大雾黄色预警信号。3月1日和4月25日在烟台市北部地区出现能见度小于500米的大雾，市气象台及时发布大雾黄色预警信号；4月5日、7日和8日间断性的在烟台市大部分地区出现能见度小于500米的大雾，市气象台及时发布大雾黄色预警信号；4月20日在烟台市沿海海面和沿海地区出现能见度小于200米的大雾，对交通产生严重影响，市气象台发布大雾橙色预警信号。9月，受稳定天气形势和辐射降温的影响，烟台市出现2次大雾天气。在1日和18日的早晨，招远、福山等部分地区出现能见度小于200米的大雾，对交通产生较大影响，市气象台都及时发布大雾黄色预警信号，提醒有关部门和单位按照职责做好防范工作，驾驶人员注意雾的变化，小心驾驶，严格控制车、船的行进速度，机场、高速公路、轮渡码头等单位加强交通管理和调度指挥。

寒潮。11月16—18日，受强冷空气影响，烟台市出现一次寒潮天气过程，48小时最低气温的降温幅度在8℃左右，18日烟台、福山和海阳出现年内入冬以来第一场降雪，其中福山区最大3.8毫米，其他为0.5毫米，海区出现7～8级，阵风9～-10级的偏北大风。大风和降温天气对海上航运及市民出行带来不利影响。市气象台在16日11时发布寒潮蓝色预警信号。

降雪。1月28—29日，正值2017年春节假期的初一和初二，烟台市出现小到中雨转阵雪天气。针对此类天气过程，市气象台加强会商，综合分析数值预报产品，准确预报此类降水的相态转换时间，并根据气温、地温的变化，及时发布道路结冰黄色预警信号，公路、交通、城管等部门根据市气象台发布的重要天气报告，及时关闭高速公路，进行路面除雪除冰作业，保障交通安全，未出现灾害损失报告。1月19—20日，受较强冷空气影响，烟台市普遍出现降雪，招远、莱州出现大雪到暴雪。这是2016—2017年冬季烟台市唯一一次大到暴雪天气。针对这次过程，市气象台先后发布大风黄色预警信号和降水、降温预报以及道路结冰橙色预警信号，并及时与公路、交通、城管等部门联动，保证交通运输的安全正常运行。2月21日夜间，受高空低槽和地面倒槽的共同影响，烟台市出现普遍性中到大雪天气，最大积雪深度达到7厘米。市气象台于20日15时20分发布道路结冰橙色预警信号，全市道路交通管理部门接到市气象台发布的重要天气报告后，密切关注天气演变，及时清扫路面积雪，城市交通未受到影响。11月中旬到12月中旬，冷空气势力强盛，烟台市频繁出现冷流降雪。11月18日，烟台市出现下半年以来首次降雪，降雪主要出现在市区，福山站降雪量最大，达3.8毫米，市气象局0.5毫米，其余各站微量或无量。11月30日白天，受冷空气影响，烟台市大部分地区出现降雪天气，全市平均降水2.1毫米，其中长岛最大为7.5毫米，其他在0.3～3.5毫米之间。受降温和降雪影响，烟台市北部地区部分道路出现积雪和结冰，对交通产生一定影响。市气象台在30日13时30分发布道路结冰黄色预警信号，提醒相关部门应按照职责做好道路结冰应对准备工作，驾驶人员应当注意路况，安全行驶，行人外出尽量少骑自行车，注意防滑。12月4日，受冷空气影响，烟台市大部分地区出现冷流降雪，全市平均2.2毫米，其中牟平区最大为5.6毫米，积雪深度4厘米，莱州、莱阳和海阳未出现降雪，其他地区降雪量在0.4～4.7毫米之间，同时气温较低，路面积雪和道路结冰对烟台市道路交通产生不同程度的影响。12月7—8日，受冷空气影响，烟台市中东部地区出现冷流降雪天气，全市平均降雪量0.9毫米，福山区最大为2毫米，莱州、长岛、莱阳和海阳未出现有量降水，其他地区降雪量在0.1～1.3毫米之间，同时气温较低，出现对交通有影响的道路结冰。12月11—12日，受较强冷空气持续影响，烟台市大部分地区连续两天出现较强降雪天气，是下半年入冬以来最大一次降雪过程。全市过程平均降雪量4.5毫米，其中开发区（非大监站）最大为14毫米（暴雪），积雪深度达12厘米，烟台为8.7毫米，积雪深度10厘米，莱阳和海阳无降雪，其他在0.2～8.5毫米之间，受强降雪和低温影响，烟台市大部分地区道路出现积雪和结冰，对道路交通和民众生活产生较大影响。

大风。全年多大风天气，持续时间较长，带来影响较大。1月中下旬，受冷空气影响，北部海面出现3次8级阵风10级的大风天气，给海上交通带来不便。2月8—10日、19—20日分别出现大风降温过程，海面最大风力达到8级阵风9～10级，陆地最大6～7级阵风8级。针对大风天气过程，市气象台均及时发布大风黄色预警信号，并将大风、降温的预报及实况向社会公众广泛发布。受大风影响，烟台—大连海上航运多次停航。受暖平流的影响，4月4日、4月22—23日和5月18—19日烟台市出现西南大风，市气象台发布大风蓝色预警信号；受冷空气影响，3月1日、4月10日、5月25日烟台市出现偏北大风，市气象台发布大风黄色预警信号；5月4日，受东北气旋后部和冷高压共同影响，市气象台发布大风黄色预警信号，预报将有一次明显的西北大风天气。5月5日，上游地区风力增强明显，市气象台及时将大风黄色预警信号升级为大风橙色预警信号，出现海面9～10级阵风11级，陆地7～8级阵风9级的西北大风。春季南北大风出现频繁，给城市生活和海上生产带来一定影响。9月26—27日，受高空槽、地面气旋和冷锋共同影响，烟台市出现海面7～8级阵风9级，陆地6～7级的东北风大风天气。市气象台在26日10时30分发布大风黄色预警信号，并指导县、区局发布相应大风预警信号。由于预报准确，服务到位，防范及时，此次大风天气未造成损失。10月1日夜间至3日上午和10月28—29日，受高空槽和地面冷锋共同影响，烟台市分别出现海面7～8级阵风9级，陆地5～6级阵风7级东北风和海面7～8级阵风10级，陆地6～7级阵风8级偏北风的2次大风天气，市气象台分别在1日10时30分和28日9时50分发布大风黄色预警信号。预报及服务提前量较大，防范及时，大风天气未造成损失。11月2日夜间至3日夜间，受较强低槽冷空气影响，烟台市海面出现7～8级，阵风9级的偏北大风。市气象台在2日10时10分发布大风黄色预警信号。大风天气未造成损失。11月10—11日和11月16—18日，受低涡槽、地面气旋和高压前冷锋共同影响，烟台市出现2次大风天气。偏北风，海面都达到7～8级，阵风9～10级，陆地都达到了6～7级阵风8级。大风对海上生产及市民出行带来不利影响，海上航运短暂停航。

（撰稿：常静　审稿：郭磊）

水　文

【概况】 2017年，市水文局连续14年保持省水利、水文系统文明单位称号，涌现出“烟台好人”“市直机关敬业模范”于培强等先进典型；创造性地在全省率先策划并组织河长制巡河志愿者行动，为保护烟台“绿水青山”提供专业服务；2017年度荣获山东省“省级文明单位”称号。

【基层水文服务体系建设】 年内，市委市政府批复县级双管水文机构后，在开发区、牟平区水文局相继成立并良好运行的基础上，2017年蓬莱市水文局挂牌成立，3个局双重管理体制深化，运行管理情况良好。龙口市、招远市基本落实双重管理体制；莱阳市政府将县级水文局组建纳入工作计划；牟平区乡镇以下服务体系基本完成，蓬莱市、开发区、招远市进展良好，水文基层管理服务体系基本构建完成。

【政府购买服务】 年内，根据山东省财政厅、民政厅、工商行政管理局《关于印发山东省政府购买服务管理实施办法》(鲁财购〔2015〕11号)及“山东省水文部门政府购买服务指导意见（试行）”，2017年度市水文购买服务预算资金252万元，购买常驻服务人员25名。

【重点工程建设】 年内，烟台市中小河流水文监测系统建设项目完成，该项目总投资9300多万元，历时5年，先后新建改造各类雨量、水位、水文站626处、新建中心水文站7处，水文巡测基地1处，覆盖全市15县市区的水文监测站网。

【水文科技】 年内，市水文局先后获得山东省水利软科学优秀成果奖6项，山东省水文优秀科技成果奖6项，山东省水文优秀学术论文3篇；在全国各类学术刊物发表论文6篇；与山东农业大学合作，完成《沁水河流域水资源可利用量评价模型研究》《人类活动影响下的水文情势识别及径流还原计算技术研究》，与海归知名学者合作启动《河湖健康智能评估预警系统的研发及其在大沽夹河的示范应用》研究，作为水文项目首次被列入市科技重点研发计划。

【区域用水总量监测】 年内，经监测烟台市本年度用水总量为8.696亿立方米，较2016年减少0.307亿立方米，其中，地表水用水总量4.806亿立方米，地下水总用水量3.890亿立方米。年内，全市调入黄河水1330万立方米，调入长江水613.4万立方米，总计调入6200万立方米，其中调入市区7356万立方米，总计调入客水8686万立方米，其中，龙口市1333万立方米，莱州市841.0万立方米，蓬莱市743万立方米，招远市

622万立方米。

【地表水文动态】 年内，全市年平均降水量726.1平方米，较2016年偏多34.1%，比多年平均降水量偏多5.5%。各县市区降水量开发区最大、长岛县最小，分别为853.6平方米、478.3平方米。全年最大降水过程出现在8月3—5日，全市平均降水量为120平方米，本次降水，最大点雨量发生在栖霞市寺口站305.5平方米，最小点发生在海阳市辛安站31.5平方米；本次降水暴雨中心在栖霞寺口至苏家店一带，黄水河上游发生较大洪水，致部分水文设施、道路等被冲毁，同时也为黄水河流域王屋水库、蚬河流域龙门口水库及沐浴水库带来大量雨洪资源，缓解两流域多年水资源偏枯的矛盾。

2017年河道水文监主要集中于16条主要河道34个监测断面，监测项目包括水位、流量、泥沙等，主要道水文站年度最大洪峰流量统计如下：界河招远市张星水文站7月17日0时17分洪峰流量541立方米/秒；清洋河栖霞市臧格庄水文站8月3日16时20分洪峰流量590立方米/秒；沁水河牟平区牟平水文站8月4日7时45分洪峰流量270立方米/秒；东五龙河莱阳市团旺水文站8月5日13时18分洪峰流量1120立方米/秒；大沽夹河福山区福山水文站8月5日15时36分洪峰流量921立方米/秒。

全市29座大中型水库2017年年末蓄水总量为4.73亿立方米，比年初蓄水总量1.83亿立方米多蓄2.90亿立方米，比汛初蓄水量1.32亿立方米多蓄3.41亿立方米，比汛末蓄水量5.30亿立方米少蓄0.57亿立方米，比历年同期3.88亿立方米多蓄0.85亿立方米。

2017年全市水资源总量为28.34亿立方米，较2016年偏多231.9%，较多年平均偏少11.4%。其中地表水资源量为22.29亿立方米，地下水资源量为10.24亿立方米，地下水资源与地表水资源不重复量为6.05亿立方米。

【地下水文动态】 受2013年以来连续干旱影响，烟台市地下水位持续下降，至2017年6月降至历史最低水位。2017年汛期烟台市降水较常年偏多，地下水位有所回升。2018年1月1日，全市平均地下水水位为28.14米，比上年同期上升0.34米，比2017年汛末（10月1日）下降0.21米。各县市区地下水位与上年同期相比，栖霞市下降0.28米，其他县市区均有所上升，上升幅度为0.02～1.44米，其中莱山区和招远市上升幅度较大，分别上升1.44米和0.77米；与2017年汛末相比，福山区和龙口市分别上升0.72米和0.48米，其他各县市区均有所下降，下降幅度为0.08～1.10米。

【水情信息服务】 年内，市水文局向各级领导、市防办及相关部门呈送“防汛抗旱信息”46期，发布“烟台市水文信息”3期，发布洪水预报仅1站次，送报“烟台市大中型水库抗洪能力预测”2期。年内，春夏连旱，市水文局增加墒情监测测点测次，全市范围内最多监测地块66处/次，为烟台市抗旱决策提供及时可靠的依据。

【水土保持、水生态监测】 年内，市水文局（烟台市水土保持监测站）规范完成国家水土保持监测点—门楼5°径流小区水土流失监测，4个径流小区的侵蚀模数分别为平均0.617（大豆）、0.406（花生）、1.559（裸地）、1.112（果树）t/（hm^2·a）。

【水功能区水质监测与入河排污口监测】 年内，市水文局每月对烟台市域24个省级水功能区36处水功能区监测断面，5处市界监测断面进行水质监测，监测总河长813.4千米。5月和10月分别对全省重点入河排污口开展监测，每个排污口全年监测12测次。经监测，烟台市各重点水功能区2017年度达标率为66.7%，较2016年略有下降；全市2017年水功能区限制纳污达标。

【湖库水质状况】 年内，所监测的6座水库，福山门楼水库、龙口王屋水库、招远城子水库、招远勾山水库、栖霞龙门口水库和莱阳沐浴水库各月水质监测结果均符合Ⅲ类水及以上标准。以2017年6座大中型水库总氮、总磷、叶绿素a和高锰酸盐指数这四项检测参数的4—9月均值进行湖库营养状态评价，6座水库均为轻度富营养。

（撰稿：宋良红　审稿：衣学军）

地震综合防御

【概况】 2017年，烟台区域有感地震发生次数较往年明显偏多，震情形势较为紧张。烟台市地震局快速有效应对震情，震中区域生产生活持续平稳，全市没有出现地震谣传误传完成防震减灾各项工作任务。年底，烟台市地震局在全省防震减灾年度目标考核中再次被评为“先进单位”，并连续第三年被评为全国地震系统“先进单位”。

【震情及应对】 据烟台地震台网测定：2017年1—9月，烟台地区发生2级以上地震340次，3级以上地震46次。内陆最大地震为3月15日芝罘区（东经121.35度，北纬37.51度）的2.0级地震，海域最大地震为3月3日长岛附近海域（北纬38.07度，东经 120.78 度）的 4.5 级地震。

自 2017 年 2 月 14 日开始，长岛附近海域（区间范围：北纬 38 度至 38.16 度，东经 120.61 度至 121 度）持续发生有感震群，至 2017 年 9 月 30 日，记录到地震 2382 次，其中有感地震 46 次，显著有感地震 4 次，分别为 3 月 3 日 4.5 级地震、3 月 21 日 4.1 级地震、3 月 27 日 4.3 级地震、6 月 18 日 4.0 级地震。其中，最大一次为 3 月 3 日 4.5 级地震。省、市政府领导对此高度重视，副省长王随莲、市长张永霞等有关领导多次做出批示。震情发生后，烟台市地震局及时更新门户网站震情动态，通过热线电话、网上民声等渠道解答群众来电来信，解疑释惑，3 月 29 日在《烟台晚报》等主流媒体上对震情进行权威解读，防止谣传误传。为有效应对长岛震情，市政府召开会议做出安排部署。市地震局迅速贯彻落实会议精神，3 月 22 日下发《关于进一步加强地震监测工作的通知》，对震情应对和防震减灾各项工作进行部署，要求各县市区地震工作部门密切监视震情，长岛等重点县市区立即开展应急演练和房屋普查加固，抓好震灾防范，强化应急准备。5 月 4 日，省地震局党组书记、局长晁洪太到长岛考察调研。7 月 5 日中国地震局震情跟踪工作检查组到烟检查，对烟台工作给予肯定。

【地震台网建设】 年内，市地震局对全市 19 个强震台、16 个微震台和各县市区的地震台网中心完成巡检，全年维修排除各类故障 100 余处。新建烟台地震监测中心台钻孔体应变观测点、长岛大竹山岛测震台以及莱阳、蓬莱、长岛北长山、长岛砣矶岛 4 处重力墩观测点，获取莱山地震综合台规划建设选址意见书，对长岛测震台实行稳妥搬迁，对“国家预警与烈度台网”建设资料进行补充完善。全市观测设施运行稳定，观测数据连续、准确，烟台市地震局连续第五年获得全省地震信息网络评比第一名，获得全省防震减灾优秀成果一等奖。

【地震监测预报】 年内，市地震局监测到的地震无一缺报漏报，观测资料评比总成绩保持全省前两名。完善震情会商程序，对观测到的各类地震监测数据及时进行会商分析，为政府决策提供参考。

地震应急演练

【城乡抗震设防】 年内，市地震局将“建设工程抗震设防要求确定”和“地震观测环境保护范围内新建、改建、扩建建设工程项目审批”两项审批许可权力下放到县市区，实行属地管理。在开展地震安全性评价强制性评估管理工作方面，按照中国地震局《关于印发〈地震安全性评价管理办法（暂行）〉的通知》（中震防发〔2017〕10 号）文件精神，除国家重大建设工程之外，一般建筑工程不再进行地震安全性评价。对“蓬莱机场二期项目、烟台港区建设工程、环渤海高铁烟潍段工程”等需要开展地震安全性评价的全市重大工程建设项目，开展地震安全性评价服务，要求建设单位委托符合规定的单位或者机构进行地震安全性评价。全年全市有 10 个建设项目开展地震安全性评价，开发区完成区域化地震安全性评估。开展城乡地震安全示范工程创建，召开全市“农村民居抗震设防工作会议”，对相关工作进行安排部署，年内，招远市被评为“国家级防震减灾工作示范县”，蓬莱长裕社区被评为国家级地震安全示范社区，芝罘区凤凰台街道东台社区、海阳市方圆街道双阳社区、福山区清洋街道福惠社区被评为第六批省级地震安全示范社区，万华集团、玲珑轮胎还被评为省级地震安全示范企业。

【防震减灾宣传】 年内，市地震局开展地震科普“进机关、进校园、进社区、进农村、进企业、进家庭”活动，特别是“5.12”期间，在全市范围内开展“防震减灾宣传月”活动，市长张永霞作出批示，市政府召开专题会议进行部署，地震局与主流媒体联合举办“地震台市民开放日”“地震科普教育基地免费开放”和各类参观、讲座、演练等特色主题宣传活动 35 场次，电视、报纸、网站等 10 家媒体跟进报道。2017年长岛震情形势紧张，烟台市地震局及时在烟台晚报和部分网站发布相关权威解读，回应群众关切，迅速稳定舆情，没有出现谣传误传。市地震局出台《关于在全市中小学和驻烟高校开展防震避险安全教育活动的意见》，利用开学军训、课外活动等时机，对全市师生普遍进行校园防震避险教育培训。烟台市福山区门楼镇佑民中心小学地震科普馆、龙口市地震科普宣教基地、招远地震科普馆被命名为省级防震减灾科普宣教基地，烟台市福山区门楼镇佑民中心小学、龙口第一中学被命名为国家级地震科普示范学校，15所中小学被命名为省级地震科普示范学校，示范学校总数量在全省位列第二，增幅位列第一。

（撰稿：于苗　审稿：王鹏远）

社会科学

【理论研讨会】 2017年6月23日，市社联举办深入学习习近平总书记重要讲话报告会，邀请省社科联党组副书记、副主席周忠高作专题辅导报告。驻烟高校社科处长、县市区社科联主席、市各社科学会协会研究会秘书长及有关高校社科工作者参加会议、听取报告。11月6日，烟台市社科理论界学习贯彻党的十九大精神研讨会召开，邀请烟台市社科理论界部分专家学者和有关部门负责人，就学习贯彻党的十九大精神，特别是学习宣传研究习近平新时代中国特色社会主义思想进行研讨交流。

【山东社科论坛】 年内，山东社科论坛在烟台举办3次。6月23至25日，山东社科论坛——质量强省与品牌建设研讨会在山东工商学院举行。论坛采取主题报告、学术沙龙、实地考察相结合的方式，汇聚省内外实际工作部门、高校、党校、科研院所的领导专家，共同探讨“质量强省与品牌建设”这一主题。10月28日，山东社科论坛——山东仙境海岸康养旅游产业发展学术研讨会在龙口市召开。会议由烟台南山学院承办，来自首都经贸大学、燕山大学、曲阜师范大学、济南大学、滨州学院等省内外120余名专家学者，围绕仙境海岸康养旅游的内涵与产业发展、文化与发展路径、资源禀赋与开发研究等专题进行热烈研讨。11月12日，主题为“文化产业、语言经济与‘中国故事’”的2017山东社科论坛在鲁东大学举行。来自中共中央党校、厦门大学、中国社科院、南开大学、华东师范大学、西南大学、山东大学、中国海洋大学、山东师范大学等高校和《文学遗产》《民俗研究》等刊物编辑部的30多位专家学者，以“中国故事”为核心，以“文化产业”“语言经济”为推进措施，就“中国文化”的内核、坚持“文化自信”的途径、讲好“中国故事”的方法等核心问题进行学术交流。

【哲学社会科学课题规划】 年内，市社联组织专家学者从2016年确定的烟台市“一带一路”战略支点城市构建研究等58项重点课题中，精选烟台市“一带一路”战略支点城市构建研究、环渤海经济圈海洋高技术产业发展战略研究、全域旅游视角下的烟台城市旅游发展研究、烟台生态文明城市建设战略定位及实施路径研究等17项研究成果，编辑出版《烟台市哲学社会科学规划课题论文选编》（第二集），提供给市领导及有关部门参阅。9月6日，召开社科课题规划立项评审会议，围绕“烟台市全面深化供给侧结构性改革研究”“烟台市新旧动能转换研究”“烟台市振兴实体经济研究”“烟台市持续优化发展环境研究”“烟台市全面深化改革扩大开放研究”等重点选题，立项重点课题35项，一般课题137项。

【社会科学优秀成果奖评选】 年内，市社联举办烟台市第30次社科成果奖评选活动，评出获奖成果150项。其中，《中国共产党烟台画史》（第一卷1921–1949）等19项成果获得一等奖、《烟台市积极实施品牌扶贫打造产业扶贫升级版》等50项成果获得二等奖、《〈论十大关系〉与五大发展理念比较研究》等81项成果获得三等奖。在山东省第31次社科成果奖评选活动中，《民事法律的正当溯及既往问题》《当代中国特色教学流派的生成机制》两项成果获得一等奖，《新兴技术发展的潜在风险及技术治理问题研究》《传统情怀：现代三大思潮的共同情节》等9项成果获得二等奖，《食品安全规制效果及其影响因素分析》等11项成果获得三等奖，获奖档次和数量继续名列全省前茅。

【社会科学普及】 年内，市社科联主要负责人参加市委组织的十九大精神宣讲团，到海阳市和凤城街道办事处，开展宣讲工作。5月21日上午，在滨海广场举办以“树立崇德向善风尚、建设文明幸福家庭”为主题的社会科学普及周活动，驻烟高校和社科类学会、协会、研究会骨干，宣传社会科学知识，解释社会普遍关心的热点难点问题。《烟台社会科学》开设“科普之光”栏目，刊发《山东省社会科学普及条例》《“一带一路”打开“筑梦空间”》《马克思主义哲学之伟力》等文章。烟台社科信息网及时刊登社科界的重要学术活动、取得的重要成果，配合胶东在线开办社科栏目、发布社科信息。

（撰稿：李亮　审稿：孙文章）

责任编校：云　霞

教　育

综　述

【概况】2017年，烟台市有各级各类学校612所，幼儿园943所，在校生100.40万人，教职工9.12万人。其中，高校19所，在校生23.22万人，教职工1.54万人；中等职业学校32所（不含技工学校），在校生5.54万人，教职工0.58万人；普通高中48所，在校生8.86万人，教职工1.23万人；初中213所，在校生20.13万人，教职工2.48万人；小学291所，在校生26.41万人，教职工1.58万人；特教学校9所，在校生895人，教职工363人；幼儿园943所，在园幼儿16.15万人，教职工1.67万人。

2017年烟台市区公办小学、初中、高中基本情况表

表28

	学校数	在校生数	教职工数
小学	114	96574	6175
初中	49	54274	9142
高中	12	25179	

2017年烟台市民办中小学基本情况表

表29

	学校数	在校生数	教职工数
小学	4	16373	265
初中	15	23889	3916
高中	11	9611	

【教育综合改革】年内，全市所有中小学全面推进德育改革，举办全省中小学德育课程一体化推进工作观摩交流活动，得到省教育厅和各市教育局领导高度评价。《区域推进中小学德育课程一体化的实践研究》立项为省“十三五”规划课题，入围全省基础教育教学成果重点培育项目，评审立项德育专项课题251项。小学、初中、高中各学科均成立学科德育专家委员会，出台学科德育实施方案，组织培训骨干教师3000余人。《全面实施〈父母规〉家教工程 探索形成家庭教育的“莱州模式”》被评为全国中小学德育工作优秀案例。山东教育报对烟台市区域整体推进德育课程一体化改革做法予以专题报道。深化校长职级制和县管校聘改革，建立高中校长后备人才队伍，出台《中小学校长工作暂行规定》《中小学教职工代表大会暂行规定》等配套文件，形成较为完备的制度体系。推进“县管校聘”管理改革，制度化开展校长教师交流轮岗工作，1879名中小学校长和教师（其中校长115名）参与县域内轮岗交流，50名中小学教师赴长岛、栖霞、海阳、莱阳支教。蓬莱市被确定为全省首批12个中小学教师“县管校聘”管理改革示范区之一，在全国教师队伍建设工作会议上展示成果。推进招生考试制度改革，出台《烟台市2017年初中学业水平考试和高中阶段招生录取工作实施意见》等文件，合理确定并下达普通高中招生计划，有序组织录取工作。推进中考招生制度改革，构建分类考试、综合评价、多元录取的考试招生模式，基本形成科学合理的等级考试成绩呈现方式、较为完善的综合评价机制、公平规范的录取办法。加强体育艺术教育，实施义务教育学校音体美课程刚性化管理。成立由85名音乐骨干教师组成的烟台市教师合唱团。建设山东省校园足球试点城市，举办“市长杯”校园足球联赛，新增第三批国家

级足球特色学校35所、市级足球特色学校60所，全市国家级、市级足球特色学校分别达到67所、102所。以建设全国学生艺术素质测评实验区为契机，探索完善中小学生艺术测评的指标体系，该项工作走在全省前列。创新综合实践教育。确立“以学校课程为主体、社会大课堂补充、综合实践教育基地提升”的金字塔式课程体系，启动校内综合实践活动中心建设试点工作，承办中国教育学会教育管理分会的综合实践活动培训会，全市建立社会大课堂免费场馆131处，惠及全市600多所城乡中小学、50多万中小学生，首创“烟台市社会实践基地版图”，在全省率先开展中小学生研学旅行试点工作。争取彩票公益金1400万元，用于建设示范性教育基地。

【学前教育】 年内，全市开工建设幼儿园72处，新增学位10565个。集团化办园和“镇村一体化”办园模式全面推广，集团化办园惠及幼儿1.4万名；“镇村一体化”办园惠及幼儿1.5万名。全市学前三年幼儿入园率达到99.07%，比上年提高0.17个百分点，比全省高出14.2个百分点。省市示范性幼儿园327处，占比达到35.16%，比上年度提高0.76个百分点。

【特殊教育】 年内，市教育局实名登记全市适龄残疾儿童少年信息，掌握未入学适龄残疾少年儿童的数量和残疾程度。开展义务教育阶段残疾学生家访和入学动员工作，保障适龄残疾儿童少年接受义务教育的权利，全市义务教育阶段特殊儿童少年入学率提高到95%以上。规划全市第二期特殊教育提升计划项目库，包括新建特殊教育学校、特殊教育学校标准化建设、资源中心建设、资源教室建设等项目65个。组织全市特殊教育学校校长10人赴上海考察培训，组织全市特教学校及随班就读学校骨干教师160多人参加上海师范大学教育康复系组织的初级康复师培训。

【民办教育】 年内，市教育局加强对民办学校的审批与监管，完成对民办教育机构年检工作。北大附属实验学校烟台学校设学，烟台黄金职业学院增设5个新专业。市级非营利性民办学历学校教师养老保险与公办学校教师同等待遇试点获得突破，烟台市南山职业技术学校首批24名教师10月正式参加机关事业单位养老保险。

【教育扶贫】 年内，全市认定建档立卡困难家庭学生2977人，全部落实各项资助政策。为1201名贫困大学生办理生源地贷款。发放财政性资助政策资金2.8亿元，惠及学生10万余人次，实现从学前教育到高等教育全覆盖，全市没有1名学生因家庭经济困难而失学。开展首次“烟台名师巫山送教”对口扶贫工作，开展扶贫德州工作，选派15名中小学教师赴临沂支教，年内接受省外校长、骨干教师来烟挂职培训6批次91人。

【教师队伍建设】 年内，全市落实乡村教师支持计划，做好首批48名农村特级岗位教师聘任、考核、管理工作，补充481名音体美、信息技术、英语等农村师资短缺学科教师。做好各类拔尖人才选拔培养工作，启动烟台市教育领军人才培养工程，评选首批1000名市教坛新秀培养人选；42人获评2017年度正高级教师（讲师）资格，1人获市有突出贡献的中青年专家称号，22人获第九批省特级教师称号。完成全市中职教师职称过渡工作。创新教师补充工作，在部分县市区和市直部分专业试点开展“面试前置”，首次开展全市教育系统“组团式”校园招聘工作。加强师德建设，首次开展“烟台最美教师”评选活动，1人获得“齐鲁最美教师提名奖”，2人获得首届“山东省教书育人楷模”提名奖。开展治理教师有偿补课专项活动，通报处理5名参与有偿补习的在职教师。推进名师名校长名班主任建设工程，召开全市名师名校长建设工作推进会，举办全市中职学校名师名校长高级研修班、第三批烟台名师名校长人选高级研修班，在全省第二批齐鲁名师名校长（中等职业学校）建设工程人选评选中，烟台市11人被评为齐鲁名师人选、3人被评为齐鲁名校长人选，入选率居全省前列。组织全市4.6万余名中小学教师参加全省“互联网+教师专业发展”工程，在全省率先完成研修任务，成为山东省唯一一个研修完成率100%的地级市。举办市级各类教师、校长专题培训班29个，培训7250人次。评选“一师一优课”市级优秀课例3149节，推送省教师教育网平台课例2341节，其中，1104节被评为省级优课，数量位居全省第二。

【教育科研】 年内，市教育局对全市第二届教学成果奖获奖成果予以表彰奖励，召开第八届教育科研工作会议。启动“十三五”课题研究工作，立项国家级课题1项，省教育厅攻关项目1项，省级重大招标课题1项、规划课题31项，市级规划及专项课题790项。省级课题立项数量、通过率以及所涉及类别领域均居全省首位。《现代教育》《当代教育家》等报刊对烟台市教育科研成果与改革经验进行宣传推广。

【教育信息化】 年内，烟台市通过山东省教育信息化区域综合试点验收。加快推进教育装备综合改革试验区建

设，完善“烟台市教育视讯服务平台”，基本建成覆盖全市的区域网络视频教研体系，评选第二批数字校园示范校30所。在全省率先出台学校创客教育发展意见，举办全市首届校园创客节，参加人员近3万人。

【语言文字】 年内，长岛县、招远市、海阳市、龙口市通过国家三类城市语言文字评估。争取省专项资金15万元，对长岛县所有语文教师和海阳市、莱阳市、栖霞市骨干教师105人，进行为期4天的语言文字培训。拓展面向社会人员的普通话水平测试，率先在全省提出60个工作日发放证书，年测试超过8000人。开展经典诵写讲活动，与烟台电视台联合开展中小学生“我爱朗读”展示，拍摄并播出19期。组织开展全市中小学生读书系列活动，收集学生征文、书法等作品2000余件，推送200件参加省评选。

【图书发行】 年内，烟台市教育系统发行各类报刊173万份，假期生活指导66万份，地方教材115万册，培训中小学图书管理人员160多人。

【学校安全】 年内，全市开展“星级安全校园”和“星级学校食堂”创建活动，提升校园、食品、交通、消防等安全保障水平，人防、物防、技防相结合的校园安全防范体系日趋完善。规范校车管理，全市有取得校车使用许可的校车1089辆，每天服务乘车学生幼儿80925人。强化安全教育和演练，利用安全教育平台有针对性地对学生进行安全教育，争取中国教育学会支持，主办5期应急疏散演练实操专场培训，1200多名教师参加培训，烟台市成为山东省首个实现中小学幼儿园应急疏散演练专业人员全覆盖的地级市。在2017年全国安全教育实验区工作会议暨“国家级学校安全教育示范区”创建工作经验交流会作典型发言。纳入全国实验区统一考核的5项核心指标，烟台市“常态化教学、平台移动版激活、家校安全提醒”三项指标全国排名第一。

【招生考试】 年内，市教育局加强监考教师管理和考生诚信教育，全面落实考区、考点责任制，严抓考试综合环境治理，严肃考风考纪。完善初中后高职高师招生录取，优化预录取和退档办法，提高录取率和报到率。多渠道、全方位开展服务工作，实行上门服务，为考生提供温馨的考试环境。全年组织教育考试18次，参考人次为134万，考试规模不断扩大，考试组织严密，管理严格，多项工作在全省会议典型交流发言。

基础教育

【概况】 年内，全市推进“互联网+”课堂教学改革，被立项为省级规划课题。加强家庭教育，与媒体合作《父母学堂》《家长学校》，举办公益讲座40余场，受众3万余人。召开普通高中教学工作会议，推进普通高中特色办学。高考成绩有新提高，无论是一本升学率，还是清华北大、211、985等重点大学升学率等指标在全省占有明显优势。

【教育督导】 年内，芝罘区、莱阳市通过国家义务教育发展基本均衡县复查，各县市区校际差异系数缩小。福山区、莱阳市、蓬莱市、龙口市、招远市通过全国中小学责任督学挂牌督导创新县网上审查，全省23个县市区通过网审，烟台市占5个，数量居全省第一。先后组织开展义务教育学校综合督导检查、教育经费、幼儿园办园行为等督导检查活动8次，覆盖200个学校，召开座谈会50余场。

【解决大班额】 年内，全市解决大班额工作累计完成投资53亿元，开工学校196所，增加教职工6001人，分别完成总规划的101%、100%、122%。

【全面改薄】 年内，全市全面改薄累计完成投资21.9亿元，开工校舍96.8万平方米、运动场地133处，购买教学仪器设备价值4.28亿元，分别完成规划任务的105%、114%、100%和112%。

【教育经费保障】 2017年，全市各级财政累计拨付义务教育经费保障机制改革资金17.8亿元，安排进城务工子女补助公用经费5671万元，免费提供教科书资金6799万元，惠及学生46.53万人。争取各项教育发展资金，累计争取各项资金5.51亿元，在全省同类城市名列前茅。

职业教育

【概况】 年内，市教育局围绕职业教育内涵建设，深化教育教学改革，提升职业教育办学水平和质量。中职毕业生就业率达到96%以上，为社会培养输送技术技能人才3万余人，向社会提供技能培训14万人次。开设“鲁花班”“舒朗班”“奔驰班”等各种冠名班，实现人才订单培养。对上争取职业教育立项数量居全省前列，其中第二批山东省示范性中职学校、第三批山东省现代学徒制试点、省级骨干职业教育集团项目数量均居全省第一，争取省级项目资金7125万元，比上年度增加2050万元。烟台职业学院与德国手工业行会联手举办中德合作班，成立山东省唯一一家“德国手工业行会培训考试认证基地”。

【技能竞赛】 年内，市教育局联合四部门举办全市中等职业学校技能大赛，参加国赛、省赛总成绩居全省前茅，春季高考保持稳定的考生规模，本科过线率达到30%以上，保持全省前列。组织全市职业学校商业计划书大赛，选拔选手参加全国百特青年创业大奖赛获得冠军。组织首届中等职业学校班主任基本功大赛，参加全省职业学校班主任基本功大赛成绩排名全省第一。参加全省职业学校文明风采竞赛成绩名列前茅，获省组织工作贡献奖。

高等教育

【概况】 2017年11月30日，教育部正式批复省政府，同意筹建烟台格罗宁根大学，市教育局协调推进各项筹建工作。做好发展高等教育顶层设计，会同市政协进行专题调研，形成高水平的调研报告。会同市科技局制定《关于推进校所城产融合发展的实施意见》，经市长办公会审议。

（撰稿：高磊　审稿：宋守杰）

【海军航空大学】 成立于2017年7月21日，由海军航空工程学院、海军航空兵学院合并组建。海军航空工程学院、海军航空兵学院均为新中国成立后首批组建的军队院校，孕育海军航空兵和岸防兵两大兵种。

原海军航空工程学院：1950年8月由第四野战军后勤部二部、东北军区炮兵第六师和西南军区特纵炮兵十团改编组建，校址青岛，时名为“海军海岸炮兵学校”，先后经历海军炮兵学校、海军高级专科学校、第三海军学校、海军第二炮兵学校、海军第二炮兵学院、海军航空工程学院6次更名。院址先后迁至山东省烟台市、江苏省南京市、辽宁省锦西县，1986年6月，回迁至山东省烟台市原址，学院编制等级为副军级。1992年8月，海军航空技术专科学校并入学院，为学院分院（驻青岛），后更名为青岛校区。2001年、2010年两次被授予“全军教学优秀单位”。2012年6月，海军航空训练基地转隶学院管理领导。海军航空工程学院主要承担初级指挥军官和海军飞行学员学历教育任务，同时担负航空航天工程领域各级各类人才培（轮）训任务及外训任务，是全军最早的学历教育院校之一。

原海军航空兵学院：成立于1950年11月，驻地山东省青岛市沧口机场，时名为“海军第一航空学校”，先后经历海军航空学校、海军第一航空学校、海军航空学校、海军飞行学院、海军航空兵学院5次更名。学校校部先后迁至山东省潍县、辽宁省锦西县、山西省长治市，1990年7月回迁至辽宁省葫芦岛市（锦西）。2011年6月，舰载机综合试验训练基地、海军航空兵训练基地归属海军飞行学院。2012年3月，正式更名为海军航空兵学院，编制等级为副军级。海军航空兵学院主要担负海军航空兵中级指挥军官、岸基舰基飞行军官、作战训练参谋军官、反潜预警空中战勤军官等培养任务；担负陆地、海上跳伞训练任务，是海军航空兵战斗力建设的重要源头。

海军航空大学为副军级，机关设参谋部（正师级）、政治工作部（正师级）、保障部（副师级），机关内设处（室）21个，实行“部—处”体制。大学本部位山东省烟台市，下辖航空基础学院（正师级）、航空作战勤务学院（副师级）和岸防兵学院（副师级）、青岛校区（正师级）、第一飞行训练基地（正师级）、第二飞行训练基地（正师级）、第三飞行训练基地（正师级）、航空保障专业兵训练基地（副师级）、海军模拟飞行训练中心（正团级），分驻6省10市12片区。

海军航空大学主要承担航空飞行与指挥、岸防导弹技术与指挥、空中战勤、航空救生、航空管制、地面领航、部队组训管理、无人机运用与指挥、航空勤务技术与指挥、舰载机起降保障与指挥、导航技术与指挥、航空反潜技术与指挥、岛礁守备分队指挥等13个专业生长军官高等教育任务，同时承担生长军官任职培训、现职军官基本培训、现职军官辅助培训、研究生教育、士官职业技术教

2017年7月21日，中国人民解放军海军航空大学成立大会召开（摄影：张超）

育、士官升级培训、预选士官培训、文职人员培训、外国留学生培训等任务，另承担现职军官轮训，非全日制现职军官研究生培养，优秀士兵保送入学培训，新兵入伍训练，直招士官岗前培训，士官、文职人员轮训，预编预备役人员培训任务。

（撰稿：冯汉忠　审稿：朱兴动）

【烟台大学】创建于1984年7月，由北大、清华共同援建的山东省属重点综合性大学。是山东省名校工程首批立项建设单位和服务国家特殊需求博士人才培养项目高校。有博士生、硕士生、本专科生招生资格及相应学位授予权。学校占地面积140公顷，建筑面积93.5万平方米，教学仪器设备总值3.17亿元。图书馆总面积4.38万平方米，馆藏印刷型图书194万余册、报刊合订本26万余册，电子图书174万余种，电子期刊1.9万种。设有21个学院（部），46个研究院所，有1个“服务国家特殊需求博士人才培养项目”，16个硕士学位授权一级学科，7个硕士专业学位授权类别，涵盖142个硕士招生专业（领域），62个本科专业。全日制在校生2.9万余人。专任教师近1300人，其中具有副高级以上专业技术职务人员608人，具有博士学位的518人。有中国工程院院士1人，“首届全国百名教学名师”、“新世纪百千万人才工程”国家级人选、国家“千人计划”人选、国家“万人计划”哲学社会科学领军人才、泰山学者特聘教授、泰山学者海外特聘专家等70余人。近300名国内外知名学者担任客座教授和兼职教授，聘请兼职院士13人。入选教育部“卓越工程师教育培养计划”和“卓越法律人才教育培养计划”。药学实验中心为国家级实验教学示范中心，工程力学实验中心为国家级首批虚拟仿真实验教学中心。有4个国家级特色专业，3门国家级精品课和双语教学示范课程建设项目，1门国家级精品资源共享课，1个国家级教学团队。有2个国家技术转移中心，1个教育部重点实验室，1个国家民委民族理论政策研究基地，1个国家知识产权培训基地。7个省级重点学科，1个省高等学校协同创新中心，7个省级重点实验室，1个省人大常委会地方立法研究服务基地，1个省理论建设工程重点研究基地，2个省高校人文社科研究基地，1个省民族问题研究中心，7个省级工程技术研究中心，1个省泰山学者种业人才团队支撑计划，1个省高校优秀科研创新团队，1个省国际（港澳台）科技合作平台，1个省级研究院，1个省软科学研究基地，1个省级大学科技园。与26个国家和地区的115所院校和学术机构建立友好合作关系。是全国首批获准接收外国留学生及可以邀请外国文教专家的院校之一。

人才培养。召开第九届教学工作会议。4人获省高校青年教师教学比赛二等奖，学校获优秀组织奖。任万忠团队获评省黄大年式教师团队。获批第八届高等教育省级教学成果奖一等奖5项、二等奖9项。16篇论文获得省级优秀学士学位论文。实施“创新攀登”工程，学生参与学科竞赛获7项国际级、136项国家级奖励，获批国家级大学生创新创业训练计划项目16项，大学生创业孵化基地新增企业27家，学校获省“挑战杯”大学生课外学术科技作品竞赛优秀组织奖。2017届毕业生总体就业率96.32%，本科生考研率21.66%。本科与研究生生源质量持续向好。首批博士研究生顺利获得博士学位。完成新一轮硕士学位授权点申报工作。获批省研究生教育优质课程项目1项、专业学位研究生教学案例库建设项目及研究生教育联合培养基地建设项目各2项，研究生导师能力提升计划项目7项。新增9所友好学校，招收各类留学生436人。增设3个函授站（点）。

学科建设与科研。获批2017–2023年博士学位授予立项建设单位。实施学科特区计划，遴选药学等10个学科分层次重点建设，明确中期考核及期满验收目标。化学ESI潜力值达0.99，工程学达0.97，药理学与毒理学达0.71。在2017软科世界一流学科排名中，数学学科位列全省高

2017年10月20日，烟台大学与烟台市台海集团有限公司合作签约仪式在烟台大学举行

校第三、全国高校第61，进入全球前500名。李小鹏人才团队入选省引进顶尖人才“一事一议”人才项目，有望实现省“一流学科”的突破。获批省部级以上科研项目105项，全年科研总经费6021.726万元，其中基于海洋高端装备的大数据与智能制造技术服务平台项目获得国家海洋局2016年战略性新兴产业发展资金1200万元；SCI、EI等收录论文330篇；立项横向课题77项，授权发明专利46项。获高等学校科学研究优秀成果奖（科学技术）2项、省级科技进步奖3项。立项建设的省高校第一批协同创新中心考核结果优秀；获批第二批立项建设和培育建设协同创新中心各1个。国家民委民族理论政策研究基地（烟台大学）与2个省工程技术研究中心通过验收。国家知识产权培训（山东）基地通过第二轮动态评估。获批5个省“十三五”高校重点实验室、2个人文社科基地。学报（哲学社会科学版）再次入选CSSCI来源期刊（2017-2018）。获首届中国高校科技成果交易会“优秀展示奖”“最佳路演奖”。

师资队伍建设。调整出台新的人才引进政策，对人才的吸引力和凝聚力进一步增强。引进博士研究生或副高以上职称人员108人，全职引进国家“千人计划”领军人才团队1个。专任教师中具有博士学位的占比达46.05%。“152”人才工程审议通过第二、第三层次人选20人。入选泰山学者特聘专家2人、享受国务院政府津贴人员1人、烟台市“双百计划”专家4人，新增二级教授2人。完成第二轮岗位竞聘和职称评审工作。

服务地方。调整成立服务地方办公室，主动聚焦烟台和胶东半岛区域经济社会发展需求。与台海集团合作成立烟台大学核装备与核工程学院和台海集团烟台大学核装备与核工程技术研究院，助力烟台打造中国核技术及装备制造自主创新集成基地。黄金工程技术研究中心与中国黄金集团长春黄金研究院达成合作协议并列入烟台市中国制造2025规划重点项目。药学院产学研一体、校企联合办学的高等教育改革新模式作为典型案例呈送国务院。

（撰稿：赵海峰　审稿：张仁旭）

【烟台大学文经学院】 创办于2003年，是教育部批准成立的全日制本科层次普通综合类高校、首批确认的独立学院。学院2015年当选全国独立学院协作会常任理事。

学院位于烟台市莱山，校园占地面积42公顷，建成教学楼、宿舍楼、餐厅等设施建筑面积23万平方米；拥有多媒体教室、大型计算机网络教室、语音室等现代化的教学基础设施；有通讯原理综合开放实验、电子创新实验室、机电综合创新实验室、数字全媒体创作实训中心、综合模拟实验室等实验场所；有标准体育场和网球场、排球场、篮球场等各种体育设施4万余平方米。在校学生13344人。

学院设30个本科专业、11个专科专业。2018年新设食品营养与检测专科专业。学院有师资636人，由自有专职教师、烟台大学教师、社会聘请教师三部分组成，其中具有教授、副教授职称的占35.2%，博士、硕士学位的约占87%，全国优秀教师1人，省级教学名师4人。

全院组建社会实践团队152支，2支队伍获得团中央立项。新闻头条队实践团获2017年全国大学生“一带一路”暑期社会实践专项行动优秀团队奖，5支队伍获评山东省大中专学生志愿者暑期文化科技卫生“三下乡”社会实践重点团队。院团委荣获2016年度“山东省先进团委”称号。学院慈善义工管理中心获“先进慈善义工管理中心”称号。学院青年志愿者协会荣获山东省“百佳社团”荣誉称号。2017年组织326名学生无偿献血，献血量达128300毫升。学院团委首次承办共青团山东省委组织的“山东省大学生舞蹈大赛”获得成功，学院参赛作品获得团体和个人一等奖各1项。

师资力量。年内引进专职教师26人，实验员4名，辅导员等管理人员5人。贯彻“1621”师资队伍建设思路，信息工程系5个本科专业，16门课实现双师教学课程。完成本年度外派6名教师参加企业实践的考核工作。组织6名教师参加全省普通本科高校青年教师教学能力提升省级示范性培训。全年评审聘任副教授7人、讲师33人、高级实验师1人、实验师2人、研究馆员1人，图书馆员2人。

教学工作。继续探索“基于职业胜任力目标导向的应用型人才培养模式改革”，完成2017版人才培养方案修订工作。年内获批商务英语和人力资源管理2个本科新增专业。申报建筑学本科专业和食品营养与检测专科正待审批。将具有人文素养共性的课程相互融通，融通共享课程达13门；信息技术专业群打通学科基础课共9门，确立重点建设的8门专业核心课；经济管理专业群建设VBSE实验室。继续实施《高等数学》专科分级、本科菜单式分级教学，公共外语教学实施“菜单式”教学改革，减少公共英语必修学分，各专业根据自身专业培养需要选修“综合大学英语”。引进“创新创业”“大学生心理健康教育”《国学智慧》3门慕课资源。

教学改革。工科专业实践教学比例全部超过30%，文科超过20%；增设“创新创业”公共必修课。在第七学期下半学期分别针对考研、创业、就业的学生采取“分流教学”。实施学生“1+4”职业胜任力素质拓展提升计划。继续倡导校本教研，以教研促教改。教务部申报的《基于职业胜任力目标导向的应用型人才培养模式改革研究》项目、基础教学部申报的《独立学院大学数学课程体系的改革与实践》项目，均获山东省本科高校教学改革研究项目立项。《基于职业胜任力目标导向的应用型人才培养模式改革研究》项目，为山东省独立学院中唯一获得重点资助的项目。组织完成17项教改项目验收结题工作和55项教改项目的中期检查工作。

教学督导评价工作。对实践教学指标体系及学年各系（部）教学工作评价指标体系进行修改，出版《科研简讯》10期，“烟台大学文经学院学报”1期。

校企合作、专业共建工作。2017年行业专家进课堂人数54人，同比增长25.58%，高级行业专家比例有所提升。新建教学实习基地23个。

科研工作。申报国家级、省部级、市厅级社科、科技项目13类81项，38项获准立项，立项率为46.9%。新增可申报项目2类，申报3项，立项2项；首次获批山东省社科规划项目（旅游专项1项、互联网专项1项）；获评烟台市第十六届自然科学优秀学术论文6篇。学院教师本年度共发表论文62篇，其中北京大学中文核心期刊检索15篇，SCI收录2篇；出版教材3部，编著2部。获发明专利2项。

学生工作。年内，招生计划4570人，实际录取4580人，较2016年实际录取人数增加290人，本专科均一志愿全部录满，普通本科文理各超出本科控制线4分和9分，专科文理平均录取线300分，高出分数线130多分。加强学生学费收缴工作，本年度学费收缴率约为99.62%。学院全年举办40余场专场招聘会，吸引300余家用人单位来校招聘，提供各类就业岗位10000余个。2017届毕业生实际就业率为57.28%，较上年同期增长3个百分点。创新创业工作有突破。有110个团队440人报名参加第三届中国大学生“互联网+”创新创业大赛，选拔6支团队参加山东省省赛，获得铜奖三个。国际教育交流工作取得突破性进展。成立“烟台大学文经学院国际教育交流学院”，中德合作项目获教育部批准，为全国独立学院唯一一项，第一年50个招生计划完成。完成学院首批6名2015级专升本留学生学位授予工作。接收19名2017级韩国春季短期交流生和30名2017级韩国暑期研修班学生。选拔43名学生赴韩国交换学习，6名赴韩国佛光大学和修平科技大学交换学习。继续教育工作获得省教育厅好评，自学考试工作在山东省首次教学评估中被评为优秀。重视学生心理健康教育，拓宽问题解决渠道。与烟台精神康复医院签订友好合作协议。成立心理健康教育工作领导小组和心理危机干预工作领导小组，制定实施《大学生心理危机干预暂行办法》。

年内，学院有218名同学考取各大院校研究生，102人成功专升本。参加省级以上学科竞赛，获得国家一等奖12项、国家二等奖59项、国家三等奖121项、国家优胜奖1项、省特等奖47项、省一等奖19项、省二等奖22项、省三等奖39项、省优秀奖1项、省优胜奖1项、完成作品奖1项，合计奖励283项。

（撰稿：林筱　审稿：史毅）

【鲁东大学】 是山东省省属综合性大学，1930年始建于莱阳，2006年更名为鲁东大学。学校占地215公顷，校舍建筑面积103万平方米。设有22个学院、74个研究院、84个本科专业，有1个博士后科研流动站、1个博士点、17个一级学科硕士点和5个独立二级学科硕士点（共计93个二级学科硕士点）；有11个专业学位硕士点，含28个招生专业（领域）。拥有国家级特色专业、国家级综合改革试点专业、省级品牌特色专业21个，拥有1个国家级实验教学示范中心、3个省级实验教学示范中心，9个省级重点学科，16个省部级重点实验室、工程技术研究中心、协同创新中心和人文社科研究基地。在校生3万余人。专任教师1488人，其中正高级专业技术人员184人、副高级专业技术人员496人，具有博士学位的教师790人，国家“万人计划”哲学社会科学领军人才、国家杰出青年科学基金获得者、国家百千万人才工程人选人员、青年千人计划、中科院“百人计划”入选者、“泰山学者”特聘教授等50余人。

人才工作。培养引进青年千人计划、中科院百人计划等省级以上人才工程人选5人，引进博士教师86人，学校博士教师总数达到790名，占专任教师总数的53.1%。充实管理人员队伍，新进辅导员和管理人员48人。柔性引进高层次人才4人。全面修订人才工作政策，实施校内高层次人才特殊补贴，制定《教师享受突出绩效奖励管理办法》《教职工进修管理办法》等文件，修订完善专业技术职务评聘办法。

学科建设。坚持以学科建设为龙头，围绕经济社会发展需求，特别是山东省新旧动能转换和“双一流”建设要求，制定《学科专业发展引导规划（2017—2025年）》，明确今后一段时期学科专业建设的总体思路、目标任务和工作举措。制定《ESI工程学学科建设成果奖励暂行办法》，主要ESI学科发展潜力值均有不同程度

2017 年 11 月 20 日，鲁东大学荣成海洋产业技术研究院揭牌仪式举行

提升，其中工程学发展潜力值增长到 1.014。实施学位点建设标准化工程，加强学位点建设，入选省立项建设博士学位授予单位，新增硕士学位授权点数量位居全省高校第二名。推进博士人才培养项目建设，做好期满验收准备工作。

人才培养。深化人才培养与学分制改革，加强专业与课程建设，重点建设省立项专业群 8 个、学校立项专业群 2 个，1 门课程被省教育厅推荐参加全国精品在线开放课程评审。培育高水平教学团队，获批省高校黄大年式教师团队 1 个。承办第五届省师范类高校学生从业技能大赛，学生获奖 35 项，其中一等奖 13 项，一等奖获奖率位列参赛高校第三。研究生培养方面，实施研究生教育质量提升计划，开展以课程建设为核心的研究生教学改革。立项省研究生教育质量提升计划等项目 15 项，获批省研究生教育联合培养基地 2 个，获省专业学位研究生优秀实践成果奖 2 项。承办第二届全国全日制教育硕士学科教学（数学）技能大赛，获奖 14 项。

科研工作。深化科技体制改革，制定《关于深化科技体制改革加快创新发展的实施意见》《科研项目管理暂行办法》《科技成果转移转化管理暂行办法》《知识产权管理暂行办法》《学科型公司管理暂行办法》等系列文件，推动科研工作可持续发展。立项国家级科研项目 42 项，其中国家自然基金重点项目 1 项、国家重点研发计划课题 1 项；立项省部级项目 103 项，其中省农业重大应用技术创新项目 1 项。获得科研经费 5094.3 万元，较上年增长 51.8%。获省部级科研奖励 13 项，其中省社会科学优秀成果一等奖 1 项，2 名教师分获省社会科学突出贡献奖、学科新秀奖。获批省“十三五”高校重点实验室 6 个、人文社会科学研究平台 2 个、省协同创新中心 2 个。国家语委汉语辞书研究中心通过教育部语信司期满考核验收，续签第三期建设协议。

服务地方。促进科技成果转化与创新驱动需求对接，获批省级科技成果转移转化服务机构，服务区域经济社会发展能力明显增强。参与国家海洋战略实施，成为国家海洋工程标准化技术委员会成员单位。科技服务地域拓展至东营、滨州、临沂等地，与威海、荣成、无棣等市县签订战略合作协议，与企业签订技术合同 44 项，合同金额 3000 余万元，促进地方新旧动能转换和企业转型升级。加大“第一书记”帮包村帮扶工作力度，实施对口帮扶重点乡镇行动计划，组织专家团队 50 余人次赴临沂、聊城等地，围绕农副产品新品种选育推广、乡村旅游规划等方面开展对口帮扶。服务新旧动能转换，与荣成市共建海洋产业技术研究院，与山东益生种畜禽股份有限公司共建实验室，与山东国兴智能科技有限公司共建特种机器人研发中心，与中科院生态环境研究中心、山东省海洋资源与环境研究院、烟台天源水产等共建“滨海生态环境保护与修复山东省协同创新中心”。学校连续九年荣获“烟台发展突出贡献单位”称号。

创新创业教育。深化创新创业教育改革，制定《创新创业“育苗工程”实施方案》《创新创业教育课程建设方案》等 8 个文件。与省科技厅签订《关于共建大学生创新创业孵化基地的合作协议》，共建国家级科技企业孵化器或众创空间。获批教育部“大学生创新创业训练计划项目”257 项。学生获国际、国家级竞赛奖励 462 人次，获省级竞赛奖 1735 人次，其中在第三届山东省“互联网 +”大学生创新创业大赛上获 5 项金奖，位列全省高校第 1 名。承办第十五届山东省“挑战杯”大赛和第四届山东省大学生科技创新大赛，获优秀组织奖，其中在“挑战杯”大赛上获特等奖 6 项、一等奖 2 项，总分位居省属高校第二名，连续三年获得大赛“优胜杯”；在科技创新大赛上获一等奖 6 项。学校被评为“2017 年度全国创新创业典型经验高校 50 强”和“全国高校实践育人创新创业基地”，代表山东高校参加全国高校创新创业教育成果展。

综合改革。编制《深化综合改革实施方案》，推进七个重点领域的 45 个改革项目，完成 40 项，制定文

件 66 个，省教育厅工作简报刊发该校综合改革典型经验 4 期。制定实施《关键发展绩效成果奖励办法》《二级单位目标任务考核奖励办法》等 18 个文件，建立实施以学校发展绩效为导向、以人事制度改革为核心、以“管办评保”分离为原则的二级单位发展绩效考核奖励制度。

交流合作。国际化办学取得新成效，印发《参与“一带一路”建设实施方案》，拓展国际化办学空间。与俄罗斯、西班牙、韩国的 4 所高校建立友好合作关系，国外友好高校和教育机构总数达 97 个。派出 13 名教师出国访学，160 余名学生出国留学。中外合作办学机构蔚山船舶与海洋学院通过教育部评估。东北亚研究院获批教育部国别和区域研究中心。获得第九届全国中外合作办学年会承办资格。与港澳台高校学术交流更加密切，与 3 所台湾高校签订学术交流合作协议，组织 11 批次 62 名师生赴港澳台高校开展学术交流。学校获得面向港澳台地区招收本科生资格。

办学条件。拓宽收入渠道，学校收入持续增长，实现总收入 7.04 亿元，较上年增长 12.16%。推进校园周边土地征用工作，新增可利用土地面积 8.8 公顷。国际教育学院教学楼接建工程等项目竣工，北区学生餐厅完成主体工程。教学科研条件得到较大改善，完成招标采购项目 82 项，固定资产增加 3.1 万台件、价值 4 亿元，固定资产总值达到 18.65 亿元，其中教学科研仪器设备总值达到 3.5 亿元。

（撰稿：田其珍　审稿：姜茂徐）

【山东工商学院】 原名中国煤炭经济学院，始建于 1985 年 12 月。设 17 个二级学院，5 个研究院，15 个科学研究院（中心、所）。教职工 1189 人，其中专任教师 800 人。专任教师中教授 113 人，副教授 260 人，博士学位 328 人。全日制在校生 21000 余人。学校以经济、管理学科为主，兼有文、法、理、工等 6 个学科门类，管理学、经济学为中国大学百强学科。设有 57 个本科专业，5 个一级学科硕士学位授权点，4 个专业学位授权类别，7 个省级重点学科，省级精品课程 47 门，省级教学团队 7 个，6 个高水平应用型建设专业（群）。学校是博士学位授予培育建设单位、山东省应用型人才培养特色名校立项建设单位。

教育教学工作。获批山东省高校教学改革项目 4 项。新增金融工程和质量管理工程 2 个本科专业。获批山东省高水平应用型立项建设专业（群）2 个、自筹经费立项建设的高水平应用型专业（群）2 个。获第八届高等教育教学成果奖 8 项。

学科建设和科学研究。新增公共管理 1 个一级学科硕士学位授权点和金融、应用统计 2 个硕士专业学位类别。3 个一级学科硕士学位授权点通过专项评估。学校一级学科硕士学位点和专业学位授权类别共 9 个，覆盖经济学、管理学、工学门类。

获批国家“两金”项目 13 项、省（部）级项目 65 项、厅（局）级项目 18 项。发表论文 202 篇，被国际四大检索等收录 118 篇。出版专著（译著、教材）63 部。授权国家专利 25 项。获各类科研成果奖励 42 项。“未来智能计算协同创新中心”获批“山东省高等学校协同创新中心”，“山东能源经济协同创新中心”由培育转为立项建设。获批“十三五”山东省高等学校科研创新平台 6 个（4 个重点实验室、1 个人文社会科学研究基地和 1 个新型智库）。

师资队伍建设。引进博士 29 人，实施“凤凰人才”工程，“凤凰人才”54 人。享有国务院政府特殊津贴 2 人，山东省高校十大师德标兵 1 人，山东省高校教学名师 2 人，获批烟台市有突出贡献的中青年专家 2 人。

学生教育管理。获评山东省红旗团委、全国煤炭行业五四红旗团委、全国社会实践优秀单位等荣誉称号，获全国学校共青团优秀研究成果特等奖，承办全国高校“第二课堂成绩单”制度建设会议。获第十五届“挑战杯”课外学术作品竞赛国家级三等奖、省特等奖等奖项。录取新生 5472 人，毕业生 5121 人，总体就业率 95%。

对外合作交流。与中国工商银行签署银校战略合作协议。与烟台市人大常委续签地方立法基地合作协议。与烟台市质量技术监督局、烟台市物价局、浪潮通用软件有限公司等单位签订合作协议。新增国际合作院校 6 个。成立河北邢台校友会和校友会律师分会筹备组。

（撰稿：胡淑芳　审稿：吴现波）

【滨州医学院】 是山东省应用型人才培养特色名校，有烟台、滨州 2 个校区和 2 所直属附属医院，占地 108 公顷。有 30 个本科专业、6 个硕士学位授权一级学科、39 个二级学科、5 个硕士专业学位授权点，有全日制在校生 16200 余人，专任教师 1098 人。

2017 年 5 月，临床医学学科首次进入 ESI 全球排名前 1%。11 月，学校被确定为博士学位授予立项建设单位。12 月，滨州医学院胡雪梅、谢书阳、杨晓勇、Jonas Bergquist、Stefano Gastaldello 等 5 位教授入选泰山学者特聘专家。12 月，“精准医学研究教师团队”入选首批“全国高校黄大年式教师团队”。12 月 27 日，第四次党代会召开，选举产生第四届党委和新一届纪委，确立建设优势突出、特色鲜明高水平医科大学的战略目标，提出新阶段“1345”的办学方略和目标任务。

教育教学。完成2016版人才培养方案论证，获批学分制改革试点；完成《山东省高等学校中医临床教学基地教学工作水平评估指标体系与标准》的制定并正式发布；获山东省高等教育教学成果奖9项，全国大学生市场调查与分析大赛、统计建模大赛一等奖。

学科建设与科研工作。新增硕士学位授权一级学科3个；与山东大学合作建设“临床医学博士研究生协同培养基地”。强化科学研究，立项国家重点研发计划项目1项、国家自然科学基金22项，获批山东省高校协同创新中心、高校重点实验室、人文社会科学研究平台5个。获山东省青年科技奖1项、优秀科技工作者1人。

人才队伍建设。获评国批文教类高端外国专家项目1项；引进瑞典皇家科学院院士2人；获国务院特贴专家1人，山东省青年五四奖章1人。

校内管理体制改革。完善校院（系）两级管理体制，修订经费审批权限管理规定。创新医院管理模式，推进两所直属附属医院法人治理结构建设工作，组建新的理事会、监事会。

学生工作。强化创新创业教育，获国家级大学生创新创业训练计划项目55项；毕业生总体就业率95.09%。推进学生素质拓展，“E梦园”工作室获评全国学校共青团优秀新媒体专业工作室，入选共青团中央“青年之声”建设工作典型；获2016年度“山东省红旗团委”称号。

开放合作办学与社会服务。对外交流与合作实现新拓展，成立“芬兰引才引智工作站”“卡累利阿应用科技大学康复学科协同发展中心”。推进社会服务工作，开展“健康德州”建设战略合作项目；与愉悦家纺合作成立愉悦睡眠健康研究中心。滨州附属医院入选山东省卫生与健康新技术培训基地5个，获全国“卫生计生系统先进集体”“改善医疗服务示范医院”等荣誉称号。烟台附属医院正式纳入省级财政部门预算管理；成立以烟台附属医院为核心、19所医疗机构为成员单位的医疗联合体；开展“春风行动”精准医疗扶贫活动。

（撰稿：王志远　审稿：颜廷海）

【中国农业大学烟台研究院】是教育部批复设立的中国农业大学设在山东的教育科研机构，中国农业大学的二级单位。设人文学院、理工学院、商学院、海洋学院、食品与葡萄酒学院5个学院，开设公共事业管理、市场营销、设施农业科学与工程、水产养殖学4个本科专业。拥有小麦玉米国家工程实验室烟台实验站（国家级）、食用菌育种实验室、山东省农业废弃物高效利用技术研究推广中心、海洋水产科学技术研究开发中心、食品与葡萄酒工程研发中心、农业物联网与大数据研究中心和农业文化研究中心等7个研究实验机构。采取“1+3”培养模式，即第一年在北京校本部学习，后三年在烟台校区学习。2017年11月30日，教育部下发《教育部关于批准筹备设立烟台格罗宁根大学的函》，批准中国农业大学与荷兰格罗宁根大学在烟台市筹备设立烟台格罗宁根大学，烟台格罗宁根大学正式获批筹建。

招生工作。2017年烟台研究院计划招生360人，实际录取360人。其中，理工类230人，文史类130人，均为山东生源。院校一志愿率100%，报到率98.89%。至年底，本科在校生总数1302人（含驻京356人）。

教学工作。全年安排本科开课338门次，完成教学工作量1.3万个标准学时。2017年，选派3名教师参加由教育部、财政部联合举办的2017年度职业院校教师国家级培训；选派13名教师参加由山东省教育厅举办的2017年度职业院校教师省级培训。组织烟台研究院第五届教育教学软件应用大赛。评选出2016—2017学年优秀教师19人。完成3项教研课题、2项课程建设项目立项。

2017年批准立项本科生科研训练计划（URP）项目76项，结题验收84个项目，评选13个优秀项目。举办烟台研究院第七届大学生科技论文大赛和第十届大学生基本技能大赛。在第十九届全国大学生英语竞赛中获特等奖1项、二等奖2项、三等奖5项、优秀指导教师奖1项、优秀组织奖1项，烟台研究院被授予“优秀组织单位”称号。在“龙正杯”第五届全国大学生农业建筑环境与能源工程相关专业创新设计竞赛中，选派的三支队伍获得两个一等奖和一个二等奖。大学英语四、六级考试中，1216学生人次参加，通过率为30.8%和27%。组织2017届毕业生共68篇毕业设计被评为优秀毕业设计，13名教师被评为优秀毕业设计指导教师。

就业与深造。2017级本科毕业生272人，就业率为98.16%。其中，升研127人、出国9人，升研率45.22%，深造率50%，2014届62名本科生获得推免资格，推免率21.23%，为历年最高，其中45人分别被清华大学、浙江大学、复旦大学等“985、211大学”录取，4人被中国科学院大学录取，1人被中国农科院录取。签约西藏1人，考取公务员3人、选调生4人。

学生教育与管理工作。2017年，组织开展“稼穑之路—农科学子助力精准扶贫”“薪火相传”“我为家乡送信息”等寒暑期社会实践活动、“挑战杯”大学生课外学术科技作品竞赛、“第五届青岛啤酒大学生微营销创意大赛”、第三届中国“互联网+”大学生创新创业大赛，多次获奖。在山东省大学生心理健康节各项评比活动中，获得三等奖1项。办理33名学生生源地助学贷款。认定经济困难学生125名，125人获国家助学金，17人获得社会助学金。完成947名本科学生的每月生活补助发放工作。共41名学生获“优秀毕业生”，12名学生获“北京地区高校优秀毕业”。本学年共评国家奖学金15人，国家励志奖学金46名。

科技工作。2017年，组织申报各级各类科研项目73项，立项科研项目23项，总经费296.5万元。校内科研基金立项10项，资助经费为7.1万元。获科技奖励9项，烟台市第十六届自然科学优秀学术论文奖1项；获烟台市第三十届社会科学优秀成果奖二等奖1项、三等奖3项，山东省档案学优秀成果奖奖励4项。申请专利8项、授权专利6项，授权软件著作权6项。发表论文104篇，其中SCI收录3篇，EI收录2篇；核心刊物论文35篇。出版教材1部。结题验收科研项目20项，其中国家级2项、市级1项、横向5项、校内科研基金12项。组织完成2017年度10个项目国家科技成果登记工作，重大科技成果上报1项。2017年，走访企业50余家，形成调研报告20多份。与5家企业完成合作，达成横向课题5项，与多家企业达成合作意向。完成全国技术合同网上登记8项，登记合同额为77万元。

首次成功举办国际性学术会议。10月21日至23日，由烟台研究院、生物质能科学与技术国家级国际联合中心、农业部农村可再生能源开发利用学科群共同主办的“畜禽养殖废弃物处理与资源化利用研讨会”暨“中欧畜禽养殖粪水‘厌氧发酵’高层研讨会”在烟台研究院举行。会议邀请德国、意大利、荷兰、澳大利亚、波兰、美国和中国的该领域顶级专家44名，农业部、环保部、山东省科技厅、省农业厅等省市级领导57人，另有高等教育科研单位、各地畜牧局和畜牧站代表以及畜禽养殖相关行业的企业代表参会。此次会议为研究院历史上层次最高、规模最大的学术研讨会。

社会服务。2017年函授教育与网络教育毕业生76人，在校生224人。依托省级农民培训平台，完成“农业合作社经营管理”和“农村村级事务管理”两个培训科目1000人的培训任务，至年底，完成农村初始创业者、农民专业合作社经营管理人员和农村创业带头人培训1.3万人。与西安市农林委合作举办两期70余人的西安市农林委系统科级干部培训班。选派优秀干部为“第一书记”到牟平区王格庄镇前柳林夼村，先后派出12名专家教授入村开展技术培训，指导农业生产。筹集资金5万元为村修筑两道拦河坝；筹集资金5万元购买30吨复合肥，利用绿化资金8万元，对村中街道进行绿化。协助举办大樱桃采摘节，完成村委换届选举等工作。

国际合作与交流。全年接待国外团体来访17批次，123人次，来访单位涉及荷兰经贸代表团、荷兰格罗宁根大学、美国田纳西大学、南非开普半岛科技大学等，请进境外专家79人次。

烟台格罗宁根大学项目。2017年1月10日，荷兰格罗宁根大学的西布兰德·波佩玛校长向中国教育部致函，承诺国会批准教育法律修改的可靠性。1月13日，向教育部国际司提交《关于申请成立烟台格罗宁根大学的请示》，请求给予烟台格罗宁根大学有条件批准，待荷兰修法完成相关程序达到合作办学要求后，启动首批招生工作。1月20日，教育部国际合作与交流司出具第三轮整改意见《关于反馈烟台格罗宁根大学整改材料专家意见的函》。1月23日，将“《关于反馈烟台格罗宁根大学整改材料专家意见的函》的说明及相关落实措施”第三次提报教育部。2月10日，中国农业大学收到教育部最新（第四轮）整改意见。3月6日，向教育部提交《中外合作办学机构信息表》。3月14日，中国农业大学校长柯炳生与荷兰格罗宁根大学校长西布兰德·波佩玛联名向教育部国际司司长许涛致函，提交“关于反馈烟台格罗宁根大学整改材料专家意见的函”的说明及相关落实措施。8月24日，针对荷兰新内阁组建以及格罗宁根大学校内申请进展情况，中国农业大学将烟台格罗宁根大学批准设立的申请变更为“申请批筹”，并将相关文件上报山东省政府。9月11日至22日，教育部收到省政府提交的烟台格罗宁根大学批筹的申请函。11月30日，教育部下发《关于批准筹备设立烟台格罗宁根大学的函》，批准中国农业大学与荷兰格罗宁根大学在烟台市筹备设立烟台格罗宁根大学，烟台格罗宁根大学正式获批筹建。2017年，烟台市财政批复预算8亿元用于烟台格罗宁根大学项目。一期项目包括校园IT（一期）、图书馆、教学楼、双塔学生公寓、学生餐厅，改造总面积为128682.86平方米，项目概算42162万元。

（撰稿：张海瑜　审稿：崔俊健）

【烟台职业学院】 是首批国家示范性骨干高职院校、海军定向培养直招士官试点院校。2017年被确定为第一批“山东省优质高等职业院校建设工程”立项学校，立项国家发改委、教育部、人力资源和社会保障部“十三五”产教融合工程项目，荣获全国“高职院校服务贡献50强”，连续13年获得“山东省文明单位”称号。

师资队伍建设。评选表彰首届师德模范30人。引进高层次人才16人、辅导员12人。新增2个山东省省级教学团队、2名山东省教学名师、2名山东省青年技能名师、1名齐鲁首席技师、2名烟台市首席技师、3名烟台市技术能手。院长温金祥当选教育部“全国现代学徒制工作专家指导委员会”委员。

教学改革。获批全国现代学徒制试点专业1个、山东省现代学徒制试点专业1个、山东省校企一体化合作办学项目1个、山东省师资培训项目4个、山东省精品资源共享课程12门。立项山东省职业教育教学改革研究项目12项，结项11项。新增工业机器人应用技术、智能产品开发技术2个专业。

技能大赛。学生参加全国职业院校技能大赛夺得5金2银3铜，一等奖数列全国第6位、全省第2位，其中工科获奖数位居全省第一。参加全省职业院校技能大赛，获得6金11银7铜，一等奖数列全省第2位、获奖总数全省第一。

学生管理。出台实施《学生安全教育实施方案》。2015级首批88名定向培养士官生入伍。2名毕业生参加“大学生志愿服务西部计划”。“七星湖志愿者服务队”荣获团中央“暖冬行动”优秀志愿服务队。5支暑期“三下乡”社会实践团队被评为全省优秀服务队。

科学研究。组建5个“博士领衔科研团队”。“电器工程安全评估及故障诊断技术研究中心”和“视频图像大数据分析应用工程技术研发中心”被确定为“十三五”山东省高等学校工程技术研发中心。公开发表论文106篇，立项课题82项，结题43项。获山东省高校优秀科研成果奖三等奖2项、专利授权8项。获山东省职教办“职工教育重点课题研究工作先进单位”称号。

社会服务。全年完成社会培训3.9万多人次。广播电视大学在校生3000多人。学院技师工作站被确定为“山东省技师工作站”，职业技能鉴定所被烟台市人社局评为“职业技能鉴定优秀单位”，自考助学被授予“山东省自学考试助学优秀单位”。服务外包职教集团被认定为首批“山东省骨干职教集团”，当选山东省职业教育集团联盟副理事长单位。

校企合作。与德国手工业行会共建山东省唯一的“德国手工业行会培训考试认证基地”。举办首届“中德合作师资培训班”，培训2个专业40名骨干教师。组建首届2个“中德合作班”，培养学生48名。与世界500强西门子公司共建西门子（中国）有限公司在山东省第一个“职业教育智能制造示范中心”。获“山东省校企合作先进单位”称号。

招生就业。录取新生5334人，普通文理类招生数量及录取分数继续位列全省前茅。举办2017校园招聘会，参会单位650家。毕业生初次就业率达到99%以上，毕业生就业满意度高出全国骨干校平均水平6个百分点。

依法治校。成立第一届学术委员会。召开第一届理事会第二次会议、第二届教职工代表大会暨工会会员代表大会第二次会议。梳理汇编制度90项。被确定为“山东省高校教师考核评价制度改革试点校”。

文明校园创建。建成历史文化展厅。开展“一系部（处室）一品牌”文化创建活动。承办国家京剧院、山东省歌舞剧院、交响乐团、民族音乐剧进校园等“高雅艺术进校园活动”。承办烟台高校第二届大学生音乐节、烟台曲艺联盟高校曲艺巡演。与阿里巴巴共建江北地区高校第一家“菜鸟驿站”快递中心。帮扶共建村丁家夼村建设大樱桃一体化供应链基地。在各级各类媒体发稿400余篇，获“山东高校优秀新闻奖”“山东高校校园文化宣传奖”、中国教育报“教育新闻宣传先进单位”、新浪网“2017年度山东最受网民欢迎高职院校”。

对外合作交流。德国联邦议员、GBS经济与技术专科学校校长本哈德·罗斯（Bernhard Loos）和德国文

2017年7月6日，烟台职业学院与德国手工业行会签约，共建山东省唯一的“德国手工业行会培训考试认证基地”

化经济促进会主席艾哈德·劳（Erhard Rau）等一行4人到访学院。与新西兰怀卡托理工学院、韩国明知大学和柳韩大学达成合作意向。全年派出35名教师分两批次赴台湾朝阳科技大学培训学习。1名教师赴印度尼西亚亚洲国际友好学院执教汉语。

（撰稿：夏学超　审稿：李庆成）

【烟台工程职业技术学院】 2017年，学院获批国家级高技能人才培训基地、山东省高等职业教育名师工作室、齐鲁技能大师特色工作站、高职单独招生改革试点院校。全年招生3154人，毕业3345人，高职和技工毕业生就业率分别为98.76%、97.28%。全年引进各类人才23人，专任教师增至580人，“双师”素质比例增至83%。年内，成立第一届学术委员会，新建议事协调机构13个，制定《教职工代表大会制度》《学生管理办法》等规章制度37项。学院获评山东省文明单位、档案工作科学化管理先进单位等省级荣誉称号。

专业和课程建设。将“轻化工程系”更名为“航空服务系”，新增城市轨道交通运营管理、城市轨道交通供配电技术、幼儿发展与健康管理等专业，高职专业增至38个，技师专业25个。年内，与省内6所中职学校签订三二连读联合办学协议，6门课程入选山东省职业教育精品资源共享课程。

学生工作。组织开展“四进四信”、专题党课、青春故事分享等主题教育活动加强学生思想引领。持续开展文化品牌创建，举办心理健康节、大学生体育节、社团文化艺术节系列活动浓厚校园文化氛围。落实各级资助政策，为3210人提供奖、助、贷、补金额1094万元。开展志愿服务，为世界脑力锦标赛、开发区图书馆等项目提供志愿服务1200余人次。强化学生创新创业教育，辅导学生设立创业项目24个，获批成为烟台市创业大学创业分院。

技能大赛。学生全年获省级以上技能竞赛奖项245项，在全国职业院校技能大赛、职业院校创业技能大赛、应用型人才技能大赛、大学生计算机应用能力和信息素养大赛、高校数字艺术作品大赛、3D大赛10周年精英联赛等赛事中获全国一等奖。积极参加国际赛事，学生参加美国大学生数学建模竞赛与交叉学科数学建模竞赛获三等奖，参加RIDA意大利皇家舞蹈大奖赛获优秀奖。

对外合作。开拓国际合作项目，与德国哈尔博格学院签订合作办学协议。共建施耐德电气碧播职业教育计划电气技术实验室、B737/A320空乘服务综合训练舱、中兴通讯亚太区实训总部实训基地、欧瑞电工电子研发中心、山东万声电子商务实训室等教学基地，接受各类捐赠131万元。

科研创新与社会服务。新建“新型材料及3D打印成型工程技术研发中心”获批“十三五”山东省高等学校工程技术研发中心，研究机构和科研团队增至11个；立项市级以上（含市级）纵向科研项目53项、签订横向技术服务合同1项。承办烟台市第四届残疾人职业技能竞赛、烟台市职业技能竞赛数控加工赛项，组织开展新型学徒制、金蓝领高级技师（技师）等各类社会培训3000余人。

（撰稿：王俞森　姜轮
审稿：曲耀春）

2017年7月8日，国内首个具有《民航乘务技能实训证书》考证功能模块的空乘服务综合训练舱在烟台工程职业技术学院建成并投入使用（摄影：逯珂珂）

【烟台汽车工程职业学院】 学院占地75公顷，建筑面积30.5万平方米，教职工746人。全日制在校生12301人。设汽车制造工程系等9个教学系（部），开设汽车制造与装配技术等34个专业，有省级品牌专业群2个，省级特色专业3个，院级特色专业11个，院级品牌专业3个，省级精品课程16门，院级精品课程61门，院级精品资源共享课程10门，省级教学团队3个，省级教学名师2名，汽车名企培训师20名，山东省突出贡献技师1人，齐鲁首席技师1人，烟台市首席技师1人，烟台市突出贡献技师2人，烟台市技术能手3人。学院建有3.5万平方米的实训中心，校内实训室124处，仪器设备总值8753.32万元，校外实训基地250处。学院先后与北京现代、博世、一汽大众、金岭汽车、巴斯夫、保时捷、戴姆勒、捷豹路虎等42家汽车行业龙头企业建立深度校企合作关系，建立定向班、冠名班，校企携手共同培养高素质技术技能型人才。学院是教育部等六部委确定的汽车运用与维修专业领域技能型紧缺人才培养培训基地，半岛制造业人才培养基地，是省市两级汽车工程职教集团的牵头学校，是山东省技能型特色名校，先后获得全国职业技术教育先进单位、山东省精神文明单位、山东省企校合作先进单位等荣誉称号。

专业建设。新能源与智能汽车专业群入选山东省财政支持的高等职业院校第二批品牌专业群建设项目，汽车电子技术专业成为第三批山东省职业院校现代学徒制试点专业。新上新能源汽车运用与维修、电梯工程技术和网络营销3个专业。

课程建设。建设精品资源共享课18门，其中8门立项为省级精品资源共享课。

技能大赛。在2017年中国大学生方程式汽车大赛（FSC）中获三等奖。在“物联网技术应用”赛项和“一汽大众杯”“汽车营销”赛项中获二等奖各1项。承办2017年山东省职业院校技能大赛（高职组）汽车检测与维修赛项，获该赛项大赛一等奖。在山东省第八届大学生数学竞赛中，2人获一等奖、1人获二等奖；全国大学生数学建模竞赛山东赛区比赛，3人获一等奖；“外研社杯”全国大学生英语写作大赛山东赛区比赛，获二等奖、三等奖各1人。

师资队伍建设。在省级教师教学比赛中获得各类奖项6人次。建成山东省职业教育名师工作室2个，山东省职业教育技艺技能传承创新平台1个。

创新创业教育。成立创新创业学院，学院3个创客空间被评为烟台市市级创客空间，参加各级各类竞赛累计获奖83项。“多功能爬壁机器人”，获山东省“互联网+”创新创业大赛三等奖；在第十五届“挑战杯·海尔”山东省大学生课外学术科技作品竞赛中，获二等奖1项、三等奖2项。

校企合作。潍柴·博世项目签订建设及运营合作框架协议；入选全国首批“比亚迪新能源汽车精诚英才培训项目”合作院校；成立戴姆勒铸星教育项目营销班；与烟台跨境电商协会签署产学研战略合作协议，赶集网人才培养基地、阿里跨境电商人才培育基地正式揭牌。2017届保时捷班全国PEAP项目校园考核再次夺冠；电恒星车队在戴姆勒星辉挑战赛上实现两连冠。

科研工作。纵向科研项目立项5项；教育教学改革项目立项63项。横向科研项目《基于AT89C51单片机的摩擦片磨损检测控制器》获得山东省优秀科研成果三等奖。共获得国家级教科研成果一等奖2项，山东省科研成果二等奖1项，三等奖1项。教师自编教材26部，授权专利9项，出版专著2部，发表论文48篇，省级以上结题课题12项。

社会培训。开展各类培训、学历教育等11000余人次。组织社会培训56班次，学历教育校内自考本科、网络教育本科在籍学生1689人。承接芝罘区、福山区、莱山区和海阳市“三区一市”城市社区“两委”成员专科学历教育工作。举办全国汽车营销教师高级进修班，来自全国各职业院校的150名学科负责人、专业骨干教师参加培训。

（撰稿：卜涛　审稿：张巍峰）

2017年10月31日，烟台汽车工程职业学院入选全国首批“比亚迪新能源汽车精诚英才培训项目”合作院校

【烟台工贸技师学院】学院1979年建校，隶属烟台市人民政府，业务主管部门为烟台市人力资源和社会保障局。学院先后被确定为山东省船舶制造业人才培训基地、山东省高技能人才培训基地、山东省技师工作站、山东省“金蓝领”高技能人才培训基地和山东省文明单位。

专业建设。学院开设机电工程系、车辆工程系、应用技术系、旅游经济贸易系、烹饪技术系5大系部29个热门专业。专业设置涉及机械制造、电工电子、汽车装配与维修、餐饮服务、商贸旅游、信息技术等6大产业领域，新增工业机器人应用与维护等专业5个，形成特色鲜明、符合市场需求的专业结构。2017年上半年，学院成立由行业企业名家、职教名师组成的7个专业（专业群）建设指导委员会，对学院的专业建设把脉、定位。学院有省级重点名牌专业1个，省级重点专业1个，院级特色专业2个，全省一体化教学改革试点专业1个，学院一体化教学试点专业

12个。

教师队伍建设。学院采用“请进来、走出去”相结合的办法，实施“师徒结对”和“青蓝同辉”教师培养工程，建立师德高尚、业务精湛、充满活力的高素质教师队伍。学院有专任教师300人，其中硕士以上学历80人，高级职称76人，中级职称98人。“一体化”教师大约占50%，高级实习指导教师和具有高级技师职业资格的教师占实训教师的50%以上，生师比20∶1。学院建设烟台市导游大师、礼仪名师、烹饪大师等名师工作室，建立兼职教师资源库，引领教师快速成长。

教学科研。学院成立教育科研规划领导小组，设立规划办，出台科研管理办法。2017年学院有5项课题获省社科基金项目立项，2项课题被中国职业技术教育学会批准立项，学院“三维五育”职业素养培养研究成果被山东省教育厅纳入省级教学成果奖培育项目。在全省微课比赛中，学院6人获奖，获奖率85.7%；在全市技工院校优质课、优秀课件比赛活动中，荣获一等奖等奖项31个；在中国职协优秀教研成果评比中，荣获一等奖8项、二等奖29项。

赛教结合。学院建立赛教结合长效机制，2017年下半年，学院先后组织承办“烟台市文明礼仪风采职业技能大赛”“烟台市烹饪职业技能大赛”等四项市级技能竞赛。2017年，学院参加技能大赛获得国家级二类比赛一等奖13个，二等奖5个，三等奖2个。省级比赛一等奖1个，二等奖1个，三等奖4个，市级比赛一等奖17个，二等奖26个，三等奖18个。

学生培养。发挥网络在学生教育引导中的作用，通过“道德讲堂”“文明餐桌”“志愿服务”等活动，弘扬中华民族优秀文化和传统美德。送礼仪服务社全年开展“四进”（进社区、进企业、进校园、进乡村）活动达100余次，服务省市大型赛事活动10余次。2017年，学院入选全国首批“职业院校中华优秀传统文化教育示范基地”。

学生就业。学院坚持以市场为导向，将教学与市场开发相结合，探索适合学院的人才培养模式，成立校企合作理事会，组建20多个企业冠名班和订单培养班，建立校外实训基地50余个。与人民大会堂、国家首长专列、东岳汽车、大宇造船、山东核电等500家企业建立长期合作关系。2017年实习安置率达100%，就业率达98%以上。

社会服务。学院针对不同人群开展“金蓝领”培训、失业职工技能和创业培训、失地居民扶贫村培训、自主择业军转干部个性化培训、大学生创业培训、大学生技能培训、快递员培训、企业在岗职工提升培训、导游员考前培训、礼仪培训、职业技能等培训和鉴定工作，社会化培训人数达5000人以上。5月，学院主导发起的烟台市礼仪协会正式成立，以专家讲座、行业大赛、交流合作等形式为载体，为地方经济社会发展开展多方位公益服务。发挥“烟台市鲁菜研究所”的行业引领作用，搭建旅游餐饮行业企业技术交流与创新的平台，邀请行业技能大师领衔，定期开展请进来、走出去的学习交流活动，以项目研发为引领，及时在教育教学中检验、实践，面向社会推广研究成果，服务于区域经济发展。

（撰稿：于同济　审稿：于元涛）

【济南大学泉城学院】 教学科研工作。确定财务管理、机械设计制造及其自动化、影视摄影与制作和环境设计4个专业作为学校首批优势特色专业，建设时间为2018—2020年。完成2017版专业人才培养方案的修订编制工作。2017年完成省部级项目4项立项工作，获得教育厅教学研究立项1项，教育部2017年校企协同育人项目立项3项。在科研方面，完成校级科研项目立项及历年延期课题结题工作。2016年立项课题27项，16项结题，其余待结题或延期；2015年4个申请延期课题中，2项予以结题。完成校级科研项目立项工作。经专家组审定，32个申报项目中，22个项目获准立项，其中包括科研项目5项、教研项目17项。2017年16

烟台工贸技师学院机电技术应用专业学生进行技能比武

项科研项目立项，包括纵向科研项目14项、横向科研项目2项。其中，省级以上科研项目5项，包括山东社科规划重大理论和现实问题协同创新研究专项项目1项、山东社科规划年度自筹项目4项。为规范横向科研项目及其经费管理，出台《济南大学泉城学院横向科研项目管理办法（试行）》。完成2016年科研成果奖励工作。按照学校规定，奖15项科研成果奖励，其中EI论文1篇，核心论文10篇，学术性著作2本，教材2本，奖励金额达35150元。2017年发表论文68篇，其中核心论文5篇。

队伍建设。年内，聘用教职工46人，包括各类专业教师37人，其中正高职称6人、副高职称3人。获烟台市人才工作领导小组办公室5万元表彰奖励。加强人事制度管理工作。出台《济南大学泉城学院辅导员系列专业技术职务评审申报条件》，修订完善《济南大学泉城学院教职工年度考核暂行规定》等4个文件，规范教师管理。完成新入职教师岗前培训工作。上学期培训新进教师54人，与在校自有教职工签订《师德师风建设责任书》。完成2017年度职称评审工作，新晋教师系列讲师47人，辅导员系列讲师6人，综合系列馆员6人。

学生工作。完成2017届学生毕业实习、毕业论文（设计）答辩、教学经费核算、毕业成绩汇总、成绩单、毕业证、学位证等相关工作。组织开展2017届学生考研奖励和2018年学生考研组织动员工作。在山东高校十大优秀学生评选工作中，工学院2013级机械设计制造及其自动化专业学生段传东获提名奖。2017年毕业生1723人（本科1517名，专科206名），1666名学生落实就业单位，就业率达96.69%。组织参加十二届全国大学生“恩智浦”杯职能汽车竞赛、第九届全国大学生数学竞赛等多项比赛，获得省（部）及以上奖励108项，其中国家级奖励8项。建立健全以生源地信用助学贷款为主体的“奖、贷、勤、助、补、绿色通道、社会资助”多方位立体奖助体系。发放国家春季助学金843人，126.45万元；完成2017届特困毕业生求职创业补贴发放工作，合计资助220人，13.8万元1215人；完成国家、省奖助学金的评审工作；完成大学生应征入伍及学费补偿工作44人，86.6万元。与山东众腾汽车零部件有限公司合作设立“众腾”励志奖学金每年4万元用于资助学校优秀贫困生，与鲁南制药集团股份有限公司达成意向每年为优秀贫困生资助6000元。

招生工作。2017年计划招生2750人，实际录取2770人，报到新生2505人，报到率90.43%。

办学保障工作。出台《济南大学泉城学院接受社会捐赠（资助）管理办法（试行）》等3个文件。开展固定资产对账工作，完成2013—2017年1209条验收单的凭证号补录工作，查阅会计凭证4000余张，录入房屋及构筑物类资产25条，总价值3.84亿元；土地及植物类4条，总价值7955.57万元。2017年新建实验室2个，为14个实验室新增仪器设备，总投资167.4万元。

教学辅助机构工作。完成5万册纸质图书和5万册电子图书的采购工作。获得企业和个人捐赠图书约1500余册，654种外文原版图书。建立学科专业数字图书馆和重点课程馆。引进维普考试服务平台，创建济南大学泉城学院文库数据库，收录教师科研论文近300篇。2017年接待来馆读者378500余人次。接待校内外参观文化展馆132批,2100余人次。

葡萄酒特色。实施应用型、技能型、创新型人才培养理念，开设不同梯次通选课及专业课。邀请葡萄酒方面相关专家开展专题讲座，举办“海市杯”第二届大学生葡萄酒酒标大赛和“葡萄酒文化传播大使挑战赛”等活动，组织学生参加第二十二届国际美食美酒图书颁奖典礼系列活动等系列葡萄酒专题活动。在葡萄酒专业方面建设方面，学校市场营销（葡萄酒营销管理）本科专业经省高教处审核通过，实现独立招生。同时根据蓬莱产区葡萄酒与旅游、酒店等行业融合发展战略，将酒店管理和旅游管理两专业转入葡萄酒学院，初步形成葡萄酒营销、旅游、酒店专业群的构建。

组织开展美国普雷利维尤农工大学4名学生的访学活动；与韩国庆南大学的合作进入正式实施阶段；与韩国大邱大学、美国索诺玛州立大学就具体合作方案进行深入探讨阶段。与新西兰尼尔森马尔伯勒理工学院签订教育合作框架协议。与韩国U1大学、德国施马尔卡登应用科技大学深入洽谈合作事宜。登州文会馆研究会完成6期《文化产业导刊》的编辑出版工作。

（撰稿：李晓平　王晓超
审稿：郭迎昌）

责任编校：云　霞

文　化

综　述

【概况】 2017年，全市文化系统有各种艺术表演团体10个，艺术表演场所9个，公共图书馆14个，文化馆14个，登记备案的各类博物馆、纪念馆34个。有县级以上广播电视电台10座，广播电视发射台和转播台12座，全市广播电视人口综合覆盖率达到100%。

年内，市文化广电新闻出版局推进文化大市强市建设，举办“烟台文化艺术季”，组织450余场文化活动，参与群众达120多万人次；在烟台大剧院推出国内外演出124场，市区举办各类文博展览200余场，送戏下乡2000余场，农村数字化公益电影放映7万余场；开展“专业艺术院团演出季”“文化惠民消费季”等文化品牌活动，群众文化生活丰富多彩。

【现代公共文化服务体系建设】 年内，全市11个公共图书馆通过第六次全国公共图书馆评估定级，达到国家二级以上。引入第三方评估机制，完成全市30个综合文化站、229个村（社区）的综合性文化活动中心服务效能抽样调查。落实文化扶贫专项资金217万元用于扶持贫困村综合性文化活动室建设，全市277个省定贫困村中，274个建成达标的综合性文化活动室，达标率99%。全年落实文化惠民资金3670万元，组织开展2017专业艺术院团演出季、烟台文化艺术季、送戏下乡、农村数字化公益电影放映等文化活动，群众文化获得感幸福感提升。

【舞台艺术创作】 年内，市文广新局推进以“单年汇演选拔，双年巡演惠民”为主要内容的文化惠民“双演”工程，制定出台《关于建立繁荣全市舞台艺术“双演”机制的实施意见》等意见办法，成立“双演”工程艺术专家委员会，建立健全重大文化艺术项目专家评审机制。全年进行三轮汇演选拔，推动新创作舞台剧目、群文类作品和主题演艺品牌70余部（件），多部作品入选国家、省演展项目。现代京剧《烟台解放》入选第八届中国京剧艺术节，胶东红色主题电影《党员登记表》入选全国庆祝党的十九大胜利召开优秀影片。廉政主题京剧《闯王进京》，在全市纪检系统反响强烈。大型音乐舞蹈史诗《英雄胶东》，作为全省统筹推进胶东党性教育基地建设专题研讨会综艺教学剧目。

【全民阅读活动】 年内，市委、市政府成立全民阅读工作领导机构，发布“书香烟台”指标评价体系，召开建设书香烟台动员会议、“书声琅琅，香飘烟台”全民阅读活动启动仪式等各级各类动员会、推进会、调度会60多场次，全市组织各级各类读书会、朗诵会、故事会等全民阅读活动3000余场，推出“讲烟台故事，建文明城市”“读书朗诵大赛”等书香烟台特色工作品牌50多个，参与人数75万余人。全年捐赠及发放图书23.8万册，码洋460多万，新增出版物发行网点100多个。

【文化产业】 年内，全市文化和旅游产业发展领导小组132项月度工作全部按期完成。制定《全市文化产业发展月度考核办法》，每月对县市进行考核，由市委办通报结果。推进重点项目建设，建立重点项目工作台账，每月调度全市52个在建、拟建文化产业重点项目，项目计划总投资400多亿元。推动朝阳、所城历史文化街区和崆峒岛改造提升工程，恒大旅游

文化惠民“双演”工程优秀剧目演出

集团、新浪动漫公司、正威集团等知名文化企业先后来烟投资兴业。大成门摄影文化产业园、众邦创意出版印刷产业园等项目竣工投产，中传国际文化交流中心、莱州武术文创园等项目开工建设，“猪八戒网”山东总部、新浪动漫影视基地等项目落户烟台市。中国（烟台）民博会、莱州武术文创园被认定为省级重点文产项目。

烟台市第七届读书朗诵大赛颁奖晚会

【文化市场整治】 年内烟台市文化市场综合执法改革工作领导小组成立，调整市文化市场管理工作领导小组，出台《关于进一步深化文化市场综合执法改革的实施意见》。组织开展全市文化市场执法监督检查，相继开展“护航十九大·金秋行动”“平安文化市场”净化文化市场环境整治行动、全市文化市场异地交叉检查等专项行动，严厉打击文化市场各类违法违规经营活动。全市出动执法人员 2.3 万人次，检查经营单位 6262 家次，办结案件 241 件，责令改正 65 家次，当场处罚 204 件，警告 220 家次，罚款 29 家次，吊销许可证 3 家。

2017 年烟台市省级以上文物保护单位一览表

表 30

全国重点文物保护单位（17 处）

序号	所在县市区	名称	年代	位置
1	芝罘区	烟台福建会馆	清光绪十年（1884）	烟台市芝罘区毓岚街
2		烟台山近代建筑群	清至民国	烟台市芝罘区烟台山
3		白石村遗址	新石器	烟台市芝罘区金黄顶
4		张裕公司酒窖	1905 年	烟台市芝罘区大马路 56 号
5		烟台西炮台	1876 年	烟台市芝罘区通伸岗北山
6	牟平区	照格庄遗址	夏商	牟平区城关镇照格庄村西
7	蓬莱市	蓬莱水城及蓬莱阁（含戚继光牌坊）	明	蓬莱市城北海滨、蓬莱市区西北丹崖山巅至山阳坡、蓬莱城里武霖村牌坊里街
8		村里集城址及墓群	西周至战国	蓬莱市村里集古城李家、古城苗家、古城东、村里集诸村之间
9		戚继光祠堂及戚继光墓	明至清	蓬莱市南王街道办事处芝山林场
10		南王绪遗址	新石器	蓬莱市北沟镇政府南王绪村
11	龙口市	丁氏故宅	清光绪年间	龙口市黄城西
12		归城城址	周	龙口市兰高镇

续表

序号	所在县市区	名称	年代	位置
13	莱州市	云峰山·天柱山摩崖石刻（含大基山摩崖石刻）	北魏、北齐、宋、明、清	莱州市文峰路街道办事处宋村东南云峰山、大基山
14	栖霞市	牟氏庄园	清雍正年间	栖霞市区北古镇都村
15	海阳市	嘴子前墓群	周	海阳市盘石镇嘴子前村
16	长岛县	北庄遗址	新石器	长岛县大黑山岛北庄村北山阳坡台地上
17		猴矶岛灯塔	1882年	长岛县猴矶岛

烟台市省级文物保护单位（110处）

序号	所在县市区	名称	年代	位置
1	芝罘区	烟台东炮台	1891年	烟台市芝罘区归岱山
2		烟台基督教长老会堂	1903年	烟台市芝罘区毓璜顶东路
3		崆峒岛灯塔	1866年	烟台市芝罘区崆峒岛北山
4		阳主庙遗址（含地上古建、碑刻）	战国至清	芝罘岛主峰老爷山西南麓向阳坡地
5		俄国领事馆旧址	近代	烟台市芝罘区大马路108号
6		毓璜顶古建筑群	元、明	烟台市芝罘区毓璜顶北路23号
7		中国内地会学校旧址	近代	海军航空工程学院
8		奇山所	明	烟台市芝罘区
9		启喑学馆旧址	近代	海军航空工程学院内
10		宫家岛烽火台	明	芝罘区只楚镇宫家岛村北
11		太平庵遗址	宋元	芝罘区奇山街道
12		北洋海军采办厅旧址	清末	芝罘区向阳街道
13		崇正中学旧址	1931年	芝罘区东山街道
14		基督教浸信会教堂旧址	1916年	芝罘区东山街道
15		刘子琇旧居	1920年	芝罘区向阳街道
16		生明电灯股份有限公司旧址	1920年	芝罘区东山街道
17		烟台蚕丝专科学校旧址	1922年	芝罘区奇山街道
18		烟台东海关码头验货房旧址	1866年	芝罘区港务局南码头
19		烟台市政府旧址	1946年	芝罘区向阳街道
20		烟台卍字会旧址	1925年	芝罘区东山街道

续表

序号	所在县市区	名称	年代	位置
21	芝罘区	烟台天后宫戏台	清	烟台市芝罘区向阳街道
22		哈根旧宅	1920 年	烟台市芝罘区东山街道
23		基督教奇山会教堂旧址	1916 年	烟台市芝罘区东山街道
24		泰生东染料行旧址	清末	烟台市芝罘区向阳街道
25		协增昌绸缎百货店旧址	1935 年	烟台市芝罘区向阳街道
26		中华基督教堂旧址	1919 年	烟台市芝罘区向阳街道
27		中兴楼饭庄旧址	1920 年	烟台市芝罘区向阳街道
28	莱山区	午台遗址	新石器时代	莱山区初家镇午台村
29		老茔顶遗址	新石器时代	莱山区解家庄镇北水桃林
30		马山寨遗址	明	莱山区北寨村
31	牟平区	雷神庙战斗遗址	抗日战争时期	牟平区宁海镇王贺庄村南
32		蛤堆顶遗址	新石器（大汶口文化）	牟平区大窑镇蛤堆后村南高丘上
33		蛎碴堆遗址	新石器时代	牟平区姜格庄镇姜格庄村
34		恤养院旧址	1933 年	牟平城东楼路 39 号
35		张颜山旧宅	20 世纪 30 年代	烟台市牟平区宁海街道办事处邵家埠村
36		长行顶遗址	新石器时代	牟平区莒格庄镇
37		店村遗址	夏、周	牟平区高陵镇店村村北
38		东围子遗址	清	牟平区王格庄镇
39		金山寨城址	周、明	牟平区姜格庄镇
40		渠崖遗址	夏	牟平区姜格庄镇
41		王家疃遗址	夏	牟平区姜格庄镇
42		艳阳埠遗址	新石器时代	牟平区姜格庄镇
43		于家垛岚墓群	宋	牟平区姜格庄镇
44		北头都氏宗祠	清	牟平区姜格庄镇
45		养马岛张氏宗祠	近现代	牟平区养马岛街道
46		茶棚战斗殉难烈士墓	1943 年	牟平区莒格庄镇荐椤村北 700 米的小山上
47	福山区	大成栈旧址	民国	烟台市福山区盐场村
48		邱家庄遗址	新石器时代	烟台市福山区门楼镇邱家庄村

续表

序号	所在县市区	名称	年代	位置
49	开发区	三十里堡墓群	汉代	开发区古现街道办事处三十里堡村、岗嵛村
50	开发区	三十里堡故城址	汉代	开发区古现街道办事处三十里堡村
51	开发区	大仲家遗址	新石器（大汶口）	开发区大季家办事处大仲家村
52	昆嵛山保护区	烟霞洞遗址	金至清	昆嵛保护区昆嵛镇
53	昆嵛山保护区	岳姑殿古庙群遗址	唐至清	昆嵛保护区昆嵛镇
54	昆嵛山保护区	龙神祠及龙王庙	清代	昆嵛保护区昆嵛镇
55	龙口市	庄头墓群	西周	龙口市石良镇庄头村东
56	龙口市	楼子庄遗址	新石器时期—商代	龙口市北马镇楼子庄村
57	龙口市	崇实中学旧址	1904 年	龙口市东莱街道办事处沿河东路河东街 1 号
58	龙口市	庙周家秦汉建筑遗址（含莱山月主祠遗址）	秦、汉	龙口市兰高镇庙周家村
59	龙口市	徐镜心故居	清	龙口市黄山馆镇后徐家村
60	龙口市	龙口港栈桥码头	1919 年	龙口市龙港街道
61	莱阳市	宋琬故居	清	莱阳城内大寺街 045 号
62	莱阳市	前河前墓群（含西周遗址）	西周至春秋	莱阳市团旺镇前河前村
63	莱州市	当利故城址（含栾大墓）	西汉	莱州市沙河镇路旺侯家村西
64	莱州市	神仙洞石窟造像	金末元初	莱州市柞村镇大台头村北寒同山之阳
65	莱州市	蒜园子遗址	新石器（龙山文化）	莱州市文峰路街道办事处蒜园子村
66	莱州市	毛纪、毛敏墓	明	莱州市永安路街道办城西山张家村西
67	莱州市	刘子山旧宅	1928 年	莱州市沙河镇湾头村
68	莱州市	盖平山摩崖石造像	北朝	莱州市柞村镇东朱宋村
69	莱州市	曲松龄旧居	中华民国	莱州市金城镇红布村
70	莱州市	四角埠古墓群	汉	莱州市柞村镇郭家庄子村村北、文峰路街道办事处黄家叉村村南
71	莱州市	玉皇顶烈士陵园	1954 年	莱州市城港路街道
72	蓬莱市	刘家沟遗址	新石器（龙山文化）	蓬莱市刘家沟镇刘家沟村西高地上
73	蓬莱市	解宋营古城	明	蓬莱市刘家沟镇解西村
74	蓬莱市	南崮山龙兴寺遗址	金	蓬莱市村里集镇
75	蓬莱市	蓬莱海防遗址	明	蓬莱市刘家沟镇、新港街道、蓬莱阁街道、北沟镇
76	蓬莱市	武霖上水门	明	蓬莱市紫荆山街道

续表

序号	所在县市区	名称	年代	位置
77	蓬莱市	丛良弼故居	中华民国	蓬莱市登州街道办事处长裕社区
78		武霖基督教圣会堂	1872 年	蓬莱市紫荆山街道办事处武霖社区
79		于学忠旧居	1931 年	蓬莱市小门家镇
80		艾山八路兵器厂旧址	1939 年	蓬莱市村里集镇艾山主峰北侧
81		长裕张氏民居	清	蓬莱市登州街道办事处长裕社区
82		梁家疃李氏民居	清	蓬莱市登州街道梁家疃社区
83		栾调甫旧居	清	蓬莱市紫荆山街道武霖社区小十口南街 78 号
84		孙运璇旧居	中华民国	蓬莱市刘家沟镇堡后孙家村
85	招远市	曲城故城址	西周	招远市蚕庄镇东曲城村南
86		辛庄墓群	西周、春秋	招远市辛庄镇辛庄村北
87		毕郭墓群	东周—汉	招远市毕郭镇河西村、东寨里村
88		招远金矿近代采掘基址群	1882 年	招远市玲珑镇
89		齐山抗战烈士陵园	1945 年	招远市齐山镇齐山店村南 2 华里
90	栖霞市	桃村革命烈士陵园	抗日战争	栖霞市桃村英灵山阳坡
91		杨家圈遗址	新石器（龙山、大汶口）	栖霞市杨础镇杨家圈村东
92		北城子遗址	新石器（龙山岳石文化）	栖霞市臧家庄镇北城子村北
93		李氏庄园	清	栖霞市臧家庄镇马陵冢村
94		后寨胶东第一兵工厂旧址	1940 年	栖霞市苏家店镇后寨村
95		抗日军政大学第一分校旧址	1940 年	栖霞市桃村镇荆子埠村
96		栖霞国共谈判旧址	1939 年	栖霞市庙后镇回龙夼村
97		古镇都遗址	新石器时代	栖霞市庄园街道古镇都村
98	海阳市	城子顶遗址	新石器（龙山文化）	海阳方圆街道办事处北城阳村西南
99		赵疃地雷战遗址	抗日战争	海阳市方圆街道办北城阳村西
100		大榆村遗址	新石器时代	海阳市盘石店镇大榆村
101		万家夼遗址	新石器时代	海阳市徐家店镇
102		霞河头庄园	清	海阳市留格庄镇
103		战场泊村许世友抗战指挥部旧址	中华民国	海阳市郭城镇战场泊村
104		昌阳故城及墓群	汉	海阳市行村镇庶村
105		当道梯田	明至中华人民共和国	海阳市郭城镇当道村

续表

序号	所在县市区	名称	年代	位置
106	长岛县	庙岛故城址及显应宫遗址	宋代	长岛县北长山乡庙岛村
107		珍珠门遗址	商、周	长岛县北长山岛九丈崖公园
108		北村遗址	新石器时代	长岛县钦岛乡北村
109	长岛县	北城古城	唐宋	长岛县北长山乡
110		井口天妃庙及套里古港	明代	长岛县砣矶镇井口村

2017 年烟台市省级以上非物质文化遗产项目一览表

表 31

烟台市入选人类非物质文化遗产代表作名录项目

数　　量：1 项

公布机构：联合国教科文组织

公布时间：2009 年

序号	项目类别	项目名称	项目保护单位	备注
1	传统美术	烟台剪纸	烟台市文化馆	第四批

烟台市入选国家级非物质文化遗产名录项目

数　　量：14 项

公布机构：国务院

公布时间和文号：第一批 2006 年 国发〔2006〕18 号

第二批 2008 年 国发〔2008〕19 号

第三批 2011 年 国发〔2011〕14 号

第四批 2014 年 国发〔2014〕59 号

序号	项目类别	项目名称	项目保护单位	备注
1	民间文学	八仙传说	蓬莱市文化馆	第二批
2	传统音乐	长岛渔号	长岛县文化馆	第二批
3	传统音乐	胶东全真道教音乐	烟台市文化馆	第二批
4	传统舞蹈	海阳大秧歌	海阳市文化馆	第一批
5	传统舞蹈	八卦鼓舞	栖霞市文化馆	第二批
6	传统戏剧	蓝关戏	莱州市文化馆	第一批
7	曲艺	胶东大鼓	烟台市文化馆	第一批
8	传统体育、游艺与杂技	螳螂拳	莱阳市文化馆	第二批
			栖霞市文化馆	第三批
9	传统美术	烟台剪纸	烟台市文化馆	第二批
10	传统美术	莱州草辫	莱州市文化馆	第二批
11	传统美术	掖县滑石雕刻	莱州市文化馆	第二批

续表

序号	项目类别	项目名称	项目保护单位	备注
12	传统技艺	黄金溜槽堆石砌灶冶炼技艺	招远市阜山镇九曲蒋家村委	第二批
13	传统技艺	龙口粉丝传统制作技艺	山东烟台双塔食品股份有限公司	第四批
14	民俗	渔灯节	开发区文化馆	第二批

烟台市入选省级非物质文化遗产名录项目

数　　量：38 项

公布机构：省政府

公布时间和文号：第一批 2006 年 鲁政发〔2006〕149 号

第二批 2009 年 鲁政字〔2009〕232 号

第三批 2013 年 鲁政字〔2013〕90 号

第四批 2016 年 鲁政字〔2016〕63 号

序号	项目类别	项目名称	项目保护单位	备注
1	民间文学	八仙传说	蓬莱市文化馆	第一批
2	民间文学	徐福传说	龙口市徐福研究会	第二批
3	民间文学	丘处机传说	栖霞市文化馆	第二批
4	传统音乐	长岛渔号	长岛县文化馆	第一批
5	传统音乐	胶东全真道教音乐	烟台市文化馆	第一批
6	传统音乐	大杆号吹奏乐	蓬莱市文化艺术发展中心	第一批
7	传统舞蹈	海阳大秧歌	海阳市文化馆	第一批
8	传统舞蹈	八卦鼓舞	栖霞市文化馆	第一批
9	传统舞蹈	福山雷鼓	福山区文化馆	第二批
10	传统舞蹈	戏灯穿花	栖霞市文化馆	第三批
11	传统戏剧	蓝关戏	莱州市文化馆	第一批
12	曲艺	胶东大鼓	烟台市文化馆	第一批
			栖霞市文化馆	第二批
13	传统体育、游艺与杂技	螳螂拳	莱阳市文化馆	第一批
			栖霞市文化馆	第二批
			牟平区文化馆	第三批
			海阳市文化馆	第四批
14	传统体育、游艺与杂技	吴式太极拳	莱州市文化馆	第二批
15	传统体育、游艺与杂技	戚家拳	蓬莱市文化馆	第二批
16	传统美术	烟台剪纸	烟台市文化馆	第一批
17	传统美术	莱州草辫	莱州市文化馆	第一批
18	传统美术	掖县滑石雕刻	莱州市文化馆	第一批

续表

序号	项目类别	项目名称	项目保护单位	备注
19	传统美术	黄县窗染花	龙口市民间文艺家协会	第二批
20	传统美术	鲁绣（烟台绒绣）	烟台市华艺绒绣有限责任公司	第四批
21	传统技艺	黄金溜槽堆石砌灶冶炼技艺	招远市阜山镇九曲蒋家村委	第一批
22	传统技艺	龙口粉丝传统手工生产技艺	山东烟台双塔食品股份有限公司	第一批
23	传统技艺	鲁菜烹饪技艺	福山区文化馆	第一批
24	传统技艺	棒槌花边技艺	栖霞市文化馆	第二批
			牟平区文化馆	第三批
25	传统技艺	长岛木帆船制造技艺	长岛县文化馆	第二批
26	传统技艺	黄县民居雕刻技艺	龙口市博物馆古建公司	第二批
27	传统技艺	长岛砣矶砚雕刻技艺	长岛县文化馆	第三批
28	传统技艺	莱州毛笔制作技艺	莱州市文化馆	第三批
29	传统技艺	福山大面制作技艺	烟台福山大面餐饮有限公司	第三批
30	传统医药	黄县柳条膏制作技艺	龙口市新世纪药业有限公司	第三批
31	传统医药	中亚至宝三鞭丸制作技艺	烟台中亚医药保健酒有限公司	第四批
32	传统医药	明通万应膏药制作技艺	招远市文化馆	第四批
33	民俗	渔灯节	开发区文化馆	第一批
34	民俗	长岛显应宫妈祖祭典	长岛县文化馆	第二批
35	民俗	胶东花饽饽习俗	烟台市文化馆	第二批
			莱州市文化馆	第四批
			栖霞市文化馆	第四批
			牟平区文化馆	第四批
			牟平区文化馆	第四批
36	民俗	莱阳豆面灯碗信俗	莱阳市文化馆	第三批
37	民俗	毓璜顶庙会	烟台市园林管理处	第四批
38	民俗	蓬莱阁庙会	蓬莱市文化馆	第四批

公共文化

【烟台文化艺术季】 烟台市自7月始举办为期3个月的2017烟台文化艺术季。艺术季以“喜迎十九大·筑梦向未来”为主题，以“艺术盛会、市民节日、人人参与、文化共享”为宗旨，推出涵盖专业艺术、群众文化、图书文博、广播影视、文化交流、文化产业六个版块，以及演出、展览、阅读、故事、赛事、讲座、影视、交流、体验九个单元，450余场文化艺术活动。艺术季期间，全市有中外来宾和市民群众120多万人次参与活动。

【烟台首届文化惠民消费季】 8月16日，市委、市政府召开烟台市文化惠民消费季动员部署启动会，首届文化惠民消费季正式启动。本届消费季以“荟文化，惠民生”为主题，投入资金400万元，打造文化惠民“慧兜圈”平台，吸引24家文化类企业加盟活动，市民登陆平台免费领取消费券抵扣文化消费。配合活动开展，推出“暑期观影体验季”“舞台精品演出季”“全民‘悦’读”等系列文化惠民消费活动130场，参与群众20多万人次。

【第八届中国京剧艺术节参演剧目《烟台解放》】5月，由烟台市京剧院、烟台市艺术创作研究中心创排的现代京剧《烟台解放》，入选第八届中国京剧艺术节，代表山东省赴南京参加展演。《烟台解放》是全省参演剧目中唯一一部京剧，市京剧院也是中国京剧艺术节34个参演队伍中唯一的地市级院团。《烟台解放》以中华民族抗日战争为背景，艺术地再现日本政府宣布无条件投降后，盘踞于烟台的日本侵略军负隅顽抗，胶东军区八路军派遣张惠兰打入敌人内部，几经周折获取烟台军事城防图，最终里应外合解放烟台这一惊心动魄的历史事件。该剧入选山东省第十二届精神文明建设“文艺精品工程”、第十届“泰山文艺奖”戏剧类编剧作品奖，填补“烟台解放”这一重大历史事件在舞台艺术领域的空白，展示烟台市推进胶东红色文化建设、实施“京剧码头”振兴工程和繁荣舞台艺术“双演”机制所取得的成果，对于推动烟台文化走出去，扩大烟台知名度和影响力具有重要意义。

【庆祝党的十九大胜利召开优秀展映影片《党员登记表》】10月，由烟台市参与拍摄的胶东红色主题电影《党员登记表》被中宣部、国家新闻出版广电总局列为庆祝党的十九大胜利召开优秀影视剧展映展播推介的七部电影之一。该片根据烟台籍著名作家峻青的同名小说改编创作，主要讲述抗日战争时期的胶东山区，共产党员和革命群众为了保护1份党员登记表，前赴后继流血牺牲的感人故事，重点塑造一位忍辱负重、机智勇敢保护共产党机密的伟大母亲形象。该片9月杀青，12月在济南举行首映仪式。

【华韵民族乐团环渤海四省（市）巡演】4月27日至9月28日，国家艺术基金资助项目——“国乐韵·渤海情”烟台华韵民族乐团环渤海津冀辽鲁四省（市）巡演跨越1万余公里，先后走进大连、沈阳、天津、邯郸、青岛、济南等环渤海17座重要城市，举办音乐会17场，艺术研讨会3场，吸引观众3万余人。巡演演出《北京喜讯到边寨》《兰花花叙事曲》等经典音乐作品，以及《乐了山·响了庄》《海阳大秧歌》等独具胶东特色的民族音乐作品。

文博图事业

【公共图书馆评估定级】2017年，全市14个公共图书馆参加全国第六次评估定级，有11个馆达到国家二级以上，其中一级馆7个（烟台市、开发区、莱山区、牟平区、莱州市、招远市、龙口市），二级馆4个（福山区、海阳市、莱阳市、栖霞市）。全市县级图书馆建设分馆18家，总面积6600平方米，流动服务车、24小时自助图书馆、电子书下载机、图书自助借还机、图书流通动态数据分析仪等新技术、新设备在公共图书馆广泛运用，服务方式和服务手段不断更新。

【烟台市博物馆获评国家一级馆】1月20日，烟台市博物馆被中国博物馆协会公布为国家一级博物馆，标志着市博物馆跻身全国一流博物馆序列。年内，市博物馆以全省第一的成绩通过省文物局专家评审，被省文物局推荐上报国家文物主管部门，经全国博物馆定级评估评审委员会综合评审、实地复核和向社会公示，进入第三批国家一级馆名单。至年底，馆内

2017年1月20日，烟台市博物馆获评国家一级馆

馆藏文物46.5万余件，其中三级以上珍贵文物2.8万余件，文物总数和珍贵文物数量均位居全省第二。

【烟台图书馆获评国家一级馆】年内，烟台图书馆通过文化部专家网上评估，获评国家一级馆，成为全省三个免现场评估的地市馆之一。图书入藏量2.1万种3.2万册，报刊年入藏量1148种，书刊外借63万册次。全年借阅量同期增加30%，新增读者12%。践行全民阅读，举办“品书香诵精彩”第七届全市读书朗诵大赛等阅读推广活动181场次，参与人数125万人次，荣获山东省第二届全民阅读示范基地，“书香年华”少儿阅读推广系列活动获评山东省冬春文化惠民季活动品牌。建成“烟台掌上移动图书馆APP”，读者随时随地享受海量数字资源。设立“烟台友好城市图书专区”，与日本名古屋、韩国群山、安山等5个友好城市图书馆及团体进行图书交换，打造烟台对外文化交流窗口。

【胶东革命纪念馆】5月25日，胶

东革命纪念馆正式落成。胶东革命纪念馆由全国重点文物保护单位芝罘俱乐部及部分附属建筑组成，建筑面积约6900平方米，是胶东党性教育基地的主体馆、核心馆，引领胶东党性教育基地烟台教学区、威海教学区，是省市党组织确定开展党员党性教育的重要场所。场馆主要包括英雄胶东、奋发图强、走向辉煌三个基本陈列，展陈大纲11万余字，图片1800余张。通过图片、影视资料、实物、雕塑、场景复原等多种形式，展示胶东在革命战争时期、社会主义革命和建设时期、改革开放时期所取得的辉煌成就，展现胶东人民在中国共产党的领导下为了民族独立、人民解放、国家富强、人民幸福而前赴后继、奋勇前进的光辉历程。至年底，接待省内外培训、学习班次191批、7100余人。

【非物质文化遗产】 年内，市文广新局对胶东全真道教音乐、胶东大鼓等非遗项目进行抢救性保护，录制胶东全真道教音乐四大套曲12首、胶东大鼓传统曲目29首，拍摄制作胶东花饽饽习俗、泥草房纪录片2部。在山东省“非物质文化遗产月”、国家“文化和自然遗产日”期间，先后举办“振兴工艺·弘扬传统”——烟台剪纸、烟台绒绣作品展等主题展览，莱阳豆面灯碗信俗展览登陆央视。“大美民间——胶东民间窗花剪纸艺术展”在欧洲展出。非遗项目生产性保护取得新进展，莱州市惜石斋雕刻艺术中心、福山大面餐饮有限公司、金永服饰有限公司3个单位入选第三批省级非物质文化遗产生产性保护示范基地。海阳大秧歌代表性传承人盛玉宾、于信等5人入选第五批国家级非遗代表性传承人公示名单，另有17人入选第五批省级非遗代表性传承人公示名单。

【文化遗产保护】 年内，市文广新局对上争取文物保护专项资金3528万元。对招远河西李格庄矿区建设等7项基本建设工程实施前期考古调查勘探，勘探面积50余万平方米。配合国家、省文物局开展庙岛群岛水下文物资源普查取得阶段性成果，在南隍城海域发现沉船2艘。开展文物安全状况大排查，检查各级文物保护单位及文物点646处，整改隐患35处。利用省级文物保护专项资金465万元，对海阳市霞河头庄园等4处传统村落进行抢救性维修。全市34家国有、非国有博物馆策划举办特色文博展览90余个，观展人数100万人次。

【烟台山免费开放】 7月1日，烟台山面向全社会免费开放。烟台山是全国重点文物保护单位、国家AAAA级旅游景区、省级爱国主义教育基地、省级党性教育基地、省级党史教育基地，年接待游客近90万人次。

新闻出版

【“扫黄打非”】 2017年，全市开展“扫黄打非”清源、净网、秋风、固边、护苗五大专项行动，组织联合执法集中行动和暗访大检查，出动执法人员10263人次，执法车辆3540车次，检查各类经营单位7891家次，清理游商地摊26处，收缴各类侵权盗版及其他非法出版物18522册，查处2起侵犯著作权案，查处“妖妖”“馒头”为代表的直播平台涉嫌传播淫秽色情信息案。打击网络侵权盗版“剑网”专项治理等行动，对23家连续性内部资料编印单位进行审查，集中销毁各类侵权盗版非法出版物2.7万册（盘），办结案件93件，吊销许可证3家。

【软件正版化】 6月，市文广新局牵头制定《全市政府机关推进使用正版软件工作考评实施细则》。根据《细则》要求，不定期对各县市区人民政府（管委）、市直各单位进行抽查考核。8月，牵头制定《全市推进企事业单位软件正版化工作规划》，要求市软件正版化工作联席会议各成员单位依据职责分工，具体实施市级政府机关所属事业单位和市管国有企业使用正版软件检查整改任务。各县市区所属事业单位和企业使用正版软件检查整改任务，由各县市区规划实施。

【报刊专项整治】 年内，市文广新局对23家省连续性内部资料编印单位出版的2016年度和2017年度内部资料进行详细排查，对《烟台日报》等18家报刊进行抽查及内容审核，严格稿件三审三校制度，坚持报刊编前编后的编务制度，所刊发的新闻报道严格履行采访核实与审核签发制度，未发现刊发未经核实的新闻报道和没有新闻发布资质的网站、微博、微信、客户端等发布的新闻信息。

【优化政务服务环境】 年内，烟台市新增和取消行政许可、行政处罚、行政确认、行政监督20项。许可事项集中到位、授权到位，做到一站式办结，即一窗受理、一网审核、一章审批，全程网办。全程零投诉，办结率、满意率均达100%。与全国对标20个城市、全省17地市对比，审批事项申请材料最少，承诺时限最短。

（撰稿：李雨浓　审稿：李文强）

广播电视

【新闻宣传】 2017年，烟台广播电视台聚焦十九大主线，围绕贯彻省市党代会精神、新旧动能转换、重点项目建设、民生稳定以及建设书香烟台、文明城市五连冠等重大主题，广播、电视、胶东在线等主要媒体组织战役性宣传10多次，开设重点专题、专栏100多个，播发重要稿件5000多条次，拍摄制作全市重点项目推进情况、党性教育基地等10多部高质量电视专题片。聚焦全市经济社会发展新进展新变化、新典型新亮点，强化对上对外宣传，讲好烟台故事。广播在中央人民广播电台《新闻和报纸摘要》播发综合头题6条、提要15条，荣获中央人民广播电台新闻报道优秀供稿奖，省电台发稿总分全省第二；电视在中央电视台发稿123条，其中《新闻联播》发稿21条，综合头题2条、提要4条，央视发稿量创历史最好水平，省电视台发稿总分全省第二。广播、电视分别荣获全省广播电视新闻宣传先进集体一等奖。胶东在线一批重要稿件被国内知名网站转载，举办“山东半岛这五年”主题宣传、“仙境海岸魅力烟台”采风行等外宣活动。福山、莱山、开发区管理处融入当地中心工作，发挥区域主流媒体的作用。年内，全台有13人被表彰为全市优秀新闻工作者。

【品牌建设】 年内，烟台市第六届音乐朗诵会、第五届夏青杯朗诵大赛烟台赛区比赛等活动，紧扣全民阅读主题，助推文明烟台、文化烟台建设。经济广播、交通广播等频率节目全新调整，频率特色化、节目品牌化步伐加快。电视推出的“新春走基层”“烟台好人”“身边工匠”等报道，烟台系列春晚、全能少年、烟台好声音、小小发明家大赛等节目和活动，吸引众多市民的参与和关注。承办2017全国法制类专业频道和节目创新峰会，提升烟台电视媒体在全国的知名度。胶东在线举办的“美丽家园·我的梦”活动，入围中央网信办网络正能量优秀专题活动。广播电视报进行全新改版。电影公司公益放映7万多场次，形成文化惠民品牌。年内，在省以上评奖中，全台70多件作品获奖，位居全省前列。其中广播剧《酒魂》获中国广播剧专家评析一等奖；电视纪录片《血铸河山》获得2015—2016年度中国广播影视大奖，这是荣获国家级政府奖最高奖。

【媒体运营】 年内，广播调整创收政策，强化活动营销、品牌营销，全年举办听众音乐节、健步走等活动100多场次。电视强化内容+运营一体化思维，推进项目负责制，精办节目打造优质广告投放平台，组织中国好苹果大赛等有影响有市场的活动和展会，并以栏目为依托，开发农资、少儿培训、婚庆、健康等产业。胶东在线推进技术市场化，加大舆情分析开发力度，拓展智慧消防、教育、党建等产业项目，收入再创新高。莱山处、福山处、开发区处争取政府财政支持，超额完成全年创收任务。电影公司和印刷厂拓展自营业务，实现收支平衡。

【技术建设】 年内，广播电视节目无线数字化覆盖工程进展顺利，开始试播。推进高清电视系统建设的项目论证工作。广播发射台、电视发射台、海阳转播台、龙口转播台、罗山转播台以及广播、电视、胶东在线、移动电视技术保障部门围绕十九大等安全播出重要保障期，加强日常巡检和应急保障能力建设，实现节目安全优质传输和播出。“山东省首次核应急联合演习”直播得到省有关部门的通报表彰。加强融媒体传播能力建设，广播《新闻早报》实现微信收听。电视新闻综合频道和公共频道信号上线全省IPTV播控平台；发挥高清直播车、卫星车的技术装备优势，依托烟台网络广播电视台、“智慧烟台”客户端，实现重要活动现场直播+融媒体直播的常态化。胶东在线推出“胶东头条”客户端，移动传播力在全国城市新闻网站中稳居前五位。

（撰稿：张涛　审稿：孙鹏飞）

文学艺术

【文学创作】 2017年，全市专业作家创作和出版发表长篇小说、中短篇小说、散文、随笔、评论等各种文学作品300余万字。长篇儿童文学3部：王秀梅《捕风的孩子》《请叫我莫大》《盖弗特的江湖生涯》（安徽少年儿童出版社，2017年6月）；中短篇小说集2部，矫健《天局》《胜天半子》（作家出版社，2017年5月、10月出版。）中篇小说2部：王秀梅《枕中记》（作品，2017年第5期）、《续黄粱》（解放军文艺，2017年第6期）；短篇小说3篇：王秀梅《安贝的夏天》（《人民文学》2017年第6期），凌可新《2011年的娱乐事件》（《山东文学》2017年第4期）、《彗星之夜》（《青岛文学》2017年第11期）。创作发表散文、随笔、评论、创作谈、诗歌等60余篇（首），张洪浩的散文《从我的老照片收藏说起》（《老照片》2017年第113辑），王秀梅的创作谈《通道的入口，端坐着那个名叫蒲松龄的人》（中篇小说选刊，2017年第4期）、《它懂得我心里那些见识冰块的下午》（小说选刊，2017年第8期）等。转载、入选中短篇小说7篇：王秀梅的《枕中记》转载于《中篇小说选刊》2017年第4期，中篇小说《续黄粱》转载于《小说月报》2017年第8期；凌可新的微型小说《挪一下》入选《微悦读·抗战篇：历史天穹，闪烁不灭的群星》（百花洲文艺出版社）、《姥姥姥姥》入选《微悦读·情操篇：总有一种温暖，让灵魂安宁》（百花洲文艺出版社）《门》入选《微悦读·智慧篇：心怀向往，才会美好》（百花洲文艺出版社），王秀梅的中篇小说《蜉蝣之羽》入选《2016中国年度中篇小说》（现代出版社，2017年1月），《浮世光》入选2016中国短篇小说排行榜（百花洲文艺出版社，2017年1月）。主编和副主编文学作品集13部：副主编一套6册儿童少年人文读本的编辑工作，70余万字；编选《张炜文学名篇少年读本·海边的雪》（明天出版社，2017年5月）、《张炜文学名篇少年读本·山地一夜》（明天出版社，2017年11月）；副主编《烟台文艺家访谈录》（黄海数字出版社，2016年9月）；主编万松浦书院网刊《背景》4期，每期40万字，共80万字；参与修订《徐福辞典》（进行中）；修订补充《张炜创作年表》5万字。

王秀梅的长篇童话《魔术师的荣耀》获登2017年1月9日CCTV14好书推荐，入选《2017年“农家书屋”重点出版物推荐目录》，获得烟台市第十一届精神文明建设“文艺精品工程”优秀作品奖；长篇儿童小说《初朵的秋天》入选国家新闻出版广电总局2017年（总第十四届）向全国青少年推荐百种优秀出版物。

【第十届山东省“泰山文艺奖”】 8月，在第十届山东省“泰山文艺奖”评选中，全市在12个艺术门类中赢得戏剧、音乐、曲艺、杂技、美术、书法、电影、电视、摄影、民间文艺等10个门类的14个奖项，其中艺术作品奖二等奖3个、三等奖10个，编剧作品奖1个。获奖总数位居全省17地市之首，创历史最好成绩。大型现代京剧《烟台解放》获戏剧类编剧作品奖，行书《启功先生论书诗六首》册、纪录片《砂大碗》、新闻摄影《承载》等3件作品分别荣获书法类、电影类和摄影类艺术作品二等奖。歌曲《一百岁也要有个娘》、小品《孝顺不能装》、马戏《动物杂技》、连环画《滇缅远征》、草书录刘熙载《书概·游艺约言》、楷书《唐五言古诗补注》册、综艺晚会《梨园争艳——2016烟台市春节电视戏曲文艺晚会》、摄影作品集《海上仙山——长岛》、新闻摄影《传统“翻砂”纪实》组照、剪纸《中国梦》等10件作品获相关门类艺术作品三等奖。

【《烟台诗词》】 1月，由市文联主管，市诗词学会主办的烟台市诗词学会会刊《烟台诗词》创刊。中华诗词学会顾问、中华诗词研究院顾问、中华诗教委员会常务副主任梁东题写刊名。

【文艺活动】 1月11日至22日，市文联组织书法家、美术家等赴福山区福新街道小杨家居民区、牟平观水镇、开发区大季家开展“送春联活动”。1月23日，市文艺评论家协会组织到烟台市武警支队拥军，市属各文艺家协会走社区、进军营累计送春联5000余幅，书法作品600余幅，美术作品200余幅。市文联组织全市文艺家参与“送欢乐下基层”“文明创城”等公益活动，市属文艺家协会年内举办展览、讲座、比赛等活动100多场次。

3月30日，市舞蹈家协会与市园林管理处毓璜顶公园联合举办三月三踏青会，来自全市13支队伍200余人参加活动。4月23日，由省文联、省舞蹈家协会及十七地市舞蹈家协会联合出品的“深入生活，扎根人民”大型歌舞诗剧《谁不说俺家乡好》烟台专场展演在烟台大剧院举行。

5月20日，烟台首届“三维岩土杯”书法大赛颁奖暨市作家协会创作基地挂牌仪式在烟台三维岩土工程技术有限公司举行，30多名艺术家出席活动。6月28日，市书法家协会20位书法家参加庆祝香港回归二十周年主题笔会，共同书写两幅百米长卷。

7月15—16日，山东省青年词曲作者研讨班举行，宋青松、戚建波、栾凯等著名的词曲专家授课。7月18日，国际葡萄·葡萄酒城30周年——书画摄影名家走进烟台采风创作暨书画摄影作品展活动启动，活动由市委宣传部、市文联、市委外宣办（市政府新闻办）、市葡萄与葡萄酒局主办，市葡萄与葡萄酒协会、市摄影家协会、市美术家协会、市书法家协会等协办，中国山东网承办。25日，国际葡萄.葡萄酒城30周年书画摄影作品展暨《烟台红》画册首发仪式在烟台画院举行，活动集中展出书画摄影名家创作的92幅作品，真实、形象、艺术地反映出烟台这座亚洲唯一的国际葡萄.葡萄酒城30年的辉煌发展和未来愿景。7月20日，由市文联主办，市电影家协会承办的烟台市微电影创作培训班举办，特邀山东省电影家协会主席于海丰，山东电影制片厂厂长、国家一级导演王坪授课，40名创作骨干参加培训。7月25日，中国书画艺术促进会烟台分会、烟台市书法家协会，联合组织13名烟台书画家，到烟台武警边防支队，举办纪念建军90周年拥军拥警笔会。

8月1日至8月6日，由市委宣传部、市党史研究室、市文联、市文广新局主办，烟台市书法家协会、烟台城市美术馆承办的“八一高歌”纪念建军90周年主题书法展在烟台城市美术馆举行。8月20日，市散文学会创作活动基地揭牌仪式在所城里 57 号举行。8 月 26 至 27 日，由市文联、市戏剧家协会和牟平区文广新局主办的“安德利杯”烟台市京剧票友大赛在牟平区政务服务中心广场举办。

9 月 16 日至 21 日，第十届中国杂技金菊奖全国杂技比赛项目在蓬莱举办，全国 21 个省份 38 个杂技团（校）和新文艺群体的 63 个节目参赛。9 月 23 日，由市委宣传部、市委党史研究室、市文联、市文广新局主办，市书法家协会、市诗词学会、市楹联家协会、烟台城市美术馆承办的“金秋颂歌”烟台百名中国书协会员书法精品邀请展在烟台城市美术馆开幕，全市具有代表性的 48 名诗人、100 位书法家联袂创作以歌颂党、歌颂祖国、歌颂人民、歌颂家乡为主题的诗词 71 首、楹联 38 副、书法作品 100 件。

11 月 26 日，由市委宣传部、市文联会同芝罘区委宣传部、芝罘区文联举办的“踏上新征程 筑梦新生活”文艺工作者进社区活动在市府礼堂启动，邀请著名评书表演艺术家刘兰芳为市民表演，全市文艺工作者同步分赴毓璜顶街道南通社区、毓西社区、毓东社区、大海阳社区，展开书法、美术、摄影、舞蹈、民间艺术等文艺惠民活动。

12 月 10 日，由市文联、市文广新局、市史志办、市摄影家协会、黄渤海摄影家协会等承办的“传承历史、留住记忆”——朝阳街、所城里民俗文化摄影展在烟台民俗文化城开展，展出的百幅作品为国家级历史文化名城烟台留下宝贵的影像资料。12 月 11 日，市曲艺家协会、市工人文化宫选送的小品《孝顺不能装》应邀参加由中国文学艺术界联合会、中国曲艺家协会共同主办的第五届全国相声小品优秀节目展演相声小品专场演出。

【文艺交流】 3 月 16 日，由中共周口市委宣传部、周口市文联、烟台市文联、红河州文联主办，周口市书法家协会、烟台市书法家协会、红河州书法家协会承办的“春约豫鲁滇”——周口·烟台·红河三地书法联展在周口市博物馆举办，展出书法作品近 200 件。8 月 14 日，由通化市委宣传部、烟台市委宣传部、通化市文联、烟台市文联、通化市文广新局、烟台市文广新局主办，通化市书法家协会、烟台市书法家协会承办的“山海情怀”通化·烟台书法联展于通化市美术馆开幕，展出两市作品 123 幅。

【重大展会】 9 月 22—25 日，2017 中国（烟台）民间工艺品博览会在烟台国际博览中心举办，由中国民间文艺家协会、山东省委宣传部、山东省文联、烟台市人民政府主办，烟台市委宣传部、中国文联民间文艺艺术中心、山东省民间文艺家协会、烟台市文联承办。展会规模为国际标准展台 860 个，参展内容基本涵盖当代中国民间工艺品的各个门类，参展范围为 26 个省市区及 7 个国家和地区。组织中国杂技家协会文化惠民专项演出、振兴京剧码头——中国国家京剧院烟台票友会、2017 百城旗袍暨爱心使者山东决赛、中国工艺美术学会民间艺术委员会第 32 届年会、中国民间艺术家公众接待日等活动。

2017 年胶东系列文艺期刊出版情况一览表

表 32

期刊名称	主管单位	主办单位	全年出版期数
胶东文学	市文联	市作家协会	6 期
烟台散文	市文联	市散文学会	4 期
烟台诗词	市文联	市诗词学会	4 期
烟台画刊	市文联	烟台画院、市美协	1 期
胶东书画	市文联	现代画院	1 期

（撰稿：孙晓政　审稿：贺宗仪）

报　刊

【烟台日报传媒集团】 2017 年，烟台日报传媒集团发挥第一主流媒体的舆论引导作用。《烟台日报》策划推出“喜迎十九大·精彩烟台”“撸起袖子加油干，奋发有为谱新篇”“狠抓重点项目建设，推动新旧动能转换”等系列主题报道；《烟台晚报》围绕十九大、党代会、创刊 25 周年、文明城市五连冠等事件，持续推出图文并茂的精品特刊；《今晨6点》对“烟台好人”评选、城市建设、重大项目进展、重要民生政策解读等进行全方位采访报道。2017年，“大小新闻”手机客户端APP下载用户达到152万，成为烟台影响力最大的移动资讯门户、主流网络新媒体。“大小新闻”突出一个“快”字，对《火灾现场，烟台61岁居民晕倒》《烟台美女穿婚纱进考场》等多起本地重大突发新闻均实现了首发；集团微信公众号主打一个“早”字，力推“早安，烟台”专栏，每天早上6点刊发，融合本地、国内外资讯，可听可看可读；“大小新闻”7个县域频道立足一个“广”字，集纳县域信息，扩大客户端内容的覆盖范围和贴近性。11月，在中央网信办主办的《网络传播》杂志发布的“主流媒体App传播力排行榜”上，“大小新闻”移动客户端位列全国第十四位，地级市第一位。“水母网”立足烟台，全方位融合各类资源，开展线上和线下活动，创新传播具有烟台特色的网络文化，网民关注度与参与度显著增强，主渠道、主阵地和主力军作用凸显。《中国记者》2018年第一期刊文介绍“水母网”融合发展的情况。《烟台日报》《烟台晚报》《今晨6点》全年策划推出“逐梦春天”“社区文化节”“烟台大樱桃品牌推介会”等100余场活动；《华夏酒报》先后举办“春季全国糖酒会高峰论坛”“首届中国果酒发展高峰论坛”等19项品牌活动；“烟台网络电视”举办第二届模拟联合国大会、央视少儿才艺选拔大赛等大型活动；“水母网”全年举办金融知识竞赛、少儿模特大赛等300余场次，涵盖所有行业领域。

（撰稿：孙为刚　审稿：李田）

【《烟台日报》】2017年，《烟台日报》围绕市委、市政府中心工作，开设“砥砺奋进的五年”“喜迎十九大·精彩烟台”“新时代 新气象 新作为”等专栏和专版，推出“逐梦春天”“撸起袖子加油干，奋发有为谱新篇”“发力供给侧，寻找烟台单打冠军”“抓重点项目建设，推动新旧动能转换”“全力实施城市提升工程，建设现代化国际滨海城市”等系列报道。在宣传烟台荣膺全国文明城市“五连冠”、实施城市提升工程过程中，策划推出《烟台荣膺全国文明城市‘五连冠’路径探析》《城市提升工程系列谈》等重点报道。

（撰稿：鲍咏梅　审稿：李田）

【《烟台晚报》】2017年，《烟台晚报》先后推出24个版的“干在实处、走在前列——2018烟台两会特别报道”、88个版的“晚报创刊25周年纪念特刊”、30个版的“文明城市五连冠”特刊等深度报道专版，在微信等新媒体渠道广泛传播。在办好“老于帮办”和“老于问暖”等传统服务栏目的基础上，栏目组与集团民意通呼叫中心96110合作，每周走进社区与居民面对面交流，现场连线相关部门，帮助市民解决问题6000余个。继续创新品牌专栏。晚报策划推出大型制图版“烟台非遗”，以图文并茂的形式反映烟台的栖霞泥塑、螳螂拳、烟台剪纸、棒槌花边、胶东花饽饽等非物质文化遗产项目。

（撰稿：许杰　审稿：李田）

【《烟台年鉴》】《烟台年鉴（2017）》年卷由烟台市人民政府主办、烟台市史志办年鉴编辑部编辑出版，全面记载烟台市自然、政治、经济、文化和社会各项事业的基本情况，采用分类编辑法，坚持以学科分类为主，学科分类与社会分工相结合的编辑原则，设32个类目。主体内容分为类目、分目、条目3个层次，以条目为基本记述单元，旨在为读者提供了解烟台基本信息，为宣传烟台、研究烟台、建设烟台服务。《烟台年鉴（2017）》在山东省优秀史志成果评选中被评为“优秀年鉴”。

（撰稿：云霞　审稿：范宇明）

【《今晨6点》】2017年，《今晨6点》先后推出“加快创新型城市建设”“环保世纪行”“创建食安城市”“烟台好人评选”“全国文明城市五连冠”“烟台两会”“党代会辉煌五年”“重点项目进行时”“城市提升工程”“深化改革进行时”“2017开海寻鲜”“礼让斑马线，到底怎么让”等重点报道。策划推出“葡萄小公主大赛”“最美家乡人评选”“儿童圆梦行动”“小志愿者系列活动”“金龟子朗读”“山东省少儿模特大赛”“烟台大樱桃品牌推介会暨网购节”等大型活动。

（撰稿：殷新　审稿：李田）

【《华夏酒报》】2017年，《华夏酒报》相继推出《全国糖酒会特刊》《全国两会特刊》《国家名酒周刊》《华夏酒报·国家名茶周刊》等特刊专刊，为读者提供精准服务。在市场营销方面锐意改革，先后举办中国酒业十年高峰论坛暨中国酒业新闻网10年盛典、中国千商大会·博鳌酒业峰会等21场次有影响力的品牌活动。年内，《华夏酒报》成立国际部、海峡广告经营中心，拓展海外市场，构建国际化大格局，把触角拓展到港澳台和欧洲。

（撰稿：刘震东　审稿：李田）

【《阅读文摘》】2017年，《阅读文摘》坚持“优中选精”的编辑原则，在版式设计、内容选取上不断创新改进。新增“教育”“健康”板块，更加贴近生活，贴近群众。

（撰稿：盛蕾　审稿：李田）

【《37° 女人》】 2017年,《37° 女人》杂志针对读者的阅读喜好，对杂志做出系列调整，在栏目上更加精耕细作，“女子学堂”“养育之问”“婚恋教室”等栏目与热门的自媒体“大V”联系，获得文章的刊出权，内容选择上以当下情感、育儿方面比较热门的话题为主。杂志的两个公众号粉丝持续增长，阅读率稳定上升，线上线下活动更加顺畅。杂志新媒体受邀入驻“今日头条”“一点资讯”等多家平台，进行不同形式的内容合作，内容传播更加广泛，对外合作模式更加多样。先后推出“2017影响中国杰出女性”“2017最美37° 女人”“2017最受女性喜爱的十大品牌”等评选活动。

（撰稿：刘雪霞　审稿：李田）

【《走向世界·仙境烟台》】 2017年，《走向世界·仙境烟台》杂志新增“老烟台”“异域采风”“图说烟台”等栏目。杂志社推进融媒体发展，下设“仙境烟台网”“仙境摄影网”两个官方网站和“烟台发布”“仙境烟台”两个官方微信公众平台和新浪微博发布平台。

（撰稿：邹刚　审稿：李田）

【黄海数字出版社】 2017年，出版社出版、设计作品84部。在稳固发掘传统电子音像出版的基础上，继续致力于数字出版的运营及赢利模式的创建；在网络原创文学、增值服务方面初步形成适合自身特点数字出版新模式。传统出版、数字出版、增值业务三大业务板块相互融合、相互促进；以传统出版为核心，增收创效，树立品牌；以数字出版内容编辑加工和拓展网络发行渠道为依托培育新兴业务；以增值业务开发做核心业务外的增量。

（撰稿：刘雪　审稿：李田）

责任编校：云　霞

卫生计生·体育

卫生计生

【概况】2017年，全市有各级医疗卫生机构5271处，其中，医院196处，乡镇卫生院108处，街道卫生院8处，社区卫生服务中心（站）258处，村卫生室2803处；疾病预防控制机构14处；卫生监督机构14处；妇幼保健机构14处；采供血机构1处；急救指挥调度中心1处。全市卫生技术人员4.83万人，病床总数4.29万张，执业（助理）医师1.81万人，注册护士1.85万人。全市出生63735人，人口出生率为9.72‰，人口自然增长率为1.02‰，出生人口性别比保持正常，人均期望寿命达到78.71岁，主要健康指标居全省全国先进水平。烟台市位列全省人口目标责任制考核第一名。市卫计委荣获烟台市十九大安保维稳工作先进集体、创建国家食品安全示范市先进单位等称号；实施“双带双联”推动系统党建全面过硬做法入选全市组织系统十大特色工作，委机关连续三届获市直机关道德建设示范奖。

【疾病防控与卫生应急】年内，市卫计委落实重点传染病防控工作。艾滋病持续保持低流行状态，活动性肺结核患者规范管理、流感病毒分离数量质量居全省前列，麻疹首次实现零本土病例，流行性出血热、布病等全部有效控制，全市无重大疫情暴发流行。通过省级消除疟疾考核评估，寄生虫病、地方病、性病麻风病等防治任务全部完成。在全国率先研发“儿童预防接种证明自助查验打印系统”，数字化门诊超额完成计划指标10个百分点，“八苗”接种率同比提高2个百分点，在省“免疫规划疫苗接种率”经济社会发展综合考核中继续领先。推进省级心理健康服务与精神障碍综合防治试点项目，强化重性精神疾病救治和服务管理，全市严重精神障碍报告患病率达到4.32‰，完成省定目标任务。慢性病、口腔疾病等防治成果持续巩固。实施“一评二控三减四健”专项行动，组织开展健康评估、网络减重大赛、健骨操比赛等活动，慢性病管理更加规范。继续做好儿童龋病预防，为3.5万余名学生实施窝沟封闭，口腔卫生工作经验全省交流。职业健康检查、职业病诊断与鉴定工作更加规范。突发事件卫生应急处置科学高效。做好中东呼吸综合征、寨卡病毒病等疫情防控，开展疫情监测评估，科学高效处置我市首例登革热输入病例，未发生疫情扩散。加强急救体系建设。120急救指挥中心出警救护车12万车次，救治急危重伤病员11.1万人，心跳呼吸骤停复苏成功率居全国前列；在全省率先推出“溶栓医院地图”，形成覆盖全市的脑血管病快速救治网络，全市脑梗死溶栓率提升30%。

【爱国卫生】年内，市卫计委制定实施《烟台市健康城市健康村镇建设发展规划（2017-2020年）》，在全省率先开展青少年社工和青年志愿者助力健康城市活动，开展健康城市“进社区”等“十进”活动，经验被共青团中央推广。推进健康细胞工程，建成598个健康细胞工程、40个健康主题公园。在巩固国家卫生城市成果基础上，推进卫生创建工作，省级卫生城市实现全覆盖，烟台、莱州等5市通过省级健康城市试点市初审；14个乡镇、31个村通过市级备案，数量居全省首位。

【公共卫生服务】年内，全市基本公共卫生服务项目增加到14大类49项，人均补助标准提高到50元。全市规范完善城乡居民电子健康档案590万份，0～6岁儿童、孕产妇、老年人规范管理率分别达到95.6%、95%和79.7%，高血压、糖尿病、重性精神疾病患者规范管理率分别达到69.5%、70.5%和84.8%。烟台市代表山东省接受国家基本公共卫生服务项目绩效考核，取得全国第三名的优异成绩。继续开展“创建群众满意的乡镇卫生院”和“全国优秀社区卫生服务中心活动”，6个乡镇卫生院和2家社区卫生服务中心通过国家验收，全市所有乡镇卫生院和村卫生室基本设备配备达到省定目标要求。实施“乡村医生三年免费培训计划”，强化基层卫生适宜技术培训，培训1200余人次。启动新一轮城乡医院对口支援，组织5所三级医院、18所二级医院帮扶146所基层医疗机构。稳妥推进家庭医生签约服务。出台《关于推进家庭医生签约服务的实施方案》，按照重点人群年均130元的标准筹集签约服务费，明确筹资渠道及资金拨付办法，将老年人、孕产妇、0～6岁儿童、高血压患者、糖尿病患者5类重点人群率先纳入签约范围。至年底，签约工作在全市推开，全市组建“1+1+X”服务团队2000个，签约380万余人，签约服务覆盖率达

53.4%，重点人群签约服务覆盖率达62%，达到省定目标要求。

【深化医改】 年内，全市所有公立医院全部取消药品加成，管理体制、补偿机制改革同步推进，医疗费用增幅控制在8%左右，达到国家和省定要求（10%），药占比达到32%，同比下降4.3个百分点，基本达到改革预期。在国家和省对县级公立医院综合改革考核中，全市8县市在全省89个县市中排名居前，其中海阳市获得全省第一，被确定为全省唯一的国家级公立医院改革示范县。推进医疗集团、医共体、专科联盟、远程医疗等多种形式医联体建设，全市组建医疗集团10个、医共体25个、专科联盟4个、远程医疗协作网3个，医联体成员覆盖所有三级公立医院和基层医疗机构。畅通分级诊疗转诊渠道，完善双向转诊流程，居民两周患病首选基层医疗机构的比例达到73%。成立市级公立医院采购联合体，对37个通用名71个品规的急诊急救药品进行带量议价采购，药品价格平均降幅12%，单品最高降幅26%，节省资金322.8万元。指导市直医院全部召开理事会成立会议暨理事会第一次会议，明确理事会临时召集人和执行理事人选，审议通过医院章程；指导各县市区公立医院全部成立理事会，开始按新机制运行。强化药品耗材采购、使用全过程监管。

【妇幼健康服务】 年内加快推进妇幼保健院标准化建设，有建设任务的11个县市区，1个已完成改建，6个改建项目、4个新建项目进展顺利。危重孕产妇和新生儿救治能力显著提高，争取省级资金111万元，完成8个县市新生儿重症监护能力提升项目，项目数量居全省首位；建立2个市级和11个县级危重孕产妇和新生儿救治中心，全市孕产妇、婴儿、5岁以下儿童死亡率分别控制在8.36/10万、2.84‰和3.39‰，保持全省领先。莱州市妇保院荣获省级儿童早期发展示范基地称号。出生缺陷综合防治进一步加强，出生缺陷发生率稳定在5.8‰，免费孕前优生检查、免费产前筛查、免费新生儿遗传代谢性疾病筛查完成率分别达到105%、84%、100%，均超额完成省定任务。重大妇幼项目深入实施，艾滋病、梅毒、乙肝母婴传播项目检测率保持100%，工作经验在全省交流。

【医疗体系建设】 年内，市卫计委争取中央预算内投资1200万元、地方配套3460万元，为卫生计生服务体系建设提供资金支撑。卫生重点项目顺利实施，烟台国际肿瘤医学中心项目开工建设；烟台山医院新院完成主体工程，开始内外墙装修；市传染病医院改扩建项目提前3个月完成主体工程，进入安装阶段；烟台市中医药预防保健与健康管理中心项目完成房租租赁、项目设计以及招标等工作。实施“智慧健康”工程，卫生计生专网实现市、县、乡、村全覆盖，全民健康信息平台建成运行，38家二级及以上公立医院发放居民健康卡140万张。建成基层云、公卫云以及虚拟云平台，90%的乡镇卫生院（社区卫生服务中心）实现信息共享，群众看病就医更加高效便捷。

【医疗服务与医院管理】 年内，市卫计委开展医疗质量安全核心制度落实年活动，组织25家质控中心开展医疗质量考核评估，质控管理实现规范化、常态化。开展全科医师培训、住院医师规范化培训等专业培训，培训1200余人。学科建设进一步加强，创建省级临床精品特色专科2个，1项课题获国家科技部立项，创建2个国家级中医重点专科建设项目。医疗服务持续改进，实施“进一步改善医疗服务行动计划”等活动，优化门急诊和入出院流程，三级医院全面开展预约诊疗服务，平均预约诊疗率达到54%。社会办医加快发展，新引进建设社会办医疗机构91所，新增床位1552张，全市社会办医疗机构增加到1583所，占比达到30%。组织无偿献血5.6万人次，采集全血20.3吨，保障临床用血需求。

【中医药工作】 年内，市卫计委完善中医药工作协调发展机制，建立市中医药工作联席会议制度，中医药发展合力不断增强。开展全国基层中医药工作先进单位创建，2个县市区（栖霞、福山）通过国家考核组验收。推开中医优势病种收费方式改革，覆盖全部二级以上公立医院。强化中医医疗质量管理，开展中医医疗机构传防院感专项检查，新成立中医护理、针灸等5个质控中心。启动实施基层中医药服务能力提升工程“十三五”行动计划，争取上级补助资金308万元，新建成“国医堂”“中医馆”45个，超额完成年度计划，中心卫生院国医堂覆盖率100%。推进名医工程，46人被评为省、市级名中医（基层名中医）。继续开展中医药师承教育、中医规培等工作，继承人考核合格率达到100%，2个中医规培基地通过省级复审。拓展中医药服务领域，推动中医药医养结合试点，在11家二级以上公立中医院新设置“治未病”和老年病科。

【计划生育管理服务】 年内，全市全面实施两孩政策，完善政策配套措施。在机场、火车站及其他公共场所配置母婴设施，用人单位配置女职工哺乳室，制定各年度推进计划并联合总工会督查，全市各级建立母婴设施 301 个。强化办证改革创新，推行微信“网约办证”和“远程办证”，2017 年办理生育登记 78719 例、审批生育证 715 例，生育登记率 93%，高于省 80% 责任书指标，再生育审批及时率 100%，居全省前列。推进流动人口婚育证明电子化改革。办理电子婚育证明 3500 个，网上办证率 95% 以上。加强基层网络队伍建设，确保人员到位、待遇落实。严把落实计划生育一票否决关，印发 260 万份计生有奖举报办法，接到举报 12 例并进行查处。对市级及以上先进单位和个人评选、两代表一委员及预备党员资格审核 84 批次、3302 个单位、2318 名个人，否决 5 个单位、3 名个人。开展流动人口基本公共卫生计生服务均等化工作，动态监测工作完成。开展流动人口卫生计生均等化服务。建档率达到 90.2%、流动儿童预防接种率为 96.8%、0～3 岁流动儿童健康管理率 92.3%；“四术”、避孕药具免费落实率 100%。开展流动人口和农村留守儿童关怀关爱、健康促进活动。组织健康讲座 820 期、发放宣传材料及健康处方 13 万多份、帮助解决实际困难 7287 件、走访慰问 9133 人次、受益人群 11.7 万人。全国实施流动人口动态监测的 1290 个县市区监测质量排名，烟台市参与的 7 个县市区全部进入前四名，其中 2 个县市区排名第一。家庭发展支持体系更加健全。农村计划生育家庭奖扶人数增加 13.3%，特别扶助制度受益人群增加 13%；独生子女死亡和伤残特别扶助标准分别提高到每人每月 620 元、500 元；出台计生特殊家庭住院护理保险；全市所有公立医疗机构为计生特殊家庭开通就医绿色通道，家庭医生签约服务率 100%；计生特殊家庭联系人制度全面落实。

【放管服改革】 年内，市卫计委委托下放卫生计生行政许可事项委托 12 项，占全委许可事项总数的 80%；梳理编制并公开发布公共卫生服务事项目录 72 项，编制服务指南 28 项；公布第一批“只跑一次腿”20 项，“零跑腿”5 项事项清单。开展行政审批事项窗口一站式办理，推行网上预审，受理办结审批事项 5800 余件，窗口被评为全市窗口先进单位。推进简政放权转变政府职能工作，梳理编制并公开发布公共卫生服务事项目录 72 项，服务指南 28 项，证明、盖章类材料 4 项，年检事项 2 项。参加行政应诉 2 起，全部胜诉。开展卫生计生宣传，多视角宣传政策，普及健康知识，全市所有医疗机构全部开通微信、微博，宣传渠道进一步拓宽。健康素养普及和健康促进取得新突破。

【医养结合】 年内，市卫计委以国家医养结合试点市建设为契机，全面加快推进医养结合示范市建设。发挥政府、市场和社会各方面的作用，探索发展医养结合养老服务，通过多方面的保障和支持，推动医养服务深度融合。履行医养结合示范市建设工作领导小组办公室职责，制定实施《关于建设国家级医养结合示范市的实施方案》，细化责任分工，建立起部门配合、上下联动的工作机制，全市建成医养结合服务机构 186 处，医养结合床位达到 1 万张，8 个县市区列为省级医养结合示范县，居全省首位。创新实施“四种模式”和多业态融合发展的做法，得到国家和省卫计委肯定。德国、澳大利亚等国家和国内 30 多个城市先后来烟台考察学习。

【综合监督执法】 年内，市卫计委对卫生计生执法资源进行整合，11 个县市区完成执法资源及职能整合，12 个县市区组建独立的监督执法机构，超额完成省定任务（80%）。开展“卫生计生综合监督规范年”活动，加大监督执法力度，开展 11 个专项整治活动，监督检查 1.2 万家单位，立案查办 453 件，监督覆盖率达到 99.3%。规范行政执法，卫生计生行政处罚案卷在全省案卷评查中荣获一等奖，获全国监督执法微课大赛一等奖。加强食品安全风险监测，完成 18 大类 1540 份食品样本监测任务，监测范围覆盖 14 个县市区。加强食源性疾病监测，在全省率先出台监测信息化建设指导意见，在全市 30 家二级以上公立医院开展监测，监测报告和调查处置工作全省第一。

2017 年烟台市卫计委委属单位出版医学专著一览表

表 33

主编姓名	单位	专著名称	出版社	出版时间
邹　勇	烟台毓璜顶医院	五运六气入门与提高十二讲	人民卫生出版社	2017 年 7 月
高　波	烟台毓璜顶医院	急症影像诊断流程	人民卫生出版社	2017 年 6 月
杨　牟	烟台毓璜顶医院	血管外科手术图解	人民卫生出版社	2017 年 1 月

续表

主编姓名	单位	专著名称	出版社	出版时间
梁立升	烟台毓璜顶医院	实用疼痛药物治疗手册	科学技术文献出版社	2017年7月
王秀丽	烟台毓璜顶医院	临床实用妇科学	中国海洋大学出版社	2017年12月
代丽华	烟台市传染病医院	现代临床内科学	西安交通大学出版社	2017年6月
吴　松	烟台市传染病医院	医学影像检查与诊断的临床应用	吉林科学技术出版社	2017年7月
孙新河　刘伟德	烟台市疾病预防控制中心	大学生健康指导手册	天津科学技术出版社	2017年3月
于美娥　郑绍斐 王晓梅　宋晓娜	烟台市莱阳中心医院	临床新编护理学	吉林科学技术出版社	2017年9月
任秀慧	烟台市莱阳中心医院	新编现代检验学	西安交通大学出版社	2017年5月
李　蕾	烟台市莱阳中心医院	临床妇产科学新进展	科学技术文献出版社	2017年8月
马　华	烟台市莱阳中心医院	针灸推拿技术与临床应用	吉林科学技术出版社	2017年8月
马　华	烟台市莱阳中心医院	实用临床疾病中医诊治与康复	吉林科学技术出版社	2017年8月
孙黎明　黄逢雨 吕晓东　孙建超 李　晶	烟台市莱阳中心医院	现代外科疾病诊断与治疗	吉林大学出版社	2017年6月
薛忠伟	烟台市莱阳中心医院	新编临床肿瘤学	科学技术文献出版社	2017年8月
王朝棋　崔旭辉	烟台市莱阳中心医院	现代临床超声医学	吉林大学出版社	2017年9月
胡人月　孙　帅 许　耀	烟台市莱阳中心医院	心血管疾病临床诊疗思维	吉林科学技术出版社	2017年8月
姜明霞	烟台市莱阳中心医院	妇产科疾病临床指南	科学技术文献出版社	2017年8月
姜明霞	烟台市莱阳中心医院	临床妇产科诊疗精要	吉林科学技术出版社	2017年9月
孙黎明　黄逢雨 吕晓东　孙建超 李　晶	烟台市莱阳中心医院	现代外科疾病诊断与治疗	吉林大学出版社	2017年6月
贺　丹	烟台市莱阳中心医院	心血管常见病临床诊疗学	吉林大学出版社	2017年9月
宫英方　姜明明	烟台市莱阳中心医院	儿科急诊急救管理手册	吉林科学技术出版社	2017年8月
宫英方　姜明明	烟台市莱阳中心医院	精编临床儿科学	吉林科学技术出版社	2017年10月
韩荣霞	烟台市莱阳中心医院	实用临床外科手术学	吉林科学技术出版社	2017年1月
孙　琳	烟台市莱阳中心医院	精编临床护理学	天津科学技术出版社	2017年3月
孙　琳	烟台市莱阳中心医院	实用临床常见病护理学	吉林科学技术出版社	2017年6月
纪建国	烟台市莱阳中心医院	临床常见病诊疗学	天津科学技术出版社	2017年7月
纪建国	烟台市莱阳中心医院	现代临床外科诊疗学	天津科学技术出版社	2017年7月
姜　红　史大敏 刘洪全　邱　波 刘晓宇	烟台市莱阳中心医院	临床消化系统诊疗学	吉林科学技术出版社	2017年8月
刘晓宇　姜　红 孙　慧	烟台市莱阳中心医院	消化系统疾病诊疗与处置方法	吉林科学技术出版社	2017年9月

续表

主编姓名	单位	专著名称	出版社	出版时间
王建波	烟台市莱阳中心医院	现代临床检验医学	科学技术文献出版社	2017 年 5 月
高邵英	烟台市莱阳中心医院	临床常见肿瘤诊断与化疗	吉林科学技术出版社	2017 年 2 月
宋泽军	烟台市莱阳中心医院	实用临床肿瘤疾病诊断与治疗	吉林大学出版社	2017 年 9 月
邱振玲	烟台市莱阳中心医院	现代护理学新进展	科学技术文献出版社	2017 年 6 月
贺　丹	烟台市莱阳中心医院	临床内科常用技术和诊疗要点	吉林科学技术出版社	2017 年 12 月
朱　巧等	烟台市中医医院	现代临床康复医学	西安交通大学出版社	2017 年 8 月
王　艳等	烟台市中医医院	现代临床中药学	西安交通大学出版社	2017 年 7 月
吴长岩	烟台市中医医院	针灸推拿技术与临床应用	吉林科学技术出版社	2017 年 9 月
侯爱画等	烟台市中医医院	中医肿瘤学	吉林科学技术出版社	2017 年 5 月
于　丽	烟台市中医医院	新编眼科疾病诊疗与预防	西安交通大学出版社	2017 年 5 月
黄晓红	山东省莱阳卫生学校	病理检验技术	人民卫生出版社	2017 年 8 月
田仁礼	山东省莱阳卫生学校	心理学基础	人民卫生出版社	2017 年 3 月
董　文	山东省莱阳卫生学校	春季高考 英语专项突破	电子科技大学出版社	2017 年 1 月
董　文	山东省莱阳卫生学校	春季高考 英语专项突破检测卷	电子科技大学出版社	2017 年 1 月
宫翠风	烟台市心理康复医院	临床心理学研究	吉林科学技术出版社	2017 年 7 月
姜德利	烟台市心理康复医院	精神病学	吉林科学技术出版社	2017 年 5 月

2017 年烟台市卫计委委属单位获得专利情况一览表

表 34

发明人	发明人所属单位	专利名称	专利号	专利类别	获得时间	国别
陈　萍	烟台毓璜顶医院	一种静脉血管剥脱器	ZL201510602389.1	发明专利	2017.11.10	中国
刘淑君	烟台毓璜顶医院	白内障手术超声乳化针头	ZL 2017 1 0138357.X	发明专利	2017.8.25	中国
刘　娟	烟台毓璜顶医院	一种含重组人 PRDX4 蛋白的人精液冷冻保护剂	ZL 2015 1 0759002.3	发明专利	2017.5.24	中国
吕俊英	烟台毓璜顶医院	一种胃肠外科术后病床护理装置	ZL2016 2 0385807.6	实用新型	2017.1.4	中国
王永涛	烟台毓璜顶医院	一种放射性核素分装标记辐射防护柜	ZL 2016 2 0587138.0	实用新型	2017.1.4	中国
于绍平	烟台毓璜顶医院	一种肝胆外科用止血装置	ZL 2016 2 0693845.8	实用新型	2017.3.8	中国
张凤荣	烟台毓璜顶医院	一种医疗用液体药剂搅拌装置	ZL201620885813.8	实用新型	2017.2.22	中国
贺兰英	烟台毓璜顶医院	一种髋关节软组织牵引开拉钩	zl 2016 2 0693689 .5	实用新型	2017.3.8	中国
贺爱杰	烟台毓璜顶医院	一种神经外科护理用头部固定装置	ZL 2016 2 0703783.4	实用新型	2017.4.12	中国
杨秋花	烟台毓璜顶医院	一种产科羊水破膜器	ZL 2016 2 0693969.6	实用新型	2017.3.8	中国

续表

发明人	发明人所属单位	专利名称	专利号	专利类别	获得时间	国别
李　军	烟台毓璜顶医院	一种心血管扩张装置	2.0162E+11	实用新型	2017/2/28	中国
张丽英	烟台毓璜顶医院	一种外科手术垫	ZL 201620717801.4	实用新型	2017.3.15	中国
庄振利	烟台毓璜顶医院	一种用于胸外科的功能器具	ZL 2016 2 1233526.5	实用新型	2017.9.1	中国
郑秀玲	烟台毓璜顶医院	造影剂搅拌装置	ZL 2017 2 0115436.6	实用新型	2017.8.29	中国
刘淑燕	烟台毓璜顶医院	一种粘贴伤口敷料	ZL 2016 2 1204904.7	实用新型	2017.8.29	中国
王文艳	烟台毓璜顶医院	一种新型多功能口腔护理开口器	ZL 2016 2 1288309.6	实用新型	2017.9.8	中国
徐晓霞	烟台毓璜顶医院	一种口腔清洗的多功能工具	ZL 2016 2 1288249.8	实用新型	2017.9.8	中国
迟大伟	烟台毓璜顶医院	一种口腔护理专用设备	ZL 2016 2 1288319.X	实用新型	2017.10.17	中国
王晓莉	烟台毓璜顶医院	一种矫治小儿足内翻的专用鞋	ZL 2016 2 0872274.4	实用新型	2017.08.11	中国
王晓莉	烟台毓璜顶医院	一种小儿科专用输液装置	ZL 2016 2 0838193.2	实用新型	2017.05.17	中国
刘雪莲	烟台毓璜顶医院	一种气管切开固定带	ZL 2016 2 1275485.6	实用新型	2017.12.01	中国
于　芝	烟台毓璜顶医院	一种新型胃镜护理检查装置	ZL 2016 2 1288317.0	实用新型	2017.12.8	中国
侯爱辉	烟台毓璜顶医院	一种儿科用口腔护理清洗装置	ZL 2016 2 1288250.0	实用新型	2017.9.8	中国
刘先娟	烟台毓璜顶医院	一种耳鼻喉科内镜消毒装置	ZL 2016 2 0966500.5	实用新型	2017.5.10	中国
赵红伟	烟台毓璜顶医院	一种适用于医院的防直接接触型垃圾桶	ZL 2016 2 1272360.8	实用新型	2017.06.27	中国
庄桂敏	烟台毓璜顶医院	西林瓶开瓶器	ZL 2017 2 0165065.0	实用新型	2017.09.08	中国
王艳梅	烟台毓璜顶医院	一种肾内科血液透析机用体外循环管路	ZL 2016 2 1173730.2	实用新型	2017.8.8	中国
管丽娜	烟台毓璜顶医院	营养液自动配液装置	ZL 2017 2 0508319.4	实用新型	2017.12.1	中国
郑　坚	烟台毓璜顶医院	一种用于流产吸引器上的无菌过滤壶	ZL 2016 2 1494146.7	实用新型	2017.8.11	中国
贾风玲	烟台毓璜顶医院	妇产科产后装置	ZL2016 2 0747384.8	实用新型	2017.3.22	中国
王桂芳	烟台毓璜顶医院	一种病人自行控制移动护理床	ZL2016 2 1276604.x	实用新型	2017.9.08	中国
杨丽萍	烟台毓璜顶医院	一种医院检验科用试管架装置	ZL 2017 2 0308633.8	实用新型	2017.11.14	中国
王晓丽	烟台毓璜顶医院	一种化疗药配制针筒	zl 2016 2 0841242.8	实用新型	2017.5.17	中国
杨秋花	烟台毓璜顶医院	一种产科羊水破膜器	ZL 2016 2 0693969.6	实用新型	2017.03.08	中国
王凯丽	烟台毓璜顶医院	一种手术室护士专用护理服	ZL201621379219.8	实用新型	2017.6.30	中国
李桂芹	烟台毓璜顶医院	一种新型引流装置	ZL 2016 2 0826013.9	实用新型	2017.5.17	中国
李桂芹	烟台毓璜顶医院	一种妇科冲洗装置	ZL 2016 2 0836012.4	实用新型	2017.5.17	中国
车　红	烟台毓璜顶医院	一种四面仿人体充气护理床	ZL 2016 2 1288204.0	实用新型	2017.9.8	中国
王秀丽	烟台毓璜顶医院	剖宫产手术辅助器材移动架	ZL 2017 2 0057748.4	实用新型	2017.12.26	中国
李艳梅	烟台市烟台山医院	肢体风湿疾病缓解治疗仪	ZL20162104 8821.3	实用新型	2017.7.7	中国

续表

发明人	发明人所属单位	专利名称	专利号	专利类别	获得时间	国别
盖文明 刘　伟	烟台市传染病医院	多用床边管路固定器	ZL201620835744.x	实用新型	2017.5.3	中国
代丽华	烟台市传染病医院	一种治疗慢性胃炎的中药	ZL2014 1 0229454.6	发明专利	2017.2.8	中国
代丽华	烟台市传染病医院	呼吸内科用呼吸机	ZL2015 1 0083210.6	发明专利	2017.3.1	中国
程永远	烟台市莱阳中心医院	医学影像胶片存放装置	ZL2015 1 0083999.5	发明专利	2017.1.4	中国
王朝棋	烟台市莱阳中心医院	一种新型实用彩超机	ZL2016 2 1229511.1	实用新型	2017.9.11	中国
孙　惠	烟台市莱阳中心医院	一种带有护理桌的病床	ZL2016 2 0904613.2	实用新型	2017.5.17	中国
孙　惠	烟台市莱阳中心医院	一种颈椎慢性劳损护理枕	ZL2016 2 0904612.8	实用新型	2017.8.19	中国
纪建国	烟台市莱阳中心医院	一种骨科临床骨折用续骨装置	ZL2016 2 1105117.7	实用新型	2017.7.11	中国
纪建国	烟台市莱阳中心医院	一种骨折临床防二次感染清洗灭菌装置	ZL2016 2 1105118.1	实用新型	2017.8.4	中国
姜　红	烟台市莱阳中心医院	一种不易脱出的肛塞	ZL2016 2 0826651.0	实用新型	2017.6.9	中国
史大敏	烟台市莱阳中心医院	一种胰腺穿刺针	ZL2016 2 1256610.9	实用新型	2017.9.19	中国
史大敏	烟台市莱阳中心医院	一种带有双锥状端头的胃管	ZL2016 2 1256681.9	实用新型	2017.9.19	中国
邵　丽	烟台市莱阳中心医院	一种耳鼻喉科检查器械	ZL2016 2 1225391.8	实用新型	2017.8.25	中国
盖宁宁	烟台市莱阳中心医院	一种关节镜手术用关节软骨通风结晶刮除器	ZL2016 2 1367869.0	实用新型	2017.11.17	中国
盖宁宁	烟台市莱阳中心医院	一种大拇指外翻矫治鞋	ZL2016 2 1102493.0	实用新型	2017.8.25	中国
邱相伟	烟台市莱阳中心医院	医用自动调光电子照明设备	ZL2017 2 0366764.1	实用新型	2017.12.15	中国
史丽英	烟台市中医医院	一种医疗护理科用护理床	ZL 2016 2 1485448.8	实用新型	2017.11.28	中国
吴　菲	烟台市口腔医院	新型根管药物输送器	ZL 2016 2 1234989.3	实用新型	2017.09.05	中国
林玉红	烟台市口腔医院	橡皮障架	ZL 2016 2 1015147.9	实用新型	2017.08.08	中国
张萌萌	烟台市口腔医院	改良型调拌刀	ZL 2016 2 0720999.1	实用新型	2017.05.03	中国
杨云东	烟台市口腔医院	种植用牙龈U型修整瓣修整剪刀	ZL201620521132.3	实用新型	2017.01.25	中国
孙学武	烟台市口腔医院	下颌无牙合改良托盘	ZL2016 2 1010841.1	实用新型	2017.09.29	中国

（撰稿：王宏嘉　审稿：王永秋）

体　育

【概况】 2017年，全市新增体育场地面积20万平方米，烟台运动员在全运会上夺得44枚奖牌，助力山东成就全运会“三连冠”，烟台体育公园全民健身广场等重点项目如期完工，市体育局等11个单位获全国群众体育先进单位，9人被评为全国群众体育先进个人。

【全民健身】 年内，全市新建350处健身场地设施，新增体育场地面积20万平方米。统筹推进《烟台市区公共体育设施布局专项规划（2016—2020）》，拟规划建设的96处体育设施完成44处，其中市级完成12处，区级完成3处，社区级完成29处。筹资1300万元，调整土地6.8公顷，新建烟台体育公园全民健身广场，设置10个网球场、6个篮球场、6个门球场、3个气排球场、2个11人制笼式足球场、1个射箭场和800米健身步道。筹集省、市两级体彩公益金1070万元，购置3328件健身器材，为277个省级贫困村和73个市级贫困村高标准配置健身设施。市级体育总会设立秘书处，12个县市区、154个乡镇（街道）建成体育总会，实现体育总会组织市、县、乡三级全覆盖。在单项体育协会（俱乐部）方面，市级新成立4个，县市区新成立26个，市属体育社团45个、县市区体育社团达到213个。出台《烟台市体育社团考评办法》，加强对体育社会组织的指导、管理和服务。举办健身气功五种新功法（缩短版）等二级、三级社会体育指导员培训班18期，培训2000多人，全市社会体育指导员2.4万人。全市13个县市区配备全套IC卡国民体质监测系统，其中，8个县市区配备骨密度测试仪等高端监测仪器，向群众发放《体质监测与科学健身》宣传册1.2万份。

【竞技体育】 2017年，在第十三届天津全运会上，113名烟台籍运动员参加17个大项43小项的比赛，取得12枚金牌、15枚银牌、17枚铜牌的成绩。其中，烟台籍运动员于小凯在男子飞碟多向决赛中为山东代表团夺得竞技项目的首枚金牌；连续参加两届全运会的老将李玲蔚，在女子标枪决赛中成功卫冕；魏萌在射击（飞碟）女子双向比赛中战胜奥运冠军张山，夺得该项目冠军；姜立伟、高冰、于丽萍等3人助力省男、女橄榄球项目夺冠；付侯文、李洋、宋子豪、李媛、乔燕姿、高冬梅、吴启明、姜帆、孙一文、李佳伦、王瑞、吴晓军等夺得相关集体项目的金牌。举办烟台市第九届运动会，设置青少年体校组和学校组二个组别，设有20个大项、605个小项的比赛，从5月份开始，历时5个月，有220多所中小学校、5300多名运动员、教练员参与。全年有1340名运动员参加26个项目的省锦标赛，获得173枚金牌、118枚银牌、141枚铜牌。全市有519名运动员通过运动员文化考试。4800多名中小学生参加普及游泳培训，500多名中小学生参加超体重学生“健康夏令营”活动。

【体育产业】 年内，市体育局立足烟台武术资源，打造“一赛（“云峰对决”国际自由搏击赛）一节（烟台国际武术节）”武术品牌。莱州市政府与烟台市体育局联手打造的“云峰对决”国际自由搏击赛，全年投入300多万元，举办8场比赛。8月8日至10日举办的第十四届烟台国际武术节，参赛人数2000多人，有美国、德国、加拿大等22个国家和地区的选手参加比赛，参赛国家、参赛人数较往届都有增加。全年承办省级以上体育赛事40多个，来烟参赛的运动员、裁判员、随行人员近万人次。举办第十六届亚洲蹼泳锦标赛暨2017年亚洲青年蹼泳比赛，烟台市成为全国唯一先后举办过世界蹼泳锦标赛、蹼泳世界杯总决赛、蹼泳世界杯分站赛、亚洲蹼泳锦标赛、亚洲青年蹼泳比赛等蹼泳项目全部国际赛事的地级城市。蓬莱和圣马业马术产业园区占地27公顷，投资8000万元的国际标准马术训练场地完成基础建设，蓬莱和圣马业被省体育局授予“山东省马术训练基地”；投资1.6亿元的莱山清泉海洋科技海上固定垂钓平台、潜水基地、游艇帆船码头正在建设中；莱州中华武校的足球学校筹备中；福山区引进总投资10亿元的冰上运动综合体项目。全市争创1个国家沙滩体育运动休闲基地、1个山东省体育产业示范基地。争取4个山东省体育产业扶持资金项目，到位资金200万元。全年体彩主渠道销量11.5亿元，其中芝罘区、开发区、莱阳市突破亿元大关，销售网点900个，筹集体彩公益金800多万元。

【体育宣传】 年内，在国家、省、市等各类媒体上发表播出宣传烟台体育相关新闻报道1340条，主流媒体跟进报道重要体育赛事活动40余项；与烟台日报联手策划撰写《烟台市游泳训练中心党支部—让党建成为发展“源动力”》《烟台市老年人体育协会党总支—全市老年体育事业的助推者》《张铮：学生招进来了，就要负责》《幕后英雄王华伟：干体育的，就这样》等专题文章；协调中央电视台对“7.16全民游泳健身周”全国启动日暨第20届全国公开水域游泳锦标赛、山东省第七届全民健身运动会开幕式进行播报。

【重要会议与活动】 1月18日，全市体育工作会议暨烟台市国民体质监测中心揭牌仪式在芝罘区全民健身中心召开，授予芝罘区体育发展中心等9个单位“烟台市体育工作先进单位”称号，授予芝罘区竞技体育学校等7个单位“烟台市优秀竞技体育学校”称号。

1月30日，烟台籍运动员蔡宗菊在澳门举办的第五届CCTV贺岁杯IBF（国际拳击联合会）世界拳王争霸赛中以点数战胜现役105磅世界女拳王—日本拳王多田悦子，成为IBF女子迷你轻量级世界拳王，成为该拳击组织的首位中国女子世界拳王。

3月18日，国家体育总局器材装备中心李桦主任一行到莱州中华武校调研体育产业发展情况。

3月18日，烟台市航模协会成立大会暨第一届会员代表大会在高新区举行。

4月10日，首届山东省跆拳道社会体育指导员培训班在开发区举行，来自青岛、威海、烟台、潍坊等城市的32名优秀跆拳道教练员培训。

4月22日，山东省第七届全民健身运动会开幕式在烟台滨海广场举行，副省长王随莲出席开幕仪式并宣布运动会开幕，省体育局局长李政致开幕词，烟台市委副书记、市长张永霞致欢迎词。开幕式上，来自烟台市各行各业的5000余名群众进行少儿健身操、广场拍打操、青春健美操、健身气功、武术表演、太极拳表演等健身项目展演。

4月22—23日，2017年全省群众体育工作会议在烟台召开，省体育局局长李政、副局长乔云萍分别讲话，淄博市、烟台市、聊城市、邹城市、新泰市、省棋牌管理中心等6个单位作交流发言。

8月8日—10日，由省政府研究室、省体育局、省教育厅组成的联合调研组来烟台就体校建设发展情况进行专题调研。

9月14日，2017全国潜水教练员培训班在烟台清泉海洋牧场举行。

9月28日，中国橄榄球协会主席陈立人、省体育局副局长隋拥军、省威海体育训练中心主任崔江一行6人到烟台对橄榄球项目的发展情况进行调研。

10月28日，IBF世界拳王争霸赛在澳门举行，中国唯一的世界女拳王、烟台籍运动员蔡宗菊战胜WIBA/GBU双料世界冠军“女帕奎奥”阿班尼尔，赢得世界头衔卫冕战，成为拳击历史上第一位成功卫冕IBF世界金腰带的中国选手。

11月10日，山东省第七届全民健身运动闭幕式在滨州医学院（烟台）大学生活中心举行，省体育局局长李政致闭幕词，张波副市长致欢迎词。

12月10日，第二十二届亚洲潜水联合会代表大会在烟台市莱山区海悦大厦第四会议室召开，中国、泰国、印度、韩国、中国香港等11个国家和地区的亚洲潜水联合会代表出席会议。

【重要赛事】 2月7日，2017年全国少儿游泳冠军赛在市体育公园游泳跳水馆开赛，北京、上海、天津、山东、湖北、广西等19个省、市、自治区36支队伍，849名运动员、教练员参赛。

4月8—16日，2017山东省女子（乙组：12～11岁）足球锦标赛，在芝罘区人民体育场和烟台一中南校体育场举行，全省17个地市近200名运动员参赛。

4月22—24日，山东省第七届全民健身运动会太极拳比赛在烟台举行，比赛设规定套路、传统套路、集体项目三个大项，分五个年龄级别，来自全省31支代表队368名运动员参加比赛。

4月22日—27日，山东省篮球锦标赛（男子甲组）在蓬莱体育馆举行。

5月7—9日，2017年山东省青少年赛艇锦标赛在栖霞长春湖畔的烟台市赛艇皮划艇训练基地举行，来自济南、青岛、淄博、枣庄、烟台、威海等15个地市371名运动员参加，烟台赛艇队以12金3银2铜位列奖牌榜首位。

5月16—20日，2017年山东省“中国体育彩票杯”橄榄球锦标赛在烟台体育公园举行，全省11支男队、8支女队317名运动员参加比赛。

6月3日，2017“鼎辉华夏杯”山东省健美健身公开赛在烟台大学弘毅厅举行，全省20余支代表队200多名运动员参赛。

6月5日，烟台市第四届广场健身操舞大赛暨山东省第二届广场健身舞大赛选拔赛在烟台体育公园举行，全市14个县市区63支代表队参赛1500多人参加比赛。

6月15日，烟台市武术代表团一行53人，受邀参加香港“盛世中国梦——2017香港回归祖国20周年庆典”演出大赛。

7月8日，2017年“7.16全民游泳健身周”全国启动日主会场活动暨第20届全国公开水域游泳锦标赛开幕式在山东蓬莱海滨浴场举行。

7月17日，2017年烟台市“市长杯”校园足球联赛暨“中国体育彩票杯”体育联赛足球比赛、校园足球夏训营在牟平区职业中专开幕，各县市区和市直学校50支代表队、597名运动员和教练员参加4个组别的108场比赛。

7月20—23日，2017卡尔美体育中国摩托艇俱乐部大奖赛在海阳亚沙新城正式开赛，北京、上海、杭州、福州、广西、武汉、三亚、广州、濮阳、烟台、大连、青岛等地23支队伍参赛。

7月26日，第十五届全国少儿足球邀请赛烟台赛区在烟台大学体育场举行，全国13个省、25个城市、76支球队近千名足球小将在烟台进行332场比赛。

7月28日，2017年山东省少年象棋锦标赛在烟台举行，全省33个棋院（俱乐部）262名小选手参加比赛。

7月29日，第三届中国海阳螳螂拳国际武术节暨中国武术协会段位制考评赛在海阳市新元广场举行，中国、俄罗斯、越南等国家和地区23支代表队300多名武术爱好者参加比赛。

7月30日，2017年第十三届斯帝卡杯全国乒乓球巡回赛烟台赛区比赛在烟台市体育馆举行，全国各地109支队伍409名运动员参赛。

8月5日，2017年第十七届全国武术学校散打比赛在开发区举行，全

2017 年 12 月 23 日，“云峰对决·王者冠军赛”在烟台市体育馆举行

国各地 45 所武术学校 244 名运动员参加比赛。

8 月 8 日，第十四届烟台国际武术节开幕式在烟台市体育馆举行，烟台市政府副市长张波出席开幕式，国内国外 103 个参赛代表队 2000 多名武术爱好者参与。

8 月 9 日—11 日，第十三届全国运动会游泳少年组比赛在烟台体育公园游泳跳水馆举行，全国 430 名运动员参加比赛。

8 月 19 日，2017CIDU 中联艺术第八届青少年国际舞蹈锦标赛、中国烟台第十一届“和谐杯”国际体育舞蹈公开赛、烟台市第十七届体育舞蹈锦标赛、烟台市第七届全民健身运动会体育舞蹈竞赛在烟台市体育馆举办，91 支代表队 3198 人参加比赛。

8 月 20—27 日，2017 中国城市篮球联赛烟台赛区比赛在牟平区举行。

8 月 27 日，烟台市冬泳俱乐部成立 35 周年暨 Few 杯全国公开水域邀请赛在芝罘区第一海水浴场举行，全国各地 36 支队伍 426 名运动员参加比赛。

9 月 9 日—10 日，“长岛旅游杯”2017 年全国海钓锦标赛（山东长岛站）在长岛县喉矶岛海域开赛，相关省市 31 支队伍、124 名选手参加比赛。

9 月 24 日，烟台市第九届运动会在烟台体育公园体育场开幕，市委副书记、市长张永霞出席并宣布开幕，副市长张波致开幕词。

9 月 24 日，烟台市职工健骨操大赛在烟台市体育公园举行，各县市区和市直单位 18 支队伍、400 多名职工参加比赛。

10 月 26—28 日，2017 年“中国体育彩票”山东省第七届全民健身运动会游泳救生职业技能竞赛在烟台体育公园游泳跳水馆举办，全省 17 市 30 支参赛代表队 200 余名运动员参赛。

10 月 29 日，2017 龙口国际马拉松赛在龙口市人民公园举行，世界各地 1.1 万余人参加比赛。

11 月 1—15 日，2017 年全国青少年跆拳道训练营在烟台市体育馆举行，新疆、内蒙古、河北、河南、山西、山东等 6 个省 80 余名教练员、运动员参加。

11 月 9—10 日，山东省老年人羽毛球比赛在烟台市芝罘区怡聚德羽毛球馆举行。

11 月 13 日，2017–2018WCBA 中国女子篮球联赛山东高速女篮比赛主场落户蓬莱。

11 月 26 日，2017–2018 年度全国大众跆拳道系列赛山东站暨山东省大众跆拳道锦标赛在烟台市体育公园体育馆举行，全国各地 51 家跆拳道馆、1458 名运动员参加比赛。

12 月 9—12 日，第十六届亚洲蹼泳锦标赛暨 2017 年亚洲青年蹼泳锦标赛在烟台体育公园游泳跳水馆举行，中国、韩国、日本、越南、印尼等 9 个国家和地区 233 名蹼泳运动员参加比赛。

12 月 18—20 日，2017 年全国少儿游泳分区赛（山东赛区）在烟台市莱山区体育公园游泳跳水馆举行，南京、厦门、苏州、济南、青岛、烟台的 316 支队伍 429 名运动员、教练员参加。

12 月 23 日，“云峰对决·王者冠军赛”在市体育馆举行。该项赛事由市体育局、莱州市人民政府主办，烟台市武术协会、山东省莱州中华武校承办，5 月在莱州开启，每月 1 场，年内举办 8 场。

（撰稿：徐彬　审稿：李玉忠）

责任编校：云　霞

社会生活

人力资源管理

【概况】 2017年，全市引进各类人才3.5万人，其中博士、硕士3500人；引进海外留学人才426人；引进高层次外国人才710人（次）。创办留学人员企业及高技术企业25家。吸引60名千人计划专家、博士后来烟就业创业和开展技术服务。抓好领军人才选拔推荐，培养引进泰山产业领军人才5人（科技创业类3人、技能类2人）；新增省有突出贡献的中青年专家2人，评选市有突出贡献专家33人；1名外国专家获评“齐鲁友谊奖”，入选省外专“双百计划”项目3个，实施国家、省级引智项目10个；新增齐鲁首席技师16人，评选市首席技师33人，在国家、省各项政府人才项目评选中，烟台市入选人数均位居前列。

【人才政策】 年内，市人社局出台实施落实创新驱动战略人才引进博士后资助、技能人才培养选拔、技能竞赛管理等文件，采取发放高层次人才购房补贴、引才奖补、提高博士后站建站资助标准等积极举措，年内落实引才育才政策扶持资金4031万元，系统性增强人才政策吸引力。

【高技能人才】 年内，全市培训专业技术人员6万余人，承办国家、省高级研项目3个。新增高技能人才7732人，完成金蓝领培训1453人。全市举办职业技能竞赛89项，参赛选手5000余人。世界技能大赛中国集训基地（烟台城乡建设学校）培养2名选手分获瓷砖贴面项目金牌、抹灰与隔墙系统优胜奖，取得历史最好成绩。

【人才载体】 烟台高层次人才创业园4个分园年内投入使用，入驻创业项目61个；烟台留学人员创业园成为首批省级留学人员创新创业示范园，先后举办的高层次人才创业、第二届“业达智汇谷”创新创业等比赛，吸引200余个项目（团队）参赛。推动技工院校内涵发展，新设工业机器人应用维护等7个专业，烟台技师学院成为国家高技能人才培养基地，新增齐鲁技能大师特色工作站2处，形成覆盖更广、层次更高、承载力更强的人才创新创业载体群。

【人才评价】 年内，全市完成基层卫生和中职院校职称改革，承接高级经济师等8个系列高级评审，将中小学教师中级职称评审权限下放至县市区，全年完成评审7000余人。开展职业资格清理整顿，全市取消职业资格194项，组织实施的66项中，无自行设置的水平评价类、准入类等职业技能鉴定和评审。抓好人事考试、技能鉴定考试等考务规范工作，举办人事考试16项，组织职业技能鉴定考试354场次，参考18.1万人，全部实现安全高效运行。

【人力资源服务业】 年内，市人社局落实国家人力资源服务业发展行动计划，加强品牌培育、环境营造和载体建设，继续举办中国人力资本论坛等活动。全市人力资源服务机构突破300家，实现产值28亿元，其中中国烟台人力资源服务产业园集聚企业40家，营业收入超过15亿元，新引进上海外服、腾讯学院、日本库涅（qunie）等国内外名企入驻。烟台市德衡人力公司在新三板上市，4家企业参评“全国人力资源诚信服务示范机构”，数量居全国地级市首位。

社会保障

【社保制度改革】 2017年，烟台市深化机关事业单位养老保险制度改革，按新制度计发养老金、省属驻烟机关事业单位参保等重点任务进展顺利。完成市直机关纳入职工医保工作，市直和5个县市区机关事业单位建立补充医疗保险制度。启动实施职工大病保险制度，最高支付限额20万元，为2660人次报销医药费1526万元。在蓬莱市启动职工长期护理保险制度试点。通过居民基础养老金与缴费年限挂钩制度、提高参保居民个人账户利率等措施，引导居民长期连续参保。

【社保覆盖范围】 年内，全市全民参保登记入户调查全面完成。建立贫困人口居民养老保险和医疗保险参保长效机制，7650人参加养老保险、7.6万人参加医疗保险，基本医保和大病保险报销到位。落实建筑业按项目参加工伤保险政策，623个新开工项目参保率100%。全市养老、医疗、失业、工伤、生育保险参保分别达533万人、622万人、111万人、120万人、113万人，超额完成省下达的扩面任务。

【社保待遇水平】 年内，全市机关事业单位、企业退休人员月人均增发养老待遇221元、154元。将18种治疗癌症的靶向药和特效药纳入居民大病保险报销范围。失业金由每人每月1000元提高至1080元。居民医疗保险财政补助标准提高到每人每年450元。及时调整提高一级至四级工伤职工伤残津贴、生活护理费和供养亲属抚恤金标准。

【基金管理】 年内，全市落实降低失业保险费率政策，实行工伤浮动费率管理，调整提高生育保险费率。上解运营企业养老保险基金43.7亿元，为县市区调剂统筹基金39.1亿元。督促落实被征地农民个人账户资金1.35亿元。完成全省养老保险基金专项审计等4个迎审任务，开展全市居民养老保险经办内控、医疗保险异地就医等5次专项检查，严厉打击医保基金诈骗、冒领待遇等欺诈行为，挽回基金损失867.13万元。年内全市征收各项社保基金310亿元，支出349亿元，基金收支管理和保值增值水平不断提高。

【经办服务】 年内，全市企业职工退休、工伤认定和劳动能力鉴定等实行网络申报服务。推行医保支付方式改革，实行精神类疾病实施按床日付费、141个病种按病种付费。烟台市33个定点医疗机构实现跨省异地就医住院费用即时结算。

（撰稿：杜抗抗　审稿：任建平）

民　政

【城乡低保】 2017年，市政府将城乡低保标准调整到每人每月580元和374元，分别比上年提高22元和25元，农村低保标准全部达到省定扶贫线（3509元）以上，城乡低保标准之比由上年的1.6∶1降为1.55∶1。继续在全市开展阳光低保专项整治行动，落实低保审批管理责任，规范申请受理、入户调查、民主评议、经济核对、公开公示、审核审批等重点环节，巩固动态管理下的应保尽保、应退尽退。至年底，全市有城市低保对象9207人，发放城市低保金7178.4万元，人均月补差425.55元，占低保标准的73%；全市有农村低保对象80726人，发放农村低保金22019.2万元，人均月补差227.30元，占低保标准的61%。

【农村特困人员救助供养】 年内，市政府出台《关于进一步健全特困人员救助供养制度的实施意见》。各县市区开展特困人员救助政策落实情况排查，按照一人一档的要求，建立特困人员分类管理档案，及时将符合条件的特困人员全部纳入救助供养范围。至年底，全市有农村特困人员13255人，基本生活标准和照料护理标准分别按照当地低保标准1.4倍和最低工资标准1/10、1/6、1/3执行。在服务机构建设管理方面，扩大推广供养服务机构集约化建设试点工作范围，新规划、建设6处区域敬老院；通过公办（建）民营、民办（建）公助、协议托管、购买服务等方式，稳步推进供养机构社会化改革；深入开展安全隐患排查整治和安全设施升级改造工作，全市81处乡镇敬老院全部完成法人登记。

【专项救助】 年内，烟台市开发“烟台市医疗救助信息管理系统”，医疗救助一站式结算工程推进；做好医疗救助制度与相关基本医疗保障制度的衔接，开展重特大疾病救助工作，将患医保统筹大病导致基本生活出现严重困难的其他城乡居民纳入重特大疾病住院救助范围。全市累计直接救助困难群众24921人次，支出救助金4296万元。在临时救助方面，在全市全面开展“救急难”工作，实现全覆盖。全市累计救助困难群众15839人次，发放救助金2014万元；救助困难大学生（含低保家庭大学本科新生）1270人，发放救助金352万元。做好全市城市困难居民家庭冬季取暖补助工作，按照城市特困、低保和低保边缘家庭类别，全市为9852户城市困难居民家庭发放补助资金1195.7万元。

【灾情及救灾】 2017年，烟台市遭受春夏秋连旱及风雹、洪涝灾害，给农业生产及百姓生活带来较大损失。1—9月，全市11个县市区94个乡镇街道受灾人口171万人；农作物受灾面积194千公顷，其中：成灾面积138千公顷，绝收面积26千公顷；房屋倒塌176户413间；因灾造成直接经济损失29.8亿元，其中：农业损失23.1亿元；基础设施损失1.6亿元，公益设施损失980万元，家庭财产损失3383万元。年内灾情主要特点是：旱涝急转，多种灾害叠加；旱灾持续时间长，造成人畜饮水困难，对农业生产造成较大损失；洪涝灾情持续时间较长，缓解过程中出现城区内涝，直接影响城区居民生活。暴雨频发且降雨过程迅猛造成个别县市区农村房屋倒塌严重。灾情损失较往年相比较为严重，由于民政、水利、气象、农业等多部门密切协作，受灾群众基本生活得到保障。

旱灾：2017年莱阳、福山等10个县市区受旱灾，旱灾造成受灾人口155.2万人，因旱饮水困难需救助人口26.1万人；农作物受灾面积184.5千公顷，成灾面积132.5千公顷，绝收面积25千公顷；直接经济损失25.9亿元，其中：农业损失21亿元，基础设施损失3733万元。

福山区旱灾造成受灾人口102750人，因旱饮水困难需救助人口11786人；农作物受灾面积6831公顷，成灾面积4831公顷，绝收面积1156公顷；直接经济损失33040万元，其中：农业损失31365万元。

牟平区旱灾造成受灾人口37314人，因旱饮水困难需救助人口11138人；农作物受灾面积8783公顷，成灾面积5417公顷，绝收面积1263公顷；直接经济损失29868万元，其中：农业损失22225万元。

龙口市旱灾造成受灾人口40115人，因旱饮水困难需救助人口15090人；农作物受灾面积3050公顷，成灾面积2447公顷，绝收面积924公顷；直接经济损失6908万元，其中：农业损失5391万元。

莱阳市旱灾造成受灾人口642646人，因旱饮水困难需救助人口74706人；农作物受灾面积55171公顷，成灾面积39280公顷，绝收面积7270公顷；直接经济损失38683万元，其中：农业损失35426万元，基础设施损失3257万元。

莱州市旱灾造成受灾人口90833人，因旱饮水困难需救助人口22001人；农作物受灾面积18539公顷，成灾面积14861公顷，绝收面积1991公顷；直接经济损失11148万元，其中：农业损失10133万元。

蓬莱市旱灾造成受灾人口22960人，因旱饮水困难需救助人口21760人；农作物受灾面积27447公顷，成灾面积15162公顷，绝收面积2643公顷；直接经济损失28831万元，其中：农业损失24972万元。

招远市旱灾造成受灾人口221424人，因旱饮水困难需救助人口48321人；农作物受灾面积18089公顷，成灾面积13876公顷，绝收面积127公顷；直接经济损失21907万元，其中：农业损失21431万元，基础设施损失476万元。

栖霞市旱灾造成受灾人口57420人，因旱饮水困难需救助人口19971人；农作物受灾面积4675公顷，成灾面积3209公顷，绝收面积832公顷；直接经济损失8614万元，其中：农业损失8614万元。

海阳市旱灾造成受灾人口326997人，因旱饮水困难需救助人口31245人；农作物受灾面积41134公顷，成灾面积32662公顷，绝收面积8472公顷；直接经济损失71222万元，其中：农业损失41506万元。

昆嵛区旱灾造成受灾人口9200人，因旱饮水困难需救助人口5023人；农作物受灾面积815公顷，成灾面积792公顷，绝收面积330公顷；直接经济损失9300万元，其中：农业损失9300万元。

洪涝灾：8月3日以来，受台风“海棠”影响，栖霞市、高新区、蓬莱市、牟平区、莱阳市、海阳市6个县市区部分乡镇（街道）出现强降雨天气，造成严重洪涝灾害。因灾导致部分群众家中进水，多地道路中断，桥梁、路基、护坡等基础设施受损，塘坝发生垮塌，水库漫堤，部分乡镇农作物受灾严重。

全市因洪涝灾害造成受灾人口148836人，紧急转移安置2357人，倒塌房屋175户411间，农作物受灾面积9032公顷，成灾面积5200公顷，绝收面积1407公顷，直接经济损失36646万元，其中农业损失19146万元，基础设施损失11944万元，公益设施损失980万元，家庭财产损失3381万元。

牟平区受灾人口7363人，倒塌房屋12户30间，农作物受灾面积2198公顷，成灾面积647公顷，绝收面积470公顷，直接经济损失1060万元，其中农业损失742万元，家庭财产损失318万元。

莱阳市受灾人口63240人，紧急转移安置1842人，倒塌房屋32户86间，农作物受灾面积2860公顷，成灾面积1970公顷，绝收面积460公顷，直接经济损失3486万元，其中农业损失1182万元，基础设施损失200万元，家庭财产损失2014万元。

蓬莱市受灾人口8700人，紧急转移安置320人，倒塌房屋32户71间，农作物受灾面积1343公顷，成灾面积477公顷，绝收面积109公顷，直接经济损失7862万元，其中农业损失6623万元，公益设施损失980万元，家庭财产损失259万元。

栖霞市受灾人口65383人，紧急转移安置195人，倒塌房屋71户179间，农作物受灾面积2416公顷，成灾面积1904公顷，绝收面积337公顷，直接经济损失21010万元，其中农业损失9934万元，基础设施损失9384万元，家庭财产损失497万元。

海阳市受灾人口3050人，倒塌房屋28户45间，农作物受灾面积190公顷，成灾面积177公顷，绝收面积13公顷，直接经济损失3200万元，其中农业损失640万元，基础设施损失2360万元，家庭财产损失200万元。

高新区受灾人口1100人，农作物受灾面积25公顷，成灾面积25公顷，绝收面积19公顷，直接经济损失28万元，其中农业损失25万元，家庭财产损失3万元。

冰雹灾：8月10日夜间，栖霞观里镇和海阳发城镇出现大范围雷雨天气，局部地区伴有冰雹，给农作物带来一定损失。受灾人口10940人，倒房1户2间，农作物受灾面积406公顷，成灾面积173.7公顷，绝收面积56.7公顷，直接经济损失1723.8

万元，其中农业损失1721.8万元，家庭财产损失2万元。分县情况如下：

栖霞市受灾人口1640人，倒房1户2间，农作物受灾面积208公顷，成灾面积23.7公顷，绝收面积8.7公顷，直接经济损失186.1万元，其中农业损失184.1万元，家庭财产损失2万元。

海阳市受灾人口9300人，农作物受灾面积198公顷，成灾面积150公顷，绝收面积48公顷，直接经济损失1537.7万元，其中农业损失1537.7万元。

【优抚】 2017年春节期间，烟台市统一组织为现役义务兵家庭、烈属等优抚对象挂光荣牌；对重点优抚对象进行走访慰问。全市走访重点优抚对象2000余户，发放慰问金（品）500余万元，发放慰问信20余万份。5月，市委、市政府和烟台警备区联合下发《关于进一步加强新形势下优抚安置工作的实施意见》；6月，市住建、民政和财政联合下发《关于做好抚恤定补优抚对象住房优待工作的通知》。全面建立起基本医疗保险政府买单、医疗费经医保报销后个人自负部分民政按50%～70%比例补助、对大病进行救助的阶梯式医疗补助制度，全市全年22345名优抚对象由政府出资参加医疗保险，参保费用3077万余元，其中门诊补助991万余元，住院补助2093万余元，全年救助优抚对象4067人，救助金额1185万元；为优抚对象提供公租房241套，面积14382多平方，危房改造47余间，面积180多平方米，投入资金160余万元；严格落实《山东省军人抚恤优待办法》规定内容，享受定期定量补助的复员军人、带病回乡退伍军人、参战参试退役人员、60周岁以上农村籍退役士兵、部分烈士子女死亡的，由县市区民政部门发放丧葬补助费，优抚对象生活、医疗、住房等待遇均得到较好落实。8月1日前各县市区义务兵家庭优待金全部发放完毕，全市发放优待金1.17亿元。

年初，市民政局下发《关于推进全市优抚精细化服务实施方案》，指导全市做好优抚精细化服务工作。11月下旬，莱州市民政局在全省优抚精细化管理服务推进会上作题为《创新机制，高点定位，努力构建3+1双拥优抚工作新体系》的典型发言。4月，配合省民政厅做好《孤老抚恤定补优抚对象供养办法》调研工作，莱州荣军医院确定为全省唯一优抚对象精神病防治标准化工作试点单位。

8月，市民政局下发《关于进一步做好2017年度优抚对象数据核查工作的通知》，对全市优抚对象数据精细化管理进行检查和调度。10月31日印发烟民〔2017〕54号文件，转发民政部、财政部《关于调整部分优抚对象等人员抚恤和生活补助标准的通知》，新标准从2017年10月1日起执行，较2016年提高10%左右，2017年全市发放各类抚恤补助金8亿元。2017年，全市办理评残业务183人、调残业务66人、换证补证84人、抚恤关系迁移9人、带病回乡64人，县市区办理参战、参核人员47人，新增60岁退役老兵及老烈士子女1723人。

9月30日，在胶东烈士陵园举行公祭烈士活动。加强烈士陵园网站建设，全市省级以上烈士陵园建立门户网站。

【双拥】 1月9日至10日，省拥军优属慰问团走访慰问驻烟部队官兵和优抚对象。先后召开慰问座谈会、赴长岛走访慰问基层连队、看望慰问军休所和在乡优抚对象家庭。1月16日，副市长张代令率市拥军优属慰问团走访慰问71217部队，赠送苹果500箱，慰问金10万元。1月17日，市人大常委会副主任、市总工会主席王建国率市拥军优属慰问团走访慰问94259部队，赠送苹果500箱，慰问金10万元。1月18日，市委书记孟凡利、市长张永霞、警备区政委刘玉昂等走访慰问山东省军区、武警山东省总队，分别赠送慰问金150万、50万。1月19日上午，市委书记孟凡利率市拥军优属慰问团走访慰问驻烟部队，向警备区赠送慰问金40万元，航院、预备役76师、航五师、武警支队各30万元；附送以市委、市政府名义致驻烟部队的一封信，主要介绍烟台市经济社会发展情况。1月19日，市政协副主席孙运波率市拥军优属慰问团走访慰问71613部队，并赠送苹果500箱，慰问金10万元。1月22日下午，市委副书记王继东率市拥军优属慰问团走访慰问烟台边防、消防支队，并各赠送苹果300箱、慰问金10万元。7月26日，副市长张代令带队走访91951部队、71217部队、32102部队、94259部队，征求驻烟部队需要地方解决的问题和建议。7月28日上午，市委副书记王继东带队走访海军航空大学、烟台警备区、预备役76师、32122部队、91213部队，征求驻烟部队需要地方解决的问题和建议。7月31日下午，烟台市军地联席会在东山宾馆召开，市领导王浩、张永霞、王晓敏、朱秀香、王继东、于松柏、张代令，驻烟旅以上部队军政主官，市政府秘书长，市委有关副秘书长，市双拥工作领导小组成员单位负责人参加会议。8月2—5日，省军区司令员赵冀鲁来烟检查调研，市领导张永霞、张代令参加活动。10月18日，经研究决定，自2018年1月1日起，对非本人原因未就业安置的驻烟陆军部队随军家属每人每月补助提高至900元，海岛部队随军家属每人每月补助提高至1000元，提高标准所需资金原则上按属地管理原则由各县市区财政负担。10月26日，驻烟部队全面停止有偿服务工作军地协调领导小组会议在市财会培训中心召开，领导小组副组长、警备区司令员金巍，领导小组副组长、副市长王晓军出席会议并分别讲话，警备区副司令员翟光主持会议。有关县市区政府、市直部门（单位）、驻烟部队等48个相关单位负责人参加。10月30日，市委副书记王继东、副市长王晓军带队慰问参加阅兵活动的91951部队、32102部队、94259部队。

【退伍军人安置】 2017年，全市接收退役士兵3237名，其中自主就业退役士兵3153名，符合政府安排工作条件的退役士兵84名，发放自主就业一次性经济补助金8187.9万元，采取有力措施提高符合政府安排工作条件退役士兵安置质量。2017年参训1850人，使用经费336.27万元，愿训参训率达100%、免费培训政策知晓率100%。推动退役士兵安置和权益保障政策落实，把落实退役士兵专项岗位作为重要措施办法。莱州、莱阳开发退役士兵专项岗位超过1000个，栖霞、海阳、招远、芝罘区超过500个。

【军休安置】 2017年，全市接收军休干部45人，无军籍职工37人，计划移交的伤病残退役士兵2名。为符合条件的8名军休干部申批护理费。及时落实军休干部年度定期增资，调整工资补贴标准，第一时间发放到位。参加山东省第十届军休干部门球赛，取得团体第二名；组织5名荣获一等功的革命功臣参加民政部组织的疗养活动；在“建军90周年”书画展活动中，获优秀组织奖，参赛作品荣获一等奖1名、二等奖2名、三等奖2名。全市军休服务机构举办球类、垂钓、书画、健身等活动30余次。

【社区建设】 4月7日，省民政厅有关领导到招远市玲珑镇吕格庄社区考察全国农村示范社区创建情况。4月20日，市民政局联合市委组织部等24部门下发《关于印发〈烟台市城乡社区服务体系建设规划（2017—2020年）〉的通知》。5月26，市民政局召开全市社区建设和社会工作推进暨社会工作培训会议。10月26—27日，民政部基层政权和社区建设司司长陈越良带领中央党校“加强和创新基层治理研究”专题调研组一行11人，到烟调研基层治理工作，调研组先后到蓬莱市、长岛县进行现场调研，在市区召开座谈会。12月27日，招远市被民政部确定为首批全国农村社区治理实验区，开展以“加快农村社区公共服务综合信息平台建设，推动互联网与社区治理和服务体系深度融合”为主题，为期3年的实验工作。至年底，全市建有城市社区服务中心649个（含312个“村改居”社区服务中心）、1143个农村社区服务中心。

【基层民主政治建设】 7月30日，在福山区高疃镇邢家村召开全市村“两委”换届选举观摩现场会议。8月17—18日，省厅督查组到莱州、福山督查社区协商工作情况。7月初至8月25日，福山区承担全省村“两委”换届选举试点工作，至8月25日，全区214村全部完成村委会换届选举工作。11月6—7日，配合市委组织部举办全市村“两委”换届选举工作骨干培训班。11月30日，烟台市召开全市村、城市社区“两委”换届选举工作会议，启动部署全市村（居）委会换届选举工作。至年底，全市有6131个村委会、649个社区居委会（含312个“村改居”社区居委会），完成4438个村委会、70个社区居委会的换届选举任务。

【社会工作和志愿服务】 3月19日，市民政局举办社会工作与社区治理创新研讨会，就社会工作介入社区服务、“四社联动”推动社区治理创新、多元主体参与社区治理等方面进行研讨。3月19—21日，市民政局在解放军疗养院举办社会工作专业人才培训班，来自各县市区民政局、街道、社区、社会组织的108名学员参加培训。3月21日国际社工日当天，市民政局联合市社会工作和社区发展促进会，在烟台市工人文化宫广场举办烟台市2017年社会工作宣传周活动启动仪式。5月27日，协调烟台市社会工作和社区发展促进会联合鲁东大学，以“快速老龄化背景下的社会工作理论与实践”为主题，共同举办当代中国社会工作论坛，全国社会工作领域的专家、学者和社会工作者100多人参加本次论坛。6月26日，下发《关于印发〈烟台市社区社会工作专项计划工作方案〉的通知》，在全市实施开展社区社会工作专项计划。10月16日，烟台市社会工作和社区发展促进会第二届会员代表大会召开，审议通过《烟台市社会工作和社区发展促进会章程》和《烟台市社会工作和社区发展促进会会员管理办法》，选举产生新一届理事会、监事会成员，召开第二届理事会第一次会议。11月24日，市民政局召开全市志愿者骨干培训班。11月29日，确定鲁东大学作为烟台市社会工作专业人才培训基地。至年底，全市有持证社工806人（助理社工师441人、社工师365人），社会工作专业人才7263人，社工服务机构21家。

【婚姻收养登记管理】2017年，全市办理内地居民婚姻登记58513对，其中，结婚登记41922，离婚登记16591对；涉外（含华侨、港、澳、台同胞）婚姻登记144对，其中，结婚登记122对，离婚登记22对；涉外收养登记1件；内地居民收养登记122件。登记合格率达到100%。

【殡葬管理】5月，烟台市组织开展第三次全市公益性海葬活动，将233位逝者的骨灰葬入大海。2017年，全市火化尸体54832具，火化率达100%。10月，省民政厅同意福山区金善园公墓建设验收。11月，开展移风易俗工作的民意检查。12月，芝罘区殡仪馆关停火化业务，福山、牟平两区新建殡仪馆投入使用。

【救助管理】2017年，全市开展生活无着流浪乞讨人员的救助工作，全市695名留守儿童《委托监护责任确认书》签订，签订率达100%，各项监护责任全部落实。11月，下发《关于做好长期滞留救助管理机构流浪乞讨人员移交安置工作的通知》。全年救助流浪乞讨人员2212人次，其中，流浪未成年人63人次，医疗救治137人次，返乡救助285人次，临时安置12人次。

【儿童工作】8月，市民政局下发《关于贯彻鲁政发〔2017〕5号文件加强困境儿童保障工作的通知》。全市儿童福利政策全面落实，保障机构养育孤残儿童214名、社会散居孤儿357名、困境儿童155名的基本生活需求。

【地名管理】1月至3月，烟台市完成14个县级补查地区地名补查成果的县级自查、市级核查及省级上报工作；4月至5月底，所有14个县级普查地区成果通过省级验收并上报民政部。1月至6月，完成《中华人民共和国标准地名词典》烟台部分词目次序表筛选工作，全市涉及政区条、街路巷条、住宅区条及社区条等11类共469条；7月至12月，按照《编写细则》要求完成词条内容的编辑，县级自查和市级核查工作，上报省民政厅验收。

1月，经市地名委员会研究决定，对市区新建道路予以命名。莱山区新建道路有康源大街：西起烟乳线，东至莱源路；景明街：西起烟乳线，东至莱源路；金穗街：西起烟乳线，东至规划路；东院路：南起规划路，北至林门线；康中路：南起规划路，北至林门线；霞光路：南起规划路，北至林门线；乾元路：南起规划路，北至林门线；彩霞路：南起规划路，北至林门线；云霞路：南起规划路，北至林门线；和平路：南起捷爱斯路，北至瑞达路；民德街：西起山海路，东至莱源路；民祥街：西起东迁线，东至莱源路；莱文路：南起民生大街，北至沟莱线。牟平区新建道路有海城街：西起侯至山路（拟命名），东至规划路；仙鼎路：南起青荣城际铁路，北至上沙线；仙裕街：西起卧龙山路，东至仙鼎路（拟命名）；侯至山路：南起仙裕街（拟命名），北至烟威高速。

6月，经市地名委员会研究决定，对莱山区1条新建道路予以命名。翠航路：南起轸大路，北至逛荡河。

【界线管理】9月底，全市完成福山蓬莱线、海阳牟平线、福山芝罘线、莱山牟平线、招远栖霞线、栖霞莱阳线、招远莱西线、莱州昌邑线等8条县级行政区域界线联检任务。12月下旬，迎接全省平安边界建设工作检查，所有检查项目全部达标。

【社会福利】年内，烟台市申报取得第二批中央财政支持开展居家和社区养老服务改革试点和国家康复辅助器具产业综合创新试点。引入德国蕾娜范集团投资建成蕾娜范颐养院并投入运营。开展全国养老院服务质量建设专项行动，关停撤销养老院43处，全市养老院问题整治率100%，整治合格率87%。全市养老机构总数210处，城乡社区养老服务设施总数1123处，养老床位总数5.92万张，每千名老人拥有床位达到37张。医养结合深入推进，内设医院的养老院达10处，5处正在建设，25家设立卫生室，73%的养老院与周边医疗机构建立合作关系。组织人员参加全国、省级养老护理员职业技能竞赛，烟台市选手张凯丽均以总分第一的成绩夺得两次比赛的特等奖，荣获烟台市“五一劳动奖章”，被推荐为山东省技术能手、全国技术能手。启用全国养老机构业务管理系统、山东省养老服务管理平台、残疾人两项补贴信息管理系统，信息化管理水平和服务精准度提升。落实困难残疾人生活补贴、重度残疾人护理补贴制度，全市享受残疾人两项补贴人数9万多名，低保高龄津贴、护理补贴制度为9500多名老年人提供养老保障。开展2017年度爱心捐助活动，全市接收爱心捐助9644.87万元。

2017年烟台市城乡低保、农村特困人员供养情况统计表

表35

单位	城市低保				农村低保				农村特困人员供养总人数（人）	特困人员救助供养标准				
	保障标准（元/月）	保障人数（人）	保障户数（户）	人均补差（元/月）	保障标准（元/月）	保障人数（人）	保障户数（户）	人均补差（元/月）		基本生活 城市（元/月）	基本生活 农村（元/年）	照料护理（元/年） 一档（不能自理）	照料护理（元/年） 二档（半自理）	照料护理（元/年） 三档（自理）
全　市	580	14057	9207	425.55	374	80726	60173	227.3	13255	812	6288	7059	3529	2118
芝罘区	580	6255	4160	424.58						812		7240	3620	2172
福山区	580	687	492	410.60	355	3844	2688	242.98	264	812	5964	7240	3620	2172
牟平区	580	400	270	508.75	355	7051	5145	291.98	1154	812	5964	7240	3620	2172
莱山区	580	516	366	445.09	355	968	667	289.17	213	812	5964	7240	3620	2172
龙口市	580	553	289	409.58	355	7609	4806	234.1	1329	812	5964	7240	3620	2172
莱阳市	580	587	345	414.11	355	6644	4388	220.05	2511	812	5964	6560	3280	1968
莱州市	580	530	388	451.26	355	14109	11382	207.67	1261	812	5964	7240	3620	2172
蓬莱市	580	463	305	364.65	355	5897	4254	226.20	653	812	5964	7240	3620	2172
招远市	580	1037	583	451.94	355	10484	8147	219.6	1525	812	5964	7240	3620	2172
栖霞市	580	1257	817	352.89	355	9433	6733	241.13	1292	812	5964	6560	3280	1968
海阳市	580	601	395	392.40	355	13388	11006	200.29	2810	812	5964	6560	3280	1968
长岛县	580	90	75	528.70	355	304	256	354.99	32	812	5964	6560	3280	1968
开发区	580	1063	711	493.89	400	739	504	180.2	169	812	6720	7240	3620	2172
高新区	580	3	2	1472.22	580	18	12	291.67	10	812	9744	7240	3620	2172
昆嵛区	580	15	9	555.56	355	238	185	272.41	32	812	5964	7240	3620	2172

（撰稿：王磊　审稿：徐希超）

慈善事业

【概况】 2017年，市慈善总会荣获中华慈善总会“最具奉献奖”，2名个人分获“卓越贡献奖”和“最美微笑奖”；2个慈善义工项目服务队获市文明办“四个50”最佳志愿服务项目，3名个人获得“四个50”最美志愿者。市慈善总会获AAAAA级社会组织，并成为首家具有公募资质的慈善公益组织。

【爱心募捐】 年内，市慈善总会接受捐款1701.77万元，物资折款7995万元。接收全市441家单位、7.5万人次的爱心捐款1234.57万元。建立规模达500万元的“云祥置业慈善公益基金”，以及平安财险、华仁助学、东亮爱心传递、潍坊商会、浙商银行等11支冠名慈善公益基金，冠名基金规模超过5200万元。开通“网络和微信募捐平台”，设置捐款箱，年内组织书画、服装义卖等大型慈善公益活动6次。争取中华慈善总会“为了明天—关爱留守儿童”项目30万元，分别在福山区和海阳市建立两所关爱留守儿童之家，利用周末和寒暑假组织孩子们开展“特别的爱给特别的你”等系列公益活动；通过中华慈善总会争取美国LDS慈善协会学校旱厕改造项目40万元，分别在莱阳市和蓬莱市建立2处水冲厕所改善山里孩子们的学习、生活条件；争取中华慈善总会药品援助价值7884万元；争取省慈善总会“关爱义工慈善公益基金”6万元。全年累计争取上级项

目资金和物资折款7960万元。

【慈善救助】 年内，市慈善总会发放救助资金1475.07万元，物资折款7995万元，救助困难群众2.98万人。召开“慈善救助工作会议”，制定下发《2017年度全市慈善救助工作意见》，组织实施23个慈善救助项目，严格规范救助程序。救助突发性和临时性困难群众141人，发放救助金64.7万元；拨付5家肾友中心135.86万元，为城乡低保家庭的尿毒症患者免费透析2.72万人次。“情系学子”救助项目为94名应届优秀过本科线的困难大学生，发放救助金48.7万元；“温暖烟台”系列救助项目救助困难母亲、环卫工人、残疾人等弱势群体1538户，发放救助金33.73万元；在高校、街道的慈善超市为困难学生、困难家庭发放价值10万元的物资。与烟台市口腔医院开展的“孝口福”关爱无牙颌老人救助项目，先后到莱州、牟平、福山20余次，为老人筛查、取牙模，为符合条件的无保老人全部免费安装义齿；各类慈善公益活动发放冠名慈善救助金358.68万元。在重大传统节日，联合丰金集团、百纳餐饮等爱心企业，开展针对不同群体的“浓浓端午情 爱心慈善行”和“温暖中秋 慈善行动”等救助活动20余次，发放救助款物30万元。

【慈善义工】 年内，市慈善总会义工管理中心31个、义工工作站137个，注册义工5万人，星级慈善义工超过2万人，开展各类公益活动600余次，慈善艺术团公益演出276场，全市义工累计奉献服务225万小时。新发展慈善义工6000多人。在福山区建立全省首支环保慈善义工服务队。新设立市保险行业慈善义工管理中心和平安财险、机场边防检查站等8家义工工作站。召开全市慈善义工组织负责人会议，制定下发义工组织考核目标、义工培训计划和义工工作服务计划，加强对义工分会和服务组织的管理考核，强化对新加入义工的培训，举办市直属义工组织负责人和骨干义工培训班，培训义工2500多人次。举办纪念“国际义工日”暨义工晋星表彰大会。对80个先进义工组织进行表彰，为3466名星级慈善义工晋星，为新加入的6个慈善义工组织授旗，先进单位和优秀个人代表进行经验交流，弘扬义工义务服务精神。与平安财险签订慈善公益合作协议，建立15万元慈善冠名基金，每年出3万元专项为慈善义工购买意外伤害团体险；建立“关爱慈善义工基金”，省慈善总会捐赠资金6万元，市总会注资10万元，长期救助遭遇大病、突发性困难的慈善义工；开展“温暖义工”慈善救助项目，动员社会各界为困难义工捐赠爱心物资，发放款物48.5万元。

【慈善文化】 年内，市慈善总会与芝罘区联合在文化广场举办纪念“中华慈善日”和《慈善法》颁布实施的“大爱烟台 善行芝罘”大型慈善宣传活动。印发《烟台慈善信息》8期，累计118期、印发50240份；拍摄以慈善义工为主题的专题片《暖城》，建设慈善网站和微信公众号，刊发微信163期，编辑信息665条，每周报道1次慈善救助和义工等公益活动情况，每月公布1次慈善资金的募捐和使用情况；由14名优秀星级慈善义工组建的义工优秀事迹报告宣讲团，到机关、高校等单位进行宣讲，宣传慈善文化；在《烟台日报》《烟台晚报》《齐鲁晚报》《中国社会报》发表312篇文章，在烟台电视台、广播电视台播放稿件11件；设计印刷2017烟台慈善新闻报道资料汇编。

【社会公开】 年内，市慈善总会严格落实慈善公开相关规定，通过总会网站、微信、《烟台慈善信息》以及“慈善开放月、周、日”活动，及时公布月度慈善捐赠和救助信息，完善社会监督员制度，设立投诉举报电话，主动接受审计、财政、民政、新闻媒体以及社会各方面的监督。举办2017年社会公开周活动。邀请市直有关单位、市纪委第三纪检组、市局领导和有关科室、市慈善总会监事会成员、市社会监督员、捐款企业和个人代表，全市各大新闻媒体及群众代表参加活动，把各项慈善活动置于阳光之下。

（撰稿：单伟伟　审稿：赵东丽）

民间社团组织

【社会组织登记管理】 2017年，全市审批登记社会团体240个，民办非企业单位507个，市级审批社会组织党组织9个，认定慈善类社会组织2个，认定公开募捐资格社会组织1个。完成2016年度市管社会组织年检工作，年检率达到87%以上。全市为300多个社会组织办理变更登记手续，指导监督280多个社会组织的换届选举，随机抽取审计20家社会组织。

推行社会组织统一社会信用代码制度，对新增社会组织统一赋码，存量登记证书换发85%。加强行业协会商会脱钩工作，9月28日，召开烟台市行业协会商会脱钩工作领导小组脱钩工作大会，出台《烟台市行业协会商会负责人任职管理实施办法》《行业协会商会章程示范文本》和《行业协会商会脱钩方案示范文本》，全市行业协会商会脱钩达到547家，其中市级行业协会商会126家，脱钩率达97.3%。清查行业协会商会涉企收费，对无业务主管单位的62家社会组织进行清查，其中41家社会组织只收取会费，11家社会组织没有任何收费，2家社会组织准备注销，8家社会组织有捐款、刊物、培训费、展位费等收入。加强社会组织内部治理，市级完成83个行业协会商会中任职公务人员的清理整顿工作，172名兼职人员写出辞职报告。优化社会组织发展环境，2017年财政从预算内和福彩公益金中拿出200万元经费支持社会组织发展，对27个项目进行资金扶持。按照《关于公益性捐赠税前扣除资格确认审批有关调整事项的通知》精神，全市约10家公益性社会组织符合公益性捐赠税前扣除资格。

【社会组织党建】 年内，市直各有关职能部门（单位）完善落实“行业抓、抓行业，系统抓、抓系统”党建工作体制，指导抓好本系统、本行业协会商会的党建工作。各县市区社会组织党建工作机构指导做好区域内行业协会商会党建工作，街道综合党委对未明确党建工作主管单位的协会商会实行兜底管理。组织市级社会组织党建负责人培训班，为100家社会组织党建负责人进行党建工作系统培训。开展社会组织党建工作培训暨党的十九大精神宣讲培训班，培训社会组织党组织负责人和党员86人。

2017年烟台市社会组织基本情况一览表

表36　　　　单位：个

单位	社会团体数	民办非企业数	合计
全　市	1245	2438	3683
市本级	488	229	717
芝罘区	64	416	480
福山区	83	168	251
莱山区	41	211	252
牟平区	59	119	178
海阳市	64	110	174
莱阳市	74	216	290
栖霞市	64	47	111
蓬莱市	59	111	170
龙口市	71	330	401
招远市	61	146	207
莱州市	58	189	247
长岛县	15	3	18
开发区	38	130	168
高新区	5	10	18
昆嵛区	1	3	4

（撰稿：王磊　审稿：徐希超）

老龄工作

【概况】 2017年8月，市老龄办被国家体育总局授予“2013—2016年度全国群众体育先进单位”荣誉称号。10月，《烟台美航康悦城“医养学康”综合示范区项目》入选由国家发展改革委办公厅、民政部办公厅、全国老龄办综合部举办的全国养老服务业发展典型示范案例。12月，出台《烟台市“十三五”老龄事业发展和养老体系建设规划》。

【全国城乡社区老年协会建设暨加强基层老龄工作会议】 11月10日，全国城乡社区老年协会建设暨加强基层老龄工作会议召开，全国老龄办副主任吴玉韶，各省、自治区、直辖市、计划市及新疆生产建设兵团老龄办和部分地市老龄办负责人，基层老年协会会长代表及中央、地方新闻媒体记者190余人出席会议，观摩烟台经济技术开发区八角街道海韵社区老年协会、福山区门楼镇卫家疃村老年协会、福山区清洋街道福惠社区老年协会，介绍烟台市城乡社区老年协会示范化建设经验做法。

【基层老年协会示范创建】 年内，全市6479个城乡社区设立老年协会，占比95.6%，示范化率达到30%，规范化率达50%以上，拥有专兼职老年协会工作人员4.4万人。烟台市福山区清洋街道福惠社区老年协会等11个城乡社区老年协会被评为“山东省银龄之家”，芝罘区幸福街道福泰社区老年协会等200处城乡社区老年协会为“烟台市城乡社区（示范）老年协会”。编印《城乡社区老年协会实用手册》和《基层老年协会典型案例汇编》，制作《阳光路上》城乡老年协会建设宣传片。全市登记老年志愿者组织84个、志愿者8.4万人。

【老年人公益维权】 5月31日，市老龄办印发《关于创建第二届烟台市老年人公益维权服务示范站和争做先进工作者的通知》。9月，烟台市中级人民法院立案庭等14个单位被命名为“山东省老年人公益维权服务示范站”。10月，烟台市芝罘区人民法院立案庭等40个单位被命名为“烟台市老年人公益维权服务示范站”，通报表扬45名“烟台市老年人公益维权服务先进工作者”。

【防范电信网络和非法集资诈骗活动】 年内，市老龄办牵头组织开展老年人防范电信网络、非法集资诈骗宣传教育专项活动，发放《烟台老年人识诈防骗要诀》宣传画23万份，《老年人防范电信网络诈骗指南》12000份，开展公益讲座等专项教育活动15场次，发表信息和宣传稿件46份，播放专题电视节目4期。编录防诈骗公益宣传歌曲《在你身边》。

【老龄产业发展】 6月，烟台御花园老年公寓、烟台乐天养老服务中心在第九届中国（山东）国际老龄产业博览会上获得最具影响力品牌奖。10月27—30日，2017中国（烟台）第二届国际养老服务业暨老龄产业博览会和主题为“医养结合 创新发展”的养老服务业暨老龄产业高峰论坛在烟台国际博览中心同期举办，有242家企业参展，参展展品3700余种，签署合作意向157项，总交易额1.1亿元。高峰论坛有10多名国内外顶尖老龄专家围绕“医养结合创新发展”主题发表主旨演讲。同期举办家庭用品暨家政服务业博览会、主题为“家政升级，养老规范”的第九届山东省家庭服务业可持续发展论坛和山东省“技能兴鲁”职业技能大赛全省家政行业养老育婴技能竞赛决赛。11月4日举办主题为“整合资源与友善高龄”的第十四届世界华人地区长期照护研讨会，来自台湾、香港、澳门以及上海、烟台等地的专家、学者和从事长期照护工作的学员400余人参加，12名专家学者、70名长期照护工作者分别在会上发表主旨演讲或主题发言。

【敬老爱老助老活动】 年内，莱山区检察院等5个集体被全国老龄办命名为全国敬老文明号；烟台蓝白餐饮有限公司任吉宏等9人获评全国敬老爱老助老模范人物；莱州市李志欣获第十二届省“十大孝星”称号，莱阳市李秀青、莱州市陈华香获提名奖；牟平区郝淑芳获省“十大寿星”称号，莱州市范正花获“泰山寿星”称号；烟台市老年大学等4个单位被命名为省敬老文化教育基地，莱州市文昌街道教育路社区被命名为省敬老文化教育示范点。9月29日举办主题为“关爱老年人 欢庆十九大”—烟台在行动的“敬老月”活动启动仪式；10月26日召开全市老龄工作座谈会，表扬10名“烟台市孝亲敬老楷模”、10名“老有所为楷模”、10名“烟台市老有所为先进典型人物”10个“烟台市老有所为先进集体”、30名“烟台市为老志愿服务优秀志愿者”，20个“烟台市为老志愿服务优秀志愿组织”，市委书记、市长联名发表《致全市老年人的慰问信》。全市开展“双关爱”和走访慰问活动，走访慰问老年人或老年家庭6.32万人（个），赠送慰问金慰问品折价约1386万元，开展为老志愿服务活动1万多次，服务老年人近20万人次，为老年人送文艺演出300多场次。

【老年文化活动】 年内开展各类老年文体活动6000多场，参与老年人

58.8 万多人次。市老龄办以欢庆党的十九大为契机，组织开展烟台市老年才艺大赛、第三届“银龄杯”中老年广场舞大赛、讲烟台故事暨第二届中老年朗诵艺术大赛、第七届烟台市老年书法美术大赛等活动。全市 5 个团队被评为“省优秀老年艺术团队”；14 件作品在省第六届老年书法美术大赛中获奖；10 件作品在省第四届老龄主题摄影大赛中获奖，市老龄办获组织奖；43 个节目在山东省银龄风采艺术大赛上获一、二、三等奖，市老龄办获优秀组织奖；2 个节目参加第三届全省中老年广场舞大赛获二、三等奖。

【老龄宣传信息】 年内，市老龄办获 2016 年度全省老龄宣传和老龄信息工作先进单位一等奖。发布年度十大老龄新闻和十大老龄新闻人物，评出老龄事业好新闻奖 60 件。全年在省电视台《幸福银龄》播放 25 期，市广播电台《银龄之声》61 期，烟台日（晨、晚）报刊发老龄稿件 709 篇，市电视台《孝行烟台》专题 76 期，在《老年生活报》发《烟台市老龄工作 30 年巡礼》等专版 6 期。拍摄播放各类典型宣传视频 39 次，龙口市孝德文化节活动被中央电视台播放，省以上新闻媒体采用稿件 844 篇。在老龄办官网编发宣传信息 1619 篇。制作烟台老龄事业发展 30 年宣传片《人间仙境夕阳美》和《前行的脚步——烟台老龄事业发展 30 年实录》。

（撰稿：唐如冰　审稿：尼安宁）

残疾人工作

【概况】 2017 年，烟台市有持证残疾人 18.7 万人。其中，2.7 万名残疾人获得精准康复服务，3.9 万名残疾人实现稳定就业，12.9 万名残疾人纳入社会保险、社会救助、社会福利等综合保障范围。

【扶贫解困】 年内，市残联实施“百千万残疾人就业创业扶贫工程”，择优发展残疾人就业扶贫基地 78 处，辐射带动 1001 户残疾人从业。做好“两项补贴”残疾等级审核认定工作，全市 8.2 万名残疾人纳入生活补贴或护理补贴范围。为 4.5 万名持证残疾人购买意外伤害险，为 2.4 万名重度残疾人基本养老保险和医疗保险给予缴费补助，为 792 户贫困重度残疾人家庭进行无障碍改造。继续实施“阳光家园”计划，托养智力、精神和重度肢体残疾人 854 人。

【职业技能培训】 年内，市残联开展残疾人职业技能培训、岗位技能提升培训和电商创业培训。实现贫困残疾人网上创业 60 人，精准扶持盲人按摩机构 12 处。全市 785 人接受职业技能培训，1545 人接受实用技术培训。组织 9 名盲人参加全国盲考，25 名盲人参加省盲人医疗按摩继续教育培训。举办烟台市第四届残疾人职业技能竞赛，大赛设计算机、服装、工艺美术、生活服务 4 个类别分设 9 个项目，12 支代表队 58 名选手通过比赛集中展示残疾人顽强拼搏的敬业精神风貌和娴熟精湛的职业技能。

【按比例就业】 年内，市残联出台《关于做好市政府残工委成员单位按比例安排残疾人就业相关工作的通知》，16 个残工委成员单位拟定向招录或调配符合条件的残疾人就业。市级通过购买公益岗位在社区及办事处安置 52 名残疾人就业。做好全额预算单位安排残疾人就业审核及保障金缴纳工作，全市保障金征收入库 1.38 亿。

【精准康复】 年内，市残联出台《烟台市残疾人精准康复服务行动实施方案（2017—2020 年）》，确定听力残疾儿童、脑瘫儿童、智力残疾儿童、孤独症儿童救助年龄扩大到 12 岁，肢残儿童矫治手术扩大到 17 岁，人工耳蜗手术扩大到 14 岁，救助标准由国家和省每人每年 1.2 万元提高到 1.6 万元，同时为行动不便的残疾人提供送康复进家庭服务。全市为 2.7 万名持证残疾人和残疾儿童提供精准康复服务，3753 名精神病患者接受免费服药或住院康复服务，辅助器具适配 1.8 万人，为 2900 名残疾人提供心理疏导、家庭康复指导等支持性服务。残疾人精准康复服务率达到 100%。全市 36 个残疾儿童定点康复机构为 764 名儿童提供救助，实现残疾儿童进机构康复训练无障碍。出台《关于对居民基本医疗保险参保脑瘫儿童医疗康复实施全额保障的通知》，全市参保的脑瘫患儿纳入医疗康复全额保障。首届全国“残疾预防日”，以“推进残疾预防，建设健康中国”为主题，开展残疾预防“进社区、进校园、进家庭”宣传教育活动。

【信访维权】 年内，市残联发挥 12385 残疾人服务热线平台作用，建立快报和月报制度。全年热线处理工单 457 个，接待来信来访 47 人次。与高新区曲江律师事务所等社会组织合作，免费为残疾人提供法律援助服务。制定《烟台市残联系统七五法治宣传教育规划 2016 – 2020 年实施方案》，宣传诉讼、行政复议、仲裁、调解、信访等方面的法律法规。

【动态更新】 年内，市残联完成全市 18.7 万户持证残疾人入户登记、质量审核、死亡注销、数据录入等工作，核查率达到 100%。芝罘区、福山区、莱山区、开发区纳入移动终端

APP调查试点，聘请第三方机构对招远市、栖霞市、蓬莱市、海阳市的调查数据进行入户核查。

【宣传文化】 年内，市残联围绕“全国助残日”“国际残疾人日”等重要节日，开展形式多样的志愿助残活动，累计服务残疾人2.2万人次。“宣传周”期间，围绕自强优秀的残疾人模范，推出宣传典型32个。举办第八届全市残疾人文艺汇演，全市13支代表队65个节目参评，评选出7个优秀节目参加第九届全省残疾人艺术汇演，获得2银2铜3个优秀奖，舞蹈《潮音逐梦》代表烟台市参加全省文艺汇演汇报演出。组织开展“讲烟台故事，建文明城市”演讲比赛，全市14个参赛单位28名选手参赛。参加第九届中国（山东）工艺品博览会暨山东第二届残疾人文化艺术展，获得5金13银15铜。

【体育工作】 年内，市残联组织省轮椅篮球队开展为期20天的集训，并于6月20日至26日参加全国轮椅篮球三对三对抗赛。组织5名运动员于7月5日参加第二届山东省残疾人象棋锦标赛和首届山东省残疾人飞镖锦标赛。在全市组织开展“残疾人健身周”“特奥日”等活动，以“共享健康、共享残运、共享小康”为主题，开展适合残疾人的趣味体育活动48次。

（撰稿：孔玉宁　审稿：隋京文）

居民生活

【城乡居民收入支出】 2017年，全市居民人均可支配收入32299元，比上年增长8.6%，扣除价格因素，实际增长6.9%。按常住地分，城镇居民人均可支配收入41837元，增长8%，扣除价格因素，实际增长6.3%；农村居民人均可支配收入18051元，增长8%，扣除价格因素，实际增速6.3%。

全市居民人均消费支出21924元，比上年增长9.7%，扣除价格因素，实际增长8%。按常住地分，城镇居民人均消费支出27894元，增长8.4%，扣除价格因素，实际增长6.7%；农村居民人均消费支出13004元，增长11.6%，扣除价格因素，实际增长9.9%。

【城乡人均住房】 2017年，城镇常住居民人均住房建筑面积36.27平方米，比上年增加0.58平方米；农村居民人均住房建筑面积38.9平方米，比上年增加0.69平方米。

【社会保障】 2017年，全市参加城镇职工基本养老保险人数164.73万人（不含离退休），参加居民基本养老保险人数317.27万人。参加基本医疗保险人数623.26万人，其中参加职工基本医疗保险人数217.02万人，参加居民基本医疗保险人数406.24万人。失业、工伤、生育保险参保分别是111.5万人、119.86万人、113.37万人。

（撰稿：牟韶莉　审稿：李广）

责任编校：云　霞

国家级园区

烟台经济技术开发区

【开发区由来】 1984年10月经国务院批准成立，1985年3月动工建设，是全国首批14个国家级开发区之一。

【政区 人口】 全区总面积360平方公里。辖4个街道办事处、1个镇，206个居委会。年末全区常住人口38.63万人，户籍人口25.3万人；人口出生率20.64‰，死亡率7.5‰，自然增长率13.14‰。

【经济概况】 全年实现生产总值1404.8亿元，按可比价格计算比上年增长7.5%。其中，第一产业增加值17.6亿元，下降11.6%；第二产业增加值946.7亿元，增长5.8%；第三产业增加值440.5亿元，增长12.5%。三次产业比例为1.25：67.39：31.36。固定资产投资完成609.6亿元，增长9.2%。实现一般公共预算收入103.5亿元，增长12.4%；一般公共预算支出81.3亿元，增长16.9%。年末金融机构本外币存款余额1224.3亿元，比年初增加171.8亿元，其中居民储蓄存款余额315.2亿元，比年初增加39.8亿元。金融机构本币各项存款余额918亿元，比年初增加89.7亿元。金融机构本外币各项贷款余额880.8亿元，比年初增加233.6亿元，其中本币贷款余额633.8亿元，比年初增加111.5亿元。

【农业】 全年实现农林牧渔业总产值35.8亿元，下降10.3%。其中，农业产值4.3亿元，下降22.1%；林业产值0.01亿元，下降96.8%；牧业产值2.1亿元，增长0.4%；渔业产值27.4亿元，增长8.6%。渔业产值占农林牧渔业总产值的76.6%。

【交通 邮电】 公路通车里程752.64公里，其中高速公路通车里程28.5公里。公路旅客运输量为102万人次，下降21%。公路货物运输量为846.1万吨，增长2.3%。港口货物吞吐量2253.65万吨，增长99.4%。年末全区拥有生产用码头泊位16个，其中30万吨级泊位1个、30万吨级原油码头泊位1个、20万吨级通用码头1个、15万吨级泊位1个、10万吨级通用码头2个、5万吨级液体化工泊位2个、5万吨级LPG泊位1个、5万吨级通用散货泊位3个、造船专用泊位4个。完成邮电业务总量53681万元，增长22.7%。其中，邮政业务总量3093万元，增长57%；电信业务总量50589万元，增长21.1%。年末固定电话用户78717户，下降1.7%；移动电话用户619968户，增长20.4%，其中3G和4G移动电话用户580858户，增长23.3%。年末宽带用户158983户，增长6.1%。

烟台经济技术开发区海滨新城（摄影：米军）

【工业和建筑业】 全年实现工业增加值899.8亿元，比上年增长6.3%。规模以上工业企业实现主营业务收入3976亿元，增长3%；实现利润247亿元，增长4%。全区具有资质等级的建筑业完成总产值87.6亿元，下降4.8%。

【建设 环保】 基础设施投资941407万元，增长11.5%。年末供水综合生产能力18万立方米/日，蒸汽供热能力370吨/小时，热水供热能力758.5兆瓦，集中供热面积2646万平方米；城市道路面积732.1万平方米；全区已建成运行2座城市污水处理厂，城市污水集中处理率达到100%；无害化垃圾处理率达到100%。城市空气质量良好率达到78.9%，降pH平均值为6.69，未出现酸雨污染，市区道路交通噪声年均值为65.4分贝，道路交通声环境质量为一级。

【贸易 旅游】 全年实现社会消费品零售总额148.3亿元，比上年增长10.6%。实现外贸进出口总额1696亿元，增长2.3%，其中出口899.6亿元，增长2.2%。全年新引进外商投资项目60个，合同利用外资65.7亿元，增长4.1%；实际使用外资42.2亿元，增长6.5%。全区有主要旅游景点14处。实现旅游总收入45.6万元，增长9.7%。

【教科文卫体】 年末有普通高等院校1所，在校生0.98万人。中等职业、技工学校2所，在校生1.15万人。普通高中2所，在校生0.36万人；初中9所，在校生1.01万人；小学15所，在校生1.8万人。共取得市（地）级以上各类重要科技奖励12项，其中，获得省国际科技合作奖励1项。全年发明专利申请量1080件，发明专利授权量242件。年末各类医疗卫生机构213所，其中，医院、卫生院15所，疾病预防控制和卫生监督机构各1所，妇幼保健机构1所。拥有医疗卫生机构床位1351张，卫生技术人员2425人，其中，医生1034人，护士1143人。

【社会生活】 城镇居民人均可支配收入51824元，增长8.4%；人均消费性支出33084元，增长8.6%。全市城镇基本养老、医疗、失业、工伤和生育保险参保人数分别达到25.27万人、22.31万人、15.78万人、17.92万人和16.03万人。城乡居民养老保险参保2.51万人。全市城乡最低生活保障救助1802人。其中，城市低保1063人，农村低保739人。收养性社会福利单位6个，收养629人。社会福利企业安置残疾人员10人。

【城区规划】 开发区总体规划修编及市政等专项规划　市委、市政府决定将潮水划归开发区管辖后，为提前谋划好该区域发展，着手开展开发区总体规划修编及市政等专项规划编制。本次总体规划修编范围包括：开发区福莱山、古现、八角、大季家4个办事处和新划入的潮水片区。总体规划修编包括产业发展战略研究、城市总体规划、专题研究等内容。

台北路、拉萨大街“生命”“连续空间”“水滴”雕塑优化设计与施工制作　项目设计开始于2015年，由北京隆唐恒艺文化艺术有限公司设计，于2016年经竞争性磋商确定“生命”雕塑由尤艾普（上海）艺术设计咨询有限公司承担，“连续空间”“水滴”雕塑由北京中雕鼎艺雕塑景观工程有限公司承担，2017年建成对公众开放。

烟台开发区F-6金融聚集区项目　金融聚集区整体定位为烟台金融港，是未来承载“活力、创新、服务理念”的高品质地标综合体、核心城市功能区；营造多元化、精品化、活力化的复合型产业生态圈。通过构建“金融+总部+专业服务”的复合型产业生态圈，打造烟台市现代化经济中心的产业功能载体；合理确定建设开发规模。通过仲量联行的深入调研和分析对比，确定金融聚集区规划总占地面积24.6万平方米、地上建筑面积约54万平方米，与国内新兴CBD区域大型地标综合体建设开发规模相当；邀请国际一流、知名设计公司担纲设计，打造烟台市现代化经济中心城市形象窗口。通过邀请招标方式确定由ATKINS承担此次设计工作。

烟台经济技术开发区海滨夜色

【基础设施项目】 滨海路开发区段工程　工程全长52.3公里，建成21.5公里（含西港区3公里）。本次建设东起南京大街，西至潮水镇西边界，跨越八角、大季家、潮水3个区片，新建长度30.8公里（含西港区8.9公里），新建桥梁5座，总投资约38亿元。

柳子河改造工程　该工程西起北京南路，东至夹河，全长5.5公里，面积54万平方米，总投资约2.38亿元，工程内容主要包括河道整治、景观绿化、配套设施等。该工程于2017年3月开工建设，完成全线土方、河道疏浚工程，部分土建及苗木栽植施工。

柳林河改造工程　该工程南起北京路，北至黄河路，全长1.3公里，面积13万平方米，改造内容包括河道清淤整形、道路管线、硬化铺装、景观绿化、亮化等，总投资约5600万元。工程于2016年5月开工建设，2017年7月完工投用。

【房地产项目】 永旺梦乐城项目　由永旺梦乐城株式会社投资建设，总投资1.8亿美元，注册资本1.66亿

烟台经济技术开发区现代化经济中心（摄影：米军）

美元，占地9.3公顷，总建筑面积21.8万平方米，主要建设综合百货超市、电影院、各类专卖店、餐饮、娱乐等。

中海城市广场项目　由烟台中海华业地产有限公司投资建设，总投资2.33亿元，总建筑面积6.7万平方米，其中包括高端写字楼2.5万平方米，住宅约2万平方米，及配套商业约0.45万平方米。项目于2017年5月开工建设。

【招商引资】　万华二、三期项目　项目由万华化学集团股份有限公司投资建设，投资总额526亿元，占地面积442万平方米。主要建设内容为聚氨酯产业链一体化—乙烯项目、苯胺/甲醛一体化、PMMA二期、SAP二期、丙烯酸二期、丙烷脱氢、MMA二期、万华化学高性能材料研究中心等项目，向产业链完善和下游高附加值产品延伸。

银河长兴烟台文化创意产业园项目　项目由北京银河长兴影视文化传播股份有限公司投资建设，项目投资总额15亿元，注册资本3亿元，从事动漫游戏制作、影视制作、文化娱乐体验，汉语信息化教育平台、版权交易服务平台和笑逗网总部的建设。

韩国赛龙汽车部品项目　项目由韩国赛龙自动车部品株式会社投资，投资总额6000万美元，注册资本2400万美元，主要生产汽车及运输机械用摩擦材料、刹车装置及相关零部件。

印染全流程绿色数字化生产工厂项目　项目由烟台业林纺织印染有限责任公司与立信染整机械（广东）有限公司投资建设，投资总额5亿元，注册资本1亿元，项目用地10公顷。设计产能为年产2万吨高档针织面料。该项目被国家工信部列为“智能制造综合标准化与新模式应用重点项目库项目”，是国家在印染纺织行业的标杆性项目。

威斯汀五星级酒店和会展中心项目　项目由广东民大投资集团有限公司投资建设，投资总额20亿元。项目位于开发区海滨，建设规模共计约11万平方米（不含地下部分），包括威斯汀五星级酒店约5万平方米，会展中心及配套办公约3万平方米，雅乐轩酒店约2万平方米，公寓约1万平方米。两个酒店约600个房间。在全国开业21家，主要分布在一线城市，山东省在青岛有一家。

烟台国际金融中心项目　项目由深圳瑞银信信息技术有限公司投资建设。项目投资总额10亿元，注册资本1.6亿元，从事云栖大数据中心、跨境电商平台、瑞银信及百卡通业务发展中心、烟草投资发展中心、金融公司注册中心、总部办公基地配套金融公寓等的建设、招商及运营。

【烟台保税港区西区】　2003年经国务院批准设立，封关面积2.26平方公里。区内重点发展现代出口加工、保税仓储分拨、国际中转、商品展示、研发、检测和售后服务维修、国际采购分销等业务，形成以电子信息为主的产业结构。至年底，区内有各类企业51家，竣工厂房面积126万平方米，保税物流仓储库房10万平方米，全年完成主营业务收入460亿元、进出口总额703亿元。

2017年，保税港区西区加快新旧动能转换，山东省跨境电商产业聚集区建设取得突破性进展，出台支持跨境电商产业聚集区发展的政策，16家企业入驻开展业务，聚集效应初步显现；利用获得的外贸扶持资金，将闲置多年的国有资产改造为进口商品展示交易中心，至年底，进口商品展示交易中心在售商品种类55类、商品总数达12.5万件；2月，跨境电商监管中心通过青岛海关验收并投入运营，当月完成开发区首单跨境电商直购进口业务，10月，完成全市首单跨境电商保税进口业务。2017年，保税港区西区获中央外贸新业态（跨境电商）扶持资金121.9万元，并被省商务厅认定为“山东省现代服务业重点园区”。

2017 年，保税港区西区管理局全年获得项目信息 200 余条，引进各类项目 94 个，被管委认定考核的项目数量在全区各部门单位中名列第一。其中，引进的烟台四季千人专家创业园有限公司是全省首个“千人计划”专家创业园，由 11 名“千人计划”专家共同设立，总投资 5 亿元，未来将成为开发区创新基地。

年内园区入选开发区首批区域化党建试点单位。利用信息化手段，依托“灯塔—党建在线”开展党组织和党员基本信息采集，健全园区非公企业党建工作管理体系，推进园区党建工作，提升非公企业党建工作水平。

【烟台国际综合物流园区】 2010 年 10 月由烟台市委市政府组建成立，是全市“十二五”规划的重点项目，服务业四大工程之一，总规划面积 23 平方公里。烟台国际综合物流园区以建设山东半岛蓝色经济区为契机，依托区位、交通、资源和产业优势，打造面向内陆腹地，连接东北三省和东北亚的桥头堡。建成集仓储、配送、商贸、会展、物流总部经济等功能于一体的大型现代化国际综合物流园区。物流园区与吞吐量 2 亿吨的烟台港西港区和烟台蓬莱国际机场零距离，毗邻正在规划的烟大海底隧道，德龙烟铁路在区内设货运编组站，206 国道、疏港高速、绕城高速、荣乌高速、沈海高速交叉环绕，构筑起“海、陆、空、铁”四位一体、四通八达的物流网。规划大型工业企业物流区、物流总部经济区、商贸物流区、物流装备区、高端物流区、公铁海联运区、中日韩自由贸易区、会展商务区、行政服务核心区、生活服务区等十大功能区。规划仓储面积 753 万平方米，公共停车场、集装箱堆场面积 20 万平方米，物流总部经济、会展商务、商贸物流、生活服务等功能区建筑面积 513 万平方米。年主营业收入计划均在 1000 亿元以上，利税过 100 亿元。

2017 年引进全国供销总社农产品电商产业园项目；德信泰和农业高科技物流园项目运营公司注册成立，农商物流产业集聚效应进一步扩大。园区有重点项目骅达冷链批发市场项目、物流港总部项目、德信泰和农业科技与产业物流园项目。

【烟台资源再生加工示范区】 坐落烟台经济技术开发区西部。园区地理位置优越，与日本、韩国隔海相望，东邻疏港高速、绕城高速八角出入口，西邻烟台蓬莱国际机场、德龙烟铁路，南邻 264 省道，北邻 2 亿吨深水大港烟台西港区，是公路、铁路、海运、空运的连接腹地，具有明显的区位优势和较强的市场辐射力，可为园区内再生资源的运输提供便利的物流条件。2017 年，园区集聚再生资源 70 万吨，实现主营业务收入 40 亿元。园区总规划面积为 3.4 平方公里。按功能划分成三大区域，分别为：生产加工区、管理服务区、污染处理区。涉及再生资源回收、拆解、深加工和交易各个环节，形成上下游产业相关联、同类型企业相聚集的产业发展格局。

年内，园区引进大海废杂铜、天元废线路板等循环经济项目，将建设废杂铜、废铝、钪钴再生、废线路板贵金属提取等生产基地。引进清华启迪新能源项目，6 月 30 日首期 6.5MW 并网发电，年内发电 500 万度，标志着联合国太阳能中心烟台基地正式启动运营。

【大事记】 1 月 20 日，烟台艾迪精密机械股份有限公司（简称“艾迪精密”）在上海证券交易所主板挂牌。

1 月 22 日，以烟台留学人员创业园区为主体建设的“业达智汇谷”被山东省商务厅、发改委、经信委、科技厅、财政厅、人社厅等六部门联合认定为全省首批 13 家经济开发区创新创业公共服务示范平台之一。

2 月 16 日，烟台保税港区西区跨境电商监管中心与海关软件系统对接测试成功，首批来自韩国、德国等国家的跨境电商货物完成通关。

3 月 3 日，中农联•烟台国际农产品电商物流产业园项目签约。

3 月 10 日，中国共产党烟台经济技术开发区代表会议召开。

3 月 20 日，启迪清芸烟台新能源光伏项目落户。

3 月，由万华化学集团与复旦大学、北京化工大学、中科院海洋研究所联合共建的“聚合物表面材料制备技术国家工程实验室”获得国家发改委批复认定，该实验室是全国涂料、胶粘剂等表面材料领域首个国家工程实验室，也是烟台市获批的首家国家工程实验室。

4 月 27 日，烟台开发区举行资源再生加工示范区项目集中签约仪式，大海集团、浩邦新材料等 7 个项目在仪式上签约，总投资约 38 亿元。

4 月 28 日，烟台开发区公交集团员工李世宽荣获中华全国“五一”劳动奖章。

4 月 29 日，烟台开发区首部志书《烟台经济技术开发区志（1984–2003）》荣获“山东省优秀市县级志书”。

5 月 3 日，骅达冻品城项目招商中心启动，该项目占地 27 公顷，总建筑面积约 40 万平方米、投资总额 14 亿元，被列为国家发改委重点扶持项目和山东省重点建设项目。

5 月 12 日，荣昌生物制药（烟台）有限公司国际药物开发部总监贾蕴华入选第十三批国家“千人计划”专家。

5 月 16 日，烟台正海生物科技股份有限公司（简称“正海生物”），在深圳证券交易所创业板挂牌上市。

5月19日，烟台开发区公安局获得“全国优秀公安局”荣誉称号。

6月30日，原蓬莱市潮水镇（含解宋营镇24个村）划归烟台开发区管辖。

6月30日，烟台开发区首个6.5兆瓦光伏项目并网发电。

6月，全国美术考级在烟台开发区设立考点。

7月14日，烟台开发区入选山东省试点建设中小企业双向投资促进公共服务平台首批试点园区。

7月16日，烟台开发区鸿富泰精密电子（烟台）有限公司、上汽通用东岳汽车有限公司、乐金显示（烟台）有限公司、浪潮乐金数字移动通信有限公司入选山东省百强企业，分别位列第7、28、57、89位。

7月18日，由烟台浩邦新材料公司研发的NDI发泡技术产品，经权威机构检验，其性能达到国际标准，打破国外技术垄断。

10月27日，烟台留学人员创业园区被山东省人社厅认定为“省级留学人员创新创业示范园”。

11月17日，西港区40万吨级超大深水码头通过山东省交通厅验收正式启用。

12月11日，烟台经济技术开发区黄河路改造工程获得“国家优质工程奖”荣誉称号，是2017年山东省唯一一项获此殊荣的市政道路工程。

12月29日，烟台开发区古现街道《古现东村志》荣获中国名村志。

（撰稿：韩正黎　审稿：蔡海林）

烟台高新技术产业开发区

【政区 人口】 2017年，核心发展区管辖总面积48.8平方公里。辖1个街道，21个行政村。年末全区总人口31500人，人口出生率20.74‰，死亡率6.6‰，自然增长率14.14‰。

【经济概况】 全年实现生产总值24.7亿元，按可比价格计算，比上年增长11.8%。其中，第一产业增加值0.3亿元，下降18.4%；第二产业增加值12.7亿元，增长13.8%；第三产业增加值11.7亿元，增长10.7%。三次产业比例为1.2∶51.4∶47.4。全社会固定资产投资完成58亿元，增长13.2%。实现公共财政预算收入8.2亿元，增长8.2%；实际利用外资4.3亿元，增长7.3%；外贸进出口16.6亿元，增长14.7%。年末金融机构本外币存款余额59.4亿元，金融机构本外币贷款余额45.6亿元。

【工业和建筑业】 全年实现工业增加值10.2亿元，比上年增长9.7%。规模以上工业企业35家；实现主营业务收入38.1亿元，增长10.3%；实现利润2亿元，增长14.6%；实现利税3.5亿元，增长14%。高新技术产业产值23.7亿元，增长19.5%；占规模以上工业总产值的比重达到56.9%，提高5.31个百分点。建筑业总产值完成11.5亿元，增长77.7%。

【产业发展】 2017年8月信息技术产业发展推进中心、高端服务业发展推进中心、医药健康产业发展推进中心、海洋新兴产业发展推进中心、航空航天产业发展推进中心、智能制造产业发展推进中心、节能环保及新材料产业发展推进中心、国际产业合作推进中心等8个产业发展推进中心和产业发展推进委员会办公室成立，推行重点项目服务专班等工作机制，制定出台《关于强化招商引资工作加快培育烟台高新区主导产业的实施意见》《关于支持区内现有企业做大做强做优的政策措施》，构建从项目引进、建设到生产、运营，具有吸引力和竞争力的政策体系。招商引资快速突破，以新旧动能转换重大工程为引领，依托已有产业基础、骨干企业和在谈优质项目等条件，确定医药健康、数字经济、海洋新兴、航空航天、智能制造、节能环保及新材料、高端服务业7个产业主攻方向，兵港科技信息安全产业园、艾多美总部、烟台影像医联体中心等总投资260亿

烟台高新技术产业开发区全景图

元的50个新项目签约入区，较上年分别增长62.5%和92.3%，储备项目300多个、投资逾千亿元，均较上年增长1倍多。重点项目建设推进，蓝色智谷、航天高新技术园、烟台国际企业创新港二期等投资60亿元的13个市级重点项目开复工率、达标率均达到100%，其中绿叶制药年产120万瓶长效注射用微球高端制剂产业化、华东电子科技大厦、易贸科技大厦3个项目基本完工。创新型企业培育实现新突破，新增“四上”企业8家、总数突破90家，新增高新技术企业11家、总数突破40家，新增市级科技型中小企业33家、总数突破100家，新增省级科技型中小微企业26家、总数达到66家。

【科技创新】 年内，高新区推进山东半岛国家自主创新示范区建设，山东省农业科学院胶东半岛创新中心、中德工业设计中心、山东省产学研科技创新公共服务平台等前来落户、全区省级以上创新平台达到30家，全年争取省级以上重大专项19项、获批资金1.03亿元。国际合作深入拓展。发起成立的“丝绸之路高科技园区联盟”成员数量增加到12个国家的48家机构。俄罗斯西南国立大学来区设立驻华办事处，与乌克兰合作设立的“中乌干细胞转化研究中心”、与阿塞拜疆合作设立的“中阿国际技术转移中心”进入实质运作阶段，全区国际合作技术研发、转移机构达到14家。创新服务体系更加完善。全区各类孵化器在孵企业、毕业企业数量1090家、138家，烟台高新区科技创业服务中心、山东国际生物科技园获批烟台仅有、全省首批品牌科技企业孵化器。制定《国家知识产权示范园区工作规划（2017–2019）》，万人发明专利拥有量达到72件，是全市平均量的9倍。加快推进国家专利质押融资试点、山东省区域性基金中心建设相关工作，帮助利汽车模具、卓越新能源等10家企业融资6450万元。新引进国家“千人计划”“万人计划”等专家10人、总数达到33人，省“泰山系列”人才6人、总数达到34人，市“双百计划”专家1人、总数达到56人，高端人才数量质量持续位居全市前列。

【城市建设】 年内，高新区推进基础设施配套，智慧城市综合应用平台完成一期建设，新增通车里程2.6公里，新增绿化面积21.2万平方米，全区绿化覆盖率达到41%。参与全国文明城市创建工作，为烟台实现全国文明城市“五连冠”做出贡献。以迎接中央环保督察为契机，做好环境保护工作，清理“散乱污”企业、淘汰燃煤锅炉、扬尘及裸露土堆整治等卓有成效，空气质量明显改善。开展违法建设集中治理，拆除违建近6万平方米。加快推进旧村（棚户区）改造，开工建设棚改房1500套，全面启动公共租赁住房配租工作，有效提升群众居住环境。

【社会民生】 年内，区财政直接民生投入4.5亿元、占财政支出的64.3%，年初承诺的10件为民服务实事全部兑现。区第三实验小学正式启用，第二实验小学主体封顶，益文小学、益文幼儿园开工建设，全区教育资源配置更加科学均衡。高新区医院主体封顶，德国蕾娜范（烟台）颐养院、绿叶爱丽美妇产医院投入运营，21个村全部设立非营利性村卫生室，居民养老、医疗、就业等保障制度持续保持全市先进水平。组织书画摄影展、闹元宵文艺汇演、消夏晚会、庆“七一”歌咏晚会等群众性文体活动10多场次。抓好安全生产、森林防火、食药安全等工作，群众安全感、满意度持续提升，全区社会保持和谐稳定。

【高新区首个社区卫生服务站启用】 2月13日，高新区首个社区卫生服务站—马山街道容大·东海岸社区卫生服务站正式运行。该服务站内设全科诊室、中医诊室、心电图室等科室，面向周边居民提供基本公共卫生与医疗服务。高新区规划建设社区卫生服务站12个，全部依托高新区医院延伸举办。

【烟台首个专门针对失能半失能老人的中德合作专业护理项目】 3月14日，德国蕾娜范养老集团与烟台御花

2017年3月14日，德国蕾娜范养老集团与烟台御花园老年公寓养老合作项目——德国雷娜范御花园颐养院项目签约

园老年公寓养老合作项目德国雷娜范御花园颐养院项目正式签约，这是烟台市首个专门针对失能半失能老人的中德合作专业护理项目，也是德国养老机构首次在山东省投资建设的养老项目。该项目由德方负责打造管理系统和团队，中方负责提供硬件设施及后勤保障，采用医养结合模式，为失能半失能老年人提供专业、精细、人性化的服务。德国蕾娜范养老集团1995年成立于柏林，是德国养老行业领军者；御花园老年公寓位于烟台高新区，是全国爱心护理工程建设基地、烟台市老龄产业协会会长单位。

【中国科学院上海药物研究所烟台分所暨烟台药物研究所揭牌仪式】 4月24日，中国科学院上海药物研究所烟台分所暨烟台药物研究所揭牌仪式在烟台高新区举行。中国科学院上海药物研究所烟台分所位于烟台高新区山东国际生物科技园，是烟台科技创新体系的重要组成部分和重要载体，有机衔接中科院上海药物研究所的基础研究优势和创新药物研发综合性技术大平台的综合集成优势，以高端制剂和创新药物的研发为重点，建立面向社会的高端制剂和创新药物研发与服务公共技术体系，打造国内外知名的生物医药特色研究所。

【“上面级一体化测控系统”项目】 5月22日，山东省科学技术奖励大会在济南召开，烟台高新区山东航天电子技术研究所申报的“上面级一体化测控系统”项目获山东省科技进步奖二等奖。该项目在国内首次突破星箭一体化测控技术，首次利用高码率、高灵敏度遥测信号进行高精度测距、测速，解决上面级测控抗空间单粒子翻转和多源数据单通道传输的难题，确保直接入轨测控的可靠性，实现上面级在资源紧约束情况下的高可靠性备份。该项目成果应用于北斗导航二期卫星上面级直接入轨测控任务，并为2016年发射的长征七号、长征五号运载火箭的首次飞行任务提供测控服务。

【省委书记刘家义到烟台高新区调研】 7月2日，省委书记刘家义到烟台高新区山东国际生物科技园调研，省委常委、秘书长胡文荣，省委常委、烟台市委书记王浩，烟台市委副书记、市长张永霞，烟台市人大常委会副主任、高新区工委书记刘洪波等陪同。

2017年4月24日，中国科学院上海药物研究所烟台分所暨烟台药物研究所揭牌仪式举行

【省长龚正到烟台高新区调研】 7月12日，省委副书记、省长龚正来烟台高新区调研，省政府秘书长王华，烟台市委副书记、市长张永霞，烟台市人大常委会副主任、高新区工委书记刘洪波等陪同。在中集海洋工程研究院、烟台国际生物医药与健康产业创新中心，龚正了解产品研发、人才引进、产业化等情况，与一线科研工作人员热情交谈。

【山东省中小微企业创新竞技行动生物医药领域晋级赛在烟台高新区举行】 8月4日，山东省中小微企业创新竞技行动生物医药领域晋级赛在烟台高新区举行。本次大赛由山东省科技厅主办，烟台市科技局、烟台高新区管委共同承办，分团队组、精英组和新锐组3个组别，有来自全省各地市的6家团队组企业、11家精英组企业、48家新锐组企业参赛。

【山东省首个装配式钢结构公建项目封顶】 9月15日，烟台高新区蓝色金谷（南区）钢结构主体工程举行封顶仪式。蓝色金谷（南区）是烟台市首个装配式钢结构项目，也是山东省装配式钢结构建筑领域的首个公建项目。项目分A、B两栋，总建筑面积约75000平方米，包括地上22层、地下1层，总高度94.2米，抗震设防烈度八度，采用杭萧钢构股份有限公司自主研发的第三代钢结构与钢框架支撑组合体系，正式施工工期为89天，建筑装配率近80%，人工成本只占主体结构的5%～6%。

【“慧聚烟台·圆梦中国”海外高层次人才烟台行活动在高新区举行】 9月23日至25日，“慧聚烟台·圆梦中国”海外高层次人才烟台行活动在高新区举行。医药健康、信息技术、航空航天、智能制造、节能环保及新材料、高端服务业等领域30余位国家“千人计划”专家、海外高层次人才相聚港城，达成合作意向项目13个。

【高新区管委与烟台农商银行战略合作暨烟台农商银行总部迁址仪式】 9月29日，烟台农商银行与高新区战略合作签约暨烟台农商银行总部迁址仪式在高新区举行。签约双方将发挥政府和银行的整体优势，拓宽政府重点项目建设及中小企业融资渠道，助推新旧动能转换和经济结构转型升级。仪式上，烟台农商银行向高新区“社会保障专项救助金”捐款10万元，专项用于高新区城乡低保对象和农村五保对象生活、医疗等方面的救助。

【“相约烟台高新区”第七届大学生创业大赛决赛在高新区举办】 11月7日至16日，由烟台市人力资源与社会保障局、烟台高新区管委主办，烟台市大学生创业园区管理服务中心、烟台千人计划创业服务中心等协办的“相约烟台高新区”第七届大学生创业大赛决赛在烟台市大学生创业园举办。

【高新区两件专利荣获中国专利奖】 12月11日，国家知识产权局发布《关于第十九届中国专利奖授奖的决定》，高新区中集海洋工程研究院“自升式平台桩腿及具有该桩腿的海洋平台”、山东绿叶制药“一种娑罗子提取液在接收洗脱液过程中的自动判断和控制”两项发明专利荣获中国专利优秀奖，这是高新区首次两件专利同时荣获中国专利奖。

【高新区首张《出生医学证明》签发】 12月21日，高新区首张《出生医学证明》在绿叶爱丽美妇产医院签发。《出生医学证明》由国家卫生与计划生育委员会统一印制，各地卫生行政部门负责本辖区《出生医学证明》的具体事务管理，须由批准开展助产技术服务并依法取得《母婴保健技术服务许可证》的医疗保健机构签发。

（撰稿：孙丰利　审稿：李庆东）

烟台保税港区

【概况】 2009年9月7日，烟台保税港区获国务院批复设立，是全国第13家、山东省第2家保税港区，也是按照“功能整合、政策叠加”要求，全国第一家以出口加工区和临近港口整合转型升级形成的保税港区。

【规划建设】 保税港区规划控制面积6.21平方公里，分为两个区块：区块一（东区）面积为3.95平方公里，位于烟台港芝罘湾港区，四至范围：东至海边及港湾大道、南至烟台港3号门及三突堤南护岸170米、西至环海路、北至沈海高速。区块二（西区）面积2.26平方公里，位于烟台经济技术开发区内，四至范围：东至206国道330米和35米、南至河北村和黄金河分别为20米和270米、西至花岩村和河北村分别为350米和10米、北至白银河（原旱夹河）。一期封关面积为4.86平方公里，其中东区3.05平方公里，西区1.81平方公里，2010年7月30日通过国家11部委验收；二期封关面积1.35平方公里，其中东区0.9平方公里，西区0.45平方公里，于2016年10月12日通过验收。

【功能定位】 保税港区以贸易物流为重点，以高端高质高效新兴产业为引擎，以港口航线开辟、货源培育为保障，打造在国内外有较大影响力的区域性物流中心、特色突出的商品展示交易中心、高效便捷的航运服务中心和产业聚集的临港产业集群，在政策功能运用、产业转型发展和先行先试上更好地发挥引领带动作用，为区域经济发展提供有力政策支撑。

【政策优势】 保税港区综合叠加保税区、出口加工区、保税物流园区所有的政策和功能，增加港口口岸功能，是中功能最全、政策最优惠的特殊区域之一。国家规定，保税港区内可开展九大功能业务，包括保税仓储，国际转口贸易，国际采购、分销和配送，国际中转，检测和售后服务维修，商品展示，研发、加工、制造，港口作业和经海关批准的其他业务。其主要优惠政策为：暂缓缴纳关税和海关代征的增值税、消费税。国内货物进入保税港区视同出口，实行退税；生产用水、电、汽等实行退税。区内进口生产所需及其设备、基建物资及自用合理数量的办公用品免征关税和海关代征税，区内企业之间交易不征收增值税和消费税。在保税港区不实行进出口配额、许可证管理；货物自由流转；存储货物不设期限等。保税港区海关监管方式是备案制，可集中报关、分批进出区；区港之间可“一次申报、一次审单、一次查验”，实现真正意义上的“区港一体”、无缝对接。

【自贸区创新制度复制推广】 保税港区通过学习借鉴上海、广东、福建、天津等自贸区创新经验，重点围绕贸易通关便利化、服务业开放、事中事后监管等领域加快复制推广进程，打造开放新优势。2017年先后推动海关特殊监管区域间保税货物流转监管模式、原产地签证管理改革创新、保税展示交易货物分线监管、预检验和登记核销管理模式、入境维修产品监管新模式、免除低风险动植物检疫证书清单制度等6项创新制度复制落地，复制推广自贸区创新制度总数达到31项。一系列创新制度的落地使得通关手续更加简化、通关成本明显降低，贸易便利化成效持续显现，创新制度带来的红利正在逐步释放。

【港航建设】 烟台港芝罘湾港区港口码头设施条件及集疏运体系完备，拥有2890米的码头岸线和-17米的前沿水深，有6个集装箱泊位和4个散杂货泊位，保税港区封关区域内的集装箱吞吐能力可达500万标箱以上。有包括中远海运、京汉、海丰等20余家船公司在烟台港开辟航线。开通至日本的航线5条，每周5班；开通至韩国的航线6条，每周12班；开通内支航线4条，每周11班；开通内贸航线21条，每周34班。在保税港区政策带动下，2017年烟台港集团完成货物吞吐量2.88亿吨，集装箱吞吐量270.2万标箱，其中铝矾土、化肥、石油焦、木材等业务在中国各港口中居领先地位。正在加快建设中的西港区是烟台港未来发展的核心港区，陆域面积50平方公里，其中港口作业区24平方公里、临港产业区26平方公里。建成后港口吞吐能力将达到2亿吨和1500万标准集装箱。

【产业发展】 保税港区初步形成东区以港口作业和保税物流为主、西区以保税加工制造为主的产业发展格局。2017年，全区实现外贸进出口121.7亿美元，同比增长7.8%，在全国14个保税港区中位居前列。在加工制造业方面，西区内富士康集团的鸿富泰、鸿富锦，是山东省外贸进出口龙头骨干企业，全球知名品牌游戏机进出口总值近70亿美元，占全球游戏机产量的60%～80%，成为全球最大的游戏机生产制造基地。2017年富士康任天堂游戏机产量1600万台；液晶面板、夏普手机、照相模组等产品群技术革新效果逐步显现，液晶面板全年增长45%以上，夏普手机增长20%以上；小家电产品陆续有空气净化机、吸尘器等新品种量产，产能达到每年40万台以上。在贸易物流方面，融资租赁、外贸综合服务、跨境电商、线上线下国际商品展示等四大新兴业态平台的支撑作用愈发突出。利用保税融资租赁政策，为中集来福士建造的全球最先进超深水双钻塔半潜式钻井平台“蓝鲸1号”办理租赁出口，实现融资租赁平台开展大宗业务的新突破。依托森泽等外贸综合服务平台，通过集成物流、通关、结汇、退税、出口信用保险、出口货物融资等一站式服务功能和优势资源，构建外贸B2B公共服务网络，该平台关联服务中小企业210多家，外贸带动作用逐步显现。烟台保税港区跨境电子商务产业园建成跨境电子商务交易平台、跨境电子商务综合服务平台、跨境电子商务集中监管平台三大业务载体，拥有海光灿烂、品牌万家、塔菲克母婴网、全球购网上商城、爱活有机超市等一批电商网站，与阿里巴巴“聚划算”网、台湾跨境电子商务产业发展协会签订战略合作协议。区内建成国际葡萄酒及食品展示交易中心、国际奶类展示交易中心、美国CNE展示交易中心、达牛直购进口商品展示交易中心等实体市场平台，有近100家进口贸易商专业从事进口商品贸易，在此基础上，在区外发展体验中心、直营店等40多家，成为省内有较大规模和影响力的进口商品实体市场之一。在招商引资方面，树立“贸易立区、物流兴区”理念，一批优质的国际贸易、现代物流项目入区落户。2017年赴欧洲、日韩、东南亚等地招商8次，赴上海、北京、深圳等地招商40余次，接待国内外客户100余人次来区考察，引进清华大学装配式住宅海外贸易中心、森泽宠物食品进口平台、东晶电子、鸿诚奥翔电子商务、西涵国际贸易等60多个内外资项目落地，完成内资注册资本总额3亿元，合同外资1500万美元。

【营商环境】 2017年重点推进海关信息化系统配套设施和查验平台建设，“海关特殊监管区域信息化系统”“在途监管系统”和“行政车辆卡口管理系统”完成上线试运行，园区货物、车辆监管的信息化、智能化、科学化水平提升。投入专项资金加强区容区貌整治，整合区内厂房资源，加强空间集约利用，提升园区形象。实行对企业零距离服务和限时解决问题工作制度，2017年帮助企业解决实际困难和问题50多件。推进“放管服”改革，缩短区内项目备案手续，提高服务效率。出台《加快跨境电子商务发展的若干意见》《鼓励企业上市扶持意见》《外贸增量奖励办法》《房屋租赁扶持办法》等一系列政策性文件，形成涵盖新兴业态、企业上市、外经贸等全方位财政支持框架，为企业发展营造有利的政策环境。

【大事记】 5月19日，市委书记王浩到区调研港口建设、园区开发、对外开放等工作。

7月11日 海关总署加贸司副司长李志辉一行到区考察调研港口设施建设、企业运行、政策需求等情况。

11月14日，副市长张代令召集市商务局、保税港区管委、烟台海关、烟台检验检疫局等部门召开座谈会，专题研究协调推进保税港区未来发展问题。市长张永霞在会议纪要参阅件上作出批示。

（撰稿：王栎焜　审稿：郝述鹏）

昆嵛山保护区

【区名由来】 因境内有昆嵛山而得名。

【政区 人口】 全区总面积约174平方公里。辖1个乡镇，1个国有林场，36个行政村。年末全区总人口1.2195万人。

【经济概况】 全年实现生产总值3.04亿元，按可比价计算比上年增长4.3%。其中，第一产业增加值0.93亿元，下降0.2%；第二产业增加值0.5亿元，增长4.2%；第三产业增加值1.6亿元，增长8%。三次产业比例为30.69：16.44：52.87。

【社会生活】 全年农村居民人均纯收入16870元，增长8.8%；人均消费支出6962元，增长25.4%。全区城乡最低生活保障救助0.0253万人，其中，城镇低保0.0015万人，农村低保0.0238万人，农村特困救济0.0032万人。全区城镇基本养老、医疗、失业、工伤和生育保险参保人数均达到0.0511万人。城乡居民养老保险参保0.3657万人。

【民生事业】 推进老年福利事业，累计为全区60岁以上老人增发高龄津贴300万元、办理敬老卡1947张，为60～79周岁的老年人办理高龄保险3211份，为80周岁以上老年人发放羽绒服612件。积极开展社会救助和优抚工作，累计发放困难救助资金176.2万元、优抚资金174万元。实施文化惠民工程，新组建舞蹈队、锣鼓队（舞龙、舞狮、威风锣鼓、划旱船等内容的特色秧歌队）8支，举办两场全区文艺汇演。

【森林防火】 签订防火承诺书14311份，发放宣传页、明白纸1万张，张贴宣传海报、防火通告等400余张，新安装宣传牌1000个，安插小红旗9600面，巡逻宣传车出动1800台次，发送宣传短信23624条，利用全区8个微信公众号发布62篇文章，机关干部转发超过3000余次，通过个人手机发送朋友圈2300余次，设计制作5个高1.5米的防火虎威威卡通雕塑。新建管护点4处、25吨玻璃钢水罐4个、固定岗玻璃钢集成房7处，安装智能语音提示和视频采集卡口115处。消防水池新建1个、维修2个，完成水池地基工程8个，完成塘坝加固清淤12个。采购新型对讲机300台。开展人工影响天气作业7次，发射炮弹54枚。清理防火隔离带山脊20公里。

【环保】 完成实地核查环保部遥感监测点位75处，完成186处遥感监测问题点位及69处自查自纠问题整改工作，完成保护区内和禁养区的129个畜禽养殖棚的拆除工作并恢复为耕地。全年完成224户农村旱厕改造；完成5户危房改造工作。

【林业 水利】 完成全国第九次森林资源清查，调查样地8个，外业出勤119人次，复位测量树木350余棵。完成森林抚育533余公顷、造林绿化19余公顷。繁育并投放肿腿蜂3批次、4万头，释放周氏啮小蜂1亿头；枯死松树踏查28次，累计踏查面积超过2.7万公顷，检测枯死松木500余份；悬挂松墨天牛诱捕器100个，替换诱芯6次600套，回收天牛2万余头。微信平台累计发布信息714条，订阅量1000余人；制作树牌600余个，悬挂红外相机70台，拍摄照片2万余张、视频60余小时，拍摄梅花鹿、狗獾、貉等兽类7种，环颈雉、斑鸫等鸟类20余种；制作腊叶标本300余份、浸泊标本10余份、塑封标本50余份，培育特色乡土树种20种，收集菌类照片30种。开展水利工程12处，增加蓄水量3万余方，发展节水灌溉面积67公顷。设置区级河长6名，镇级河长6名，村级河长36名，设立村级河管员36名，设置区级河长公示牌5处、镇级河长公示牌31处，制定全面实行河长制工作方案及河长制工作区级会议制度等13项相关制度，组织开展巡河及河道清理累计6次，开展无人机全河段巡河5次。

【旅游】 主要景点6个，其中包括无染寺、泰礴顶、烟霞洞、岳姑殿、九龙池5大景区和桃园生态旅游示范村。全年接待国内外游客31.03万人次，实现旅游总收入1606.38万元，增长13.68%。

【科教文卫体】 有各种艺术表演团体77个。

【农业】 全年农林牧渔业实现总产值0.96亿元，下降0.1%。

【工业 建筑业】 全年实现工业增加值0.47亿元，比上年增长4.8%。全年完成建筑业总产值302万元，下降4.3%。

【交通】 投资36万，新建村路2公里。

【工商】 新增企业11家，达到企业总数63家；其中个体工商户新增63个，总数达到210个；农业专业合作社新增9个，总数达到67个。

【大事记】 2月8—10日，国家林业局高级工程师沈孝辉、中国野生动物保护协会副秘书长杨丹到保护区考察保护区体制建设情况。

2月28日，市委书记孟凡利到保护区昆嵛镇头日庵村考察扶贫工作。

4月5—8日，国家林业局高级工程师沈孝辉、中国野生动物保护协会副秘书长杨丹、环保部生态司自然保护区管理处处长陶思明、中国社会科学研究院研究员郑易生、中国绿色时报社长张连友、中国绿色时报教授级高级编辑丁洪美等专家，到保护区参加“昆嵛山之路研讨会”。

4月26—28日，中国人与生物圈国家委员会主席、中国科学院院士、原北京大学校长、中国科学院副院长许智宏，人与生物圈国家委员会秘书长、中国科学院水生生物研究所学位委员会主任、研究员王丁，人与生物圈国家委员会秘书处业务主管马雪蓉，鲁东大学农学院教授、山东省抗逆作物分子模块育种重点实验室主任张洪霞一行4人到保护区实地考察并参加座谈会。

5月18—19日，国家森林防火指挥部专职副总指挥马广仁，国家森林公安局副局长、国家森防指办公室副主任柳学军，国家森林公安局协调处调研员闫厚，国家林业局湿地办干部杨钺，到保护区督查森林防火行政首长负责制落实情况。省森防指办公室副主任、省森林公安局局长刘得，省森林公安局森林消防支队支队长李全民陪同活动。

5月18—19日，市委书记王浩到保护区调研项目建设、生态保护和森林防火等工作。

6月26日，市委副书记、市长张永霞等一行10人到保护区考察调研生态环境保护建设、森林防火工作。

6月27—28日 环保部华东督查中心高振宁主任一行4人，到保护区进行生态保护工作调研。

7月18日 市政协主席朱秀香一行3人到保护区调研指导，传达省委常委、市委书记王浩对做好当前重点工作的部署要求。

9月29日 省林业厅副巡视员李成金，到保护区视察与文登交界处松材线虫病发生情况。

11月7日，中国外交部原部长李肇星一行9人，到保护区视察概念性总体规划情况，到烟霞洞景区听取全真道教文化的汇报讲解。

11月7—8日 环保部华东督查局局长杨永康带领“绿盾2017”国家级自然保护区监督检查转型行动巡查组一行6人，到保护区检查自然保护区整改情况。

（撰稿：孙欢欢　审稿：刘维）

烟台留学人员创业园区

【概况】 2017年1月，烟台留学人员创业园区被省商务厅等六部门联合认定为全省首批经济开发区创新创业公共服务示范平台。4月，被欧美同学会（中国留学人员联谊会）批准建立“欧美同学会（中国留学人员联谊会）海归创业学院烟台学院”。8月，被中国侨联命名为“新侨创新创业基地”。10月，被省人社厅认定为“山东省省级留学人员创新创业示范园”。12月，被国务院侨办授予“全国为侨公共服务示范单位”。创业园区在用孵化面积12万平方米，有孵化加速器1.2万平方米，与企业共建专业孵化场地2.8万平方米；建筑面积20万平方米的业达科技园新创业基地正在加紧建设，其中一期工程12万平方米；与国内知名投资机构安芙兰资本共建的“业达·兰天使众创空间”成功入选科技部火炬中心众创空间备案名单，纳入国家级科技企业孵化器管理服务体系。

年底，创业园区累计引进海外留学人员428名，其中博士192名，硕士177名，国家“千人计划”专家38名，“泰山学者”等省级人才35名，烟台市“双百计划”专家40名，烟台开发区“科技领军型人才”37名，“全国留学人员创业园创业领军人物”3名，国务院侨办授予的“重点华侨华人创业团队”4个，烟台开发区“科技创新团队”11个。累计创办企业704家，注册资本26.98亿元，拥有90个海归博士创新团队，1个国家工程实验室、1个国家级企业技术中心、1家博士后科研工作站、山东省首家外籍院士工作站和6个省级工程技术中心，上市及挂牌企业13家，被上市公司并购企业3家，形成以生物医药、新材料、电子信息、智能制造为主的产业格局，成为重要的高新技术创新和高新技术企业孵化基地，被社会各界誉为“金种子工程”。

【规划建设】 2017年，创业园区协调财政资金拨付、建设总体方案、具体设计方案以及工程施工进度等各个环节，推进“业达智汇谷”工程建设。与财政、规划、建设等有关部门进行对接的基础上，协调建设单位推进3栋孵化器和专家公寓的内部装修，争取尽快交付使用；严格筛选、确定优秀设计单位，对综合办公楼的公共区域、展厅和相关设施进行设计。对标深圳先进园区，推进园区智能化建设。先后赴深圳创业湾广场、天安云谷等先进园区考察智能化建设，经过反复调研，确定北京牡丹电子集团的园区智能化设计方案。创业园区推进新创业基地托管运营工作，先后到烟台高新区、潍坊高新区等地考察调研地方政府与孵化器运营机构合作模式，并赴北京、成都、苏州等地考察调研，与“联想之星”加速器、3W孵化器、北科大科技园、成创空间等

10 多家运营成熟、在国内有一定影响力的孵化器和运营机构进行交流洽谈。经初步筛选，重点与北京科技大学、3W 孵化器、北京海创园、以色列施拉特公司等就合作细节进行深入对接洽谈。

【人才引进】2017 年，创业园区通过举办创新创业大赛、协办国家级创新创业大赛等措施，大力引进海内外高层次创新创业人才。6 月 16 日，启动第二届（2017）烟台“业达智汇谷”创新创业大赛，大赛主题为“智汇烟台，成就梦想”，由欧美同学会（中国留学人员联谊会）、中国留学人员回国服务联盟、中国留学人员回国创业专家指导委员会指导，人力资源和社会保障部留学人员和专家服务中心、欧美同学会海归创业学院、山东省人力资源和社会保障厅、烟台市政府主办，烟台市人力资源和社会保障局和烟台经济技术开发区管理委员会承办。大赛分为启动报名、初审、复审、决赛答辩四个阶段，设立一、二、三等奖和优胜奖，对获奖项目给予 5000 至 1 万元奖励，对成功落地项目给予 10 万～50 万元创业启动资金扶持，并可优先推荐申报烟台开发区科技领军人才（团队）、烟台市“双百计划”、山东省泰山产业领军人才、国家“千人计划”等各级各类人才支持计划。大赛吸引来自美国、加拿大等 15 个国家和地区的 162 个项目（团队）参赛，30 个优秀项目晋级决赛，涉及生物医药、新材料、智能制造、电子信息等领域，其中博士人才创业项目 22 个，占决赛项目的近 3/4，包括 1 名国家“千人计划”专家、5 名省级计划人选、3 名市级计划人选。11 月 3 日大赛决赛，邀请来自中金资本、安芙兰资本等业内知名投资机构的 10 名资深投资专家担任决赛评委，经过严格审核、评议，“核成像示踪剂的制备及研发”等 4 个项目荣获大赛一等奖，评选出二等奖 6 名，三等奖 8 名，优胜奖 12 名，20 个项目明确落地意向。

9 月 26 日，创业园区进行 2017 年度留学人员创业项目启动资金评审，经初审 16 个项目参加评审，包括 3 个国家“千人计划”项目、2 个省级人才项目，留学人员全部为硕士及以上学历。经专家组评审，7 个项目获得 A 类、8 个项目获得 B 类、1 个项目获得 C 类资金扶持。2017 年度创业园区，全年新创办留学人员项目及高新类项目 44 个项目，其中留学人员项目 24 个，高新类项目 18 个，软件类项目 2 个，注册资本共计 34800 万元；新引进留学人员 31 名，其中博士 15 名，硕士 16 名；新引进和培育国家“千人计划”专家 8 名、“泰山学者”等省级人才 7 名、开发区科技领军人才 8 名、科技创新团队 6 个。

【发展优势】3 月，清华大学天津高端装备研究院副院长张晓晴一行、国家“千人计划”专家联谊会办公室副主任任静、海创智库（千人计划）科技服务中心常务副秘书长王勇一行分别来园区参观交流，探讨双方在科技创新、成果转化、孵化器托管运营、高层次人才引进等方面开展合作。5 月，中国侨联副秘书长兼经济科技部部长赵红英等一行到园区开展创新创业调研，侨职将不断加强与创业园区的沟通与合作，共促创新创业新局面。7 月 24 至 26 日，由全国人大常委会委员、教科文卫委副主任，致公党中央副主席严以新带队，科技部、人社部、致公党中央和中国留学人员创业园联盟等单位组成的联合调研组，来园区针对“留学归国人员成果转化与产业化问题”开展实地调研考察，就知识产权保护、资金筹措、市场拓展、如何发挥留学人员自身优势以推动企业国际化、地方政府政策支持、留学人员创业园在留学归国人员成果转化与产业化过程中所发挥的作用以及面临的问题等方面与开发区有关部门及留学人员企业代表进行深入交流，赴园区企业参观。12 月，创业园区参加第十二届“春晖杯”中国留学人员创新创业大赛和 2017 中国海外人才交流大会暨第 19 届中国留学人员广州科技交流会人才项目对接会、新材料行业项目路演、创新创业成果发布和海外人才百城同台招聘会等活动，与 20 多名赴德国、日本等国家留学人员进行深入交流洽谈，与多名留学人员达成来烟创新创业意向；同期参加人社部留专中心第四届省部共建留创园协作会议并做交流发言，分享创业园区在创新创业方面的主要做法和经验。在已建立驻法国、北美海外人才联络处的基础上，2017 年，创业园区继续筹建驻外人才联络处，创业园区分别与李家林和张弛鸣、安芙兰资本、寰球人才交流中心签订协议，设立创业园区驻日本、美国（硅谷）、加拿大海外人才联络处，拓宽海外引才渠道，6 月，创业园区邀请 32 名生物医药、新材料、智能制造、节能环保等领域国家“千人计划”专家和中国留学人员回国创业专家指导委员会创业导师，开展“创业导师和千人计划专家走进烟台”活动，吴洪流等 3 名创业导师分别围绕生物医药企业成长、工业 4.0 与智能制造 2025 等主题进行演讲，7 名“千人计划”专家进行高新技术项目路演，分组与 60 多家新材料、智能制造、生物医药以及大数据等领域骨干企业、20 余家投资机构进行对接洽谈。恒诺新材料等 16 家企业与 12 名专家达成初步合作意向，5 名专家有意向来烟自主创业。坚持《高端人才联系制度》，通过走访慰问、节日生日问候等方式，加深与人才的感情联络；利用现代信息化手段，用足用好创业园区微信订阅号、微信群、QQ群、网站等“新平台、新媒体”，采取线上线下结合，拓展服务人才企业的“新方法”，增强人才和企业服务的及时性、便捷性；举办“园区企业新春联谊”等12期“创业沙龙”——“快乐星期五”特色服务活动，编印四期《金种子》专刊。针对园区企业和留学人员数量多、涉及领域广等特点，创业园区探索建立园区企业自主管理模式，整合各企业优势资源，搭建创业培训、人才项目资金对接、文体活动等全方位的服务平台，加强企业间沟通交流。通过走访调研企业、召开企业负责人座谈会，听取和征集各方面意见建议，在创业园区管理服务中心的组织和指导下，由陈国庆、林良、徐胜广、李歆、曲毅、宫文浩、刘杰7名企业负责人发起倡议，于2017年10月23日召开烟台开发区留学人员创新创业协会第一次筹备会，正式成立筹备小组，着手拟定《章程》草案、组织框架、相关管理制度等，组织发动园区企业、企业负责人和留学人员报名入会，按照相关程序向民政部门申请注册，吸纳75家企业、141名留学人员和企业负责人成为首批会员。

2017年度，荣昌生物制药（烟台）贾蕴华博士入选第十三批国家“千人计划”；德邦先进硅材料陈维团队、隽秀生物科技王爱军团队入选第五批国务院侨办“重点华侨华人创业团队”；德邦科技陈田安博士、美天环保科技张树林博士等3名园区高层次人才入选山东省泰山产业领军人才；希尔德新材料引进的德国专家海因茨·罗尔夫·斯托克博士获得山东省国际科技合作奖；诺信检测姜国胜团队等6个园区人才团队入选2017年度烟台开发区科技创新团队，德瑞生物科技张超等8名园区人才入选科技领军人才。正海生物科技股份在深圳证券交易所创业板挂牌上市，园区上市、挂牌及被上市公司并购企业达到16家；毅康科技等3家企业斩获第五届中国创新创业大赛优秀企业奖项，睿创微纳获批山东省级（示范）工程技术研究中心，园区省级工程技术研究中心达到6家，艾德康生物科技等18家企业被新认定为高新技术企业。

（撰稿：韩正黎　审稿：蔡海林）

招远经济技术开发区

【政区 人口】 招远经济技术开发区于1992年经省政府批准设立，1993年8月正式挂牌成立，现辖温泉街道办事处、大秦家街道办事处和滨海科技产业园，136个行政村和6个居委会，区内总人口15万人，控制面积220平方公里。

【经济概况】 建区以来，发展特色产业园区，培育形成黄金、轮胎及汽车零部件、机械制造、新型电子材料和食品五大支柱产业。2017年，实现生产总值568.63亿元，比上年增长7.6%。其中，第一产业增加值5.73亿元，增长33.25%；第二产业增加值319.86亿元，增长7.04%；第三产业增加值243.04亿元，增长7.84%。全社会固定资产投资完成329.4亿元，增长8.99%。实现公共财政预算收入45.95亿元，增长9.62%。

【工业】 2017年，实现工业增加值299.73亿元，比上年增长6.77%。规模以上工业企业（年主营业务收入2000万元及以上的工业法人企业）105家，实现主营业务收入1179.58亿元，增长6.45%；实现利润53.15亿元、利税84.28亿元，增长12.47%。

【贸易】 2017年，实现进出口总额235706万美元。新签利用外资项目10项，合同外资额19978万美元，增长5.33%；实际利用外资16400万美元，增长7.19%。

【体制机制改革创新】 开发区主要负责区域规划、招商引资、项目建设及后期管理、营商环境建设等经济事务，辖区街道负责社会事务落实，实现经济与社会事务完全剥离。通过局（室）合并、人员分流以及整合市招商局工作人员等方式，成立开发区5个投资促进局，从招商区域、产业重点、上级对口部门等进行系统、全面的工作分工，构建起招商引资工作大格局。

【项目建设】 全年实施21个市级重点项目，总投资204亿元，年内全部开工建设，年度计划投资60亿元，年内完成投资69亿元。贺利氏（鲁鑫）高科技产业园、电子材料产业园–2000万平方米/年高性能覆铜板、金田铜材加工、中医院迁建、现代农业示范园等5个项目已投产；金潮蓄电池二期、皮草小镇三期、英诚医院二期、东城创新创业中心、横掌学校等5个项目完工。中德高科技产业园、电子材料产业园、金潮蓄电池、贺利氏（鲁鑫）高科技产业园、中国供销·山东招远农产品电商批发城、皮草小镇等6个项目被列入烟台市级重点项目；中国供销·山东招远农产品电商批发城项目被列入省重点项目。全区中德高科技产业园、皮草小镇三期、金潮蓄电池二期、中农批、英诚医院二期、金宝电子高性能覆铜板和20万吨耐磨材料等7个项目参加招远市项目观摩评议，在4次季度项目观摩评比工作中，开发区均列全市第一名。皮草小镇代表招远市参加烟台科学发展项目观摩并取得第4名的成绩；在烟台考核招远重点项目建设工作中，该区承担皮革加工区、金潮蓄电池、中德产业园、中农批和金宝电子等5个项目，通过考核。

【招商引资】 全区赴韩国、德国、捷克等国家及北京、上海、深圳等地区开展招商400余次，接待来自美国、南非、新加坡以及北上广等国内外客商300余批次，重点在谈项目26个；签约项目15个，总投资52亿元，分别是空军航空医学研究所战略合作、人民健康系统工程示范基地、TMQ高分子材料生产、财富大厦、锁具基地、建筑用PVC模板、东方电子智能制冷供热、重金属污染治理回收、高强度复合精密机械部件加工、新型金银合金线和镀金银线、厚膜浆料、陶瓷覆铜、德国专用车、风电轴承滚动体制造、数字化精准口腔医疗等项目。6月，组织各镇（街道）和相关企业赴上海召开2017（上海）招商推介会，140多位客商到会，5个项目在会上签约。12月，邀请45位省内外优秀浙商代表来招举办“浙商走进招远”活动，就科技孵化器等项目达成了合作意向。8月，组织相关企业赴德国、捷克等国家开展一系列招商引资工作。年内，中德高科技产业园智能化矿山装备制造基地项目开工建设；新型金银合金线和镀金银线、厚膜浆料、陶瓷覆铜、高强度复合材料精密机械部件加工、德国专用车5个项目签约。

（撰稿：姜晓东　审稿：姜书芹）

山东烟台国家农业科技园区

【概况】 2017年，园区实现总产值76亿元，税收5.9亿元。

【招商引资】 年内，园区重点包装科创中心整体运营、休闲农业旅游、物流产业园、生物科技和农产品深加工项目，赴上海、北京、成都、江苏、浙江等地开展招商活动10批次，请进来21批次，对接企业和项目35个，烟台森亚国际贸易电子商务、微生物饲料伴侣和有机复合生物肥研发中心、旭辰果品、果夫食品等4个项目签约入驻科技企业孵化器，园区入驻企业达到52家。

【产学研合作】 年内，园区赴无锡、上海、义乌等地开展“院所行”活动，对接专家教授及创新创业人才7人次，邀请11名专家教授、创新创业人才来园区考察，达成信息产业研究院、食品加工研发平台、现代休闲农庄等合作意向3项。园区企业申报烟台重点研发计划1个、省农业科技园区专项2个。

【创新创业服务】 年内，园区从项目准入、在孵管理、精细服务等三个方面抓好科技企业孵化器建设，助推三生生物科技、众兴电气等优秀成长型企业快速发展，年内新引进科技型企业10家，孵化器可持续发展的良好态势初步形成。

【省级、国家级园区验收】 年内，对照园区总体规划、建设实施方案和验收标准，总结工作亮点，梳理各种迎检资料，制作视频宣传片。7月14日通过省级农高区验收，9月25日通过国家农业科技园区验收。

【大事记】 6月8日，肥城市考察团来园区考察。实地参观农高区科技创业服务中心及内部入驻的企业、中粮长城葡萄酒（烟台）有限公司、文成城堡、马家沟生态旅游景区。

7月14日，通过省级园区验收评估，被科技厅列为“创新驱动、运行良好型”省级农高区，正式挂牌。

7月22—24日，科技部“根在基层”青年干部调研团7名成员在科技部农村司产业处李树辉处长的带领下到烟台国家农业科技园区调研。

9月25日，园区通过国家级园区验收评估。

11月14—15日，园区在江南大学食品学院举行产学研对接暨园区项目推介会，就建设功能性食品技术研究中心烟台分中心达成合作意向。

12月8日，园区联合市科技局、刘家沟镇政府、市检验检测中心等单位在济南大学举办校企合作洽谈会暨农高区项目推介会，达成2项合作意向。

（撰稿：王乐　审稿：彭松）

中国烟台人力资源服务产业园

【概况】 中国烟台人力资源服务产业园于2013年10月规划建设，总面积3万平方米，投资2亿元，2014年10月建成投用，2016年5月获评国家级，是北方第一家、全国第四家建成并投入运行的国家级人力资源服务产业园。先后被评为山东省先进基层党组织、省级优质服务窗口、省级服务业重点园区等荣誉称号。

【经营管理】 烟台产业园是在山东省人力资源和社会保障厅、烟台市人力资源和社会保障局业务指导下，遵循“整体规划、市区联动、政府推动、市场主导”的运行原则，由芝罘区人力资源和社会保障局负责运行，具体责任部门为芝罘区公共就业（人才）服务中心（芝罘区人力资源和社会保障局下属正科级事业单位）。芝罘区公共就业（人才）服务中心于2013年12月正式成立，于2016年9月重新核定机构编制，加挂烟台人力资源服务产业园管理办公室牌子，实行“一套班子、两块牌子”管理体制，内设产业科，负责园区日常运营、招商引资、大楼整体物业管理、各类人力资源行业交流活动策划和组织实施等工作。

至年底，园区入驻企业40家，龙头、领军企业占比达到60%以上，其中拥有国家级诚信服务示范机构4家，孵化上市人力资源服务机构2家，建园以来累计实现产值60亿元，其中2017年度产值近20亿元，同比增长15%；实现当期税收4000万，同比增长7.4%。入园企业产值均实现跨越式增长，其中部分企业的业务增量与全国同品牌分公司相比位居首位。园区先后为地方引进各类人才1万余名，提供就业岗位12万个，服务用人单位1.5万家，为地方经济发展、民生稳定提供才智支持与岗位支撑。

【制度创新】 烟台市在全省各地市率先出台推动人力资源服务业发展的政策意见，烟台市政府印发《烟台市关于扶持人力资源服务业发展意见》。明确提出烟台市人力资源产业发展的指导思想、目标定位、组织保障以及加快推进人力资源产业发展以及园区建设的具体措施，通过设立产业专项发展资金，配套出台资金管理办法，在产业集群发展、市场主体培育、加强人才支撑、优化发展环境等方面给予引导推动。芝罘区政府印发《人力资源产业及产业园近、中、长期发展规划纲要（2017—2026）》，对园区发展进行整体谋划。芝罘区政府印发《芝罘区人力资源服务业发展意见》，从招商引资、品牌打造、人才培养、突出贡献等方面予以鼓励支持，强化对人力资源产业精准扶持。印发《中国烟台人力资源服务产业园入驻企业扶持政策》，对入住提供政策扶持。

实施“一站式”营商服务。入园“交钥匙”工程，入园企业只需按标准提交相关材料和要求，将免费获得装修设计、代办登记注册、税务变更、人事代理等全方位入驻服务，确保入驻手续合法合规，敦促项目落地。对于不能一次性入驻的企业，可以通过代理合作、业务部门入驻、成立分公司等形式，逐渐引入园区。为使更多企业享受到园区的招商服务，园区接受200家在园区虚拟注册的企业，占全市人力资源服务企业总数的70%。实施“一体化”办公服务。园区从设计、布局到装修各个环节都凸显国际办公理念，高标准配套会议、培训、金融、人才交流、综合服务五大功能区和餐厅、咖啡店、运动馆等休闲区，打造“流动办公空间”。同时，园区建设展示交流中心，创建“候鸟众创空间”，为文化创意、金融、电子商务等产业的创业团体和创客项目提供展示交流、孵化成长的平台，形成一流的创新创业群落。实施“一条龙”信息共享服务。产业园管理部门利用自身的信息优势，强化对产业园内企业的信息服务，包括宏观经济政策、劳动保障法律法规、行业发展、市场需求等各方面的信息；举办有国内乃至国际影响力的行业交流活动等，加大对入驻园区企业的市场推介力度，将公共服务外包项目优先推荐给园区企业承接。

【服务能力建设】 产业园首创“一柜通”集成服务模式。针对基层人社事务机构多、窗口多、业务多，群众办事跑腿、排队、等候时间长等问题，园区探索创新政府公共服务与市场服务相结合的便捷高效服务方法，在全国率先创立“一柜通”集成服务模式，打破原有的单位、科室界限，对129项人社业务重组，实现人社业务“一窗受理、一柜办结”。开展业务重组，让窗口经办业务“围着群众转”。通过划分模块，整合业务、精简事项，将直接面向群众的15个科室（单位）、129项业务优化简化为就业人才、社会保险、职能审批和劳动关系3个模块，制定实施统一的工作流程、分流至32个综合服务窗口进行统一办理，精简业务事项25项，办理业务平均由原来的20分钟压缩到复杂业务10～15分钟，简单业务5分钟，“一柜通”的服务模式被人民日报、中国劳动保障、中国组织人事报、中国纪检监察等多个国家级媒体宣传报道。畅通窗口服务群众的“绿色通道”。实行“延时服务”，在中午休息时间，安排柜员驻岗值班，窗口业务可以“即到即办”，最大限度地减少群众积压、等候；实行“大客户预约”，对业务量比较大的企业、单位，采取提前划分时间段、主动电话预约等方式，分期分批为大客户提供服务，提高业务经办效能；实行“群众监督”，窗口设置群众评价器、大厅公布监督投诉电话、全体柜员做到亮身份、亮职责、亮承诺，环岛办公区位全天候接收群众的监督；对发现的问题实行“销号管理”，明确整改责任、整改时限，及时督促窗口柜员改进问题。大厅日均接待群众量1000余人次，电话回访群众满意率达到99.7%。推动窗口工作人员成长为服务群众的“多面手”。按照“优中选优、新老结合”的思路，高起点选配窗口柜员，组建一支结构合理、科学高效的窗口柜员队伍。通过“岗位大练兵”活动、“午间加油站”、周末课堂等多种形式，组织柜员开展高密度业务培训。开展交叉轮岗、实践操作、模拟测试等活动，提高柜员业务实际操作能力。柜员数量大幅压缩，由原来的120余人减少到59人，人数减少超过50%。

（撰稿：张航　李陆平
审稿：李陆平）
责任编校：云　霞

县 市 区

芝罘区

【政区 人口】 全区总面积 179.18 平方公里。辖 13 个街道办事处，142 个居委会，其中，城市社区居委会 116 个，城郊居委会 26 个。年末全区常住总人口 70.1 万人，全部为城镇人口。人口出生率 10.80‰，死亡率 5.79‰，自然增长率 6.72‰。有少数民族 34 个，4976 人。

【经济概况】 全年实现生产总值 472.14 亿元，按可比价格计算比上年增长 7.2%。其中，第一产业增加值 4.52 亿元，下降 0.2%；第二产业增加值 79.68 亿元，增长 4.2%；第三产业增加值 387.93 亿元，增长 7.9%。三次产业比例为 0.96：16.88：82.16。全社会固定资产投资完成 428.22 亿元，增长 9.1%。实现公共财政预算收入 67.75 亿元，增长 8.8%；公共财政预算支出 48.03 亿元，增长 1.5%。

【农业】 水果总产 6000 吨；肉类总产 497.7 吨，禽蛋总产 345 吨，奶类总产 1086 吨。全年退化林修复 100 公顷。全区农机总动力 2.97 万千瓦，增长 0.2%。

【工业和建筑业】 全年实现工业增加值 35.4 亿元，比上年下降 0.4%。规模以上工业企业实现增加值下降 3.7%；实现主营业务收入 126 亿元，增长 5.3%；实现利税 6 亿元，下降 35.9%。全年完成建筑业总产值 90.01 亿元，增长 13.9%。

【建设 环保】 自来水普及率 100%，燃气普及率 99.86%，集中供热普及率 83.5%。已建成污水处理厂 2 座，污水集中处理率达到 99%，无害化垃圾处理率达到 100%。城市空气质量良好率达到 81.6%，水环境功能区达标率为 100 %，道路交通声环境质量符合国家标准。

【贸易 旅游】 全年实现社会消费品零售总额 490.45 亿元，比上年增长 10.2%。实现外贸进出口总额 134.44 亿元，增长 6.3%，其中出口 71.28 亿元，增长 7.7%。实际使用外资 10.71 亿元。全年接待国内外游客 2150 万人次，增长 10.2%。实现旅游总收入 306 亿元，增长 9.2%。

【教科文卫体】 全区共有普通高等院校 1 所，在校生 3 万人。中等技术学校 5 所，职业高中学校 1 所，附设中职班 2 所，共有在校生 1 万人。十二年一贯制学校 2 所；高级中学 1 所；完全中学 6 所；九年一贯制学校 7 所；初级中学 12 所；小学 40 所；特殊教育学校 2 所。普通高中在校生 1.5 万人；初中在校生 2.6 万人；小学在校生 4.1 万人；特殊教育在校生 0.03 万人。取得省科技奖励 1 项。专利申请 2346 件，授权专利 1275 件。群众艺术馆、文化馆 1 处，公共图书馆 2 处，档案馆 1 处。广播、电视人口覆盖率均达到 100%。全区拥有各类医疗卫生单位 644 家，其中部队医院 1 家，市直医院 7 家，区直医院 9 家（其中挂社区卫生服务中心牌子 6 家），企事业单位及社会力量兴办的医院 42 家，社区卫生服务机构 72 家，门诊部、诊所和卫生所 512 家，疾病预防控制机构 1 所。辖区内医疗机构床

所城里搬迁第一户

位 9212 张（区管医疗机构床位 3220 张），注册执业（助理）医师 6183 人，注册护士 6407 人。全年参加省级及以上体育比赛获奖牌 37 枚，其中金牌 22 枚。

【社会生活】 城镇居民人均可支配收入 43504 元，增长 8.4%；人均消费性支出 29453 元，增长 9.6%；人均住房建筑面积 33.13 平方米。城镇（非私营）在岗职工年平均工资 78880 元，增长 5.7%。全区城镇基本养老、医疗、失业、工伤和生育保险参保人数分别达到 18.8 万人、41.1 万人、10.3 万人、11 万人、11 万人。城乡居民养老保险参保 2.3 万人。全区城镇最低生活保障救助 6255 人。收养性社会福利单位 29 个，收养 2807 人。

【棚户区改造工程】 6 月 16 日，芝罘区棚改全面启动，芝罘有史以来最大范围的棚户区改造，打造芝罘有史以来最大的集中安置区，总任务量在全市位列第一，是唯一全域棚改的县市区。全区 59 个棚改项目，有 27 个实现启动，惠及群众 1.5 万余户。在南部核心地带选址确定总用地面积 48.6 公顷，可建设用地面积约 40.5 公顷的黄务集中安置区。年内，棚改 59 个项目签订征迁协议 9673 户，协议征迁面积 69.6 万平方米。开复工项目 25 个，安置房开复工面积达 79 万平方米。

【芝罘区获全国财政管理工作先进县称号】 4 月 24 日，《国务院办公厅关于对 2016 年落实有关措施真抓实干成效明显地方予以表扬激励的通报》发布，芝罘区成为烟台市首个全国财政管理工作先进县。此次通报主要表彰在财政预算执行、盘活财政存量资金、国库库款管理、预算公开等财政管理工作中完成情况较好的地区，山东省有 3 个县市区获奖。芝罘区作为烟台市唯一的市级现代预算管理制度改革试点区，先后制定出台《现代预算管理制度改革试点方案》等 14 个配套制度。

（撰稿：王高峰　审稿：曾现书）

福山区

【政区 人口】 全区总面积 482.26 平方公里。辖 7 镇（街）、1 个高新技术产业区、239 个行政村（社区）。全区年末公安部门统计的户籍人口 277549 人，比上年略有增长。人口出生率为 12.45‰，人口死亡率为 11.49‰，人口自然增长率为 0.96‰。

【经济概况】 全年实现地区生产总值 280.2 亿元，按可比价格计算，比上年增长 7.1%。其中，第一产业增加值 15.6 亿元，增长 5.1%；第二产业增加值 147.6 亿元，增长 6.5%；第三产业增加值 117 亿元，增长 8.2%。全年固定资产投资完成 487.19 亿元，比上年增长 9.1%。实现境内财政总收入 56.18 亿元，同比增长 12.5%；实现一般公共财政预算收入 30.1 亿元，同比增长 6.9%。全年地方一般公共预算支出 30.38 亿元，同比增长 10.2%。年末全区各类金融机构各项存款余额 282.8 亿元，同比增长 5.5%，其中城乡居民存款余额 186.3 亿元，增长 10.7%。各类金融机构各项贷款余额 185.7 亿元，同比增长 11.1%。

【农业】 全年完成农业总产值 25.97 亿元，按可比价计算，同比增长 5%。粮食总产 1.65 万吨，油料总产 4690 吨，水果总产 5.81 万吨，蔬菜瓜类总产 2.15 万吨。肉类总产 5244 吨，禽蛋总产 1733 吨，奶类总产 2299 吨。农机总动力 18.7 万千瓦。

【工业和建筑业】 年末全区规模以上工业企业 162 家，全区完成规模以上工业总产值 344.4 亿元，同比增长 11.46%，工业增加值同比增长 10.2%；规模以上工业全年累计实现主营业务收入 323.96 亿元，同比增长 4.8%；实现利润总额 11.04 亿元，同比下降 8.6%；实现利税总额 19.57 亿元，同比下降 8.4%。资质以上等级建筑企业 43 家，全年资质以上建筑业总产值 29.15 亿元，比上年下降 14.1%。

【建设 环保】 率先完成市下达 1575 户棚改任务，提前启动 14 个重点板块改造，累计签约 6532 户。规划实施基础设施 PPP 项目，城区 5 条道路 9 处管网改造顺利推进，打通 6 条“卡脖路”。改造老旧小区 5 个，“电气代煤”3500 户。新增绿地面积 15 万平方米。城市空气质量二氧化硫年均值为 0.018 毫米 / 立方米，二氧化氮年均值为 0.034 毫米 / 立方米，可吸入颗粒物年均值为 0.069 毫米 / 立方米，均符合国家Ⅱ级标准。主要水库（门楼水库）年均值符合地表水Ⅲ类标准；大沽夹河福山境内的三个监测段面河水质量均达到Ⅲ类标准。道路交通噪声年均值为 54.7 分贝，符合国家标准，区域环境噪声等效声级基本上保持稳定，各个功能区的噪声均符合国家城市区域环境噪声质量标准。

【交通 邮电】 新建改造农村公路 175 公里，入选全省农村公路网化示范县。全年实现邮政业务总量 2916.84 万元，比上年增长 20.96%；实现业务收入 3925.69 万元，比上年增长 42.99%。全年发送信函 34.91 万件，报刊订销量 414.91 万件。固定电话拥有量 4.3 万部，移动电话拥有量 41.8 万部，宽带用户 10.85 万户。

【贸易】 全年社会消费品零售额完成 130.26 亿元，比上年增长 10.2%。其中，城镇零售额 77.21 亿元，同比增长 9.9%；乡村零售额 53.05 亿元，同比增长 10.4%。全年实现外贸进出口总额 104.98 亿元人民币，同比增长 13%。其中，进口总额 36.72 亿元人民币，同比增长 8.2%；出口总额 68.26 亿元人民币，同比增长 15.7%。引进外商投资项目 9 个，总投资额 19815 万美元；合同外资 6.67 亿元人民币，同比下降 56.3%；实际到账外资 10.75 亿元人民币，同比增长 4.6%。千万美元以上项目占全部注册外资的比重达到 70% 以上。

【教科文卫体】 年末，全区有各级各类全日制学校 85 所（含技校、高职、体校、武校）。其中，中学 7 所，小学 16 所，各类幼儿园 59 所。年末小学在校学生 16504 人，初中在校学生 8570 人，高中在校学生 3799 人。有各种艺术表演团体 80 个，艺术表演场馆、文化馆、公共图书馆和文物保护机构各 1 处。全区有线数字电视用户 57585 户，其中城区用户 30259 户，农村用户 27326 户。有卫生机构 19 所，其中医院、卫生院 17 所，卫生防疫防治机构 1 所，妇幼保健机构 1 所。各类卫生机构共有床位 1244 张，卫生技术人员 1401 人。其中，执业医师及执业助理医师 517 人，注册护士 537 人。全年参加省级以上体育比赛共获得奖牌 88 枚，其中金牌 49 枚，银牌 20 枚，铜牌 19 枚。在全国锦标赛中，福山选手吴晓君获 1000 米男子四人皮艇第一名；在第十三届全运会上，福山选手吴晓君、徐鹏和盖晓梅分别获得 1000 米男子四人皮艇第一名、第二名和 500 米四人皮艇第三名的成绩。

【社会生活】 城镇居民人均可支配收入 43031 元，比上年增长 8.2%；人均消费支出 27838 元，比上年增长 9.7%；城市居民人均住房建筑面积 31 平方米。农村居民人均可支配收入 20292 元，比上年增长 7.9%；农村居民人均消费支出 13166 元，比上年增长 10.3%；农村居民人均住房面积 33 平方米。全区城镇职工基本养老、基本医疗、失业、工伤和生育保险参保人数分别为 62300 人、86854 人、60330 人、61639 人和 61641 人。居民基本医疗保险参保人数为 17.92 万人；城乡居民养老保险参保人为 12.26 万人，参保率和参合率均为 100%。年末全区拥有各类福利机构 6 个，拥有床位 647 张；支出各类救助金 138.67 万元。纳入低保对象人数 4477 人，发放低保金 2292.22 万元，其农村低保标准增加到 355 元。农村“五保”集中供养和分散供养标准分别为 5964，集中供养率保持在 80% 以上。

【大事记】 4 月 12 日，福山区与上汽自动变速器总成项目签约仪式在福山举行。该项目总投资 10 亿元，主要生产自动变速器及核心部件，产品拥有自主知识产权，各项技术指标国内领先，达到国际同类产品先进技术水平。项目将于 2018 年投入生产，年可实现销售收入 20 亿元，税收 2 亿元。

4 月 22—23 日，全国第八届“推动学校文化建设，打造特色名牌学校”实施战略研讨会暨“学校文化建设重点研究基地”学校授牌仪式在山东德州举办，福山区教体局报送的《爱融于心 德践于行——“养心教育”一课式德育教育模式探索》和《“学校 + 基地群”综合实践活动实施模式研究》从全国 720 余所中小学校报送的优秀成果中脱颖而出，获一等奖，回里镇中心小学获准“学校文化建设重点研究基地”。

5 月 8 日，值第 70 个“世界红十字日”之际，区领导走访慰问福山区 3 名捐献造血干细胞、挽救 3 名白血病患者的志愿者。他们分别是：山东省红十字系统领导干部成功捐献第一人、福山区十大好人、区红十字会前常务副会长、老干部局副局长王朝志；山东省首例为香港患者捐献造血干细胞的、城关中学总务处副主任史久尧；烟台正展精密印刷有限公司普通员工李守政。

5 月 10—14 日，福山区代表全省参加基本公共卫生服务考核，取得全国第三名的优异成绩。考核组对项目组织管理、资金管理、项目执行和服务效果进行考核，通过抽查街道社区卫生服务中心和村卫生室，走访、调查居民 100 余人。考核组专家一致认为：福山区的基本公共卫生服务项目执行有力度、宣传工作搞得好、培训工作有特色、服务模式有创新、基础建设和医养结合有特点。同时建议，在全国推广学习福山的项目培训和“健康服务群”创新工作模式。

5 月 17 日，福山区举行德尔福动力总成亚太研发中心项目签约仪式。该项目是世界 500 强企业——美国德尔福集团首个本土以外的研发中心。

5 月 19 日，烟台临港工业区战略合作项目签约仪式在福山举行。中国通号集团产业基地及园区建设合作开发项目、齐鲁交通大型公路港综合体、深能源光伏小镇、文化 + 智慧工业园区、美国农业机械物流加工工业园、台资格拉斯曼高端智能装备等六个项目签约落户临港工业区，项目涵盖智能装备制造、智慧园区建设、绿色新能源、新型交通综合体等领域。

6月15日至16日，中央电视台十九大献礼纪录片《法治中国》摄制组，来福山区拍摄“法德共进”影像素材。对基层法律服务、青少年法德教育、企业法德文化等方面进行实地拍摄，多方位展示福山的“法德共进”工作。

7月30日，第二十三届听障奥运会在土耳其萨姆松结束，福山籍选手王聪勇夺乒乓球项目4枚金牌。

9月23日至24日，由农业部中国农业技术推广协会、中国食品报和区政府共同主办的“全国桃业发展论坛”在福山召开，来自全国农业及相关领域的专家、行业精英及新闻记者等80余人参加论坛。国务院参事室特约研究员、中国农产品市场协会会长张玉香、省农业厅党组成员、副厅长褚瑞云等领导出席会议。

9月，山东省考核组对福山区2016年至2017年度基层医疗卫生机构国医堂建设项目进行现场检查验收。考核组通过听取汇报、实地检查、查阅资料和档案材料、就诊患者问卷调查，并对全区基层中医药服务知晓率和满意度等进行现场考评，对福山区国医堂项目建设运行情况给予充分肯定。是年，全区8处国医堂全部启动运行，被评为“全国基层中医药工作先进单位”。

9月起，福山区全面实施“多证合一”改革。这是在全面实施企业和农民专业合作社工商营业执照、组织机构代码证、税务登记证、社会保险登记证、统计登记证“五证合一、一照一码”登记制度改革和个体工商户工商营业执照、税务登记证“两证整合”的基础上，将公安、住建、交通等11个部门的26项涉企证照事项整合到营业执照上，实现“多证合一、一照一码”，进一步提升政务服务效能，激发市场创新活力，营造更加便利宽松的市场准入环境。

12月14日，中国福山大樱桃博士科学试验站合作签约仪式在福山宾馆举行，福山区与北京林业果树科学研究院和烟台农科院签订三方合作协议。

（撰稿：胡其华　于祖强
审稿：林屹东）

莱山区

【政区 人口】 全区总面积285.43平方公里。辖6个街道，1个经济开发区，126个行政村（社区）。年末全区总人口22.24万人，其中城镇人口22.24万人。人口出生率16.35‰，死亡率7.03‰，自然增长率9.32‰。

【经济概况】 全年实现生产总值259.7亿元，按可比价格计算比上年增长8.4%。其中，第一产业增加值3.8亿元，增长1.7%；第二产业增加值97.7亿元，增长7.7%；第三产业增加值158.2亿元，增长9%。三次产业比例为1.5∶37.6∶60.9。全社会固定资产投资完成446.3亿元，增长9.4%。实现公共财政预算收入32.1亿元，增长6.9%；公共财政预算支出33.5亿元，增长6.8%。年末金融机构本外币存款余额400.6亿元，其中居民储蓄存款余额184.7亿元。

【农业】 全年农林牧渔业实现总产值7.5亿元，比上年下降0.6%。粮食总产1.2万吨，下降9.4%；油料总产0.4万吨，下降8.7%；水果总产4.4万吨，增长4.1%；蔬菜总产2.8万吨，下降23.4%；水产品总产1.2万吨，下降2.1%。肉类总产1万吨，禽蛋总产0.3万吨，奶类总产0.2万吨。全年新增造林面积167公顷。全区农机总动力11.7426万千瓦，增长1.02%。

【工业和建筑业】 全年实现工业增加值78.7亿元，比上年增长11.7%。规模以上工业企业实现增加值增长13.4%；实现主营业务收入267.5亿元，增长8.6%；实现利润31.5亿元，增长47 %。全年完成建筑业总产值52.4亿元，下降6.9%；实现利税5亿元，增长48.5%。

【建设 环保】 年末，城镇化率100%。城市基础设施建设完成投资45000万元。城市人均绿地面积22.7平方米，建成区绿化覆盖率43.41%。自

莱山区送文化到基层演出活动

来水普及率86%，燃气普及率97%，集中供热普及率79%。污水集中处理率达到100%，无害化垃圾处理率达到100%。城市空气质量良好率达到100%，水环境功能区达标率为100%，道路交通声环境质量符合国家标准。

【交通 邮电】 公路通车里程130.566公里，其中高速公路通车里程40.6公里。电信业务总量1.3亿元，增长3.4%；邮政业务总量3015万元，增长15%。年末固定电话用户6900万户，移动电话用户15万户，电话普及率100部/百人，互联网用户5.8万户。

【贸易 旅游】 全年实现社会消费品零售总额123.6亿元，比上年增长10.5%。其中，城市市场实现零售额121亿元；农村市场实现零售额2.6亿元。实现外贸进出口总额77.6亿元，增长0.7%，其中出口52.9亿元，下降4%。新批利用外资项目19项，完成合同利用外资19.1亿元，完成实际使用外资15.6亿元。对外承包工程和劳务合作新签合同额16107万美元；对外劳务合作派出人员4657人次。主要旅游景点有海昌渔人码头、烟台植物园、胶东文化广场、朱雀山森林公园等。全年接待国内外游客630万人次，增长10%。实现旅游消费总额55亿元，增长13%。

【教科文卫体】 有普通高中1所，在校生0.2万人；初中8所，在校生0.71万人；小学15所，在校生1.3万人。共取得市（地）级以上各类重要科技成果9项，其中，获得国家科技奖励1项。发明专利申请495件，授权专利167件。有文化馆1处，公共图书馆1处，档案馆1处。广播、电视人口覆盖率均达到100%。有卫生机构380所，其中，医院24所，疾病预防控制机构2所，妇幼保健机构1所。各类卫生机构共有床位2057张，卫生技术人员1844人，其中，执业医师及执业助理医师852人，注册护士791人。全年参加省级以上体育比赛共获奖牌45枚，其中金牌13枚。

【社会生活】 城镇居民人均可支配收入48711元，增长8.2%；人均消费性支出31090元，增长7.9%；人均住房建筑面积33平方米。农村居民人均纯收入20625元，增长7.9%；人均生活消费支出13260元，增长10.8%；人均住房面积33.3平方米。全区城镇基本养老、医疗、失业、工伤和生育保险参保人数分别达到6.18万人、7.94万人、5.83万人、5.91万人和5.91万人。城乡居民养老保险参保11.37万人。全区城乡最低生活保障救助1484人。其中，城镇低保516人，农村低保968人，农村特困救济219人。社会福利企业1个，安置残疾人员23人。

杰瑞集团亮相全球最大石油展

【大事记】 1月22日，中共烟台市莱山区第六届委员会第一次会议举行。全会选举产生中共烟台市莱山区第六届委员会常务委员会委员，区委书记、区委副书记；批准中共烟台市莱山区第六届纪律检查委员会第一次全体会议选举产生的区纪委书记、副书记和常务委员会委员人选。

2月24—27日，莱山区第六届人民代表大会第一次会议召开。大会选举产生新一届区人大常委会组成人员，区长、副区长，区人民法院院长，区人民检察院检察长，市第十七届人民代表大会代表。

2月24—27日，中国人民政治协商会议第六届烟台市莱山区委员会第一次会议召开。会议选举产生区政协第六届委员会主席、副主席、秘书长和常务委员。

3月2日，全区重点项目开工现场动员会召开，对20个重点项目进行集体开工。年内纳入区级调度的过亿元项目共有70个，比上年增加10个，新建项目47个，占总数的67%；项目总投资852亿元，比上年增加125亿元。

5月24日，省委常委、纪委书记陈辐宽一行到莱山区黄海路街道黄海社区调研。

6月5日，省关工委常务副主任赵玉兰一行到莱山区黄海路街道黄海社区、滨海中学、解甲庄街道孔辛头村3个关工委工作点调研。

6月8日，全国人大常委、致公党中央副主席闫小培一行到莱山区致公党莱山区支部、区社会福利中心调研。

6月14日，杰瑞集团参加2017加拿大卡尔加里GPS展会，集中展出智能电控连续油管拖车，油管、管汇、大泵等配件产品以及天然气工程一体化解决方案。

6月22日，省委常委、组织部部长杨东奇一行到莱山区杰瑞山海路工业园、杰瑞集团总部调研。

6月，中核台海光伏项目一期工程启动开工建设。该项目由中国核工业集团公司联合烟台市台海集团有限公司共同开发建设，规划装机容量13MW，总投资近1亿元，全部建成投产后年均发电量1300万KWh以上。该项目是中国核工业集团公司在莱山区首个新能源项目，也是烟台核电研发中心第一个产业化项目。

7月2日，省委书记刘家义，省委常委、秘书长胡文容一行到莱山区黄海社区调研党建工作和集体经济发展情况。

8月4日，省军区司令员赵冀鲁少将一行到莱山区台海集团调研军民融合开展情况。

8月19日，国家发改委地区司副司长张东强一行到莱山区开展新旧动能转换专题调研。

8月21日，区内烟台中宠食品股份有限公司在深圳证券交易所中小企业板上市、募集资金3.87亿元。

9月16—17日，在烟台召开的2017医药创新与发展国际会议上，莱山区与佳诺华研发中心及产业基地、沈阳药科大学共建体外诊断联合实验室、中医经典名方研发中心、中药谱效评价研究中心等4个项目进行集中签约。

9月25—26日，在由工业和信息化部、中国工程院等共同指导召开的首届中国服务型制造大会上，区内持久钟表集团获“示范企业”称号。

10月20日，莱山区台海集团与烟台大学正式签订合作协议，双方将共同组建烟台大学核装备与核工程学院、台海集团烟台大学核装备与核工程技术研究院。

11月9日，由杰瑞环保科技有限公司设计制造的大处理量土壤淋洗成套设备投入使用。该设备是国内单套处理量最大的成套淋洗设备，处理能力达到100吨/小时。

12月16日，国家“千人计划”专家联谊会信息科学与技术专业委员会2017年年会在莱山区召开。

（撰稿：宋丹丹　李辉　审稿：金帅）

牟平区

【政区 人口】全区总面积1513.32平方公里。辖8个镇，5个街道，拥有1个省级开发区，1个省级旅游度假区，591个行政村（居委会）（含昆嵛镇36个行政村）。年末全区总人口45.1万人，其中城镇人口22.24万人。人口出生率7.91‰，死亡率9.36‰，自然增长率-1.45‰。

【经济概况】全年实现生产总值344.1亿元，按可比价格计算，比上年增长7.7%。其中，第一产业增加值42.4亿元，增长4.3%；第二产业增加值160.5亿元，增长8.2%；第三产业增加值141.2亿元，增长8.2%。三次产业比例为12.3∶46.7∶41。全社会固定资产投资完成503.5亿元，增长9.1%。实现公共财政预算收入25.2亿元，增长7.5%；公共财政预算支出31.2亿元；年末金融机构本外币存款余额393.9亿元，其中居民储蓄存款余额252.6亿元。人民币各项存款余额389.3亿元，比年初减少9.1亿元。人民币各项贷款余额222.1亿元，增加11.6亿元。

【农业】全年农林牧渔业实现总产值43.37亿元，比上年增长4.9%。粮食总产13.93万吨，下降3%；油料总产3.38万吨，增长1.8%；水果总产59.9万吨，增长0.8%；蔬菜总产10.45万吨，增长0.1%；水产品总产19.68万吨，增长10.96%。肉类总产9.14万吨，禽蛋总产2.57万吨，奶类总产2.91万吨。全年完成造林面积301公顷。全区农机总动力98万千瓦。

【工业建筑业】全年实现工业增加值146.1亿元，比上年增长9.4%。规模以上工业企业（年主营业务收入2000万元及以上的工业法人企业）实现增加值增长10.7%；实现主营业务收入568.5亿元，增长0.8%；高新技术产业产值占规模以上工业总产值比重达38.9%。

【建设 环保】城市基础设施建设完成投资54373万元，增长121.31%。城市人均道路面积18.41平方米，人均绿地面积37.11平方米，建成区绿化覆盖率39.82%。自来水供水能力6万吨/日，燃气普及率99%，集中供热普及率74%。村镇建设完成投资3亿元，下降3%。已建成污水处理厂1座，污水集中处理率达到100%，无害化垃圾处理率达到100%。城市空气质量良好率达到74.2%，水环境功能区达标率为100%，道路交通声环境质量符合国家标准。

【交通 邮电】省道通车里程195.9公

里，县乡公路通车里程 522.6 公里，高速公路通车里程 55.8 公里。公路旅客运输量为 235 万人次，比上年增长 1.1%。公路货物运输量 741 万吨，增长 13.8%。港口货物吞吐量 145 万吨，增长 2%。完成电信业务总量 23996 万元，下降 1.5%；邮政业务总量 5233 万元，增长 47%。年末固定电话用户 5.15 万户，移动电话用户 46.48 万户，互联网用户 12.45 万户。

【贸易 旅游】 全年实现社会消费品零售总额 188 亿元，比上年增长 9.1%。实现外贸进出口总额 19.35 亿美元，增长 18%，其中出口 7.62 亿美元，增长 11%。新批利用外资项目 11 项，注册外资 36255 万美元，实际使用外资 14700 万美元。外派人员 2800 人次，增长 7.7%。主要旅游景点有养马岛、杨子荣纪念馆、十里杏花谷景区。全年接待国内外游客 580 万人次。实现旅游总收入 44.8 亿元，其中国内旅游收入 43.6 亿元。

【教科文卫体】 中等职业、技工学校 1 所，在校生 0.23 万人。普通高中 2 所，在校生 0.55 万人；初中 12 所，在校生 1.08 万人；小学 25 所，在校生 1.36 万人。获得第十九届中国专利奖金奖 1 项，山东省“战略新兴产业创新类”领军人才 1 位。发明专利申请量 120 件，发明授权专利 35 件，国家级知识产权示范企业 1 家。有各类艺术表演团体 328 个，有文化馆 1 处，公共图书馆 1 处，全国重点文物保护单位 1 处，省级文物保护单位 16 处。档案馆 2 处。广播、电视人口覆盖率均达到 100%。有各类注册卫生机构 309 所，其中，医院、卫生院（社区卫生服务中心）17 所，疾病预防控制机构 2 所，妇幼保健机构 1 所。各类卫生机构共有床位 2374 张，卫生技术人员 3034 人，其中，执业医师及执业助理医师 1072 人，注册护士 1299 人。有体育馆 3 座，全年参加省级以上体育比赛共获奖牌 59 枚，其中金牌 40 枚。

【社会生活】 城镇居民人均可支配收入 40739 元，增长 8.3%；人均消费性支出 28516 元，增长 6.4%；人均住房建筑面积 37 平方米。农村居民人均可支配收入 18657 元，增长 8%；人均生活消费支出 14051 元，增长 3.4%；人均住房面积 32 平方米。全区城镇基本养老、医疗、失业、工伤和生育保险参保人数分别达到 10.5966 万人、40.38 万人、4.1932 万人、5.56 万人和 5.22 万人。企业养老保险参保人数 9.5466 万人，机关事业单位养老保险参保人数 1.05 万人，城乡居民养老保险参保 21 万人，全区城乡最低生活保障救助 7451 人。其中，城镇低保 400 人，农村低保 7051 人，农村特困救济 1154 人。全区各类养老服务机构和设施 18 个，各类养老床 1924 张。

【传统产业改造提升】 2017 年，牟平区 15 个市级重点技改项目完成投资 8.5 亿元，恒邦股份连续 7 年入围中国上市公司 500 强排行榜、连续 3 年稳居中国黄金十大冶炼企业首位，安德利果汁蝉联“农业产业化国家重点龙头企业”，仙坛股份入选省级“厚道鲁商”品牌形象榜，丽鹏股份荣登名列山东企业品牌榜百强。海德汽车零部件高集成化智能搬运系统投入使用，石药 GPS 仓储物流中心成功落户。

【科技创新】 年内，牟平区完成市级以上科技计划立项 6 项，富氧底吹造锍捕金技术获中国有色金属工业协会科技进步一等奖。授权发明专利 27 件，津优力核心保护专利获第十九届中国专利金奖。丽鹏股份入选国家知识产权示范企业。孚信达“铜铝复合导电扁排标准”成为中国有色金属领域唯一国际标准。石药百克董事长王金戌获评泰山产业领军人才。

【发展现代服务业】 年内，牟平区休闲旅游、商贸物流、医养结合等产业加快发展，举办“养生福地·宜居牟平”城市形象（北京）推介会，“烟台人游烟台”活动在牟平举行启动仪式，北中国海公园建成开放；金湾绿

扶贫项目—恒邦光伏发电项目全景图（摄影：孙健）

色农产品物流港投入运营，港口货物吞吐量突破 140 万吨；全区公立医院与养老机构普遍建立合作关系，在新开发住宅小区推广智能化社区居家养老服务系统并预留医养呼叫热线，浩岭湖健康小镇获评“山东省服务业特色小镇”。

【保障改善民生】 年内，牟平区民生领域支出 25.5 亿元，占财政支出比重的 85%。总投资 40.8 亿元的 61 项民生工程项目有序推进。城乡居民医疗保险、居民基础养老金、城乡低保、五保供养标准稳步提高，18 种靶向药和特效药纳入居民大病医疗报销范围。城镇新增就业 5200 人，城镇登记失业率控制在 1.7%。新购房补贴 6000 套，商品房去化周期由 65 个月缩短为 15 个月，其中住宅去化周期缩短为 9 个月。46 个省定贫困村、10 个市级贫困村、151 户 227 名未脱贫人口全部按期“摘帽”。投资 2422 万元实施第二轮引黄调水 1190 万方，在大旱之年保证城区供水需求；投入抗旱资金 2860 万元，把灾害损失降至最低。

【大事记】 1 月 3 日，省委和市委决定，李爱杰任枣庄市委常委，不再担任牟平区委书记，刘启明任区委书记兼区委党校校长、东部新区党工委书记。提名高君勃任区委副书记、区长。

1 月 23 日，龙泉养生小镇入选山东省首批特色小镇。

2 月 28 日，孟凡利到高陵镇上潘家庄村、高陵生态产业园，调研扶贫开发、春季农业生产、森林防火工作。

4 月 1 日，张永霞等市领导到牟平区风云林场楸树基地植树点，与 300 多名机关干部职工一起参加义务植树活动，栽植楸树、樱花、紫薇等苗木 2000 多株，以实际行动号召全市人民积极参与植树造林，为“生态城市、美丽烟台”建设贡献力量。

4 月 7 日，烟台彭氏莱根香餐饮公司发布“烟台宁海州脑饭”的山东省地方标准，5 月 1 日起实施。

4 月 26 日，“养生福地、宜居牟平”城市形象推介会在北京启幕。区长高君勃在会上致辞，区旅游局、住建局负责人进行推介，展现一个拥有山、海、岛、泉、河等旅游资源的养生宜居福地。

2017 年 6 月 1 日，烟台市社会主义核心价值观组歌传唱暨第五届中小学舞蹈、器乐大赛牟平区专场比赛在文化中心大剧院举行

5 月 11 日，烟台孚信达双金属股份有限公司主导起草的“铜铝复合导电扁排标准”在美国标准化国际组织的导体分会获得批准，填补中国冶金行业没有国际标准的空白。

5 月 18 日，全市首家中医药博物馆在山东中医药高等专科学校开馆，区委副书记陈海涛出席开馆仪式。该馆建筑面积 5500 平方米，由中医药史馆、中医药专题馆、中药标本馆、人体生命科学馆、校史纪念馆组成，馆藏文物 2000 多件（套）、古籍 1000 余本（套）、各类标本万余种。

6 月 1 日，烟台市社会主义核心价值观组歌传唱暨第五届中小学舞蹈、器乐大赛牟平区专场比赛在文化中心大剧院上演。展演分为“组歌传唱、舞蹈、器乐”三种形式进行。

6 月 9 日，国家发展改革委公布 2017 年度山东省服务业特色小镇试点单位名单，烟台浩岭湖健康小镇名列其中，成为山东省首批服务业特色小镇试点单位。

7 月 6—7 日，全市春季造林暨林业扶贫工作现场观摩会议在牟平召开。与会人员先后观摩莱州、招远、莱阳、海阳、牟平的造林绿化优质工程和扶贫项目，随后在中盛酒店召开会议。会上，牟平、海阳、莱阳、招远、莱州林业局局长做典型发言。

7 月 17 日，2017 年烟台市“市长杯”校园足球联赛暨“中国体育彩票杯”体育联赛足球比赛、校园足球夏训营开幕式在牟平职专举行。来自 14 个县市区的 22 个高中组足球代表队、28 个小学组足球代表队近 700 名裁判员、教练员、运动员参加开幕式。

7 月 31 日，龙泉镇美丽乡村标准化试点项目、区政务服务中心政务服务标准化试点项目获得 2017 年度

“山东标准”建设项目。

8月13日，省委党校牟平教研基地揭牌仪式在区委党校举行，省委党校副校长孙建昌参加揭牌仪式。

8月24日，中央组织部、中央党校等国家和省内有关单位的领导、专家以及省委组织部副部长刘炳国，市委常委、组织部长于涛，各地市组织部门主要负责人，实地考察胶东抗战第一枪纪念馆和杨子荣纪念馆两个教学现场。

9月15日，烟台海德机床有限公司与日本NSS株式会社、野村贸易株式会社举行合作签字仪式，就机床主轴技术合作达成意向。

9月24日，山东省第二批特色小镇创建名单公布，大窑街道入选绿色健康小镇。

9月，由烟台市委宣传部、市文明办等部门和单位联合组织开展的学雷锋志愿服务“四个50”先进典型评选活动结果揭晓，区图书馆“尼山书院”传统文化公益活动获评“最佳志愿服务项目”。

11月17日，龙泉镇获第五届全国文明镇称号。

12月6日，国网烟台供电公司与牟平区签署《关于共同推进烟台（牟平）坚强智能电网建设战略合作协议》。“十三五”期间，国网烟台供电公司将加大对牟平区供电主网、农网、充电设施等多个领域投入力度。

12月8日，金埠家园棚户区改造安置社区项目举行开工仪式。作为全市首个利用PPP模式建设的棚改安置社区，金埠家园项目建成后可安置棚改居民约1800户。

12月29日，区委办公室、区政府办公室、区纪律检查委员会等22个单位获评省级文明单位；养马岛旅游度假区中原社区、宁海街道北翠里社区等7个社区获评省级文明社区；牟平经济开发区五里头村、大窑街道蛤堆后村等23个村获评省级文明村。

（撰稿：于玲燕　审稿：王爱民）

海阳市

【政区 人口】 全市总面积1910.10平方公里。辖10个乡镇，4个街道，719个行政村，24个城市社区。年末全市总人口64.7万人。人口出生率14.82‰，死亡率18.42‰，自然增长率-3.60‰。有少数民族27个，1034人。

【经济概况】 全年实现生产总值327.8亿元，按可比价格计算比上年增长6.9%。其中，第一产业增加值71.2亿元，增长5%；第二产业增加值118.4亿元，增长7.1%；第三产业增加值138.2亿元，增长7.7%。三次产业比例为21.7∶36.1∶42.2。全社会固定资产投资完成477.6亿元，增长9.4%。实现公共财政预算收入30.4亿元，增长7.8%；公共财政预算支出39.6亿元，增长13%。年末金融机构本外币存款余额387.09亿元，其中居民储蓄存款余额276.77亿元；人民币各项存款余额383.05亿元，比年初增加16.42亿元，人民币各项贷款余额307.68亿元，增加43.09亿元。

【农业】 全年农林牧渔业实现总产值124.8亿元，比上年增长5.5%。粮食总产37.7万吨，下降1.7%；油料总产8.5万吨，增长1.9%；水果总产45万吨，下降0.5%；蔬菜总产43万吨，下降0.9%；水产品总产31.8万吨，与去年持平。肉类总产5.4万吨，禽蛋总产3.3万吨，奶类总产1.8万吨。全年新增造林面积608公顷。全市农机总动力82.5万千瓦，下降23.2%。

【工业和建筑业】 全年实现工业增加值97.5亿元，比上年增长8.6%。实现主营业务收入249.2亿元，增长5.7%。全年完成建筑业总产值25.1亿元，下降3%；实现利税39493万元，下降2.3%。

【建设 环保】 年末，城镇化率48.98%。城市基础设施建设完成投资31155万元，增长120%。城市人均道路面积17.62平方米，人均绿地面积14.75平方米，建成区绿化覆盖率42.45%。自来水普及率99.6%，燃气普及率99.57%，集中供热普及率85%。村镇建设完成投资7.7亿元，增长1.69%。已建成污水处理厂6座，污水集中处理率达到67.6%，无害化垃圾处理率达到100%。城市空气质量良好率达到78.4%，河流功能区达标率为77.8%，道路交通声环境质量符合国家标准。

【交通 邮电】 公路通车里程2250.8公里，其中高速公路通车里程70.4公里。铁路、公路旅客运输量分别为11.3万人次和38.6万人次。公路货物运输量为859万吨，增长9.8%。港口货物吞吐量470万吨，增长78%。完成邮电业务总量39446万元，下降21.4%。其中，电信业务总量33688万元，下降25.6%；邮政业务总量5758万元，增长17.4%。年末固定电话用户2.98万户，移动电话用户68.03万户，宽带用户12.04万户。

【贸易 旅游】 全年实现社会消费品零售总额204.4亿元，比上年增长10.3%。其中，城镇市场实现零售额99.6亿元；农村市场实现零售额104.8亿元。实现外贸进出口总额65.65亿元，增长4%，其中出口51.74亿元，增长2.6%。新批利用外资项目 1 项，合同外资 2.25 亿元，实际到账外资 5.39 亿元。主要旅游景点有海阳国家级旅游度假区、招虎山国家森林公园、天籁大峡谷旅游风景区、八路军胶东军区机关旧址及许世友在胶东纪念馆、地雷战旅游区、地雷战纪念馆、丛麻院旅游景区、碧桂园·滨海城（十里金滩）、凤翔滩景区、云顶自然风景区、天门山·唐王城景区、林山滑雪场、海阳海立方欢乐水世界。全年接待国内外游客 1019.7 万人次，增长 8%。实现旅游总收入 78.5 万元，增长 9.9%，其中国内旅游收入 65.91 万元，增长 10%。

【教科文卫体】 有中等职业、技工学校 3 所，在校生 2881 万人。普通高中 6 所，在校生 8550 人；初中 23 所，在校生 18860 人；小学 27 所，在校生 19353 人。特殊教育学校 1 所，在校生 122 人。专利申请 55 件，授权专利 12 件。有各种艺术表演团体 1 个，群众艺术馆、文化馆 1 处，公共图书馆 1 处，档案馆 1 处。广播、电视人口覆盖率均为 100%。有卫生机构 518 所，其中，医院、卫生院 20 所，疾病预防控制机构 1 所，妇幼保健机构 1 所。各类卫生机构共有床位 3223 张，卫生技术人员 3183 人，其中，执业医师及执业助理医师 1197 人，注册护士 1140 人。有体育场 1 座，全年参加省级以上体育比赛共获奖牌 12 枚，其中金牌 10 枚。

【社会生活】 城镇居民人均可支配收入 40413 元，增长 8.2%；人均消费性支出 22380 元，增长 6.3%；人均住房建筑面积 35.64 平方米。城镇在岗职工年平均工资 62780 元，增长 7.6%。农村居民人均纯收入 17529 元，增长 8.1%；人均生活消费支出 10404 元，增长 12.6%；人均住房面积 41.85 平方米。全市城镇基本养老、医疗、失业、工伤和生育保险参保人数分别达到 8.9 万人、8.8 万人、4.1 万人、4.5 万人和 4.4 万人。城乡居民养老保险参保 40 万人。全市城乡最低生活保障救助 15061 人。其中，城镇低保 697 人，农村低保 14364 人，农村特困救济 2958 人。全市养老机构 29 个，收养 1335 人。

【第 31 届奥林匹克日活动】 6 月 18 日，海阳市举行中国奥委会 2017 年第 31 届奥林匹克日活动，这是海阳市作为第三届亚洲沙滩运动会主办城市，第 7 次被中国奥委会确定为奥林匹克日活动的分会场城市。本次活动的主题是：我要上全运，同享奥林匹克。国际奥委会主席巴赫在发来的贺信中表示，希望大家都能充分利用这个机会，热情邀请每个人随时随地运动起来，积极分享运动的快乐。此次长跑活动有近 1500 人参加，全程距离约 5 公里。

2017 年 6 月 18 日，海阳市举行中国奥委会第 31 届奥林匹克日长跑活动

【联合国开发计划署可持续发展目标本地化亚洲论坛】 6 月 18—21 日，联合国开发计划署可持续发展目标本地化亚洲论坛（以下简称“论坛”）在海阳举办。论坛由海阳市人民政府和联合国开发计划署联合主办。论坛期间，海阳市围绕可持续发展进行主旨发言，向大会推广可持续发展的“海阳经验”。

【2017 仙境海岸 · 海阳国际马拉松】 9 月 10 日，2017 仙境海岸·海阳国际马拉松在海阳旅游度假区成功举行。有 1 万名选手参加比赛，其中全程马拉松 2000 人，半程马拉松 4893 人，海岸休闲跑 3107 人。本届马拉松年龄最大的参赛者 77 岁，最小的 8 岁。

（撰稿：刘　明　审稿：刘　明）

莱阳市

【政区 人口】 全市（县、区）总面积 1730.54 平方公里。辖 18 个乡镇（街道），784 个行政村（社区）。年末全市（县、区）总人口 86.15 万人，其中城镇人口 36.9 万人。人口出生率 11.65‰，死亡率 14.77‰，自然增长率－3.12‰。有少数民族 33 个，1286 人。

【经济概况】 全年实现生产总值378.1亿元，按可比价格计算比上年增长7.4%。其中，第一产业增加值49.1亿元，增长4.9%；第二产业增加值176亿元，增长9.6%；第三产业增加值153亿元，增长5.5%。三次产业比例为13∶46.5∶40.5。全社会固定资产投资完成194.6亿元，增长9.5%。实现公共财政预算收入18.1亿元，增长17.2%；公共财政预算支出35.9亿元，增长11%。年末金融机构本外币存款余额416.9亿元，其中居民储蓄存款余额303亿元；人民币各项存款余额405.8亿元，比年初增加31亿元，人民币各项贷款余额183.1亿元，增加7.8亿元。

【农业】 全年农林牧渔业实现总产值89.9亿元，比上年增长5.1%。粮食总产51.2万吨，下降9.9%；棉花总产16吨，与去年持平；油料总产9万吨，增长14.7%；水果总产43.2万吨，下降3.3%；蔬菜总产50.4万吨，下降0.1%；水产品总产5.5万吨。肉类总产11万吨，禽蛋总产2.2万吨，奶类总产5.8万吨。全年新增造林面积554公顷。全市（县、区）农机总动力133.1万千瓦，增长1.9%。

【工业和建筑业】 全年实现工业增加值164.5亿元，比上年增长9.3%。规模以上工业企业增加值增长10.1%；实现主营业务收入890.5亿元，增长8.3%。全年完成建筑业总产值30.87亿元，增长20.4%。

【建设 环保】 年末，城镇化率49.3%，城市人均道路面积10.6平方米，人均绿地面积13.39平方米，建成区绿化覆盖率42.79%。自来水普及率99.83%，燃气普及率99.7%，集中供热普及率65%。村镇建设完成投资1.5亿元，增长10%。已建成污水处理厂2座，污水集中处理率达到100%，无害化垃圾处理率达到100%。城市空气质量良好率达到74%，水环境功能区达标率为100%，道路交通声环境质量符合国家标准。

【交通 邮电】 公路通车里程2063公里，其中高速公路通车里程44.2公里。铁路、公路、旅客运输量分别为152.9万人次、1284.5人次，分别比上年增长98.7%、17.7%。铁路、公路、货物运输量分别为16.33万吨、1400万吨，分别增长19.7%、16.7%。完成邮电业务总量8420万元，增长3%。其中，电信业务总量4300万元，增长6%；邮政业务总量4120万元，增长3%。年末固定电话用户0.3万户，移动电话用户8.5万户，电话普及率10部/百人，互联网用户5万户。

莱阳高铁站全貌

【贸易 旅游】 全年实现社会消费品零售总额270.8亿元，比上年增长10.3%。其中，城市市场实现零售额193.4亿元；农村市场实现零售额77.4亿元。实现外贸进出口总额60.4亿元，增长6.4%，其中出口53.9亿元，增长8.5%。新批利用外资项目3项，合同外资1.8亿元，实际使用外资3.6亿元。主要旅游景点有AAA级景区：梨乡风情旅游区、濯村特色农业旅游区AA级景区：娘娘山风景区、蚬河公园、欧霖爵葡萄酒庄其他景区：丁字湾滨海省级旅游度假区、白垩纪国家地质公园、陡崖山生态休闲园、大野头樱桃采摘园、刘海寺杏花谷、草花山生态旅游区、鲁花工业旅游区、春雪工业旅游区。全年接待国内外游客300万人次，增长13.2%。实现旅游总收入13.2亿元，增长11.9%，其中国内旅游收入13.2万元，增长11.9%。

【教科文卫体】 有普通高等院校2所，在校生1.3万人。中等职业、技工学校1所，在校生0.33万人。普通高中4所，在校生0.96万人；初中31所，在校生2.59万人；小学54所，在校生2.81万人。特殊教育学校1所，在校生64人。专利申请591件，授权专利401件。有各种艺术表演团体1个，群众艺术馆、文化馆1处，公共图书馆1处，档案馆1处。广播、电视人口覆盖率均达到100%。有卫生机构539所，其中，医院、卫生院38所，疾病预防控制机构1所，妇幼保健机构1所。各类卫生机构共有床位3894张，卫生技术人员5129人，其中，执业医师及执业助理医师2017人，注册护士1855人。有体育馆1座，全年参加省级以上体育比赛共获奖牌285枚，其中金牌 91 枚。

【社会生活】 城镇居民人均可支配收入 32242 元，增长 8%；人均消费性支出 20554 元，增长 5.7%；人均住房建筑面积 38.42 平方米。城镇在岗职工年平均工资 5275 元，增长 10.3%。农村居民人均可支配收入 15471 元，增长 8%；人均生活消费支出 9676 元，增长 7.5%。全市城镇基本养老、医疗、失业、工伤和生育保险参保人数分别达到 9.9 万人、14.1 万人、5.2 万人、6.6 万人和 6.8 万人。城乡居民养老保险参保 47.5 万人。全市城乡最低生活保障救助 7236 人。其中，城镇低保 587 人，农村低保 6649 人，农村特困救济 2511 人。收养性社会福利单位 11 个，收养 1287 人。社会福利企业 7 个，安置残疾人员 258 人。

【莱阳舒驰新能源客车出口 24 个国家】 10 月 11 日，烟台舒驰客车有限责任公司举办“舒驰客车一带一路新能源巴士走向巴基斯坦”起航仪式，首批两辆新能源客车正式交付用户，起运巴基斯坦。这是烟台舒驰客车有限责任公司新能源客车出口的第 24 个国家。

【莱阳“棘鼻青岛龙”登上国家邮票】 5 月 19 日，莱阳市举行“吉年酉福，文化梨乡”恐龙邮票首发暨高端集藏文化品鉴会，正式发行《中国恐龙》特种邮票。莱阳棘鼻青岛龙为该特种邮票 6 枚中一枚，登上“国家名片”。

【大事记】 5 月 16 日，莱阳市梨花古镇项目开工建设，计划 2018 年底局部竣工并投入试运营。总投资 4 亿元，建设内容包含小镇建筑、小镇内道路、绿化、人工湖、景观水系、地下及户外停车场等，总建筑面积 6.3 万平方米，其中地上 4.7 万平方米，地下 1.6 万平方米。

5 月 16 日，由海尔集团投资建设的海尔市场创新产业园项目开工建设，总投资 15 亿元，占地 30 公顷，建筑面积 18.2 万平方米，按照工业 4.0 标准，建设海尔国内第 9 个、烟威地区第 1 个智能化工厂，主要生产消毒柜、油烟机、灶具、集成灶四大门类产品。

5 月 20 日，莱阳市森林防火视频监控系统安装完成并正式投入使用，该系统投资 890 万元，在全市重点区域建有 45 处监测点，采用现代通信技术和视频监控技术组建而成，是莱阳市首个县级高端林火视频监控系统。

7 月 15 日，莱阳市建筑业施工严格落实扬尘治理标准，建立扬尘治理常态化管理机制，全市工程建设全部达到扬尘治理“六个百分百”的目标。

8 月 15 日，由恒大山东分公司投资建设的恒大世纪文化城项目开工建设，总投资 1000 亿元，占地 649 公顷，其中一期用地 70 公顷，主要建设酒店服务、运动公园、亲子农庄三大功能区，2017 年计划投资 100 亿元，完成展示区建设。

11 月 28 日，由恒大旅游集团投资建设的恒大文化旅游城项目开工建设，总投资 1000 亿元，占地 787 公顷，主要建设“全室内、全天候、全季节”顶级童话神话主题乐园和海洋馆、水上乐园、温泉城、会议会展中心、博物馆群、婚礼庄园以及国际学校、商业中心、医疗中心等配套设施，打造综合性文化旅游新城。

12 月 9 日，由义乌鼎丰投资公司和盛隆集团合资建设的义乌国际新城二期项目开工建设，总投资 14 亿元，占地 14 公顷。项目分两部分建设：综合配套服务区占地 5 公顷，建筑面积 17 万平方米，建设住宅楼、商业楼及配套设施，正在进行地上三层施工，计划年底前完成主体工程建设。商业区占地 9 公顷，建筑面积 20 万平方米，建设品牌产业园、会展中心、物流配送中心、小商品城、商务酒店等。

12 月 29 日，莱阳市通过省住建厅专家组审核评价，确认达到省园林城市标准。

（撰稿：于道武　审稿：董明奎）

2017 年 10 月 11 日，“舒驰客车一带一路新能源巴士走向巴基斯坦”起航仪式举行

栖霞市

【政区 人口】 全市总面积2016.3平方公里。辖16个乡镇（街道），953个行政村（社区）。年末全市（县、区）总人口60.4万人。人口出生率8.09‰，死亡率10.44‰，自然增长率-2.34‰。有少数民族24个，619人。

【经济概况】 全市实现生产总值268.8亿元，比上年增长7.1%。其中第一产业增加值49.7亿元，增长2.8%；第二产业增加值107.4亿元，增长8.9%；第三产业增加值111.7亿元，增长7.2%。三次产业比例为18.5：40：41.5，人均生产总值4.05万元，增长8.2%。全年全社会固定资产投资192.3亿元，增长7.9%，规模以上固定资产投资174.6亿元，增长9.5%。全年完成实现地方财政收入12.74亿元，增长13.25%。全市财政支出完成32.1亿元，增长19.3%。年末金融机构各项存款余额247.15亿元，增长3.05%；其中企业存款额18.47亿元，减少8.02%；居民储蓄存款余额201.73亿元，增长4.02%；年末金融机构各项贷款余额130.8亿元，增长3.47%。

【农业】 全年粮食总产量9.1万吨；花生总产量5.6万吨；水果总产量194.3万吨，其中苹果186.9万吨。年末生猪存栏18.3万头；牛存栏1.3万头，羊存栏4.8万只，家禽存栏318.7万只。全年猪、牛、羊和家禽分别出栏21.4万头、0.4万头、3.8万只、468.1万只。肉类总产量2.4万吨。禽蛋产量1.2万吨；奶类产量0.3万吨。水产养殖面积1950公顷，养殖产量3045吨。全市年末农业机械总动力75.7万千瓦，农村用电量1.1亿千瓦时。年末，全市953个村全部通电、电话、汽车，自来水受益村723个。

【工业和建筑业】 规模以上工业192家，实现工业增加值73.7亿元，增长9.2%；实现销售收入324.2亿元，增长9.9%；实现利润19.1亿元，增长10.6%。完成出口交货值22亿元。产品销售率达100.55%。

全年房地产完成投入4.31亿元，增长4.9%；商品房屋施工面积77.6万平方米，竣工面积23.3万平方米，销售面积24.2万平方米。

建筑业完成产值10.4亿元，增长4.7%；工程结算收入10.2亿元，增长2.7%；房屋建筑施工面积27.91万平方米，下降2.2%；房屋建筑竣工面积26.62万平方米，增长4.9%；实现增加值3.8亿元。

【建设 环保】 生态宜居宜业城市建设区17.1平方公里，建成区绿化覆盖率35.61%，人均公园绿地面积11.7平方米，市区道路长度141.76公里，道路面积321.34平方公里。二氧化硫排放量3665.6965吨，工业烟（粉）尘排放总量2303.1211吨，工业废水排放量99.2733万吨，工业废水排放达标率100%。

【交通 邮电】 年末，公路通车里程2015.37公里，增长0.54%。全年完成邮电业务总量7074.97万元，减少0.11%；固定电话6.6万部，移动电话46.1万户，电话普及率87部/百人，互联网用户11.9万户。

【贸易 旅游】 全年社会消费品零售总额167.71亿元，增长10.7%。全市超千万元商贸城4处，果品批发市场10个；特色商业街（区）6个。其中城镇零售额124.94亿元，增长10.6%；农村零售额42.77亿元，增长11%。全年进出口贸易总额56143万美元，增长11%，其中进口总额4658万美元，下降7%；出口总额51485万美元，增长13.3%。实际使用外资3248万美元，比上年增长20.7%。期末实有外资企业80个。接待国内外游客495万人次，增长13.53%。实现旅游业总收入28.3亿元，增长13.65%。主要旅游景点有牟氏庄园、太虚宫、长春湖旅游度假区、艾山温泉度假区、天崮山旅游风景区、艾山自然风景区。

【教科文卫体】 全市有各类中小学校38所，在校生35444人。其中普通高中3所，在校生6835人；普通初中13所，在校生13273人；小学21所，在校生15234人。全年申报各级各类科技计划15项，烟台市级立项1个。推广优秀科技成果12项，其中工业8项、医疗卫生2项、农业2项；申请专利205项，其中发明专利申请64项，发明专利授权34项；国家知识产权优势企业3家；科技类民办非企业单位5家；高新技术企业16家；烟台市科技型中小企业31家；烟台市工程技术研究中心1家。高新技术产业产值占规模以上工业总产值的比重13.37%。全市专业艺术表演团体1个，公共图书馆1处，文化馆1处。广播电台1座，广播电视节目1套。广播人口综合覆盖率86%，电视人口综合覆盖率86%。有线电视入户率100%。全市有医院7个，卫生院14个，卫生防疫防治机构4所。社区卫生服务中心（站）8个。卫生机构有床位2363张，专业卫生人数3180人。全年参加省级以上体育比赛获奖牌6枚，其中金牌2枚。

【社会生活】 全年全体居民人均可支配收入20468元，增长7.9%，全体居民人均消费性支出13990元，增长6.5%。全体居民人均住房建筑面积26.04平方米。在岗职工平均工资67334元，增长7.6%。农民人均可支配收入14590元，增长7.8%；人均生活消费支出4702.16元，增长6.7%；居民人均居住面积29平方米。全年城镇居民人均可支配收入30707元，增长7.6%；人均消费性支出21374元，增长5.9%；人均住房建筑面积23.5平方米。全年城镇职工基本养老保险参保人数3.1万人，城乡居民养老保险参保人数12万人。参加基本医疗保险人数8.7万人，参加失业保险人数4.1万人，参加工伤保险人数3.3万人；城镇登记失业人员1117人。

【移动互联网综合医院】 12月27日，栖霞市人民医院携手金蝶医疗、中国工商银行共同举办“大医精诚，科技惠民——栖霞市人民医院移动互联网医院”发布会，正式上线“移动互联网医院——患者移动服务平台”，开创烟台市医疗服务的先河。“移动互联网医院”项目由市人民医院通过与在业界居于领先地位的金蝶医疗公司、中国工商银行联合，历经7个多月技术攻坚，12月初上线投入使用。患者只需关注“栖霞市人民医院”微信公众号或者支付宝服务窗，即可实现预约挂号、当天挂号、预约体检、微信支付、查看账单、查看体检、检验报告、查看住院每日清单、缴纳住院费、进行就医咨询及评价、获取健康常识等全流程闭环服务。

【首届“最美栖霞人”颁奖典礼】 1月13日，“博士达”杯2016年度首届“最美栖霞人”颁奖典礼在市广播电视台演播大厅举办。

“最美栖霞人”颁奖典礼由市委宣传部、市文明办、市综合信息中心、市广播电视台联合主办，烟台博士达集团冠名协办。活动以“最美栖霞人 传递正能量”为主题，旨在发挥道德模范作用，培育良好道德风尚，努力形成助人为乐、团结友爱的良好社会风尚，为建设“甜美栖霞”提供文明和谐的社会环境和深厚的道德基础。评选过程中收到来自全市30多个单位推荐的46名候选人，经过推选委员会最终确定，刘景泰、孙茂文、孙一文、牟阳丹妮、市人民医院180秒生死救援团队、爱的传递协会、果都星光公益团队、孙永科、苹果兄弟、李艳杰等14组26人获得首届“最美栖霞人”称号。

栖霞市人民医院180秒生死救援团队获首届“最美栖霞人”称号

【航空飞行营地（通用航空机场）项目开工】 5月7日，山东省栖霞市飞行营地（通用航空机场）项目在杨础镇奠基开工。该项目位于栖霞市杨础镇杨家圈村东北侧、S209东侧，由中科坤泰科技有限责任公司投资1亿元人民币兴建。该项目占地17公顷，建设规模为2B类通用机场，建设内容包括800米小型A类固定翼飞机起降跑道、可停放10架小型固定翼飞机或直升机的千米停机坪、容量210立方米的航空加油站、5000平方米塔台及安检综合楼，综合楼包括飞机维修库、航管、通信、安检的办公场所及塔台、气象等配套设施，建成后可供运5B、运12、塞斯纳208、S76、EC225等小型固定翼飞机起降，并广泛用于飞行驾驶员技能培训、航空旅游、航空体育、国土勘测、农药喷洒、病虫防治、森林防火、医疗救助、高速公路巡查等飞行活动，以及航空器会展、销售、托管、维修等业务。

【“码上栖霞”】 10月16日，栖霞市政府联合蚂蚁金服打造的全国首个“码”上城市平台——“码上栖霞”正式启动，在此平台基础上打造的“码上联盟”同时启动。“码上栖霞”是基于支付宝、微信、城市APP等第三方移动平台，利用手机扫码技术打造出的一个属于栖霞政府的唯一城市二维码。当地市民可借助微信、APP等含有扫码功能的软件，通过“扫一扫”即可享受便捷的政务服务、生活服务和金融服务。而“码上联盟”则是依托“码上栖霞”智慧城市平台的上线运营，联合当地各大企业、商圈、店家，打造的属于栖霞的无现金联盟，通过利用可开放共享的大数据，为平台上的商户们提供更加便利、高效的创新性服务，营造“大众创业万众创新”的互联网创业氛围。

【栖霞市获批国家级生态原产地产品保护示范区】 10月26日，国家质检总局发布《关于公布获得生态原产地产品保护示范区名单的公告》（2017）第88号，栖霞市生态原产地产品保护示范区获批，这是烟台市首个、山东省第二个获得保护的国家级生态原产地产品保护示范区。

生态原产地产品保护是以国家公信力为背书的现代国家品牌，开展生态原产地产品保护有利于促进对外贸易转型，有效带动区域内产业升级和产品质量升级。栖霞市高度重视生态文明建设，积极推进生态原产地产品保护工作，加快培育生态原产地产品品牌，构建起“政府主导、部门联动、企业主体、市场运作”的良好格局。德丰食品的“德丰”、木木集团的“一品百姓”、牙后果蔬的“牙后”和“牙山皇后”、伯乐庄园的“伯乐蜜”、鑫鸿果蔬的“鑫鸿”等品牌先后获得国家质检总局颁发的生态原产地产品保护证书。

【大事记】 1月6日，山东省政府办公厅发文公布新的中小城市试点名单和特色小镇创建名单，桃村新能源小镇获批省“特色小镇”。

3月14日，国家体育总局颁布决定，授予栖霞市竞技体育学校为“国家高水平体育后备人才基地（2017-2020）”。

3月17日，烟台桑尼橡胶有限公司获得山东省第一批“中小企业创新转型优胜企业”称号。

4月14日，苏家店镇入选山东省第四批省级“美丽宜居小镇”。

5月5日，国家农业综合开发高标准农田建设模式创新试点竞争性评审在济南举行，栖霞市被纳入2017年国家农业综合开发创新试点。

5月9日，烟台苹果追溯试点项目区域推进会在栖霞市召开，标志烟台苹果追溯项目试点正式启动。

5月11日，栖霞供电公司荣获山东省“富民兴鲁”劳动奖状。

5月22日，2017年世界剥制标本锦标赛于在美国伊利诺伊州落下帷幕，栖霞市烟台和壹博物馆选送的三件作品（蛙嘴夜鹰标本2件、笑翠鸟1件）分别荣获各组的一等奖，其中笑翠鸟获得世界冠军，这也是迄今为止在标本领域全球华人获得的最高奖项，也是全球华人首次登上标本大赛的颁奖台，该奖的获得实现中国人在这个行业零的突破。

5月23日，蚂蚁金服“千县百亿”项目落户栖霞市，栖霞市成为胶东地区首家“千县百亿”项目落户县。

7月5日，由栖霞市茂源食品机械制造有限公司承办的中国坚果籽类产业发展联盟花生联盟第一届会员大会暨高峰论坛主题活动在栖霞市举行。

7月6日，第三届国际电子商务服务产业博览会在济南高新国际会展中心开幕，栖霞市率颐新电子商务产业园、王小二果园等6家企业参会，荣获电子商务发展创新奖。

7月14日，电影《决不言弃》在栖霞市检察院举行开机仪式，《决不言弃》是烟台市检察机关第一部反映未成年人刑事检察工作题材的电影。

9月5日，农业部、财政部公示第二批30个创建国家现代农业产业园名单，栖霞市现代农业产业园以第九名的成绩入选。

9月20日，第十届山东省“泰山文艺奖”揭晓，栖霞市纪录片《砂大碗》荣获电影类二等奖，剪纸《中国梦》荣获民间文艺类三等奖。

9月20—25日，加拿大金枫叶国际电影节在加拿大温哥华举行，栖霞市于美红创作的电影剧本《荒山恋》荣获2017年加拿大“金枫叶”国际电影节原创剧本大赛最佳创意奖。

10月11日，栖霞市首个山东省院士工作站揭牌仪式在烟台博士达农化集团举行。

10月16日，栖霞市举行第十六届山东栖霞苹果艺术节新闻发布会。

10月16日，电影《苹果村的喜事儿》举行开机仪式，是栖霞本土电影《苹果村的苹果事儿》姊妹篇，列入山东省剧本孵化计划。

11月29日，山东栖霞城市宣传暨产业招商推介会在深圳举行。此活动目的是宣传栖霞城市品牌，引进高新技术和现代服务业企业，开拓栖霞苹果在深、港等南方城市市场，扩大对外声誉和影响。

（撰稿：李芳　审稿：马贤修）

蓬莱市

【政区 人口】 全市总面积1128.6平方公里。辖7个镇、5个街道，584个行政村（居委会）。年末全市总人口44.6万人。人口出生率8.14‰，死亡率9.27‰，自然增长率－1.13‰。有少数民族29个，13999人（潮水镇及刘家沟镇24个村庄的管辖权调整给烟台市经济开发区，原行政区划不变）。

【经济概况】 全年实现生产总值488.1亿元，按可比价格计算比上年增长6.8%。其中，第一产业增加值25.1亿元，增长3.5%；第二产业增加值253.9亿元，增长9%；第三产业增加值209.2亿元，增长4.4%。三次产业比例为5.1∶52∶42.9。全社会固定资产投资完成436.8亿元，增长5%。实现公共财政预算收入32.7亿元，增长6.4%；公共财政预算支出39.1亿元，下降1.6%。年末人民币各项存款余额432.1亿元，比年初增加13.9亿元，其中，居民储蓄存款余额275.3亿元，增加25.1亿元；人民币各项贷款余额327.3亿元，增加18.5亿元。

【农业】 全年农林牧渔业实现总产值60.7亿元，比上年增长4.1%。粮食总产量10.3万吨，油料总产2.7万吨，水果总产83.4万吨，蔬菜总产13.4万吨，水产品总产26.4万吨，肉类总产8.1万吨，禽蛋总产4.9万吨，奶类总产0.7万吨。全年新增造林面积274.6公顷。全市农机总动力71.7万千瓦。

【工业和建筑业】 规模以上工业企业实现主营业务收入1246.9亿元，增长4.8%；实现利润102.4亿元，增长2.8%。全年完成建筑业总产值32.7亿元，增长20%；实现利税11230.7万元，增长12.1%。

【建设 环保】 年末，城镇化率51.3%。城市基础设施建设完成投资1.6亿元，增长33.3%。城市人均道路面积27.2平方米，人均绿地面积16.9平方米，建成区绿化覆盖率45.5%。自来水普及率99.38%，燃气普及率99.73%，集中供热普及率74.2%。全年完成建筑业总产值32.72亿元，增长20%；污水集中处理率达到98%，无害化垃圾处理率达到100%。城市空气质量良好率达到100%，水环境功能区达标率为100%，道路交通声环境质量符合国家标准。

【交通 邮电】 公路通车里程1153公里，其中高速公路通车里程67.59公里。公路旅客运输量分别为122.2万人次，水路旅客运输量为765万人次，港口货物吞吐量3935万吨。完成电信业务总量2.75亿元，邮政业务总量4696.36万元，年末固定电话用户7.54万户，移动电话用户48.2万户，互联网用户13.24万户。

【贸易 旅游】 全年实现社会消费品零售总额180.1亿元，比上年增长9.9%。其中，城镇市场实现零售额134亿元；农村市场实现零售额46.1亿元。实现外贸进出口总额66.29亿元，其中出口52.43亿元。新批利用外资项目6项，合同外资3.51亿元，实际使用外资5.96亿元。主要旅游景点有蓬莱阁、戚继光故里、海洋极地世界、三仙山、欧乐堡、八仙渡海口、君顶酒庄、和圣马场、艾山国家森林公园。全年接待国内外游客1045万人次，增长13.1%。实现旅游总收入130亿元，增长14.5%。

【教科文卫体】 有普通高等院校2所，在校生8683人。中等职业、技工学校1所，在校生3105人。普通高中3所，在校生5752人；初中12所，在校生12352人；小学22所，在校生15578人。特殊教育学校1所，在校生70人。获得国家科技奖励1项，获得省科技奖励1项。入选国家级知识产权示范企业1家，新增高新技术企业4家，专利申请149件，授权专利46件。有各种业余文艺术团队575个，文化馆1处，公共图书馆1处，档案馆1处。广播、电视人口覆盖率分别达到100%和100%。有卫生机构215所，其中，医院5所、卫生院11所，疾病预防控制机构6所，妇幼保健机构1所。各类卫生机构共有床位2164张，卫生技术人员2858人，其中，执业医师及执业助理医师1174人，注册护士1319人。有体育馆1座，全年参加省级以上体育比赛共获奖牌34枚，其中金牌14枚。

【社会生活】 全市居民人均可支配收入29626元，比上年增长8.7%。其中，城镇居民人均可支配收入42645元，增长7.9%；人均消费性支出23467元，增长9.5%。农村居民人均可支配收入19756元，增长8.1%；人均生活消费支出13029元，增长7.9%。全市城镇基本养老、医疗、失业、工伤和生育保险参保人数分别达到8.4万人、12.18万人、4.1万人、5.3万人和5.3万人。社会保险基金总收入20.03亿元，支出19.03亿元。参加居民基本养老保险27.66万人，参

2017年10月16—17日，世界七大葡萄海岸国际研讨会在蓬莱君顶酒庄举行

加居民基本医疗保险25.8万人。全市城乡最低生活保障救助6360人。其中，城镇低保463人，农村低保5897人。收养性社会福利单位9个，收养354人。

【双招双引】 年内，蓬莱市先后在中国香港、中国台湾、杭州、深圳等地举办招商推介活动183场次，新签约恒大海上帝景等项目194个，与上海交通大学等高校院所签订产学研协议15个，引进高层次人才89人，其中国家级人才23人。蓬莱市“双招双引”经验做法入选全省20个基层人才工作优秀创新案例。集中力量抓好项目建设，中兴电力等重大项目推进，海上风电研发检测中心列入省重点项目，丰基包装等项目实现当年开工、当年投产，安诺酒庄等项目主体完工。持续提升园区发展水平，旅游度假区成功晋升为国家级旅游度假区，农高区通过国家级园区验收，经济开发区入选全省体制机制创新试点，西港工业区成为烟台市级重点发展区域。

【产业发展】 年内，蓬莱市以造船海工、汽车及零部件为主的装备制造业扩量提质。京鲁船业交付船舶30艘，荣获“第三届山东工业突出贡献奖”，蓬翔汽车年产十万套重卡驱动桥下线，易威电动汽车项目签约落地。生物医药、装配式建筑、化工新材料等新兴产业规模不断壮大。诺康药业产销两旺，赛百诺基因健康小镇、安诺其交大新材料产业基地等项目实现签约，蓬建杭萧钢构成为省级装配式建筑产业基地。旅游与文化、葡萄酒、体育等产业融合步伐加快。蓬莱阁景区成为第三届全国旅游服务质量标杆培育试点单位，欧乐堡水上世界投入运营，君顶葡园酒店、三仙山大酒店、国宾酒庄获评山东省首批文化主题饭店，文旅集团经营能力持续增强，宝龙五星级酒店开工建设。举办世界七大葡萄海岸国际研讨会、第十届中国杂技金菊奖、葡萄酒国际马拉松、“人间仙境·葡萄美酒”休闲旅游季等重大活动。全年接待游客1045万人次，实现综合收入130亿元。现代农业稳步发展。启动国家海洋水产养殖综合标准化示范区建设，建成全国首批生物安全隔离区，完成全域永久基本农田划定，新建生态循环农业示范基地353余公顷，推广水肥一体化技术1800公顷，成为省级高效节水灌溉示范县。

【改革创新】 年内，蓬莱市完成政务服务标准化建设等改革事项200多项，争取国家、省级改革试点36个，获批创建全国质量强市示范城市。深化“放管服”改革，推出一窗受理、容缺审批、并联办理等系列举措，审批时限均压缩在法定时限的50%以内。实行“多证合一”和全程电子化登记改革，新登记各类市场主体近5000户。支持纪检和监察体制改革，在烟台率先成立巡察机构，完成监察委员会机构组建。开放带动作用持续发挥，全年实现外贸进出口66亿元，实际使用外资6亿元。创新驱动能力持续增强，新增烟台市级新型研发机构3家，发展高新技术企业4家。京鲁渔业荣获国家科技进步奖二等奖和“国家知识产权示范企业”称号，巨涛重工与钢铁研究总院合作成立海工用钢分中心，鑫园工贸省级院士工作站挂牌成立。嘉信染料董事长张善生入选国家“万人计划”科技创业领军人才。“鲁担惠农贷”试点工作全面推开，完成21家企业规范化公司制改制，为企业办理信贷周转金260多笔，累计周转额22亿元。全年新增信贷投放29亿元，存贷比达到75.7%。

【城乡面貌】 年内，蓬莱市城市总体规划修编取得阶段性成果，土地利用总体规划调整方案获省政府批复。重点片区开发积极推进，西海岸岸线修复工程基本完工，完成创发新区规划设计、画河大世界拆除和画河入海口整治，化工片区征迁和土壤修复工程同步展开。棚户区改造有序开展，4206套安置房建设稳步推进。综合整治老旧小区9个，惠及居民2889户。新建、改建市政道路7条，修补城区道路4.8万平方米。设立综合行政执法局，数字化城管系统投入运行，城区园林环卫实行市场化运作，公共自行车系统上线运营。打击违法建设行为，拆除违建25.6万平方米。特色镇村建设成效显现，刘家沟镇成为省级历史文化名镇、绿色生态示范镇，北沟镇刘家村入选第五届全国文明村，小门家镇岳家圈村被评为全国美丽乡村示范村。重大基础设施建设取得新突破。龙烟铁路、蓬栖高速建成通车，结束了蓬莱境内没有铁路和城区不通高速公路的历史。滨海路蓬莱段征迁和工程建设全面铺开，206国道中修、平山水库除险加固二期等工程完工。生态环境实现较大改善。推行“河长制”，持续开展“清河行动”，清理河道120多公里。以中央环保督察为契机，重拳整治环保突出问题，扬尘污染管控、散乱污企业治理、禁养区畜禽养殖整治、燃煤小锅炉淘汰等工作取得明显成效。空气质量优于国家二级标准。市环保局荣获“全国环境保护系统先进集体”。

【社会民生】 年内，蓬莱市民生投入持续加大，33件为民实事如期完成。脱贫攻坚取得预期成效，34个省定扶贫工作重点村脱贫摘帽，612名贫困群众稳定脱贫。就业和社会保障工作得到加强，新增城镇就业再就业9000余人，城镇登记失业率控制在1%以内。城镇职工大病保险制度、职工长期护理保险试点启动实施，企业退休职工养老金待遇实现“十三连涨”，居民医疗保险人均财政补助提高至450元。累计发放各类救助金1亿多元，受益群众4.3万人次。中医院涌泉康护中心投入运营，新建1处社区日间照料中心和8处农村幸福院，市社会福利中心开工建设，医养结合模式逐步建立。调水2000万方，新建165个惠民水站，保障居民饮水安全。教育事业加快发展，新二中主体工程完工，8所中小学校舍实现升级改造，成为首批山东省中小学教师“县管校聘”管理改革示范区。公共卫生服务体系更加健全，新建大柳行、北沟卫生院，128个村卫生室一体化管理验收达标，居民健康卡系统平稳运行。文体事业取得新成效，新建综合文化服务中心85处，3部作品荣获泰山文艺奖，承办全国公开水域游泳锦标赛等国家和省级赛事18项，成为中国女子篮球联赛山东高速女篮比赛主场。“礼让斑马线”活动成效明显，移风易俗深入民心。村、城市社区“两委”换届选举工作有序推进。打响公安基层基础建设三年攻坚战，立体化社会治安防控体系逐步完善。完成十九大安保维稳任务。深入开展安全生产隐患“大快严”“清底”等专项行动，推进化工产业安全生产转型升级，安全生产形势总体平稳。

【大事记】 2月21日，以民族英雄戚继光命名的某新型训练舰入列命名仪式在大连旅顺某军港举行。

6月25日，潮水镇及刘家沟镇朱家庄、磕里、海头、凤眼、唐家泊、解东、解西、营前梁家、范家、十甲、马家沟、堡后孙家、董家、五十里堡、接夼赵庄、接夼孙庄、接夼段家、接夼姜家、接夼卢家、接夼袁家、接夼施庄、接夼梁庄、接夼司家、接夼刘家等24个村庄（原解宋营镇）划归烟台市经济开发区管辖，原行政区划不变。

7月8—9日，2017年“7.16全民游泳健身周”暨山东“蓬莱农商银行”杯第20届全国公开水域游泳锦标赛在蓬莱海滨浴场举办，来自全国各地48个代表队、近2000名游泳爱好者参加比赛。

2017年11月12日，2017盛唐杯·蓬莱葡萄酒国际马拉松在蓬莱海滨举行

7月30—31日，由蓬莱市委、市政府主办的“千人计划”专家蓬莱行活动举行，25名“千人计划”专家齐聚蓬莱，该活动旨在搭建起蓬莱重点企业与“千人计划”专家沟通交流的平台，推动项目与资本实现有效对接，为经济转型升级提供智力支撑。

8月26日，蓬莱市小门家镇岳家圈村获得住建部、中央农办等五部委联合授予的“全国美丽乡村示范村”称号。

9月16—21日，由中国文联、中国杂技家协会、中共山东省委宣传部主办的“第十届中国杂技金菊奖全国杂技比赛”在蓬莱市举办，来自国内28支杂技队伍的500多名选手参加比赛。山东省杂技团《草帽》、河北省杂技团演艺有限公司《搏回蓝天——女子集体车技》、武汉市杂技艺术有限责任公司《技炫黄包车》、广州市杂技艺术剧院有限责任公司《竹韵——升降软钢丝》、南京市杂技团有限公司《西游时空——跳板蹬人》、河南省杂技集团有限公司《侠·義——蹦床技巧》、浙江曲艺杂技总团有限公司《文明记忆——脖支造型》、中国杂技团演艺有限公司《九级浪——杆技》、上海杂技团有限公司《突破——抖杠》、济南杂技团《云端鼓舞——高椅》等10个节目获得金菊奖杂技节目奖。

9月25日，蓬莱市北沟镇刘家村获得中央文明办授予的“全国文明村”称号。

10月12日，国家质检总局发布《关于同意济南市等34个城市（城区、县）创建“全国质量强市示范城市”的函》（国质检质函〔2017〕529号），正式同意蓬莱市创建“全国质量强市示范城市”。

10月16—17日，世界七大葡萄

海岸国际研讨会在蓬莱市举行，来自法国波尔多、意大利、美国、智利、南非、澳大利亚等世界知名葡萄酒产区的200余名代表、名庄庄主、专家参加研讨。研讨会由中国食品工业协会、中国酒业协会主办，蓬莱市人民政府承办。

11月8日，蓬莱阁景区获得国家旅游局、质检总局联合授予的“第三届全国旅游服务质量标杆培育试点单位”称号。

11月12日，2017盛唐杯·蓬莱葡萄酒国际马拉松在蓬莱海滨举行。此次马拉松比赛由中国田径协会、蓬莱市人民政府和共青团烟台市委共同主办，设有马拉松（42.195公里）、半程马拉松（21.0975公里）、四分马拉松（10公里）、迷你马拉松（5公里）四个项目，并针对大众健身运动爱好者开设“家庭组”“高校际赛”等趣味竞赛形式。来自北京、上海、青岛等地的马拉松爱好者3800多人参赛。最终，参赛选手王平、李淑云分别以2：50：48和3：13：45的成绩的获得全程男子组和女子组的冠军，张德成、曲春琳分别以1：11：13和1：29：45的成绩夺得半程男子组和女子组的冠军，济南大学泉城学院以团体52分43秒的平均成绩拿下第一季校际赛的冠军。

11月24日，晚7时05分，央视五套的“篮球公园”栏目播出探营2017—2018赛季中国女子篮球联赛山东高速女篮主场的节目，并将蓬莱的美景、美食以及新建的市体育馆等展现给全国观众。

12月12日，“蓬莱仙境 鹏城万里”2017蓬莱（深圳）招商引智暨城市形象推介会在深圳举办。蓬莱市委副书记、市长杨升岩，蓬莱市委常委、统战部长、市政府党组成员薛建伟，蓬莱市委常委、市政府副市长夏超，蓬莱市政协副主席、89000民生服务中心主任丛芸等出席推介会。来自珠三角及周边地区的世界500强、中国500强、上市公司、行业龙头企业等企业客商以及珠三角及周边地区“千人计划”等专家学者200多人与会。

12月26日，由齐鲁交通发展集团投资建设的蓬莱至栖霞高速公路建成通车。蓬栖高速公路北起蓬莱市刘家沟镇安香台子村西，南至栖霞市臧家庄镇丰粟村，连接起G206国道、G18荣乌高速、G15沈海高速公路三条交通动脉和S302、S802、S211省道及县乡公路，全长45.16公里（主线39.89公里，连接线5.27公里），按双向四车道高速公路标准建设，设计速度120公里/小时。

12月28日，蓬莱嘉信染料化工股份有限公司董事长张善生入选第三批国家“万人计划”科技创业领军人才。

（撰稿：高波　汤进学
审稿：郭从军）

长岛县

【政区 人口】 全县总面积56平方公里。辖8个乡镇（街道），40个行政村（社区）。年末全市（县、区）总人口4.17万人，其中城镇人口2.24万人。人口出生率8.46‰，死亡率8.82‰，自然增长率-0.36‰。有少数民族12个，80人。

【经济概况】 全年实现生产总值71.37亿元，按可比价格计算比上年增长2.7%。其中，第一产业增加值39.71亿元，下降0.4%；第二产业增加值4.31亿元，增长8.6%；第三产业增加值27.35亿元，增长6.3%。三次产业比例为55.6：6：38.4。全社会固定资产投资完成8.55亿元，增长15.4%。实现公共财政预算收入1.28亿元，增长9%；公共财政预算支出8.24亿元，增长15.3%。年末金融机构本外币存款余额47.18亿元，其中居民储蓄存款余额29.97亿元；人民币各项存款余额48.1亿元，比年初增加1.9亿元，人民币各项贷款余额12亿元，减少1.5亿元。

【农业】 全年农林牧渔业实现总产值79.49亿元，比上年增长5.9%。粮食总产456吨，增长7.8%；水果总产390吨，增长0.8%；水产品总产45.7万吨，增长0.8%。肉类总产11吨，禽蛋总产14吨，奶类总产19吨。补植造林133.3公顷。全市（县、区）农机总动力6.9万千瓦，增长11.8%。

【工业和建筑业】 全年实现工业增加值21029万元，比上年增长0.6%。规模以上工业企业实现增加值4937万元，下降40.8%；实现主营业务收入25447万元，下降38.7%；实现利税1003万元，下降42.4%。全年完成建筑业总产值18415万元，增长7%；实现利税518万元，减33.2%。

【建设 环保】 城市基础设施建设完成投资3504.7万元，减少62.4%。城市人均道路面积35.5平方米（总面积71万平方米），人均绿地面积27.1平方米，建成区绿化覆盖率47.85%。自来水普及率100%，燃气普及率98%，城区集中供热普及率60%。村镇建设完成投资3795万元，下降0.04%。已建成污水处理厂1座，地埋式污水处理站11座，污水集中处理率达到97%，无害化垃圾处理率达到96.5%。城市空气质量优良率达到69%，道路交通声环境质量平均值64分贝，符合国家标准。

【交通 邮电】 全年农村公路通车里程121公里，国省道通车里程21.9公里。公路、水路旅客运输量分别为156万人次和275万人次，分别比上年增长24.9%和22.8%。公路、水路货物运输量分别为89万吨和469万吨，分别增长14%和16.9%。港口货物吞吐量588.55万吨，下降3.8%。邮政业务总量782.97万元，增长3.13%。本地电话年末用户8066户，移动电话65300部，移动电话普及率达156部/百人，比上年增长2%。互联网宽带接入用户达10353户。

【贸易 旅游】 全年实现社会消费品零售总额22.96亿元，比上年增长9.8%。其中，城市市场实现零售额16.14亿元，比上年增长9.9%；农村市场实现零售额6.82亿元，比上年增长9.5%。实现外贸进出口总额2.85亿元，下降46.3%，其中出口2.15亿元，下降49.3%。合同外资1913万元，实际使用外资860万元，比上年增长30.4 %。主要旅游景点有九丈崖、月牙湾、仙境源、望夫礁、烽山和林海。全年接待国内外游客385万人次，增长8.5%。实现旅游总收入43.5亿元，增长12.4%。

【教科文卫体】 中等职业、技工学校1所，在校生95人。普通高中1所，在校生950人；九年一贯制学校2所，在校生1560人；小学3所，在校生214人；教学点4处，在校生17人。幼儿园9所，公办1所，民办1所，部队1所，村或村联办6所，在园幼儿673人。专利申请26件，文化馆1处，公共图书馆1处，档案馆1处。广播、电视人口覆盖率均达到100%。有卫生机构13所，其中，医院、卫生院10所，疾病预防控制机构1所，妇幼保健机构1所。各类卫生机构共有床位220张，卫生技术人员274人，

2017年9月9—10日，“长岛旅游杯”2017年全国海钓锦标赛（山东长岛站）在喉矶岛海域开赛

其中，执业医师及执业助理医师105人，注册护士90人。有体育馆1座。

【社会生活】 城镇居民人均可支配收入32972元，增长7.8%；人均生活消费性支出23585元，增长5.7%。城镇在岗职工年平均工资77440元，增长9.4%。农村居民人均可支配收入20455元，增长10.6%；人均生活消费支出11773元，增长10%。年末，全县企业职工养老保险参保0.62万人，机关事业单位职工养老保险参保0.24万人，城乡居民养老保险参保1.78万人；城镇职工基本医疗保险1.2万人，城乡居民基本医疗保险2.8万人；失业、工伤和生育保险参保人数分别达到0.43万人、0.53万人和0.53万人。全县城乡最低生活保障救助394人。其中，城镇低保90人，农村低保304人。

【生态建设】 年内，长岛县提前完成风机拆除任务；加快山体治理和岛屿岸滩整治修复，启动北长山岛裸露山体高次团粒喷播修复，南长山岛2处地质灾害治理竣工验收，庙岛、小钦岛综合整治及5处无居民岛开发利用与示范项目全面完工，整治修复岸线3.6公里，补植造林133公顷；铁腕开展环境突出问题整治，自然保护区完成整改点位145处，南北长山岛271台10T以下燃煤锅炉全部淘汰拆除，全县14家“散乱污”企业全部关停、实现“两断三清”，洁净型煤替代全面推开，建筑扬尘得到有效遏制，热力厂超低排放改造达标运行，城乡清洁能源供暖覆盖面积29.2万平方米，自然保护区范围及功能区调整通过环保部终审，制订国家生态功能区产业准入负面清单，启动自然资源环境本底调查，生态保护法治化、体系化框架初步形成。成功举办“山东省海洋生态文明专家行”活动和国家公园学术沙龙，长岛生态保护理念得到各界充分认同。

【旅游发展】 年内，长岛县慢行旅游服务系统南长山段运营、北长山段贯通，低空旅游及陆岛通勤航线通航，2条高端主题游船上线营运，王沟渔家风情园、南城高端民宿客栈、北城文化一条街、砣矶民俗博物馆、九丈崖海洋科普馆等文化旅游项目建成投用，环岛马拉松、海鲜节等赛事活动形成区域品牌，举办全国海钓锦标赛，体验业态更加多元；智慧旅游平

台上线运行，“线上＋线下”旅游实现紧密对接，“一部手机游长岛”导览功能基本实现，智慧旅游的新动能孕育生成；国内首个海上AAA级旅游景区获批，AAAAA级旅游景区提升规划完成修编，省级旅游度假区规划、全域旅游发展规划完成初稿编制，“一票制”改革加快探索，旅游发展蓝图更加清晰。全年接待游客385万人次，实现门票收入1.65亿元，旅游收入43.5亿元，分别增长8.5%、15.4%、12.4%。

【渔业发展】 年内，长岛县坚持政府搭桥、院企共建，推动基层渔技推广体系下沉，与省海生院、资环院等科研院所开展渔业科技精准对接，设立铜藻增殖放流试验站，开展人工驯化黑鲪鱼苗试养和黄条鰤陆海接力养殖，引进条斑紫菜、三倍体牡蛎等良种，渔业科技成果创新加快在基层示范转化。强化创新驱动、装备引领，弘祥、佳益公司2座半潜式和自升式多功能海洋牧场平台投用，南隍城等公司36个离岸式智能网箱下水，弘祥公司深远海大型网箱开建，成晟公司11条扇贝加工流水作业线投产，引领传统养殖向装备渔业转型。推动集约发展、品牌创建，北城等渔业专业合作社崛起壮大，“企业＋基地＋渔户”模式成为带动渔民增收、渔业增效的有效路径。新增海洋牧场1.5万公顷、无公害认证面积1万公顷、合作社2家。

【基础设施建设】 年内，长岛县实施船运淡水工程，南隍城岛、北隍城岛和小钦岛喝上大陆水，新建乡镇海水淡化站4处、净水示范工程9处；35KV砣矶站、10KV高山岛线改建完工，新建台区15个；长岛港陆岛交通码头水下主体工程基本完工，新建乡镇陆岛交通码头服务设施2处，更新客运（滚）船舶8艘，国道干线“白改黑”2.4公里，改造乡村公路7.1公里，新增城区公交站点24处；新建3处地埋式污水处理站。

【人居环境】 年内，长岛县南城一期、获沟二期旧村改造竣工，乐园村等4个旧村改造稳步推进，改造老旧小区4个、棚户区256户，建成海绵型公园和小区15公顷，新增绿化面积3.8万平方米；砣矶镇乡村连片治理项目竣工验收，30个美丽渔村“六化”三年提升任务全面完成，全县渔村厕所全部改造完毕。南庄村获评山东省森林村居，北长山（庙岛）海岛小镇入选全省第二批特色小镇创建名单。

2017年9月2日，烟台长岛环岛马拉松举办

【发展环境优化】 年内，长岛县深化“放管服”改革，取消行政权力和证明盖章事项55项，清理减少常用行政事业性收费项目57.5%；聚焦“大旅游”市场监管，着力推进综合执法体制改革，厘清1463项行政执法权责边界，建立起“1综+7专”行政执法体系；编制公布县乡公共服务事项、“零跑腿”和“只跑一次”事项清单，群众和企业“零跑腿”“只跑一次”事项占比93%，政务服务平台实现省市县乡互联互通，政务服务事项办理网上运行，“多证合一”登记启动实施，纳税服务实现“两厅合一”，便民利企服务更加贴近基层所需。“渔家乐”税收秩序规范取得初步成效，渔村集体产权制度改革启动试点，经济秩序更加规范。

【大事记】 1月，国务院发布《“十三五”旅游业发展规划》。规划提出，将依托特色旅游资源，打造一批特色旅游目的地，满足大众化、多样化和特色化旅游市场需求，长岛作为海岛旅游目的地被写入规划。

3月，由团中央学校部、全国学联秘书处等单位共同举办的2016年度全国“最美中学生”“最美中职生”寻访活动落下帷幕。烟台市3人获奖，长岛县高中生郭河南被评为“最美中学生”，成为全市唯一获此殊荣的中学生。

6月，最高人民法院、司法部在北京联合召开全国人民调解工作会议，会议授予995名人民调解员“全国模范人民调解员”称号，长岛县南长山街道调委会主任林政名列其中。

7月，山东省司法厅发布“全省

司法行政系统2016年度人物”，集中表彰司法所所长、律师、公证员等不同行业的12名“2016年度人物”，长岛县公证处主任刘昕虹名列其中，成为山东省唯一获此殊荣的公证员。

9月9—10日，“长岛旅游杯”2017年全国海钓锦标赛（山东长岛站）在长岛县喉矶岛海域开赛，来自相关省市的31支队伍、124名选手参加比赛。“海钓长岛”成为长岛休闲度假产业的特色项目。

11月，长岛弘祥深远海智能化网箱项目在龙口市举行开工仪式、正式启动建设，这是国内首座深远海智能化网箱项目。项目交付后，将与之前交付的半潜式海洋牧场平台形成合力，对于提升全县海洋牧场“养殖+休闲”模式，推动传统渔业向信息化、装备化、标准化、品牌化、科技化现代渔业突破具有重要意义。

（撰稿：赵广晓　审稿：梁科峰）

龙口市

【政区 人口】 全市总面积901平方公里。辖16个镇街区，595个行政村（居）。年末全市户籍人口63.7万人，其中城镇人口38.9万人。人口出生率9.32‰，死亡率8.28‰，自然增长率1.05‰。有少数民族31个，1275人。

【经济概况】 全年实现生产总值1190.9亿元，按可比价格计算比上年增长7%。其中，第一产业增加值39.5亿元，增长3.2%；第二产业增加值673亿元，增长6.8%；第三产业增加值478.4亿元，增长7.6%。三次产业比例为3.3∶56.5∶40.2。全社会固定资产投资完成733.6亿元，增长9.2%。实现公共财政预算收入98亿元，增长8.3%；公共财政预算支出94.7亿元，增长3.2%。年末金融机构本外币存款余额812.4亿元，其中居民储蓄存款余额499.6亿元；人民币各项存款余额791.3亿元，比年初减少43.1亿元，人民币各项贷款余额591.9亿元，增加25亿元。

【农业】 全年农林牧渔业实现总产值67亿元，比上年增长5.1%。粮食总产9.3万吨，下降7%；油料总产0.7万吨，下降3.4%；水果总产3.9万吨；蔬菜总产22.2万吨，下降0.9%；水产品总产3.9万吨，增长11.4%。肉类总产3.7万吨，禽蛋总产2.3万吨，奶类总产3.2万吨。全年新增造林面积133公顷。全市农机总动力61.3万千瓦，增长3.7%。

【工业和建筑业】 全年规模以上工业企业实现主营业务收入2407.4亿元，增长7.6%；实现利税251.7亿元，增长9%。全年完成建筑业总产值62万元，下降13.6%。

【建设 环保】 年末城镇化率68%。城市基础设施建设完成投资6.8亿元，增长13.3%。城市人均道路面积27.08平方米，人均绿地面积14.99平方米，建成区绿化覆盖率44.93%。自来水普及率100%，燃气普及率99.76%，集中供热普及率79.2%。村镇建设完成投资7.8亿元，增长0.2%。已建成污水处理厂3座，污水集中处理率达到96.98%，无害化垃圾处理率达到100%。城市空气质量良好率达到68%，水环境功能区达标率为100%，道路交通声环境质量符合国家标准。

【交通 邮电】 公路通车里程1844.5公里，其中高速公路通车里程43.8公里。港口货物吞吐量8408.7万吨，增长9.3%。年末固定电话用户11万户，移动电话用户65万户，互联网用户24万户。

【贸易 旅游】 全年实现社会消费品零售总额433.3亿元，比上年增长10%。其中，城市市场实现零售额288.9亿元；农村市场实现零售额144.4亿元。实现外贸进出口总额235.5万美元，增长12.1%，其中出口140.9万美元，增长15.3%。全市合同利用外资项目26项，合同利用外资17.5亿元，实际到账外资135亿元。主要旅游景点有南山景区、黄水河湿地公园。全年接待国内外游客580万人次，增长5.45%。实现旅游总收入80亿元，增长6.7%。

【教科文卫体】 有普通高等院校1所，在校生2万余人。中等职业、技工学校4所，在校生1万人。普通高中3所，在校生0.85万人；小学23所，初中8所，九年一贯制学校15所，在校小学生2.92万人、初中生2.23万人。特殊教育学校1所，在校生60人。获得烟台市科技奖励6项。发明专利申请312件，授权专利105件。有各种艺术表演团体53个，群众艺术馆、文化馆16处，公共图书馆2处，档案馆1处。广播、电视人口覆盖率均达到100%。有卫生机构506所，其中，医院、卫生院35所，疾病预防控制机构1所，妇幼保健机构1所。各类卫生机构共有床位4998张，卫生技术人员4693人，其中，执业医师及执业助理医师2226人，注册护士1989人。有体育馆5座，全年参加省级以上体育比赛共获奖牌132枚，其中金牌41枚。

【社会生活】 城镇居民人均可支配收入45013元，增长7.9%；人均消费性支出29274元，增长7.7%；人均住房建筑面积39.9平方米。城镇非私营在岗职工年平均工资 64144 元，增长 0.1%。农村居民人均可支配收入 20554 元，增长 7.9%；人均生活消费支出 14095 元，增长 11.9%；人均住房面积 41.37 平方米。全市城镇职工基本养老、医疗、失业、工伤和生育保险参保人数分别达到 14.24 万人、22.49 万人、10.48 万人、10.74 万人和 10.76 万人。城乡居民养老保险参保 30.63 万人，医疗保险 39.4 万人。全市城乡最低生活保障救助 8162 人。其中，城镇低保 553 人，农村低保 7609 人。养老机构 21 个，收养 2050 人。社会福利企业 21 个，安置残疾人员 985 人。

【入选全国文明城市】 11 月 14 日，中央文明办公布第五届全国文明城市名单和复查确认继续保留荣誉称号的往届文明城市名单，龙口市光荣入选第五届全国文明城市。在 11 月 17 日举行的全国精神文明建设表彰大会上，市委书记韩世军代表龙口市领取全国文明城市奖牌。石良镇尹村荣获“全国第五届文明村镇”称号，龙口市实验小学荣获“第一届全国文明校园”称号。

【龙烟铁路建成通车】 10 月 15 日，龙烟铁路通过初步验收，满足设计标准，质量合格。龙烟铁路作为国家铁路建设项目，是德龙烟铁路的组成部分之一，于 2013 年 11 月开工建设，2017 年 10 月竣工。

【迎接全国环保督查】 8 月 10 日至 9 月 10 日，中央第三环境保护督察组对山东省开展为期一个月的督察工作，累计向龙口市交办案件 32 批、98 件。对于中央环保督察组交办的案件，龙口市采取强力措施，采用非常手段，全部整治办理到位，均已结案。龙口市由市委、市政府主要领导担任总指挥，成立大气污染治理、水污染治理、畜禽养殖污染治理、自然保护区管理等 8 个专业整治组，在全市范围内开展环境保护突出问题综合整治攻坚行动，解决一批历史遗留环境问题，有效改善全市生态环境质量。

【四年旱情解除】 8 月 23 日晚，一场暴雨一扫龙口持续多年的干旱，全市大小库塘基本达到满库容。自 7 月中旬开始，龙口市已连续多次有效降雨，带来明显的地表径流，土壤基本达到饱和，地表汇流增加显著，全市小型库塘多数达到或接近满库，北邢家水库多次调水降低水位。

【1.48 万公顷永久基本农田划定】 2016 年 5 月龙口市启动永久基本农田划定工作，至 2017 年 4 月底，完成涉及 335 个村委会 16992 份基本农田责任状的签订工作。基本农田保护责任通过签订责任书的方式逐级落实到村委，明确保护责任人。全市此次划定永久基本农田面积 1.48 万公顷，其中城市周边划定永久基本农田 600 公顷，其他区域基本农田划定 1.42 万公顷。

【棚户区改造启动】 年内，龙口市首个棚户区改造项目在东江街道九北村和矫家村正式启动并进展顺利，两个村涉及棚改房屋 578 栋。九北村整体搬迁后，将在原址规划建设一所九年一贯制学校——新民学校，周边群众可实现就近上学。

【65 个老旧小区改造完工】 2017 年，龙口市出台老旧住宅小区整治改造实施意见，逐步对城市规划区内 2000 年以前建成的老旧小区进行改造，用三年时间，实现优化人居环境、提升住宅功能、纳入正常管理、改善城市面貌的目标。年内，首先启动 65 个小区的改造项目，至年底改造项目都基本完工。

（撰稿：孙建义　审稿：王春阳）

招远市

【政区 人口】 全市（县、区）总面积 1432.32 平方公里。辖 14 个乡镇（街道），724 个行政村（社区）。年末全市（县、区）总人口 56.54 万人，其中城镇人口 24.85 万人。人口出生率 11.59‰，死亡率 9.78‰，自然增长率 1.81‰。有少数民族 30 个，981 人。

【经济概况】 全年实现生产总值 740.1 亿元，按可比价格计算比上年增长 7.2%。其中，第一产业增加值 44.3 亿元，增长 5.4%；第二产业增加值 376.4 亿元，增长 6.9%；第三产业增加值 319.4 亿元，增长 7.7%。三次产业比例为 6：50.8：43.2。全社会固定资产投资完成 491.5 亿元，增长 9.4%。实现公共财政预算收入 57.5 亿元，增长 6.4%；公共财政预算支出 53.9 亿元，增长 5.1%。年末金融机构本外币存款余额 538.1 亿元，其中居民储蓄存款余额 335.5 亿元；人民币各项存款 522.9 亿元，比年初减少 1930 万元，各项贷款余额 299.5 亿元，增加 41 亿元。

【农业】 全年农林牧渔业实现总产值 82.28 亿元，比上年增长 6%。粮食总产 28.39 万吨，下降 11.2 %；油料总产 6.53 万吨，下降 0.2%；蔬菜、瓜果产量 12.43 万吨，增长 9.6%；果品产量 60.17 万吨，增长 1.8%；水产品总产 7.98 万吨，增长 29.8%。肉类总产 5.44 万吨，禽蛋总产 2.91 万吨，奶类总产 1.04 万吨。全年新增造林面积 227 公顷。全市农机总动力 84.82 万千瓦，下降 13.4%。

【工业和建筑业】 全年实现工业增加值 351.1 亿元，比上年增长 6.9%。规模以上工业企业实现增加值 331.4 亿元，增长 5.9 %；实现主营业务收入 1719 亿元，下降 4.6%；实现利税 158.2 亿元，增长 8.5%。全年完成建筑业总产值 413390 万元，增长 5.5%；实现利润 22874 万元，下降 2.9%。

【建设 环保】 城市基础设施建设完成投资 81947 万元，增长 76.8%。城市人均道路面积 22.6 平方米，人均绿地面积 17.72 平方米，建成区绿化覆盖率 41.74%。自来水普及率 100%，燃气普及率 93.8%，集中供热普及率 81%。村镇建设完成投资 13.2 亿元，增长 3%。已建成污水处理厂 1 座，污水集中处理率达到 100%，无害化垃圾处理率达到 100%。城市空气质量良好率达到 76.99%，水环境功能区达标率为 100%，道路交通声环境质量符合国家标准。

【交通 邮电】 公路通车里程 2593 公里，其中高速公路通车里程 24.26 公里。公路旅客运输量分别为 262 万人次，比上年下降 9.03%。铁路、公路货物运输量分别为 1450 万吨和 876 万吨，分别增长 20.8% 和下降 6.81%。完成邮电业务总量 42697 万元，增长 7.7%。年末拥有固定电话 3.67 万部，移动电话 61.15 万部，互联网用户 13.83 万户。

【贸易 旅游】 全年实现社会消费品零售总额 210.5 亿元，比上年增长 10.6%。其中，城市市场实现零售额 166.98 亿元；农村市场实现零售额 43.49 亿元。实现外贸进出口总额 159.3 亿元，增长 6.3%，其中出口 87 亿元，增长 2.3%。新批利用外资项目 21 项，注册外资 17.7 亿元，实际使用外资 11.5 亿元。全市有 A 级以上旅游景区 15 家，全年接待国内外游客 500.4 万人次，增长 16.3%。实现旅游总收入 75.5 亿元，增长 12%，其中国内旅游收入 72.6 万元，增长 12.9%。

【教科文卫体】 有普通高等院校 1 所，在校生 792 人。中等职业、技工学校 1 所，在校生 3440 人。普通高中 4 所，在校生 7432 人；初中 23 所，在校生 1.75 万人；小学 20 所，在校生 1.99 万人。特殊教育学校 1 所，在校生 107 人。共取得市（地）级以上各类重要科技成果 8 项，其中，获得省科技奖励 1 项。专利申请 635 件，授权专利 317 件。有各种艺术表演团体 1 个，群众艺术馆、文化馆 1 处，公共图书馆 1 处，档案馆 1 处。广播、电视人口覆盖率均达到 100%。有卫生机构 391 所，其中，医院、卫生院 21 所，疾病预防控制机构 1 所，妇幼保健机构 1 所。各类卫生机构共有床位 2529 张，卫生技术人员 3473 人，其中，执业医师及执业助理医师 1422 人，注册护士 1385 人。有体育馆 1 座，全年参加省级以上体育比赛共获奖牌 66 枚，其中金牌 29 枚。

【社会生活】 城镇居民人均可支配收入 42181 元，增长 8.2%；人均消费性支出 30871 元，增长 8.5%；人均住房建筑面积 40 平方米。城镇非私营单位在岗职工年平均工资 62184 元，增长 6.5%。农村居民人均可支配收入 19755 元，增长 8.2%；人均生活消费支出 12638 元，增长 8%；人均住房建筑面积 45.7 平方米。全市城镇基本养老、医疗、失业、工伤和生育保险参保人数分别达到 17.7 万人、16.2 万人、7.1 万人、7.5 万人和 7.5 万人。城乡居民养老保险参保 28 万人。全市城乡最低生活保障救助 11521 人。其中，城镇低保 1037 人，农村低保 10484 人，农村特困救济 1525 人。收养性社会福利单位 8 个，收养 997 人。

【金都招远第十一届黄金节暨首届网络黄金节】 8 月 28—30 日，第十一届黄金节暨首届网络黄金节在招远市举办。黄金节由中国黄金协会、招远市黄金协会主办，山东中矿集团、山东招金集团承办，以“中国金都·财富招远”为主题，在举办国际黄金

2017 年 8 月 27 日，首届网络黄金节开幕式举办

矿业技术高峰论坛、国际黄金珠宝首饰展销会、黄金文化游等传统活动基础上，增加全域旅游论坛、珠宝首饰设计大赛和网络黄金节等活动，来自15个国家和地区的500多名中外嘉宾参与节会的多项主题活动。

【玲珑轮胎获评“2017年度绿色企业管理奖”】2017年，玲珑轮胎获评由中国环境报理事会颁发的“2017年度绿色企业管理奖”，成为中国环境报理事会理事单位。

玲珑轮胎将环境保护贯穿于生产经营的全过程，通过建立实施GB/T 24001要求的环境管理体系，GB/T 23331要求的能源管理体系等，提升工艺技术和设备水平，持续推进清洁生产，加强环保设施的运行管理，走循环经济之路来实现公司的战略目标，环保治理能力达到国内轮胎行业先进水平。玲珑轮胎“节油轮胎用高性能橡胶纳米复合材料的设计及制备关键技术”荣获国家技术发明二等奖。同时，采用新技术、新材料研发环保型轮胎，先后开发蒲公英橡胶轮胎、石墨烯补强胎面轮胎，3D打印聚氨酯轮胎、有机硅以及淀粉橡胶材料等，降低滚动阻力、减少汽车尾气排放、减少PM2.5污染，更加绿色节能。

【山东鲁鑫入围2017中国电子信息百强企业】2017（第三十一届）中国电子信息百强企业名单揭晓，山东鲁鑫贵金属有限公司成功入围榜单。山东鲁鑫现为国内最大的集成电路封装用键合丝生产厂家和全球技术领先的焊粉生产企业。他们的键合丝产品、焊粉产品分别占到国内市场份额的50%和30%以上，被半导体行业协会评为五个"中国半导体支撑业最具影响力企业"之一。连续八年被国家工信部评为"中国电子信息百强企业"，成为山东省5家企业（包括海尔集团、海信集团、浪潮集团、歌尔声学、山东鲁鑫）之一、烟台市唯一一家入围的电子信息百强企业。

【全国果品交易中心项目签约】4月28日，在龙湖大酒店由中国果品流通协会、香港日升农业有限公司、招远市坤发农产品市场有限公司、沃鲜供应链股份有限公司等共同签约建设中国果协全国果品交易中心全产业链电子商务平台，项目建设预计总投资10亿元人民币。该项目以中国区域优势农产品为依托，开展农产品供应链管理与服务，打造上联生产、下联消费的新型农产品供应链体系，建设全国果品冷链流通骨干网，培育农产品电子商务市场主体，打造农产品电子商务龙头企业和品牌。加强网络、加工、智能分选、包装、冷链、仓储、物流等基础设施建设，完善农产品电子商务发展基础环境。推进大宗产品跨境电子商务发展，促进农产品进出口贸易。

【招远首部抗战巨著《玲珑作证》发行】9月18日，一部描写金都儿女与日侵略军进行黄金争夺战，历时8年创作长篇巨著《玲珑作证》由山东人民出版社出版发行。该书分四卷，七十七篇，200余万字。全面、真实、详细地记述了抗日战争时期，金都人民，尤其是玲珑金矿工人、工会、护矿队、玲珑黄金收购站、敌工站、武工队、北招县大队以及八路军胶东五支队等，在中国共产党的领导下，配合当时招北县委、北海地委、胶东区党委等组织工作。从1939年2月至1945年8月的六年半中，英勇的金都儿女同日本侵略军展开的斗智斗勇的黄金争夺战。

【招远黄金珠宝首饰城获批国家级知识产权保护规范化培育市场】根据《国家知识产权局办公室关于开展2017年度知识产权保护规范化培育市场遴选申报工作的通知》要求，招远黄金珠宝首饰城通过国家知识产权局审核，被确定为第四批国家级知识产权保护规范化培育市场，是烟台市唯一一家获批单位，是山东省四家之一，培育期限为2017年6月至2019年6月。

【三个高精尖项目落户招远开发区中德项目产业园】经过与德国贺利氏集团近两年的谈判，中德高科技产业园与贺利氏（韩国）新型金银合金线和镀金银线、德国贺利氏厚膜浆料、贺利氏（罗马尼亚）陶瓷覆铜三个高精尖项目成功签约，3个项目陆续入驻产业园。

【黄金特色小镇成功列入第二批国家特色小镇】8月22日，住建部公布《关于公布第二批全国特色小镇名单的公示》，招远市玲珑镇入选，本次有276个特色小镇入选，其中山东省15个，烟台仅此一家。

【招远市跻身全国首批农村社区治理实验区】4月，民政部印发《关于开展全国农村社区治理实验区的通知》，决定开展“全国农村社区治理实验区”建设工作。2017年6月，招远市向民政部申请创建“全国农村社区治理实验区”。2017年12月，招远市被确认为“首批全国农村社区治理实验区”之一。

【大事记】1月15—16日，意大利HTM公司董事长兼山东奥特姆新能源汽车有限公司董事长亚历山大一行，到招远市探讨奥特姆公司运行情况及下步重组方案。

2月14—16日，中国供销电子商务有限公司商务拓展部副总经理陈昭友一行，对招远市承担的全国 11 家之一的“供销 e 家”惠农工程样板县项目建设情况进行调研。

5 月 7 日，招远市中德高科技产业园项目开工仪式在中德高科技产业园项目现场举行。

5 月 20 日，招远市首届“三高校——招远”合作交流洽谈会暨哈工大、哈工程招远研究院揭牌启动仪式在招远市举行，玲珑集团、山东康泰实业有限公司、中矿金业股份有限公司等多家企业与 3 所高校签订合作项目共 16 项。

5 月 25—26 日，全省土壤肥料工作暨水肥一体化现场会议在招远市召开。

6 月 18 日，玲珑轮胎“绿色节能高性能轮胎材料行业重点实验室启动仪式暨第一次专家委员会会议”在玲珑集团召开。中国工程院院士、中国石化集团公司科学技术委员会顾问曹湘洪作专题报告。

7 月 12 日，省委副书记、省长龚正一行，在市委书记王浩，市委副书记、市长张永霞的陪同下，到招远市视察中德高科技产业园贺利氏键合金丝生产、“三院两中心”科技创新基地、黄金资源综合利用示范基地、中亚轮胎试验场和汽车检测中心等新旧动能转换项目及城市建设情况。

8 月 7 日，《中国建设银行与招金集团债转股合作框架协议》签订仪式在招金舜和国际饭店会议室召开。中国建设银行副行长庞秀生，建信金融资产投资有限公司总裁张明合等出席签约仪式。

8 月 8 日，澳大利亚驻华大使馆公使衔参赞邓博文一行，到招远市赴招金集团洽谈双方贸易投资领域合作事宜。

8 月 10—13 日，第四届中国汽车（房车）露营大会筹备会议在招远市辛庄镇黄金海岸营地召开。

8 月 16 日，“智慧金都”顶层规划专家评审会在招远市召开。

8 月 27—30 日，中国金都 · 财富招远第十一届黄金节暨首届网络黄金节在招远举行。

9 月 22 日，2017 年全国苹果产销形势分析会暨全国产地批发市场建设经验交流会在招远举行。

10 月 18 日，贺利氏电子事业部总裁施蒂兹、大中华地区总部总裁支周平一行，到招远市参加贺利氏（招远）贵金属材料有限公司项目签约仪式。

（撰稿：郭翠凤　王微微

审稿：徐革）

莱州市

【政区 人口】 全市总面积 1928 平方公里。辖 17 个乡镇（街道），977 个行政村（社区）。年末全市户籍总人口 84.82 万人，其中城市建成区居住人口 38.77 万人。人口出生率 9.8‰，自然增长率 1.3‰。

【经济概况】 全年实现地区生产总值 769.25 亿元，比上年增长 0.5%。其中，第一产业增加值 73.38 亿元，增长 2.4%；第二产业 383.28 亿元，下降 0.3%；第三产业 312.582 亿元，增长 1.3%。三次产业比例为 9.6∶49.8∶40.6。全社会规模以上固定资产投资完成 515.57 亿元，增长 7.3%。实现财政总收入 106.93 亿元，下降 0.4%；实现公共财政预算收入 58 亿元，下降 5.8%；公共财政预算支出 61.85 亿元，下降 2.7%。年末金融机构本币存款余额 695.48 亿元，增长 7.4%；其中居民储蓄存款余额 513.33 亿元，增长 4.1%；人民币各项贷款余额 284.38 亿元，增长 7.1%。

【农业】 全年农林牧渔业实现总产值 135.99 亿元，比上年增长 3.1%。粮食总产 63.13 万吨，下降 3.6%；花生总产 4.93 万吨，增长 1%；水果总产 29.38 万吨，下降 8%；蔬菜总产 25.85 万吨，下降 4%；水产品总产 33.34 万吨，下降 2.1%。肉类总产 8.74 万吨，禽蛋总产 3.91 万吨，奶类总产 0.84 万吨。全年新增造林面积 1013 公顷。全市农机总动力 125.2 万千瓦。

【工业和建筑业】 全年实现规模以上工业总产值 1178.98 亿元，比上年下降 6.5%。规模以上工业企业 346 家，工业销售产值 1168.46 亿元，下降 6.4%；实现主营业务收入 926.79 亿元，下降 25.5%；实现利润总额 46.77 亿元，下降 46%。黄金、机电、石材、盐及盐化工业四大支柱产业工业总产值 989.89 亿元。全年完成建筑业总产值 48.59 万元，增长 0.6%；房屋建筑施工面积 217.96 万平方米，竣工面积 101.24 万平方米，商品房实际销售面积 40.04 万平方米，商品房实际销售额 19.56 亿元。

【交通邮电】 公路通车里程 2668.6 公里，硬化公路总里程 2486.1 公里，高速公路通车里程 74.58 公里。年末各类汽车拥有量 17.41 万辆，其中小型汽车 16.25 万辆，比上年增长 8%。公路客运周转量 60695 万人公里，公路货运周转量 743606 万吨公里，水上货运周转量 10678 万吨公里，港口货物吞吐量 2950 万吨。完成邮电业务总量 7.6 亿元，增长 12.5%。其中，电信业务总量 6.59 亿元，邮政业务总量 1.01 亿元。年末固定电话用户 11.4 万户，移动电话用户 83.8 万户，互联网用户 23.6 万户。

【贸易旅游】 全年实现社会消费品零售总额 374.14 亿元，比上年增长

10.1%。其中城市市场实现零售额243.10亿元，农村市场实现零售额131.04亿元。实现外贸进出口总额88亿美元，其中出口62.33亿美元。新批利用外资项目9个，合同利用外资额7.6亿美元，实际使用外资7.34亿美元。旅游消费总额58.5亿元。

【教科文卫体】 有中等职业专业学校3所，在校生8045人；高中4所，在校生10693人；初中29所，在校生27182人；小学31所，在校生28814人；幼儿园105所，在园幼儿16365人；特殊教育学校1所，在校生158人。共取得市（地）级以上各类重要科技成果1项，其中，获得省科技进步二等奖1项。发明专利申请181件，授权发明专利75件，有效发明专利269件。有各种艺术表演团体1200多个，文化馆1处，公共图书馆1处，档案馆1处。有卫生机构898个，其中，医院、卫生院19所，疾病预防控制机构1所，妇幼保健机构1所。各类卫生机构共有床位6974张，卫生技术人员7665人。有体育馆1座，全年参加省级以上体育比赛共获奖牌83枚，其中国家级金牌14枚，银牌9枚，铜牌3枚；省级金牌32枚，银牌15枚，铜牌10枚。

【社会生活】 居民人均可支配收入29617元，增长8.5%；居民人均消费支出20232元，增长11.1%。城镇居民人均可支配收入42027元，增长7.9%；人均消费性支出27582元，增长9.4%。农村居民人均可支配收入19557元，增长7.8%；农村居民人均消费性支出13812元，增长13.5%；全市新增就业人数11649人，城镇登记失业率0.52%，农村劳动力转移人数611人，下岗失业再就业3283人。城镇职工基本养老保险参保141453人，其中企业基本养老保险参保125361人，城镇职工基本医疗保险参保197988人。参加农村合作医疗549889人。全市城镇低保530人，发放保障资金291.48万元，农村低保14109人，发放保障资金3627万元。农村五保供养人数1262人，供养支出1045.1万元。莱州市在全国综合实力百强县、综合竞争力百强县、新型城镇化质量百强县中分别位居第32位、第34位和第33位。

【生态环境治理】 2017年，莱州市关停取缔传统塑料加工业户1769家，停产整顿石材加工企业2337家，关闭封堵矿山坑口232个。淘汰改造10吨以下燃煤锅炉1111台，完成气电代煤7013户，推广清洁炉具9013套，PM2.5、PM10浓度分别下降17%和17.8%。有效治理南阳河、白沙河、珍珠河等流域环境，消除劣五类水体。实施滨海湿地工程，近岸海域水质稳定达到二类以上标准。化工、铸造、畜禽养殖和自然保护区整治取得明显成效。

【为民服务中心项目开工】 5月18日，莱州市为民服务中心项目举行奠基仪式。项目占地3公顷，建筑面积9.6万平方米，总投资6.1亿元，主要建设为民服务中心、档案馆及会议中心等，设置服务窗口425个、大型会议室10间，涵盖便民服务、公共资源交易服务、中介服务等功能。该项目是全市首批采取PPP模式打造的第一个落地项目，建成后实现为民服务“集约式”办公和行政审批“一站式”办理。

【文明城市创建】 11月14日，中央文明办公布第五届全国文明城市名单和复查确认继续保留荣誉称号的往届文明城市名单，莱州市入选第五届全国文明城市。创城活动以来，莱州市健全督导检查、投入保障等六大机制，采取专项整治、网格化管理、搭建民意平台等措施，依托网上阳光对话、“花开莱州”官方微信等平台，组织党员干部“大走访”活动，全市2万名机关干部进社区、进家庭，解决群众合理诉求。设立爱心服务台、邻里互助社1300多个，6万多人次参与保护环境、扶贫帮困、医疗卫生等志愿服务活动。倡导文明出行，3万多名文明引导员走上街头路口引导宣传。普及诚信教育，评选出星级文明诚信经营业户100家。实现城乡环卫一体化、乡村公路硬化、重点村居生活污水处理全覆盖，全市80%以上的村庄达到生态文明村标准，乡村路的硬化率达到100%，建成68个精品示范片、600个生态文明示范村、13个特色旅游村，环境优美镇比例达到80%。推出省级乡村文明家园20个、烟台市级乡村文明家园32个。

【民生福祉】 投资7.1亿元，完成“1条国道、2条省道、4条县道、16座危桥”改造工程。投资3.3亿元，完成南水北调配套工程、临疃河至饮马池水厂调水工程，调引客水1212万立方米。争取资金5.5亿元，完成了206国道、三城线北段、文三线大修改造工程。全年用于保障和改善民生的财政资金41.7亿元，公开征集、承诺办理的12方面25件为民服务实事全部兑现。全面落实扶贫政策，38个省定贫困村全部脱贫摘帽。新建改造校舍3.3万平方米，开工建设文峰路街道、金仓街道2所九年一贯制学校，建成普惠性幼儿园5处。新建养老公寓、农村幸福院18处，新增养老床位426张。创建省级食安城市，组织开展食品专项整治30余次，取缔生猪非法屠宰点3处。

（撰稿：杨日明　审稿：杨日明）

责任编校：云　霞

附　录

经济社会指标

2017 年烟台市主要经济社会指标统计表

表 37

指标名称	计量单位	2017 年	2017 年比上年 %
一、综合			
1. GDP（初步核算）	亿元	7338.95	6.5
第一产业	亿元	479.90	2.3
第二产业	亿元	3674.35	5.7
第三产业	亿元	3184.70	8.0
2. GDP 内部结构 (*)			
第一产业	%	6.5	-0.1
第二产业	%	50.1	-0.7
第三产业	%	43.4	0.8
二、农业			
农作物播种总面积	千公顷	510.63	-2.6
# 粮食播种总面积	千公顷	365.22	-3.2
粮食产量	万吨	238.64	-5.9
播亩单产	公斤 / 亩	435.60	-2.8
油料产量	万吨	43.09	3.5
水果产量	万吨	571.08	0.9
蔬菜产量	万吨	201.56	-1.0
肉类产量	万吨	56.88	2.7
禽蛋产量	万吨	24.04	-7.1
奶类产量	万吨	17.10	-7.9
水产品产量	万吨	197.01	-1.6
三、规模以上工业			
工业总产值（现价）	亿元	14861.59	8.2
增加值	亿元		5.9

续表

指标名称	计量单位	2017 年	2017 年比上年 %
主营业务收入	亿元	14042.68	3.1
利润总额	亿元	1043.63	11.3
四、建筑业			
建筑业本年签订合同额	亿元	958.48	6.2
建筑业总产值	亿元	731.21	3.6
竣工产值	亿元	420.50	-4.4
房屋施工面积	万平方米	3998.52	6.7
房屋竣工面积	万平方米	1664.98	-7.1
职工平均人数	万人	23.86	-2.5
五、运输、邮电			
旅客运输量	万人	6968.27	5.4
货物运输量（铁路不含大莱龙）	万吨	25103.07	12.2
沿海港口货物吞吐量	万吨	40058.00	13.1
# 集装箱吞吐量	万 TEU	270.23	3.9
港口外贸货物吞吐量	万吨	11187.81	14.2
六、能源			
全社会用电总计	亿千瓦时	487.97	5.4
# 城乡居民生活	亿千瓦时	43.37	6.3
# 第一产业	亿千瓦时	14.35	5.8
第二产业	亿千瓦时	389.27	4.8
第三产业	亿千瓦时	40.99	9.9
七、固定资产投资			
项目个数	个	4688	7.3
# 新开工项目	个	3244	23.3
本年完成投资	亿元	5594.24	8.5
# 新开工项目	亿元	2527.45	42.9
# 第一产业	亿元	59.09	7.7
第二产业	亿元	2505.52	10.8
# 工业	亿元	2435.94	11.3
第三产业	亿元	3029.63	6.7
# 高新技术产业	亿元	690.45	15.0

续表

指标名称	计量单位	2017 年	2017 年比上年 %
# 房地产投资	亿元	546.21	-0.9
# 住宅	亿元	410.16	-2.7
八、社会消费品零售总额			
社会消费品零售总额	亿元	3273.08	10.0
1. 按销售单位所在地分			
城镇	亿元	2586.97	9.6
乡村	亿元	686.11	11.5
2. 按消费形态分			
餐饮收入	亿元	274.30	13.5
商品零售	亿元	2998.78	9.7
九、国内经济合作			
实际使用内资	亿元	1238.77	13.2
十、外经外贸			
外贸进出口总额	亿元	3077.60	6.3
进口	亿元	1337.11	6.5
出口	亿元	1740.49	6.1
利用外资注册项目数	个	207	-10.8
合同外资	亿元	204.07	-5.3
实际到账外资	亿元	144.89	6.5
外派劳务人员	人次	7534	16.8
期末在外人数	人	12688	22.5
十一、财税			
一般公共预算收入	亿元	600.32	6.4
# 税收收入	亿元	417.22	-0.1
一般公共预算支出	亿元	708.07	3.8
国地税收入	亿元	962.69	9.4
1. 第一产业税收	亿元	1.83	-32.9
第二产业税收	亿元	578.92	27.8
第三产业税收	亿元	360.93	-14.9
2. 国税收入	亿元	658.86	25.6
国税部门组织的收入	亿元	462.78	15.6

续表

指标名称	计量单位	2017 年	2017 年比上年 %
海关代征	亿元	196.08	57.8
地税收入	亿元	303.83	-14.5
十二、金融			比年初增加
期末金融机构本外币存款余额	亿元	7932.64	353.78
# 住户存款	亿元	4174.94	148.55
期末金融机构本外币贷款余额	亿元	5099.37	363.06
期末金融机构本币存款余额	亿元	7460.35	300.34
# 住户存款	亿元	4128.07	151.35
期末金融机构本币贷款余额	亿元	4897.09	367.34
十三、保险			
保费总收入	亿元	251.21	21.7
# 财产险	亿元	65.33	11.4
人身险	亿元	185.88	25.7
总赔付额	亿元	79.36	10.1
# 财产险	亿元	37.06	10.5
人身险	亿元	42.30	9.7
财产险赔付率 *	%	62.99	6.18
十四、人民生活			
居民人均可支配收入	元	32299	8.6
居民人均消费性支出	元	21924	9.7
城市居民人均可支配收入	元	41837	8.0
城市居民人均消费性支出	元	27894	8.4
城市居民恩格尔系数 *	%	30.44	-0.72
城市居民人均住房建筑面积	平方米	36.27	1.6
农村居民可支配收入	元	18051	8.0
农民人均生活消费支出	元	13004	11.6
农村居民恩格尔系数 *	%	36.04	1.1
农村居民人均住房建筑面积	平方米	38.90	1.8
十五、主要社会统计指标			
城镇企业养老保险参保人数	万人	164.73	1.6
城镇企业养老保险缴费金额	亿元	133.01	6.4

续表

指标名称	计量单位	2017 年	2017 年比上年 %
城镇职工医疗保险参保人数	万人	217.02	1.5
城镇医疗保险缴费金额	亿元	62.25	7.5
城镇失业保险参保人数	万人	111.06	2.5
城镇失业保险缴费金额	亿元	5.50	–24.2
城镇新增就业人数	万人	14.50	1.4
城镇登记失业率	%	3.26	
城镇居民最低生活保障户数	户	9207	–11.9
城镇居民最低生活保障人数	人	14057	–15.0
城镇居民最低生活保障资金	万元	7178	–26.2
城镇低保标准	元 / 月	580	—
农村低保标准	元 / 年	4260—6960	—
农村居民最低生活保障户数	户	60173	–5.1
农村居民最低生活保障人数	人	80726	–5.7
农村居民最低生活保障资金	万元	22019.2	4.2
农村五保供养人数	人	13225	–1.5
农村五保供养支出	万元	7633.50	4.1
城乡居民基本养老保险参保人数	万元	317.22	0.0
十六、价格指数	—	12 月	1–12 月
居民消费价格总指数	—	101.9	101.6
# 服务项目价格指数	—	103.3	103.0
消费品价格指数	—	101.0	100.7
商品零售价格指数	—	100.8	100.4
新建住宅销售价格指数	—	108.2	107.2
二手住宅销售价格指数	—	106.9	105.4
固定资产投资价格指数	—	109.9	105.7
工业生产者出厂价格指数	—	104.0	104.2
工业生产者购进价格指数	—	106.4	107.4

说明：* 指标增幅为比上年增减百分点

2017 年烟台市各县市区主要经济指标统计表

表 38

市区县	县市区生产总值（初步核算，亿元）		第一产业增加值（亿元）		第二产业增加值（亿元）		第三产业增加值（亿元）		规模以上工业增加值	规模以上工业主营业务收入（亿元）		规模以上工业利润（亿元）		固定资产投资（亿元）	
	2017 年	比上年 %	2017 年	比上年 %	2017 年	比上年 %	2017 年	比上年 %	2017 年比上年 %	2017 年	比上年 %	2017 年	比上年 %	2017 年	比上年 %
全市合计	7338.95	6.5	479.90	2.3	3674.35	5.7	3184.70	8.0	5.9	14042.68	3.1	1043.63	11.3	5594.24	8.5
市　区	—	—	—	—	—	—	—	—	6.3	6275.27	4.9	486.61	30.8	2561.41	8.7
芝罘区	472.14	7.2	4.52	-0.2	79.68	4.2	387.93	7.9	-3.7	126.12	5.3	3.85	-46.1	428.22	9.1
福山区	280.23	7.1	15.61	5.1	147.61	6.5	117.01	8.2	10.2	323.96	4.8	11.04	-8.6	487.20	9.1
牟平区	344.06	7.7	42.36	4.3	160.54	8.2	141.16	8.2	10.7	568.45	0.8	22.06	-28.1	503.51	9.1
莱山区	259.67	8.4	3.77	1.7	97.69	7.7	158.21	9.0	13.4	267.48	8.6	31.52	47.0	446.33	9.4
开发区	1404.81	7.5	17.58	-11.6	946.72	5.8	440.51	12.5	6.9	3976.03	3.0	247.02	4.0	609.58	9.2
高新区	24.70	11.8	0.30	-18.4	12.70	13.8	11.70	10.7	10.9	38.11	10.3	1.97	14.6	58.05	13.2
龙口市	1190.94	7.0	39.48	3.2	673.10	6.8	478.35	7.6	6.0	2407.38	7.6	181.55	5.2	733.61	9.2
莱阳市	378.08	7.4	49.12	4.9	175.99	9.6	152.96	5.5	10.1	890.51	8.3	80.68	12.3	194.61	9.5
莱州市	769.25	0.5	73.38	2.4	383.28	-0.3	312.58	1.3	-3.9	926.79	-25.5	46.77	-46.0	515.57	7.3
蓬莱市	488.12	6.8	25.05	3.5	253.88	9.0	209.19	4.4	8.6	1246.89	4.8	102.36	2.8	436.77	5.0
招远市	740.06	7.2	44.30	5.4	376.39	6.9	319.37	7.7	5.9	1719.83	6.5	114.84	8.0	491.53	9.4
栖霞市	268.79	7.1	49.71	2.8	107.42	8.9	111.67	7.2	9.2	325.05	9.9	19.36	10.6	174.58	9.5
海阳市	327.83	6.9	71.16	5.0	118.42	7.1	138.25	7.7	9.0	248.42	5.7	11.41	6.3	477.60	9.4
长岛县	71.37	2.7	39.71	-0.4	4.31	8.6	27.35	6.3	-40.8	2.54	-38.7	0.05	-45.7	8.55	13.2

续表

市区县	社会消费品零售总额（亿元）		一般公共预算收入（亿元）		国、地税收入（亿元）		国税收入（亿元）		地税收入（亿元）		外贸进出口（亿元）		外贸进口（亿元）		外贸出口（亿元）	
	2017 年	比上年 %	2017 年	比上年 %	2017 年	比上年 %	2017 年	比上年 %	2017 年	比上年 %	2017 年	比上年 %	2017 年	比上年 %	2017 年	比上年 %
全市合计	3273.08	10.0	600.32	6.4	962.69	9.4	658.86	25.6	303.83	-14.5	3077.60	6.3	1337.11	6.5	1740.49	6.1
市　区	1362.45	9.6	291.56	7.3	557.08	14.2	409.36	26.5	147.72	-10.1	2357.91	6.5	1106.45	6.9	1251.46	6.1
芝罘区	490.45	10.2	67.75	8.8	—	—	—	—	—	—	134.44	6.3	63.16	4.8	71.28	7.7
福山区	130.26	10.2	30.10	6.9	37.19	2.4	25.61	14.1	11.58	-16.5	104.98	13.0	36.72	8.2	68.26	15.7
牟平区	190.56	10.5	25.15	7.5	26.69	10.7	13.49	59.5	13.20	-15.7	127.73	18.0	77.47	23.1	50.27	11.0
莱山区	123.55	10.5	32.10	6.9	41.31	4.5	24.18	29.2	17.13	-17.7	77.56	0.7	24.67	12.5	52.89	-4.0
开发区	148.30	10.6	103.50	12.4	278.97	32.6	226.79	39.6	52.18	8.9	1696.04	2.3	796.41	2.4	899.64	2.2
高新区	5.65	10.2	8.16	8.2	13.26	-10.9	7.35	80.3	5.91	-45.3	16.56	14.7	6.14	1.3	10.42	24.3
龙口市	433.25	10.0	98.00	8.3	158.24	7.6	106.52	27.0	51.72	-18.1	235.45	12.1	94.56	7.7	140.89	15.3
莱阳市	317.58	10.3	18.12	17.2	28.51	35.1	18.41	56.2	10.10	8.4	60.44	6.4	6.54	-8.4	53.90	8.5
莱州市	374.14	10.1	58.00	-5.8	78.32	-8.0	55.68	14.7	22.63	-38.1	88.00	-1.3	25.66	-11.7	62.33	3.7
蓬莱市	180.12	9.9	32.74	6.4	35.06	3.6	17.62	11.4	17.44	-3.3	66.30	3.0	13.86	-4.4	52.44	5.1
招远市	210.47	10.6	57.50	6.4	52.56	-5.6	19.96	9.4	32.61	-12.9	159.26	6.3	72.28	11.6	86.98	2.3
栖霞市	167.71	10.7	12.74	18.3	20.10	35.8	14.70	67.5	5.40	-10.4	41.75	22.8	3.15	-7.0	38.60	26.2
海阳市	204.40	10.3	30.38	7.8	30.79	-5.0	15.29	18.7	15.50	-20.6	65.65	4.0	13.90	9.5	51.74	2.6
长岛县	22.96	9.8	1.28	9.8	2.03	10.4	1.33	29.8	0.70	-14.0	2.85	-46.3	0.70	-34.8	2.15	-49.3

续表

市区县	合同外资（亿元）		实际到帐外资（亿元）		居民人均可支配收入（元）		城镇居民人均可支配收入（元）		农村居民人均可支配收入（元）		全社会用电量（万千瓦小时）		工业用电量（万千瓦小时）	
	2017年	比上年%	2017年	比上年%	2017年	比上年%	2017年	比上年%	2017年	比上年%	2017年	比上年%	2017年	比上年%
全市合计	204.07	-5.3	144.89	6.5	32299	8.6	41837	8.0	18051	8.0	4879740	5.4	3862689	4.9
市　区	151.73	2.6	95.35	20.3	—	—	—	—	—	—	1520947	2.4	1091288	0.4
芝罘区	5.43	-37.1	10.71	-25.5	43504	8.4	43504	8.4	—	—	323136	-8.2	181537	-7.5
福山区	6.67	-56.3	10.75	4.6	38237	8.6	43031	8.2	20292	7.9	174385	-19.0	124778	-26.5
牟平区	23.93	131.4	9.83	5.1	29475	8.7	40739	8.3	18657	8.0	196420	1.2	135281	-2.4
莱山区	19.10	55.4	15.56	2.0	41398	8.6	48711	8.2	20625	7.9	118900	11.6	43247	10.8
开发区	65.73	4.1	42.18	6.5	51824	8.4	51824	8.4	—	—	680537	14.9	592860	11.8
高新区	5.97	58.0	4.34	7.3	36814	8.6	42650	8.7	20557	7.9	27568	8.9	13586	0.8
龙口市	17.57	20.0	13.50	9.0	34733	8.5	45013	7.9	20554	7.9	1828581	7.7	1726902	7.6
莱阳市	1.81	-83.5	3.63	-33.9	22660	8.7	32242	8.0	15471	8.0	213770	5.6	128025	5.3
莱州市	7.60	12.3	7.34	-41.1	29617	8.5	42027	7.9	19557	7.8	470343	0.8	343681	0.3
蓬莱市	3.51	-68.9	5.96	-31.8	29626	8.7	42645	7.9	19756	8.1	232558	11.8	154127	12.1
招远市	17.68	4.4	11.48	6.5	31287	8.6	42181	8.2	19755	8.2	302374	4.5	237663	3.5
栖霞市	1.73	-64.7	2.16	24.6	20468	7.9	30707	7.6	14590	7.8	152319	3.2	97852	2.0
海阳市	2.25	22.3	5.39	5.9	26526	8.8	40413	8.2	17529	8.1	148495	20.0	81000	33.7
长岛县	0.19	7.5	0.09	30.4	23354	8.9	32972	7.80	20455	10.6	10353	1.7	2151	-3.7

2017年荣誉榜

全国五一劳动奖状名单

烟台市芝罘区人民检察院

全国五一劳动奖章名单

高振利　烟台毓璜顶医院副院长、泌尿外科主任，主任医师
姜艳荣　山东南山纺织服饰有限公司精纺公司染整厂拼毛打样车间主任
李世宽　烟台经济技术开发区公共交通集团有限公司供应部部长

全国工人先锋号名单

烟建集团有限公司市政路桥分公司胜利南路南延（含隧道）工程项目部
烟台张裕集团有限公司国际葡萄酒城之窗

山东省富民兴鲁劳动奖状名单

蓬莱市地方税务局
山东三和德通律师事务所
烟台市牟平公路管理局
山东省海阳市国家税务局
国网山东省电力公司栖霞市供电公司
山东鲁花集团有限公司
烟台市审计局

山东省富民兴鲁劳动奖章名单

于传莲　烟台开发区社会保险事业处科员
于春洋　烟建集团国际事业本部经理
马　红　乐金电子部品（烟台）有限公司班长
王　垚　华能烟台发电有限公司总经理
王洪波　山东绿叶制药有限公司生产班长
庄永学　龙口金丰有限公司车间主任
刘中太　烟台市地方税务局工会主席
刘诗兴　国网山东省电力公司烟台供电公司总监理工程师
纪旭波　山东恒邦冶炼股份有限公司技术员
张传生　大唐山东烟台电力开发有限公司党委书记、副总经理
张诗琴　烟台市芝罘区疾病预防控制中心科长
陈雪梅　玲珑集团有限公司工程师
范强全　北海航海保障中心烟台航标处长岛航标管理站站长
林清华　栖霞市庄园中学教师
赵全红　山东省烟台护士学校校长
南　江　烟台延锋江森座椅有限公司工程师
战　岚　蓬莱诺康药业有限公司运营部部长
姜　毅　龙口市人民医院院长
姜爱玲　海阳市财政局社会保障科科长
袁　虎　长岛县大钦岛卫生院内科主任
徐继亮　莱州联友金浩新型材料有限公司研发中心技术员
崔文罡　中海港务（莱州）有限公司总经理
商静宇　中国联合网络通信有限公司烟台分公司副总经理
盖云萍　莱阳市汽车运输有限公司信息部部长
路云龙　山东龙鑫集团有限公司总经理

山东省工人先锋号名单

烟台北方茶叶推广中心张晓伟创新工作室
烟台市园林管理处绿化管理二队
烟台新奥燃气发展有限公司管网运行部抢险队
国网山东省电力公司莱州市供电公司检修（建设）工区
烟台西蒙西轴承有限公司王洪光创新工作室
烟台新凤凰医院护理部
山东中交航务工程有限公司“烟交工1”号轮
烟台市莱阳公路管理局公路工程处
烟台国际机场集团有限公司航务保障部塔台管制科
华电莱州发电有限公司电气分场保护班
烟台广播电视台电视新闻部
烟台东方威思顿电气有限公司生产制造中心

（市总工会　供）

县市区考核先进集体和先进个人

一、先进县市区

一等奖：烟台经济技术开发区、莱山区、龙口市、海阳市
二等奖：烟台高新技术产业开发区、招远市、牟平区、莱阳市
三等奖：蓬莱市、芝罘区、长岛县

二、记三等功人员

王曰义　烟台经济技术开发区工委原书记、管委原主任
宫　权　莱山区委书记
孙玉荣　莱山区区长
韩世军　龙口市委书记
吕　波　龙口市市长
李　波　海阳市委原书记
刘宏涛　海阳市委书记

三、嘉奖人员

于　东　烟台高新技术产业开发区工委书记、管委主任
贺业增　招远经济技术开发区管委主任、招远市委书记
孙付春　招远市市长
刘启明　牟平区委书记
高君勃　牟平区区长
李胜刚　莱阳市委书记
慕　欣　莱阳市市长
杨原田　蓬莱市委书记
杨升岩　蓬莱市市长

牟树青　芝罘区委原书记
杨　波　芝罘区区长
刘树军　长岛县委书记
李俊杰　长岛县县长

市直先进集体

中共烟台市委办公室
中共烟台市纪律检查委员会、烟台市监察委员会机关
中共烟台市委组织部
中共烟台市委宣传部
中共烟台市委统一战线工作部
中共烟台市委政法委员会
中共烟台市委政策研究室
烟台市机构编制委员会办公室
烟台市人民代表大会机关
中国人民政治协商会议山东省烟台市委员会机关
烟台市人民政府办公室
烟台市发展和改革委员会
烟台市经济和信息化委员会
烟台市教育局
烟台市科学技术局
烟台市公安局
烟台市民政局
烟台市财政局
烟台市人力资源和社会保障局
烟台市规划局
烟台市住房和城乡建设局
烟台市水利局
烟台市农业局
烟台市商务局
烟台市人民政府外事侨务办公室
烟台市安全生产监督管理局
烟台市食品药品监督管理局
烟台市知识产权局
烟台市公路管理局
中共烟台市委市直机关工作委员会
中共烟台市委、烟台市人民政府信访局
中共烟台市委农村工作办公室
中共烟台市委老干部局
烟台市中级人民法院
烟台市人民检察院
烟台市国土资源局
烟台市城市管理局
烟台市交通运输局
烟台市海洋与渔业局
烟台市林业局
烟台市审计局
烟台市文化广电新闻出版局
烟台市卫生和计划生育委员会
烟台市人民政府国有资产监督管理委员会
烟台市体育局
烟台市统计局
烟台市工商行政管理局
烟台市质量技术监督局
烟台市旅游发展委员会
烟台市机关事务管理局
烟台市港航管理局
烟台市政务服务管理办公室
烟台市金融工作办公室
烟台市总工会
共青团烟台市委员会
烟台市妇女联合会
烟台市残疾人联合会

中央、省属驻烟单位考核先进集体

烟台发展突出贡献单位
烟台市地方税务局
烟台市国家税务局
烟台大学
鲁东大学
中华人民共和国烟台海关
中国人民银行烟台市中心支行
国网山东省电力公司烟台供电公司
山东工商学院
中国航天科技集团公司第五研究院第五一三研究所
中华人民共和国烟台出入境检验检疫局
烟台市国家安全局
中华人民共和国烟台海事局
交通运输部北海救助局
济南铁路局烟台车务段
中国联合网络通信有限公司烟台市分公司
中国银行业监督管理委员会烟台监管分局
烟台市气象局
中国移动通信集团山东有限公司烟台分公司
中国科学院海岸带研究所
烟台发展贡献单位
交通运输部烟台打捞局
国家统计局烟台调查队
山东省胶东调水局烟台分局
山东省农村信用社联合社烟台办事处
烟台市水文局
农业部黄渤海区渔政局
中国保险监督管理委员会烟台监管分局
烟台市烟草专卖局
烟台市邮政管理局
中国电信股份有限公司烟台分公司
烟台市盐务局

市直机关记三等功人员

祝茂杰　市委副秘书长、办公室主任
刘天海　市纪委常务副书记、市监委副主任
姜曰象　市委组织部常务副部长
李　明　市委宣传部常务副部长
王天立　市委统战部常务副部长、市工商联党组书记
赵常春　市委政法委员会常务副书记
王兆麟　市机构编制委员会办公室主任
牟　强　市人大常委会党组成员、秘书长，机关党组书记
王克文　市政府党组成员、秘书长，办公室党组书记
刘福生　市经济和信息化委员会工委书记、主任
徐建敏　市教育局工委书记、局长
李勇军　市科学技术局党组书记、局长
雷兴华　市公安局党委副书记、政委
姚秀霞　市民政局工委书记、局长、

市双拥办主任
李建平　市财政局党委书记、局长
董希彬　市委组织部副部长、市人力资源和社会保障局工委书记、局长
张冰开　市规划局党组书记、局长
季善亭　市住房和城乡建设局工委书记、局长
王光耀　市水利局党组书记、局长
白国强　市农业局党委书记、局长
刘　森　市商务局工委书记、局长、中韩（烟台）产业园建设推进办公室主任
李　伟　市食品药品监督管理局党组书记、局长
尹国文　市政府外事侨务办公室党组书记、主任
衣凤凰　市安全生产监督管理局党组书记、局长
孟庆国　市科学技术局党组成员、市知识产权局党支部书记、局长
吕道光　市住房和城乡建设局工委委员、市政府投资工程建设管理办公室主任
高言进　市环境保护局党组成员、副局长
吴德文　市委办公室科长
王德涛　市委机要局科长
王晓智　市委接待处副处长
李志胜　市纪委第四纪检监察室副主任
刘　杰　市委组织部研究室主任
吕永杰　市委组织部科长
陈督军　市委组织部科长
杨炳炜　市考核工作办公室副主任
李学平　市委统战部办公室主任
刁清华　市委政法委员会办公室主任
李　宁　市委政法委员会科长
于　超　市委改革办科长
曲鲁文　市委政策研究室科长
蒋海卫　市机构编制委员会办公室副调研员
唐世正　市机构编制委员会办公室科长
董仁浩　市委农村工作办公室科长
张　良　市委老干部局办公室主任
初君友　市政协科教文卫体和文史资料委办公室主任
魏国强　市政协办公室副科长
尹鹏亮　市中级人民法院主任科员
徐芳东　市中级人民法院副庭长
张明青　市人民检察院副处长
唐殿帅　市政府办公室科长
范仲利　市政府办公室科长
王语堂　市政府办公室科长
任　华　市政府办公室科长
潘　强　市政府办公室科长
刘永杰　市发展和改革委员会科长
车永凯　市发展和改革委员会科长
庄　英　市发展和改革委员会科长
林乐杰　市经济和信息化委员会离退办主任
孙嗣文　市经济和信息化委员会运行办主任
张林波　市经济和信息化委员会副调研员
吕海泳　市经济和信息化委员会科长
梁志军　市经济和信息化委员会科长
王　军　市经济和信息化委员会科长
王丛梅　市经济和信息化委员会纪工委副书记
郑松玉　市教育局科长
盛　艳　市科学技术局办公室副主任
姜　雪　市科学技术局科长
彭启炜　市科学技术局科长
张　瑞　市公安局科员
王　泓　市公安局科员
于筱卉　市公安局科员
吕　帅　市公安局二级警员
郝晓亮　市公安局科员
贾雁飞　市公安局科员
侯振海　市公安局科员
孙　涛　市公安局科员
胡成豪　市公安局副支队长
孙英明　市公安局大队长
向海宁　市公安局副大队长
乜　梅　市看守所科员
孙永科　市民政局副调研员、科长
龙　军　市民政局科长
宋德功　市司法局科长
尹爱华　市司法局科长
于　杰　市人力资源和社会保障局办公室主任
任建平　市人力资源和社会保障局科长
丁　志　市人力资源和社会保障局科长
栾琪玮　市人力资源和社会保障局科长
王照伟　市人力资源和社会保障局仲裁办副主任
于振海　市国土资源局办公室主任
王秀华　市住房和城乡建设局科长
姜　洋　市住房和城乡建设局科长
刘克诚　市交通运输局科长
朱锡述　市交通运输局科长
王晓龙　市交通运输局副科长
张　雷　市水利局科长
申俊立　市农业局科长
王宏亮　市海洋与渔业局办公室主任
赵旭东　市海洋与渔业局科员
徐厚斌　市商务局科长
刘明杰　市商务局科长
王俊超　市商务局科长
纪　斌　市商务局纪工委副书记
姜晓庆　市商务局副主任科员
赵　蕾　市商务局团工委书记
张征云　市商务局科长
侯　杰　市商务局科长
王洪涛　市卫生和计划生育委员会科长
张葵阳　市卫生和计划生育委员会科长
石广胜　市食品药品监督管理局科长
牛序业　市审计局主任科员
盖　华　市政府外事侨务办公室科长
纪　纯　市政府国有资产监督管理委员会科长
何兆勇　市政府国有资产监督管理委员会科长
郭绍伟　市体育局办公室主任
赵旭帆　市工商行政管理局保税港区分局主任科员
雷鸿元　市质量技术监督局科长
潘晓东　市质量技术监督局科长
于晓雷　市林业局办公室主任

王冬梅　市安全生产监督管理局科长
梁天将　市旅游发展委员会副主任科员
荆世娥　市金融工作办公室副调研员
聂　玮　市妇女联合会副部长
范庆丰　市文学艺术界联合会主任科员
王大勇　市工商业联合会副调研员

企业考核先进集体

经济发展功勋企业

上汽通用东岳汽车有限公司
南山集团有限公司
万华实业集团有限公司
山东烟台烟草有限公司
烟台张裕集团有限公司
上汽通用东岳动力总成有限公司
山东中矿集团有限公司
山东招金集团有限公司
玲珑集团有限公司
山东黄金矿业（莱州）有限公司
汉高乐泰（中国）有限公司
烟台万科房地产开发有限公司
烟台巨力精细化工股份有限公司
烟台银行股份有限公司
华电莱州发电有限公司
烟台冰轮集团有限公司
乐金显示（烟台）有限公司
烟台绿叶医药控股有限公司
国网山东省电力公司烟台供电公司
烟台港集团有限公司
烟台芝罘万达广场有限公司
烟台新时代健康产业有限公司
烟台胜地汽车零部件制造有限公司
山东鲁花集团有限公司
烟台首钢东星集团有限公司
烟台中集来福士海洋工程有限公司
富士康（烟台）科技工业园
斗山工程机械（中国）有限公司
烟台振华商业集团有限公司
龙口矿业集团有限公司
烟台农村商业银行股份有限公司
烟建集团有限公司
浪潮乐金数字移动通信有限公司
瑞康医药股份有限公司
烟台恒邦集团有限公司
龙大食品集团有限公司
渤海轮渡集团股份有限公司
中节能万润股份有限公司
烟台杰瑞石油服务集团股份有限公司
博世华域转向系统（烟台）有限公司
烟台欣和企业食品有限公司
烟台市台海集团有限公司
康宝莱（中国）保健品有限公司华东销售分公司
烟台龙湖置业有限公司
华海财产保险股份有限公司
中国人民财产保险股份有限公司烟台市分公司
烟台金蕊女性用品有限公司
中国工商银行股份有限公司烟台分行
中国建设银行股份有限公司烟台分行
延锋安道拓（烟台）座椅有限公司
中国移动通信集团山东有限公司烟台分公司
道恩集团有限公司
蓬莱巨涛海洋工程重工有限公司
海阳鸿辉发展有限公司
东方电子集团有限公司
烟台啤酒集团有限公司
烟台喜旺肉类食品有限公司
山东莱州农村商业银行股份有限公司
中国平安财产保险股份有限公司烟台中心支公司
山东龙口农村商业银行股份有限公司
中国农业银行股份有限公司烟台分行
中国银行股份有限公司烟台分行
烟台欣和味达美食品有限公司
蓬莱诺康药业有限公司
中国光大银行股份有限公司烟台分行
中海海盛（烟台）地产有限公司
烟台东诚药业集团股份有限公司
烟台矢崎汽车配件有限公司
烟台泰和新材集团有限公司
祥隆企业集团有限公司
威龙葡萄酒股份有限公司
正海集团有限公司
烟台霍富汽车锁有限公司
山东安德利集团有限公司
烟台舒驰客车有限责任公司
山东盛隆置业集团有限公司
烟台东源投资有限公司
莱州朗湖国际广场有限公司
山东嘉元集团有限公司
烟台华明房地产开发有限公司
方圆集团有限公司
福安药业集团烟台只楚药业有限公司
华电龙口发电股份有限公司
龙口胜通集团股份有限公司
烟台海信瀚海置业有限公司
龙口市龙族永顺房地产开发有限公司
栖霞市宏达运输有限公司
烟台交运集团货运有限公司栖霞分公司
烟台交运集团有限责任公司
烟台铁姆肯有限公司
招商银行股份有限公司烟台分行
桦林建设集团有限公司
山东海阳农村商业银行股份有限公司
山东黄金矿业（玲珑）有限公司
蓬莱金创集团有限公司
荏原冷热系统（中国）有限公司
烟台市大展纸业有限公司

经济发展标兵企业

烟台国际机场集团有限公司
山东省第六地质矿产勘查院
蓬莱碧桂园房地产开发有限公司
烟台康泰置业有限公司
烟台开发区奇章经济发展总公司
浦项奥斯特姆（烟台）汽车配件有限公司
烟台鹏龙伟东汽车销售服务有限公司
龙口科诺尔玻璃科技有限公司
中航油烟台有限公司
中国联合网络通信有限公司烟台市分公司
富乐（烟台）新材料有限公司
龙口新南山精密材料有限公司
栖霞市申鼎物流有限公司
中铁渤海铁路轮渡有限责任公司
烟台市万光城建综合开发有限责任公司

烟台中泰置业有限公司
烟台宏远氧业有限公司
山东招远农村商业银行股份有限公司
威巴克（烟台）汽车零部件有限公司
招商局地产（烟台）有限公司
烟台白马包装有限公司
烟台越秀地产开发有限公司
烟台艾迪液压科技有限公司
隆华集团有限公司
山东龙口博瑞特金属容器有限公司
山东宏泰电器有限公司
烟台坤泰汽车内饰件有限公司
大丰工业（烟台）有限公司

企业考核先进个人

经济发展功勋个人

卢兵兵　程仁策　廖增太
于纪刚　周洪江　赵金菊
翁占斌　王　琳　李　涛
陈建法　曾　巍　巩和山
石学东　秦世贤　李增群
朴敏洙　刘殿波　卢　刚
周　波　席家明　刘　胜
姜国强　孙东伟　林喜峰
王建中　林逸松　朴赞赫
刘跃华　杨跃林　赵广孝
唐　波　朴相太　张仁华
左宏伟　宫明杰　于新建
赵凤岐　孙伟杰　邱　琪
孙德善　王雪欣　杨　奎
李　亮　赵小鸣　黄　海
吴　倩　吴建勇　陈海东
代凤朕　吕雪峰　于晓宁
刘玉年　孟令宇　杨恒坤
曲继光　林　强　初晓光
霍　明　马良晓　刘剑波
王　骏　薛百忠　彭毅平
程晓辉　由守谊　唐俊涛
孙茂健　辛　军　王珍海
秘波海　兰远红　王　安
于忠国　宋志波　李晓武
惠永中　马　明　张自强
高　秀　唐茂锋　孔凡平
段金德　李　辉　徐金作
林钰翔　施建福　杜丕隆
张　健　史小东　吕清波
王彤辉　王成龙　骆福利
蔡新连　张家强

经济发展标兵个人

修维东　林少一　唐建勇
杨　军　于向东　金钟明
张子华　孙艳敏　李　民
徐向东　蔡志伟　曲尚武
林明杰　刘　君　姜振山
陈百川　张明顺　杨严为
肖凤森　高惠民　王新军
王　涛　宋　飞　陈云昌
陈　勇　董志良　张　明
村山嘉英

制造业强市、创新驱动发展奖补项目

制造业强市奖补项目

D90系列超深水半潜式钻井平台——烟台中集来福士海洋工程有限公司

黄金催化剂扩大试验及工业应用技术研究——长春黄金研究院烟台贵金属材料研究所有限公司

无菌注射剂智能工厂新模式应用项目——山东绿叶制药有限公司

集成式小像元非制冷红外焦平面组件——烟台艾睿光电科技有限公司

核电装备模块化制造项目——烟台台海玛努尔核电设备有限公司

中德工业设计中心——烟台市中欧工业设计研究院有限公司

高性能芳纶纤维层压制品实施方案——烟台民士达特种纸业股份有限公司

人工智能和机器人产业园与基于低功耗智能芯片的普适智能技术研发——烟台市广智微芯智能科技有限责任公司

30万吨/年TDI产业链项目——万华化学集团股份有限公司

新一代9BJB/9BLB轿车及其变型车项目——上汽通用东岳汽车有限公司

高端制动盘改扩建项目——山东隆基机械股份有限公司

铜铝复合电力扁排生产线改造——烟台孚信达双金属股份有限公司

创新驱动发展奖补项目

一种聚乙二醇修饰的rhG-CSF药物组合物及其制备方法——石药集团百克（山东）生物制药有限公司

2017年山东省科学技术最高奖获得者——何友

高性能纤维纸基功能材料制备共性关键技术及应用——烟台民士达特种纸业股份有限公司

鱿鱼贮藏加工与质量安全控制关键技术及应用——蓬莱京鲁渔业有限公司

压水堆核电站核岛主设备材料技术研究与应用——烟台台海玛努尔核电设备有限公司

（市委办　供）

重要文件存目

烟发文件存目

1号　关于深入推进农业供给侧结构性改革加快培育农业农村发展新动能的实施意见

4号　关于推进价格机制改革的实施意见

6号　关于印发《中共烟台市委2017—2021年巡察工作规划》的通知

8号　关于印发《中国共产党烟台市委员会常委委员会议事决策规则》的通知

10号　关于认真学习宣传贯彻习近平总书记在省部级主要领导干部专题研讨班上重要讲话精神的通知

11号　关于印发《烟台市党政干部容错纠错实施办法（试行）》的通知

12号　印发《关于激励引导干部担当作为干事创业的实施办法（试行）》的通知

13号　关于进一步加快创新驱动发展的意识

14号　关于实施制造业强市战略的意见

15号　关于切实加强和改进城市规划建设管理工作的实施意见（试行）

17号　关于进一步优化全市营商环境的意见

18号　转发《中共烟台市人大常委会党组关于〈烟台市人大常委会2017—2021年地方立法规划〉的请示》的通知

19号　关于深入学习贯彻党的十九大精神的决议

20号　关于办好为民服务实施推进民生事业发展的意见

22号　关于进一步推动文化和旅游产业发展的意见

烟办发文件存目

5号　印发《关于推进美丽乡村标准化建设的实施意见》的通知

7号　印发《关于烟台市市级综合行政执法体制改革的实施意见》《关于烟台市县级综合行政执法体制改革的意见》的通知

8号　关于加快推进重点项目建设的意见

13号　印发《关于加快发展节水农业和水肥一体化的实施意见》的通知

14号　关于印发《烟台市农村集体产权制度改革市级试点方案》的通知

17号　印发《关于推进全市“两学一做”学习教育常态化制度化的实施方案》的通知

19号　印发《关于加强全市金融人才队伍建设的实施意见》的通知

21号　印发《关于进一步深化乡村文明行动的实施意见》的通知

24号　关于印发《完善法律援助制度的实施意见》《开展“一村（社区）一法律顾问”工作的实施意见》的通知

25号　印发《关于进一步加强和改进离退休干部工作的实施意见》的通知

27号　印发《关于进一步加强和改进市委理论学习中心组学习的实施方案》的通知

28号　关于印发《烟台市医药健康产业培育发展推进方案》的通知

32号　关于印发《烟台市行业协会商会与行政机关脱钩实施方案》的通知

33号　印发《关于深化放管服改革进一步优化政务环境的行动方案》的通知

34号　关于印发《烟台市贯彻落实省第十一次党代会〈报告〉各项任务分工方案》

38号　印发《关于进一步加强城市社区党组织建设的若干意见》的通知

41号　印发《关于加强和改进人民政协民主监督工作的实施意见》的通知

42号　关于印发《烟台市全域治水三年攻坚行动计划》的通知

43号　印发《关于建立健全市县党委巡察工作领导体制和工作机制的意见》的通知

44号　关于认真贯彻落实《山东省传承发展中华优秀传统文化工作方案》的通知

45号　印发《关于进一步促进高校毕业生到基层工作的实施意见》的通知

47号　印发《关于进一步深化文化市场综合执法工作的实施意见》的通知

烟台市人民代表大会常务委员会公告

21号　烟台市安全生产监督管理条例

22号　烟台市城市供水条例

烟政发文件存目

4号　印发关于建立“三张任务清单”推进工作落实的实施方案的通知

5号　关于印发烟台市“十三五”脱贫攻坚规划的通知

6号　关于加快推进品牌建设的实施意见

7号　关于进一步健全特困人员救助供养制度的实施意见

8号　关于加强困境儿童保障工作的意见

9号　关于进一步加强政府自身建设的意见

10号　关于印发《烟台市人民政府工作规则》的通知

11号　关于进一步加强审计工作的意见

12号　关于进一步支持我市医药健康产业创新发展的补充意见

14号　关于积极稳妥降低企业杠杆率的实施意见

15号　关于印发烟台市“十三五”节能减排综合工作方案的通知

烟政字文件存目

9号　关于印发烟台市“十三五”科技创新规划的通知

45号　关于印发烟台市国有林场改革实施方案的通知

94号　印发关于在市场体系建设中建立公平竞争审查制度的实施方案的通知

98号　关于印发烟台市加快建设国家知识产权强市工作方案（2017—2020）的通知

117号　关于授予徐树伍等33名同志烟台市有突出贡献的中青年专家荣誉称号的通报

政府令文件存目

136 号　烟台市房屋使用安全管理规定

137 号　烟台市人民政府关于下放市级行政许可事项的决定

138 号　烟台市职工基本医疗保险实施办法

烟台市居民基本医疗保险实施办法

139 号　烟台市煤炭清洁利用管理办法

140 号　烟台市地下空间国有建设用地使用权管理办法

烟政办发文件存目

3 号　关于印发烟台市旅游发展委员会主要职责内设机构和人员编制规定的通知

4 号　关于印发烟台市商务局〔中韩（烟台）产业园建设推进办公室〕主要职责内设机构和人员编制规定的通知

5 号　关于印发烟台市国土资源局（烟台市测绘地理信息局）主要职责内设机构和人员编制规定的通知

6 号　关于印发烟台市共有产权住房管理试行办法的通知

7 号　关于印发烟台市人民防空办公室主要职责内设机构和人员编制规定的通知

9 号　关于加强“中国鲁菜之都”品牌建设促进餐饮业健康发展的意见

10 号　关于建立完善守信联合激励和失信联合惩戒制度加快推进神会诚信建设的实施意见

11 号　关于运用大数据加强对市场主体服务和监管的实施意见

14 号　关于印发烟台市加快推进“互联网＋政务服务”实施方案的通知

16 号　关于改进和加强行政应诉工作的意见

19 号　关于印发烟台市道路交通事故社会救助基金管理暂行办法的通知

20 号　关于进一步推进医疗联合体建设的意见

21 号　关于烟台市出租汽车行业改革的实施意见

22 号　关于印发烟台市网络预约出租汽车经营服务管理实施细则的通知

23 号　关于进一步促进房地产市场健康发展的意见

24 号　关于进一步加快城镇棚户区改造工作的实施意见

25 号　关于印发烟台市有突出贡献的中青年专家选拔管理办法的通知

26 号　关于印发全面推行行政执法公示制度执法决定法制审核制度实施方案的通知

27 号　关于印发烟台市政务信息系统法制共享实施方案的通知

28 号　关于推进消费品“三品”战略试点城市建设的意见

30 号　关于印发烟台市工伤保险市级统筹办法的通知

31 号　关于印发烟台市加快推进畜禽养殖废弃物资源化利用工作方案的通知

烟政办字文件存目

8 号　关于成立中国（烟台·食品）知识产权保护中心建设工作领导小组的通知

11 号　关于成立烟台市质量强市及名牌战略推进工作领导小组等议事协调机构的通知

16 号　关于印发烟台市“十三五”少数民族事业发展规划的通知

17 号　关于印发烟台市重大传染病疫情应急处置预案和烟台市突发公共事件医疗卫生应急救援预案的通知

18 号　关于印发烟台市落实永久基本农田划定“五项任务”工作方案的通知

19 号　关于印发烟台市突发性地质灾害应急预案的通知

22 号　关于印发烟台市“十三五”金融业发展规划、烟台市“十三五”邮政业发展规划和烟台市“十三五”气象事业发展规划的通知

23 号　关于印发烟台市“十三五”安全生产规划的通知

24 号　关于印发山东（烟台）跨境电子商务综合试验区建设实施方案的通知

26 号　关于印发烟台市金融突发事件应急预案的通知

30 号　关于印发烟台市“十三五”生态环境保护规划的通知

32 号　关于印发烟台市“十三五”残疾人事业发展规划的通知

37 号　关于印发 2017 年“烟台人游烟台”活动方案的通知

42 号　关于印发烟台市“十三五”教育事业发展规划的通知

43 号　关于印发建设省级服务贸易创新发展试点市实施方案的通知

45 号　关于印发烟台市“十三五”海洋经济发展规划的通知

49 号　关于印发烟台市创建全国质量强市示范城市工作方案

50 号　关于印发烟台市迎接 2017 国家节水型城市复查工作实施方案的通知

74 号　关于实施仲裁“两化”试点工作的意见

79 号　关于调整全市城乡居民最低生活保障标准的通知

80 号　关于印发烟台高新技术产业开发区综合行政执法体制改革方案的通知

82 号　关于开展重点企业“直通车”服务的通知、

83 号　关于创新用地模式落实产业用地政策的实施意见

84 号　关于印发烟台市政府性债务风险应急处置预案的通知

85 号　关于推动全民阅读建设“书香烟台”的实施意见

（市委办、政府办　供）

责任编校：渠敬伦

索　引

说明：

一、本索引为综合性主题索引。

二、各主题词按汉语拼音字母顺序排列，同音字按声调排列，首字相同者按第二字音序排列，依次类推。

三、款目后的阿拉伯数字表示内容所在的页码，数字后面的字母 a、b、c 分别表示该页自左向右的版面区域。

四、同一主题的内容在文中多处出现的，在其款目后用不同的页码标明。

A

B

C

D

Z